תלמוד בבלי

גמרא סדורה המאיר

תענית

מהדורה מופלאה מאירת עינים
מפוסקת ומחולקת לפסקאות
בנוסח דפוס וילנא עם שינויי נוסח
על פי כתבי יד וראשונים
והגהות רבותינו הקדושים
עם מקורי נוסח בסוף המסכת
ועוד הרבה מעלות כמבואר במבוא

מהדורת

יעקב יוסף

שנת תשפ״ב לפ״ק

גמרא סדורה המאיר

מוקד מידע והזמנות 0538288704

מייל gemarasedura@gmail.com

אתר www.GemaraSedura.com

ב	
ג	
ד	
ה	
ו	
ז	
ח	
ט	
י	
יא	
יב	
יג	
יד	
טו	
טז	
יז	
יח	
יט	
כ	
כא	
כב	
כג	
כד	
כה	
כו	
כז	
כח	
כט	
ל	
לא	

מידע והזמנות:
www.GemaraSedura.com
1-972-52-617-1136

גמרא סדורה
המאיר
מהדורת יעקב יוסף

The Yakov Yosef Edition of the Talmud.
Dedictated in memory of

יעקב יוסף בן מרדכי הכהן ע״ה
נפטר בי׳ תמוז תשס״ח
Jacob Rottenberg ע״ה

From the fall of Poland and the Siberian Wastes to American shores, despite every horror seen, he was ever resilient, strong-willed but never without a smile.

Our father, our grandfather was dedicated to Torah as if it were one of his own children and made sure that it was always a part of our lives, Aleph through Taf.

For his unceasing love of the Torah that guides us today, we dedicate this edition of the Talmud to his memory.

MEIR & LIVIA ROTTENBERG
SHLOMO & RIVKA TZVIA WEINSTEIN
ARI & RACHEL VICKY ROTTENBERG

גמרא סדורה
המאיר
מהדורת יעקב יוסף

לעילוי נשמת
יעקב יוסף בן מרדכי הכהן ע״ה
נפטר ב׳ תמוז תשס״ח

מנפילת פולין דרך מדבר סיביר עד חופי אמריקה הצפונית, למרות כל האימות שארעו – היה חזק ברוחו ואמיץ לב ועם זאת מעולם לא מש החיוך מפיו.

אבינו וסבינו עליו השלום היה מסור לתורה בכל נימי נפשו, ודאג לכך שהתורה תהיה חיינו, מא׳ ועד ת׳.

מהדורת ׳גמרא סדורה׳ זו מוקדשת לזכרו, ולזכר אהבתו לתורה הקדושה – שזכותה מאירה את דרכנו עד היום הזה.

מאיר ולביאה רוטנברג
שלמה ורבקה צביה ווינשטין
ארי ורחל ויקי רוטנברג

"לְךָ אֶזְבַּח זֶבַח תּוֹדָה וּבְשֵׁם יי אֶקְרָא". יי שמרת ראשי, אודה לך יושב צדק, חייני קיימני, ברך נפשי שמחני למען מעוז היכלך.

לאחר גלות קשה אשר גם אבינו מלכנו מתחרט עליה, חזרנו לנחלתנו, ארץ החיים. ברכת הארץ וקיבוץ הגלויות, מאירות את עינינו שחשכו בגלות. אבל עוד צמאים אנו לגאולה שלמה, לברכת השיבה שופטנו כבראשונה, תורתנו הקדושה למקומה. החזרת עטרה ליושנה.
לעת עתה, בחסדי יי, הניצנים נראו בארצינו. קול התורה מתעצם, מתחדש ומזדכך. ערלת הלב החלה לימול, ורוח חן מתונה נושבת. ותחי רוח יעקב אביהם, ועוד יוסף חי.
מה טוב ומה נעים חלקנו, ליטוש היהלומים, זיכוך הזהב, טהרת העזרה. והבא לטהר מסייעים אותו.
ובזה אודה לייי על הוצאת מסכתות מגילה ותענית מן תלמוד הבבלי במהדורה הנפלאה – גמרא סדורה המאיר, אשר התלמוד מסודר בפיסקאות יפהפיות, למען יחרט הלומד את תורת יי על לוח ליבו. ולא עוד אלא טהרנו את העזרה, השמדנו את הצנזורה הארורה, וניקינו טעויות הנוסח לפי כתבי העתיקה, למען לא יגמגם הגיבור בהגותו בכל שעה.
ועתה אחזק ידיך, אל תירא, כי אזור מתניך, אל תחת, כי חגור חרבך. קום שנן בתלמודך, השב שערה מלחמה בעוזך. אחותך היקרה, חכמתך ובינתך, קוראת מריחוקה, מהר השיבה. כי קרובה מאוד אליך, הנה היא בקרבי כליותיך, על שלהבת לבבך, ויראו עיניך את יקר מוריך. קול דודך ישמעו אוזניך, כי עתה תזכור תורת אלהיך. שמור מאד את נפשך ואל תשכח את דברי חזיונך. כי איך תשכח את אהבת נעוריך, תן לזה את כל מאדך. כי העולה מבבל מבלבל, והמאיר יסדר על שולחנך, שמן יסוך על ראשך, נועם תקיף ישראל ארצך. והגודדים יתגודדו, ואתה תחזור אל בית אמך, נווה מסורתך. והקהל לשם את עמיך, ישראל אחיך. המתן, צפה, כי חוזרים בעלי התריסין ירושלים אהבה סלה.
ואתפלל לייי, עתה, בששה חדשים בשמן המור, רבונו של עולם, מקווה ישראל יי, הבא לטהר מסייעים אותו, יהי רצון מלפניך יי אלהינו, שתסייע לטהר, ותגאל את תורתך הקדושה מכל דבר גלות, כי לא בשמים היא, ואיננה מעבר לים, תן לנו לב לדעת אותך באמת, לשמור חוקיך ולעשות רצונך, בטהרה, וברויה גדולה, להשרות שלום, בהשבת שופטי צדק, מלכות דוד, העבודה למקומה, לגאולה שלמה, בבכל מכל כל.

ישראל יצחק באאמו"ר שלמה שליט"א וויינשטיין

פרק ראשון – מאימתי

ב. **משנה** (א-ב): *

מאימתי[1] מזכירין גבורות גשמים?
רבי אליעזר אומר: מיום טוב הראשון של חג;
רבי יהושע אומר: מיום טוב האחרון של חג.

אמר לו רבי יהושע:
הואיל ואין הגשמים סימן[2] ברכה[א] בחג -
למה הוא מזכיר?

אמר לו רבי אליעזר:
אף אני לא אמרתי[3] לשאול,
אלא[4] להזכיר משיב הרוח ומוריד הגשם בעונתו![5]

אמר לו:
אם כן -[6] לעולם יהא מזכיר!

אין שואלין את הגשמים אלא סמוך לגשמים.

רבי יהודה אומר:
העובר לפני התיבה ביום טוב האחרון של חג -
האחרון מזכיר, הראשון אינו מזכיר;
ביום טוב הראשון של פסח -
הראשון מזכיר, האחרון אינו מזכיר.

גמרא:

תנא[7] היכא קאי דקתני (כאן):
מאימתי?
תנא התם[8] קאי -
דקתני (ברכות ה:ב):
מזכירין גבורות גשמים בתחיית המתים,
ושואלין את הגשמים[ב] בברכת השנים,
והבדלה בחונן הדעת;
וקתני (כאן):
מאימתי מזכירין גבורות גשמים.

וליתני[9] התם,
מאי[10] שנא דשבקיה עד[11] הכא!?
אלא,[12]
תנא מראש השנה סליק,
דתנן (ראש השנה א:ב):
ובחג -[13] נידונין על המים;
ואיידי[14] דתנא:
ובחג - נידונין על המים -
תנא נמי (כאן):[ג]
מאימתי מזכירין גבורות גשמים.

וליתני - מאימתי מזכירין על הגשמים;
מאי גבורות גשמים!?
אמר רבי יוחנן:
מפני שיורדין בגבורה,
שנאמר (איוב ט,י):
"עֹשֶׂה גְדֹלוֹת עַד אֵין חֵקֶר,
וְנִפְלָאוֹת עַד אֵין מִסְפָּר".
וכתיב (שם ה,י):
"הַנֹּתֵן מָטָר עַל פְּנֵי אָרֶץ וְשֹׁלֵחַ מַיִם עַל פְּנֵי חוּצוֹת".
מאי משמע?
אמר רבה בר שילא:
אתיא - חקר חקר מברייתו של עולם,
כתיב[15] הכא (שם ט,י):
"עֹשֶׂה גְדֹלוֹת עַד אֵין חֵקֶר",
וכתיב התם (ישעיהו מ,כח):
"הֲלוֹא יָדַעְתָּ אִם לֹא שָׁמַעְתָּ,
אֱלֹהֵי עוֹלָם יְהוָה בּוֹרֵא קְצוֹת הָאָרֶץ,
לֹא יִיעַף וְלֹא יִיגָע, אֵין חֵקֶר לִתְבוּנָתוֹ",
וכתיב (תהלים סה,ז):
"מֵכִין הָרִים בְּכֹחוֹ נֶאְזָר בִּגְבוּרָה".

אמר[ד][16] רבי יוחנן:
שלשה מפתחות בידו של הקדוש ברוך הוא,
שלא נמסרו ביד שליח,
ואלו הן:
מפתח של חיה, מפתח של גשמים,[ה]
ומפתח של תחיית המתים.

מפתח של חיה.[ו]
מנלן?[ז]
דכתיב (בראשית ל,כב):[ח]
ב: "וַיִּזְכֹּר אֱלֹהִים אֶת רָחֵל וַיִּשְׁמַע * אֵלֶיהָ אֱלֹהִים,[ט]
וַיִּפְתַּח אֶת רַחְמָהּ".[י]

מפתח של גשמים.[יא]

רש"י

[1] **פרק ראשון - מאימתי. מתני': מאימתי מזכירין גבורות גשמים.** שאומר משיב הרוח ומוריד הגשם ובגמרא מפרש טעמא אמאי קרי ליה גבורות גשמים מפני שיורדין בגבורה שנאמר עושה גדולות וגו':

[2] **סימן קללה בחג הן.** כדאמרינן במס' סוכה בפרק הישן (כח:) מאימתי מותר לפנות משתסרח המקפה משל לעבד שבא למזוג כוס לרבו ושפך לו קיתון על פניו וא"ל אי אפשי בשמושך כלומר כשהגשמים יורדין לסוכה הכל יוצאין ונראה שאין הקב"ה חפץ שנשתמש לפניו ואמאי מתחילין להזכיר גבורות גשמים בחג ונראה שהוא מתפלל שיבא מטר בחג:

[3] **לא אמרתי לשאול.** שיתפלל על הגשמים בחג כגון ותן טל ומטר:

[4] **אלא להזכיר.** שמתחיל להזכיר בחג גבורות של מקום שמוריד גשמים:

[5] **בעונתו.** כלומר בזמנו:

[6] **אם כן.** ואמאי פוסק בפסח מלהזכיר:

[7] **גמ': תנא היכא קאי.** כלומר מדקתני מאימתי מכלל דפשיטא ליה להאי תנא דחייבים להזכיר והיכא חזינן דמחייב להזכיר:

[8] **התם קאי.** מזכירין גבורות גשמים כו' במסכת ברכות:

[9] **(וליתני התם.** במסכת ברכות סמוך דתני מזכירין ליתני מאימתי):

[10] **מ"ש דשבקיה עד הכא.** כלומר האי דקתני הכא בסדר מועד מאימתי ליתני התם דקתני מזכירין במסכת ברכות היינו סדר זרעים:

[11] **עד הכא.** עד סדר מועד:

[12] **אלא.** לא תימא דהא דקתני מאימתי דהתם קאי דתנא מראש השנה סליק ששניהן בסדר אחד הן להכי לא מצי למימר מאי שנא דשבקיה עד הכא:

[13] **(בחג.** הוי דין על המים ומשום דתני מאימתי הוי דין על המים קתני נמי אימתי זמן הזכרה):

[14] **ואיידי דתנא^ בחג נידונין.** כלומר אגב דתנא בחג נידונין על המים קסבר בנפשיה הואיל ונידונין בחג על המים ש"מ בעינן להזכיר עניינא דמיא לרצויי על המים דליתו לברכה להכי קתני מאימתי מזכירין:

[15] **כתיב עושה גדולות עד אין חקר.** אלמא דכתיב חקר בגשמים וכתיב חקר בברייתו של עולם מה ברייתו של עולם כתיב ביה גבורה אף גשמים הוי כמאן דכתיב ביה גבורה:

[16] **ואמר רבי יוחנן שלש מפתחות.** היינו שלא נמסרו לשליח אחד ביחד:

מנלן ?[יב]
דכתיב (דברים כח,יב): [יג]
"יִפְתַּח[1] יְהוָה לְךָ אֶת אוֹצָרוֹ הַטּוֹב".[יד]

מפתח של תחיית המתים.
מנלן ?[טו]
דכתיב (יחזקאל לז,יג):
"וִידַעְתֶּם כִּי[2] אֲנִי יְהוָה בְּפִתְחִי אֶת קִבְרוֹתֵיכֶם".

במערבא אמרי:
אף מפתח של פרנסה,
דכתיב (תהלים קמה,טז):
"פּוֹתֵחַ[3] אֶת יָדֶךָ וּמַשְׂבִּיעַ לְכָל חַי רָצוֹן".[טז]

ורבי יוחנן,
מאי טעמא לא קא חשיב להא ?
אמר לך -
גשמים[4] היינו פרנסה.

רבי אליעזר אומר: מיום טוב הראשון של חג כו'.

איבעיא להו:
רבי אליעזר מלולב[יז][5] גמר לה,
או מניסוך המים גמר לה ?

מלולב גמר לה -
מה[6] לולב - ביום,
אף[7] הזכרה נמי -[יח] ביום;
או דלמא -
מניסוך המים גמר לה,
מה[8] ניסוך המים - מאורתא,
אף[9] הזכרה נמי - מאורתא; [יט]
דאמר מר: [כ]
"וּמִנְחָתָם וְנִסְכֵּיהֶם" (במדבר כט,יח), בלילה,[כא]
"וּמִנְחָתָם וְנִסְכֵּיהֶם", אפילו למחר ? [כב]

תא שמע:
דאמר רבי אבהו:
לא למדה רבי אליעזר אלא מלולב.

איכא דאמרי:
רבי אבהו גמרא[10] גמיר לה;

ואיכא דאמרי:
מתניתא[11] שמיע ליה.

מאי היא ?
דתניא:
מאימתי מזכירין גבורות[כג] גשמים ?
רבי אליעזר אומר: משעת נטילת לולב;
רבי יהושע אומר: משעת[12] הנחתו.

אמר רבי אליעזר:
הואיל וארבעת[13] מינין הללו אינן באין אלא לרצות על המים,
וכשם שארבעת[כד] מינין הללו אי אפשר להם[כה] בלא מים -
כך אי אפשר לעולם בלא גשמים.[כו]

אמר לו רבי יהושע:
והלא גשמים בחג אינו אלא סימן קללה ! ?

אמר לו רבי אליעזר:
אף אני לא אמרתי לשאול אלא להזכיר !
וכשם שמזכירין תחיית המתים כל[כז] השנה כולה,
ואינה אלא בזמנה -
כך מזכירין[כח] גבורות[14] גשמים כל השנה כולה,[כט]
ואינן אלא בזמנן !
לפיכך, אם בא להזכיר כל השנה כולה - מזכיר.

רבי אומר: אומר אני:
כשם[15] שמפסיקין[ל] לשאלה -
כך מפסיקין[לא] להזכרה.

רבי יהודה בן בתירה אומר:
בשני בחג הוא מזכיר.

רבי עקיבא אומר:
בששי בחג הוא מזכיר.

רבי יהודה אומר משום רבי יהושע:[לב]
העובר לפני התיבה ביום טוב האחרון של חג -
האחרון[16] מזכיר, הראשון[17] אינו מזכיר;
ביום טוב הראשון[לג] של פסח -
הראשון מזכיר, האחרון אינו[18] מזכיר.

שפיר[19] קאמר ליה רבי אליעזר לרבי יהושע ! ?
אמר לך רבי יהושע -
בשלמא תחיית המתים מזכיר -
כל אימת דאתיא[לד] זמניה הוא;
אלא גשמים -

רש"י

1 יפתח ה'. ולא שליח:
2 כי אני ה'. ולא שליח:
3 פותח את ידך. ולא שליח:
4 גשמים נמי היינו פרנסה. וכבר חשבנא ליה:
5 מלולב גמר לה. שדומה ללולב שכשם שאי אפשר לאלו ארבע מינין בלא גשמים ובאין לרצות על המים כדאמרינן בסוכה כך אי אפשר לעולם בלא מים:
6 מה לולב ביום. שמתחילין ליטול ביום ראשון:
7 אף הזכרה נמי ביום. כלומר שאינן מזכירין בלילי יום טוב הראשון עד למחר:
8 מה ניסוך המים מאורתא. כדאשכחן במס' סוכה (נא:) שממלאין הכלי מים לניסוך המים בלילה ויש ספרים דכתיב בהו דאמר מר ומנחתם ונסכיהם בלילה שמקריבין הקרבנות ביום יכולין להביא המנחות והנסכים בלילה אף האי ניסוך המים נמי יכול לנסך בלילה:
9 אף הזכרה נמי מאורתא. שבלילי י"ט הראשון קאמר ר' אליעזר שמתחילין להזכיר גבורות גשמים:
10 גמרא גמיר לה. רבי אבהו דרבי אליעזר לא למדה אלא מלולב:
11 מתניתין שמיע ליה. דרבי אליעזר גמר מלולב:
12 משעת הנחתו. מיום שמברכין בו באחרונה דהיינו בשביעי:
13 ארבעה מינין הללו. שבלולב ואתרוג:
14 כך גשמים. יהא מזכיר כל השנה אפילו בימות החמה אם הוא רוצה יהא מזכיר:
15 משעה שפוסק מלשאול. שבפסח פוסק מלומר ותן טל ומטר פוסק מלהזכיר גבורות גשמים והשתא לא מצית למימר אם בא להזכיר כל השנה כולה מזכיר אלא בימות החמה אינו מזכיר הואיל ואין זמנו אף בחג אינו מזכיר הואיל ולא סימן ברכה הן:
16 האחרון. המתפלל תפלת מוסף:
17 הראשון. המתפלל תפלת יוצר:
18 אינו מזכיר. ושוב אין מזכירין:
19 שפיר קאמר ליה ר' אליעזר לר' יהושע. דאמר כי היכי דמזכירין תחיית המתים כל השנה ואף על גב דלא מטא זימנייהו כך מזכירין גבורות גשמים אם רוצה כל השנה ובחג נמי אע"ג דלאו סימן ברכה הן מזכירין הואיל ואין שואלין:

כל[1] אימת דאתיין זמנייהו הוא ?[לה]
והתנן (כאן ז):
יצא ניסן וירדו גשמים -
סימן קללה,[לו]
שנאמר (שמואל א יב,יז):
"הֲלוֹא קְצִיר חִטִּים הַיּוֹם" וגו' ! ?

רבי יהודה בן בתירה אומר:
בשני בחג הוא מזכיר.
מאי טעמיה דרבי יהודה בן בתירה ?
דתניא:
רבי יהודה בן בתירה אומר:
נאמר בשני[2] (במדבר כט,יט): "וְנִסְכֵּיהֶם",
בששי (שם,לא):[לז] "וּנְסָכֶיהָ",
בשביעי (שם,לג):[לח] "כְּמִשְׁפָּטָם",
הרי מ"ם יו"ד מ"ם - הרי כאן מים,
מכאן רמז לניסוך המים מן התורה.
ומאי שנא בשני דנקט ?
דכי רמיזי מיא -[לט] בשני הוא דרמיזי,
הלכך בשני מדכרינן.

רבי עקיבא אומר:
בששי בחג הוא מזכיר.
מאי טעמיה דרבי עקיבא ?[מ]
דתניא:[מא]
נאמר[מב] בששי: "וּנְסָכֶיהָ",
בשני[3] ניסוכין הכתוב מדבר,
אחד ניסוך המים,
ואחד ניסוך היין.
ואימא תרווייהו דחמרא ! ?
ג. סברי[4] לה כרבי יהודה בן בתירה דאמר מיא רמיזי הכא.[מג] *
אי[5] סבר לה כרבי יהודה בן בתירה - נימא כוותיה ! ?
קסבר רבי עקיבא -
כי כתיב ניסוך[6] יתירא - בששי הוא דכתיב.

תניא:
רבי נתן אומר:
"בַּקֹּדֶשׁ הַסֵּךְ נֶסֶךְ שֵׁכָר לַיהוָה" (במדבר כח,ז),
בשני ניסוכין הכתוב מדבר,
אחד ניסוך המים,
ואחד ניסוך היין.
ואימא[מד] תרווייהו דחמרא ! ?
אם כן ליכתוב קרא -
או[7] הסך הסך, או נסך נסך,
מאי "הַסֵּךְ נֶסֶךְ" ?
שמעת מינה -
חד דמיא, וחד דחמרא.

אלא הא דתנן (סוכה ד:א):
ניסוך המים - כל שבעה;
מני ?
אי רבי יהושע - חד יומא הוא;[מה]
אי[8] רבי עקיבא - תרי יומי הוו;[מו]
אי רבי יהודה בן בתירה - שיתא יומי הוו ! ?[מז]
לעולם - רבי יהודה בן בתירה היא,
וסברי[9] לה כרבי יהודה דמתניתין,
דתנן (שם:ט):
רבי יהודה אומר:
בלוג היה מנסך כל שמונה;
מפיק[מח][10] ראשון ומעייל שמיני.
ומאי[11] שנא ראשון דלא ?
דכי[12] רמיזי מיא -[מט] בשני הוא דרמיזי;
שמיני[13] נמי -
שביעי[14] אמר רחמנא, ולא שמיני ! ?[נ]

אלא,[15]
רבי יהושע היא,
וניסוך המים כל שבעה גמרא[נא] גמירי לה,
דאמר רבי אסי[נב] אמר רבי יוחנן
משום רבי נחוניא איש בקעת בית חורתן:
עשר[16] נטיעות, ערבה, וניסוך[17] המים -
הלכה למשה מסיני.

רש"י

[1] כל אימת דאתיין זימנייהו הוא. וכיון דלאו זימניה הוא אין מזכירין והוא הדין בחג:

[2] בשני ונסכיהם. דסגי בנסכה וכיון דבשני אייתר מ"ם לדרשה להכי מתחילין להזכיר בשני:

[3] בשני ניסוכין הכתוב מדבר. שני ניסוכין על קרבן אחד אבל ונסכיהם משמע הרבה דבקרבנות הרבה לכן לא הוה דריש רבי עקיבא מונסכיהם:

[4] סבר לה כרבי יהודה. דמ"ם יו"ד מ"ם מרבה ניסוך המים:

[5] אי סבר לה כר' יהודה. לימא כר"י. שיזכיר בשני:

[6] ניסוך יתירא בששי כתיב. כלומר ונסכיה דמרבי תרי ניסוכין כתיב בששי להכי אמר בששי מתחיל להזכיר ואהני מ"ם יו"ד מ"ם מים דלא מצינו למימר תרוייהו דיין:

[7] או הסך הסך או נסך נסך. מדשני קרא בדיבוריה ש"מ תרתי:

[8] אי ר"ע תרי יומי הוו. ותו לא דהא אמר ונסכיה דהיינו בששי מרבה ניסוך המים:

[9] וסבר לה כר' יהודה דמתניתין. דאמר בלוג הוה מנסך כל שמונה לא סבר כוותיה במה דאמר כל שמונה מנסך אלא במה דאמר בשמיני מנסך וכיון דבשמיני מנסך משכחת לה לרבי יהודה [ב"ב] דאמר בשני מתחילין לניסוך המים כל שבעה:

[10] דמפיק ראשון ומעייל שמיני. משיב בעל התלמוד^ מי מצי אמר רבי יהודה דבשמיני מנסך:

[11] מאי שנא. דקאמר דבראשון אינו מזכיר:

[12] דכי רמיזי מיא בשני הוא דרמיזי. דמונסכיהם מרבה ניסוך המים:

[13] שמיני נמי. מי מצי אמר דמנסך:

[14] הא שביעי אמר רחמנא. דמ"ם יו"ד מ"ם מים כתיב בשביעי דסיום קראי דניסוך המים בשביעי כתיב כמשפטם ולא בשמיני:

[15] אלא ר' יהושע היא. דאמר משעת הנחתו [דהיינו בשביעי] מזכיר ואעפ"כ סבר דניסוך המים כל שבעה דגמרא גמיר לה הלכה למשה מסיני דניסוך המים כל שבעה ודאי כר"א אתי שפיר אבל כרבי יהודה בן בתירה וכר"ע לא מיתוקמא אלא להכי לא מוקי לה כר' אליעזר דהא לא מיבעי אי ר' אליעזר סבירא ליה הכי דודאי לרבי אליעזר אתי שפיר והא דקא מוקים כר' יהושע רבותא קמשמע לן אבל כר"י בן בתירה וכר"ע לא מיתוקמא דרבי יהודה יליף מונאמר בשני ונסכיהם כו' אלמא דסבר דניסוך המים לא הוו אלא ו' ימים דאיהו לא מפיק ראשון ומעייל שמיני משום הני פירכא דפריך לעיל לא אתי כרבי יהודה ורבי עקיבא יליף מנסכיה שנאמר בששי אלמא דסבר דניסוך המים לא הוו אלא תרי יומי אבל כרבי יהושע מיתוקמא לפיכך אין מזכירין אלא ביו"ט האחרון דגשמים בחג סימן קללה אבל ניסוך המים הוי כל שבעה דגמרא גמיר לה:

[16] עשר נטיעות. המפוזרות בתוך בית סאה חורשין כל בית סאה ערב שביעית עד ר"ה אע"ג דשאר שדות אין חורשין לפני שביעית ל' יום זה חורשין דהואיל אם אין חורשין סביבן מפסידין:

[17] וניסוך המים. כל שבעה:

רבי[1] יהודה אומר משום רבי יהושע:
העובר לפני התיבה ביום טוב האחרון של חג -
האחרון מזכיר, הראשון אינו מזכיר;
ביום טוב הראשון של פסח -
הראשון מזכיר, האחרון אינו מזכיר.

הי[2] רבי יהושע?
אילימא - רבי יהושע דמתניתין;
הא אמר (כאן):
מיום[נג] טוב האחרון של חג![נד]

אלא - רבי יהושע דברייתא;
הא[3] אמר -[נה] משעת הנחתו!

ותו -[4]
הא דתניא:
רבי[5] יהודה אומר משום בן בתירה:
העובר לפני התיבה ביום טוב האחרון של חג -
האחרון מזכיר;
הי בן בתירה?
אילימא - רבי יהודה בן בתירה;
הא אמר - בשני בחג הוא מזכיר!?

אמר[6] רב נחמן בר יצחק:
תהא ברבי יהושע בן בתירה,
זמנין דקרי ליה בשמיה,
וזימנין דקרי ליה בשמיה דאבוה,[נו]
והא -[7] מקמי דליסמכוהו,
והא - לבתר דסמכוהו.[נז]

תנא:
בטל[8] וברוחות -
לא חייבו חכמים להזכיר,
ואם בא להזכיר - מזכיר.

מאי טעמא?
אמר רבי חנינא:
לפי[9] שאין נעצרין.

וטל, מנא לן[נח] דלא מיעצר?

דכתיב (מלכים א יז,א):
"וַיֹּאמֶר אֵלִיָּהוּ הַתִּשְׁבִּי מִתֹּשָׁבֵי גִלְעָד אֶל אַחְאָב,
חַי יְהוָה אֱלֹהֵי יִשְׂרָאֵל אֲשֶׁר עָמַדְתִּי לְפָנָיו,
אִם יִהְיֶה הַשָּׁנִים הָאֵלֶּה טַל וּמָטָר כִּי אִם לְפִי דְבָרִי",
וכתיב (שם יח,א):
"לֵךְ הֵרָאֵה אֶל אַחְאָב, וְאֶתְּנָה מָטָר עַל פְּנֵי הָאֲדָמָה",
ואילו טל[10] לא קאמר ליה,
מאי טעמא?
ג: משום * דלא[11] מיעצר.

וכי מאחר דלא מיעצר,
אליהו אשתבועי[12] למה ליה!?
הכי קאמר ליה -
אפילו[13] טל דברכה נמי לא אתי.

וליהדריה[14] לטל דברכה!?
משום דלא[15] מינכרא מילתא.

ורוחות,[נט] מנא לן דלא מיעצרי?
אמר רבי יהושע בן לוי:
דאמר קרא (זכריה ב,י):
"כִּי כְּאַרְבַּע רוּחוֹת הַשָּׁמַיִם פֵּרַשְׂתִּי אֶתְכֶם נְאֻם יְהוָה";
מאי קאמר? [ס]
אילימא -
הכי קאמר להו קודשא בריך הוא[סא] לישראל -
דבדרתינכו[16] בארבע רוחי דעלמא;
אי הכי - "כְּאַרְבַּע"? בארבע מיבעי ליה!

אלא -
הכי קאמר -
כשם[17] שאי אפשר לעולם בלא רוחות -
כך אי אפשר לעולם בלא[18] ישראל.

אמר רבי חנינא:
הלכך,
בימות[19] החמה,
אמר משיב[20] הרוח - אין מחזירין אותו,
אמר מוריד[21] הגשם - מחזירין אותו;

רש"י

1 ר' יהודה אומר משום רבי יהושע העובר לפני התיבה בי"ט האחרון של חג כו'. כעין אמר מר הוא כלומר אמרינן לעיל ר' יהודה אומר:

2 הי רבי יהושע אילימא רבי יהושע דמתני' מיו"ט האחרון הוא מזכיר. דראשון נמי המתפלל תפלת יוצר מזכיר ואילו הכא תני הראשון אינו מזכיר:

3 האמר משעת הנחתו. דהיינו בשביעי והכא קתני יו"ט האחרון של חג דהיינו בשמיני:

4 ותו הא דתניא. במכילתא אחריתי:

5 ר' יהודה אומר משום בן בתירה העובר לפני התיבה בי"ט אחרון של חג האחרון מזכיר הראשון אינו מזכיר:

6 (אלא) אמר רב נחמן בר יצחק תהא. תרווייהו הא דבעית הי ר' יהושע והא דבעית הי בן בתירה ר' יהושע בן בתירה היא דהאי דקאמר ר' יהודה לעיל משום ר' יהושע והדר קאמר משום בן בתירה תהא תרוייהו ר' יהושע בן בתירה ולא קשיא זמנין קרו ליה בשמיה דאבוה בן בתירה וזמנין דקרו ליה בשמיה דידיה ר' יהושע:

7 מקמי דליסמכוהו. לא הוה חשוב וקרו ליה בשמיה דאבוה והאי דקרו ליה בשמיה דנפשיה ר' יהושע היינו לבתר דסמכוהו:

8 בטל וברוחות. משיב הרוח ומוריד הטל לא חייבוהו חכמים להזכיר אפילו בימות הגשמים:

9 לפי שאינן נעצרין. שאלמלא הן אין העולם מתקיים והאי דאמרינן בתפלה משיב הרוח ומוריד הגשם לאו משום חיוב אלא חוק גשם הוא מזכיר דטל ורוחות מועילות לארץ לתקנה ולנגבה כדבסמוך זיקא דבתר מיטרא כמיטרא:

10 ואילו טל לא קאמר. ואתנה טל ומטר אלא מטר בלבד:

11 דלא^ מיעצר. לעולם אפילו באותן שנים:

12 אישתבועי למה ליה. אם יהיה השנים האלה טל ומטר כי אם לפי דברי הא לא נעצר:

13 אפילו טל דברכה. שיצמיח שום צמח:

14 וליהדריה לטל דברכה. ולימא ואתנה טל ומטר:

15 דלא מינכרא מילתא. דהא טל הוה מעיקרא ולא היה אחאב הרשע מודה בחזירה דטל של ברכה דאי הוה אומר ואתנה טל ומטר היה אחאב מקנטרו ואומר לו שלא נעצר:

16 אלא דמכניפנא לכו מד' רוחי עלמא לא גרסינן דהא פרשתי אתכם כתיב בקרא ואיכא למימר דגרס ליה והכי משתמע קרא כי מד' רוחות השמים שפרשתי אתכם משם אקבצכם ואריכות לשון בעלמא הוא דלא כתיב קיבוץ בקרא:

17 כשם שא"א לעולם בלא רוחות. שלא יתקיים מרוב הבל וחמימות:

18 בלא ישראל. שאין העולם מתקיים אלא בשביל ישראל והכי אמר קרא כי כד' רוחות השמים פרשתי אתכם לרוחות העולם כדי שיתקיים שנאמר (ירמיה לג) אם לא בריתי יומם ולילה חקות שמים וארץ לא שמתי:

19 בימות החמה. מניסן עד החג:

20 משיב הרוח אין מחזירין אותו. דבלאו הכי לא מיעצר:

21 מוריד הגשם מחזירין אותו. דמיעצר וכיון דבעא אמיטרא לא התפלל תפלתו כהוגן וחוזר לראש הברכה ואומרה בלא מוריד הגשם לפי שהגשמים בקיץ סימן קללה הן מפני הקציר:

בימות הגשמים,
לא אמר משיב הרוח - אין מחזירין אותו,
לא אמר מוריד הגשם - מחזירין אותו,
ולא עוד אלא אפילו אמר:
מעביר[1] הרוח ומפריח[2] הטל - אין[3] מחזירין אותו.

תנא:
בעבים[4] וברוחות לא חייבו חכמים להזכיר,
ואם בא להזכיר - מזכיר;
למימרא[סב][5] דלא מיעצרי.

ולא מיעצרי?
והתני רב יוסף:
"וְעָצַר אֶת הַשָּׁמַיִם" (דברים יא,יז),
מן העבים ומן הרוחות;
אתה אומר מן העבים ומן הרוחות,
או אינו אלא מן המטר;
כשהוא אומר (שם): "וְלֹא יִהְיֶה מָטָר",
הרי מטר אמור;
הא מה אני מקיים "וְעָצַר אֶת הַשָּׁמַיִם"?
מן העבים ומן הרוחות;
קשיא רוחות ארוחות!
קשיא עבים אעבים!?
עבים אעבים לא קשיא,
הא - בחרפי,[6]
הא - באפלי.[7]
רוחות ארוחות לא קשיא,
הא - ברוח מצויה,
הא - ברוח שאינה[8] מצויה.
רוח[9] שאינה מצויה נמי - הא מיבעיא[סג] לבי דרי!?
אפשר[10] בנפוותא.

תנא:
העבים והרוחות שניות[11] למטר.
מאי[12] היא?[סד]

אמר[13] עולא, ואיתימא רב[סה] יהודה:
זיקא[סו] דבתר מיטרא.

למימרא[14] דמעליותא היא?
והכתיב (דברים כח,כד):
"יִתֵּן[15] יְהוָה אֶת מְטַר אַרְצְךָ אָבָק וְעָפָר",
ואמר עולא, ואיתימא רב יהודה:
זיקא[16] דבתר מיטרא!?[סז]
לא קשיא,
הא -[17] דאתא ניחא,
הא - דאתא רזיא.[18]
ואי בעית אימא -
הא - דמעלה אבק,
הא - דלא מעלה אבק.

ואמר רב יהודה:
זיקא דבתר מיטרא - כמיטרא;[19]
עיבא דבתר מיטרא - כמיטרא;
שימשא דבתר מיטרא - כתרי מטרי.
למעוטי[20] מאי?
למעוטי גילהי[21] דליליא, ושימשא[סח][22] דביני קרחי.

אמר רבא:
מעלי[23] תלגא לטורי כחמשה[24] מטרי לארעא,
שנאמר (איוב לז,ו):
"כִּי לַשֶּׁלֶג יֹאמַר הֱוֵא אָרֶץ,
וְגֶשֶׁם מָטָר וְגֶשֶׁם מִטְרוֹת עֻזּוֹ".

ואמר רבא:
תלגא לטורי,
מיטרא[סט] רזיא לאילני,
ד. מיטרא[ע][25] ניחא לפירי, *
עורפילא[26] אפילו לפרצידא[27] דתותי קלא מהניא[28] ליה.
מאי עורפילא?

רש"י

1 מעביר הרוח. שלא ינשב:
2 ומפריח הטל. שלא ירד:
3 אין מחזירין אותו. דלא מיעצרי:
4 בעבים. מקשר עבים:
5 למימרא דלא מיעצרי. לפיכך לא חייבוהו להזכיר:
6 בחרפי. עבים בכירות הבאים לפני המטר אינן עצורות:
7 באפלי. הבאות מאוחרות לאחר המטר דשניות למטר הן כדלקמן ובהנהו כתיב ועצר וכיון דאין כולם נעצרות לא חייבו להזכיר:
8 שאינה מצויה. כתיב ועצר ואפ"ה לא חייבוהו להזכיר דסגי ליה במצויה רוחות לא מצי לתרוצי הא בחרפי הא באפלי דרוח בין במטר בין בלא מטר לא מיעצר כגון רוח מצויה:
9 רוח שאינה מצויה נמי חזיא לבי דרי. לגורן לזרות הקשין מן התבואה ונחייב להזכיר:
10 אפשר בנפוותא. וו"ן בלע"ז בנפה וכברה:
11 שניות. כמעט שמועילות כמטר עצמו:
12 מאי היא. אי זה עבים ורוחות קאמר דשניות למטר:
13 אמר עולא ואיתימא רב יהודה דבתר מיטרא. עבים ורוחות שלאחר המטר:
14 זיקא ל"ג הכא:
15 יתן ה' את מטר ארצך אבק ועפר וגו':
16 זיקא דבתר מיטרא. שהרוח מעלה אבק אחר הגשמים ונדבק בתבואה:
17 ה"ג הא דאתא ניחא הא דאתא רזיא. כשירד בנחת אינו מעלה אבק:
18 רזיא. בכח ולא גרסינן ואי בעית אימא הא והא כו' אלא ה"ג הא דמעלה אבק הא דלא מעלה אבק והיינו הך:
19 כמיטרא. שניות למטר דקתני בתוספתא:
20 למעוטי מאי. מאחר דכולהו כמיטרא מאי קמעטינן דהוי בתריה ולא הוי כמיטרא:
21 גילהי דליליא. אישלושטר"א בלע"ז בגילהי הוה קאי במס' (פסחים יג.) ורוב גילהי בליליא שכיח:
22 וביומא שמשא דביני קרחי. שבין העבים שנראה במקום אחד אורה ובמקום אחר מעונן כקרח שיש לו שערות במקום אחד וקרחה במקום אחר:
23 מעלי תלגא לטורי. וכ"ש לבקעה אלא הרים אין להם גשמים אלא שלג שהגשמים יורדין למטה ואין ההר שותה מהן ועוד שלג שבעמקים נמס והולך מפני החום שלושלט שם וכמים הוא אבל בהרים קרוי שלג:
24 כחמשה מיטרי לארעא. דהכי משמע קרא כי לשלג יאמר הוא ארץ כשיאמר לשלג הוה ארץ הרי הוא כגשם מטר וגשם מטרות והרי יש כאן חמשה:
25 מיטרא ניחא. שיורד בנחת יפה לפירות התבואה:
26 עורפילא. גשמים דקים כך שמן כדלקמן:
27 אפי' לפרצידא דתותי קלא. הגרעין שתחת גושה של קרקע:
28 מהניא. שמתחיל לבצבץ ולעלות מיד:

עורו׳ פילי.

ואמר רבא:
האי צורבא[2] מרבנן דמי לפרצידא דתותי קלא,
כיון[עא][3] דנבט - נבט.

ואמר רבא:
האי צורבא מרבנן דרתח -
אורייתיה[עב][4] מרתחא ליה,
שנאמר (ירמיהו כג,כט):
"הֲלוֹא כֹה דְבָרִי כָּאֵשׁ[5] נְאֻם יְהוָה".

אמר[עג] רב אשי:
כל תלמיד חכם שאינו קשה כברזל -
אינו תלמיד חכם,
שנאמר (שם):
"וּכְפַטִּישׁ יְפֹצֵץ סָלַע".

אמר ליה רבי אבא לרב אשי:
אתון מהתם מתניתו לה,
אנן מהכא מתנינן לה,
דכתיב (דברים ח,ט):
"אֶרֶץ אֲשֶׁר אֲבָנֶיהָ בַרְזֶל",
אל תקרי: "אֲבָנֶיהָ", אלא - בוניה.[עו][6]

אמר רבינא:
אפילו הכי מיבעי ליה לאיניש למילף נפשיה בניחותא,
שנאמר (קהלת יא,י):
"וְהָסֵר כַּעַס מִלִּבֶּךָ" וגו׳.

אמר רבי שמואל בר נחמני אמר רבי יונתן:
שלשה[8] שאלו שלא כהוגן,
לשנים - השיבום[עד] כהוגן,
לאחד - השיבוהו שלא כהוגן;
ואלו הן:
אליעזר עבד אברהם, ושאול בן קיש, ויפתח הגלעדי.

אליעזר עבד אברהם.
דכתיב (בראשית כד,יד):
"וְהָיָה הַנַּעֲרָ אֲשֶׁר אֹמַר אֵלֶיהָ הַטִּי נָא כַדֵּךְ" וגו׳,
יכול אפילו[10] חיגרת, אפילו סומא;
והשיבוהו[עה][11] כהוגן, ונזדמנה לו רבקה.

שאול בן קיש.
דכתיב (שמואל א יז,כה):
"וְהָיָה הָאִישׁ אֲשֶׁר יַכֶּנּוּ יַעְשְׁרֶנּוּ הַמֶּלֶךְ עֹשֶׁר גָּדוֹל,
וְאֶת בִּתּוֹ יִתֶּן לוֹ",
יכול אפילו עבד, אפילו ממזר;
והשיבוהו[עו] כהוגן, ונזדמן לו דוד.

יפתח הגלעדי.
דכתיב (שופטים יא,לא):
"וְהָיָה הַיּוֹצֵא אֲשֶׁר יֵצֵא מִדַּלְתֵי בֵיתִי" וגו׳,
יכול אפילו דבר[12] טמא;
והשיבוהו[עז] שלא כהוגן ונזדמנה[עח] לו בתו.

והיינו[13] דקאמר להו נביא לישראל:
"הַצֳרִי אֵין בְּגִלְעָד אִם רֹפֵא אֵין שָׁם" (ירמיהו ח,כב);
וכתיב (שם יט,ה):[14]
"אֲשֶׁר לֹא צִוִּיתִי וְלֹא דִבַּרְתִּי וְלֹא עָלְתָה עַל לִבִּי".

"אֲשֶׁר לֹא צִוִּיתִי" -
זה בנו של מישע מלך מואב,
דכתיב (מלכים ב ג,כז):[עט]
"וַיִּקַּח אֶת בְּנוֹ הַבְּכוֹר אֲשֶׁר יִמְלֹךְ תַּחְתָּיו וַיַּעֲלֵהוּ עֹלָה".

"וְלֹא דִבַּרְתִּי" -
זו בתו של[פ] יפתח.

"וְלֹא[15] עָלְתָה עַל לִבִּי" -
זה יצחק בן אברהם.

אמר רבי ברכיה:

רש״י

1 עורו פילי. שסותם סדקי הארץ ל״א שמגדלת ומצמחת הגרעינין העומדין בסדקי הקרקע:

2 צורבא מרבנן. בחור חריף כמו ביעי דצריבן במסכת ביצה (ז.) תלמיד חכם זקן לא קרי צורבא אלא ההוא מרבנן קרי ליה:

3 כיון דנבט נבט. שמתחיל לבצבץ ולעלות עולה למעלה כך תלמיד חכם כיון שיצא שמו הולך וגדל למעלה:

4 אורייתא מרתחא ליה. שיש לו רוחב לב מתוך תורתו ומשים ללבו יותר משאר בני אדם וקמ״ל דחייבין לדונו לכף זכות:

5 כאש. שמחמם כל גופו:

6 בוניה. תלמידי חכמים מקיימי עולם בבניינו:^

7 ברזל. קפדנים וקשים כברזל:

8 שלשה שאלו כו׳. משום דרבי ברכיה מיירי בגשמים לקמן נקט לה:

9 ובנות אנשי העיר יוצאות והיה הנערה. משמע הנערה היוצאה תחילה מן העיר ויאמר לה השקיני לה היה מנחש:

10 אפי׳ חיגרת אפי׳ סומא. לפי שלא פירש בשאילתו ואפשר שתהיה בעלת מום ולא יבין בה אליעזר ויקחנה:

11 (אלא) השיבוהו כהוגן. וזימנו לו רבקה:

12 דבר טמא. כלב או חזיר:

13 והיינו דאמר להו נביא כו׳. מדגני ביה קרא ואמר הצרי אין בגלעד^ פנחס היה שם והיה יכול להתיר נדרו אלא שלא רצה יפתח לילך אצלו והוא לא רצה לבוא אצל יפתח בבראשית רבה:

14 וכתיב אשר לא צויתי. בירמיה כתיב בפרשת בקבוק ובנו את במות התופת אשר בגיא בן הנם לשרוף את בנותיהם ואת בניהם באש אשר לא [צויתי ולא] דברתי ולא עלתה על לבי שלא תאמרו הלא צוה כמו כן הקב״ה ליפתח ומישע ואברהם כי מעולם לא צויתי למישע לשרוף את בנו באש דכתיב ויקח את בנו הבכור אשר ימלך תחתיו ויעלהו עולה על החומה ולשמים נתכוון כסבור היה לרצות להקב״ה והאי דכתיב על שרפו עצמות מלך אדום לשיד מילתא אחרינא הוא ולא דברתי ליפתח מימים ימימה ותהי חק בישראל ובתרגום מזכיר פנחס לגנאי ויפתח לגנאי אלמא לא היה הקב״ה רוצה בבתו שהרי מזכירם לגנאי לפי שלא הלכו זה אצל זה לבטל הנדר:

15 ה״ג ולא עלתה על לבי זה יצחק בן אברהם. כלומר שאע״פ שצויתי לו מעולם לא עלתה על לבי לשחוט בנו אלא לנסותו מפני קטיגורו היינו שטן כדאמר בסנהדרין בהנחנקין (פט:) ויהי אחר הדברים האלה אחר דבריו של שטן וכו׳ ואית דלא גרסינן האי ולא עלתה על לבי דטעי בקרא אחרינא דלא כתב אלא אשר לא צויתי ולא דברתי (ירמיהו ד פסוק כב) ובפרשת בקבוק כתיב כל הני שלשה אשר לא צויתי ולא דברתי ולא עלתה על לבי בתנחומא אשר לא צויתי זו בתו של יפתח אע״פ שצויתי לו תורה ומצות מצוה זו לא צויתי עליו ולא דברתי זה בנו של מישע מלך מואב והלא מישע גוי^ הוא ולא חולין הוא לי לדבר עמו אפילו דיבור בעלמא ובאגדה קא חשיב כלב בהדייהו אשר יכה את קרית ספר ולכדה וגו׳ ורבי יונתן דלא חשיב ליה דבגמרא פשיט ליה להאי קרא בהלכות שנשתכחו בימי אבלו של משה כדאמרינן בתמורה (טז.) ואין לחוש שתשרה רוח הקדש על עבד ועל ממזר כדאמרינן בנדרים (לח.) שאין שכינה שורה כו׳ מפי רבי וגדעון ששאל למנוע טל מעל הארץ וגיזה לבדה יהיה אין זה שלא כהוגן ומה תקלה יש אם יחסר העולם טל לילה אחת לבד מפי רבי:

אף כנסת ישראל שאלה שלא כהוגן,
והקדוש ברוך הוא השיבה כהוגן,
שנאמר (הושע ו,ג):
"וְנֵדְעָה נִרְדְּפָה לָדַעַת אֶת יְהוָה כְּשַׁחַר נָכוֹן מוֹצָאוֹ,
וְיָבוֹא[1] כַגֶּשֶׁם לָנוּ".

אמר לה הקדוש ברוך הוא: בתי,
את שואלת דבר[2] שפעמים מתבקש ופעמים אינו מתבקש,
אבל אני אהיה לך דבר המתבקש לעולם,
שנאמר (שם יד,ו):
"אֶהְיֶה כַטַּל לְיִשְׂרָאֵל".

ועוד שאלה שלא כהוגן,
אמרה לפניו: רבונו של עולם,
"שִׂימֵנִי כַחוֹתָם עַל לִבֶּךָ כַּחוֹתָם עַל זְרוֹעֶךָ" (שיר השירים ח,ו).
אמר לה הקדוש ברוך הוא: בתי,
את שואלת דבר שפעמים[3] נראה ופעמים אינו נראה,
אבל אני אעשה לך דבר שנראה לעולם,
שנאמר (ישעיהו מט,טז):
"הֵן עַל כַּפַּיִם חַקֹּתִיךְ".

אין שואלין את הגשמים כו'.

סברוה -[4]
שאלה והזכרה חדא מילתא היא,
מאן[5] תנא?
אמר רבא:
רבי[6] יהושע היא דאמר:
משעת הנחתו.

אמר ליה אביי:
אפילו תימא - רבי אליעזר,
שאלה לחוד, והזכרה לחוד.

ואיכא[7] דאמרי:
ד: לימא * רבי יהושע היא דאמר:
משעת הנחתו?
אמר רבא:
אפילו תימא - רבי אליעזר,
שאלה לחוד, והזכרה לחוד.

רבי יהודה אומר:
העובר לפני התיבה כו'.

ורמינהו (כאן ב):
עד[8] מתי שואלין את הגשמים?
רבי יהודה אומר: עד[9] שיעבור הפסח;
רבי יוסי[פא] אומר: עד[10] שיצא[פב] ניסן!?

אמר[11] רב חסדא:
לא קשיא,
כאן - לשאול,
כאן - להזכיר;
מישאל - שאיל ואזיל,
הזכרה -[פג] ביום טוב הראשון פסיק.

אמר עולא:
הא דרב חסדא -
"כַּחֹמֶץ[פד] לַשִּׁנַּיִם וְכֶעָשָׁן לָעֵינָיִם" (משלי י,כו)!
ומה במקום[12] שאינו שואל - מזכיר,[13]
במקום[14] שהוא שואל -[פה] אינו דין שיהא מזכיר!?
אלא אמר עולא:
תרי[15] תנאי אליבא דרבי יהודה.

רב[16] יוסף אמר:
מאי עד שיעבור הפסח?
עד שיעבור זמן[פו] שליח צבור ראשון,
היורד ביום טוב ראשון של פסח.

אמר ליה אביי:
שאלה[17] ביום טוב מי איכא!?
אמר[18] ליה:
אין, שואל מתורגמן.

וכי מתורגמן שואל דבר[19] שאינו צריך לצבור!?
אלא מחוורתא כדעולא.

רבה אמר:
מאי עד שיעבור הפסח?
עד[20] שיעבור זמן שחיטת הפסח,

רש"י

1 **ויבוא כגשם לנו.** פעמים אינו מתבקש שהוא סימן קללה בקיץ:

2 **דבר המתבקש לעולם.** טל אפילו בימות החמה:

3 **פעמים נראה.** כשהוא ערום נראה זרועו וכנגד לבו ואינו נראה כשהוא לבוש והכף נראית כל שעה שהיד נראית לעינים וי"ל על כפים על השמים צורת אדם שהוא בכסא וכן נשא לבבנו אל כפים (איכה ג) מפי רבי:

4 ה"ג **סברוה שאלה והזכרה חדא מילתא היא.** כלומר הא דקתני אין שואלין את הגשמים היינו אין מזכירין את הגשמים:

5 **ומאן תנא.** דאמר סמוך לימות הגשמים מזכירין אבל לא קודם לכן:

6 **רבי יהושע היא.** דאמר משעת הנחת לולב הוא מזכיר דהיינו יום שמיני וזהו סמוך לגשמים דמן החג ואילך הוא זמן גשמים:

7 הכי גרסינן **ואיכא דאמרי לימא ר' יהושע היא אפי' תימא רבי אליעזר כו'.** ולא גרסינן סברוה שאלה לחוד והזכרה לחוד דהא לא משתמע ממתני':

8 **עד אימתי שואלין את הגשמים.** בסוף ימות הגשמים:

9 **עד שיעבור הפסח.** דאמרינן כל חולו של מועד ותן טל ומטר:

10 **עד שיצא ניסן.** וכדמפיק טעמא במתני':

11 הכי גרסינן **אמר רב חסדא כאן לשאול כאן להזכיר מישאל שאיל ואזיל והזכרה** ביו"ט ראשון פוסק. לשאול שואל והולך עד שיעבור הפסח כדקתני עד מתי שואלין כו' להזכיר אינו מזכיר אלא בתפלת יוצר של יו"ט ראשון:

12 **במקום שאינו שואל.** ביו"ט האחרון של חג שאינו מתפלל תפלתו תפלת חול דאין שאלה אלא בברכת השנים:

13 **מזכיר.** גבורות גשמים כדאמר רבי יהודה האחרון מזכיר:

14 **במקום שהוא שואל.** בחולו של מועד של פסח:

15 **תרי תנאי.** חד אמר עד שיעבור הפסח שואלין כל שכן שמזכירין וחד אמר שאלה עד הפסח והזכרה שיכול להזכיר ביו"ט מזכיר ביו"ט הראשון של פסח בתפלת יוצר ובמוספין פוסק:

16 **רב יוסף אמר.** האי דקתני עד אימתי שואלין עד שיעבור כו' ה"ק עד שיעבור שליח צבור כו' והיינו כאידך רבי יהודה דמתני' דאמר הראשון מזכיר האחרון אינו מזכיר:

17 **שאלה ביו"ט מי איכא.** וכי מתפלל הוא תפלת חול שאתה אומר עד שיעבור הפסח דהיינו זמן שליח צבור של תפלת יו"ט הראשון של פסח:

18 **אמר ליה אין שאלה דמתורגמן.** בדרשה שהוא דורש אומר ברכת שאלה לבדה:

19 **דבר שאינו צריך לצבור.** דכיון דזמן הפסקה הוא לאו אורח ארעא למישאל בצבור דבר שאינו צריך:

20 **עד שיעבור זמן שחיטת פסח.** חצות יום דארבעה עשר עד שיעבור חצות דהיינו כל תפלת יוצר ואשמעינן ר' יהודה דבמנחה דערבי פסחים אע"ג דמצלינן תפלת חול מפסיקינן ולא יאמר ותן טל ומטר ואע"ג דמדכרינן עד למחר במוספין

וכתחילתו[1] כן סופו -
מה תחילתו - מזכיר אף על פי שאינו שואל,
אף סופו - מזכיר אף על פי שאינו שואל.
אמר ליה אביי:
בשלמא תחילתו מזכיר -
דהזכרה[פז][2] נמי ריצוי שאלה היא;
אלא[3] סופו -
מאי ריצוי שאלה איכא!?
אלא מחוורתא כדעולא.

אמר רבי אסי אמר רבי יוחנן:
הלכה[4] כרבי יהודה.
אמר ליה רבי זירא לרבי אסי:
ומי[5] אמר רבי יוחנן הכי?
והתנן (כאן ג):
בשלשה[6] במרחשון שואלין את הגשמים;
רבן גמליאל אומר: בשבעה בו;
ואמר רבי אלעזר:
הלכה[7] כרבן גמליאל!?
אמר ליה:
גברא אגברא קא רמית?
איבעית אימא -
לא קשיא,
כאן -[8] לשאול,
כאן -[9] להזכיר.
והאמר[10] רבי יוחנן:
במקום ששואל מזכיר!?
ההוא להפסקה[11] איתמר,
והא[12] תרוייהו איתמר.[פח]
והאמר רבי יוחנן:
התחיל להזכיר - מתחיל[13] לשאול,
פסק[14] מלשאול - פוסק מלהזכיר!?

אלא לא קשיא,
הא -[15] לן,
והא -[פט][16] להו.
מאי שנא לדידן - דאית לן פירי בדברא,[17]
לדידהו נמי - אית[18] להו עולי רגלים!?
כי[19] קאמר רבי יוחנן -
בזמן שאין בית המקדש קיים.
השתא דאתית להכי,
הא והא - לדידהו,
ולא קשיא,
כאן -[20] בזמן שבית המקדש קיים,
כאן - בזמן שאין בית המקדש קיים.

ואנן[21] דאית לן תרי יומי -
היכי עבדינן?
אמר רב:
מתחיל[22] במוספין,
ופוסק[23] במנחה, ערבית,[24] ושחרית,
וחוזר ומתחיל[צ] במוספין.
אמר להו שמואל:
פוקו ואמרו ליה לאבא:[25]
לאחר[צא][26] שעשיתו קודש תעשהו[27] חול!?
אלא אמר שמואל:
מתחיל במוספין ובמנחה,
ופוסק[28] ערבית ושחרית,
ה. וחוזר ומתחיל במוספין. *
רבא[29] אמר:
כיון שהתחיל - שוב אינו פוסק;
וכן אמר רב ששת:
כיון שהתחיל - שוב אינו פוסק;
ואף רב הדר[30] ביה,
דאמר רב חננאל אמר רב:

רש"י

פוסק השאלה בתפלת מנחה של ערב יו"ט הראשון והזכרה שיכול להזכיר ביום טוב מזכיר עד תפלת מוסף של יום טוב הראשון:

1 **כתחילתו.** שהוא מזכיר תחלה ביום טוב אחרון של חג ואינו שואל עד לאחר החג כך בסופו אינו שואל במנחה ערב יו"ט הראשון ומזכיר עד מוסף של יו"ט ראשון והא ליכא למיפרך שאלה ביו"ט מי איכא:

2 **דהזכרה נמי צורך שאלה היא.** שמרצה תחילה לפי שא"א לו לשאול ביו"ט וכיון דאיכא שאלה אבתריה מזכיר הוא לרצויי בעלמא:

3 **אבל סופו.** למה הוא מזכיר הואיל ואינו צריך לשאול מכאן ואילך הא כיון דאפסקת מאתמול גלית אדעתך דלא ניחא לך בהו ואמאי מזכיר:

4 **הלכה כרבי יהודה.** דאמר העובר לפני התיבה וכו':

5 **מי אמר רבי יוחנן הכי.** דהלכה כרבי יהודה דמזכיר ביו"ט האחרון:

6 **בשלשה במרחשון.** הכי קים להו דהוה זמן גשמים כו':

7 **הלכה כרבן גמליאל.** דאינו שואל עד שבעה במרחשון וקא ס"ד דבמקום שהוא שואל מזכיר עד דמשני לקמן:

8 **כאן לשאול.** בשבעה במרחשון:

9 **כאן להזכיר.** מיו"ט האחרון ור' יוחנן אית ליה דרבי אלעזר:

10 **והא א"ר יוחנן במקום ששואל מזכיר.** במקום שאינו שואל אינו מזכיר והיכי א"ר יוחנן דהלכה כר' יהודה שמזכיר ביו"ט האחרון הא ליכא שאלה דאין אומר ברכת השנים ביו"ט:

11 **להפסקה איתמר.** דכשהוא מפסיק לשאלה בערב הפסח פוסק נמי להזכרה דהכי משמע במקום ששואל מזכיר:

12 **והא תרוייהו איתמר.** התחלה והפסקה:

13 **יתחיל לשאול.** דהיינו בחול שיכול לשאול:

14 **פסק מלשאול.** בערב הפסח פוסק מלהזכיר אלמא לא סבירא ליה כרבי יהודה והיכי אמר הלכה כמותו:

15 **הא לן והא להו.** לבני בבל שיש לנו תבואה ופירות בשדה כל תשרי אין מזכירין עד שבעה במרחשון ושם שואלים כדאמר רבי יוחנן מתחיל להזכיר מתחיל לשאול:

16 **והא להו.** לבני ארץ ישראל דקוצרין בניסן ואוספין בתשרי מזכירין בי"ט האחרון כרבי יהודה דאמר רב אסי הלכה כמותו:

17 **בדברא.** מדבר כלומר בשדות:

18 **אית להו עולי רגלים.** ואם ירדו להן גשמים קשה להן בחזירתן:

19 **אלא כי א"ר יוחנן.** הלכה כר' יהודה דמזכיר מיו"ט האחרון כו' בזמן שאין בהמ"ק קיים וליכא עולי רגלים מזכיר:

20 **כאן בזמן שבית המקדש קיים.** דאיכא עולי רגלים אינו מזכיר עד ז' במרחשון:

21 **אנן דאית לן תרי יומי.** שני ימים טובים אחרונים שמיני ספק שביעי ותשיעי ספק שמיני לרבי יהודה דאמר מיו"ט האחרון באיזה מהן מזכיר:

22 **מתחיל במוסף.** של שמיני ספק שביעי דשמא יו"ט האחרון הוא:

23 **ופוסק במנחה.** שמא שביעי חול הוא ואין זמן הזכרה עד מוסף של מחר:

24 **ופוסק נמי בערבית ושחרית.** של תשיעי ספק שמיני:

25 **לאבא.** חברי:

26 **לאחר שעשיתו קודש.** לשמיני ספק שביעי שהזכרת בו גבורות גשמים כרבי יהודה מיו"ט האחרון:

27 **תעשהו חול.** בתמיה שמפסיק במנחה של אותו היום:

28 **ופוסק ערבית ושחרית.** דלאו היינו תפלה של אותו היום:

29 **רבא אמר כיון שהתחיל.** בשמיני ספק שביעי שוב אינו פוסק:

30 **הדר ביה.** ממאי דאמר פוסק:

מונה[1] עשרים ואחד יום,
כדרך שמונה עשרה ימים מראש השנה עד יום הכיפורים,
ומתחיל,
וכיון שהתחיל - שוב אינו פוסק.

והלכתא:
כיון שהתחיל - שוב אינו פוסק.

משנה (ב):

עד מתי שואלין את הגשמים?
רבי יהודה אומר: עד שיעבור הפסח;
רבי יוסי[צב] אומר: עד שיצא ניסן,
שנאמר (יואל ב,כג):
"וַיּוֹרֶד לָכֶם גֶּשֶׁם מוֹרֶה וּמַלְקוֹשׁ בָּרִאשׁוֹן".

גמרא:

אמר[2] ליה רב נחמן לרבי יצחק:
יורה בניסן הוא?[צג]
יורה במרחשון[3] הוא,
דתניא:[צד]
"יוֹרֶה"[4] (דברים יא,יד) במרחשון ו"מַלְקוֹשׁ"(שם) בניסן!?

אמר[5] ליה: הכי אמר רבי יוחנן:
בימי יואל בן פתואל נתקיים מקרא זה,
דכתיב ביה (יואל א,ד):
"יֶתֶר הַגָּזָם אָכַל הָאַרְבֶּה, וְיֶתֶר הָאַרְבֶּה אָכַל הַיָּלֶק,[צה]
וְיֶתֶר הַיֶּלֶק אָכַל הֶחָסִיל",[צו]
אותה שנה יצא[6] אדר ולא ירדו גשמים,
ירדה להם רביעה[7] ראשונה באחד בניסן.
אמר להם נביא לישראל: צאו וזרעו.
אמרו לו:
מי שיש לו קב חטים או קבים שעורין -
יאכלנו ויחיה,
או[8] יזרענו וימות!?
אמר להם: אף על פי כן - צאו וזרעו.
נעשה[9] להם נס,

ונתגלה[10] להם מה שבכתלין ומה שבחורי נמלים.

יצאו[11] וזרעו שני[12] ושלישי ורביעי,
וירדה להם רביעה שניה בחמשה בניסן.
הקריבו עומר בששה עשר בניסן.

נמצאת תבואה הגדילה[13] בששה חדשים,
גדילה באחד[14] עשר יום.
נמצא עומר הקרב מתבואה של ששה חדשים,
קרב מתבואה של אחד עשר יום.

ועל אותו הדור הוא אומר:
"הַזֹּרְעִים[15] בְּדִמְעָה בְּרִנָּה יִקְצֹרוּ,
הָלוֹךְ יֵלֵךְ וּבָכֹה נֹשֵׂא מֶשֶׁךְ הַזָּרַע,
בֹּא יָבוֹא בְרִנָּה נֹשֵׂא אֲלֻמֹּתָיו" (תהלים קכו,ה-ו).[צז]

מאי[16] "הָלוֹךְ יֵלֵךְ וּבָכֹה נֹשֵׂא מֶשֶׁךְ הַזָּרַע" (שם,ו)?[צח]
אמר רב יהודה:
שור כשהוא חורש[17] הולך ובוכה,
ובחזירתו[18] אוכל חזיז מן התלם.

מאי[צט][19] "נֹשֵׂא אֲלֻמֹּתָיו" (שם)?
אמר רב חסדא, ואמרי לה במתניתא תנא:
קנה - זרת,
שיבולת -[20] זרתים.

ואמר[ק] ליה רב נחמן לרבי יצחק:
מאי דכתיב (מלכים ב ח,א):
"כִּי[21] קָרָא יְהוָה לָרָעָב,
וְגַם בָּא אֶל הָאָרֶץ שֶׁבַע שָׁנִים"?
בהנך שבע שנים מאי אכול?
אמר ליה:
הכי אמר רבי יוחנן:
שנה ראשונה - אכלו מה שבבתים;
שניה - אכלו מה[22] שבשדות;
שלישית - בשר בהמה טהורה;
רביעית - בשר בהמה טמאה;
חמישית - בשר שקצים ורמשים;

רש"י

1 מונה כ"א יום. מראש השנה עד שמיני ספק שביעי של חג כדרך שמונה מר"ה עד יוה"כ י' ימים שמתחיל למנות מיום ראשון של ר"ה ומזכיר מכאן ואילך וזהו שמזכיר בשמיני ספק שביעי שהוא כ"ב שוב אינו פוסק והא דמתחילין אנו למנות מיום א' דהא דאנו עושין ב' ימים לאו משום ספק דשמא עיברו לאלול דהא אנן בקיאינן בקביעא דירחא אלא משום דמנהג אבותינו בידינו ל"א מונה כ"א יום כדרך שמונה כו' כלומר אם עיברו אלול לא יחשוב מיום ראשון של ר"ה כ"א יום שאם כן לא ימצאו בידו אלא כ' וכלים ביום טוב שביעי יום נטילת ערבה אלא מיום שמתחילין למנות עשרה ימים לעשות בעשירי יוה"כ יתחיל למנות באלו שבכך לא יטעה שיום הכפורים יום אחד לבד וידע מהיכן התחילו למנות לו וביום שכלין כ"א דהיינו ביום טוב אחרון מתחיל להזכיר וכיון שהתחיל שוב אינו פוסק:

2 א"ל רב נחמן לרב יצחק יורה בניסן הוא. דכתיב ויורד לכם גשם מורה ומלקוש בראשון בתמיה:

3 והא במרחשון הוא. כדתניא לקמן ובספרי הוא:

4 יורה ומלקוש. מפרש לקמן:

5 אמר ליה. ודאי במרחשון הוא ומקרא זה בימי יואל בן פתואל נתקיים שיורה ומלקוש היה בראשון ע"י נס שהיה רעב שבע שנים דכתיב כי קרא ה' לרעב וגם בא אל הארץ שבע שנים וכתיב יתר הגזם אכל הארבה וגו':

6 הכי גרסינן יצא אדר ולא ירדו גשמים. ולא זרעו רוב אדר לא גרסינן:

7 רביעה ראשונה. התחלת גשמים ולקמן (ו:) מפרש רביעה שמרביע את הארץ:

8 או יזרענו וימות. ברעב קודם שתגדל התבואה החדשה שלא יהיה לו מה יאכל:

9 נעשה להם נס כו'. והיינו דכתיב ושלמתי לכם את השנים אשר אכל הארבה וגו':

10 נתגלה להם תבואה שבחורי נמלים ומה שבכתלים. שאצרו העכברים:

11 יצאו וזרעו. מה^ שבידם:

12 שני. בניסן ושלישי ורביעי ומה שמצאו אכלו ולאחר שזרעו ירדו להם גשמים בה' בניסן והקריבו עומר בט"ז בניסן מאותה תבואה חדשה:

13 הגדילה בששה חדשים. מתשרי ועד ניסן:

14 בי"א יום. מחמשה בניסן עד ט"ז בו:

15 הזורעים בדמעה ברנה יקצורו. שלא היה להן מה לאכול:

16 מאי הלך ילך ובכה. אם לבני אדם כבר נאמר הזורעים בדמעה ברנה יקצורו אלא על השור הכתוב אומר:

17 בהליכתו. לחרוש התלם:

18 ובחזירתו אוכל חזיז. שחת מן התלם שזרעו בהליכתן שכשהוא זורע מיד מתחלת ליגדל:

19 מאי בא יבוא ברנה נושא אלומותיו. אם מפני התבואה שיש להם לאכול הרי כבר אמור ברנה יקצורו:

20 שבולת זרתים. זהו נס גדול מה שאין כן דרך כל תבואה שהקנה פי שלשה וארבעה בשבולת:

21 כי קרא ה' לרעב. בימי יהורם בן אחאב נאמר:

22 מה שבשדות. ספיחים ומה שנשתייר בשדות:

ששית - בשר[1] בניהם ובנותיהם;
שביעית - בשר זרועותיהם,
לקיים מה שנאמר (ישעיהו ט,יט):
"אִישׁ בְּשַׂר זְרֹעוֹ יֹאכֵלוּ".

ואמר ליה **רב נחמן** לרבי יצחק:
מאי דכתיב (הושע יא,ט):
"בְּקִרְבְּךָ קָדוֹשׁ וְלֹא אָבוֹא בְּעִיר"?
משום[2] ד"בְּקִרְבְּךָ קָדוֹשׁ" - "לֹא אָבוֹא בְּעִיר"!?

אמר ליה:
הכי אמר רבי יוחנן:
אמר הקדוש ברוך הוא:
לא[3] אבוא בירושלם[קא] של מעלה,
עד שאבוא בירושלם[קב] של מטה.
ומי איכא ירושלם[קג] למעלה?
אין, דכתיב (תהלים קכב,ג):
"יְרוּשָׁלַםִ[4] הַבְּנוּיָה כְּעִיר שֶׁחֻבְּרָה לָּהּ יַחְדָּו".

ואמר ליה **רב נחמן** לרבי יצחק:
מאי דכתיב (ירמיהו י,ח):
"וּבְאַחַת[5] יִבְעֲרוּ וְיִכְסָלוּ מוּסַר הֲבָלִים עֵץ הוּא"?

אמר ליה:
הכי אמר רבי יוחנן:
אחת[6] היא שמבערת רשעים בגיהנם;
ומאי ניהי?[קד] עבודה זרה,
כתיב הכא (שם): "מוּסַר הֲבָלִים עֵץ הוּא",
וכתיב התם (שם,טו): "הֶבֶל הֵמָּה מַעֲשֵׂה תַּעְתֻּעִים".

ואמר ליה **רב נחמן** לרבי יצחק:
מאי דכתיב (שם ב,יג):
"כִּי שְׁתַּיִם רָעוֹת עָשָׂה עַמִּי"?
תרתין הוא דהוו?
עשרין[7] ותרתי[קה] שביקא להו!?

אמר ליה:
הכי אמר רבי יוחנן:
ה: אחת שהיא * שקולה[8] כשתים;
ומאי ניהי?[קו] עבודה זרה,
דכתיב (שם):
"כִּי שְׁתַּיִם רָעוֹת עָשָׂה עַמִּי,
אֹתִי עָזְבוּ מְקוֹר מַיִם חַיִּים,
לַחְצֹב לָהֶם בֹּארוֹת בֹּארֹת נִשְׁבָּרִים";
וכתיב בהו (שם,י-יא):
"כִּי עִבְרוּ אִיֵּי כִתִּיִּים וּרְאוּ, וְקֵדָר שִׁלְחוּ וְהִתְבּוֹנְנוּ מְאֹד,
וּרְאוּ הֵן הָיְתָה כָּזֹאת,[קז]
הַהֵימִיר גּוֹי אֱלֹהִים וְהֵמָּה לֹא אֱלֹהִים,
וְעַמִּי הֵמִיר כְּבוֹדוֹ בְּלוֹא יוֹעִיל".

תנא:
כתיים[קח] עובדים למים,[קט] וקדריים עובדים לאש,[קי]
ואף על פי שיודעים שהמים מכבין את האש -
לא המירו אלהיהם;
"וְעַמִּי הֵמִיר כְּבוֹדוֹ[קיא] בְּלוֹא יוֹעִיל"!

ואמר ליה **רב נחמן** לרבי יצחק:
מאי דכתיב (שמואל א ח,א):
"וַיְהִי כַּאֲשֶׁר זָקֵן שְׁמוּאֵל"?
ומי סיב שמואל כולי האי?
והא בר חמשין ותרתין הוה,
דאמר[9] מר:
מת בחמישים ושתים שנה -
זו היא[קיב][10] מיתתו של שמואל הרמתי!?

אמר ליה:
הכי אמר רבי יוחנן:
זקנה קפצה[11] עליו,
דכתיב (שם א טו,יא):
"נִחַמְתִּי[12] כִּי הִמְלַכְתִּי אֶת שָׁאוּל לְמֶלֶךְ,[קיג]
כִּי שָׁב מֵאַחֲרַי, וְאֶת דְּבָרַי לֹא הֵקִים,[קיד]
וַיִּחַר לִשְׁמוּאֵל, וַיִּזְעַק אֶל יְהוָה כָּל הַלָּיְלָה",[קטו]
אמר לפניו: רבונו של עולם,
שקלתני[13] כמשה ואהרון,
דכתיב (תהלים צט,ו):
"מֹשֶׁה וְאַהֲרֹן בְּכֹהֲנָיו וּשְׁמוּאֵל בְּקֹרְאֵי שְׁמוֹ",
מה "מֹשֶׁה וְאַהֲרֹן" - לא בטלו מעשה[14] ידיהם בחייהם,
אף אני - לא יבטלו[קטז] מעשה ידי בחיי!

אמר הקדוש ברוך הוא:
היכי אעביד?
לימות שאול - לא קא שביק שמואל;
לימות שמואל אדזוטר -[15] מרנני כולי עלמא[קיז][16] אבתריה;

רש"י

[1] **אכלו בשר בניהם.** מקצתם:

[2] **משום דבקרבך קדוש.** שאתה מטיב מעשיך לא יבא הקב"ה בעיר:

[3] **לא אבא בירושלים כו'.** והכי קאמר עד שיהא בקרבך קדוש למטה דהיינו ירושלים לא אבוא בעיר שלמעלה:

[4] **ירושלים הבנויה כעיר שחוברה לה יחדיו.** ירושלים שלמטה תהא בנויה כעיר שחוברה לה שהיא כיוצא בה חבירתה ודוגמתה מכלל דאיכא ירושלים אחריתי והיכן אם לא למעלה:

[5] **ובאחת יבערו ויכסלו מוסר הבלים עץ הוא.** אי לאו גזרה שוה היה משמע אטומים כעץ לקבל מוסר ולשוא היו לוקין:

[6] **באחת.** עבירה שהן עושין יתבערו הכסילים. רשעים:

[7] **עשרים וארבעה שביקא להו.** בתמיה בפרשת התשפוט (יחזקאל כב) כ"ד עבירות שעברו ל"א שעברו על כ"ד ספרים:

[8] **ששקולה כשתים.** דכותיים וקדריים כדמפרש שהרעו משניהן לא הבינו מהן דקדריים^ אע"פ שיראתם פחותה לא רצו להמיר ועמי המירו באחר ולא עוד אלא בלא יועיל:

[9] **והאמר מר.** במועד קטן (כח.):

[10] **זו מיתתו של שמואל הרמתי.** ולא מיתת^ כרת היא במסכת שמחות (פ"ג) מפרש מת בכך שנים זו היא מיתת כרת בכך וכך זו היא מיתת אסכרה ימיו של שמואל נ"ב שנה דכתיב עד יגמל הנער וגו' דשיבירי"ר בלע"ז וכ"ד חדשים נקרא תינוק וכתיב (שמואל א א) וישב שם עד עולם עולמו של לוי חמשים שנה שנאמר (במדבר ח) ומבן חמשים שנה ישוב מצבא העבודה (בבכורות) ירושלמי ובסדר עולם תמצא כשני דפין תוספת על זה:

[11] **קפצה.** הלבין שערו:

[12] **נחמתי.** ורצה הקב"ה הוא להורגו מיד:

[13] **שקלתני כמשה ואהרן דכתיב משה ואהרן בכהניו ושמואל בקוראי שמו וגו'.** שוין הן:

[14] **מעשה ידיהן.** יהושע אף הוא היה תלמידו של אהרן כדאמרי' בעירובין (נד:) יצא משה ושנה להן אהרן פירקו:

[15] **כי זוטר.** בחור:

[16] **מרנני כולי עלמא אבתריה.** דאמרי מדמית זוטר שמא ח"ו עבירה היתה בו:

לא לימות שאול ולא לימות שמואל -
כבר הגיעה מלכות דוד,
ואין מלכות נוגעת בחברתה אפילו כמלא נימא!

מיד קפצה[קיח] עליו זקנה;
היינו דכתיב (שמואל א כב,ו):
"וְשָׁאוּל יוֹשֵׁב בַּגִּבְעָה תַּחַת הָאֶשֶׁל בָּרָמָה",
וכי[1] מה ענין "גִּבְעָה" אצל "רָמָה"?
אלא לומר לך -
מי גרם ל"שָׁאוּל" שישב[2] "בַּגִּבְעָה" שתי שנים ומחצה?
תפלתו של שמואל "בָּרָמָה".[קיט]

ומי[3] מידחי גברא מקמי גברא!?
אין,
דאמר רבי שמואל בר נחמני אמר רבי יונתן:[קכ]
מאי דכתיב (הושע ו,ה):
"עַל כֵּן חָצַבְתִּי בַּנְּבִיאִים, הֲרַגְתִּים בְּאִמְרֵי פִי"?
במעשיהם[4] לא נאמר, אלא[5] "בְּאִמְרֵי פִי",
אלמא - מידחי גברא מקמי גברא.

רב נחמן ורבי יצחק הוו יתבי בסעודתא,
אמר ליה רב נחמן לרבי יצחק:
לימא מר מילתא.
אמר ליה: הכי אמר רבי יוחנן:
אין מסיחין בסעודה,
שמא[6] יקדים קנה לושט, ויבא לידי סכנה.

בתר דסעוד, אמר[7] ליה:
הכי אמר רבי יוחנן:
יעקב אבינו לא[8] מת.
אמר ליה:
וכי בכדי[9] ספדו ספדנייא, וחנטו חנטייא, וקברו קברייא!?

אמר ליה:
מקרא[10] אני דורש,
שנאמר (ירמיהו ל,י):
"וְאַתָּה אַל תִּירָא עַבְדִּי יַעֲקֹב נְאֻם יְהוָה,
וְאַל תֵּחַת יִשְׂרָאֵל,
כִּי הִנְנִי מוֹשִׁיעֲךָ מֵרָחוֹק, וְאֶת זַרְעֲךָ מֵאֶרֶץ שִׁבְיָם",
מקיש הוא לזרעו -
מה[11] זרעו - בחיים,
אף[12] הוא - בחיים.

אמר רבי יצחק:
כל[13] האומר רחב רחב - מיד נקרי.
אמר ליה רב נחמן:
אנא אמינא ולא[14] איכפת לי!?
אמר ליה:
כי קאמינא - ביודעה[15] ובמכירה.

כי[16] הוו מיפטרי מהדדי,
אמר ליה: ליברכן מר.
אמר ליה:
אמשול לך משל, למה הדבר דומה?
לאדם שהיה הולך במדבר,
והיה רעב, ועיף, וצמא,
ומצא אילן שפירותיו מתוקין, וצילו[17] נאה,[18]
ואמת[19] המים עוברת תחתיו.
אכל מפירותיו, ושתה ממימיו, וישב בצילו.

וכשביקש לילך, אמר:
אילן אילן, במה אברכך?
שיהו[קכא] פירותיך מתוקין - הרי פירותיך מתוקין!
שיהא צילך נאה - הרי צילך נאה!
שתהא אמת המים עוברת תחתיך -
הרי אמת המים עוברת תחתיך!
אלא,
ו. יהי רצון שכל נטיעות שנוטעין ממך - * יהיו כמותך.

אף אתה, במה אברכך?
אם בתורה - הרי תורה!
אם בעושר - הרי עושר!
אם בבנים - הרי בנים!
אלא,
יהי רצון שכל צאצאי מעיך - יהיו כמותך.[קכב][20]

תנו רבנן:
"יוֹרֶה"[2221] (דברים יא,יד),
שמורה את הבריות -
להטיח גגותיהן, ולהכניס[23] פירותיהן,[קכג]
ולעשות[24] כל צרכיהן.

דבר אחר:[קכד]

רש"י

1 וכי מה ענין. גבעת בנימין אצל רמה בהר אפרים:

2 שישב ב' שנים ומחצה. כדמפרש בסדר עולם שמלך מחצית שנת עשתי עשרה ושנים עשרה ושלשה עשר ושמואל מת בתוך שנת שלש עשרה לסוף שמונה חדשים:

3 מי מידחי גברא כו'. דאידחי שמואל מקמי דוד:

4 במעשיהם לא נאמר. דמשמע בעבור חטא:

5 אלא באמרי פי. מפני דבר שגזרתי כגון האי מעשה דשמואל:

6 שמא יקדים קנה. כשיוציא הקול נפתח אותו כובע שעל פי הקנה ונכנס בו המאכל ומסתכן ולפיכך לא אומר לך כלום מאכל ומשתה הולך דרך הושט:

7 ה"ג לימא לן מר מידי. ולא גרסינן חד לחבריה:

8 לא מת. אלא חי הוא לעולם:

9 בכדי. וכי בחנם ספדו ספדיא וחנטו חנטיא דכתיב ביה (בראשית נ) ויחנטו (אותו) ויספדו (לו):

10 מקרא אני דורש. והאי דחנטו חנטיא סבורים היו שמת:

11 מה זרעו בחיים. כשהוא מקבץ את ישראל מארץ שבים החיים הוא מקבץ שהן בשבי שהמתים אינן בשבי:

12 אף הוא בחיים. שיביאנו בגולה כדי לגאול את בניו לעיניו כמו שמצינו במצרים וירא ישראל וגו' ודרשינן ישראל סבא ודחנטו חנטיא נדמה להם שמת אבל חי היה:

13 כל האומר רחב רחב מיד נקרי. נעשה בעל קרי:

14 לא איכפת לי. איני חושש:

15 ביודעה. היינו נמי מכירה:

16 כי הוה מיפטר. רב נחמן מרב יצחק:

17 והיה צילו נאה. שזה צריך לאדם עייף לנוח תחתיו:

18 ופירותיו מתוקין. לרעב:

19 ואמת המים. לצמא:

20 יהיו כמותך. בתורה ולעושר וכבוד:

21 יורה. ונתתי מטר ארצכם בעתו יורה ומלקוש (דברים יא):

22 יורה. רביעה ראשונה היורדת במרחשון כדלקמן למה נקרא יורה שמורה להן להטיח גגותיהן בטיח של טיט שלא יטפו גשמים בבית:

23 ולהכניס פירותיהן. שהניחו בשדות לייבשן עד עכשיו:

24 כל צרכיהן. שאר דברים הצריכים לימות הגשמים:

"יוֹרֶה" (שם),[קכה]
שיורד[1] בנחת ואינו יורד בזעף.[קכו]
דבר אחר:[קכז]
"יוֹרֶה" (שם),[קכח]
שמשקה את הארץ ומרוה עד תהום,[קכט]
שנאמר (תהלים סה,יא):[קל]
"תְּלָמֶיהָ[2] רַוֵּה נַחֵת גְּדוּדֶיהָ,[קלא]
בִּרְבִיבִים תְּמֹגְגֶנָּה, צִמְחָהּ תְּבָרֵךְ".[קלב]

או[3] אינו "יוֹרֶה" אלא שמשיר[4] את הפירות,
ומשטיף את הזרעים, ומשטיף את האילנות;
תלמוד לומר: "מַלְקוֹשׁ" (שם),
מה[5] "מַלְקוֹשׁ" - לברכה,
אף "יוֹרֶה" - לברכה.

או אינו "מַלְקוֹשׁ" אלא שמפיל[6] את הבתים,
ומשבר את האילנות, ומעלה את הסקאין;[7]
תלמוד לומר: "יוֹרֶה" (שם),
מה "יוֹרֶה" - לברכה,
אף "מַלְקוֹשׁ" - לברכה.

ו"יוֹרֶה" גופיה מנלן?
דכתיב (יואל ב,כג):
"וּבְנֵי צִיּוֹן גִּילוּ וְשִׂמְחוּ בַּיהוָה אֱלֹהֵיכֶם,
כִּי נָתַן לָכֶם אֶת[8] הַמּוֹרֶה לִצְדָקָה,
וַיּוֹרֶד לָכֶם גֶּשֶׁם מוֹרֶה וּמַלְקוֹשׁ בָּרִאשׁוֹן".

תנו רבנן:
"יוֹרֶה" (דברים יא,יד) במרחשון ו"מַלְקוֹשׁ" (שם) בניסן.

אתה אומר - "יוֹרֶה" במרחשון ו"מַלְקוֹשׁ" בניסן,
או[9] אינו אלא "יוֹרֶה" בתשרי ו"מַלְקוֹשׁ" באייר;
תלמוד[10] לומר: "בְּעִתּוֹ" (שם).

מאי[קלג] "מַלְקוֹשׁ" (שם)?
אמר רב חנילאי[קלד] בר אידי אמר שמואל:
דבר[11] שמל קשיותיהן של ישראל;

דבי רבי ישמעאל תנא:
דבר שממלא תבואה בקשיה;

במתניתא תנא:
דבר שיורד על המלילות[12] ועל הקשין.[13][14]

תנו רבנן:[קלה]
"יוֹרֶה" במרחשון ו"מַלְקוֹשׁ" בניסן,
דברי רבי מאיר;
וחכמים אומרים: "יוֹרֶה" בכסליו.

מאן חכמים?
אמר רב חסדא: רבי יוסי היא,
דתניא:
מאימתי[15] זמנה של[קלו] רביעה ראשונה?
בכירה -[קלז][16] בשלשה במרחשון,
בינונית - בשבעה בו,
אפילה -[17] בשבעה עשר בו,
דברי רבי מאיר;

רבי[18] יהודה אומר:
בשבעה, ובשבעה עשר, ובעשרים ושלשה;

רבי יוסי אומר:
בשבעה עשר, ובעשרים ושלשה, ובראש חדש כסליו.
וכן היה רבי יוסי אומר:
אין[19] היחידים[20] מתענין עד שיגיע ראש חדש כסליו.

אמר[21] רב חסדא:
הלכה כרבי יוסי.

אמימר מתני להא דרב חסדא בהא לישנא:
בשלשה במרחשון שואלין את הגשמים;

רש"י

1 **שיורד בנחת.** והכי משמע יורה כאדם שמורה לתלמידיו בנחת דכתיב (קהלת ט) דברי חכמים בנחת נשמעים אי נמי לשון חץ יורה ההולך ביושר ואינו נוטה לכאן ולכאן לשון אחר שמתכוין לארץ ואינו יורד בזעף בספרי:

2 **תלמיה רוה.** כשאתה מרוה תלמי חרישה של ארץ^ נחת הוא לגדודיה בני אדם היינו פשט המקרא ולקמיה דריש שאפי' גייסות פוסקות בו:

3 **ה"ג או אינו אלא ששוטף את הזרעים.** כלומר דעד השתא אמרינן יורה לברכה או אינו אלא יורה לשון קללה כמו ירה יירה (שמות יט) ששובר הכל או לשון חץ היורה והכי משמע קרא והיה אם שמוע תשמעו אל מצותי וגו' ואם לאו ונתתי מטר ארצכם יורה לרעה מלתא בעלמא הוא ואורחא דברייתא למתני כי האי גוונא:

4 **משיר פירותיהן.** שעודן באילן כגון אתרוגים או רמונים או סופי תאנים ולא גרסינן שוטף את הגרנות דגרנות במרחשון ליכא:

5 **מה מלקוש לברכה.** שא"א לדורשו לשבר גרנות ולהשיר פירות שאינם מצויים באותו הפרק ואי אתה יכול לדורשו אלא לטובה שיורד על המלילות ועל הקשין וממלא את התבואה בקשיה הדר אמר דלמא מלקוש קללה הוא והכי משמע שמל וקשה כלומר מל את הבתים והאילנות שמפילן ומשברן וקשה לתבואה שמעלה סקאים וברכה דקרא למילוי מים בורות שיחין ומערות גימגום:

6 **שמפיל את הבתים.** ומשמעו כדלקמן שמל קשיותן של ישראל אי נמי שמל דבר הקשה חותך ומשבר את הבתים כלומר אין בו תקלת גרנות והשרת פירות לפי שא"א לו:

7 **סקאי.** מין ארבה כדמתרגם הצלצל (דברים כח) סקאה ומלקוש לשון ארבה כמו והנה לקש אחר גזי המלך (עמוס ז):

8 **את המורה לצדקה.** אלמא יורה לטובה:

9 **ה"ג או אינו אלא יורה בתשרי ומלקוש באייר.** שיש עדין מלילות וקשין:

10 **ת"ל בעתו.** יורה במרחשון ומלקוש בניסן שכך היא העת והזמן ויפה הוא כדלקמן דזמן רביעה ראשונה במרחשון הוא אית ספרים דכתוב בהו או אינו אלא בכסליו דזמן יורה בכסליו הוא וכרבנן דפליגי עליה דר"מ לקמן ת"ל בעתו יורה ומלקוש מה מלקוש בעתו אף יורה בעתו דמלקוש זהו שיורד על המלילות ועל הקשין וזהו ניסן שיש בו קשין ומלילות:

11 **דבר שמל קשיותן של ישראל.** שכשאינו יורד חוזרין ישראל בתשובה ומתענין ועושין צדקות:

12 **מלילות.** ראשי שיבולות שאדם מולל בידו כדכתיב (דברים כג) וקטפת מלילות בידך:

13 **וקשין.** קנה:

14 **שממלא תבואה בקשיה.** ומשלימה:

15 **הי רביעה.** איזה זמן רביעה:

16 **בכירה.** ראשונה ולקמן מפרש למאי הלכתא נינהו יורה יש בו ג' זמני גשמים:

17 **אפילה.** אחרונה כמו כי אפילות הנה (שמות ט):

18 **ר' יהודה אומר.** בכירה בז' במרחשון ובינונית בי"ז ואפילה בכ"ג וכולהו הני תלתא יורה קרי להו:

19 **אין היחידים מתענין כו'.** דאמרינן בסמוך שלישית להתענות והואיל וזמן שלישית בראש חדש הוא אין ליחידים להתענות:

20 **יחידים.** חסידים והכי אמרינן במתני' לקמן (י.) הגיע י"ז במרחשון ולא ירדו גשמים התחילו היחידים להתענות שמכאן ואילך זמן רביעה אפילה לר"מ דסתם מתני' ר"מ וה"נ אמר ר' יוסי דאין מתענין עד ר"ח כסליו דהיינו רביעה אפילה והיינו כחכמים דאמרי יורה בכסליו:

21 **אמר רב חסדא הלכה כר' יוסי.** ואמימר תני להא דאמר רב חסדא הלכה כרבן גמליאל דאינו שואל עד ז' במרחשון:

רבן גמליאל אומר: בשבעה בו (כאן ג).

אמר רב חסדא:
הלכה כרבן גמליאל.

כמאן אזלא הא דתניא:
רבן שמעון בן גמליאל אומר:
גשמים שירדו שבעה[1] ימים, בזה[קלח] אחר זה -
אתה מונה בהן - רביעה ראשונה ושניה,
או שניה[קלט] ושלישית?
כמאן? כרבי[2] יוסי.

אמר[3] רב חסדא:
הלכה כרבי יוסי.

בשלמא רביעה ראשונה -[4] לשאול;
שלישית -[5] להתענות;
אלא[קמ] שניה - למאי!?

אמר רבי זירא:
לנדרים,
ו: דתנן (שביעית ט:ז): *
המודר[6] הנאה מחברו[קמא] עד הגשמים -
עד[קמב][7] שתרד רביעה שניה.

רב זביד אמר:
לזיתים,
דתנן (פאה ח:א):
מאימתי כל[8] אדם מותרין בלקט?[קמג]
משילכו הנמושות;
בפרט[9] ובעוללות?
משילכו[10] עניים בכרם ויבואו;
בזיתים?
משתרד[11] רביעה שניה.

מאי נמושות?
אמר רבי יוחנן: סבי דאזלי[14] אתיגרא;
ריש לקיש אמר: לקוטי[15] בתר לקוטי.

רב[16] פפא אמר:
כדי להלך בשבילי הרשות,
דאמר מר:
מהלכין בשבילי[קמד] הרשות עד[17] שתרד רביעה שניה.

רב נחמן בר יצחק אמר:
לבער פירות שביעית,
דתנן (שביעית ט:ז):
עד מתי נהנין ושורפין בתבן[18] ובקש של שביעית?
עד שתרד רביעה שניה.

מאי טעמא?
דכתיב (ויקרא כה,ז):
"וְלִבְהֶמְתְּךָ וְלַחַיָּה אֲשֶׁר בְּאַרְצֶךָ",
כל זמן שחיה אוכלת בשדה - האכל לבהמתך בבית,
כלה[19] לחיה מן השדה - כלה[20] לבהמתך מן הבית.

אמר רבי אבהו:
מאי לשון רביעה?
דבר שרובע את הקרקע.
כדרב יהודה,
דאמר רב יהודה:
מיטרא בעלה דארעא הוא,
שנאמר (ישעיהו נה,י):
"כִּי כַּאֲשֶׁר יֵרֵד הַגֶּשֶׁם וְהַשֶּׁלֶג מִן הַשָּׁמַיִם,
וְשָׁמָּה לֹא יָשׁוּב,
כִּי אִם הִרְוָה אֶת הָאָרֶץ וְהוֹלִידָהּ[21] וְהִצְמִיחָהּ".

ואמר רבי אבהו:
רביעה[22] ראשונה - כדי שתרד בקרקע טפח;
שניה - כדי לגוף[23] בה פי חבית.

אמר רב חסדא:
גשמים שירדו כדי לגוף בהן פי חבית -

רש"י

1 ז' ימים בזה אחר זה. שירדו גשמים עכשיו ופסקו עד יום שביעי וירדו ז' ימים זה אחר זה אתה מונה בהן ראשונה ושניה או שניה^ ושלישית:

2 כר' יוסי. דאליבא דר' יוסי הכי הוו בין רביעה ראשונה ושניה או שניה ושלישית דראשונה בי"ז ושניה בכ"ג דהיינו ז' ימים עם שנים ימי רביעה ומכ"ג עד ל' ז' ימים בלא יום רביעה אחרונה דלכולהו תנאי לא הוי הכי דלר"מ דאמר ראשונה בג' ושניה בז' ליכא בין זו לזו אלא ארבעה ימים בין שניה לשלישית יש י' ימים ולר' יהודה בין ראשונה לשניה י' ימים אבל בין שניה לשלישית יש יותר:

3 נראה לרבי דהכי גרסינן אמר רב חסדא הלכה כר' יהודה דאמר בכירה בז' במרחשון ואז מתחילין לשאול כדלקמן (י.):

4 ראשונה לשאול. מכאן ואילך ותן טל ומטר:

5 שלישית להתענות. שאם לא ירדו גשמים עד זמן רביעה שלישית אפי' פעם אחת מתענין היחידים שני וחמישי ושני:

6 הנודר עד הגשמים. דאמר קונם אם אהנה מדבר זה עד הגשמים:

7 עד שתרד רביעה שניה. בנדרים הולכין אחר לשון בני אדם ואין קורין גשמים לראשונה עד שתרד שניה שמכאן ואילך מקולקלות הדרכים ומאוסות מפני הגשמים ל"א עד הגשמים משמע תרי דהיינו רביעה שניה:

8 כל אדם. אפילו העשירים:

9 פרט. לא תפאר אחריך (דברים כד) לא תטול תפארתו ממנו:

10 משילכו הנמושות. בשדה דמכאן ואילך נתייאשו שאר העניים לפי שיודעין אם נשאר לקט שכחה ופאה נמושות נטלום:

11 נמושות. לשון ממשש:

12 משילכו עניים בכרם ויבאו. כלומר שלקטו וחזרו ובאו פעם שניה והשתא מסחי דעתייהו עניים:

13 משתרד רביעה שניה. דעד ההיא שעתא לקטו הכל:

14 דאזלי אתיגרא. הולכין בנחת ומעייני טפי מחזיק בפלך (שמואל ב ג) מתרגמא אתיגרא:

15 לקוטי בתר לקוטי. עני מוליך בנו אחריו שמכאן ואילך פוסקים שאר עניים מללקוט:

16 ה"ג רב פפא אמר לשבילי הרשות. כלומר שיש רשות מב"ד לעוברי דרכים לקצר שבילן לילך בשדות:

17 עד שתרד רביעה שניה. שמכאן ואילך גדלה התבואה וקשה לה דישת הרגל דאמר מר בפרק מרובה בתנאים שהתנה יהושע מהלכין בשבילי הרשות וכו':

18 בתבן וקש של שביעית. ספיחים שגדלו בשביעית דיש בהן איסור שביעית או תבואה שגדלה בשביעית לאחר שנכנסה:

19 כלה לחיה מן השדה. לשון זכר כמו (בראשית יח) עשו כלה כלומר כלה האוכל:

20 כלה לבהמתך. כמו כלה בחימה כלה ואינימו (תהלים נט) ומשירדה רביעה שניה מכאן ואילך אין תבן וקש בשדות שהגשמים עושין אותן זבל:

21 והולידה. כאדם שמוליד:

22 גשמים ברביעה ראשונה. אם באין כל כך שנימס הקרקע יפין הן ואין צריך להתענות:

23 לגוף בה פי חבית. ששותת מן המים עד שנעשה תיחוח כל כך שיכול לעשות מגופת חבית בלא תוספת מים:

אין[1] בהן משום "וְעָצַר" (דברים יא,יז).

ואמר רב חסדא:
גשמים שירדו קודם[2] "וְעָצַר" -
אין בהן משום "וְעָצַר".

אמר אביי:
לא אמרן אלא קודם "וְעָצַר" דאורתא;
אבל[3] קודם "וְעָצַר" דצפרא -
יש בהן משום "וְעָצַר";
דאמר רב שמואל[קמה] בר יצחק:
הני ענני דצפרא לית[4] בהו מששא,
דכתיב (הושע ו,ד):
"מָה אֶעֱשֶׂה לְּךָ אֶפְרַיִם מָה אֶעֱשֶׂה לְּךָ יְהוּדָה,
וְחַסְדְּכֶם[5] כַּעֲנַן בֹּקֶר" וגו'.

אמר ליה רב פפא לאביי:
והא אמרי אינשי:
מיטרא במפתח[6] בבא -[קמו]
בר חמרא מוך שקיך[קמז] וגני!?
לא קשיא,
הא - דקטר[7][קמח] בעיבא,
הא - דקטר[8][קמט] בעננא.

ואמר[קנ] רב חסדא:[קנא]
טבא[9] לשתא דטבת[10] ארמלתא;
איכא[11] דאמרי: דלאביירי תרביצי;
ואיכא דאמרי: דלא[12] שקיל שודפנא.

איני?
והאמר רב חסדא:
טבא לשתא דטבת מנוולתא!?[13]
לא קשיא,
הא -[14] דאתא מיטרא מעיקרא,
הא -[15] דלא אתא מיטרא מעיקרא.

ואמר רב חסדא:
גשמים שירדו על מקצת מדינה ועל מקצת מדינה לא ירדו -
אין[16] בהן משום "וְעָצַר" (דברים יא,יז).
איני?
והכתיב (עמוס ד,ז):
"וְגַם אָנֹכִי מָנַעְתִּי מִכֶּם אֶת הַגֶּשֶׁם
בְּעוֹד שְׁלֹשָׁה חֳדָשִׁים לַקָּצִיר,
וְהִמְטַרְתִּי עַל עִיר אֶחָת, וְעַל עִיר אַחַת לֹא אַמְטִיר,
חֶלְקָה אַחַת תִּמָּטֵר" וגו';
ואמר[17] רב יהודה אמר רב:
שתיהן לקללה!?
לא קשיא,
הא -[18] דאתא טובא,
הא - דאתא כדמבעי[19] ליה.
אמר רב אשי:
דיקא נמי דכתיב: "תִּמָּטֵר",[20] תהא מקום מטר;
שמע מינה.

אמר רבי אבהו:
מאימתי[21] מברכין על הגשמים?
משיצא חתן[22] לקראת כלה.

מאי מברך?
אמר רב יהודה:[קנב]
מודים אנחנו לך יי אלהינו,
על כל טפה וטפה שהורדת לנו.
ורבי יוחנן מסיים בה הכי:
אילו פינו מלא שירה כים, ולשוננו רנה כהמון גליו כו',
עד אל יעזבונו רחמיך יי אלהינו ולא עזבונו;
ברוך אתה יי[קנג] רוב[23] ההודאות.

רוב ההודאות ולא כל ההודאות!?
אמר רבא: אימא: האל[קנד] ההודאות.

אמר רב פפא:
ז. הלכך * נימרינהו[24] לתרוייהו.

רש"י

1 אין בהם משום ועצר. אין זו קללה של ועצר את השמים:

2 קודם ועצר. קודם זמן ק"ש דכתיב ביה ועצר את השמים אע"פ שלא יהיה רוב גשמים:

3 אבל ירדו קודם ועצר דצפרא יש בהן משום ועצר. הואיל ולא ירדו ביום ואין יפין לעולם:

4 לית בהו מששא. ואין שנתן מתברכת:

5 וחסדכם כענן בקר. שאין בו ממש:

6 מיטרא במיפתח בבי. אם יורדין בבקר כשפותחין הפתחים יקפל החמר שמוכר תבואה את שקו ליכנס לישן מפני שהשנה מתברכת ויהיה שובע בעולם ולא ישתכר במכירת תבואתו אלמא יפין הן:

7 דקטר^ בעיבא. אם נתקשרו שמים בעננים עבים ולא קלושים אין בהם משום ועצר:

8 דקטר^ בעננא. שהיא קלושה מעב אין בו ממש:

9 טבא לשתא. אשריה כלומר טובה יש לשנה.

10 דטבת ארמלתא. שאין גשמים יורדין בה להרביע את הארץ:

11 איכא דאמרי דלא ביירי תרביצי. אותן מקומות שמרביצין בהן תורה אינן בורות מפני שהדרכים יפין הן והולכין התלמידים ממקום למקום ללמוד תורה ל"א לא ביירי תרביצי גנות שאינן גדילין על רוב מים כגון כרשינין:

12 לא שקיל שודפנא. אין השדפון נאחז ומתדבק בתבואה:

13 מנוולתא. שהדרכים מנוולים בטיט מפני הגשמים:

14 הא דאתא מיטרא מעיקרא. שירדו הגשמים בזמנן במרחשון וירדו אף בטבת רעים הן שכבר די לעולם בגשמים של מרחשון:

15 דלא אתא מיטרא מעיקרא. טבא לשתא דטבת מנוולתא לשון אחר הא דאתא מיטרא מעיקרא טבא דמנוולתא:

16 אין בהם משום ועצר. דאותן של קצת מדינה שירדו להן גשמים מוכרין לאחרים:

17 ואמר רב יהודה אמר רב שתיהן לקללה. אותן שירדו ואותן שלא ירדו מפני שרוב גשמים קלקלו את תבואתם:

18 הא דאיכא מיטרא טובא. יותר מדאי שתיהן לקללה:

19 כדמבעי ליה. אין בהם משום ועצר שקצת מדינה תספק לקצת מדינה:

20 תמטר תהא מקום מטר. כלומר יותר מדאי:

21 מאימתי מברכין על הגשמים. בפרק הרואה (ברכות נד.) אמרינן על הגשמים אומר הטוב והמטיב והתם (נט.) פרכינן הך ברכה דתקון לה רבנן ומשנינן לה הא דחזא מיחזא והא דשמע משמע:

22 חתן לקראת כלה. שירדו כל כך שכשהטפה נופלת יוצאה אחרת ובולטת כנגדה מפי מורי ל"א שהשווקין מקלחין מים שוק מקלח וזה מקלח כנגדו:

23 רוב ההודאות. כלומר רוב ההודאות אתה קורא להקב"ה ולא כל ההודאות והכי משמע ברוך אתה ברוב ההודאות ולא בכל אלא כך חותם בא"י אמ"ה אל ההודאות דמשמע כל ההודאות:

24 למימרינהו לתרוייהו. ברוך אתה ברוב ההודאות במרבית ההודאות האל של כל ההודאות משמע ומתחלה היה משמע רוב ממש ולא מרובות וכמו כן בישתבח אל מלך גדול בתשבחות אל ההודאות. מפי רבי:

ואמר[קנה] רבי אבהו:
גדול יום הגשמים יותר[קנו] מתחיית המתים,
דאילו תחיית המתים - לצדיקים,
ואילו גשמים - בין לצדיקים בין לרשעים.[1]
ופליגא[2] דרב יוסף,
דאמר רב יוסף:
מתוך ששקולה[קנז] כתחיית המתים -
קבעוה בתחיית המתים.

אמר רב יהודה:
גדול יום הגשמים כיום שניתנה בו תורה,
שנאמר (דברים לב,ב): "יַעֲרֹף כַּמָּטָר[3] לִקְחִי",
ואין לקח אלא תורה,
שנאמר (משלי ד,ב):
"כִּי לֶקַח טוֹב נָתַתִּי לָכֶם תּוֹרָתִי אַל תַּעֲזֹבוּ".
רבא אמר:
יותר מיום שניתנה בו תורה,
שנאמר (דברים לב,ב): "יַעֲרֹף כַּמָּטָר לִקְחִי",
מי נתלה במי?
הוי אומר קטן נתלה בגדול.

רבא רמי:
כתיב (שם): "יַעֲרֹף כַּמָּטָר לִקְחִי",
וכתיב (שם):[5] "תִּזַּל כַּטַּל אִמְרָתִי"!?
הא כיצד?[קנח]
אם תלמיד חכם הגון הוא -
תזל עליו[קנט] "כַּטָּל";
ואם לאו -
עורפהו[6] "כַּמָּטָר"!

תניא:
היה רבי בנאה אומר:
כל העוסק בתורה לשמה -[7]
תורתו נעשית לו סם חיים,
שנאמר (משלי ג,יח):
"עֵץ חַיִּים הִיא לַמַּחֲזִיקִים בָּהּ",
ואומר:
"רִפְאוּת תְּהִי לְשָׁרֶּךָ" (שם,ח),
ואומר:
"כִּי מֹצְאִי מָצָא (כתיב - מצאי) חַיִּים" (שם ח,לה).
וכל העוסק בתורה שלא לשמה -
נעשית לו סם המות,
שנאמר (דברים לב,ב):
"יַעֲרֹף כַּמָּטָר לִקְחִי";
ואין עריפה אלא הריגה,
שנאמר (שם כא,ד):
"וְעָרְפוּ שָׁם אֶת הָעֶגְלָה בַּנָּחַל".

אמר ליה רבי ירמיה לרבי זירא:
ליתי מר וליתני.[קס]
אמר ליה: חלש לבאי, ולא[8] יכילנא.
לימא מר מילתא דאגדתא.
אמר ליה: הכי אמר רבי יוחנן:
מאי דכתיב (דברים כ,יט):
"כִּי הָאָדָם עֵץ הַשָּׂדֶה"?
וכי[9] אדם עץ שדה הוא?
אלא משום דכתיב (שם):
"כִּי מִמֶּנּוּ תֹאכֵל וְאֹתוֹ לֹא תִכְרֹת",
וכתיב (שם,כ):
"אֹתוֹ תַשְׁחִית וְכָרָתָּ",
הא כיצד?
אם תלמיד חכם הגון הוא -
"מִמֶּנּוּ תֹאכֵל וְאֹתוֹ לֹא תִכְרֹת",
ואם לאו -
"אֹתוֹ תַשְׁחִית וְכָרָתָּ".

אמר רבי חמא בר[קסא] חנינא:
מאי דכתיב (משלי כז,יז):
"בַּרְזֶל[10] בְּבַרְזֶל יָחַד וְאִישׁ יַחַד פְּנֵי רֵעֵהוּ"?[קסב]
לומר לך -
מה "בַּרְזֶל" זה - אחד מחדד את חבירו,
אף שני תלמידי חכמים - מחדדין זה את זה בהלכה.

אמר רבה בר בר חנה:
למה נמשלו דברי תורה כאש,
שנאמר (ירמיהו כג,כט):
"הֲלוֹא כֹה דְבָרִי כָּאֵשׁ נְאֻם יְהוָה"?
לומר לך -
מה "אֵשׁ" - אינו[11] דולק ביחידי,[קסג]
אף דברי תורה - אין מתקיימין ביחידי.[12]
והיינו דאמר רבי יוסי ברבי[קסד] חנינא:
מאי דכתיב (שם נ,לו):
"חֶרֶב אֶל הַבַּדִּים וְנֹאָלוּ"?
"חֶרֶב" על שונאיהן של תלמידי חכמים,
שיושבין בד בבד ועוסקין[קסה] בתורה;

רש"י

1 רשעי. אומו' העולם^ אינן חיין כי תולעתם לא תמות ואשם לא תכבה (ישעיה סו):

2 ופליגא דרב יוסף. דאיהו אמר כתחיית המתים ולא יותר שבה חיים בני אדם שהתבואה גדילה בו:

3 כמטר לקחי. השוה לקח למטר:

4 יערף. כמו אף שמיו יערפו טל (דברים לג) ושחקים ירעפו טל (משלי ג) שהיא מרבה הפירות:

5 כתיב תזל כטל. דמשמע נחת:

6 ערפיהו כמטר. הורגהו:^

7 לשמה. משום כאשר צוני ה' אלהי ולא כדי להקרות רבי:

8 לא יכילנא. למיגמר:

9 וכי אדם עץ השדה. אלא מקיש אדם לעץ השדה מה עץ השדה אם עץ מאכל הוא ממנו תאכל ואותו לא תכרות כך תלמיד חכם^ אם הגון הוא ממנו תאכל למוד הימנו ואם לאו אותו תשחית סור מעליו:

10 ברזל בברזל יחד ואיש יחד פני רעהו מה ברזל זה אחד מחדד את חבירו. כגון סכין על גבי חבירתה:

11 אינה דולקת יחידי. עץ אחד אינו דולק^ אלא ב' או ג' ביחד:

12 יחידי. בלא חבר שיחדדנו:

ולא עוד אלא[1] שמטפשין,
שנאמר (שם): "וְנֹאָלוּ".

ולא עוד אלא שחוטאין,[2]
כתיב הכא: "וְנֹאָלוּ",
וכתיב התם (במדבר יב,יא): "אֲשֶׁר נוֹאַלְנוּ וַאֲשֶׁר חָטָאנוּ".
ואיבעית[3] אימא - מהכא:
"נוֹאֲלוּ שָׂרֵי צֹעַן" (ישעיהו יט,יג).[קסו]

אמר רב נחמן בר יצחק:
למה נמשלו דברי תורה[4] כעץ,
שנאמר (משלי ג,יח):
"עֵץ חַיִּים הִיא לַמַּחֲזִיקִים בָּהּ"?
לומר לך -
מה "עֵץ" - קטן מדליק את הגדול,
אף תלמידי חכמים - קטנים[5] מחדדים את הגדולים;
והיינו דאמר רבי:[קסז]
הרבה תורה[קסח] למדתי מרבותי,
ומחבירי יותר מרבותי, ומתלמידי יותר מכולן.

רבי חנינא בר פפא רמי:
כתיב (ישעיהו כא,יד):
"לִקְרַאת צָמֵא הֵתָיוּ[6] מָיִם",
וכתיב (שם נה,א):
"הוֹי כָּל צָמֵא לְכוּ[7] לַמַּיִם"!?
אם[8] תלמיד חכם[קסט] הגון הוא -
"לִקְרַאת צָמֵא הֵתָיוּ מָיִם",
ואם[9] לאו -[קע]
"הוֹי כָּל צָמֵא לְכוּ לַמַּיִם".

רבי אחא ברבי חנינא[קעא] רמי:
כתיב (משלי ה,טז):
"יָפוּצוּ[10] מַעְיְנֹתֶיךָ חוּצָה",
וכתיב (שם,יז):
"יִהְיוּ לְךָ לְבַדֶּךָ"!?
אם תלמיד חכם[קעב] הגון הוא -
"יָפוּצוּ מַעְיְנֹתֶיךָ חוּצָה",
ואם[11] לאו -
"יִהְיוּ לְךָ לְבַדֶּךָ".

אמר[קעג] רבי חנינא בר אידי:
למה נמשלו דברי תורה למים,
דכתיב (ישעיהו נה,א):
"הוֹי כָּל צָמֵא לְכוּ לַמַּיִם"?
לומר לך -
מה "מַּיִם" -
מניחין מקום גבוה והולכין למקום נמוך,
אף דברי תורה -
מניחין מי שדעתו גבוהה והולכין אצל מי[קעד] שדעתו שפלה.

אמר[קעה] רבי אושעיא:
למה נמשלו דברי תורה לשלשה[12] משקין הללו:
למים, ולייין, ולחלב,[קעו]
דכתיב (שם):
"הוֹי כָּל צָמֵא לְכוּ לַמַּיִם",
וכתיב (שם):
"לְכוּ שִׁבְרוּ וֶאֱכֹלוּ,
וּלְכוּ שִׁבְרוּ בְּלוֹא כֶסֶף וּבְלוֹא מְחִיר יַיִן וְחָלָב"?
לומר לך -
מה שלשה משקין הללו -
אין מתקיימין אלא בפחות[13] שבכלים,
אף דברי תורה -
אין מתקיימין אלא במי שדעתו שפלה.

כדאמרה ליה ברתיה דקיסר לרבי יהושע בן חנניה:
אי חכמה מפוארה בכלי מכוער!
אמר לה:
אי רמו[קעז] חמרא במאני[קעח][14] דפחרא!
אמרה ליה:
אלא[15] במאי נירמי?
אמר לה:
אתון דחשביתו - רמו במאני דהבא וכספא.
אזלה ואמרה ליה לאבוה.
רמייא לחמרא במאני[קעט] דהבא וכספא, ותקיף.[16]
אתו ואמרו ליה.
אמר לה לברתיה: מאן אמר לך הכי?
אמרה ליה: רבי יהושע בן חנניה.
קריוהו,
אמר ליה: אמאי אמרת לה הכי!?
אמר ליה: כי[17] היכי דאמרה לי - אמרי לה.
ז: והא איכא שפירי דגמירי!? *
אי[18] הוו סנו - טפי[19] הוו גמירי.

דבר אחר:

רש"י

1 שמוסיפין טפשות דכתיב נואלנו. אשר נואלנו מתרגם דאיטפשנא:
2 שחוטאין. דכתיב נואלנו^ גבי חטאנו:
3 ואיבעית אימא מהכא נואלו שרי צוען וגו'. התעו^ את מצרים ותועה היינו חוטא:
4 תורה כעץ. דכתיב עץ חיים היא למחזיקים בה כשמדליק את האור מצית את העצים דקין תחלה:
5 קטנים מחדדין. ששואלין כל שעה:
6 התיו. משמע להוליך לו מים:
7 וכתיב לכו למים. ילך הוא עצמו:
8 אם תלמיד חכם הגון. שרוצה ללמוד ממך מצוה לרב לילך אצלו במקומו:
9 ואם לאו. ילך הוא אצל הרב:
10 יפוצו מעינותיך חוצה. אם הגון הוא אמור לו סתרי תורה:
11 ואם לאו יהיו לך לבדך. ואין לזרים אתך:
12 שלשה משקים הללו. מים יין וחלב זו התורה שאינו נותן בה כלום ויודעה ולומדה:
13 בפחות שבכלים. במאני דפחרא:
14 במאני דפחרא. בדרך שחוק אמר ומרמז מה את אומרת לי והלא אביך נותן יין בכלים מכוערין של חרס:
15 ואלא במאי נירמיה. אם לא בשל חרס הא כולי עבדי הכי:
16 ותקיף. החמיץ:
17 כי היכי דאמרה לי. אי חכמה מפוארה בכלי מכוער הכי אמרי לה דיין משתמר בכלי מכוער אף התורה מתקיימת בי יותר משאילו הייתי נאה:
18 אי הוו סנו. אותם נאים שהם חכמים:
19 טפי הוו גמירי. שאי אפשר לנאה להשפיל דעתו ובא לידי שכחה:

מה שלשה משקין הללו - נפסלין בהיסח[קפ][1] הדעת,
אף דברי תורה - משתכחין בהיסח[קפא][2] הדעת.

אמר רבי חמא בר[קפב] חנינא:
גדול יום הגשמים כיום שנבראו שמים וארץ,
שנאמר[3] (ישעיהו מה,ח):
"הַרְעִיפוּ שָׁמַיִם מִמַּעַל, וּשְׁחָקִים יִזְּלוּ צֶדֶק,
תִּפְתַּח אֶרֶץ וְיִפְרוּ יֶשַׁע, וּצְדָקָה תַצְמִיחַ יַחַד,
אֲנִי יְהוָה בְּרָאתִיו".
בראתים לא נאמר, אלא "בְּרָאתִיו".

אמר רבי[קפג] אושעיא:
גדול יום הגשמים שאפילו ישועה[4] פרה ורבה בו,
שנאמר (שם): "תִּפְתַּח אֶרֶץ וְיִפְרוּ יֶשַׁע".

אמר רבי תנחום בר חנילאי:
אין הגשמים יורדים -
אלא אם כן נמחלו עונותיהן של ישראל,
שנאמר (תהלים פה,ב-ג):
"רָצִיתָ[5] יְהוָה אַרְצֶךָ, שַׁבְתָּ שְׁבוּת (קרי - שְׁבִית) יַעֲקֹב,
נָשָׂאתָ[6] עֲוֺן עַמֶּךָ, כִּסִּיתָ כָל חַטָּאתָם סֶלָה".

אמר[7] ליה זעירי מדהבת[קפד] לרבינא:
אתון מהכא מתניתו לה,
אנן מהכא מתנינן לה:
"וְאַתָּה[8] תִּשְׁמַע הַשָּׁמַיִם,
וְסָלַחְתָּ לְחַטַּאת" וגו' (מלכים א ח,לו/דברי הימים ב ו,כז).

אמר רבי תנחום בריה דרבי חייא איש כפר עכו:
אין הגשמים נעצרין -
אלא אם כן נתחייבו שונאיהן של ישראל כליה,
שנאמר (איוב כד,יט):
"צִיָּה[9] גַם חֹם יִגְזְלוּ מֵימֵי שֶׁלֶג שְׁאוֹל חָטָאוּ".

אמר ליה רב זעירי מדהבת[קפה] לרבינא:
אתון מהכא מתניתו לה,
אנן מהכא מתנינן לה:
"וְעָצַר אֶת הַשָּׁמַיִם וְלֹא[10] יִהְיֶה מָטָר" (דברים יא,יז).[קפו]

אמר רב חסדא:
אין הגשמים נעצרין -
אלא בשביל ביטול תרומות ומעשרות,
שנאמר (איוב כד,יט):
"צִיָּה[11] גַם חֹם יִגְזְלוּ מֵימֵי שֶׁלֶג שְׁאוֹל חָטָאוּ".[קפז]

מאי משמע?
תנא דבי רבי ישמעאל:
בשביל דברים שצויתי אתכם בימות החמה ולא עשיתם -
"יִגְזְלוּ" מכם "מֵימֵי שֶׁלֶג" בימות הגשמים.

אמר רבי שמעון בן פזי:
אין הגשמים נעצרין -
אלא בשביל מספרי לשון הרע,
שנאמר (משלי כה,כג):
"רוּחַ[12] צָפוֹן תְּחוֹלֵל גָּשֶׁם, וּפָנִים נִזְעָמִים לְשׁוֹן סָתֶר".

אמר רב סלא אמר רב המנונא:
אין הגשמים נעצרין -
אלא בשביל עזי פנים,
שנאמר (ירמיהו ג,ג):
"וַיִּמָּנְעוּ[13] רְבִבִים וּמַלְקוֹשׁ לוֹא הָיָה,[14]
וּמֵצַח אִשָּׁה זוֹנָה הָיָה לָךְ, מֵאַנְתְּ הִכָּלֵם".[קפח]

ואמר רב סלא אמר רב המנונא:
כל אדם שיש לו עזות פנים -
סוף נכשל בעבירה,
שנאמר (שם):
"וּמֵצַח אִשָּׁה זוֹנָה הָיָה לָךְ".

רב נחמן אמר:
בידוע שנכשל בעבירה,
שנאמר (שם): "הָיָה לָךְ",
ולא נאמר - יהיה לך.

אמר רבה בר רב הונא:
כל אדם שיש לו עזות פנים -
מותר לקרותו רשע,
שנאמר (משלי כא,כט):
"הֵעֵז[15] אִישׁ רָשָׁע בְּפָנָיו".

רב נחמן בר יצחק אמר:

רש"י

1 בהיסח הדעת. שאם לא ישמרם יפה יהו נשפכין או נופל לתוכן דבר מאוס ונפסלים מלשתות בדבר קל יותר משמן ודבש שמתוך שהן עבים צפה הפסולת למעלה ואפשר אדם נוטל העליון וזורקו לחוץ והתחתון בר ונקי מה שאין כן במשקה צלול שאינו עב קליי"ר בלע"ז:

2 בהיסח הדעת. אם אינו מחזירם תמיד:

3 שנ אמר הרעיפו שמים ממעל ושחקים יזלו צדק תפתח ארץ ויפרו ישע וצדקה תצמיח יחד אני ה' בראתיו בראתים לא נאמר. דמשמע אשחקים יזלו קאי אלא אני ה' בראתיו לטל ומטר שמע מינה שמשתבח ומתפאר בו^ הקב"ה במטר השמים:

4 ישועה פרה ורבה בו. מליצי זכות נכנסין לפניו ביום הגשמים שנזכר לישועה מתוך שעת רצון הוא לישנא קרא ויפרו ישע ואימתי בזמן שהשחקים יזלו צדק:

5 רצית ה' ארצך. במים:

6 נשאת עון עמך. מיד:

7 ה"ג א"ל מר זעירי מדיהבת לרבינא כו'. זעירי סתם היה מן הראשונים ורבינא סוף הוראה לא ראו זה את זה:

8 ואתה תשמע השמים וגו'. ואומר ונתת מטר על ארצך^ בתפלה דשלמה:

9 ציה גם חום יגזלו מימי שלג. כשציה גם חום גוזלין מימות השלג שאינן יורדין מטר כמשפטם בידוע ששאול חטאו:

10 ולא יהיה מטר. וסמיך ליה ואבדתם:

11 ציה. דריש לשון צווי דברים שצויתי אתכם בימות החמה תרומות ומעשרות יגזלו^ מימי שלג את המטר:

12 רוח צפון תחולל גשם ופנים נזעמים לשון שקר. תחולל תבטל כמו לא יחל דברו (במדבר ל) כדאמרי' ביבמות (עב.) דרוח צפון ברור הוא ומביא אורה לעולם מה שגשמים נעצרין ופנים נזעמין שמראה הקב"ה שאינו מביא מטר לעולם מפני לשון שקר רכילות ופשט המקרא כשם שרוח צפון תחולל גשם כך פנים נזעמים מפני לשון שקר:

13 וימנעו רביבים. משום דמאנת הכלם שהיה בך עזות:

14 היה. משמע כבר נכשל:

15 העז איש. שיש בו עזות פנים אמור לו רשע בפניו ואין בו משום מלקות כדאמרי' במסכת קדושין (כח.) ומשום דבר זה בלבד מותר לקרותו רשע:

מותר[1] לשנאותו,
שנאמר (קהלת ח,א): "וְעֹז[2] פָּנָיו יְשֻׁנֶּא",
אל תקרי: "יְשֻׁנֶּא", אלא - ישנא.

אמר רב קטינא:
אין הגשמים נעצרין -
אלא בשביל ביטול תורה,
שנאמר (שם י,יח):
"בַּעֲצַלְתַּיִם יִמַּךְ[3] הַמְּקָרֶה",
בשביל עצלות שהיתה בהן[קפט] בישראל שלא עסקו בתורה -
נעשה שונאו של הקדוש ברוך הוא מך.

ואין מך אלא עני,
שנאמר (ויקרא כז,ח):
"וְאִם מָךְ הוּא מֵעֶרְכֶּךָ".

ואין "מְקָרֶה" אלא הקדוש ברוך הוא,
שנאמר (תהלים קד,ג):
"הַמְקָרֶה בַמַּיִם עֲלִיּוֹתָיו".

רב יוסף אמר: מהכא:
"וְעַתָּה[4] לֹא רָאוּ אוֹר, בָּהִיר הוּא בַּשְּׁחָקִים,
וְרוּחַ עָבְרָה וַתְּטַהֲרֵם" (איוב לז,כא).
ואין "אוֹר" אלא תורה,
שנאמר (משלי ו,כג):
"כִּי נֵר מִצְוָה וְתוֹרָה אוֹר".

ח. מאי[קצ] "בָּהִיר הוּא בַּשְּׁחָקִים" (איוב לז,כא).
תנא דבי רבי ישמעאל:
אפילו[5] בשעה שהשמים עומדים[קצא] בהורין בהורין
להוריד טל ומטר -
"רוּחַ[6] עָבְרָה וַתְּטַהֲרֵם" (שם).

אמר רבי אמי:
אין הגשמים נעצרין -
אלא בעון גזל,
שנאמר (איוב לו,לב): "עַל כַּפַּיִם כִּסָּה אוֹר",
בעון "כַּפַּיִם" - "כִּסָּה אוֹר".

ואין "כַּפַּיִם" אלא גזל,[קצב]
שנאמר (יונה ג,ח): "וּמִן הֶחָמָס אֲשֶׁר בְּכַפֵּיהֶם".

ואין[7] "אוֹר" אלא מטר,
שנאמר (איוב לו,יא): "יָפִיץ עֲנַן אוֹרוֹ".

מאי תקנתן?[קצג]
ירבו[קצד] בתפלה,
שנאמר (שם לו,לב):
"וַיְצַו[8] עָלֶיהָ[9] בְמַפְגִּיעַ";[10]

ואין פגיעה אלא תפלה,
שנאמר (ירמיהו ז,טז):
"וְאַתָּה אַל תִּתְפַּלֵּל בְּעַד הָעָם הַזֶּה,
וְאַל תִּשָּׂא בַעֲדָם רִנָּה וּתְפִלָּה, וְאַל[קצה] תִּפְגַּע בִּי".

ואמר רבי אמי:
מאי דכתיב (קהלת י,י):
"אִם קֵהָה[11] הַבַּרְזֶל וְהוּא לֹא פָנִים קִלְקַל"?
אם ראית רקיע שקיהה כברזל מלהוריד טל ומטר -
בשביל מעשה הדור שהן מקולקלין,
שנאמר (שם):
"וְהוּא[12] לֹא פָנִים קִלְקַל".

מאי[קצו] תקנתן?
יתגברו ברחמים,
שנאמר (שם): "וַחֲיָלִים יְגַבֵּר".

"וְיִתְרוֹן הַכְשֵׁיר חָכְמָה" (שם).
וכל[קצז][13] שכן היכא דהוכשרו[קצח] מעשיהן מעיקרא.

אמר ריש לקיש:[קצט]
אם ראית תלמיד * שתלמודו[14] קשה עליו כברזל -
בשביל[15] משנתו שאינה סדורה לו,[ר"א]
שנאמר (שם): "וְהוּא לֹא פָנִים קִלְקַל".

מאי תקנתיה?
ירבה[16] בישיבה,
שנאמר (שם):[17] "וַחֲיָלִים יְגַבֵּר".

"וְיִתְרוֹן[18] הַכְשֵׁיר חָכְמָה" (שם).
וכל[ר"ב] שכן היכא דסדורה לו משנתו[ר"ג] מעיקרא.

כי הא דריש לקיש הוה מסדר מתניתיה ארבעין זמנין,
כנגד[19] ארבעים יום שניתנה בהן[ר"ד] תורה,
ועייל לקמיה דרבי יוחנן.

רב אדא בר אהבה הוה[ר"ה] מסדר מתניתיה עשרין וארבע זמנין,
כנגד[20] תורה נביאים וכתובים,
ועייל לקמיה דרבא.

1 מותר לשנאותו. אע"ג דכתיב ואהבת לרעך כמוך:
2 ועז פניו ישונא. ועז כתיב חסר ו' מי שהוא עז פנים ישנא בשר"א:
3 ימך. כמי שאין בו כח להוריד טל ומטר:
4 ועתה לא ראו אור. מפני שלא ראו אור של תורה:
5 אפילו כשהשמים בהורין. כמו בהרת מנומר בעבים ורוצה להוריד גשמים:
6 רוח עברה ותטהרם. מפזרת העבים:
7 המלאך אף ברי שמו יפיץ ענן אורו גשם שלו:
8 ויצו. הקדוש ברוך הוא:
9 עליה. על הגשם שתרד:
10 במפגיע. כשיתפלל עליה כמו ואל תפגע בי:
11 קהה הברזל. כמו הקהה את שיניו ושיני בנים תקהינה (ירמיהו לא):
12 והוא לא פנים קלקל. שקלקלו הדור:
13 וכ"ש אם הוכשרו מעשיהן. קודם לכן והכי משמע ויתרון הכשיר ויתרון שהכשיר לחכמה אם הכשירו מעשיהן מתחילה שיבואו הגשמים יותר מבחיילים יגבר שהן מגבירין חיילים ועומדין בתפלה בזמן שקלקלו:
14 שתלמודו^ קשה עליו כברזל. שקשה לו מרוב קושיות:
15 בשביל משנתו שאינה סדורה לו. ואינו זוכר מה כתיב בה ולפיכך אינו יודע לפרק אי נמי שגורסה בטעות פוטר על החיוב ומחייב על הפטור ומקשי עלה מדוכתא אחריתי והכי משמע קרא והוא לא שאינו יודע שמועתו מפני שפנים קלקל שקלקל במשנה שהיא קודם לתלמוד:^
16 ירבה בישיבה. שיסדירו בני הישיבה משנתם:
17 שנאמר וחיילים. בין תלמידים שהן חיילות חיילות:
18 ויתרון הכשיר. כשסידר משנתו מתחילה:
19 כנגד מ' יום שניתנה התורה. שתתקיים בידו והדר עייל קמיה דר' יוחנן למיגמר גמרא:
20 כנגד תורה נביאים וכתובים.^ שהן כ"ד ספרים:

רבא אמר:
אם ראית תלמיד שתלמודו[ר"ו] קשה עליו כברזל -
בשביל רבו שאינו מסביר לו פנים,
שנאמר (שם): "וְהוּא לֹא פָנִים[1] קִלְקַל".

מאי תקנתיה?
ירבה[2] עליו רעים,
שנאמר (שם): "וַחֲיָלִים יְגַבֵּר".

"וְיִתְרוֹן הַכְשֵׁיר חָכְמָה" (שם).
כל שכן אם הוכשרו מעשיו בפני רבו מעיקרא.

ואמר רבי אמי:
מאי דכתיב (שם,יא):
"אִם יִשֹּׁךְ הַנָּחָשׁ בְּלוֹא לָחַשׁ וְאֵין יִתְרוֹן לְבַעַל הַלָּשׁוֹן"?
אם ראית דור שהשמים משתכין[3] עליו[ר"ז] כנחשת,
מלהוריד טל ומטר -
בשביל לוחשי[4] לחישות שאין באותו הדור.[ר"ח]

מאי תקנתן?
ילכו[5] אצל מי שיודע ללחוש,[ר"ט]
וכל[6] מי שיודע[ר"י] ללחוש ואינו לוחש מה הנאה יש לו?

ואם לחש ולא נענה -
מאי תקנתיה?
ילך אצל חסיד שבדור וירבה עליו בתפלה,
שנאמר (איוב לו,לב):
"וַיְצַו עָלֶיהָ בְמַפְגִּיעַ";

ואין פגיעה אלא תפלה,
שנאמר (ירמיהו ז,טז):
"וְאַתָּה אַל תִּתְפַּלֵּל בְּעַד הָעָם הַזֶּה,
וְאַל תִּשָּׂא בַעֲדָם רִנָּה וּתְפִלָּה, וְאַל תִּפְגַּע בִּי".

ואם לחש ועלתה בידו והגיס דעתו -[רי"א]
מביא אף לעולם,
שנאמר (איוב לו,לג): "מִקְנֶה[7] אַף עַל עוֹלֶה".

אמר רבא:[רי"ב]
שני תלמידי חכמים שיושבין בעיר אחת,
ואין[8] נוחין זה לזה בהלכה -
מתקנאין באף ומעלין אותו,

שנאמר (שם):
"מִקְנֶה אַף עַל עוֹלֶה".

אמר ריש לקיש:
מאי דכתיב (קהלת י,יא):
"אִם יִשֹּׁךְ הַנָּחָשׁ בְּלוֹא לָחַשׁ,
וְאֵין יִתְרוֹן לְבַעַל הַלָּשׁוֹן"?
לעתיד לבא מתקבצות ובאות כל החיות אצל הנחש,
ואומרות[רי"ג] לו:
ארי[9] דורס ואוכל, זאב טורף[10] ואוכל;
אתה[11] מה הנאה יש לך!?
ואומר להן:[רי"ד] ומה[רט"ו] יתרון לבעל הלשון!?

אמר רבי אמי:
אין תפלתו של אדם נשמעת -
אלא אם כן משים נפשו בכפו,
שנאמר (איכה ג,מא):
"נִשָּׂא לְבָבֵנוּ אֶל כַּפָּיִם".

אוקים רבי שמואל בר נחמני[רט"ז] אמורא עליה ודרש:
"וַיְפַתּוּהוּ בְּפִיהֶם וּבִלְשׁוֹנָם יְכַזְּבוּ לוֹ,
וְלִבָּם לֹא[12] נָכוֹן עִמּוֹ, וְלֹא נֶאֶמְנוּ בִּבְרִיתוֹ" (תהלים עח,לו-לז).
ואף[13] על פי כן -
"וְהוּא רַחוּם יְכַפֵּר עָוֹן" וגו' (שם לח).

קשיין אהדדי!?[רי"ז]
לא קשיא,
כאן - ביחיד,
כאן - בציבור.[14][15]

ואמר[רי"ח] רבי אמי:
אין הגשמים[רי"ט] יורדין -
אלא בשביל בעלי אמנה,
שנאמר (שם פה,יב):
"אֱמֶת מֵאֶרֶץ תִּצְמָח, וְצֶדֶק מִשָּׁמַיִם נִשְׁקָף".[16]

אמר רבי חנינא:[ר"כ]
בא וראה כמה גדולים בעלי אמנה,
מניין?
מחולדה[17] ובור.

רש"י

[1] שפנים קלקל. שהראה לו פנים רעות:
[2] ירבה עליו רעים. לפייס הימנו שיסביר^ לו פנים:
[3] משתכין עליו כנחושת. מאדימין פנים כעין רודיליי"א כדאמרי' בבבא מציעא (כו.) דשתיך טפי שהעלה חלודה שנעצרין מלהוליד טל ומטר:
[4] לוחשי לחישות. בשביל שאין מתפללים תפלה בלחש:
[5] יגיד עליו רעו. יתפלל עליו חבירו וגבי גשמים כתיב באיוב:
[6] ואין יתרון לבעל הלשון. כלומר מה הנאה יש לבעל הלשון שיודע ללחוש ואינו לוחש:
[7] מקנה אף על עולה. מקנה אף מי שמגיס דעתו ועולה:
[8] ואין נוחין זה לזה כו'. והכי משמע בשביל שצריך להגיד זה לזה ולהיות נוחין בהלכה ואינן עושין מקנה מתקנאים מתגרים באף ומעלים אותו ומביאים אותו עליהן. ויש גורסין ונוחין זה לזה בהלכה מתקנאים באף וכו' משיגיד עליו רעו שנוחין זה לזה מתקנאים באף ומעלים אותו מעליהם:
[9] ארי דורס ואוכל. מיד ואינו מתירא:
[10] טורף ואוכל. שמוליך לחוריו ואוכל שם שמפחד מן הבריות ולכולן יש להם הנאה:
[11] ולך מה הנאה יש לך. שאתה נושך בני אדם והורגן והוא אומר מה יתרון לבעל הלשון שמספר לשון הרע אע"פ שאין לו הנאה ולפיכך מביאו הקב"ה בדין אצל נחש כדי שיתבייש מפני שהשיא אדם הראשון ומתביישין עמו מספרי לשון הרע:
[12] ולבם לא נכון עמו. עם הקב"ה:
[13] ואעפ"כ. כתוב בסמוך והוא רחום יכפר עון ושומע תפלתם והיכי אמרת שאין תפלתם נשמעת אא"כ משים נפשו בכפו כלומר שנפשו מכוונת בכפו:
[14] בצבור. תפלתם נשמעת ואע"פ שאין לב כולם שלם כדכתיב ויפתוהו בפיהם בדברים ל' רבים:
[15] ביחיד. אינו אלא א"כ לבו מכוון:
[16] בזמן שאמת מארץ תצמח. שיש אמונה במשא ומתן אז צדק משמים נשקף דהיינו גשמים שהן צדקה:
[17] מחולדה ובור. שהמיתו שני בני אדם מצוי הוא באגדה מעשה בבחור אחד שנתן אמונתו לריבה אחת שישאנה אמרה מי מעיד והיה שם בור אחד וחולדה אמר הבחור בור וחולדה עדים בדבר לימים עבר על אמונתו ונשא אחרת והוליד שני בנים אחד נפל לבור ומת וא' נשכתו חולדה ומת אמרה לו אשתו מה מעשה הוא זה שבנינו מתים במיתה משונה ואמר לה כך וכך היה המעשה:

ומה המאמין בחולדה ובור - כך,
המאמין[1] בהקדוש ברוך הוא - על אחת כמה וכמה!

אמר רבי יוחנן:
כל המצדיק[2] עצמו[רכא] מלמטה -
מצדיקין[3] עליו הדין מלמעלה,
שנאמר (שם):
"אֱמֶת[4] מֵאֶרֶץ תִּצְמָח וְצֶדֶק מִשָּׁמַיִם נִשְׁקָף".

רבי חייא בר אבין אמר רב הונא: מהכא:
"וּכְיִרְאָתְךָ[5] עֶבְרָתֶךָ" (שם צ,יא).

ריש לקיש אמר: מהכא:
"פָּגַעְתָּ[6] אֶת שָׂשׂ וְעֹשֵׂה צֶדֶק בִּדְרָכֶיךָ יִזְכְּרוּךָ,
הֵן אַתָּה קָצַפְתָּ וַנֶּחֱטָא בָּהֶם עוֹלָם וְנִוָּשֵׁעַ" (ישעיהו סד,ד).

אמר רבי יהושע בן לוי:
כל השמח ביסורין שבאין עליו -
מביא ישועה לעולם,
שנאמר (שם): "בָּהֶם עוֹלָם וְנִוָּשֵׁעַ".

אמר ריש לקיש:
בשעה[רכב] שהשמים מתקשרין בעבים ואין הגשמים יורדין -[רכג]
דומין[רכד] לאשה שמחבלת[7] ואינה יולדת.

והיינו דאמר ריש לקיש משום בר קפרא:
נאמרה[8] עצירה באשה ונאמרה עצירה ברקיע,[רכה]
נאמרה לידה באשה ונאמרה לידה ברקיע,[רכו]
ח: נאמרה פקידה באשה ונאמרה פקידה ברקיע.*[רכז]

עצירה[רכח] באשה.
דכתיב[רכט] (בראשית כ,יח):
"כִּי עָצֹר עָצַר יְהוָה בְּעַד כָּל רֶחֶם".

עצירה[רל] ברקיע.[רלא]
דכתיב (דברים יא,יז):
"וְעָצַר אֶת הַשָּׁמַיִם".

לידה[רלב] באשה.
דכתיב (בראשית ל,כג):
"וַתַּהַר וַתֵּלֶד בֵּן".

לידה[רלג] ברקיע.[רלד]
דכתיב (ישעיהו נה,י):
"וְהוֹלִידָהּ וְהִצְמִיחָהּ".

פקידה[רלה] באשה.
דכתיב (בראשית כא,א):
"וַיהוָה פָּקַד אֶת שָׂרָה".

פקידה[רלו] ברקיע.[רלז]
דכתיב (תהלים סה,י):
"פָּקַדְתָּ הָאָרֶץ וַתְּשֹׁקְקֶהָ רַבַּת תַּעְשְׁרֶנָּה,
פֶּלֶג[9] אֱלֹהִים מָלֵא מָיִם".

מאי "פֶּלֶג אֱלֹהִים מָלֵא מָיִם" (שם)?
תנא:
כמין[10] קובה יש ברקיע שממנה גשמים יורדין לעולם.[רלח]

אמר רבי שמואל בר נחמני:
מאי דכתיב (איוב לז,יג):
"אִם לְשֵׁבֶט אִם לְאַרְצוֹ אִם לְחֶסֶד יַמְצִאֵהוּ"?
"אִם[11] לְשֵׁבֶט" - בהרים ובגבעות,
"אִם[12] לְחֶסֶד" - "יַמְצִאֵהוּ" "לְאַרְצוֹ" בשדות ובכרמים.

בימי[רלט] רבי שמואל בר נחמני הוה כפנא ומותנא,
אמרי: היכי נעביד?
אתרתי[13] לא בעינן רחמי![רמ]
ניבעי[רמא] רחמי אמותנא, וכפנא ניסבול.
אמר להו רבי שמואל בר נחמני:
ניבעי[14] רחמי אכפנא,
דכי[15] יהיב רחמנא שובעא - לחיי הוא דיהיב,
דכתיב (תהלים קמה,טז):
"פּוֹתֵחַ אֶת יָדֶךָ וּמַשְׂבִּיעַ[16] לְכָל חַי רָצוֹן".

ומנלן דלא בעינן רחמי[רמב] אתרתי?
דכתיב (עזרא ח,כג):
"וַנָּצוּמָה וַנְּבַקְשָׁה מֵאֱלֹהֵינוּ עַל[17] זֹאת",
מכלל דאיכא אחריתי.

במערבא אמרי משמיה דרבי חגי: מהכא:
"וְרַחֲמִין לְמִבְעֵא מִן קֳדָם אֱלָהּ שְׁמַיָּא

רש"י

1 המאמין בהקדוש ברוך הוא. שמשימו עד בינו לבין חבירו על אחת כמה וכמה:
2 המצדיק עצמו. שמכשיר ומקשט מעשיו:
3 מצדיקין עליו. מדקדקין עמו אפילו כחוט השערה יותר משאילו מקלקל מעשיו כדי למרק עונותיו:
4 שנאמר אמת מארץ תצמח. אז צדק משמים נשקף צדקה אין כתיב כאן אלא צדק דמשמע דין:
5 וכיראתך עברתך. על מי שהוא ירא אותך אתה מחזיק עברתך כדי למרק עונותיו ופשט המקרא מי יודע עוז אפך מי יודע עוז וכח למצוא אותו לנוס מפניך ביום אפך וכיראתך עברתך כשם שאתה יראוי ומפוחד כך יש להתירא ולהתפחד מעברתך:
6 פגעת את שש ועושה צדק. במי ששמח ועושה צדק שהן העושים כך בדרכיך יזכירוך אתה פוגע בו אם חוטא כלום כמו ויפגע בו וימת קרא הכי הוא פגעת את שש ועושה צדק והן העושין כך בדרכיך יזכירוך באותם דרכים שאתה מייסרן ביסורין יזכירוך לטובה ואומרים הן אתה קצפת בשביל שחטאנו בהם עולם ונושע בשבילם נושע לעולם הבא:
7 שחובלת. כמו חבלי יולדה אף השמים עושין כן וקשה לעולם ועל חטא הוא:
8 נאמרה עצירה באשה כו'. כלומר על כולן מבקשים רחמים:
9 פלג. בריכה:
10 כמין קובה. אהל מלא מים:
11 אם לשבט. אם גזר הקב"ה רוב גשמים לרעה אז יורדים בכח כשבט שמכה בכח וחזרו בתשובה הקב"ה מורידן על הרים וגבעות מקום שאין שם איש:
12 אבל אם לחסד. שיורדין בנחת ימציאהו לארצו לארץ ישראל:
13 אתרתי לא בעינן רחמי. אהדדי כדלקמן:
14 נבעי רחמי אכפנא. דליתיב שובעא ומותנא ליבטל ממילא:
15 דכי יהיב רחמנא שובעא לחיי הוא דיהיב. לחיים ולא למתים דאינו מביא שובע^ כדי להמית בני אדם אלא כדי שיחיו:
16 משביע לכל חי רצון. שובע נותן לבני אדם חיים:
17 על זאת. על חדא משמע בעזרא כתיב:

עַל רָזָה דְּנָה" (דניאל ב,יח),
מכלל דאיכא אחריתי.

בימי רבי זירא גזור שמדא[רמג] דלא[2] למיתב בתעניתא,
אמר להו רבי זירא:
נקבליה[3] עילוון,
ולכי בטיל שמדא - ניתיב.[רמד]
ומנלן[4] דעבדינן הכי?[רמה]
דכתיב (דניאל י,יב):[רמו]
"וַיֹּאמֶר אֵלַי אַל תִּירָא דָנִיֵּאל,
כִּי מִן הַיּוֹם הָרִאשׁוֹן,
אֲשֶׁר[5] נָתַתָּ אֶת לִבְּךָ לְהָבִין וּלְהִתְעַנּוֹת
לִפְנֵי אֱלֹהֶיךָ נִשְׁמְעוּ דְבָרֶיךָ".

אמר רבי יצחק:
אפילו שנים כשני[6] אליהו וירדו גשמים בערבי שבתות -
אינן אלא סימן[7] קללה;
היינו דאמר רבה בר רב[רמז] שילא:
קשה[8] יומא דמיטרא כיומא[9] דדינא.
אמר אמימר:
אי לאו[רמח] דצריך לברייתא - בעינן רחמי ומבטלינן ליה.

ואמר רבי יצחק:
שמש בשבת - צדקה[10] לעניים,
שנאמר (מלאכי ג,כ):
"וְזָרְחָה לָכֶם יִרְאֵי[11] שְׁמִי שֶׁמֶשׁ צְדָקָה וּמַרְפֵּא".

ואמר רבי יצחק:
גדול יום הגשמים,
שאפילו פרוטה[12] שבכיס מתברכת בו,
שנאמר (דברים כח,יב):
"לָתֵת מְטַר אַרְצְךָ בְּעִתּוֹ,
וּלְבָרֵךְ אֵת כָּל מַעֲשֵׂה יָדֶךָ".

ואמר רבי יצחק:
אין הברכה מצויה אלא בדבר הסמוי מן העין,
שנאמר (שם,ח):
"יְצַו יְהוָה אִתְּךָ אֶת הַבְּרָכָה בַּאֲסָמֶיךָ".

תנא דבי רבי ישמעאל:
אין הברכה מצויה אלא בדבר שאין העין שולטת בו,
שנאמר (שם):
"יְצַו יְהוָה אִתְּךָ אֶת הַבְּרָכָה בַּאֲסָמֶיךָ".

תנו רבנן:
ההולך[רמט] למוד את גרנו אומר:
יהי רצון מלפניך יי אלהינו,
שתשלח ברכה במעשה ידינו.

התחיל למוד אומר:
ברוך[13] השולח ברכה בכרי הזה.

מדד ואחר כך בירך -
הרי[14] זו תפלת שוא;
לפי שאין הברכה מצויה -
לא בדבר השקול, ולא בדבר המדוד, ולא בדבר המנוי,
אלא בדבר[15] הסמוי מן העין,
שנאמר (דברים כח,ח):[רנ]
"יְצַו יְהוָה אִתְּךָ אֶת הַבְּרָכָה בַּאֲסָמֶיךָ".[רנא]

אמר[רנב] רבי יוחנן:
גדול יום הגשמים כיום קבוץ גליות,
שנאמר (תהלים קכו,ד):
"שׁוּבָה יְהוָה אֶת שְׁבִיתֵנוּ (כתיב - שבותנו) כַּאֲפִיקִים[16] בַּנֶּגֶב"[17];
ואין "אֲפִיקִים" אלא מטר,
שנאמר (שמואל ב כב,טז): "וַיֵּרָאוּ אֲפִקֵי[18] יָם".

ואמר רבי יוחנן:
גדול יום הגשמים שאפילו גייסות[19] פוסקות בו,
שנאמר (תהלים סה,יא):
"תְּלָמֶיהָ רַוֵּה נַחֵת גְּדוּדֶיהָ".

ואמר רבי יוחנן:
אין הגשמים נעצרין -
אלא בשביל פוסקי[20] צדקה ברבים ואין נותנין,
שנאמר (משלי כה,יד):
"נְשִׂיאִים[21] וְרוּחַ וְגֶשֶׁם אָיִן, אִישׁ מִתְהַלֵּל בְּמַתַּת שָׁקֶר".

ואמר רבי יוחנן:

רש"י

[1] על רזא דנא. בדניאל כתיב:
[2] דלא ליתבו בתעניתא. דלא בעו דליתי ברכה לעולם בשבילן:
[3] ניקבל עילוון. יומי תעניתא דמשום קבלה מהני לן כתעניתא וכי בטיל שמדא^ עבדין להו:
[4] ומנלן דעבדינן הכי. כלומר דמהני אי עבדינן הכי:
[5] אשר נתת לבך להתענות לפני אלהיך נשמעו דבריך. אלמא משקיבל עליו נשמעו דבריו:
[6] כשני אליהו. בימי אחאב שהיה העולם צריך לגשמים דכתיב (מלכים א יז) אם יהיה השנים האלה טל ומטר כי אם לפי דברי:
[7] סימן קללה. שבני אדם צריכים לחזר בשוק לקנות סעודת שבת:
[8] קשי יומי דמיטרא. שאין בני אדם יכולין לעשות צרכיהן:
[9] כיומא דדינא. שני וחמישי שמתקבצין בני אדם לדון עם חבריהן כתקנת עזרא שיש הומות וקולות ואוושות ביום הגשמים כיום הדין ובערב שבת כל שכן דקשי מיטרא והיינו דאמר ר' שילא ומבטלינהו לירידת גשמים שטורחין בני אדם ואינן יכולין לצאת ולבא:
[10] צדקה לעניים. שמתעדנין בה ונוח להן יום ברור ומתחממין בה ביום הצינה:
[11] יראי שמי. שומרי שבת:
[12] פרוטה שבכיס. אפי' מעשה ידים שאינן צריכים לגשמים מתברכין:
[13] ברוך השולח ברכה. שיפוע ומזכיר בה מלכות ואזכרה ככל הברכות כולן:
[14] הרי זו תפילת שוא. ושוב אין ברכה נכנסת בה:
[15] בדבר הסמוי מן העין. שאינו יודע הסכום:
[16] כאפיקים. כאפיקי נחלים:
[17] בנגב. יבשה והנה חרבו מתרגמינן נגיבו:
[18] אפיקי ים. מוצאי ים אלמא אפיק לשון מים ואפיקים בנגב נמי לשון גשמים:
[19] גייסות. חיילות כשאתה מרווה תלמי הארץ בגשם מיד גדודים נוחין כדלקמן:
[20] פוסקי צדקה ברבים. לשם ולפנים ואורחא דמילתא נקט שאין אדם עשוי לפסוק צדקה בינו לבין עצמו ואינו נותן:
[21] נשיאים ורוח. באין לעולם כאילו גשמים יורדין ואינן יורדין בשביל האיש המתהלל במתת שקר דכשם שהוא עושה לפנים ומחניף את העניים אף שמים מחניפין את הארץ שמראין נשיאים ורוח וגשם אין אי נמי אין קאי אשלשתם דמכל אלו נעצרין:

ט. מאי דכתיב * (דברים יד,כב): "עַשֵּׂר תְּעַשֵּׂר"?
"עַשֵּׂר" בשביל שתתעשר.

אשכחיה רבי יוחנן לינוקיה[1][רנג] דריש לקיש,
אמר ליה: אימא לי פסוקיך.
אמר ליה: "עַשֵּׂר תְּעַשֵּׂר".
אמר[2] ליה: ליפרוש לי מר מאי[רנד] "עַשֵּׂר תְּעַשֵּׂר"?
אמר ליה: "עַשֵּׂר" בשביל שתתעשר.
אמר ליה: מנא לך?
אמר ליה: זיל נסי.
אמר[3] ליה:
ומי שרי לנסויי קודשא בריך הוא,[רנה]
והכתיב (דברים ו,טז): "לֹא תְנַסּוּ אֶת יְהֹוָה"!?
אמר ליה: הכי אמר רבי הושעיא: חוץ מזו,
שנאמר (מלאכי ג,י):
"הָבִיאוּ אֶת כָּל הַמַּעֲשֵׂר אֶל בֵּית הָאוֹצָר,
וִיהִי טֶרֶף בְּבֵיתִי וּבְחָנוּנִי נָא בָּזֹאת, אָמַר יְהֹוָה צְבָאוֹת,
אִם לֹא אֶפְתַּח לָכֶם אֵת אֲרֻבּוֹת הַשָּׁמַיִם,
וַהֲרִיקֹתִי לָכֶם בְּרָכָה עַד בְּלִי דָי".
מאי "עַד בְּלִי דָי"?
אמר רמי בר רב יוד:[רנו]
עד שיבלו[4] שפתותיכם מלומר "דַּי".
אמר ליה:
אי[5] הוה מטינא להתם -[רנז]
לא הוה[רנח] צריכנא לך ולרבי הושעיא[רנט][6] רבך!

ותו אשכחיה רבי יוחנן לינוקיה דריש לקיש דיתיב ואמר:
"אִוֶּלֶת[7] אָדָם תְּסַלֵּף דַּרְכּוֹ וְעַל יְהֹוָה יִזְעַף לִבּוֹ" (משלי יט,ג).
הוה קא תמה רבי יוחנן,[רס]
אמר:
מי איכא מידי דכתיבי בכתובי,
דלא[8] רמזה משה[רסא] באורייתא?
אמר ליה:
אטו הא מי לא רמיזי?
והכתיב (בראשית מב,כח):
"וַיֵּצֵא לִבָּם וַיֶּחֶרְדוּ אִישׁ אֶל אָחִיו לֵאמֹר,
מַה זֹּאת עָשָׂה אֱלֹהִים לָנוּ"!?
דלי[רסב][9] עיניה וחזא ביה,
אתיא אימיה אפיקתיה,
אמרה ליה:
תא מקמיה, דלא[10] ליעבד לך כדעבד לאבוך!

ואמר[רסג] רבי יוחנן:
מטר -[11] בשביל יחיד,
פרנסה[12] - בשביל רבים.

מטר בשביל יחיד.
דכתיב (דברים כח,יב):
"יִפְתַּח יְהֹוָה לְךָ אֶת אוֹצָרוֹ הַטּוֹב... לָתֵת מְטַר[13] אַרְצְךָ".

פרנסה בשביל רבים.
דכתיב (שמות טז,ד):
"הִנְנִי מַמְטִיר[14] לָכֶם לֶחֶם מִן הַשָּׁמָיִם".[רסד]

ופרנסה בשביל יחיד לא?[רסה]
והתניא:[רסו]
רבי יוסי ברבי יהודה אומר:
שלשה פרנסים טובים עמדו לישראל,
ואלו[רסז] הן:
משה, ואהרן, ומרים;
ושלש מתנות טובות ניתנו על ידם,
ואלו הן:
באר,[15] ועמוד ענן,[רסח] ומן;
באר - בזכות מרים,
עמוד ענן - בזכות אהרן,
מן - בזכות משה;
מתה מרים - נסתלקה[רסט] הבאר,
דכתיב (במדבר כ,א)[רע] "וַתָּמָת שָׁם מִרְיָם",
וכתיב בתריה (שם ב): "וְלֹא הָיָה מַיִם לָעֵדָה",
וחזרה בזכות משה ואהרן;[רעא]
מת אהרן - נסתלק עמוד הענן,[רעב]
דכתיב (שם כא,א):[רעג]
"וַיִּשְׁמַע הַכְּנַעֲנִי מֶלֶךְ עֲרָד",
מה שמועה שמע?
שמע שמת אהרן, ונסתלקו[16][17] ענני כבוד,
וכסבור ניתנה רשות[רעד] להלחם בישראל;
והיינו דכתיב (שם כ,כט)
"וַיִּרְאוּ כָּל הָעֵדָה כִּי גָוַע אַהֲרֹן";

רש"י

1 לינוקא דריש לקיש. בן אחותו של ר' יוחנן ולאחר מיתתו של ריש לקיש כדמוכח לקמן:
2 אמר. ינוקא לר' יוחנן מאי עשר תעשר:
3 א"ל ינוקא. והכתיב לא תנסו:
4 שיבלו. כלומר שייגעו דולוראנ"ט בלע"ז:
5 אי הוה מטינא להתם. להאי קרא דהביאו את כל המעשר הוה ידעית ליה ממילא:
6 לר' הושעיא רבך. דאמרית לי משמיה:
7 אולת אדם תסלף דרכו ועל ה' יזעף לבו. כשאדם חוטא מסלף דרכו שבאין עליו פגעים ועל השם יזעף לבו שכועס ואומר מפני מה אירע לי פגע זה:
8 ולא רמזה משה באורייתא. שהחומש הוא יסוד נביאים וכתובים ובכולן יש סמך למצוא מן התורה:
9 דלי עיניה. רבי יוחנן שהיו עפעפיו מכסין את עיניו ומגביהין במזלגי דכספא בבבא קמא בפ' אחרון (קיז.) שהיה רוצה לראותו מפני שהוא חריף:
10 דלא ליעביד לך כדעבד לאבוך. שלא יתן עיניו בך כמו שנתן באביך והמיתו בבבא מציעא (פד.):
11 מטר בשביל יחיד. שאם א"צ מטר אלא לאדם אחד כגון שזרע אחר זמן זריעת בני אדם או שדר בעיר שכולה גוים^ וצריך למטר בא בזכותו:
12 ופרנסה. שפע טובה ומחיה לכל העולם אינו בא לעולם בזכות אחד אלא בשביל רבים שאם רבים צריכין שובע שתשלח ברכה בתבואה הקב"ה עושה אם זכו אבל יחיד הצריך שיתברכו תבואותיו אין הקב"ה משנה בעבורו דין השנה אלא כפי ברכותיה ואע"פ שמוריד בשביל יחיד מטר זה להשביח תבואותיו שלא יהו גרועות משל אחרים אבל לעשות שדהו כשדה שובע לא:
13 מטר ארצך. של אחד משמע:
14 ממטיר לכם. לשון רבים:
15 בארה של מרים. סלע וזבין ממנו מים והיה מתגלגל והולך עם ישראל והוא הסלע שבו הכה משה שלא היה רוצה להזיל מימיו בשבילו לפי שמתה מרים:
16 ונסתלקו ענני כבוד. ענני רקיע וענני עשן ושאר עננים אינן של כבוד:
17 חזרה בזכות שניהן. שכן כתיב ודברתם שניכם אל הסלע ונתן מימיו:

ואמר[רעה] רבי אבהו:
אל תקרי: "וַיִּרְאוּ", אלא - וייראו,
וכדריש[רעו] לקיש,
דאמר ריש לקיש:
כי[1] משמש בארבע לשונות:
אי, דלמא, אלא, דהא;
חזרו[2] שניהם בזכות משה;
מת משה - נסתלקו שלשתן,[רעז]
שנאמר (זכריה יא,ח):
"וָאַכְחִד אֶת שְׁלֹשֶׁת הָרֹעִים בְּיֶרַח אֶחָד",
וכי "בְּיֶרַח אֶחָד" מתו?
והלא מרים מתה[3] בניסן,
ואהרן[4] באב, ומשה באדר?
אלא,
שנסתלקו שלש מתנות טובות אלו,[רעח]
שניתנו להן לישראל על ידן "בְּיֶרַח אֶחָד";[רעט]
אלמא אשכחן פרנסה בשביל יחיד!?
שאני משה,
כיון דלרבים קא[רפ] בעי - כרבים דמי.

רב הונא בר מנוח ורב שמואל בר אידי
ורב חייא מווסתניא[5] הוו שכיחי קמיה דרבא,
כי נח נפשיה דרבא אתו לקמיה דרב פפא,
כל אימת דהוה אמר להו שמעתא ולא הוה מסתברא להו -
הוו[6] מרמזי אהדדי,
ט: חלש דעתיה, *
אקרויה[7] בחילמיה:[רפא]
"וָאַכְחִד אֶת שְׁלֹשֶׁת הָרֹעִים" (שם).
למחר, כי הוו מיפטרי מיניה -
אמר להו: זילו רבנן לשלמא.[רפב]

רב שימי בר אשי הוה שכיח קמיה דרב פפא,
הוה מקשי ליה טובא;
יומא חד חזייה דנפל על אפיה,
שמעיה דאמר: רחמנא ליצלן מכיסופא דשימי!
קביל[8] עליה שתיקותא,
ותו לא אקשי ליה.

ואף ריש לקיש סבר מטר בשביל יחיד,
דאמר ריש לקיש:
מנין למטר בשביל יחיד?
דכתיב (זכריה י,א):
"שַׁאֲלוּ מֵיְהֹוָה מָטָר בְּעֵת מַלְקוֹשׁ,
יְהֹוָה עֹשֶׂה חֲזִיזִים, וּמְטַר גֶּשֶׁם יִתֵּן לָהֶם,
לְאִישׁ עֵשֶׂב בַּשָּׂדֶה".
יכול -[9] לכל;
תלמוד[10] לומר: "לְאִישׁ".
אי[רפג][11] "לְאִישׁ",
יכול - לכל שדותיו;
תלמוד[12] לומר: "שָׂדֶה".
אי[13] "שָׂדֶה",
יכול - לכל השדה;
תלמוד לומר: "עֵשֶׂב".
כי הא דרב דניאל בר רב[רפד] קטינא הוה ליה ההיא גינתא,
כל יומא הוה אזיל וסייר[14] לה,
אמר: הא מישרא[15] בעיא מיא, והא מישרא לא בעיא מיא,
ואתא מיטרא וקמשקי כל היכא דמיבעי ליה מיא.

מאי "יְהֹוָה עֹשֶׂה חֲזִיזִים" (שם)?
אמר רבי יוסי ברבי[רפה] חנינא:
מלמד -
שכל צדיק וצדיק
הקדוש ברוך הוא עושה[16] לו חזיז בפני עצמו.

מאי "חֲזִיזִים"?
אמר רב יהודה: פורחות.

אמר רבי יוחנן:
סימן למטר - פורחות.

מאי פורחות?
אמר רב פפא:
עיבא[17] קלישתא דתותי[רפו] עיבא סמיכתא.

אמר רב יהודה:
נהילא[18] מקמי מיטרא - אתי[19] מיטרא,
וסימניך -[רפז] מהולתא;[20]

רש"י

1 **כי משמש בארבע לשונות אי דלמא אלא דהא.** כל מקום שצריך לדרוש כי בין לענין דרשה בין למשמעות המקרא תוכל לשנותו באחד מהני ארבע לשונות דלשון כי משמע בכולם וכן וכד וברם וארי בכלל הני ד' הן והאי דכי גוע אהרן משתמש בלשון דהא ושמעינן מינה טעמא דקרא דמה טעם נתראו דהא מית שהרי מת אהרן וריש לקיש לא אתי למימר דלא מתרגמין שום כי בעולם אלא מהני לשונות אלא אפי' מתרגם דלמא ארי דרשינן משמעותיה כמשמעות דהא ומאן דמתרגם וחזיאו כל כנישתא דהא מית טועה הוא דאם כן ואתחזיאו מיבעי ליה ויראו כל העדה במשקל ויראו ראשי הבדים וירפו המים ויעלו מעל משכן קרח:

2 **חזרו שניהם בזכות משה.** מדכתיב ואכחיד את שלשת הרועים פשיטא לן דבדידהו משתעי שלא מצינו פרנסים לישראל שלשה כאחד אלא הם:

3 **מתה בניסן.** שנאמר (במדבר כ) ויבואו בני ישראל כל העדה מדבר צין בחדש הראשון וישב העם בקדש ותמת שם מרים ותקבר שם בפרה אדומה:

4 **אהרן.** מת באחד לחדש:

5 **מווסתניא.** מאותו מקום:

6 **אחוו להדדי.** מראין ומביטין זה לזה דלא סלקא להו שמעתא כרבא:

7 **אקרויה.** היו מקרין אותו מקרא זה בחלום ואכחיד את שלשת הרועים בירח אחד שרוצין לעונשן בשמים משום דמכספי ליה:

8 **קבל עליו.** רב שימי שתיקותא מלהקשות עוד:

9 **יכול לכל.** כלומר יכול אין נותן מטר אא"כ הכל צריכין לו:

10 **ת"ל לאיש.** אפילו בשביל אחד:

11 **אי לאיש יכול לכל שדותיו.** כלומר אינו יורד עד שהוא צריך לכל שדותיו:

12 **ת"ל שדה.** אפי' אינו צריך אלא בשדה אחד:

13 **אי בשדה יכול עד שיצטרך לכל השדה ת"ל עשב.** אפילו אינו צריך אלא לעשב אחד (עשב) בשביל ירק אחד יורד עליו מטר:

14 **וסייר.** מעיין:

15 **מישרא.** ערוגה:

16 **עושה לו חזיז.** לכל צדיק הבא בעולם הזה להריק לו גשמים על שדותיו ברישא בעי מאי חזיזים לשון רבים והדר בעי ומאי נינהו חזיזים מאי נינהו דקרי חזיזי:

17 **ה"ג עיבא קלישתא דתותי עיבא סמיכתא.** דתותי עיבא כלפי הארץ:

18 **נהילא.** כמו קיטמא נהילא (חולין נא:) שהיא דקה גשמים דקים כקמחא נהילא שהיא דקה הבאין תחילה למטר ואח"כ בא מטר:

19 **אתי מיטרא.** גשמים יורדין לרוב ואין פוסקין מהר אבל בא מטר תחילה ומתחילין דקין לבא פוסקין מיד:

20 **מהולתא.** שמתחילה יוצא קמח דק ולבסוף סובין גסין:

דבתר מיטרא - פסיק מיטרא,
וסימניך - חריא[1] דעיזי.

עולא איקלע לפומבדיתא,[רפח] חזא פורחות,
אמר להו: פנו מאני, דהשתא אתי מיטרא.
לסוף לא אתא[רפט] מיטרא.
אמר:
כי היכי דמשקרי בבלאי -
הכי משקרי מיטרייהו.

עולא איקלע לבבל, חזא[רצ] מלא צנא דתמרי[2] בזוזא,
אמר: מלא צנא דדובשא בזוזא -
ובבלאי[3] לא עסקי באורייתא!?
בליליא צערוהו.[4]
אמר: מלא[5] צנא דסכיני[רצא] בזוזא -
ובבלאי עסקי באורייתא!?

תניא:
רבי אליעזר אומר:
כל העולם כולו ממימי[6] אוקיינוס הוא שותה,
שנאמר (בראשית ב,ו):
"וְאֵד יַעֲלֶה מִן הָאָרֶץ וְהִשְׁקָה אֶת כָּל פְּנֵי הָאֲדָמָה".
אמר לו רבי יהושע:
והלא מי[רצב] אוקיינוס מלוחין[7] הן!?
אמר לו: מתמתקין הן[רצג] בעבים.

רבי יהושע אומר:
כל העולם כולו ממים העליונים הוא שותה,
שנאמר (דברים יא,יא):
"לִמְטַר הַשָּׁמַיִם תִּשְׁתֶּה מָּיִם";
אלא מה אני מקיים "וְאֵד יַעֲלֶה מִן הָאָרֶץ"?
מלמד שהעננים מתגברים ועולים לרקיע,
ופותחין פיהן כנוד, ומקבלין מי מטר,
שנאמר (איוב לו,כז):
"יָזֹקּוּ[8][9] מָטָר לְאֵדוֹ".
ומנוקבות הן ככברה,
ובאות ומחשרות מים על גבי קרקע,
שנאמר (שמואל ב כב,יב):
"חַשְׁרַת[10] מַיִם עָבֵי שְׁחָקִים".
ואין בין טיפה לטיפה אלא כמלא נימא,
ללמדך -[11]
שגדול יום הגשמים כיום שנבראו בו שמים וארץ,
שנאמר (איוב ט,י): "עֹשֶׂה גְדֹלוֹת עַד אֵין חֵקֶר",
וכתיב (שם ה,י): "הַנֹּתֵן מָטָר עַל פְּנֵי אָרֶץ",
וכתיב להלן (ישעיהו מ,כח):
"הֲלוֹא יָדַעְתָּ אִם לֹא שָׁמַעְתָּ אֱלֹהֵי עוֹלָם יְהוָה...
אֵין חֵקֶר לִתְבוּנָתוֹ".

כמאן אזלא הא דכתיב (תהלים קד,יג):
"מַשְׁקֶה הָרִים מֵעֲלִיּוֹתָיו",
ואמר רבי יוחנן:
"מֵעֲלִיּוֹתָיו" של הקדוש ברוך הוא?
כמאן? כרבי[12] יהושע.
ורבי[13] אליעזר!?
כיון דסלקי להתם - "מַשְׁקֶה... מֵעֲלִיּוֹתָיו" קרי להו,
דאי לא תימא הכי -
"אָבָק וְעָפָר מִן הַשָּׁמַיִם" (דברים כח,כד) היכי משכחת לה?
אלא כיון דמדלי להתם - "מִן הַשָּׁמַיִם" קרי ליה,
הכא נמי -
כיון דסלקי להתם - "מֵעֲלִיּוֹתָיו" קרי ליה.

כמאן אזלא הא דאמר רבי חנינא:
"כֹּנֵס כַּנֵּד מֵי הַיָּם נֹתֵן בְּאֹצָרוֹת תְּהוֹמוֹת"[14] (תהלים לג,ז),
מי גרם ל"אֹצָרוֹת" שיתמלאו בר? "תְּהוֹמוֹת";
כמאן?[רצד] כרבי אליעזר.
ורבי יהושע!?
י. ההוא * בברייתו[15] של עולם.

תנו רבנן:
ארץ[רצה] ישראל שותה[16] תחילה,[רצו]
וכל העולם כולו לבסוף.[רצז]
ארץ ישראל שותה מי גשמים,
וכל העולם כולו[17] מתמצית,
משל[רצח] לאדם שמגבל את הגבינה,
נוטל את האוכל, ומניח את הפסולת.
ארץ ישראל משקה הקדוש ברוך הוא בעצמו,[רצט]
וכל העולם כולו משקהו על ידי שליח,[ש]
שנאמר (איוב ה,י):[שא]
"הַנֹּתֵן מָטָר עַל[18] פְּנֵי אָרֶץ, וְשֹׁלֵחַ מַיִם עַל פְּנֵי חוּצוֹת".[שב]

אמר מר:

רש"י

[1] חריא דעיזי. ריעי של עזים בתחילה יוצאה גסה ולבסוף דקה ופוסק:

[2] דתמרי. דבש עושין מהן:

[3] ובבלאי לא עסקי. כלומר יכולין הן לעסוק תמיד שיש להן מזונות בזול ובלא טורח:

[4] מצערים. בשלשול דאמרו (גיטין ע.) תמרי משחנן ומשלשלן:

[5] מלא צנא דסכיני בזוזא. שמתוך שלוקחין אותו בזול אוכלין מהן הרבה ומצערים אותן:

[6] ממימי אוקיינוס. כלומר ממים של מטה ולא ממים של מעלה שנאמר ואד יעלה מן הארץ ששתה בארץ ועלה:

[7] מלוחין הן. ואין תבואה גדילה מהן:

[8] יזקו מטר לאדו. רקיעין מוציאין מים לעבים:

[9] יזקו. כמו יצוקו צק לעם ויאכלו (מלכים ב ד):

[10] חשרת מים עבי שחקים. העבים מחשרין כלומר משירין המים לארץ:

[11] ללמדך. אקרא דלקמן קאי ואומר מכין הרים לא גרסינן הכא:

[12] כרבי יהושע. דאמר ממים העליונים ואמר רבי יוחנן מעליותיו של מעלה כלומר ממים העליונים ורבי יוחנן מים העליונים אתא לאשמועינן דאי לאו רבי יוחנן הוי אמינא דהכי קאמר מעליות שהקדוש ברוך הוא עומד בהם הוא משקה אותן למטה ולעולם המים מאוקיינוס:

[13] ור' אליעזר. אמר לעולם מעליותיו של הקב"ה כרבי יוחנן וכו':

[14] תהומות. מים של מטה כדכתיב תהומות יכסיומו (שמות טו):

[15] בברייתו של עולם. כתיב שהיה כל העולם שטוף במים והקב"ה כינסן במקום אחד כמכניס מים בנאד שנתנם באוצרות דכתיב נותן באוצרות תהומות שם חול גבולו ואוצר לים:

[16] בתחילה^ שותה. שם יורדין הגשמים תחילה כך שמעתי:

[17] משיורי תמצית. מה שנשאר בעבים אחר שתיית':

[18] על פני ארץ. א"י:

אמר לו רבי אליעזר:[שג] מתמתקין[שד] הן בעבים.
מנליה?
דכי אתא רב יצחק בר יוסף אמר:[שה]
כתיב (תהלים יח,יב): "חֶשְׁכַת מַיִם עָבֵי שְׁחָקִים",
וכתיב (שמואל ב כב,יב): "חַשְׁרַת[1] מַיִם עָבֵי שְׁחָקִים",
שקול[2] כ"ף ושדי ארי"ש, וקרי ביה - הכשרת.[שו]
ורבי יהושע,
בהני קראי מאי דריש בהו?
סבר לה כי הא, דכי אתא רב דימי אמר:
אמרי במערבא:
חשוך[3] ענני - סגיין מוהי,[שז]
נהורי[4] ענני - זעירין מוהי.[שח]

כמאן אזלא הא דתניא:
מים העליונים במאמר[5] הם תלוים,
ופירותיהן[6] מי גשמים,
שנאמר (תהלים קד,יג):
"מִפְּרִי מַעֲשֶׂיךָ תִּשְׂבַּע הָאָרֶץ"?
כמאן? כרבי יהושע.
ורבי אליעזר!?
ההוא במעשה ידיו של הקדוש ברוך הוא הוא דכתיב.

אמר רבי יהושע בן לוי:
כל העולם כולו מתמציתה של[שט] גן עדן הוא שותה,
שנאמר (בראשית ב,י):
"וְנָהָר[7] יֹצֵא מֵעֵדֶן" וגו'.
תנא:[8]
מתמצית בית כור שותה תרקב.

תנו רבנן:
מצרים[שי] הויא ארבע מאות פרסה על ארבע מאות פרסה,
ומצרים[שיא] אחד משישים בכוש,
וכוש אחד משישים בעולם,
ועולם אחד משישים בגן,
וגן אחד משישים בעדן,[שיב]
ועדן אחד משישים בגיהנם;[שיג]
נמצא[9] כל העולם כולו ככיסוי קדרה לגיהנם.
ויש אומרים:
עדן אין לה שיעור, גיהנם אין לה שיעור.[שיד]

אמר רבי אושעיא:
מאי דכתיב (ירמיהו נא,יג):
"שֹׁכַנְתְּ[10] (כתיב - שכנתי) עַל מַיִם רַבִּים רַבַּת אוֹצָרֹת"?
מי גרם לבבל שיתרבו[11] אוצרותיה?[שטו]
מים[12] רבים ששוכנת עליהם.[שטז]
אמר רב:
עתירה[13] בבל דחצדא בלא מיטרא.
אמר אביי:
נקיטינן:[14] טובעני[15] ולא[16] יובשני.

משנה (ג):

בשלשה[17] במרחשון שואלין את הגשמים;
רבן גמליאל אומר: בשבעה בו,
חמישה עשר יום אחר החג,
כדי[18] שיגיע אחרון שבישראל לנהר פרת.

גמרא:

אמר רבי אלעזר:
הלכה כרבן גמליאל.

תניא:
חנניה אומר:
ובגולה[19] עד ששים בתקופה.
אמר רב הונא בר חייא אמר שמואל:
הלכה כחנניה.

איני?
והא בעו מיניה משמואל:
מאימת מדכרינן ותן טל ומטר?
אמר להו: מכי[20] מעיילי ציבי לבי טבות רישבא!?[21]
דילמא אידי ואידי חד שיעורא הוא.

איבעיא להו:

רש"י

1 חשרת^ מים וחשכת מים. שני מקראות הן חד בתילים^ וחד בשמואל בוידבר דוד:

2 ה"ג שקול כף ושדי אריש. כלומר קח כף שבמלת חשכת וצרפו עם מלת חשרת וקרי ביה הכשרת שממתקין ומכשירין העבים:^

3 חשוך ענני סגיאין מימוהי. והיינו דכתיב חשכת מים:

4 נהור ענני. כשהענן קליש זעירן מימוהי ומכלל חשוך סגיאין אתה למד אבל נהור זעירין וחשרת לשון השרה כמו אין שורין דיו (שבת יז:) כו' כדדריש ליה רבי יהושע לעיל אבל חשכת מיבעי ליה להכי ולהכי:

5 במאמר הן תלוין. אינן נחות על שום דבר אלא מכונסות ועומדות כמין בריכה ותלויות במאמרו של הקב"ה:

6 ופירותיהן מי גשמים. משום לישנא דקרא נקט הכי משום דכתיב מפרי מעשיך תשבע הארץ ופירותיהם כלומר מזיעת המים שאין נחסרין כלום כדכתיב (תהלים סה) פלג אלהים מלא מים כל שעה והקרן קיימת ופירותיהן מי גשמים וכן מפורש בבראשית רבה:

7 ונהר יוצא מעדן. סימן לדבר שגן עדן שותה מן הגשמים תחילה דכתיב ונהר יוצא מעדן להשקות את הגן וגו':

8 תנא מתמצית בית כור. כלי שמשקין במימיו בית כור יכולין להשקות בתמציתו שיעור זריעת תרקב שהוא אחד משישים בבית כור והכי נמי עולם אחד משישים בגן עדן ודי לו בתמצית העננים המשקין את הגן גן לפני כל העולם כולו כעדן לגן:

9 נמצא כל העולם ככיסוי קדרה. הקטן כנגד הקדרה:

10 שוכנת על מים רבים. רבת אוצרות בא קצך אמת בצעך:

11 שרבו אוצרותיה. שקנו עושר:

12 מים רבים. שמשקין שדותיהן דבבל עמוקה^ מכל הארצות וגשמים מטפטפין ויורדין שם:

13 עתירה בבל. עשירה היא בבל שקוצרין בה תבואה בלא מטר שאינן צריכים לגשמים:

14 נקיטינן. דהכי חצדא בבל בלא מיטרא:

15 דטובעני. היא מקום מצולה ורקק:

16 ולא יובשני. שאינה יבשה:

17 מתני': בשלשה במרחשון שואלין את הגשמים וכו' רבן גמליאל אומר בשבעה בו בט"ו יום אחר החג. כלומר בשבעה במרחשון הוא ט"ו אחר החג:

18 כדי שיגיע האחרון. כלומר קודם ביאת מים לנהר פרת שהוא רחוק יותר:

19 גמ': ובגולה ששים. ובגולה אין שואלין עד ששים בתקופה לפי שהוא מקום נמוך ואין צריכים מטר כל כך:

20 מכי מעיילי ציבי לבי טבות רישבא. משעה שמכניסין עצים לאוצר לצורך ימות הגשמים שכן היו נוהגין לפי שהיו יודעין שזמן גשמים הוא משם ואילך ולא היו יכולין לחטוב עצים ביער:

21 רישבא. צייד עופות כמו אין פורשין רשבים ליונים (ב"ק עט:) טבות שם אדם:

יום ששים כלפני[1] ששים,
או כלאחר[2] ששים?
רב[שיז] אמר: כלאחר[שיח] ששים;
ושמואל אמר: כלפני[שיט] ששים.

אמר רב נחמן בר יצחק:
וסימנך עילאי -[3] בעו מיא,
תתאי -[4] לא בעו מיא.
אמר רב פפא:
הלכתא:
יום ששים כלאחר ששים.

משנה (ד-ה):

הגיע[5] שבעה עשר במרחשון ולא ירדו גשמים -
התחילו היחידים מתענין שלש תעניות;
אוכלין ושותין משחשיכה,
ומותרין במלאכה, וברחיצה, ובסיכה,
ובנעילת הסנדל, ובתשמיש המטה.

הגיע ראש חדש כסליו ולא ירדו גשמים -
בית דין גוזרין שלש תעניות על הצבור;
אוכלין ושותין משחשיכה,
ומותרין במלאכה, וברחיצה, ובסיכה,
ובנעילת הסנדל, ובתשמיש המטה.

גמרא:

מאן יחידים?
אמר רב הונא:
רבנן.

ואמר רב הונא:
יחידים מתענין שלש[שכ] תעניות:
שני, וחמישי, ושני.

מאי[6] קמשמע לן?
תנינא[7] (כאן ב:ט):
אין גוזרין תענית על הצבור בתחילה בחמישי,
שלא להפקיע[8] את השערים;
אלא שלש תעניות הראשונות - שני וחמישי ושני;

מהו דתימא?
הני מילי - צבור,
אבל[9] יחיד - לא;
קמשמע לן.

תניא נמי הכי:
כשהתחילו היחידים להתענות -
מתענין שני וחמישי ושני;
י: ומפסיקין[10] בראשי חדשים, *
ובימים[11] טובים הכתובין במגילת תענית.

תנו רבנן:
אל יאמר אדם תלמיד[12] אני,
איני ראוי לכך,[שכא]
אלא כל התלמידים ראוין לכך.[שכב]

אי זהו יחיד, ואיזהו תלמיד?
יחיד - כל שראוי למנותו פרנס על הצבור,
תלמיד - כל ששואלין אותו דבר הלכה בתלמודו[שכג] ואומר,
ואפילו במסכת כלה.[שכד]

תנו רבנן:
לא[13] כל הרוצה לעשות עצמו יחיד עושה,
תלמיד - עושה,[15][14]
דברי רבי מאיר;
רבי[16] יוסי אומר:
עושה וזכור לטוב,
שאין[שכה] שבח הוא לו, אלא צער הוא לו.

תניא אידך:
לא כל הרוצה לעשות עצמו יחיד עושה,
תלמיד - עושה,
דברי רבי שמעון בן אלעזר;
רבן שמעון בן גמליאל אומר:
במה דברים אמורים?
בדבר של שבח,
אבל בדבר של צער -
עושה וזכור לטוב,
שאין שבח הוא לו, אלא צער הוא לו.

רש"י

[1] **כלפני ס׳.** ולא מדכרינן:

[2] **כלאחר ס׳.** ומדכרינן:

[3] **עילאי בעו מיא.^** העומדים בהרים צריכין יותר מים מפני שהגשמים מתגלגלים ויורדין למטה:

[4] **תתאי לא בעו מיא.^** שמתכנסין כל מימי ההרים לבקעה ה"נ רב שהיה מארץ ישראל כדאמרינן בעלמא (גיטין ו.) מכי אתא רב לבבל וארץ ישראל גבוהה מכל הארצות משום הכי אמר כלאחר ששים ובבבל בגולה מתוך שאינן צריכין לגשמים אין שואלין עד ס׳ לתקופת תשרי וכן אנו נוהגים שכל מנהגינו אחר בני בבל:

[5] **מתני׳: הגיע שבעה עשר וכו׳.** אוכלין ושותין משחשיכה שאין אוכלין מבעוד יום כיום הכפורים ותשעה באב:

[6] **גמ׳: מאי קמ"ל.** האי דקאמר שני וחמישי ושני:

[7] **תנינא.** בפירקין דלקמן (טו:) אין גוזרין תענית כו׳ שלא להפקיע את השערים שאם היו מתחילין להתענות בחמישי היו קונין למוצאי התענית שתי סעודות גדולות אחד לתענית ואחד לשבת וכסבור המוכר שרעב בא לעולם ואתי לאפקועי שערים:

[8] **אפקועי.** מבטל שיעור מדה הראשונה וממעטה:

[9] **אבל יחידים לא.** שלש תעניות שהיחידין עושין קודם לצבור אינן זקוקין להתחיל בשני דליכא אפקעת^ שערים משום יחידים לחודייהו והללו ג׳ תעניות דיחידים אינן בכלל י"ג תעניות דצבור תדע דקא חשיב במתני׳ שלש ושלש ושבע:

[10] **ומפסיקין בראשי חדשים.** שאם חל ר"ח בשני ובחמישי לאחר שהתחילו להתענות פוסקין תעניתם:

[11] **וכן בימים טובים הכתובים במגילת תענית:**

[12] **תלמיד אני.** ואיני חשוב כל כך כיחידים כלומר איני ראוי להתחיל תענית עם היחידים:

[13] **לא כל הרוצה לעשות עצמו יחיד.** לענין תענית:

[14] **עושה.** דנראה מגסי הרוח ותנן (אבות פרק ג משנה י) כל שרוח הבריות נוחה הימנו כו׳:

[15] הכי גרסינן **התלמידים עושין עצמן.** כדאמרינן לעיל שכל התלמידים ראויין לכך ואין בהם משום גסות הרוח:

[16] **רבי יוסי אומר.** כל אדם ואפילו שאינו תלמיד עושה עצמו יחיד להתענות וזכור לטוב דצער הוא לו ולא גסות לישנא אחרינא גרסינן לא כל הרוצה לעשות עצמו יחיד עושה תלמיד עושה כלומר ולא כל הרוצה נמי לעשות עצמו תלמיד להתנהג עצמו במדת תלמיד בחלוקו ובמטתו ולהתנאות בסודר של תלמידי חכמים ושאר דברים עושה דכל הרוצה ליטול לו את השם לא יטול ורבי יוסי ארישא ומסתבר כי האי לישנא מדקא מהדר רבן שמעון בן גמליאל דבר של שבח אינו עושה מכלל דאיירי בשבח:

תנו רבנן:
הרי[שכו] שהיה מתענה על[1] החולה ונתרפא,[שכז]
על[2] הצרה ועברה -[שכח]
הרי זה מתענה ומשלים.

ההולך ממקום שאין מתענין למקום שמתענין -
הרי זה מתענה עמהן;
ממקום שמתענין למקום[3] שאין מתענין -
הרי זה מתענה ומשלים.

שכח ואכל[4] ושתה -
אל[5] יתראה בפניהם,[שכט]
ואל[6] ינהיג עידונין בעצמו,
שנאמר (בראשית מב,א):
"וַיֹּאמֶר יַעֲקֹב לְבָנָיו לָמָּה תִּתְרָאוּ",
אמר להם יעקב לבניו:
אל[7] תראו עצמכם כשאתם שבעין,
לא בפני עשו ולא בפני ישמעאל,
כדי שלא יתקנאו בכם.

"אַל תִּרְגְּזוּ בַּדָּרֶךְ" (שם מה,כד).
אמר רבי אלעזר:
אמר להם יוסף לאחיו:
אל תתעסקו בדבר הלכה,
שמא תרגז[של][8] עליכם הדרך.

איני?
והאמר רבי אלעאי בר ברכיה:
שני תלמידי חכמים המהלכין[שלא] בדרך,
ואין ביניהן דברי תורה -
ראויין לישרף באש,[שלב][9]
שנאמר (מלכים ב ב,יא):
"וַיְהִי הֵמָּה הֹלְכִים הָלוֹךְ[שלג] וְדַבֵּר,
וְהִנֵּה רֶכֶב אֵשׁ וְסוּסֵי אֵשׁ וַיַּפְרִדוּ בֵּין שְׁנֵיהֶם",
טעמא - דאיכא דיבור,
הא ליכא דיבור - ראויין לישרף!?
לא קשיא,

הא -[10] למיגרס,
הא - לעיוני.

במתניתא[11] תנא:
אל תפסיעו פסיעה גסה,
והכניסו[12] חמה לעיר.

אל תפסיעו פסיעה גסה.
דאמר מר:
פסיעה גסה נוטלת אחד מחמש מאות ממאור עיניו של אדם.

והכניסו חמה לעיר.
כדרב יהודה אמר רב,
דאמר רב יהודה אמר רב:
לעולם יכנס אדם ב"כִּי טוֹב" (בראשית א,ד) ויצא[13][14] ב"כִּי טוֹב",[שלד]
שנאמר (שם מד,ג):
"הַבֹּקֶר[15] אוֹר וְהָאֲנָשִׁים שֻׁלְּחוּ".

אמר רב יהודה אמר רבי חייא:
המהלך בדרך -
לא[שלה][16] יאכל יותר משני רעבון.

מאי טעמא?
הכא[17] תרגימו: משום מעיינא;[18]
במערבא אמרי: משום מזוני.[19]

מאי בינייהו?
יא. איכא בינייהו - * דיתיב[20] בארבא;
אי נמי - דקאזיל מאוונא[21] לאוונא.

רב פפא כל[22] פרסה ופרסה אכיל חדא ריפתא.
קסבר משום מעיינא.

אמר רב יהודה אמר רב:
כל המרעיב עצמו בשני רעבון -
ניצל ממיתה[23] משונה,
שנאמר (איוב ה,כ): "בְּרָעָב פָּדְךָ מִמָּוֶת";
מרעב מיבעי ליה!
אלא מתוך שהרעיב[שלו][24] עצמו בשני רעבון -

רש"י

1 על החולה ונתרפא. הוא הדין אם מת החולה בעי לקיומי נדרו:

2 על הצרה ועברה. מתענה ומשלים ואם לאו נראה כמתנה עם קונו אם תעבור (אתענה) ואם לאו (לא) אתענה:

3 למקום שאין מתענין הרי זה מתענה ומשלים. כל התעניות שקבלו עליהן בני עירו דנותנין עליו חומרי המקום שיצא משם:

4 אכל ושתה. דיעבד:

5 אל יתראה בפניהם. שנראה כחתן בין אבלים ויתקנאו בו:

6 ואל ינהיג עדונים בעצמו. שלא יאמר הואיל ואכלתי כל שהוא אוכל הרבה:

7 אל תראו עצמכם. שיש לכם חטים הרבה ולא הלכו אלא בשביל דבר זה שלא להתראות בפני בני עשו שהיו צעורים ורעבים:

8 תרגזו עליכם הדרך. תתעו:

9 לישרף באש. דכתיב והנה סוסי אש וכתיב בההוא עניינא הלוך ודבר ואהכי כתביה לאשמועינן דאי לאו שהיו הולכין בעומקה של הלכה לא [היו ניצולין]:

10 הא למגרס. מבעי ליה באורחא אבל במלתא דמבעי ליה לעיוני לא:

11 במתניתא תנא. מאי אל תרגזו בדרך אל תזיקו עצמכם בפסיעה גסה:

12 והכניסו חמה לעיר. כשאתם לנין ושוכבין בדרך בעיירות הכנסו^ לעיר בעוד שהחמה זורחת:

13 יצא אדם בכי טוב. שימתין עד שיאור כמו וירא אלהים את האור כי טוב (בראשית א):

14 ויכנס בכי טוב. בערב בעוד שהחמה זורחת שאין ליסטין מצויין אי נמי שלא יפול בבורות ונקעים^ שבעיר שלא יעלילו עליו עלילות מרגל אתה או גנב:

15 הבוקר אור והאנשים שולחו המה וחמוריהם. מיכן שיצאו בכי טוב והוא הדין ליכנס בכי טוב יש ספרים דלא כתיב בהו האי קרא אלא מילתא דרב יהודה סברא הוא ולא בעי' קרא:

16 לא יאכל יותר. ממה שאוכל בשני רעבון דאמר לקמן (יא.) שצריך להרעיב עצמו בשני רעבון:

17 תלמוד^ זה בבלי הוא וכי משתעי בבבל קאמר הכא וכל הא לן והא להו בבבל קאמר:

18 משום מעיינא. שלא יתחלחלו מעיו של אדם ברוב אכילתו מפני טורח הדרך יש אומרים יהיו מעיו של אדם שופכין זה לזה כעין מעיין:

19 משום מזוני. שמא אין לו לאח"כ:

20 דיתיב בארבא. שהולך בספינה משום מזוני איכא משום מעיינא ליכא:

21 מאוונא לאוונא. מקום מלון התגרים מכפר לכפר דמשתכחי מזוני וליכא למיחש למזוני ולמעיינא איכא למיחש:

22 כל פרסה ופרסה אכל ריפתא. קסבר רב פפא הא דאמור רבנן לא ליכול טפי משום מעיינא ואיהו לא מיסתפי ממעיינא דבעל בטן הוה ענין אחר כריסו רחבה כדאיתא בבבא מציעא (פד.) דקא חשיב אבריה דרב פפא וכאיש גבורתו ולפיכך יכול לאכול הרבה ואינו מזיק לו:

23 מיתה משונה. מת בחרב וברעב וכל מיתה שאינה בידי מלאך המות כדרך כל אדם על מטתו:

24 בשכר שמצער עצמו. כשישראל בצער:

ניצול ממיתה משונה.

אמר ריש לקיש:
אסור[1] לאדם לשמש מטתו בשני רעבון,
שנאמר (בראשית מא,נ):
"וּלְיוֹסֵף יֻלַּד שְׁנֵי בָנִים בְּטֶרֶם תָּבוֹא שְׁנַת הָרָעָב".

תנא:
חשוכי[שלז][2] בנים משמשין מטותיהן בשני רעבון.

תנו רבנן:
בזמן שהצבור[שלח] שרויין בצער ופירש אחד מהן -
באין שני[3] מלאכי השרת המלוין[שלט] לו לאדם,
ומניחין ידיהן[שמ] על ראשו,
ואומרים: פלוני זה שפירש מן הצבור -
אל יראה בנחמת צבור.

תניא אידך:
בזמן שהצבור שרויין[שמא] בצער - אל יאמר אדם:
אלך לביתי ואוכל ואשתה, ושלום עליך נפשי.
ואם עושה כן - עליו הכתוב אומר (ישעיהו כב,יג):
"וְהִנֵּה[4] שָׂשׂוֹן וְשִׂמְחָה, הָרֹג בָּקָר וְשָׁחֹט צֹאן,
אָכֹל בָּשָׂר וְשָׁתוֹת יָיִן,
אָכוֹל וְשָׁתוֹ כִּי מָחָר נָמוּת";
מה כתיב בתריה?
"וְנִגְלָה בְאָזְנָי יְהוָה צְבָאוֹת,
אִם יְכֻפַּר הֶעָוֹן הַזֶּה לָכֶם עַד תְּמֻתוּן" (שם,יד).
זו[שמב][5] מידת בינונים,
מידת רשעים מה הוא אומר?[שמג]
"אֵתָיוּ[6] אֶקְחָה יַיִן וְנִסְבְּאָה שֵׁכָר,
וְהָיָה כָזֶה יוֹם מָחָר" (שם נו,יב);
מה כתיב בתריה?
"הַצַּדִּיק[7] אָבָד וְאֵין אִישׁ שָׂם עַל לֵב...
כִּי מִפְּנֵי הָרָעָה נֶאֱסַף הַצַּדִּיק" (שם נז,א).

וכל המצער עצמו עם הציבור -[שמד]
זוכה ורואה בנחמת ציבור,[שמה]
שכן מצינו במשה רבינו שציער עצמו עם הציבור,[שמו]
שנאמר (שמות יז,יב):
"וִידֵי מֹשֶׁה כְּבֵדִים,
וַיִּקְחוּ אֶבֶן וַיָּשִׂימוּ תַחְתָּיו וַיֵּשֶׁב עָלֶיהָ";
וכי לא היה לו למשה כר אחד[שמז] או כסת אחת לישב עליה?
אלא כך אמר משה:
הואיל וישראל שרויין בצער,
אף אני אהיה עמהם בצער.

שמא[שמח] יאמר אדם: מי מעיד בי?
אבני ביתו של אדם, וקורות ביתו של אדם,
ורהיטי ביתו של אדם -[שמט]
הן מעידין[שנ] בו,
שנאמר (חבקוק ב,יא):
"כִּי אֶבֶן מִקִּיר תִּזְעָק וְכָפִיס[8] מֵעֵץ יַעֲנֶנָּה".

רבי שילא אומר:[שנא]
שני מלאכי השרת המלוין לו לאדם -
הן מעידין בו,[שנב]
שנאמר (תהלים צא,יא):
"כִּי מַלְאָכָיו יְצַוֶּה לָּךְ לִשְׁמָרְךָ בְּכָל דְּרָכֶיךָ".[שנג]

רבי חידקא אומר:
נשמתו של אדם -
היא מעידה בו,[שנד]
שנאמר (מיכה ז,ה):
"מִשֹּׁכֶבֶת חֵיקֶךָ שְׁמֹר פִּתְחֵי פִיךָ".

וחכמים[שנה] אומרים:
אבריו[9] של אדם -
הן מעידין[שנו] בו,
שנאמר (ישעיהו מג,יב):
"וְאַתֶּם עֵדַי נְאֻם יְהוָה וַאֲנִי אֵל".[שנז]

"אֵל[10] אֱמוּנָה וְאֵין[11] עָוֶל, צַדִּיק וְיָשָׁר הוּא" (דברים לב,ד).[שנח]
"אֵל אֱמוּנָה" -
כשם שנפרעין מן הרשעים לעולם הבא,
אפילו על עבירה קלה שעושין -
כך נפרעין מן הצדיקים בעולם הזה,
על עבירה קלה שעושין.

"וְאֵין עָוֶל" -
כשם שמשלמין שכר לצדיקים לעולם הבא -
אפילו על מצוה קלה שעושין,
כך משלמין שכר לרשעים בעולם הזה -
אפילו על מצוה קלה שעושין.

"צַדִּיק[12] וְיָשָׁר הוּא" -
אמרו בשעת פטירתו של אדם לבית עולמו -

רש"י

[1] אסור לשמש מטתו בשני רעבון. דצריך אדם לנהוג צער בעצמו:

[2] חסוכי בנים. חסירי בנים דגרסינן במנחות (כט.) לגבי מנורה ומי חסיכי כולי האי שלא קיימו פריה ורביה:

[3] שני מלאכי שרת מלוין לו לאדם. אחד מימינו ואחד משמאלו דכתי׳ (תהלים צא) כי מלאכיו יצוה לך:

[4] הנה ששון ושמחה הרוג בקר ושחוט צאן אכול בשר ושתות יין כי מחר נמות ונגלה באזני ה׳ צבאות אם יכופר העון הזה לכם עד תמותון:

[5] זו מידת בינונים. שיראין מן המיתה כדכתיב בהו כי מחר נמות:

[6] אתיו אקחה יין ונסבאה שכר והיה כזה יום מחר. גדול יותר מאד:

[7] הצדיק אבד ואין איש שם על לב. מפני מה הוא מת מפני הרעה נאסף הצדיק מפני שלא יצטער הוא ברעה ואחר שהיא גזרה מלפניו כי מפני הרעה נאסף הצדיק ל"א מפני רעות של אלו הוא נאסף שאין הקב"ה רוצה שיבקש עליהם רחמים:

[8] כפיס. חצי לבינה ורגילין לתתה בין שתי נדבכי העצים:

[9] הכי גרסינן אבריו של אדם הן מעידין בו. שנאמר ואתם עדי^ נאם ה׳:

[10] מאי דכתיב אל אמונה ואין עול כשם שמשלם כו׳. כך משלם לרשעים בעולם הזה כדי לטורדן מן העולם הבא כדכתיב^ (דברים ז) ומשלם לשונאיו אל פניו להאבידו:

[11] ואין עול. שאין עושה דין בלא דין אמת וצדק:

[12] צדיק וישר. מצדיק הדין על הצדיקים לפרוע מהם ועושה טובה וישרות עם הרשעים לפרוע כל זכותם בעולם הזה כדי לטורדן:

כל מעשיו נפרטין[שנט] לפניו,
ואומרים לו: כך וכך עשית במקום פלוני ביום פלוני.
והוא אומר: הין.
ואומרים לו: חתום.
וחותם,
שנאמר (איוב לז,ז):
"בְּיַד[1] כָּל אָדָם יַחְתּוֹם".

ולא עוד אלא שמצדיק עליו את הדין,
ואומר להם: יפה דנתוני,
לקיים מה שנאמר (תהלים נא,ו):
"לְמַעַן[2] תִּצְדַּק בְּדָבְרֶךָ".

אמר שמואל:
כל היושב בתענית נקרא חוטא.
סבר כי האי תנא,
דתניא:
רבי אלעזר הקפר ברבי אומר:
מה תלמוד לומר -
"וְכִפֶּר עָלָיו מֵאֲשֶׁר חָטָא עַל הַנָּפֶשׁ" (במדבר ו,יא)?
וכי באיזו[שס] נפש חטא זה?
אלא שציער עצמו מן היין.
והלא דברים קל וחומר -
ומה זה שלא ציער עצמו אלא מן היין - נקרא חוטא,
המצער עצמו מכל דבר - על[שסא] אחת כמה וכמה!

רבי אלעזר אומר:
נקרא קדוש,
שנאמר (שם,ה):
"קָדֹשׁ יִהְיֶה גַּדֵּל פֶּרַע שְׂעַר רֹאשׁוֹ",
והלא דברים קל וחומר -[שסב]
ומה זה שלא ציער עצמו אלא מן היין -[שסג] נקרא קדוש,
המצער עצמו מכל דבר - על אחת כמה וכמה!

ולשמואל,[3] הא איקרי[4] קדוש!?
ההוא אגידול פרע קאי.

ולרבי אלעזר, הא איקרי[שסד] חוטא!?
ההוא דסאיב נפשיה.

ומי אמר רבי אלעזר הכי?
והאמר רבי אלעזר:
יא: לעולם יראה[שסה] אדם את[שסו] עצמו * כאילו[5] קדוש שרוי בתוך מעיו,
שנאמר (הושע יא,ט):
"בְּקִרְבְּךָ[6] קָדוֹשׁ וְלֹא אָבוֹא בְּעִיר"!?
לא קשיא,
הא -[7] דמצי לצעורי נפשיה,
הא - דלא מצי לצעורי נפשיה.

ריש לקיש אומר:[שסז]
נקרא[8] חסיד,
שנאמר (משלי יא,יז):
"גֹּמֵל נַפְשׁוֹ אִישׁ חָסֶד".[שסח]

אמר רב ירמיה בר אבא אמר ריש לקיש:[שסט]
אין תלמיד חכם רשאי לישב בתענית,[שע]
מפני[9] שממעט במלאכת שמים.[שעא]

אמר רב ששת:
האי בר בי רב דיתיב בתעניתא -
ליכול כלבא לשירותיה.[10]

אמר רב[שעב] ירמיה בר אבא:
אין תענית ציבור בבבל -
אלא תשעה באב בלבד.[שעג]

אוכלין ושותין משחשיכה כו'.

אמר[11] רבי זעירא אמר רב הונא:
יחיד[12] שקיבל עליו תענית,
שני ימים זה אחר זה,[שעד]
אפילו אכל ושתה כל הלילה כולו -[שעה]
למחר מתפלל[שעו] תפלת תענית;
לן[13] בתעניתו -
למחר אין[שעז][14] מתפלל תפלת[שעח] תענית.

אמר רב יוסף:
מאי[15] קא סבר[שעט] רב הונא?

רש"י

1 ביד כל אדם יחתום. כותב מעשה כל אדם ומחתים יד על כל מעשיו:

2 למען תצדק בדברך. שהוא מצדיק עליו בדבריך שאתה מראה לו:

3 לשמואל. קדוש יהיה אגדל פרע קאי ששערו אסור בהנאה אבל הוא עצמו לא נקרא קדוש ולר' אלעזר חוטא דסאיב כתרגומו מאשר חטא על הנפש פשט המקרא על שנטמא במת וכי באיזה נפש חטא זה מי הרג שנקרא חוטא שאין מצוה לצער עצמו כדאמרינן צדיקי (מי) אכלי האי עלמא (והאיך) מי סני להו במס' הוריות (פ"ג י:):

4 נקרא קדוש. רישיה דקרא קא דריש בשביל שמתוך כך מתמרקין עונותיו שמתענה.

5 כאילו קדוש שרוי בתוך מעיו. כאילו כל מעיו קדוש ואסור להכחישן דהכי משמע בקרבך קדוש כלומר דאסור להתענות:

6 בקרבך קדוש. רישיה דקרא קדריש בשביל שקדוש שרוי בצער לא אבוא בעיר של מעלה עד שאבנה ירושלים של מטה ורמיזא בעלמא הוא:

7 הא דמצי מצער נפשיה. שיכול לסבול התענית משבחו הקב"ה אבל מי שאינו יכול להתענות נקרא חוטא:

8 נקרא חסיד. המתענה דכתיב גומל נפשו איש חסד מפריש עצמו ממאכל ומשתה כמו ביום הגמל את יצחק (בראשית כא) שברי"ר בלע"ז מפי מורי אי נמי גומל לשון תגמול שמשלים נפשו לקונו ועוכר שארו המתענה ומכחיש בשרו נקרא אכזר:

9 שממעט במלאכת שמים. חלש הוא ואינו יכול ללמוד:

10 שירותיה. סעודתו כלבא ליכול סעודתו ולכך המתענה אינו מועיל לו אלא כמי שמתענה מפני שאין לו מה יאכל:

11 אין תענית צבור בבבל. לענין איסורי חומרי תענית אמרה^ ר' ירמיה למילתיה שהיו נוהגין בו כעין אבילות שהיו אוכלין מבעוד יום ואסורין בנעילת הסנדל אלא תשעה באב בלבד:

12 יחיד שקיבל עליו תענית. מאתמול הרי אני יושב בתענית למחר אפילו אכל ושתה כל הלילה עד עמוד השחר למחר מתפלל תפלת תענית עננו:

13 לן בתעניתו. באותו תענית שקיבל עליו שלא אכל במוצאי תעניתו ולן כל אותו הלילה לשם תענית עד הבקר:

14 למחר אין מתפלל תפלת תענית. אינו יכול להתפלל עננו קודם שיאכל כדי לצאת ידי חובת תענית של לילה אע"פ שהוא יום אחד כדכתיב (בראשית א) ויהי ערב ויהי בוקר יום אחד ולקמן מפרש ואזיל מאי קסבר רב הונא מאי טעמא אין מתפלל למחר עננו:

15 והכי גרסינן מאי קסבר רב הונא מיסבר קסבר אין מתענין לשעות או דלמא קסבר מתענין לשעות והמתענה לשעות אינו מתפלל תפלת תענית אמר אביי לעולם קסבר מתענין לשעות והמתענה לשעות מתפלל^ תפלת תענית כו'. פירוש מאי קסבר רב הונא אין מתענין לשעות כלומר האי דקאמר למחר אין מתפלל

מיסבר קא סבר -[שפ] אין מתענין לשעות;
או דלמא -
לעולם קא סבר -[שפא] מתענין לשעות,
והמתענה לשעות - אין[שפב] מתפלל תפלת תענית?

אמר ליה אביי:
לעולם[1] קא סבר -[שפג] מתענין לשעות,
והמתענה[2] לשעות - מתפלל תפלת תענית,
ושאני הכא דלא[3][שפד] קיבלה עילויה.[שפה]

רבי[4] עקיבא[שפו] איקלע לגינזק,
בעו מיניה:
מתענין לשעות,
או אין מתענין לשעות?
קנקנין[שפז][5] של גוים,[שפח]
אסורין או מותרין?
במה[שפט][6] שימש משה,
כל שבעת ימי המלואים?
לא הוה בידיה.
אזל ושאיל בי מדרשא.
אמרו ליה:
הלכתא:
מתענין לשעות,
ומתפללין תפלת תענית.
והלכתא:
קנקנין של גוים[שצ] לאחר[7] שנים עשר חדש מותרין.
במה שימש משה כל שבעת ימי המלואים?
בחלוק[8] לבן.
רבי[9] כהנא מתני:

בחלוק[10] לבן שאין בו[שצא] אימרא.

יב. אמר רב חסדא: *
הא[11] דאמרת:
מתענין לשעות -
והוא שלא טעם כלום כל אותו היום.[שצב]
אמר ליה אביי:
הא תענית מעלייתא היא!?
לא[12] צריכא,
דאימלך אימלוכי.

רב חסדא לטעמיה דאמר:[א]
כל תענית שלא[13] שקעה עליו חמה -
לאו שמיה תענית.

מיתיבי (כאן ב:ו):
אנשי[14] משמר מתענין ולא[15] משלימין!?
התם - לצעורי[16] נפשיהו[ב] בעלמא הוא.

תא שמע:
דאמר רבי אלעזר ברבי[ג] צדוק:
אני מבני בניו של סנאה[ד][17] בן בנימין,
ופעם אחת חל תשעה באב להיות בשבת,
ודחינוהו לאחר השבת,
והתענינו בו ולא השלמנוהו,
מפני[18] שיום טוב שלנו היה!?[ה]
התם נמי - לצעורי נפשיהו[ו] בעלמא הוא.

תא שמע:
דאמר[19] רבי יוחנן:
אהא בתענית עד שאבוא לביתי!?

רש"י

תפלת תענית לכך אינו מתפלל דקבלת תענית זה אינה^ קבלה ואינו תענית כלל ואם רוצה לאכול ולסעוד בתוך התענית הרשות בידו דאין מקבלין תענית לשעות כגון זה שלא קיבל תענית של לילה זה מאתמול כדקתני לן בתעניתו דמשמע מאליו כשהחשיך ובא לסעוד עמד ולא אכל כלומר שהיה בדעתו לאכול עד שעבר מקצת הלילה שעה אחת או שתי שעות ואחר כך נמלך ולן בתעניתו או דלמא האי דקאמר רב הונא למחר אין מתפלל תפלת תענית לאו משום דאין מתענין לשעות דשם תענית עליו ואם רוצה לחזור בו ולטעום אחר שהתחיל בתענית אינו יכול אלא להכי אינו מתפלל תפלת תענית דסבר אין תענית של שעות חשוב וחמור כל כך שיהא צריך להתפלל עליו עננו:

1 **לעולם קסבר.** בעלמא דמתענין לשעות:

2 **והמתענה לשעות מתפלל תפלת תענית.** והכא מאי טעמא אין מתפלל תפלת תענית דשאני הכא היכא דהתענה אתמול ובלילה לן בתעניתו:

3 **דלא קיבלה עילויה.** שלא קיבל עליו תענית זה בפני עצמו מאתמול כדרך שאר מתענין לשעות ואינו חשוב להתפלל עליו עננו:

4 **מר עוקבא איקלע לגינזק.** גרסינן דאילו ר' עקיבא לא היה מסתפק לו הנך בעיי ועוד דבלשון ברייתא הוה משתעי ביה מעשה ברבי עקיבא כו' ולא בגמרא:

5 **קנקנים.** של חרס שמכניסין בהן יין לקיום אסור להשתמש בהן:

6 **במה שימש משה.** דאילו באהרן כתיב בגדי כהונה דכתיב (שמות כט) והלבשתם שבשעה שהיה משה עובד אהרן היה לבוש בגדי כהונה ועבודה דמשה גזירת הכתוב הוא ובגדי כהונה לא מצינו בו ומסתמא אין הדבר כשר שהיה עובד בבגדיו של חול שיוצא בהן לשוק:

7 **לאחר שנים עשר חדש.** הולך טעם יין נסך ומותרים בלא עירוי מים אבל תוך י"ב חדש צריך עירוי שלשה ימים מעת לעת:

8 **בחלוק לבן.** של פשתן עשוי לשם כך:

9 **רב כהנא מתני.** כי האי לישנא:

10 **בחלוק לבן שאין בו אימרא.** שפה מתרגמינן אימרא (שם כח) כלומר תחוב היה מחוט אחד כל החלוק ולא כבגדים שלנו שבתי הידים מדובקין בבגד הגוף בתפירה כדי שלא יחשדוהו שמא באותה שפה הוציא מעות הקודש משום שנאמר (במדבר לב) והייתם נקיים מה' ומישראל:

11 **הא דאמרת מתענין לשעות והוא שלא טעם כלום כל אותו היום.** כלומר לא אמרו במתענה שאכל בו ביום כגון שהתחיל להתענות עד חצי היום ואח"כ אכל דאין זה עינוי ואם אכל קודם חצות אין בכך כלום דאינו תענית של כלום אלא כשהשלים כל היום אע"פ שלא קיבלו עליו מאתמול ופריך אי דקבל עליו להתענות עד חצי יום והדר מתענה כל היום האי תעניתא מעלי' הוא ופשיטא דתענית גמור הוא ואפילו תפלת תענית נמי מתפלל עליו ולא איצטריך לאוקומי הלכה בהכי דזהו תענית גמור והאי מקשה סבר דהאי הלכה מתענין לשעות כמשמעו דיכול להתענות עד חצי היום מתענה קרינא ביה:

12 **לא צריכא^ דממליך אימלוכי.** כלומר לא היה בדעתו כלל להתענות אלא אתא ליה טרדא ולא אכל עד חצי היום וכי מטא חצי יום ממליך אמר הואיל והתעניתי עד חצי היום אתענה כל היום:

13 **שלא שקעה עליו חמה.** שלא התענה עד אותה שעה:

14 **אנשי משמר.** כהנים ולוים העובדין מתענין כדלקמן בפרק סדר תעניות:

15 **ולא משלימין.** לפי שהן עסוקין בעבודה ואין יכולים להשלים אלמא אע"ג דאינו משלים מתענה קרי ליה:

16 **לצעורי נפשיהו.** עם הצבור אבל אינו תענית לא להתפלל תפלת עננו ולא לקובעו עליו חובה כלל וכל שעה שהוא רוצה לאכול אוכל:

17 **מבני סנאה^ בן בנימין.** משבט בנימין:

18 **שיום טוב שלנו היה.** כדלקמן בשלשה פרקים (כו.) זמן עצי כהנים והעם כו' עד בחמשה באב בני פרעוש בן יהודה בעשרה בו בני סנאה^ בן בנימין שעל ידי מעשה קבעו להן חכמים להתנדב עצים ולהביא למערכה וכשמגיע זמנו מביאין אותן ומדליקין אותן על גבי המזבח אע"פ שהיו שם שאר עצים הרבה משא"כ בשאר מתנדבי עצים דאין מבערין אותן בזמן שיש עצים אחרים במסכת מנחות (קו:) אמרינן המתנדב עצים לא יפחות משני גזירין ועצים טעונין קמיצה טעונים הגשה כו':

19 **דאמר רבי יוחנן.** פעמים שהיה אומר אהא בתענית עד שאבוא לביתי ואי מטי לביתיה בשתים או בג' שעות ביום הוה אכיל וקרי ליה מתענה:

התם -[1] לשמוטי[י] נפשיה מבי נשיאה הוא דעבד.

אמר שמואל:
כל תענית שלא קיבלה[ח] עליו מבעוד יום -
לאו שמיה תענית.
ואי[2] יתיב מאי?
אמר רבה בר שילא:
דמי למפוחא[3] דמליא זיקא.

אימת מקבלה?[ט]
רב אמר: במנחה;[4]
ושמואל אמר: בתפלת[5] המנחה.

אמר רב יוסף:
כוותיה דשמואל מסתברא,
דכתיב[6] במגילת תענית:
להן כל איניש דייתי עלוהי מקדמת דנא ייסר.
מאי לאו[7] ייסר[8] עצמו בצלו?[9]
לא,
יאסר.[י]

פליגי בה[יא] רבי חייא ורבי שמעון ברבי:
חד[10] אמר: ייסר;
וחד אמר: יאסר.

מאן דאמר: ייסר -
כדאמרינן;
למאן דאמר: יאסר -
מאי[11] היא?
דתניא במגילת תענית:
כל איניש דייתי עלוהי מקדמת דנא יאסר;
כיצד?
יחיד שקיבל עליו תענית[יב] שני וחמישי של כל השנה כולה,
ואירעו בם ימים טובים הכתובין במגילת תענית -
אם נדרו קודם[12] לגזירתנו -[יג] תדחה גזירתנו מפני נדרו;[יד]

ואם גזירתנו[טו] קודמת לנדרו - ידחה נדרו מפני גזירתנו.[טז]

תנו רבנן:
עד[13] מתי אוכל ושותה?
עד שיעלה עמוד השחר,
דברי רבי;
רבי אלעזר ברבי[יז] שמעון אומר:
עד[14] קריאת[יח] הגבר.

אמר רבא:[יט]
לא שנו אלא שלא[15] גמר סעודתו,
אבל[16] גמר סעודתו - אינו אוכל.

איתיביה אביי:[כ]
גמר ועמד הרי זה אוכל!?
התם שלא[כא][17] סילק.

איכא[18] דאמרי:
אמר רבא:
לא שנו אלא שלא[כב] ישן,
אבל[19] ישן - אינו אוכל.

איתיביה אביי:
ישן ועמד הרי זה אוכל!?
התם[20] במתנמנם.

היכי דמי מתנמנם?
יב: אמר רב אשי: *
נים ולא נים,
תיר[21] ולא תיר,
כגון[כג] דקרו ליה ועני,
ולא ידע לאהדורי[כד][22] סברא,
וכי[23] מדכרו[כה] ליה - מדכר.

אמר רב כהנא אמר רב:
יחיד[24] שקיבל עליו תענית -

רש"י

[1] **לשמוטי^ נפשיה מבי נשיאה.** דלא ליטרחוהו למיכל בהדייהו שהיה מבקש הימנו שיאכל עמו היה אומר כן שלא יטריחנו לאכול עמו ומיהו לא הוי תענית שאם היה רוצה היה אוכל מיד ואין בנדרו כלום:

[2] **ואי יתיב מאי.** מי סליק לתענית אי לא:

[3] **למפוחא.** הוא המפוח שנופחין בו הנפחין את האור המתמלא ברוח אף זה נתמלא רוח שלא אכל בחנם:

[4] **במנחה.** בזמן המנחה ואפילו בשוק אומר הריני מחר בתענית:

[5] **בתפלת המנחה.** בסופה תוספת ריצוי ותחנונים עד שאומר הריני מחר בתענית ודוקא נקט מנחה משום דסמוך לתחלת יום תעניתו לאפוקי תפלת יוצר ודיקא נמי מדפסיק שמואל ופליג אדרב דאמר בזמן המנחה שיעורא יתירא:

[6] **כדכתיב במגילת תענית.** לסוף ימים טובים הכתובים במגילת תענית כתיב בה מקדמת דנא ייסר לעיל מינה תני אילין יומיא די לא להתענאה בהון להן כל איניש דייתי עלוהי תענית מן קדמת דנא לפני אלו ימים טובים כגון שקיבל עליו עשרה תעניות או עשרים ונכנסו אלו הימים בהם:

[7] **ייסר בצלו.** בתפלה ואי לא קבליה עליה בתפלת המנחה לא דחי להנך ימים טובים אלמא דעיקר תענית בעי לקבולי בתפלת המנחה עילויה ואי לא קבליה עילויה בתפלת המנחה לא עשה כלום:

[8] **ייסר.** לשון ואסרה אסר (במדבר ל):

[9] **בצלו.** צלותא איכא דאמרי לשון נדר שקבל עליו להתענות כמו הרימותי ידי אל ה׳ (בראשית יד) דמתרגמינן ארימית ידי בצלו ואין רבי מודה האי דקתני דכתיב משום דמגילת תענית היתה נכתבת לבד לזכרון נסים:

[10] **וחד אמר יאסר.** דלא הוי תני ייסר בצלו דמשמע דוקא כדאמרינן אי מקבל בתפלת המנחה אין ואי לא לא אלא יאסר דמשמע יהא אסור לאכול אי אתי עליה תעניות מן קדמת דנא בין בתפלה בין שלא בתפלה:

[11] **מאי היא.** מאי קסבר ומשני כדתניא יחיד שקבל עליו תענית שני וחמישי של כל השנה כולה כלומר כדמפרש בהדיא אם נדרו קודם לגזרתנו כו׳ ולא שנא בין בתפלה בין שלא בתפלה:

[12] **קודם גזרתנו.** קודם שגזרו חכמים ימים טובים הללו אבל משגזרו אע״פ שהתחיל תעניותיו קודם הזמנים הללו לא דחו:

[13] **עד מתי אוכל ושותה.** בלילה כשמתענה למחר בכל תעניות שהוא אוכל משתחשך ואפילו בתענית יחיד קא מיירי:

[14] **עד קרות הגבר.** אפילו פעם ראשונה קאמר מדקאמר גבי יוצא יחידי בלילה בסדר יומא (כא.) עד שישלש:

[15] **שלא גמר סעודתו.** אבל גמר דברי הכל אינו אוכל:

[16] **אכל ועמד.** אע״פ שבירך ועמד משולחנו חוזר ואוכל ואין בכך כלום:

[17] **שלא סילק.** את הטבלא דלאו עקירה היא ולא אסח דעתיה מאכילה וכסעודה אריכתא דמיא:

[18] **איכא דאמרי אמר רבא כו׳.** והלכה כאיכא דאמרי אוכל ושותה עד שיישן קבע ועד שיעלה עמוד השחר כרבי:

[19] **אבל ישן.** הפסקה היא ושוב אינו אוכל:

[20] **התם.** לאו ישן ממש אלא מתנמנם שומילי״ר בלע״ז:

[21] **תיר.** ער כדמתרגמינן (בראשית מא) ויקץ ואיתער:

[22] **אהדורי סברא.** אם צריך ממנו דבר שצריך הרהור אינו יודע לומר בעוד שמתנמנם:

[23] **וכי מדכרו ליה מדכר.** כזה שמעת מדכר:

[24] **יחיד שקבל עליו תענית.** סתם ואינו יודע איזה תענית קבל עליו אם של יחיד אם של צבור:

אסור[1] בנעילת הסנדל,
חיישינן שמא תענית צבור קיבל עליו.
היכי ליעבד?
אמר רבה בר רב שילא:
לימא הכי: למחר אהא לפניך בתענית יחיד.

אמרו ליה רבנן לרב ששת:
הא קא[2] חזינן רבנן דמסיימי מסנייהו ואתו לבי תעניתא!
איקפד,[3] אמר:[כו]
דלמא[4] מיכל נמי קא אכלי![כז]

אביי ורבא סיימי[כח] אפנתא.[5]

מרימר ומר זוטרא מחלפי[6] דימינא לשמאלא,
ודשמאלא לימינא.

רבנן דבי רב אשי נפקי כי אורחייהו;
סברי כי הא דאמר שמואל:
אין תענית צבור בבבל -
אלא תשעה באב בלבד.

אמר רב יהודה:
אמר רב:
לוה אדם תעניתו ופורע.

כי אמריתה קמיה דשמואל,
אמר לי:
וכי נדר הוא[כט] דלא סגי דלא משלם?
צערא[7] הוא דקביל[ל] עליה!
אי מצי - מצער נפשיה,
אי לא מצי - לא מצער נפשיה!?

איכא דאמרי:
אמר רב יהודה:
אמר רב:
לוה אדם תעניתו ופורע.

כי אמריתה קמיה דשמואל,
אמר לי:
פשיטא, לא יהא אלא נדר!
נדר,
מי לא[לא] משלים ואזיל[לב] למחר וליומא אחרינא!?

רב יהושע בריה דרב אידי איקלע לבי רב אשי,[לג]
עבדו ליה עיגלא[לד] תילתא.
אמרו ליה: ליטעום מר מידי.
אמר להו: בתעניתא יתיבנא.
אמרו ליה: ולוזיף מר וליפרע,
לא סבר לה[לה] מר להא דאמר רב יהודה אמר רב:
לוה אדם תעניתו ופורע!?
אמר להו: תענית חלום הוא,
ואמר רבה בר מחסיא אמר רב חמא בר גוריא אמר רב:
יפה תענית לחלום כאש לנעורת;
ואמר[לו] רב חסדא: ובו ביום;
ואמר רב יוסף: ואפילו[8] בשבת.[לז]

משנה (ו-ז):

עברו אלו ולא נענו -
בית דין גוזרין עוד[לח] שלש תעניות אחרות על הצבור;
אוכלין ושותין מבעוד יום,
ואסורין במלאכה, וברחיצה, ובסיכה,
ובנעילת הסנדל, ובתשמיש המטה,
ונועלין את המרחצאות.

עברו אלו ולא נענו -
בית דין גוזרין עוד[לט] שבע,
שהן שלש עשרה תעניות על הצבור;
ומה[מ] אלו יתרות על הראשונות?
שבאלו מתריעין ונועלין את החנויות;
בשני מטין עם חשיכה,
ובחמישי כל היום[מא] מפני כבוד השבת.

עברו אלו ולא נענו -
ממעטין במשא ומתן,
בבנין ובנטיעה,
באירוסין ובנישואין,
ובשאילת שלום בין אדם לחבירו,
כבני אדם הנזופין למקום;
היחידים חוזרין ומתענין עד שיצא ניסן,
יצא ניסן וירדו גשמים -
סימן קללה,
שנאמר (שמואל א יב,יז):
"הֲלוֹא קְצִיר חִטִּים הַיּוֹם" וגו'.

גמרא:

בשלמא כולהו אית בהו תענוג,
אלא[מב] מלאכה - צער הוא!?
אמר רב חסדא אמר רב ירמיה בר אבא:
אמר קרא (יואל א,יד):
"קַדְּשׁוּ[9] צוֹם קִרְאוּ עֲצָרָה אִסְפוּ זְקֵנִים",
כעצרת,
מה[10] עצרת - אסור בעשיית מלאכה,
אף תענית - אסור בעשיית מלאכה.

אי[11] מה עצרת - מאורתא,
אף תענית נמי - מאורתא!?
אמר רבי זירא:

רש"י

1 ואסור בנעילת כו'. שמא תענית צבור כשלש ראשונות או כז' אחרונות קיבל עליו:
2 קאתו רבנן לתעניתא כו'. בתענית צבור וסברי לה כשמואל דאמר אין תענית צבור בבבל בפרק מקום שנהגו (פסחים נד:) דאסור בנעילת הסנדל ובכל הני:
3 איקפד. רב ששת:
4 דלמא מיכל נמי אכלי. ופורשים מדרכי צבור ולית ליה דשמואל ואנן האידנא נהגינן כשמואל:
5 אפנתא. אישקריפי"ט:
6 מחלפי. ביומא דתעניתא:
7 לצעורי. בעלמא אי מצי מצער נפשיה ואי לא לא יהא אלא ליומא אחרינא:
8 ואפילו בשבת. יכול להתענות כדי שיתבטל צער גופו:
9 קדשו צום קראו עצרה אספו זקנים. כל יושבי הארץ בית ה' אלהיכם וזעקו אל ה':
10 מה עצרת. שבועות ושמיני עצרת:
11 אי מה עצרת. איסור מלאכתו מאורתא:

לדידי מיפרשא לי מיניה דרב ירמיה בר אבא:
אמר קרא (שם): "אִסְפוּ זְקֵנִים",
דומיא[1] דאסיפת זקנים,
מה אסיפת זקנים - ביום,
אף צום נמי - ביום.

ואימא מטיהרא!?
אמר רב שישא בריה דרב אידי:
מסייע[2] ליה לרב הונא דאמר:
מצפרא[3] כינופיא.

היכי עבדי?
אמר אביי:
מצפרא לפלגיה[מג] דיומא -
מעיינינן[4] במילי דמתא,
מפלגיה דיומא לפניא -[מד]
ריבעא[6] דיומא - קרינן ומפטירנן,[מה]
וריבעא דיומא -[מו] מצלינן ובעינן[מז] רחמי,
שנאמר (נחמיה ט,ג):
"וַיִּקְרְאוּ[מח] בְּסֵפֶר תּוֹרַת יְהוָה אֱלֹהֵיהֶם רְבִעִית הַיּוֹם,
וּרְבִעִית מִתְוַדִּים וּמִשְׁתַּחֲוִים לַיהוָה אֱלֹהֵיהֶם".* יג.

איפוך[8] אנא!?
לא סלקא דעתך,
דכתיב (עזרא ט,ד):
"וְאֵלַי יֵאָסְפוּ כֹּל חָרֵד בְּדִבְרֵי אֱלֹהֵי יִשְׂרָאֵל,
עַל מַעַל הַגּוֹלָה,
וַאֲנִי יֹשֵׁב מְשׁוֹמֵם עַד לְמִנְחַת הָעָרֶב",[מט]
וכתיב (שם,ה):
"וּבְמִנְחַת[10,11,12] הָעֶרֶב קַמְתִּי[13] מִתַּעֲנִיתִי".[נ]

אמר רפרם בר פפא אמר רב חסדא:
כל[14] שהוא משום אבל, כגון תשעה באב ואבל -
אסור בין בחמין, בין בצונן;

כל שהוא משום[15] תענוג, כגון תענית צבור -
בחמין אסור, בצונן מותר.

אמר[16] רב אידי בר אבין:
אף אנן נמי תנינא (כאן):
ונועלין את המרחצאות.
אמר ליה אביי:
ואי בצונן אסור -
סוכרין את הנהרות מבעי ליה למיתני!?

אמר רב שישא בריה דרב אידי:
אבא[17] הכי קשיא ליה:
מכדי תנן (כאן):
אסורין...[נא] ברחיצה;
למה לי למיתני (כאן):[נב]
ונועלין את המרחצאות?[נג]
לאו למימרא - דבחמין אסור ובצונן[נד] מותר?
שמע מינה.[נה]

לימא[18] מסייע ליה:
כל[19] חייבי טבילות טובלין כדרכן,
בין בתשעה באב, בין ביום הכפורים;
במאי?
אילימא - בחמין;
טבילה[20] בחמין מי איכא? שאובין נינהו!
אלא[21,22] לאו - בצונן,
וחייבי טבילות - אין, כולי עלמא -[נו] לא?
אמר רב חנא בר רב[נז] קטינא:
לא[23] נצרכה אלא לחמי טבריא.

אי הכי -
אימא סיפא:
אמר רבי חנינא סגן הכהנים:
כדי[24] הוא בית אלהינו,
לאבד עליו טבילה פעם אחת בשנה;
ואי[25] אמרת בצונן שרי -[נח]

רש"י

1 **דומיא דאסיפת זקנים.** ביום דבלילה כל אחד בביתו ואינן נאספין:

2 **מסייע ליה לרב הונא.** הא דפשיטא לך דאסיפת זקנים ביום:

3 **דאמר מצפרא כינופיא.** ביום תענית צבור מתקבצין ובאין לבית הכנסת מן הבקר:

4 **מעיינינן במילי דמתא.** דרישה וחקירה לבדוק במעשיהם בעסקי בני העיר אם גזל וחמס ביניהן ומפייסין אותן:

5 **היכי עבדי.** מאי עבדי בכינופיא דמצפרא ובכוליה יומא דתעניתא:

6 **ריבעא דיומא.** מחצות ואילך עושין ב' חלקים:

7 **בפלגא.** דהיינו ריבעא דיומא קרו ויחל משה ומפטירין דרשו את ה' בהמצאו:

8 **איפוך אנא.** דפלגא דיומא קמא הוו קרו ומפטרי ובעו רחמי ובאידך פלגא מעייני:

9 **על מעל הגולה.** ואני יושב משומם עד מנחת הערב ובמנחת הערב קמתי מתעניתי ובקרעי בגדי ומעילי ואכרעה על ברכי ואפרשה כפי אל ה' אלהי:

10 **ובמנחת הערב קמתי.** אלמא באידך פלגא בעו רחמי עד פניא מכלל דפלגא קמא מעייני במילי דמתא:

11 בנחמיה בן חכליה כתיב בעזרא ואלי יאספו לי היו מתאספין ובאין טובים שבהן להגיד לפני על מעל וחטא הגולה להפרישם:

12 **משומם.** אישתורדי"ן בלע"ז על מעלם שמתודין עד מנחת הערב מחצות ואילך שהצל נוטה כדאמרינן במסכת יומא (כח:) צלותיה דאברהם מכי משחרי כותלי:

13 **קמתי מתעניתי.** לא שמתענה עד המנחה ואח"כ אוכל אלא כלומר מצער נפשיה ובקרעי ואם שאני קורע בגדי ומעילי הייתי מתפלל כדי שאתרצה:

14 **כל שהוא משום אבל.** כל תענית שאסרו חכמים רחיצה משום אבל כגון ט' באב שהוא משום אבילות חורבן וכל שכן אבל ממש שמתו לפניו דאית ליה צערא טובא אסור בין בחמין וכו':

15 **משום תענוג.** שמצטערין ואוסרין עצמן בתענוג:

16 **ה"ג אמר רב אידי בר אבין אף אנן נמי תנינא ונועלין את המרחצאות וא"ל** אביי ואי בצונן אסור סוכרין את הנהרות מיבעי ליה למיתני. בתמיה אף אנן נמי תנינא במתנית' דקתני גבי תענית צבור ונועלין את המרחצאות דהיינו חמין אבל צונן מותר א"ל אביי כלומר ואי הוה סבירא ליה לתנא דידן דבצונן אסור היכי הוה בעי למיתני סוכרין את הנהרות היכי מצי למיסכרינהו:

17 **אבא.** רב אידי הכי קא קשיא ליה במתניתין דקאמר שמע מינה דלא אסר אלא חמין מכדי קתני מתני' אסורין ברחיצה וסתם רחיצה בין חמין בין צונן למה לי תו למיהדר ומיתנא ונועלין אלא למימרא דוקא חמין וכו':

18 **לימא מסייע ליה.** לרב חסדא דאמר כל שהוא משום אבל אסור אפילו בצונן:

19 **כל חייבי טבילות.** נדה ויולדת טובלים כדרכן:

20 **טבילה בחמין מי איכא.** חמי האור הא שאובין נינהו:

21 **אלא לאו בצונן.** וחייבי טבילות אין משום דטבילה בזמנה מצוה שממהר לטהר עצמו:

22 ה"ג כולי עלמא לא בחמין ולא בצונן:

23 **לא נצרכה אלא לחמי טבריא.** והלכך חייבי טבילות אין כולי עלמא לא אבל בצונן שרו:

24 **כדי.** ראוי הוא בית אלהינו כו':

25 **ואם איתא.** כדמוקמת לה דבצונן שרי מאי קא מהדר ליה רבי חנינא לתנא קמא מאיבוד טבילה נהי דלא טבלי בחמין משום כבוד בית אלהינו הא מצו טבלי בצונן אלא לאו בצונן נמי אסירי והיינו דאמר לאבד:

הא קא טבלי[נט] בצונן !?
אמרי[1] רב פפא:
באתרא דלא שכיח צונן.

תא שמע:
כשאמרו[2] אסור בעשיית מלאכה -[ס]
לא אמרו אלא ביום,
אבל בלילה - מותר;

וכשאמרו אסור בנעילת הסנדל -
לא אמרו אלא בעיר,
אבל בדרך - מותר;
הא כיצד?
יצא[סא][3] לדרך - נועל,
נכנס לעיר - חולץ;

וכשאמרו אסור ברחיצה -
לא אמרו אלא כל גופו,
אבל פניו ידיו ורגליו - מותר;
וכן[4] אתה מוצא במנודה ובאבל;

במאי?[סב]
אילימא - בחמין;
ומי שרי?[סג]
והאמר רבא:[סד]
אבל אסור בחמין כל שבעה,[סה]
ואפילו פניו ידיו ורגליו![סו]
אלא לאו - בצונן!?

לא,
לעולם בחמין,
ודקא קשיא לך וכן אתה מוצא במנודה ובאבל -
אשארא[5] קאי.

תא שמע:
דאמר רבי אבא הכהן משום רבי יוסי הכהן:
מעשה ומתו בניו של רבי יוסי ברבי[סז] חנינא,
ורחץ[6] בצונן כל שבעה!?
התם - כשתכפוהו[7] אבליו הוה,
דתניא:
תכפוהו אבליו זה אחר זה,
הכביד שערו - מיקל[8] בתער,[9]
ומכבס כסותו במים.

אמר רב חסדא:
בתער, ולא[סח] במספרים,
במים, ולא בנתר[10][11] ולא בחול.

אמר רבא:
אבל מותר לרחוץ בצונן כל שבעה,
מידי[12] דהוה אבשרא וחמרא.

יג: מיתיבי: *
אין[13] הבוגרת רשאה לנוול עצמה[סט] בימי[14] אבל אביה;
הא[15] נערה - רשאה;[16]

במאי?[ע]
אילימא בחמין - אין הבוגרת רשאה;
והאמר רב חסדא:
אבל אסור להושיט אצבעו בחמין!
אלא[17] לאו - בצונן!?

לא, כי קתני,[עא]
אכיחול[18] ופירכוס.

איכא[עב] דאמרי:
אמר רבא:
אבל אסור בצונן כל שבעה.

מאי שנא מבשרא וחמרא?[עג]
התם - לפכוחי פחדא,[עד]
הכא - לתענוג.[עה]

לימא מסייע ליה:
אין הבוגרת רשאה לנוול עצמה בימי אבל אביה;[עו]
הא נערה - רשאה;

במאי?
אילימא בחמין - אין הבוגרת רשאה;
והאמר רב חסדא:
אבל אסור להושיט אצבעו בחמין!
אלא לאו - בצונן!?

לא, כי קתני,[עז]
אכיחול ופירכוס.

אמר רב חסדא:
זאת[19] אומרת -

רש"י

[1] אמר רב פפא. לעולם בחמי טבריא והיינו דקאמרי' חייבי טבילות אין כולי עלמא לא ובצונן כ"ע שרי ומאי לאבד דקאמר ר' חנינא כגון באתרא דלא שכיח צונן:

[2] כשאמרו אסור [במלאכה]. גבי תענית צבור לא אמרו אלא ביום אבל בלילה מותר מהכא משמע דבלילי תשעה באב מותר במלאכה ואין ביטול אלא ביום אבל אין מפרסמין הדבר:

[3] יצא לדרך. חוץ לעיר:

[4] וכן אתה מוצא במנודה ואבל. הכי גרסינן במאי אילימא בחמין מי שרי והאמר רב ששת אבל אסור להושיט אצבעו בחמין אלא לאו בצונן מאי לאו אכולהו כו' הא דקתני וכן אתה מוצא במנודה ואבל אכל הני קאי ואפילו ארחיצה ושמע מינה דבתענית צבור אסור לרחוץ כל גופו ואפילו בצונן ותיובתא לרפרם בר פפא:

[5] לא אשארא קאי. אנעילה וסיכה ולעולם^ הך רחיצה בחמין היא אבל בצונן שרי לרחוץ כל גופו והשתא דאמרת במנודה ואבל לאו ארחיצה קיימי ליכא לאקשויי כדפרכת לעיל אילימא בחמין מי שרי:

[6] ורחץ בצונן בתוך שבעה. גרסינן אלמא בצונן שרי:

[7] שתכפוהו אבליו. בזה אחר זה כדקתני שמתו בניו שניהם ולפיכך התירו לו כדאשכחן גבי שיער:

[8] מיקל בתער. דשקיל פורתא מינייהו:

[9] ובתער. דרך שינוי:

[10] נתר. קרקע הוא או אבן כעין שקורין קרי"א בלע"ז:

[11] בנתר וחול. דרך לכבס שיתלבן:

[12] מידי דהוה אבשרא וחמרא. דתענוג הן כצונן:

[13] אין הבוגרת. שהביאה שתי שערות רשאה לנוול את עצמה אלא מתקשטת כדי שיקפצו עליה:

[14] בימי אבל אביה. אפילו אירע אבילות לאביה שמת בנו אי נמי שמת אביה ממש אע"פ שהיא בת חיוב אבילות אינה רשאה לנוול:

[15] הא נערה. שאינה ראויה להינשא עדיין עד שתבגר:

[16] רשאה. דבת חיוב אבילות היא וקטנה אינה חייבת ולא כלום:

[17] אלא לאו בצונן. ואפ"ה נערה אינה רוחצת בצונן אלמא דאבל אף בצונן אסור:

[18] אכיחול ואפירכוס. ולא קא מיירי ברחיצה כלל פירכוס בשיער כבוס בבגדים רחיצה בגוף:

[19] זאת אומרת. מדמוקמינן לה בכיחול ופירכוס הוא הדין לתכבוסת:

אבל אסור בתכבוסת.[עח]

והלכתא:
אבל אסור לרחוץ כל גופו -
בין בחמין, בין בצונן;[עט]
אבל פניו ידיו ורגליו -
בחמין אסור, בצונן מותר;

ולסוף -[פ]
אפילו כל שהוא אסור,
ואם להעביר[פא] את הזוהמא - מותר.

צלותא דתעניתא היכי מדכרינן?
אדבריה רב יהודה לרב יצחק בריה ודרש:
יחיד שקיבל עליו תענית מתפלל[1] של תענית,
והיכן אומרה?
בין[2] גואל לרופא.

מתקיף לה רב יצחק:
וכי[3] יחיד קובע ברכה לעצמו!?
אלא אמר רב יצחק:
בשומע[4] תפלה.

וכן אמר רב ששת:
בשומע תפלה.

מיתיבי:
אין[5] בין יחיד לצבור -
אלא שזה[6] מתפלל שמונה עשרה,
וזה מתפלל תשע[7] עשרה;
מאי יחיד ומאי צבור?
אילימא -
יחיד - ממש,
וצבור - שליח צבור;
הני תשע עשרה?
עשרין[8] וארבע הוו!

אלא לאו -[פב]
יחיד - שקבל[פג] עליו תענית יחיד,
וציבור -[פד][9] שקבל עליו תענית צבור,
וקתני -[פה]
שזה מתפלל שמונה עשרה,
וזה מתפלל תשע עשרה;
שמע מינה -
יחיד קובע ברכה לעצמו!?

לא,
לעולם אימא לך שליח צבור,
ובקמיתא,[פו][10] דליכא[11] עשרין[פז] וארבע.

ולא?
והא אין בין קתני:
אין בין שלש ראשונות לשלש אמצעיות -
אלא שבאלו[12] מותרין בעשיית מלאכה,
ובאלו אסורין בעשיית מלאכה;
הא לעשרין וארבע - זה וזה שוין!?
תנא[13] ושייר.

מאי[14][15] שייר דהאי שייר!?
אלא,[16][פח]
באיסורי -[פט] קא מיירי,
בתפלות - לא קא[צ] מיירי.

ואי בעית אימא -
באמצעייתא[17] נמי ליכא[צא] עשרין וארבע.

ולא?
והתניא:
אין בין שלש שניות לשבע אחרונות -
אלא שבאלו[18] מתריעין[19] ונועלין את החנויות;
הא לעשרין וארבע -[צב] זה וזה שוין!

וכי תימא - הכא נמי תנא ושייר;
והא אין בין קתני!?

ותסברא,
יד. אין בין דווקא הוא?[צג] *
והא[20] שייר תיבה!

אי משום תיבה - לאו שיורא הוא,
מילי[21] דצינעא - קתני,
מילי דפרהסיא -[צד][22] לא קתני.

רש"י

1 **תפלת תענית.** עננו:
2 **בין גואל לרופא.** ברכה בפני עצמה:
3 **וכי יחיד.** חשוב כל כך שיהו מתקנין לו ברכה בפ"ע להוסיף בתפלתו:
4 **בשומע תפלה.** שכוללה בתוך הברכה וחותם בשומע תפלה דאותה ברכה וחתימתה משמע בין אתענית בין אכל מילי:
5 **אין בין יחיד לצבור.** גבי תענית:
6 **שזה.** יחיד מתפלל ביום תעניתו שמונה עשרה וכולל תפלת תענית בשומע תפלה:
7 **תשע עשרה.** דקבע ליה בין גואל לרופא סתם תפלה קרי שמונה עשרה דברכת המינין^ ביבנה תקנוה כדאמרינן בברכות (כח:):
8 **כ"ד הוין.** בפירקין דלקמן (טו.) דכ"ד ברכות הוו ביומא דתעניתא והכא קתני י"ט ותו לא:
9 **וצבור.** יחיד שקיבל עליו תענית צבור אלמא יחיד קובע ברכה לעצמו כשקיבל תענית צבור:
10 **בקמייתא.** בג' תעניות ראשונות:
11 **דליכא כ"ד.** כדאמרינן בפרק סדר תעניות כיצד בגמ' (שם):
12 **דאלו מותרין בעשיית מלאכה וכו'.** ראשונות דלא חמירי כולי האי הא לכ"ד ברכות זה וזה שוין וקס"ד דאיתנהו לכ"ד באמצעיות מדקמתריץ קמייתא דליכא כ"ד מכלל דבאמצעיתא איתנהו ולא היא דליתנהו אלא באחרונות כדקתני התם ומשום דהא מילתא קמייתא מש"ה פריך ליה מכ"ד דליתנהו באמצעיות:
13 **תנא ושייר.** תנא מילי דאיתנהו בין אמצעיות לראשונות ושייר אין בין לאו דוקא הוא כדמוכח לקמן גבי אידך:
14 **ה"ג מאי שייר דהאי שייר אלא באיסורי קא מיירי בתפלות לא קא מיירי.** ומאן דגריס שייר תיבה מוציאין את התיבה כו' שיבוש הוא דאינה אלא באחרונות כדבסמוך ומיפשט פשיטא ליה דאינה אלא באחרונות:
15 **מאי שייר דהאי שייר.** דלא אורחא דתנא למתני כל מילי ולשיורי חדא:
16 **אלא.** לעולם כ"ד בקמייתא ליתנהו ולהכי לא חשיב להו דאין בין דבתפלה לא קמיירי:
17 **באמצעיות נמי ליכא כ"ד.** אלא באחרונות כדאמרינן התם:
18 **שבאלו.** האחרונות:
19 **מתריעים ונועלין.** כדתנן נמי במתני' הא לכ"ד זה וזה שוין דבתרוייהו איתנהו:
20 **והא שייר תיבה.** דבאחרונות איתא והכא ליתא כדקתני לקמן (טו.) סדר תעניות כיצד מוציאין את התיבה כו' ומותבינן בגמרא בהדיא מתיבה דליתא אלא באחרונות ומשני כי קתני נמי מתניתין בקמייתא:
21 **מילי דצינעא.** מתריעין בבית הכנסת וכ"ד נמי בבית הכנסת:
22 **בפרהסיא.** תיבה ברחובה של עיר:

אמר רב אשי:
מתניתין[1] נמי דיקא,
דקתני (כאן):
מה אלו יתירות על הראשונות,
אלא שבאלו מתריעין ונועלין את החנויות;

וכי[צה] תימא - הכא נמי תנא ושייר;
והא[2] מה אלו קתני!?

ותסברא,
מה אלו דווקא הוא?
והא שייר תיבה![צו]
אי משום תיבה - לאו שיורא הוא,
דהא קתני[3] לה באידך פירקין.[צז]

השתא[4] דאתית להכי -
עשרין וארבע[צח] נמי לאו שיורא הוא,
דהא קתני לה באידך פירקין.[צט]

מאי[5] הוי עלה?
אמר רב שמואל בר ססרטאי,
וכן אמר רב חייא בר אשי אמר רב:
בין גואל לרופא;
ורב אשי אמר משמיה דרבי ינאי בריה דרבי ישמעאל:
בשומע תפלה.

והלכתא:
בשומע תפלה.

תני חדא:
עוברות ומניקות -[ק]
מתענות בראשונות,
ואין מתענות באחרונות.

ותניא אידך:
מתענות באחרונות,
ואין מתענות בראשונות.

ותניא אידך:
אין מתענות -
לא בראשונות, ולא באחרונות.

אמר רב אשי:
נקוט[6] מציעתא בידך.[קא]

מה אלו יתירות על הראשונות?
אלא שבאלו מתריעין ונועלין את החנויות.

במאי מתריעין?
רב יהודה אמר: בשופרות;[7]
ורבי[8] יהודה בריה דרב שמואל בר שילת משמיה דרב אמר:
בעננו.

קא סלקא דעתך -
מאן דאמר: בעננו - לא אמר בשופרות,
ומאן דאמר: בשופרות - לא אמר בעננו;
והתניא:
אין פוחתין משבע[9] תעניות על הצבור,
ובהן שבע[קב][10] התרעות,
וסימן[11] לדבר: יריחו;[12]
ויריחו בשופרות[קג] הוה!?[קד]

אלא,[13]
בשופרות - דכולי עלמא לא פליגי דקרי לה התרעה,
כי[14] פליגי - בעננו,
מר[15] סבר - קרי לה התרעה,
ומר סבר - לא קרי לה התרעה.

ועננו[קה] מי קרי לה התרעה?[קו]
והתניא:
ושאר כל מיני פורעניות המתרגשות ובאות על הצבור,[קז]
כגון חיכוך, חגב,[16] זבוב, צרעה,[קח][17] ויתושין,[18][19]
ושילוח נחשים ועקרבים,
לא היו מתריעין אלא צועקין,

רש"י

[1] **דיקא נמי.** דלכ"ד זה וזה שוין דקתני מתניתין מה אלו יתירות על הראשונות כו' ואלו כ"ד לא קא חשיב גבי אחרונות:

[2] **והא מה אלו קתני.** דמשמע דווקא:

[3] **דהא קתני לה באידך פירקין.** דמי ששנה מתניתין דהכא תנא נמי דהתם והאי דלא תנא בהאי סמיך אהתם דקתני באחרונות מוציאין התיבה מה שאין כן באמצעיות:

[4] **השתא דאתית להכי.** דמשום דקתני לה באידך פירקין דאמרת דלא הוי שיור כ"ד נמי דאמרת דשוין נינהו איכא למימר דלא הוי שוין דהא אפי' שיורא נמי לא הוי דבהדיא קתני לה באידך פירקין דבאחרונות איתנהו באמצעיות לא ואיכא לתרוצי כתירוצא קמא בקמייתא דליכא כ"ד:

[5] **מאי הוי עלה.** היכן אומרה יחיד:

[6] **נקוט מציעתא בידך.** כלומר תריץ דבשלש אמצעיות היו מתענין ומתרצת לכולהו הנך מתנייתא הא דקתני בראשונות ולא באחרונות הנך ראשונות לאו ראשונות ממש נינהו אלא אמצעיות דאינהו הוו ראשונות לאחרונות אבל בשבע אחרונות לא מיתענו דכיון דשבע נינהו לא מצו עוברות ומיניקות למיקם בהו והא דקתני באחרונות ולא בראשונות הנך אחרונות אמצעיות נינהו והראשונות ראשונות ממש ואין מתענין בהן דלא תקיף רוגזא כולי האי וצחות לשון הוא לתנא למיקרי לאמצעיות ראשונות לאחרונ' ואחרונו' לראשונות:

[7] **בשופרות.** היו עושין ההתרעות ולשון התרעה כמו תרועה וסתם תרועה פשוטה לפניה ולאחריה במסכת ראש השנה (לד.) ואהכי מתריעין בשופרות כדכתיב (במדבר י) ותקעתם בחצוצרות וגו' תוקעין בשופרות כדי שיכניעו לבם לקול השופר ויהיו נרתעים מחטאתם ואשש ברכות שהיו מוסיפין ביום התענית היו תוקעין על כל ברכה יבבא אחת שהן י"ח התרועות:

[8] **רב יהודה אמר.** מתריעין עננו בקול רם היו צועקים עננו אבינו עננו עננו אלהי אברהם עננו עננו אלהי יצחק עננו עננו אלהי יעקב עננו הכל כעין^ שאומרים בסוף הסליחות אבל עננו דתפלת תענית אומר אפי' בראשונות ואפי' יחיד אוקימנא דאומרה בשומע תפלה ותפלה קרי ליה התרעה דאי בשופרות מריעין מיבעי ליה ומאן דמפרש עננו של תפלת תענית משתבש דהא קתני בסמוך שהן י"ח התרעות וקא פריך מן וסימן לדבר יריחו ואם איתא ליפריך בהדיא י"ח תפלות של שמונה עשרה ברכות מי איכא בשבע תעניות:

[9] **אין פוחתין מז' תעניות.** באחרונות:

[10] **שמונה עשרה התרעות.** שהן מוסיפין ו' ברכות מי"ח עד כ"ד ולכל אחת שלש תרועות:

[11] **וסימן לדבר.** שלא תטעה אם התרעה הזו תרועה או תפלה:

[12] **יריחו.** דכתיב בה שופרות לישנא אחרינא סימן לדבר כלומר לכך מתריעין כדי שיענו כדרך שנענו ביריחו על ידי שופרות דכתיב (יהושע ו) ויתקעו בשופרות וגו' וכתיב (שם) ותפול החומה תחתיה:

[13] **אלא בשופרות כולי עלמא וכו'.** דהא מתריעין דקתני הכא במתניתין דעבדינן בתעניות בשופרות:

[14] **כי פליגי בעננו.** כי פליגי במתריעין דאמרינן בעלמא על שאר פורעניות:

[15] **מ"ס.** עננו נמי התרעה והאי דקתני בעלמא מתריעין בעננו ומאן דאמר בשופרות אבל בעננו לא:

[16] **חגב.** ארבה כתרגומו:

[17] **צירעה.** עוקצת את האדם:

[18] **יתושין.** נכנסין בעיניו ובחוטמו:

[19] **חיכוך.** כמו נתחכך בכותל:

מדצעקה[1] בפה -
התרועה בשופרות!?

תנאי[2] היא,
דתנן (כאן ג:ז): [קט]
על אלו מתריעין בשבת:
על עיר שהקיפוה גייס[3] או נהר,[4]
ועל הספינה[קי] המטרפת[קיא][5] בים;
רבי יוסי אומר:[קיב]
לעזרה[6] ולא[קיג][7] לצעקה;

במאי?
אילימא - בשופרות;
שופרות בשבת מי שרי?

אלא לאו -
בעננו, וקרי לה התרועה?
שמע מינה.

יד: רבי יהודה נשיאה * גזר[8] תליסר תעניתא[קיד] ולא איעני,
סבר למיגזר טפי.
אמר ליה רבי אמי:
הרי אמרו:
אין מטריחין את הצבור יותר מדאי.

אמר רבי אבא בריה דרבי חייא בר אבא:
רבי אמי דעבד, לגרמיה[9] הוא דעבד;
אלא הכי אמר רבי חייא בר אבא אמר רבי יוחנן:
לא[10] שנו אלא לגשמים,
אבל לשאר מיני פורעניות -
מתענין והולכין עד שיענו.[קטו]

תניא נמי הכי:
כשאמרו[11] שלש, וכשאמרו שבע -
לא אמרו אלא לגשמים,
אבל לשאר מיני פורעניות -
מתענין והולכין עד שיענו.

לימא תיהוי תיובתיה דרבי אמי!?
אמר לך רבי אמי - תנאי היא,
דתניא:
אין גוזרין יותר משלש עשרה תעניות על הצבור,
לפי שאין מטריחין את הצבור יותר מדאי,
דברי רבי;
רבן שמעון בן גמליאל אומר:
לא[12] מן השם הוא זה,
אלא מפני שיצא זמנה של רביעה.

שלחו ליה בני נינוה לרבי:
כגון אנן, דאפילו בתקופת תמוז בעינן מיטרא,
היכי נעביד?

כיחידים דמינן,
או כרבים דמינן?

כיחידים דמינן, ובשומע[13] תפלה;
או כרבים דמינן, ובברכת השנים?

שלח להו:
כיחידים דמיתו, ובשומע תפלה.

מיתיבי:
אמר רבי יהודה:
אימתי?[14]
בזמן[15] שהשנים כתיקנן וישראל[16] שרוין על אדמתן;
אבל בזמן הזה -
הכל[17] לפי השנים, הכל[18] לפי המקומות,
הכל לפי הזמן!?

מתניתא קא[קטז] רמית עליה דרבי?
רבי תנא הוא ופליג!

מאי הוי עלה?
רב נחמן אמר: בברכת השנים;
רב ששת אמר: בשומע תפלה.

והלכתא:
בשומע תפלה.

בשני מטין עם חשיכה,
ובחמישי כל היום מפני כבוד השבת.
איבעיא להו:
היכי קתני?

רש"י

1 **הא צעקה בפה היא.** אלמא דצעקת פה לא קרי ליה התרעה:

2 **תנאי היא.** האי תנא דשאר מיני פורעניות סבר צעקת פה לאו שמה התרעה ואידך סבר כו':

3 **גייס.** וצרין עליה:

4 **נהר.** המתפשט ויוצא לחוץ לשטוף את השדה ואת הבתים:

5 **המטרפת.^** כמו ביצים טרופות (חולין סד.) שהולכת ונדה ועתידה להיטבע במים:

6 **לעזרה.** צועקין לבני אדם שיבואו לעזרם:

7 **ולא לצעקה.** תפלה שאין אנו בטוחין כל כך שתועיל תפלתנו לצעוק עליהן בשבת אלמא צעקת פה קרי התרעה מפי מורי ל"א לעזרה דקאמר תנא קמא מתריעין דמשמע בקול רם ואמר ליה רבי יוסי לעזרה שיהו מתפללין כל אחד בביתו לעזרה בעלמא:

8 **גזר תליסר תעניתא.** כדאמרינן במתניתין (טו:) שלש ראשונות ושלש אמצעיות ושבע אחרונות ולשאר פורעניות עביד להו ולא לגשמים:

9 **לגרמיה.** לעצמו דרש שלא אמר אלא לפי שהוא לא היה רוצה להתענות:

10 **לא שנו.** דאין גוזרים יותר משלש עשרה:

11 **כשאמרו.** להתענות שלש ראשונות ושלש אמצעיות ושבע אחרונות:

12 **לא מן השם הוא זה.** שאין זה טעם שאין מניחין בשביל טורח אלא שכבר יצא זמנה של רביעה של יורה שהרי מרחשון עבר על כולן לסוף התעניות שמקצתן היו בכסליו כדקתני מתניתין ואיכא למשמע מדרבי שמעון דבשאר מיני פורעניות דכל שעתא הוי זימנייהו למיבטלי אפילו טפי גזרינן ורבי דאמר אין מטריחין סתמא אכולהו קאמר ואנא דאמרי כרבי:

13 **ובשומע תפלה.** אמרינן לשאילת מטר כיחיד השואל צרכיו בשומע תפלה דהא דאמרינן שאלה בברכת השנים אפי' ביחיד משום דזמן צבור הוא אבל במילתא אחריתי דהוי ליחיד ולא לצבור כהכא דבתקופת תמוז לאו זמן שאילת צבור הוא בשומע תפלה הוא דמדכר ליה ולא בברכת השנים כדאמרינן במסכת ע"ז (ח.) ובברכות (לא.) אם היה לו חולה בתוך ביתו מזכיר עליו בברכת החולים ולבסוף מוקמינן והלכתא בשומע תפלה כך שמעתי:

14 **אימתי.** הוא סדר תעניות:

15 **בזמן שהשנים כתיקנן.** שהיא קציר בניסן וזריעה במרחשון ואין סדר השנים משתנה:

16 **וישראל שרוין על אדמתן.** שמנהג ארץ ישראל בכך:

17 **הכל לפי השנים.** אם צריכה אותה שנה למטר כגון שנה שחונה שצריכה לגשמים הרבה:

18 **לפי המקומות.** כגון נינוה דאפי' בתקופת תמוז בעו מטרא לא גרסינן לפי הזמן שלא ירדו עדיין גשמים:

בשני -[1] מטין[2] עם חשיכה,
ובחמישי - מטין[קיז] כל היום מפני כבוד השבת;
או[3] דילמא -
בשני - מטין,
ובחמישי - פותחין כל היום מפני כבוד השבת?[קיח]

תא שמע: דתניא:
בשני - מטין לעת ערב,[קיט]
ובחמישי - פותחין כל היום מפני[קכ] כבוד השבת,
יש[קכא] לו שני פתחים - פותח אחד ונועל אחד,
ואם יש[קכב] לו אצטבא[4] כנגד פתחו -
פותח[5] כדרכו ואינו חושש.

עברו אלו ולא נענו –
ממעטין במשא ומתן,
בבנין[קכג] ובנטיעה.

תנא:[6]
בנין -[קכד] בנין של שמחה,
נטיעה - נטיעה של שמחה.

אי זהו בנין של שמחה?
זה הבונה בית[7] חתנות לבנו.

אי זו היא נטיעה של שמחה?
זה הנוטע אבוורנקי[8] של[9] מלכים.

ובשאילת שלום.

תנו רבנן:
חברים -
אין שאילת שלום ביניהן;
ועם הארץ ששאל -[קכה][10]
מחזירין לו[קכו] בשפה רפה ובכובד ראש.

והן מתעטפין ויושבין כמנודין וכאבלים,[קכז][11]
עד[קכח] שירחמו עליהם מן השמים.

אמר רבי אלעזר:
אין אדם חשוב רשאי[12] ליפול על פניו,
אלא[13] אם כן נענה כיהושע בן נון,
שנאמר (יהושע ז,י):
"וַיֹּאמֶר יְהֹוָה אֶל יְהוֹשֻׁעַ,
קֻם לָךְ לָמָּה זֶּה אַתָּה נֹפֵל עַל פָּנֶיךָ".

ואמר רבי אלעזר:
אין אדם חשוב רשאי לחגור שק,
אלא אם כן נענה כיהורם בן אחאב,
שנאמר (מלכים ב ו,ל):
"וַיְהִי כִשְׁמֹעַ הַמֶּלֶךְ אֶת דִּבְרֵי הָאִשָּׁה וַיִּקְרַע אֶת בְּגָדָיו,
וְהוּא עֹבֵר עַל הַחֹמָה, וַיַּרְא הָעָם,
וְהִנֵּה הַשַּׂק עַל בְּשָׂרוֹ מִבָּיִת".[קכט]

ואמר רבי אלעזר:
לא[14] הכל בקריעה, ולא הכל בנפילה;
משה ואהרן - בנפילה,
יהושע[15] וכלב - בקריעה.

משה ואהרן - בנפילה.
דכתיב (במדבר יד,ה):
"וַיִּפֹּל מֹשֶׁה וְאַהֲרֹן עַל פְּנֵיהֶם".

יהושע וכלב - בקריעה.
דכתיב (שם,ו):
"וִיהוֹשֻׁעַ בִּן נוּן וְכָלֵב בֶּן יְפֻנֶּה, מִן הַתָּרִים אֶת הָאָרֶץ,[קל]
קָרְעוּ בִּגְדֵיהֶם".

מתקיף לה רבי זירא, ואיתימא רבי שמואל בר נחמני:
אי הוה כתיב - יהושע - כדקאמרת;
השתא דכתיב: "וִיהוֹשֻׁעַ" - הא והא עבוד.[קלא]

ואמר רבי אלעזר:
לא הכל בקימה, ולא הכל בהשתחויה;
מלכים - בקימה,
ושרים - בהשתחויה.

מלכים - בקימה.
דכתיב (ישעיהו מט,ז):
טו. "כֹּה אָמַר יְהֹוָה גֹּאֵל יִשְׂרָאֵל קְדוֹשׁוֹ, *
לִבְזֹה[16][17] נֶפֶשׁ לִמְתָעֵב גּוֹי לְעֶבֶד מֹשְׁלִים,
מְלָכִים יִרְאוּ וָקָמוּ".

רש"י

[1] בשני מטין עם חשיכה. ולא נועלין ולא פותחין הואיל ולאו לכבוד שבת הוה ובחמישי מותרין לפתוח לגמרי:

[2] מטין. שלא יראו בני אדם ויצטערו אלא לעת ערב פותחין מקצתן כדי שיהא להם מה לאכול בלילה:

[3] או דילמא. פותחין כל היום והכי משמע מתניתין בשני מטין ובה' היה פתוח כדרכו כל היום לגמרי מפני כבוד השבת:

[4] איצטבא. כסא דהשתא אין החנות פתוחה לרשות הרבים ואם הוא פתוח אינו נראה כל כך:

[5] פותח כדרכו. אפי' בשני:

[6] ה"ג תנא בנין בנין של שמחה נטיעה נטיעה של שמחה. בנין דקתני מתניתין לא בנין הצריך לו אלא בנין הצריך לשמחה דבדבר שמחה ממעטינן:

[7] בית חתנות. לעשות חופתו:

[8] אבוורנקי של מלכים. שכך היו נוהגין כשנולד בן למלך היו נוטעין אילן לשמו ויום שממליכין אותו עושין לו כסא ממנו לישנא אחרינא אילן גדול המיסך על הארץ לטייל המלך תחתיו ודומה לו בעירובין (כה:) ההוא אבוורנקא דהוה ליה לריש גלותא בבוסתניה:

[9] של מלכים. דרך מלכים נוטעין אותו לצל הוא נוטעו כמו כן לצל היא והיא נטיעה של שמחה:

[10] ששאל. בשלום תלמיד חכם מחזיר לו משום איבה ובשפה רפה:

[11] אבל ומנודה חייבין בעטיפה. דכתיב ועל שפם יעטה במועד קטן (טו.):

[12] רשאי ליפול על פניו. לבזות עצמו בפני הצבור שאם לא יענה יחרפוהו כך שמעתי אלא אם כן יודעין בו שהוא חשוב כיהושע שאמר לו הקב"ה קום לך למה זה אתה נופל על פניך:

[13] אלא אם כן נענה. שיודעין הן שנענה כיהורם יהורם רשע היה אלא שהתענה על רעב שהיה בימיו ונענה דכתיב (מלכים ב ז) ויהי סאה סולת בשקל וסאתים שעורים בשקל:

[14] לא הכל. נענין (בתפלה) ולא הכל נענין בקריעה דיהושע וכלב שלא היו חשובין כמשה ואהרן לא זכו ליענות אלא בקריעה ומקרא בעלמא קא דריש:

[15] ויהושע בן נון. כתיב בתריה דההוא דויפל וי"ו מוסיף על ענין ראשון:

[16] לבזה נפש למתעב גוי לעבד מושלים. לישראל הבזוים ומתועבים ועבדים מושלין בהן:

[17] ולא הכל בקימה. לקראת ישראל לעתיד לבא מלכים יראו וקמו שרים וישתחוו:

ושרים - בהשתחויה,
דכתיב (שם):
"שָׂרִים וְיִשְׁתַּחֲווּ".

מתקיף לה רבי זירא, ואיתימא רבי שמואל בר נחמני:
אי הוה כתיב - ישתחוו -[קלב] כדקאמרת,
השתא דכתיב: "וְיִשְׁתַּחֲווּ" -[קלג] הא והא עבוד.

אמר רב נחמן בר יצחק:
אף אני אומר:
לא[1] הכל לאורה, ולא הכל לשמחה;
צדיקים - לאורה,
וישרים - לשמחה.

צדיקים - לאורה.
דכתיב (תהלים צז,יא):
"אוֹר זָרֻעַ לַצַּדִּיק".

וישרים - לשמחה.[קלד]
דכתיב (שם):
"וּלְיִשְׁרֵי לֵב שִׂמְחָה".

הדרן עלך מאימתי

רש"י

[1] ה"ג לא הכל לאורה ולא הכל לשמחה דכתיב אור זרוע לצדיק ולישרי לב שמחה. ישרים לשמחה דישרים עדיפי מצדיקים:

פרק שני – סדר תעניות כיצד

משנה (א-י):

סדר תעניות כיצד?
מוציאין את התיבה לרחובה של עיר,
ונותנין אפר[1] מקלה על גבי התיבה,
ובראש הנשיא, ובראש אב בית דין,
וכל אחד ואחד נוטל ונותן[א] בראשו.

הזקן שבהן אומר לפניהן דברי כבושין:[2]
אחינו, לא נאמר באנשי נינוה -
וירא אלהים את שקם ואת תעניתם;
אלא:
"וַיַּרְא הָאֱלֹהִים אֶת מַעֲשֵׂיהֶם,
כִּי שָׁבוּ מִדַּרְכָּם הָרָעָה" (יונה ג,י);
ובקבלה[3] הוא אומר (יואל ב,יג):
"וְקִרְעוּ לְבַבְכֶם וְאַל בִּגְדֵיכֶם".

עמדו בתפלה,
מורידין לפני התיבה זקן ורגיל,[5]
ויש לו בנים, וביתו[6] ריקם,
כדי שיהא לבו שלם בתפלה.
ואומר לפניהן עשרים וארבע[ב] ברכות,
שמונה עשרה שבכל יום,
ומוסיף עליהן עוד שש.

ואלו הן:
זכרונות,[7] ושופרות,
"אֶל[8] יְהֹוָה בַּצָּרָתָה לִּי קָרָאתִי וַיַּעֲנֵנִי" (תהלים קכ),
"אֶשָּׂא עֵינַי אֶל הֶהָרִים" (שם קכא),[ג]
"מִמַּעֲמַקִּים קְרָאתִיךָ יְהֹוָה" (שם קל),
"תְּפִלָּה לְעָנִי כִי יַעֲטֹף" (שם קב);
רבי יהודה אומר:
לא היה צריך לומר זכרונות ושופרות,
אלא אומר תחתיהן:

"רָעָב כִּי יִהְיֶה בָאָרֶץ, דֶּבֶר כִּי יִהְיֶה" (מלכים א ח,לז),
"אֲשֶׁר הָיָה דְבַר יְהֹוָה אֶל יִרְמְיָהוּ
עַל דִּבְרֵי הַבַּצָּרוֹת" (ירמיהו יד);
ואומר[9] חותמיהן.

על[10] הראשונה הוא אומר:
מי שענה את אברהם אבינו[ד] בהר המוריה,
הוא יענה אתכם וישמע קול[ה] צעקתכם היום הזה,
ברוך אתה יי גואל ישראל.

על[11] השניה הוא אומר:
מי[12] שענה את אבותינו על ים סוף,
הוא יענה אתכם וישמע קול צעקתכם היום הזה,
ברוך אתה יי זוכר הנשכחות.

על השלישית הוא אומר:
מי שענה את יהושע בגלגל,
הוא יענה אתכם וישמע קול[ו] צעקתכם היום הזה,
ברוך אתה יי שומע תרועה.

על הרביעית הוא אומר:
מי שענה את שמואל במצפה,
הוא יענה אתכם וישמע קול[ז] צעקתכם היום הזה,
ברוך אתה יי שומע צעקה.

על החמישית הוא אומר:
מי שענה את אליהו[13] בהר הכרמל,
הוא יענה אתכם וישמע קול[ח] צעקתכם היום הזה,
ברוך אתה יי שומע תפלה.

על הששית הוא אומר:
מי שענה את יונה במעי[ט] הדגה,
הוא יענה אתכם וישמע קול[י] צעקתכם היום הזה,
ברוך אתה יי העונה בעת צרה.

על[14] השביעית הוא אומר:
מי[15] שענה את דוד ואת שלמה[16] בנו בירושלים,
הוא יענה אתכם וישמע קול[יא] צעקתכם היום הזה,
ברוך אתה יי המרחם על הארץ.

רש"י

1 **פרק שני - סדר תעניות כיצד. מתני': אפר מקלה.** אפר ממש ולא עפר אפר סתם הוא עפר דכשם שאפר קרוי עפר דכתיב (במדבר יט) מעפר שרפת החטאת כך עפר קרוי אפר סתם והיינו דקתני אפר מקלה אפר שריפה אי הוה תני אפר סתם הוה משמע עפר ואפר מקלה גנאי יותר מעפר סתם ובגמרא מפרש מאי טעמא נותנין אותו:

2 **כבושין.** לשון עצירה כמו מכבש בלע"ז פריש"א שכובשין את הלבבות להחזירם למוטב ואלו הן דברי כבושין אחינו כו':

3 **ובקבלה.** שהנביא מצוה לישראל והקשה מאן~ דהו מאי שנא בהאי קרא דכתיב ביונה וירא האלהים את מעשיהם וגו' ולא קרי ליה דברי קבלה ובהאי קרא דוקרעו לבבכם קרי ליה קבלה ופריק איהו כל מקום שהנביא מצוה ומודיע ומזהיר את ישראל קרי ליה קבלה ובכל דוכתא דלא איתפקד נביא כי האי וירא האלהים שהוא כמספר והולך דיליף מיניה אגב אורחיה מילתא לא קרינן ליה קבלה:

4 **ברחובה של עיר.** בגלוי וכי הך דאמרינן במסכת מגילה (כה:) בני העיר שמכרו רחובה של עיר והתם מפרש בהדיא אמר ר' זירא הואיל והעם מתפללים בו בתעניות ובמעמדות:

5 **ורגיל.** רגיל להתפלל ותפלתו שגורה בפיו ולא יטעה שכל חזן שטועה סימן רע לשולחיו:

6 **וביתו ריקם.** משמע דהוא עני ואין לו מחיה בביתו ובגמרא מפרש טעמא אחרינא וגופו נקי מעבירות שלא חטא ולא יצא עליו שום שם רע בשום עבירה כו':

7 **זכרונות ושופרות.** כל הפסוקים שאומרים בראש השנה:

8 **אל ה' בצרתה לי כו'.** כולן הן מזמורים:

9 **ואומר חותמיהן.** על כל פרשה ופרשה אחר זכרונות חתימת זכרונות ואחר שופרות חתימת שופרות וכן אחר כולם מעין הפרשה כדמפרש ואזיל:

10 **על הראשונה.** בפעם ראשונה הוא אומר מי שענה לאברהם כו' בגואל ישראל היה מתחיל להאריך והולך ואומר לכולן שש ברכות:

11 **על השניה.** זו היא ברכה ראשונה של שש ברכות כדאמרינן בגמרא והיאך דגואל ישראל זו היא ברכה עצמה של שמונה עשרה ואינה מאותן שש אלא שבה היה מתחיל להוסיף ולהאריך על הזכרונות הוא אומר זוכר הנשכחות ועל השופרות שומע תרועה והיא שניה למנינה ועל אל ה' בצרתה לי והיא שלישית למנין שש שומע צעקה שלישית וכן כולן:

12 **ומי שענה את אבותינו על ים סוף.** לפיכך אומרה בזכרונות לפי שהיו ישראל נשכחים במצרים הרי^ כמה שנים ונתייאשו מן הגאולה וזכרם המקום וגאלם דכתיב (שמות ו) ואזכור את בריתי ובשופרות היה אומר מי שענה את יהושע בגלגל לפי שנענה בשופרות ביריחו וזהו בעוד שהיו ישראל בגלגל:

13 **ואליהו בהר הכרמל.** כנגד אשא עיני אל ההרים וכן כולן לפי ענין המזמור^ אליהו נענה בהר הכרמל מעין אשא עיני אל ההרים ושמואל במצפה דכתיבי קראי ומעין אל ה' בצרתה לי ממעי הדגה מעין ממעמקים קראתיך ה' ועונה בעת צרה שכן כתיב ביונה קראתי מצרה לי (יונה ב) ובשמואל כתיב ויזעק אל ה' (שמואל א ו) ובאליהו כתיב (מלכים א יח) ענני זו תפלה:

14 **ועל השביעית.** מפרש בגמרא מאי שביעית:

15 **מי שענה דוד.** ויהי רעב בימי דוד שלש שנים שנה אחר שנה (שמואל ב כא):

16 **ושלמה.** כשהכניס הארון לבית קדש הקדשים אי נמי רעב כי יהיה בארץ וגו' (מלכים א ח) ולפיכך חותם מרחם על הארץ שהן התפללו על ארץ ישראל ותפלה לעני כי יעטוף על דוחק גשמים נופל וכתיב ביה (שם) בהעצר שמים:

טו: מעשה * בימי[1] רבי חלפתא,
ובימי רבי חנניה[יב] בן תרדיון,
שעבר אחד לפני התיבה וגמר[2] את הברכה כולה,
וענו[יג][3] אחריו אמן.

תקעו[4] הכהנים תקעו ![יד]
מי שענה את אברהם אבינו בהר המוריה,
הוא יענה אתכם וישמע קול[טו] צעקתכם היום הזה.

הריעו בני אהרן הריעו !
מי שענה את אבותינו על ים סוף.

וכן בכל ברכה וברכה,[טז]
באחת אומר תקעו ובאחת אומר הריעו.[יז]

וכשבא דבר אצל חכמים אמרו:
לא[5] היו[יח] נוהגין כן אלא[6] בשערי[יט] מזרח ובהר הבית.

שלש תעניות הראשונות -
אנשי[7] משמר מתענין ולא[8] משלימין,
ואנשי[9] בית אב לא היו מתענין כלל ;
שלש שניות -
אנשי משמר מתענין ומשלימין,
ואנשי בית אב מתענין ולא משלימין ;
שבע אחרונות -
אלו ואלו מתענין ומשלימין,
דברי רבי יהושע ;

וחכמים אומרים:
שלש תעניות הראשונות -
אלו ואלו לא היו מתענין כלל ;
שלש שניות -
אנשי משמר מתענין ולא משלימין,
ואנשי בית אב לא היו מתענין כלל ;
שבע אחרונות -
אנשי משמר מתענין ומשלימין,
ואנשי בית אב מתענין ולא משלימין.

אנשי משמר מותרין לשתות יין בלילות, אבל לא בימים,
ואנשי בית אב - לא ביום ולא בלילה.

אנשי משמר ואנשי מעמד[10][11][12][13] אסורין[14] לספר ולכבס,[כ]
ובחמישי[15] מותרין מפני כבוד השבת.

כל[16] הכתוב במגילת תענית דלא למספד -
לפניו[17] אסור, לאחריו[18] מותר ;
רבי יוסי אומר:
לפניו ולאחריו אסור.

דלא להתענאה -
לפניו ולאחריו מותר ;
רבי יוסי אומר:
לפניו אסור, לאחריו מותר.

אין גוזרין תענית על הצבור בתחילה בחמישי,
שלא[19] להפקיע את[כא] השערים,
אלא שלש תעניות הראשונות - שני וחמישי ושני,
ושלש שניות - חמישי ושני[כב] וחמישי ;
רבי יוסי אומר:
כשם שאין הראשונות בחמישי -
כך לא שניות, ולא אחרונות.

אין גוזרין תענית על הצבור -
בראשי[20] חדשים, בחנוכה ובפורים,
ואם[21] התחילו - אין[22] מפסיקין,
דברי רבן גמליאל.
אמר רבי מאיר:
אף על פי שאמר רבן גמליאל אין מפסיקין -
מודה היה שאין[23] משלימין.
וכן תשעה באב שחל להיות בערב שבת.

רש״י

1 **בימי רבי חלפתא בצפורי.** אביו של רבי יוסי דאמרינן בסנהדרין (לב:) אחר רבי יוסי בצפורי [אחר רבי חנניא בן תרדיון] בסיכני:

2 **וגומר כל הברכה.** כל אותה ברכה עצמה:

3 **ה״ג ולא ענו אחריו אמן:**

4 **תקעו בני אהרן תקעו.** חזן הכנסת אומר להן על כל ברכה וברכה והוא השמש ולא שליח צבור:

5 **לא הי׳^ נוהגין.** שלא לענות אמן:

6 **אלא בשערי^ מזרח ובהר הבית.** כלומר בזמן שבית המקדש קיים כשמתפללין בהר הבית נכנסין בדרך שער המזרח לפי שלא היו עונין אמן במקדש כדאמרינן בגמרא (טז:) ואין לומר לא היו נוהגין כן לתקוע אלא במקדש דודאי תוקעין בגבולים כדמוכח בכולה הך מסכתא^ ומסכת ראש השנה (כו: כז.):

7 **אנשי משמר.** של אותה שבת:

8 **ולא משלימין.** שעדיין אינן חמורין כל כך ובגמרא (יז.) מפרש שמא תכבד העבודה על אנשי בית אב שהיו עובדין אותו היום ובאים הן לסייעם ואם היו מתענים לא היה להם כח לעמוד בעבודה:

9 **אנשי בית אב.** המשמרה מתחלקת לשבעה בתי אבות כנגד שבעת ימי השבוע בית אב ליום בית אב ליום :^

10 **אנשי [מעמד].** אחד כהנים ולוים וישראלים הקבועים ועומדין ומתפללין על קרבן אחיהם שיתקבל^ לרצון ועומדים לשם בשעת עבודה דהיאך קרבנו של אדם קרב והוא אינו עומד על גביו וכולהו מפרש בפרק אחרון (כו.):

11 **מותרין לשתות יין.** לאו גבי תענית איתמר אלא אגב דמיירי בבני משמר מייתי לה:

12 **בלילות.** אין לחוש שמא תכבד העבודה שהרי ראו מבערב שפסקו הקרבנות ולא כבדה העבודה שיביאו רוב קרבנות ולא יספיקו בני בית אב של אותו היום וצריכין אלו לסייען והרי אינן ראויין לעבודה משום שכרות:

13 **אנשי בית אב אסורין בין ביום ובין בלילה.** לפי שהיו מעלין כל הלילה אברים ופדרים שפקעו מעל המזבח א״נ לא גמרו ביום גומרים בלילה אבל אנשי משמר אינן צריכין לסייע בלילה להפך במזלג דבית אב יכול להספיק לבד היפוך המערכה:

14 **אסורים לספר ולכבס.** משנכנסו למשמרתם כל אותה שבת אלא מסתפרין קודם לכן וטעמא מפרש בגמרא:

15 **ובחמישי.** של משמרתן מותרים דרך רוב בני אדם להסתפר בחמישי ולא בערב שבת מפני הטורח:

16 **כל הכתוב במגילת תענית דלא למיספד.** דאית יומיא דלא להתענאה ומקצתהון דחמירי טפי דלא למיספד ואותן שהן חמורים ואסורים בהספד:

17 **לפניו אסור.** בהספד דילמא אתי למיעבד ביו״ט גופיה:

18 **ולאחריו מותר.** דכיון שעבר יום לא חיישינן ואותן שאינן חמורין ליאסר בהספד אלא דלא להתענאה בין לפניו כו׳:

19 **שלא להפקיע את השערים.** כשרואין בעלי חניות שקונין למוצאי יום חמישי שתי סעודות גדולות אחת לליל חמישי ואחת לשבת סבורים שבא רעב לעולם ומייקרים ומפקיעים השער אבל משהתחילו להתענות יודעין שאינו אלא מפני התענית:

20 **בראשי חדשים.** דאיקרי מועד:

21 **ואם התחילו.** שקיבלו תענית מקודם לכן ונכנס בהן ראש חדש:

22 **אין מפסיקין.** דאף על גב דאקרי מועד לא כתיב ביה יום משתה ושמחה:

23 **שאין משלימין.** להתענות כל היום אלא אוכלין סמוך לערב מגילת תענית נכתבה בימי חכמים אע״פ שלא היו כותבין הלכות והיינו דקתני כל הכתוב במגילת תענית כאילו היה מקרא:

גמרא:

סדר תעניות כיצד?

מוציאין את התיבה כו'.

ואפילו[1] בקמייתא?
והתניא:[כג]
שלש ראשונות[כד] ושניות -
נכנסים לבית הכנסת,
ומתפללין כדרך שמתפללין כל השנה כולה;

ובשבע אחרונות -
מוציאין את התיבה לרחובה של עיר,
ונותנין אפר על גבי התיבה,
ובראש הנשיא ובראש אב בית דין,
וכל אחד ואחד נוטל ונותן בראשו;
רבי נתן אומר:
אפר מקלה היו[כה] מביאין!?

אמר רב פפא:
כי[32] קתני[כו] נמי מתניתין - אשבע אחרונות קתני.[כז]

ובראש הנשיא.

והתניא:[כח]
רבי אומר:
בגדולה[4] מתחילין מן הגדול,
ובקללה מתחילין מן הקטן;

בגדולה מתחילין מן הגדול -
שנאמר (ויקרא י,ו):
"וַיֹּאמֶר מֹשֶׁה אֶל אַהֲרֹן וּלְאֶלְעָזָר וּלְאִיתָמָר;

ובקללה מתחילין מן הקטן -
בתחלה נתקלל נחש,
ואחר כך נתקללה חוה,
ואחר כך נתקלל אדם!?

הא[5] נמי[כט] חשיבותא לדידהו,
דאמרי להו - אתון חשיביתו למיבעי עלן רחמי.[ל]

וכל אחד ואחד נוטל ונותן בראשו.

נשיא ואב בית דין נמי נשקלו אינהו ונינחו בראשייהו;
מאי שנא דשקיל[6] איניש אחרינא ומנח להו!?
אמר רבי אדא[לא] דמן קסרי:
טז. אינו דומה מתבייש מעצמו * למתבייש[7] מאחרים.

והיכא מנח ליה?[לב]
אמר רבי יצחק:
במקום תפילין,
שנאמר (ישעיהו סא,ג):
"לָשׂוּם לַאֲבֵלֵי צִיּוֹן לָתֵת לָהֶם פְּאֵר[8] תַּחַת אֵפֶר".

למה[לג] יוצאין לרחוב?
אמר רבי חייא בר אבא:[לד]
לומר זעקנו בצנעא[9] ולא נענינו,
נבזה עצמנו בפרהסיא;
ריש לקיש אמר:
גלינו,[10] גלותינו[11] מכפרת עלינו.
מאי בינייהו?
איכא בינייהו - דגלו[לה][12] מבי כנישתא לבי כנישתא.

ולמה מוציאין את התיבה לרחובה של עיר?
אמר רבי יהושע בן לוי:
לומר - כלי צנוע היה לנו, ונתבזה[13] בעווננו.

ולמה[14] מתכסין בשקים?
אמר רבי חייא בר אבא:
לומר - הרי אנו חשובין לפניך[לו] כבהמה.[15]

ולמה נותנין אפר על גבי ספר תורה?[לז]
אמר רבי יהודה בן פזי:
כלומר - "עִמּוֹ אָנֹכִי בְצָרָה" (תהלים צא,טו);
ריש לקיש אמר:
"בְּכָל צָרָתָם לוֹ (כתיב - לא) צָר" (ישעיהו סג,ט).

אמר רבי זירא:
מריש,
כי הוה חזינא דיהבי[לח] אפר מקלה על גבי ספר תורה -[לט]
מזדעזע כוליה[מ] גופאי.

ולמה נותנין אפר בראש כל אחד ואחד?
פליגי בה רבי לוי בר לחמא ורבי חמא בר[מא] חנינא,
חד אמר:
הרי אנו חשובין לפניך כאפר;
וחד אמר:
כדי שתזכור[מב] לנו אפרו של יצחק ותרחם עלינו.[מג]
מאי בינייהו?

רש"י

1 גמ': אפילו בקמייתא. מוציאין את התיבה בתמיה:

2 כי קתני נמי מתניתין. סדר תעניות כיצד בסדר תעניות אחרונות קא מיירי:

3 ה"ג בגמרא ונותנין אפר על גבי התיבה ולא גרסינן אפר מקלה אפר שריפה עדיף משום אפרו של יצחק כדלקמן:

4 בגדולה. מצוה בעלמא שלא לפורענות וידבר משה אל אהרן ואל אלעזר וגו':

5 הא נמי. דיהבינן בראשייהו דנשיא ואב ב"ד ברישא חשיבותא הוא דאמרי להו אתון חשיביתו טפי כו':

6 דשקיל איניש אחרינא כו'. דקתני ונותנין ע"ג התיבה כו' ועל ראש הנשיא כו' דמשמע על ידי אחר וגבי שאר כל אדם לא תני נותנין אלא כל אחד ואחד (נוטל) כו':

7 למתבייש מאחרים. דאיכא עגמת נפש טפי ומשום חשיבותם הם מתביישים מאחרים אבל שאר בני אדם דלא חשיבי לא מתביישי בנתינת אחרים וסגי להו בנתינת עצמן:

8 פאר תחת אפר. ש"מ במקום תפילין דכתיב בהו (יחזקאל כד) פארך חבוש עליך ואמרינן (ברכות יא.) אלו תפילין ומתרגמינן נמי טוטפתך הוין עלך והיכא מניחין תפילין במקום שמוחו של תינוק רופס:~

9 בצינעא. בבית הכנסת:

10 גלינו. שיצאנו מכניסתנו:

11 גלותינו. תהא מכפרת עלינו:

12 דגלו מבי כנישתא לבי כנישתא אחריתא. גלות איכא פרהסיא ליכא:

13 נתבזה בעוונינו. וידוי:

14 [ולמה מתכסין]. חוגרות שקין תנינן בירושלמי שהיו חוגרות שקין ויוצאין לבית הקברות ותוקעין בקרנות ובעי ליה מיבעיא שקין למה ובית הקברות למה ותקיעת שופר למה:

15 כבהמה. דמשער בהמה נינהו מנוצה של עזים:

איכא בינייהו - עפר[1] סתם.

למה יוצאין לבית הקברות?
פליגי בה רבי לוי בר לחמא[מד] ורבי חמא בר[מה] חנינא,
חד אמר:
הרי אנו חשובין לפניך כמתים;
וחד אמר:
כדי שיבקשו עלינו מתים רחמים.
מאי בינייהו?
איכא בינייהו - קברי[2] גוים.[מו]

מאי[3] הר המוריה?
פליגי בה רבי לוי בר לחמא ורבי חמא בר חנינא,[מז]
חד[4] אמר:
הר שיצא ממנו הוראה לישראל;
וחד אמר:
הר שיצא ממנו מורא[5] לכל אומות העולם.[מח]

הזקן שבהן אומר לפניהן דברי כבושין.

תנו רבנן:
יש שם[מט] זקן - אומר זקן,
אין שם זקן -[נ] אומר חכם.[נא]

אטו זקן דקאמרינן[נב] אף[6] על גב דלאו חכם הוא!?
אמר אביי:
הכי קאמרינן -[נג]
יש[7] שם[נד] זקן והוא חכם - אומר זקן והוא חכם,
אין שם זקן והוא חכם -[נה] אומר חכם,
אין שם לא זקן ולא חכם -[נו] אומר אדם[8] של צורה.

אחינו, לא שק ותענית גורמים,
אלא תשובה ומעשים טובים גורמים;
שכן מצינו באנשי נינוה,
שלא נאמר בהם -
וירא האלהים את שקם ואת תעניתם;
אלא:
"וַיַּרְא הָאֱלֹהִים אֶת מַעֲשֵׂיהֶם,
כִּי שָׁבוּ מִדַּרְכָּם הָרָעָה" (יונה ג,י).

"וְיִתְכַּסּוּ שַׂקִּים הָאָדָם וְהַבְּהֵמָה" (שם,ח).
מאי עבוד?[נז]
אסרו את[נח] הבהמות לחוד, ואת הוולדות לחוד,

אמרו לפניו: רבונו של עולם,
אם אין אתה מרחם עלינו -
אין אנו מרחמים על אלו.

"וְיִקְרְאוּ אֶל אֱלֹהִים בְּחָזְקָה" (שם).
מאי[9] אמור?
אמרו לפניו: רבונו של עולם,
עלוב ושאינו עלוב, צדיק ורשע,
מי[10][11] נדחה מפני מי?

"וְיָשֻׁבוּ אִישׁ מִדַּרְכּוֹ הָרָעָה,
וּמִן הֶחָמָס אֲשֶׁר בְּכַפֵּיהֶם" (שם).
מאי "וּמִן הֶחָמָס אֲשֶׁר בְּכַפֵּיהֶם"?
אמר שמואל:
אפילו גזל מריש[12] ובנאו בבירה -[13]
מקעקע כל הבירה כולה ומחזיר מריש לבעליו.

אמר רב אדא בר אהבה:
אדם שיש[14] בידו עבירה, ומתודה ואינו[15] חוזר בו,[נט]
למה הוא דומה?
לאדם שתופס שרץ בידו,
שאפילו טובל בכל מימות שבעולם -
לא עלתה לו טבילה.

זרקו מידו -
מיד[ס] עלתה לו טבילה,
שנאמר (משלי כח,יג):
"וּמוֹדֶה וְעֹזֵב יְרֻחָם",
ואומר:
"נִשָּׂא[16] לְבָבֵנוּ אֶל כַּפָּיִם אֶל אֵל בַּשָּׁמָיִם" (איכה ג,מא).

עמדו בתפלה,
מורידין לפני התיבה זקן כו'.

תנו רבנן:
עמדו בתפלה,
אף על פי שיש שם זקן וחכם -
אין מורידין לפני התיבה אלא אדם הרגיל;
רבי יהודה אומר:
מטופל[17] ואין לו,
ויש[18] לו יגיעה בשדה, וביתו ריקם,

רש"י

1 עפר סתם. שאינו אפר מקלה זכירת אפרו של יצחק ליכא סתם לא גרסינן אלא איכא בינייהו עפר:

2 קברי גוים.^ במקום שאין קברי ישראל לבקש רחמים אפי' על עצמן ליכא כל שכן עלינו:

3 מאי הר המוריה וכו'. איידי דאיירי בפלוגתא דרבי לוי ור"ח תנא נמי הא פלוגתא מאי הר מוריה דאברהם קרא למקום העקידה הר יראה וכתיב (בראשית כב) אל ארץ המוריה:

4 חד אמר הר שיצא הוראה. תורה לישראל כי מציון תצא תורה (ישעיה ב) יורו משפטיך ליעקב (דברים לג) ולשכת הגזית שבה עמדו הנביאים המוכיחים לישראל:

5 מורא לאומות העולם.^ ששומעין גדולות ישראל וירושלים ומתפחדים עליהם שמעתי לישנא אחרינא הר המוריה הר סיני מורא לאומו' העולם^ במתן תורה דכתיב (תהלים עו) ארץ יראה ושקטה:

6 אע"ג דלאו חכם. אלא עם הארץ בתמיהה הא ודאי חכם עדיף:

7 אם יש זקן והוא חכם. אומר זקן והוא חכם:

8 אדם של צורה. בעל קומה שישמעו ויקבלו דבריו להמריך את הלב:

9 מאי אמור. אנשי נינוה דכתיב בחזקה דמשמע בכח וניצוח דין:

10 מי נדחה מפני מי. הוי אומר צדיק מפני רשע:

11 אם אין אתה מרחם כו'. כלומר כשם שאתה אומר לרחם על אלו דכתיב (תהלים קמה) ורחמיו על כל מעשיו כך^ תרחם עלינו:

12 מריש. קורה:

13 בירה. מגדל:

14 שיש בידו עבירה. גזל:

15 ואינו חוזר בו. לשלם את הגזל למה הוא דומה וכו':

16 נשא לבבנו אל כפים. עם הכפים צריך לישא הלב לשמים כלומר שיחזור מקלקולו:

17 מטופל ואין לו. יש לו טפלים ואין לו במה להתפרנס שלבו דואג עליו [והוא צריך לקרות מקירות לבו עליהן]:

18 ויש לו יגיעה. שמתכוין יותר בתפלת הגשמים:

זקן[סא] ופרקו[1] נאה,
ושפל[2] ברך, ומרוצה[3] לעם,
ויש לו נעימה,[4] וקולו ערב,
ורגיל[5][סב] לקרות בתורה ובנביאים ובכתובים,
ובקי[סג] בכל הברכות כולן.

טז: ויהבו ביה רבנן עינייהו ברבי יצחק בר אמי. *

היינו[6] מטופל ואין לו,
היינו ביתו ריקם ! ?
אמר רב חסדא :
ביתו[סד][7] ריקם מן העבירה.

ופרקו[8] נאה.
אמר אביי :
שלא[סה] יצא עליו[סו] שם רע בילדותו.

"הָיְתָה לִּי נַחֲלָתִי כְּאַרְיֵה בַיָּעַר,
נָתְנָה עָלַי בְּקוֹלָהּ עַל כֵּן שְׂנֵאתִיהָ" (ירמיהו יב,ח).
מאי "נָתְנָה עָלַי בְּקוֹלָהּ" ?
אמר מר זוטרא בר טוביה אמר רב,
ואמרי לה אמר רבי חמא אמר רבי אלעזר :
זה[9] שליח צבור היורד לפני התיבה שאינו הגון.

ואומר לפניהם עשרים וארבע ברכות,
שמונה עשרה שבכל יום, ומוסיף עליהן עוד שש.
הני שש ? שבע הויין,
כדתנן (כאן) :
על השביעית הוא אומר ! ?[סז]

אמר רב נחמן בר יצחק :
מאי שביעית ?
שביעית[10] לארוכה,
כדתניא :
בגואל ישראל מאריך,
ובחותמה הוא[11] אומר :
מי שענה את אברהם אבינו[סח] בהר המוריה,
הוא יענה אתכם וישמע קול[סט] צעקתכם היום הזה,
ברוך גואל ישראל,

והן עונין אחריו : אמן,
וחזן הכנסת אומר להם : תקעו בני אהרן, תקעו !

מי[ע] שענה את אבותינו על ים סוף,
הוא יענה אתכם וישמע קול[עא] צעקתכם היום הזה,
ברוך זוכר הנשכחות,
והן עונין אחריו : אמן,
וחזן הכנסת אומר להם : הריעו בני אהרן, הריעו !

וכן בכל ברכה וברכה,
באחת אומר : תקעו, ובאחת אומר : הריעו.

במה[12] דברים אמורים ? בגבולין,
אבל[13] במקדש אינו כן,
לפי[14] שאין עונין אמן במקדש.

ומנין[15] שאין עונין אמן במקדש ?
שנאמר (נחמיה ט,ה) :
"קוּמוּ בָּרְכוּ אֶת יְהוָה אֱלֹהֵיכֶם, מִן הָעוֹלָם עַד הָעוֹלָם,
וִיבָרְכוּ[16] שֵׁם כְּבֹדֶךָ, וּמְרוֹמַם עַל כָּל בְּרָכָה וּתְהִלָּה" ;

יכול -[17] על כל הברכות[עב] כולן לא תהא אלא תהלה אחת ;
תלמוד לומר :
"וּמְרוֹמַם עַל כָּל בְּרָכָה וּתְהִלָּה",
על כל "בְּרָכָה" וברכה[עג] תן לו "תְּהִלָּה".

ואלא במקדש מהו אומר ?
ברוך יי אלהי[עד] ישראל מן העולם ועד העולם,
ברוך גואל ישראל ;
והן עונין אחריו :
ברוך שם כבוד מלכותו לעולם ועד ;
תקעו[עה][18] הכהנים תקעו ![עו]
מי[עז] שענה את אברהם אבינו[עח] בהר המוריה,
הוא יענה אתכם וישמע קול[עט] צעקתכם היום הזה,
ברוך[פ] זוכר הנשכחות,[פא]
הריעו[19] בני אהרן הריעו ![פב]

וכך[20] הנהיג רבי חלפתא בצפורי,
ורבי חנניה בן תרדיון בסיכני ;
וכשבא דבר אצל[פג] חכמים אמרו :
לא[21] היו נוהגין כן אלא בשערי מזרח ובהר הבית.

רש"י

[1] ופרקו נאה. מפרש לקמן :
[2] ושפל ברך. עניו :
[3] ומרוצה לעם. נוח לבריות ומסכימין לתפלתו :
[4] נעימה. בסומי קלא שמושך הלב :
[5] ורגיל לקרות כו׳. שיהו הפסוקים של תפלה סדורין בפיו :
[6] היינו מטופל ואין לו היינו ביתו ריקן. היינו כמו איזהו :
[7] ביתו ריקם מן העבירה. שאין חמס וגזל בביתו :
[8] ופרקו נאה. אפילו כשעמד על בחרותו היה נאה בלי שם רע :
[9] זה המעמיד חזן שאינו הגון לפני התיבה. רשע שהקב"ה שונא אותו יותר מכולן והוא נותן בקולו לפניו :
[10] שביעית לארוכה. שביעית לאותה ברכה שהתחיל להאריך בה ואותה אינה מן התוספת אלא מי"ח ברכות היא כדתניא בגואל ישראל הוא מאריך :
[11] הוא אומר לפניהן. אותו הזקן הרגיל ומאריך בגאולה כדקתני מתני׳ :
[12] בד"א. דהן עונין אחריו אמן בגבולין :
[13] אבל במקדש. אומר אותו הזקן לאחר הפרשיות מי שענה את אברהם הוא יענה אתכם וישמע קול צעקתכם ביום הזה בא"י אלהי ישראל מן העולם ועד העולם ברוך גואל ישראל והן עונים אחריו בשכמל"ו וכן בכל ברכות שבמקדש :
[14] לפי שאין עונין אמן במקדש. כדיליף לקמן מקראי :^
[15] מניין שאין עונין אמן במקדש. דכתיב בתפלת עזרא בבית שני קומו וברכו את ה׳ אלהיכם והיינו ברוך ה׳ אלהי ישראל כו׳ :
[16] ויברכו שם כבודך. היינו שעונין אחריו בשכמל"ו כך הוא הפסוק ויברכו שם כבודך ומרומם על כל ברכה ותהלה :
[17] ה"ג יכול על כל הברכות כולן תהלה אחת ת"ל על כל ברכה על כל ברכה תן לו תהלה :
[18] חזן הכנסת. לא אותו זקן ניהו וחוזר חזן הכנסת ואומר להן מי שענה כו׳ אע"פ שאמרו אותו זקן :
[19] כשמריעין. תחלה הוא אומר להן הריעו בני אהרן וכשתוקעין תחלה הוא אומר להן תקעו בני אהרן כו׳ :
[20] וכך הנהיג. כל מנהג זה רבי חלפתא בצפורי :
[21] לא היו נוהגין כן. שיהו עונין אחריו ברוך שם כבוד מלכותו לעולם ועד אלא עונין אמן בגבולין :

ואית[1] דאמרי כדתניא:
אומר לפניהן עשרים וארבע ברכות,
שמונה עשרה שבכל יום, ומוסיף עליהן עוד שש.
ואותן שש היכן אומרן?
בין גואל לרופא חולי ומאריך בגאולה,
והן עונין אחריו אמן על כל ברכה וברכה.

וכך היו נוהגין בגבולין,
אבל במקדש היו אומרים:
ברוך יי אלהי ישראל מן העולם ועד העולם,
ברוך גואל ישראל;
ולא היו עונין אחריו אמן.

וכל כך למה?
לפי שאין עונין אמן במקדש.

ומנין שאין עונין אמן במקדש?
שנאמר (ע״פ נחמיה ט,ה):
"קוּמוּ בָּרְכוּ אֶת יְהוָה אֱלֹהֵיכֶם, מִן הָעוֹלָם וְעַד הָעוֹלָם,
וִיבָרְכוּ שֵׁם כְּבוֹדֶךָ, וּמְרוֹמַם עַל כָּל בְּרָכָה וּתְהִלָּה",
על כל "בְּרָכָה" וברכה תן לו "תְהִלָּה".

על[פד] הראשונה[פה] הוא אומר:
ברוך יי אלהי ישראל מן העולם ועד העולם,
ברוך גואל ישראל;
והן עונין אחריו:
ברוך שם כבוד מלכותו לעולם ועד.
וחזן הכנסת אומר: תקעו הכהנים,[פו] תקעו!

וחוזר ואומר:
מי שענה את אברהם אבינו[פז] בהר המוריה,
הוא יענה אתכם וישמע קול[פח] צעקתכם היום הזה;
תוקעין[פט] ומריעין ותוקעין.

ועל השניה הוא אומר:
ברוך יי אלהי ישראל מן העולם ועד העולם,
ברוך זוכר הנשכחות;
והן עונין אחריו:
ברוך שם כבוד מלכותו לעולם ועד,
וחזן הכנסת אומר: הריעו בני אהרן, הריעו!

וחוזר[צ] ואומר:
מי שענה את אבותינו על ים סוף,
הוא יענה אתכם וישמע קול[צא] צעקתכם היום הזה,
מריעין[צב] ותוקעין ומריעין.

וכן בכל ברכה וברכה,
באחת אומר: תקעו, ובאחת אומר: הריעו,
עד שיגמור את הברכות כולן.

וכך[2] הנהיג רבי חלפתא בצפורי,
ורבי חנניה בן תרדיון בסיכני;
וכשבא דבר אצל חכמים אמרו:
לא היו נוהגין כן אלא בשערי מזרח ובהר הבית.

רבי יהודה אומר:
לא היה צריך לומר זכרונות כו'.

אמר רב אדא דמן יפו:
מאי טעמיה[צג] דרבי יהודה?
יז. לפני שאין אומרים זכרונות ושופרות - *
אלא[3] בראש השנה, וביובלות,[4] ובשעת[5] מלחמה.

על הראשונה הוא אומר:
מי שענה את אברהם כו'.

תנא:
יש מחליפין צעקה[6] לאליהו,
ותפלה לשמואל.
בשלמא גבי שמואל -
כתיב ביה תפלה, וכתיב[7] ביה צעקה;
אלא גבי[8] אליהו -
תפלה כתיב, צעקה לא כתיב!?
"עֲנֵנִי יְהוָה עֲנֵנִי" (מלכים א יח,לז) - לשון צעקה היא.

על הששית הוא אומר:
מי שענה את יונה.[צד]

מכדי יונה[9] בתר דוד ושלמה הוה,
מאי טעמא מקדים ליה ברישא!?
משום דבעי[10] למיחתם ברוך[צה] מרחם על הארץ.

תנא:
משום סומכוס אמרו:
ברוך[11] משפיל הרמים.

שלש תעניות הראשונות -
אנשי משמר מתענין ולא משלימין כו'.

תנו רבנן:
מפני מה אמרו:

רש"י

[1] ואית דאמרי כדתני' כו'. כלומר ואיכא דמתני הכי:
[2] וכן הנהיג. מנהג זה אמקדש קאי:
[3] אלא בראש השנה. כדאמרינן בר"ה (טז.) אמרו לפני מלכיות וזכרונות וכו':
[4] וביובל. ביום הכפורים של יובל כדתנן התם (כו:) שוה היובל לר"ה לתקיעה ולברכות כו':
[5] ובשעת מלחמה. דכתיב (במדבר י) וכי תבאו מלחמה בארצכם על הצר הצורר אתכם וגו' ולא ידעינן מנא איתפריש דאומר ברכות ופסוקי מלכיות זכרונות ושופרות בשעת מלחמה:
[6] צעקה לאליהו. על מי שענה את אליהו חותם שומע צעקה ובשמואל שומע תפלה דכתיב ביה תפלה (שמואל א ז) קבצו את כל ישראל המצפתה ואתפלל בעדכם:
[7] צעקה. דכתיב (שם טו) ויחר לשמואל ויזעק אל ה' כל הלילה ואיכא למימר במצפה הוה ההיא צעקה דבתר פרשת קבצו כל ישראל המצפתה כתיב בפרשת נחמתי כי המלכתי את שאול וגו' כך שמעתי:
[8] גבי אליהו. במעשה דהר הכרמל כתיב תפלה דכתיב ענני ה' ענני דמשמע לשון בקשה ותפלה ולא לשון צעקה ומשני ענני ה' ענני לשון צעקה הוא כך שמעתי:
[9] יונה בתר דוד ושלמה. דהוה בימי אמציהו בסדר עולם:
[10] דבעי למחתם. בסוף כל ברכות ברוך מרחם על הארץ ולהכי בעי באותה חתימה דוד ושלמה שהן התפללו על ארץ ישראל כך שמעתי אי נמי משום דאינהו תקון בית המקדש דהוא עיקר הארץ כך שמעתי:
[11] ברוך משפיל הרמים. היו אומרים במקום ברוך מרחם שהכניעם במטר ששבו בתשובה:

אנשי משמר מותרין לשתות יין בלילות, אבל לא בימים?
שמא תכבד העבודה על אנשי בית אב,
ויבואו ויסייעו אותן.[צו]

ומפני[צז] מה אמרו:
אנשי בית אב לא ביום ולא בלילה?
מפני שהן עסוקין תמיד בעבודה.

מכאן[1] אמרו:
כל כהן[2] המכיר[צח][3] משמרתו ומשמרת בית אב שלו,
ויודע שבתי אבותיו קבועין[4] שם -
אסור[5] לשתות יין כל אותו היום.

מכיר[צט][6] משמרתו, ואין[7] מכיר משמרת בית אב שלו,
ויודע שבתי אבותיו קבועין שם -
אסור לשתות יין כל אותה שבת.

אינו מכיר משמרתו ומשמרת בית אב שלו,
ויודע שבתי אבותיו קבועין שם -
אסור לשתות יין כל השנה.
רבי[8] אומר: אומר אני:
כהן[ק] אסור לשתות יין לעולם,
אבל מה אעשה שתקנתו קלקלתו.

אמר אביי:
כמאן שתו האידנא כהני חמרא?
כרבי.

אנשי משמר ואנשי מעמד אסורים לספר ולכבס, ובחמישי מותרין מפני כבוד השבת.

מאי טעמא?
אמר רבה בר בר חנה אמר רבי אלעזר:[קא]
כדי שלא יכנסו למשמרתם כשהן מנוולין.[9]

תנו רבנן:
מלך מסתפר[10] בכל יום,
כהן גדול מערב[11] שבת לערב שבת,
כהן הדיוט אחד[קב] לשלשים יום.

מלך מסתפר בכל יום.
מאי טעמא?
אמר רבי אבא בר זבדא אמר רב:[קג]

אמר קרא (ישעיהו לג,יז):
"מֶלֶךְ בְּיָפְיוֹ תֶּחֱזֶינָה עֵינֶיךָ".

כהן גדול מערב שבת לערב שבת.
מאי טעמא?
אמר רב שמואל בר רב[קד] יצחק:
הואיל ומשמרות[12] מתחדשות.

כהן הדיוט אחד[קה] לשלשים יום.
מנלן?
אתיא - פרע פרע מנזיר,
כתיב הכא (יחזקאל מד,כ):
"וְרֹאשָׁם לֹא יְגַלֵּחוּ וּפֶרַע לֹא יְשַׁלֵּחוּ",
וכתיב התם (במדבר ו,ה):
"קָדֹשׁ יִהְיֶה גַּדֵּל פֶּרַע שְׂעַר רֹאשׁוֹ",
מה להלן - שלשים,
אף כאן - שלשים.

והתם[קו] מנלן?
אמר רב מתנה:
סתם נזירות שלשים יום.
מנלן?
אמר קרא (שם): "יִהְיֶה"
"יִהְיֶה"[קז] בגימטריא - תלתין הוו.[קח]

אמר ליה רב פפא לאביי:
ודילמא הכי קאמר רחמנא - לא[13] לירבו כלל!?
אמר ליה אי כתיב[קט] לא ישלחו פרע - כדקאמרת,
השתא דכתיב (שם): "וּפֶרַע לֹא יְשַׁלֵּחוּ",
"פֶּרַע" ליהוי,
שלוחי[14] הוא דלא לישלחו.

אי[15] הכי -
האידנא[קי] נמי!?
דומיא דיין,[קיא]
מה[16] יין -[קיב]
בזמן ביאה - הוא דאסיר,[קיג]
שלא[17] בזמן ביאה - שרי;
אף גידול שער[קיד] נמי -

רש"י

1 מכאן אמרו. מדקתני הכא דאפילו אנשי משמר שלא היו עובדין באותו היום כלל אפילו הכי אסורין לשתות יין:
2 כהן. בזמן הזה:
3 המכיר משמרתו. היודע מאיזו משמרת הוא מיהויריב או מידעיה או אחת מכ"ד משמרות שיודע שמות אבותיו ואבות אבותיו עד יהויריב ויודע איזה יום ואיזה שבת היו עובדים:
4 קבועין. שיודע ודאי שבית אב שלו עובד במקדש לפי שהרבה היו מבתי אבות הכהנים שלא הוקבעו שוב אמר לי רבי קבועין שלא נתחלל בית אב שלו להיות מגואל מן הכהונה ויודע שראוי בית אב שלו לעבוד:
5 אסור לשתות יין כל אותו היום. ותו לא שמא יבנה בית המקדש ותכבד העבודה ויהיה זה צריך לעבוד:
6 מכיר משמרתו. שיודע איזה שבת בשנה עובדין:
7 ואינו יודע מאיזה בית אב. דעכשיו אינו מכיר באיזה יום בשבת עובדין ויודע שבתי אבותיו קבועין אסור כל אותה שבת מספיקא בכולהו גרסינן ויודע שבתי אבותיו קבועין הן דאם אינו יודע שבתי אבותיו קבועין לעבוד מותר הוא לשתות יין כל השנה ולא חיישינן שמא יבנה ושמא בית אב שלו יעבדו היום:
8 רבי אומר אומר אני כהן אסור כו'. כלומר אי חיישינן לשמא יבנה יהא אסור לעולם אפי' המכיר משמרתו ומשמרת בית אבותיו דחיישינן שמא ישתנה סדר משמרות ושמא יעבדו כולם לחנוכת הבית בבת אחת ונמצא זה צריך לעבוד אבל מה אעשה שתקנתו קלקלתו דהוי כמה שנים שלא חזרה בירה וקלקלה זו תקנתו לשתות יין בהדיא ולשמא יבנה לא חיישינן:
9 כשהן מנוולין. שלא יהו סומכין על יום אחד מימי שבת ואין מסתפרין בשבת שעברה:
10 מסתפר בכל יום. מצוה:
11 מערב שבת לערב שבת. ולא ישהה מלגלח יותר:
12 ומשמרות מתחדשות. בכל שבת ושבת ומשמרה שלא ראתהו עד עכשיו ובאה לראותו הדבר נאה שתראהו ביופיו:
13 לא לירבו כלל. אלא יסתפרו בכל יום דהכי משמע ופרע דהיינו שלשים לא ישלחו אלא יגלחו:
14 שלוחי לא משלחי. הכי משמע פרע שגדלו אינן רשאין לגדל עוד:
15 אי הכי. כיון דמקרא מפקת לה האידנא נמי לא לישלחו ומשני כיין דומיא דיין דכתיב בסמוך להאי ופרע לא ישלחו ויין לא ישתו כל כהן:
16 מה יין בזמן ביאה הוא דאסור. דכתיב (יחזקאל מד) בבואם אל החצר וגו' בזמן שבית המקדש קיים שבאין שם לעבוד:
17 שלא בזמן ביאה. כגון האידנא שהבית חרב ולא זמן ביאה הוא:~

בזמן ביאה - הוא דאסיר,[קטו]
שלא בזמן ביאה - שרי.[קטז]

ויין שלא בזמן ביאה שרי?[קיז]
והתניא:[1]
רבי אומר: אומר אני:
כהן אסור[קיח] לשתות יין לעולם,
אבל מה אעשה שתקנתו קלקלתו;
ואמר אביי:
יז: כמאן שתו האידנא כהני חמרא? *
כרבי;[2]
מכלל דרבנן אסרי!?

מאי[3] טעמא?
מהרה יבנה בית המקדש,
ובעינן כהן הראוי לעבודה וליכא.

הכא נמי -[קיט]
מהרה יבנה בית המקדש,[קכ]
ובעינן כהן הראוי לעבודה וליכא!?[קכא]
אפשר דמספר ועייל.

אי הכי -
שתוי יין נמי,
אפשר דגני פורתא ועייל, כדרמי בר אבא,
דאמר רמי בר אבא:
דרך[4] מיל, ושינה כל שהוא - מפיגין את היין!?

ולאו[קכב] איתמר[קכג] עלה:
אמר רב נחמן אמר רבה בר אבוה:
לא שנו אלא ששתה[קכד] כדי[קכה] רביעית,
אבל שתה יותר מכדי רביעית -[קכו]
כל שכן שדרך מטרידתו ושינה[5] משכרתו.

רב אשי אמר:
שתויי יין דמחלי[6] עבודה - גזרו בהו רבנן,
פרועי[7] ראש דלא מחלי עבודה - לא גזרו בהו רבנן.

מיתיבי:
ואלו[8] שבמיתה:[קכז]
שתויי[9] יין, ופרועי ראש;

בשלמא שתויי יין -
בהדיא כתיב בהו (ויקרא י,ט):
"יַיִן וְשֵׁכָר אַל תֵּשְׁתְּ אַתָּה וּבָנֶיךָ אִתָּךְ,[קכח]
בְּבֹאֲכֶם אֶל אֹהֶל מוֹעֵד וְלֹא תָמֻתוּ";[קכט]

אלא פרועי ראש -
מנלן?
דכתיב (יחזקאל מד,כ):
"וְרֹאשָׁם לֹא יְגַלֵּחוּ וּפֶרַע לֹא יְשַׁלֵּחוּ",
וכתיב בתריה (שם כא):
"וְיַיִן לֹא יִשְׁתּוּ כָּל כֹּהֵן בְּבוֹאָם אֶל הֶחָצֵר הַפְּנִימִית";

ואיתקוש פרועי ראש לשתויי יין,
מה שתויי יין - במיתה,
אף פרועי ראש - במיתה,
ומינה -[10]
מה[קל] שתויי יין - דמחלי[11][12] עבודה,
אף[13] פרועי ראש - דמחלי עבודה!?
קשיא.[קלא]

אמר ליה רבינא לרב אשי:
הא מקמי דליתי[קלב] יחזקאל מאן אמרה?
וליטעמיך,
הא דאמרי[14] רב חסדא:
דבר זה - מתורת משה רבינו[קלג] לא למדנו,
מדברי יחזקאל בן בוזי[קלד] למדנו (שם ט):
"כָּל בֶּן נֵכָר עֶרֶל לֵב וְעֶרֶל בָּשָׂר,
לֹא יָבוֹא אֶל מִקְדָּשִׁי",
מקמי דליתי[קלה] יחזקאל - מאן אמרה?
אלא,
גמרא[15] גמירי[קלו] לה, ואתא יחזקאל ואסמכה אקרא,
הכא נמי -
גמרא גמירי[קלז] לה, ואתא יחזקאל ואסמכה אקרא;
כי גמירי הלכה - למיתה,
לאחולי עבודה - לא גמירי.

כל הכתוב במגילת תענית דלא למיספד – לפניו אסור, לאחריו מותר.

תנו רבנן:
אלין יומיא דלא להתענאה בהון,
ומקצתהון דלא למיספד בהון:
מריש[16][17] ירחא דניסן ועד תמניא ביה -

רש"י

[1] והתניא רבי אומר אומר אני כו׳ ואמר אביי כו׳. מכלל דרבנן אסרי דחיישינן לשמא יבנה ומצי נמי מייתי רישא דברייתא מפני מה אמרו אנשי משמר כו׳ ואייתי סיפא בלשון קצרה ודייק מינה מכלל דרבנן אסרי:

[2] כרבי הא רבנן מיסר אסרי. אפילו שלא בזמן ביאה:

[3] ומשני מאי טעמא כו׳ והכא כו׳. מאי טעמא תירוצא הוא כלומר דטעמא מאי גזור רבנן ביין שמא יבנה כו׳ אבל גבי פרועי ראש לא גזרו דאפשר דמסתפר מיד והדר עייל לבית המקדש לעבודה:

[4] דרך מיל ושינה כל שהוא כו׳:

[5] ושינה משכרתו. והאי שינוי איכא בהך מיהא:

[6] שתוי יין דמחלי עבודה. דכתיב יין ושכר אל תשת וסמיך ליה ולהבדיל בין הקדש ובין החול בין עבודה קדושה למחולל׳ דאי עביד עבודה שתוי יין חילל:

[7] פרועי ראש. דלא כתיב ביה חלל דלא נראה חילול:

[8] ואילו שבמיתה. בידי שמים במסכת סנהדרין באלו הן הנשרפין (פג.):

[9] שתויי יין. במיתה דכתיב יין ושכר אל תשת בבואכם אל אהל מועד ולא תמותו דהיינו מיתה בידי שמים מדלא כתיב יומת ואמר בשלמא כו׳:

[10] ה"ג ומינה מה שתויי יין מחלי עבודה אף פרועי ראש מחלי עבודה. קשיא לא גר׳:^

[11] כי גמירי הלכה למיתה. לאחולי עבודה לא גמירי:

[12] מחלי עבודה. חולין היא כל עבודתו שעבד:

[13] אף פרועי ראש. עבודתם מחוללת דלכל מילי איתקוש ותיובתא דרב אשי דאמר פרועי ראש לא מחלי עבודה:

[14] דרב חסדא. בפרק שני דזבחים וקא בעי התם כהן ערל שמתו אחיו מחמת מילה מהו ואמר רב חסדא כו׳ ערל לב וערל בשר:

[15] הלכתא גמירי לה. מסיני:

[16] מריש ירחא דניסן עד תמניא ביה. דכל שמונה ימים נשאו ונתנו בדבר עד שנצחו את הצדוקין ועשו אותם יום טוב ודבר זה מפורש במנחות בפרק רבי ישמעאל ובמגילת תענית המצויה אצלנו:

[17] דלא להתענאה בהון. שכולן אסורין בתענית ומקצתהון שיש בהן קצת חמורין כ"כ שבהספד נמי אסורין:

איתוקם[1,2] תמידא דלא למספד;[קלח]
מתמניא[3] ביה ועד[קלט] סוף מועדא -[4]
איתותב חגא[5] דשבועיא דלא למספד.[קמ]

אמר מר:
מריש ירחא דניסן עד תמניא ביה -
איתוקם תמידא דלא למיספד.
למה לי למימר מריש ירחא דניסן?[קמא] לימא מתרי בניסן,
וראש חדש גופיה יום טוב הוא ואסור!?

אמר רב:
לא נצרכה אלא לאסור[6] יום שלפניו.

שלפניו[קמב] נמי,
תיפוק ליה דהוה ליה יום שלפני ראש חדש!?
ראש חדש דאורייתא הוא,
ודאורייתא לא בעי חיזוק,
דתניא:
הימים האלה הכתובין במגילת תענית -
לפניהם ולאחריהם אסורין;
שבתות וימים טובים -
הן אסורין,
לפניהן ולאחריהן מותרין;
ומה הפרש בין זה לזה?
הללו - דברי תורה, ודברי תורה אין צריכין חיזוק,
הללו - דברי סופרים, ודברי סופרים צריכין חיזוק.

אמר מר:
מתמניא ביה עד סוף מועדא -
איתותב חגא דשבועיא דלא למיספד.
למה לי למימר[קמג] עד סוף מועדא?[קמד] לימא עד מועדא,[קמה]
ומועד גופיה יום טוב הוא ואסור!?

אמר רב פפא:
כדאמר רב:
לא נצרכא * אלא לאסור יום שלפניו; יח.

הכא נמי - לא נצרכה אלא לאסור יום שלאחריו.
כמאן?[7] כרבי יוסי דאמר:
בין לפניו בין לאחריו אסור.

אי הכי -
בעשרים ותשעה נמי,
מאי איריא דהוי יומא דמקמי יומא דאיתוקם[קמו] תמידא?
תיפוק ליה דהוה ליה יומא דבתר עשרין ותמניא ביה,
דתניא:
בעשרים ותמניא ביה,
אתת בשורתא טבתא ליהודאי דלא[8] יעידון מן אורייתא,
שגזרה[קמז] מלכות הרשעה שמד[קמח] על ישראל -
שלא יעסקו בתורה, ושלא ימולו את בניהם,
ושיחללו שבתות;
מה עשה יהודה בן שמוע וחביריו?
הלכו ונטלו עצה ממטרוניתא אחת,
שכל גדולי רומי מצויין אצלה;
אמרה להם: בואו[קמט] והפגינו[9] בלילה;
הלכו והפגינו בלילה,
אמרו:
אי[10] שמים!
לא אחיכם[קנ] אנחנו?
לא בני אב אחד אנחנו?
לא בני אם אחת אנחנו?
מה נשתנינו מכל אומה ולשון,
שאתם גוזרין עלינו גזירות קשות![קנא]
ובטלום,
ואותו היום עשאוהו יום טוב!?

אמר אביי:
לא[11] נצרכה אלא לחדש מעובר.

רב[12] אשי אמר:
אפילו תימא - לחדש חסר,
כל[13] שלאחריו בתענית אסור - בהספד מותר,

רש"י

[1] **איתוקם תמידא ואיתותב חגא דשבועיא.** בענינים רבים חלקו בייתוסין עם חכמים ומפורשין במנחות ובמגילת תענית [פ"א] וה"ג התם בפ' ר' ישמעאל [ס"ה.] ת"ר אלין יומיא דלא להתענאה בהון ומקצתהון דלא למיספד בהון מריש ירחא דניסן עד תמניא ביה איתוקם תמידא דלא למיספד ומתמניא ביה עד סוף מועדא איתותב חגא דשבועיא דלא למיספד:

[2] **מריש ירחא דניסן ועד תמניא ביה איתוקם תמידא דלא למיספד.** שהיו הצדוקים אומרים יחיד מתנדב ומביא תמיד מאי דרוש את הכבש אחד תעשה בבקר ואת הכבש השני תעשה בין הערביים מאי אהדרו להו את קרבני לחמי לאשי תשמרו להקריב לשון רבים הוא שיהו כולן באין מתרומת הלשכה:

[3] **מתמניא ביה כו' עד דלא למיספד.** שהיו בייתוסים אומרים עצרת אחר השבת הוא שהעומר מתחיל אחד בשבת שנאמר וספרתם לכם ממחרת השבת ניטפל להן רבן יוחנן בן זכאי וא"ל שוטים מניין לכם ולא היה אדם שהחזירו דבר חוץ מזקן אחד שהיה מפטפט כנגדו ואמר משה רבינו אוהב ישראל היה ויודע שעצרת יום אחד הוא עמד ותיקנה אחר שבת כדי שיהיו מתענגים שני ימים וכו' ודחו אותן והלכו להן בייתוסים מכח הפסוקין על כרחן וחזרו בהן (ע"כ הג') איתוקם תמידא דלא למיספד גרסינן ולא גרסינן להתענאה כדמוכח בסמוך דקתני לא נצרכה אלא לאסור את שלפניו ואי גרסינן להתענאה א"כ היינו רבי יוסי דאמר לפניו אסור והא ליכא למימר דרבי יוסי היא דקא פריך כמאן כרבי יוסי בתמיהה מכלל דכרבנן פסיקא ליה:

[4] **עד סוף מועדא.** פסח:

[5] **חגא דשבועיא דלא למיספד.** במגילת תענית [פ"א] מפרש מאי איתוקם. ור"ח יו"ט הוא. דכתיב קרא עלי מועד והוי ראש חודש אב בהאי מסכתא לקמן (כט.):

[6] **לאסור את שלפניו.** להכי נקט מריש ירחא דניסן לאסור את יום שלפני ר"ח בתענית כדתניא בסמוך לפניהן אסורין דאי משום ר"ח לא היה נאסר כדמפרש דדברי תורה אין צריכין חיזוק:

[7] **כמאן כר' יוסי.** דמתני' דאמר אף לאחריו בתמיהה ושבקת רבנן אי הכי דאליבא דר' יוסי מוקמת לה למגילת תענית כ"ט באדר נמי דקתרצת לעיל דאדהכי נקט ריש ירחא דניסן דהיינו יום שלשים דאדר הסמוך לניסן לעולם חסר מכ"ט יום הוא משום דקא בעי למיסר יום כ"ט תיפוק ליה דבלאו הכי הוי אסור יום כ"ט דה"ל יום דבתר כ"ח שהוא י"ט כו' ואסור יום שלאחריו כר' יוסי ואמאי נקט ריש ירחא לאסור את שלפניו:

[8] **דלא יעידון.** שלא יהו צריכין ליבטל מתלמוד תורה שנגזר עליהן שלא יעסקו בתורה:

[9] **הפגינו.** צעקו כך מתרגמינן בתילים^ כל לשון שועה וצעקה לשון פגינה:

[10] **אי שמים.** גרסינן אהה ה' להקב"ה היו צועקים על בני אדום^ שגזרו עליהם גזרות קשות והיו אומרים להם לפני הקב"ה וכי לא אחיכם וכו':

[11] **לא נצרכה אלא לחדש מעובר.** בשנה מעוברת שיש בה שני אדר והאחד מלא^ והאחד חסר דהשתא כי הוה אדר שני מלא הוה יום שלשים לפני ר"ח ניסן א"נ דעברוה לאדר כגון שלא נראה החדש עד~ יום ל' דמשום יו"ט דכ"ח לא מיתסר אלא כ"ט:

[12] **רבא אמר אפילו תימא חדש חסר.** ואהכי נקט מריש ירחא דאי הוה אסר ליה ליום כ"ט משום בתר כ"ח לא הוה אסר ליה אלא בתענית לחודיה:

[13] **דכל שלאחריו כו'.** כלומר כל שאסור משום אחר י"ט בתענית הוא דאסור הא בהספד מותר ואהכי נקט מריש ירחא דלהוי האי כ"ט דנקט מוטל בין שני ימים משום דאי מיתסר משום דלפני יו"ט אימור לא איתסר בהספד דהאי דנקט כל שלאחריו כו' לאו משום דלפניו נמי אסור בהספד אלא איידי דפריך דליתסר יום כ"ט משום בתר כ"ח הוא דמיהדר ליה כל שלאחריו כו':

וזה הואיל ומוטל בין שני ימים טובים -
עשאוהו כיום טוב עצמו, ואפילו בהספד נמי אסור.

אמר מר:
מתמניא ביה ועד סוף מועדא,
איתותב חגא דשבועיא - דלא למיספד.
למה לי למימר מתמניא ביה?
לימא[1] מתשעה ביה,
ותמניא גופיה יום טוב הוא!?[קנב]

דאי[קנג][2] מקלע מילתא ובטליניה לשבעה -
תמניא גופיה אסור,
דהוה ליה יומא קמא דאיתותב ביה חגא דשבועיא.

השתא דאתית להכי -
עשרין[קנד] ותשעה נמי,
דאי[קנה] מקלע[קנו] מילתא ובטליניה לעשרין[קנז] ותמניא -
עשרין[3] ותשעה גופיה אסור,
דהוה ליה יומא דמקמי יומא דאיתוקם תמידא.

איתמר:
רב חייא בר אשי[קנח] אמר רב: הלכה כרבי[4] יוסי;
ושמואל אמר: הלכה כרבי[5] מאיר.

ומי אמר שמואל הכי?
והתניא:
רבן שמעון בן גמליאל אומר:
ומה[6] תלמוד לומר - בהון בהון, שתי פעמים?
לומר לך -
שהן אסורין,
לפניהן ולאחריהן מותרין;
ואמר[7] שמואל:
הלכה[8] כרבן שמעון בן גמליאל!?

מעיקרא סבר -
כיון דליכא תנא דמיקל כרבי מאיר -
אמר: הלכה כרבי מאיר;
כיון דשמעיה לרבן שמעון בן גמליאל[קנט] דמיקל טפי -
אמר: הלכה כרבן שמעון בן גמליאל.

וכן אמר באלי[9] אמר רבי חייא בר אבא אמר רבי יוחנן:
הלכה כרבי יוסי.

אמר ליה רבי חייא בר אבא[קס] לבאלי: אסברא לך -
כי[10] אמר רבי יוחנן:
הלכה כרבי יוסי -
אדלא להתענאה.

ומי[11] אמר רבי יוחנן הכי?
והאמר רבי יוחנן:
הלכה כסתם משנה,
ותנן (מגילה א:ג):
יח: אף על פי שאמרו: מקדימין[12] ולא מאחרין - *
מותרין[13] בהספד ובתענית;[קסא]

אימת?
אילימא - בני[14] חמיסר וקא קרו בארביסר;[קסב]
ומי[15] שרי?
והכתיב במגילת תענית:
יום ארבעה עשר בו ויום חמשה עשר בו -
יומי פוריא אינון, דלא למספד;[קסג]
ואמר[16] רבא:
לא נצרכא אלא לאסור את של זה בזה ואת של זה בזה!

ואלא -[17] בני[18] ארביסר וקא[19] קרו בתליסר;[קסד]
יום[20] ניקנור הוא!

ואלא -[21] בני ארביסר וקא קרו בתריסר;[קסה]
יום טוריינוס[22] הוא!

אלא לאו -
דקא קרו בחדסר[קסו][23] וקתני:
מותרין[קסז] בהספד ובתענית!?

לא,
לעולם[קסח] בני ארביסר[קסט] וקא קרו בתריסר;[קע]
ודקאמרת יום טוריינוס[קעא] הוא -

רש"י

[1] לימא מתשעה ותמניא גופיה י"ט הוא. דהא הוה ליה מהנך ימים טובים דאיתוקם בהו תמידא כדכתיב ביה מריש ירחא עד תמניא:

[2] ה"ג דאי איקלע מילתא ובטליני' לשבעה תמניא גופיה אסור דהוה ליה יומא דאיתותב חגא^ דשבועיא. דאי איקלע מילתא שאם נגזר גזירה וצריכין להתענות תוך אלו ימים טובים דתמיד ובטלו אותן להתענות בכולן שאין לבטלה לחצאין אכתי יומא תמניא אסור משום חגא דשבועיא ואי קשיא אכתי לימא תשעה ואפילו אם אירע מילתא דבטלי אכתי הוא אסור תמניא גופיה משום קמא יומא דחג שבועיא דהוה יום שלפניו לאו פירכא הוא דהא יו"ט גופיה בטיל ואנא ליקום וליגזור קמיה יומא דאיתותב חגא דשבועיא וכה"ג מתרץ לקמן ביום טוריינוס:

[3] כ"ט נמי. דתרצת לה לעיל לא נצרכה כו' להכי נקט בריש ירחא דאי מיקלע כו':

[4] כרבי יוסי. דאמר בין לפניו בין לאחריו אסור:

[5] כר"מ. סתם מתניתין דקתני לאחריו מותר:

[6] מה ת"ל בהון בהון. דלא להתענאה בהון ומקצתהון דלא למספד בהון וקא דריש לה כדדייק לקמן בהון משמע מיעוט:

[7] ואמר שמואל. גרס':

[8] הלכה כרבן שמעון. דמדרבנן נינהו ולא מחמרינן כולי האי:

[9] באלי. שם חכם:

[10] ה"ג כי אמר רבי יוחנן הלכה אדלא להתענאה. דימים הכתובים במגילת תענית דלא להתענאה לפניהן אסורים ולאחריו מותרין כרבי יוסי ולא כר"מ דאמר אף לפניהם מותר אבל אדלא למספד דאין הלכה כרבי יוסי [דאמר] לפניו ולאחריו אסור אלא כר"מ דאמר לפניו אסור לאחריו מותר:

[11] ומי א"ר יוחנן הכי. דלפניו מיהא אסור כרבי יוסי:

[12] מקדימין. שקראו קודם זמנה:

[13] מותרין בהספד ובתענית. בני ט"ו קריאת מגילה דכרכין קודם זמנה כדמפרש התם בי"א בי"ב בי"ג בי"ד בט"ו שהכפרים מקדימין ליום הכניסה מותרין אותן ימים שקראוה קודם זמנה בהספד ותענית:

[14] בני חמיסר. דהיינו כרכים המוקפין חומה מימות יהושע בן נון וקא קרו^ בארביסר כגון שהלך לכפר וקרא עמהן דפרוז בן יומו נקרא פרוז כדאמרינן במגילה (יט.):

[15] מי שרי. י"ד אפילו לבני ט"ו בהספד ותענית:

[16] ואמר רבא לא נצרכה. לכתוב במגילת תענית לגזור ההספד ותענית לבני י"ד בי"ד ולבני ט"ו בט"ו דהא קרא כתיב בהדיא להיות עושים את ימי הפורים האלה וגו':

[17] אלא לאסור את של זה בזה. כגון בני ט"ו (דקרו) בי"ד ובני י"ד בט"ו:

[18] בני ארביסר. נינהו כפרים ועיירות:

[19] וקא קרו^ בי"ג. כגון שחל י"ד בג' בשבת ומקדימין ליום הכניסה:

[20] יום ניקנור הוא. לקמן מפרש ואסור בהספד ותענית:

[21] אלא בני י"ד וקרו בי"ב. שחל י"ד ברביעי בשבת והקדימו ליום הכניסה דהיינו י"ב:

[22] טוריינוס. בסמוך מפרשה:

[23] בחדיסר. שחל להיות י"ד באחד בשבת וכפרים מקדימין ליום הכניסה דהוו י"א ושמע מינה דאע"ג שהוא יום שלפני טוריינוס שרי בהספד ותענית:

יום טוריינוס[קעב] בטולי[קעג] בטלוהו;
כי[קעד] הא דרב נחמן גזר תעניתא בתריסר,
אמרו ליה רבנן: יום טוריינוס הוא!
אמר להו: יום טוריינוס בטולי[קעה] בטלוהו,
הואיל ונהרגו בו שמעיה[1] ואחיה.[קעו]

ותיפוק ליה דהוה ליה יום שלפני ניקנור!?
אמר רב אשי:
השתא איהו גופיה בטלוהו -
משום יום שלפני[קעז] ניקנור ניקום ונגזר?

מאי ניקנור?[קעח]
דתניא:
ניקנור אחד מאפרכי[2] יוונים היה,
ובכל יום ויום היה מניף ידו על יהודה וירושלים ואומר:
אימתי תפול בידי וארמסנה;
וכשגברה מלכות בית חשמונאי ונצחום -
נכנסו לחיילות שלו וקצצו[קעט] בהונות ידיו ורגליו,
ותלאום בשערי ירושלים ואמרו: פה שהיה מדבר בגאוה
וידים שהיו מניפות על יהודה וירושלים -[קפ]
תעשה בהם נקמה.

מאי טוריינוס?
אמרו:
כשבקש טוריינוס להרוג
את לולינוס[3] ופפוס אחיו בלודקיא,[4]
אמר להם:
אם[5] מעמו של חנניה, מישאל, ועזריה אתם -
יבא אלהיכם ויציל אתכם מידי,
כדרך שהציל את חנניה מישאל ועזריה מיד נבוכד נצר!
אמרו לו:
חנניה מישאל ועזריה צדיקים גמורין היו,
וראויין היו ליעשות להם נס,
ונבוכד נצר מלך הגון היה, וראוי ליעשות נס על ידו,
ואותו רשע הדיוט הוא, ואינו ראוי ליעשות נס על ידו,
ואנו נתחייבנו[6] הריגה[קפא] למקום,
ואם אין אתה הורגנו -
הרבה הורגים יש לו למקום,
והרבה דובין ואריות יש לו למקום בעולמו,
שפוגעין בנו והורגין אותנו,
אלא לא מסרנו הקדוש ברוך הוא בידך,
אלא שעתיד ליפרע דמינו מידך.
אף על פי כן הרגן.[קפב]
אמרו:
לא זזו משם,
עד שבאו דיופלי[7] מרומי ופצעו את מוחו בגיזרין.[8]

אין גוזרין תענית על הצבור בתחלה.[קפג]

וכמה הויא התחלה?[10]
רבי אחא אומר:[קפד] שלש;[9][11]
רבי יוסי אומר:[קפה] אחת.

אמר רב יהודה אמר רב:
זו[12] דברי רבי מאיר שאמר משום רבן גמליאל,
אבל חכמים אומרים:
מתענה[13] ומשלים.

דרש מר זוטרא משמיה דרב הונא:
הלכה:
מתענה ומשלים.

הדרן עלך סדר תעניות כיצד

רש"י

[1] שמעיה ואחיה. חסידים היו ולא פירש מי הם דאותו שאכלו האריה עידו היה ולא שמעיה:
[2] איפרכי. דוכוס:
[3] לוליינוס ופפוס אחיו. צדיקים גמורים היו:
[4] בלודקי׳. היא לוד והיינו דאמרינן בכל דוכתא (ב"ב י:) הרוגי לוד אין כל בריה יכולה לעמוד במחיצתן בגן עדן ויש אומרין שנהרגו על בתו של מלך שנמצאת הרוגה ואמרו היהודים הרגוה וגזרו שמד^ על שונאיהן של ישראל ועמדו אלו ופדו את ישראל ואמרו אנו הרגנוה והרג המלך לאלו בלבד:
[5] אם מעמו כו׳
[6] נתחייבנו הריגה. על חטא חייבי מיתות בית דין:
[7] דיופלין. שני שרים וכן מטרופולין של מלכים לשון שרים:
[8] בגיזרין.^ מקלות כמו גזירי עצים:
[9] שלש. תעניות שני וחמישי ושני:
[10] וכמה הויא התחלה. שאינו מפסיק לאחר מכאן:
[11] רבי אחא ורבי יוסי. אמוראי נינהו דלאו אורחא דתנאי לאשתעויי בגמרא כי האי גוונא:
[12] זו דברי ר"מ. ואדברי ר"מ דמתני׳ קאי דקתני אין משלימין:
[13] מתענה ומשלים. עד חשיכה:

פרק שלישי – סדר תעניות האלו

משנה (א-ט):

סדרי[1] תעניות האלו[א] האמור ברביעה[2] ראשונה,
אבל[3] צמחים ששנו - מתריעין עליהן מיד;
וכן שפסקו גשמים בין[4] גשם לגשם ארבעים יום -
מתריעין עליהן מיד,[ב] מפני שהיא מכת בצורת.

ירדו[5] לצמחין אבל לא[ג] לאילן,
לאילן אבל לא[ד] לצמחין,
לזה ולזה אבל לא לבורות,[6] ולא לשיחין,[ה] ולא למערות -[ו]
מתריעין עליהן מיד.

וכן עיר שלא[7] ירדו עליה גשמים, ככתוב (עמוס ד,ז):[ז]
"וְהִמְטַרְתִּי עַל עִיר אֶחָת, וְעַל עִיר אַחַת לֹא אַמְטִיר,
יט. חֶלְקָה אַחַת תִּמָּטֵר" וגו',*
אותה[8] העיר - מתענה ומתרעת,
וכל סביבותיה - מתענות ולא מתריעות;
רבי עקיבא אומר:
מתריעות ולא מתענות.

וכן עיר שיש בה דבר או[9] מפולת,
אותה העיר - מתענה ומתרעת,
וכל סביבותיה - מתענות ולא מתריעות;
רבי עקיבא אומר:
מתריעות ולא מתענות.

איזהו דבר?
עיר המוציאה חמש מאות רגלי,
ויצאו ממנה שלשה מתים בשלשה ימים זה אחר זה -
הרי זה דבר;
פחות מכאן - אין זה דבר.

על אלו מתריעין[10] בכל מקום:
על השדפון,[11] ועל הירקון,[12]
ועל הארבה, ועל החסיל,
ועל החיה[13] רעה, ועל החרב.[14]

מתריעין עליהן,[ח] מפני שהיא מכה מהלכת.

מעשה שירדו זקנים מירושלים לעריהם,
וגזרו תענית -
על שנראה כמלא[15][16] תנור[ט] שדפון באשקלון.[17]

ועוד גזרו תענית -
על[18] שאכלו זאבים שני תינוקות בעבר הירדן;
רבי יוסי אומר:
לא על שאכלו, אלא על שנראו.[19]

על אלו מתריעין[20] בשבת:
על עיר שהקיפוה גוים[י] או נהר,
ועל הספינה המיטרפת[21] בים;
רבי יוסי אומר:
לעזרה ולא לצעקה;
שמעון[22] התימני אומר:
אף על הדבר;
ולא הודו לו חכמים.

על כל צרה שלא[23] תבא על הצבור - מתריעין עליה,[יא]
חוץ מרוב[24] גשמים.

מעשה שאמרו לו לחוני המעגל:
התפלל שירדו גשמים;
אמר להם:
צאו והכניסו תנורי[25] פסחים בשביל שלא ימוקו.
התפלל, ולא ירדו גשמים.

מה עשה?
עג עוגה ועמד בתוכה,
ואמר לפניו: רבונו של עולם,
בניך שמו פניהם עלי שאני כבן בית לפניך,
נשבע אני בשמך הגדול שאיני זז מכאן עד שתרחם על בניך.
התחילו גשמים מנטפין.

אמר:

רש"י

1 פרק שלישי - סדר תעניות. מתני': סדר תעניות אלו. האמור בפ' ראשון (י.) שבתחילה יחידים מתענין סדר תעניות ואחר כך צבור הולכין ומתענין עד י"ג אם לא נענו:

2 ברביעה ראשונה. אם עבר זמן רביעה ראשונה של יורה ולא ירדו גשמים מתענין והולכין כסדר הזה:

3 אבל צמחים ששנו. שנשתנו ממנהגן תחת חטה יצא חוח תחת שעורה באשה שלא היו חטים בשבולים או שינוי אחר מתריעין עליהן מיד אפילו בראשונות שכל חומר האחרונות נוהג בהן:

4 בין גשם לגשם. בין רביעה ראשונה לשניה סימן בצורת היא:

5 ירדו לצמחים אבל לא לאילן. מפרש בגמ':

6 לבורות שיחין ומערות. בבבא בתרא מפרש מאי בור ומאי שיח ומאי מערה וכולן בית כניסיות מי גשמים לשתיה:

7 שלא ירדו עליה גשמים דכתיב והמטרתי על עיר אחת ועל עיר אחת לא אמטיר וגו'. כגון שהמטיר בעיר זו ובחבירתה לא המטיר דקללה היא:

8 ה"ג אותה העיר מתענה ומתרעת וכל סביבותיה מתענות ולא מתריעות. ולפיכך מתענות שאותה העיר שלא ירדו עליה גשמים תלך לקנות התבואה באותה העיר ויהיה בה רעב:

9 או מפולת. שחומותיה והבתים נופלין ברוח:

10 מתריעים בכ"מ. אם יראו באספמיא מתריעין בבבל בבבל מתריעין באספמיא כדקתני טעמא בסיפא מפני שהיא מכה מהלכת אם במקום אחד היא מתריעין עליה כל השומעין כדי שלא תבא עליהן:

11 שדפון. בתבואות:

12 ירקון. חולי:

13 חיה רעה. משכלת בני אדם:

14 חרב. חיילות ההולכין להרוג ולהשחית בכל מקום:

15 מלא תנור. מפרש בגמרא:

16 לעריהם. בא"י:

17 באשקלון. בארץ פלשתים:

18 ועל שאכלו זאבים. שהיא חיה רעה ומכה מהלכת היא:

19 שנראו. ובאו בעיר:

20 מתריעין. בעננו:

21 המטרפת.^ מלשון טרף אבבא (ברכות כח.) ומלשון ביצה טרופה (עדיות פ"ב מ"ד) כו' כדמפרש בפרק שלמעלה (יד.)

22 שמעון התימני. מתמנתה^ היה:

23 שלא תבא. לישנא מעליא נקט:

24 מרוב גשמים. לאו כגון שירדה על עיר אחת ועל עיר אחת לא ירדה שסם ודאי שתיהן לקללה כדאמר רב יהודה (לעיל ו:) תמטר מקום מטר שמקלקל תבואה אלא כבר ירדו וטורח הם לבני אדם אבל אינן מקלקלין תבואות וטעמא מפרש בגמרא למה אין מתריעין:

25 תנורי פסחים. שהם בחצרות ושל חרס הן ומטלטלין אותן שלא ימוקו בגשמים:

לא כך שאלתי, אלא גשמי[1] בורות, שיחין, ומערות.
התחילו לירד בזעף.

אמר:
לא כך שאלתי, אלא גשמי רצון, ברכה, ונדבה.[2]
ירדו כתיקנן,
עד שיצאו ישראל מירושלים להר הבית מפני הגשמים.

באו ואמרו לו:
כשם שהתפללת עליהם שירדו -
כך התפלל שילכו להן.
אמר להם: צאו וראו אם נמחית אבן[3] הטועין.

שלח לו שמעון בן שטח:
אלמלא חוני אתה - גוזרני עליך נידוי;[4]
אבל מה אעשה לך,
שאתה מתחטא[5] לפני המקום ועושה לך רצונך,
כבן שמתחטא[יב] על אביו ועושה לו רצונו,
ועליך הכתוב אומר (משלי כג,כה):
"יִשְׂמַח אָבִיךָ וְאִמֶּךָ וְתָגֵל יוֹלַדְתֶּךָ".

היו מתענין וירדו להם גשמים,
קודם הנץ החמה - לא ישלימו,
לאחר הנץ החמה - ישלימו;
רבי אליעזר אומר:
קודם חצות - לא ישלימו,
לאחר חצות - ישלימו.
מעשה שגזרו תענית בלוד וירדו להם גשמים קודם חצות,
אמר להם **רבי טרפון**: צאו ואכלו ושתו ועשו יום טוב.
ויצאו ואכלו ושתו ועשו יום טוב,
ובאו בין הערבים וקראו הלל הגדול.

גמרא:

ורמינהי:[יג]
רביעה[6] ראשונה ושניה - לשאול,
שלישית - להתענות!?
אמר רב יהודה:
הכי[7] קאמר -
סדר תעניות האלו[יד] האמור,
אימתי?
בזמן שיצאה רביעה ראשונה, ושניה, ושלישית,
ולא ירדו גשמים;
אבל ירדו גשמים ברביעה ראשונה, וזרעו ולא צמחו,
אי נמי -
צמחו וחזרו ונשתנו - מתריעין עליהן מיד.

אמר רב נחמן:
דוקא[8] נשתנו,
אבל[9] יבשו - לא.

פשיטא![10] נשתנו תנן!?
לא צריכא דאקון;[11]
מהו[12][13] דתימא?
אקנתא מילתא היא;
קמשמע לן.

וכן שפסקו גשמים בין גשם לגשם כו'.

מאי מכת בצורת?
אמר רב יהודה אמר רב:
מכה המביאה לידי בצורת.

אמר רב נחמן:
יט: נהרא[14] אנהרא * - בצורתא,[15]
מדינתא[16] אמדינתא - כפנא.[17][18]

אמר[טו] רבי חנינא:
סאה[19] בסלע ושכיחא - בצורתא,
ארבעה בסלע[טז] ולא שכיחא - כפנא.

אמר רבי יוחנן:
לא שנו אלא בזמן שמעות[יז] בזול ופירות ביוקר,
אבל מעות[20] ביוקר ופירות בזול - מתריעין עליהן[יח] מיד.

אמר[יט] רבי יוחנן:
נהירנא[21] כד הוו קיימי ארבעה סאין בסלע,
והוו נפישי נפיחי כפן בטבריא, מדלית[22] איסר.

רש"י

1 **גשמי בורות.** שיפוע גשמים למלאות בורות:

2 **ונדבות.** רצון ועין יפה:

3 **אבן הטועין.** אבן טועין היתה בירושלים וכל מי שאבדה לו אבידה כו' בבבא מציעא (כח:):

4 **לנדות.** על כבוד הרב:

5 **מתחטא.** פורפיי"ש בלע"ז ישמח אביך ואמך ותגל יולדתך:

6 **גמ': רביעה ראשונה ושניה לשאול.** שאף על פי שלא ירדו גשמים לא בראשונה ולא בשניה לא היו מתענין אלא שואלין וקשיין מתני' דקתני סדר תעניות אלו האמור ברביעה ראשונה ובריית אהדדי:

7 **הכי קאמר כו'.** וכגון רביעה ראשונה שניה ושלישית דכולי יורה קרי ליה רביעה כך שמעתי:

8 **דוקא נשתנו.** דכי נשתנו ודאי הוא דמתריעין מיד דצריך להתפלל עליה שיחזיר ביופי כתקנן:

9 **אבל יבשו.** לא צריך דמכאן ואילך לא יועיל והוא תפלת שוא אפילו יבשו כשהן חטין עדיין דקין אפילו הכי לא מתריעין:

10 **הכי גרסינן פשיטא שנו תנן לא צריכא דאקון מהו דתימא כו':**

11 **דאקון.** שעלו בקנה שנתקנו מעט לאחר שנתייבשו:

12 **מהו דתימא אקנתא מילתא היא.** דהואיל ונתקנו מעט אם יתפלל מועיל להם קא משמע לן רב נחמן דאקנא לאו מילתא ל"א אבל יבשו לא דממילא חוזרין:

13 **לא צריכא דאקון.** שעלו בקנה מהו דתימא אקנתא מילתא היא דכיון שעלו בקנה ועדיין לא בשלו כל צרכן ודאי אי לא מתריעין תו לא גדלי קמשמע לן דלאו מילתא היא דאף על גב דאקון אכתי גדלי טפי:

14 **נהרא אנהרא בצורתא.** בשאין תבואה בעיר אחת ויש בעיירות אחרות ואפשר להביא מזה לזה דרך נהר בספינה:

15 **בצורתא.** בצורת היא זו ולא רעב הואיל ויכולין לישא בספינות:

16 **מדינתא אמדינתא.** וצריכין להוליך ממדינה למדינה על ידי חמרים:

17 **כפנא.** רעב ורעב קשה מבצורת לפי שאי אפשר להביא בשופי מ"ר לשון אחר נהרא אנהרא אם יבש מעיין זה וצריך להסב מעיין אחר בכאן אי נמי להמתין עד שיגדל נהר אחר ויבא כאן בצורת הוא זה:

18 **מדינתא אמדינתא.** אם יבשו כל הנהרות שבתוך העיר וצריכין להביא מים מעיר אחרת כפנא רעב הוא זה תקיפא מבצורתא:

19 **סאה בסלע ושכיחא.** כי זבני סאה של חיטין בסלע דהיינו יוקר ומצויה לקנות בכל עת בצורתא:

20 **מעות ביוקר.** אין מעות מצויות להן:

21 **נהירנא.** אני זוכר:

22 **מדלית איסר.** מאין מעות:

ירדו לצמחין אבל לא לאילן.

בשלמא לצמחים ולא לאילן משכחת לה -
דאתא[1] ניחא ולא אתא[כ] רזיא;
לאילן ולא לצמחין -
דאתא[כא] רזיא ולא אתא[כב] ניחא;
לזה ולזה, אבל לא לבורות ולא לשיחין ולא למערות -[כג]
דאתא הכי והכי;[כד]
אלא הא דתניא:
ירדו לבורות לשיחין ולמערות -
אבל לא לזה ולזה, היכי משכחת לה!?
דאתא[כה] בשפיכותא.[2]

תנו רבנן:
מתריעין על האילנות בפרוס[3] הפסח,
על[4] הבורות ושיחין ומערות בפרוס[כו][5] החג,
ואם[6][כז] אין להן מים לשתות - מתריעין עליהן מיד.
ואיזהו מיד שלהן?
שני וחמישי ושני.
וכולן,[7][כח]
אין מתריעין עליהן אלא באפרכיא[8] שלהן.
ואסכרא -[9]
בזמן[10] שיש בה מיתה - מתריעין עליה,
בזמן שאין בה מיתה - אין מתריעין עליה,
ומתריעין על[11] הגובאי בכל שהוא.
רבי שמעון בן אלעזר אומר:
אף על החגב.

תניא אידך:[כט]
מתריעין על האילנות בשאר[12] שני שבוע,
על הבורות ועל השיחין ועל המערות אפילו[13] בשביעית;
רבן שמעון בן גמליאל אומר:
אף על האילנות בשביעית, מפני שיש בהן פרנסה לעניים.

תניא אידך:
מתריעין על האילנות בשאר שני שבוע,
על הבורות ועל[ל] השיחין ועל המערות אפילו בשביעית;
רבן[14] שמעון בן גמליאל אומר:
אף על[לא] הספיחין בשביעית, מפני שיש בהן פרנסה לעניים.

תניא:
אמר רבי אלעזר בן פרטא:
מיום שחרב בית המקדש - נעשו גשמים צימוקין[15] לעולם,
יש שנה שגשמיה מרובין,
ויש שנה שגשמיה מועטין;
יש שנה שגשמיה יורדין בזמנן,
ויש שנה שאין גשמיה יורדין בזמנן.

שנה שגשמיה יורדין בזמנן למה[16] היא[לב] דומה?
לעבד שנתן לו רבו פרנסתו באחד בשבת,
נמצאת עיסה נאפית[17] כתיקנה, ונאכלת כתיקנה.

שנה שאין גשמיה יורדין בזמנן למה היא[לג] דומה?
לעבד שנתן לו רבו פרנסתו בערב שבת,
נמצאת עיסה נאפית שלא כתיקנה, ונאכלת שלא כתיקנה.

שנה שגשמיה מרובין למה היא[לד] דומה?
לעבד שנתן לו רבו פרנסתו[18] בבת אחת,
נמצאו ריחים[19] כמה שאוכלת מן הקב אוכלת מן הכור,[לה]
נמצאת[לו][20] עיסה כמה שאוכלת מן הקב אוכלת מן הכור.[לז]

שנה שגשמיה מועטין למה היא[לח] דומה?
לעבד שנתן לו רבו פרנסתו מעט מעט,
נמצאו ריחים[לט] כמה שאוכלת מן הכור אוכלת[מ] מן הקב,
נמצאת עיסה כמה שאוכלת[מא] מן הכור אוכלת מן הקב.

דבר אחר:
משל לאדם[מב] שמגבל את הטיט,
אם יש לו מים רבים - מים[21] אינן כלין והטיט מתגבל[מג] יפה,
אם יש לו מים מועטין - מים כלים והטיט אינו מתגבל יפה.

תנו רבנן:
פעם אחת עלו ישראל[מד] לרגל לירושלים,
ולא היה להם מים לשתות,
הלך נקדימון[22] בן גוריון אצל הגמון[מה] אחד שהיה שם,[מו]
אמר לו:
הלויני שתים עשרה מעיינות מים,[מז]

רש"י

1 **דאתיא ניחא.** ואמרינן בפירקא דלעיל (ג:) מיטרא ניחא לפירי ולתבואה ומיטרא רזיא לאילני דאתיא ניחא לפירי ואתיא רזא לאילנות:

2 **בשפיכותא.~** בכח גדול יותר מדאי דאינה טובה לא לזה ולא לזה שוב אמר רבי שפיכותא מטר דק ועבה יותר מדאי לאילני לא מהניא דלאו רזיא היא לצמחים נמי לא שהגשמים מרובין באין ושוטפין אותן:

3 **בפרוס הפסח.** בימי הפסח:

4 **על בורות שיחין ומערות.** אם לא ירדו להן גשמים:

5 **אפילו בפרוס החג.** להשקות זרעים ואת בהמתם:

6 **אם אין להם לשתות מתריעין וכו'.** אפילו בפרוס החג דימות החמה נינהו אפילו הכי מתריעין משום דכולן צריכות לשתות:

7 **וכולן.** כל אלו:

8 **בהיפרכיא שלהן.** באותו מלכות שכלו שם מי בורות שיחין ומערות:

9 **ואסכרא.** בונמל"ט^ בלע"ז פעמים שנבקע^ בתוך פיו של אדם ומת לשון כי יסכר פי דוברי שקר (תהלים סג) והיא סרונכי~ מיתה משונה:

10 **בזמן שיש בה מיתה.** שהיא משולחת מהלכת ומתים בה:

11 **על הגובאי.** שמכלה את התבואה כל שהוא אפילו לא נראה אלא קצת בידוע שעתידין לבוא לרוב אבל חגב כל שהוא מצוי הוא ואינו מכלה כל כך כארבה:

12 **בשאר שני שבוע.** דשמיטה אבל בשמיטה לא דהפקר נינהו:

13 **אפילו בשביעית.** כל שעה צריכין לשתיה ואע"פ שהגשמים מועילין לקרקע בשביעית:

14 **רבן שמעון בן גמליאל אומר.** מתריעין על האילנות ואף על הספיחין של שביעית שאינן חשובין כל כך:

15 **צמוקין.** שיורדין בקושי ובצמיקות^ מלשון ושדיים צומקים (הושע ט):

16 **למה הוא דומה.** פרנסתו של כל השבת כולה:

17 **נאפת כתקנה.** שיש לו פנאי לאפותה יפה:^

18 **פרנסתו בבת אחת.** פרנסת כל השנה וטוחן אותה ביחד:

19 **נמצאת רחיים במה שאוכלת מן הכור כו'.** שכן דרך שמשתייר מן הקמח ברחיים וכן כשהגשמים יורדין מרובים ומרביעין את הארץ ומה שהיו טרשים בולעים מן הרוב בולעין מן המיעוט ומה שהרוח מנשבת ובולעת מן הרוב בולעת מן המיעוט:

20 **נמצאת עיסה.** עריבה שלשין בה את הבצק שמשתייר בשוליה מן העיסה אף גשמים כשיורדין מעט מעט נבלעין בטרשי' ואין מרביעין את הארץ:

21 **ה"ג מימיו מרובין אינן כלין וטיט מתגבל יפה מימיו מועטין הטיט אינו מתגבל יפה.** מים אינן כלין ויכול^ לגבל טיט הרבה כמה שירצה:

22 **נקדימון בן גוריון.** עשיר גדול היה:

ואני[1] אתן לך שתים עשרה מעיינות[מח] מים,
ואם איני נותן לך -
הריני נותן לך שתים עשרה ככר כסף.
קצץ לו מעות[מט] וקבע לו זמן.

כיון שהגיע זמנו -[נ]
שלח[נא] לו: שגר לי או מים או מעות שיש לי בידך.
שלח לו: עדיין יש לי שהות ביום.[נב]

בצהרים שלח לו: שגר לי או מים או מעות שיש לי בידך.
שלח לו: עדיין יש לי שהות ביום.

במנחה שלח לו: שגר לי או מים או מעות שיש לי בידך.
שלח לו: עדיין יש לי שהות ביום.
לגלג עליו אותו הגמון,[נג] אמר:
כ. כל השנה כולה לא ירדו גשמים, *
ועכשיו[2] ירדו גשמים!?
נכנס לבית המרחץ בשמחה.

עד שהגמון[נד] נכנס בשמחתו לבית המרחץ -
נקדימון בן גוריון[נה] נכנס לבית המקדש.[נו]
נתעטף ועמד בתפלה,
אמר לפניו: רבונו של עולם,
גלוי וידוע לפניך -
שלא לכבודי עשיתי, ולא לכבוד בית אבא עשיתי,
אלא לכבודך עשיתי, כדי[נז] שיהו מים מצויין לעולי רגלים.
מיד נתקשרו שמים בעבים וירדו גשמים,
עד שנתמלאו כל המעיינות[נח] מים והותירו.

עד שיצא הגמון[נט] מבית המרחץ -
נקדימון בן גוריון יצא מבית המקדש.
כשפגעו זה בזה אמר לו:
תן לי דמי מים יתירים[ס] שיש לי בידך!
אמר לו:
יודע אני שלא הרעיש הקדוש ברוך הוא את עולמו -
אלא בשבילך;
אלא עדיין יש לי פתחון פה עליך שאוציא ממך את מעותיי,
שכבר שקעה חמה, ומים[סא] ברשותי ירדו!

חזר ונכנס נקדימון בן גוריון[סב] לבית המקדש,
נתעטף ועמד בתפלה,
אמר[סג] לפניו: רבונו של עולם,
הודע שיש לך אהובים בעולמך!
מיד נשבה הרוח ונתפזרו[סד] העבים וזרחה חמה.[סה]
באותה שעה אמר לו אותו הגמון:[סו] אילו לא נקדה חמה -[סז]
היה לי פתחון פה עליך שאוציא ממך את[סח] מעותיי!

תנא:
לא נקדימון שמו, אלא בוני[3] שמו;

ולמה נקרא שמו נקדימון?
שנקדה[סט] חמה בעבורו.

תנו רבנן:
שלשה נקדה[ע] להם חמה בעבורן:
משה, ויהושע, ונקדימון בן גוריון.

בשלמא נקדימון בן גוריון -
גמרא;[4]

יהושע נמי -
קרא,
דכתיב (יהושע י,יג):
"וַיִּדֹּם הַשֶּׁמֶשׁ וְיָרֵחַ עָמָד" וגו';

אלא משה - מנלן!?
אמר רבי אלעזר:
אתיא -[5] אחל אחל,
כתיב הכא (דברים ב,כה): "אָחֵל תֵּת פַּחְדְּךָ",
וכתיב התם (יהושע ג,ז): "אָחֵל גַּדֶּלְךָ".

רבי שמואל בר נחמני אמר:
אתיא - תת תת,
כתיב הכא (דברים ב,כה): "אָחֵל תֵּת פַּחְדְּךָ",
וכתיב התם (יהושע י,יב): "בְּיוֹם תֵּת יְהֹוָה אֶת הָאֱמֹרִי".

רבי יוחנן אמר:
אתיא מגופיה דקרא (דברים ב,כה):
"אֲשֶׁר יִשְׁמְעוּן שִׁמְעֲךָ וְרָגְזוּ וְחָלוּ מִפָּנֶיךָ",
אימתי "רָגְזוּ וְחָלוּ מִפָּנֶיךָ"?
בשעה שעמדה[עא] לו חמה למשה.

וכן עיר שלא ירדו עליה גשמים כו'.

אמר רב יהודה אמר רב:
שתיהן[עב][6] לקללה.

"הָיְתָה יְרוּשָׁלַםִ לְנִדָּה בֵּינֵיהֶם" (איכה א,יז).
אמר רב יהודה אמר רב:
לברכה,
כ"נִדָּה" -
מה "נִדָּה" - יש לה היתר,
אף "יְרוּשָׁלַםִ" - יש לה היתר.[עג]

"הָיְתָה כְּאַלְמָנָה" (שם א).
אמר רב יהודה אמר רב:[עד]
לברכה,
"כְּאַלְמָנָה", ולא[7] אלמנה ממש,

רש"י

[1] **ואני אתן לך י"ב מעיינות מים.** כלומר שירדו גשמים ויתמלאו כל המעיינות מים אותן מעיינות לא היו נובעין מים כל כך ואינן מתמלאין מאיליהן כשאר מעיינות:

[2] **ועכשיו ירדו גשמים.** בתמיה:

[3] **בוני שמו נקדרה.** זרחה לשון מקדיר שהיתה חמה קודרת ברקיע וזורחת פירטוצ"ר בלע"ז:

[4] הכי גרסינן **נקדימון בן גוריון הא דאמרן:**

[5] **אתיא אחל אחל.** כתיב במלחמת יהושע (יהושע ג) אחל גדלך ובמלחמת משה כתיב (דברים ב) אחל תת פחדך מה יהושע נקדמה לו חמה במלחמתו כדכתיב בהדיא אף משה כן שכן דרך הכתובין למד סתום מן המפורש ברמז בדיבור דומה לחבירו וגזירה שוה אחת מן י"ג מדות שניתנו לו למשה מסיני ובתחילת סיפרא מפורש:

[6] **שתיהן לקללה.** אקרא קאי האי דכתיב על עיר אחת אמטיר ועל עיר אחת לא אמטיר שניהם לקללה אותה שימטיר עליה רוב גשמים שמקלקלין את התבואה ואת שלא ימטיר אין גשמים ואין תבואה גדילה אשר לא תמטיר עליה מוסב הדבר על העב שהעב בלשון נקיבה דכתיב (מלכים א יח) הנה עב קטנה ככף איש עולה מים:

[7] **ולא אלמנה גמורה.** דהא לא כתיב אלמנה אלא היתה כאלמנה כאשה העומדת באלמנות חיות על בעלה שהלך ועתיד לחזור:

אלא כאשה שהלך בעלה למדינת הים,
ודעתו לחזור עליה.

"וְגַם אֲנִי נָתַתִּי אֶתְכֶם נִבְזִים וּשְׁפָלִים" (מלאכי ב,ט).
אמר רב יהודה אמר רב:[עה]
לברכה,
דלא[1] מוקמי מינן לא רישי נהרי ולא גזיריפטי.[2]

"וְהִכָּה יְהוָה אֶת יִשְׂרָאֵל,
כַּאֲשֶׁר יָנוּד הַקָּנֶה בַּמַּיִם" (מלכים א יד,טו).
אמר רב יהודה אמר רב:
לברכה,
דאמר רבי שמואל בר נחמני אמר רבי יונתן:
מאי דכתיב (משלי כז,ו):
"נֶאֱמָנִים פִּצְעֵי אוֹהֵב וְנַעְתָּרוֹת[3] נְשִׁיקוֹת שׂוֹנֵא"?
טובה קללה שקילל אחיה השילוני את ישראל,
יותר מברכה שבירכן[4] בלעם הרשע.

אחיה השילוני קללן בקנה,
מה[עו] קנה זה -
עומד במקום מים,
וגזעו מחליף, ושרשיו מרובין,
ואפילו כל הרוחות שבעולם באות ונושבות בו -
אין מזיזות אותו ממקומו, אלא הולך ובא עמהן,
דממו הרוחות - עמד הקנה במקומו.

אבל בלעם הרשע בירכן בארז,
שנאמר (במדבר כד,ו): "כַּאֲרָזִים עֲלֵי מָיִם",
מה[5] ארז זה -
אין[עז] עומד במקום מים,
ואין גזעו מחליף, ואין שרשיו מרובין,
ואפילו[עח] [6] כל הרוחות שבעולם באות ונושבות[עט] בו -
אין מזיזות אותו ממקומו,
כיון שנשבה בו רוח[7] דרומית -
עוקרתו והופכתו על פניו.

תנו[פ] רבנן:
מעשה[פא] ברבי שמעון בן אלעזר,[פב]
שבא[פג] ממגדל עדר[פד] מבית רבו,
והיה רוכב[פה] על החמור ומטייל[8] על שפת הים,[פו]
ושמח שמחה גדולה,
כ: והיתה דעתו גסה עליו שלמד[פז] תורה הרבה. *

נזדמן[9] לו אדם אחד שהיה מכוער ביותר,
אמר לו: שלום עליך רבי.
ולא החזיר לו.
אמר לו: ריקה!
שמא[פח] כל בני עירך מכוערין כמותך!?
אמר לו:
לך[פט] ואמור לאומן שעשאני -
כמה מכוער כלי זה שעשית!

כיון שידע בעצמו שחטא -
ירד מן החמור ונשתטח לפניו,
ואמר לו: נעניתי לך, מחול לי!
אמר לו:
איני מוחל לך עד שתלך לאומן שעשאני ואמור לו -
כמה מכוער כלי זה שעשית!
היה מטייל אחריו עד שהגיע לעירו.

יצאו בני עירו לקראתו,
והיו אומרים לו: שלום עליך רבי![צ]
אמר להם: למי אתם קורין רבי?[צא]
אמרו לו: לזה שמטייל אחריך.
אמר להם: אם זה רבי - אל ירבו כמותו בישראל!
אמרו לו: מפני מה?
אמר להם: כך וכך עשה לי.
אמרו לו: אף על פי כן - מחול לו, שאדם גדול בתורה הוא.
אמר להם: הריני[צב] מוחל לו,
ובלבד שלא יהא רגיל לעשות כן.

מיד נכנס רבי שמעון בן אלעזר לבית המדרש[צג] ודרש:
לעולם יהא אדם רך כקנה ואל יהא קשה כארז,
ולפיכך זכה קנה ליטול ממנו[צד] קולמוס,
לכתוב בו ספר תורה תפילין ומזוזות.

וכן עיר שיש בה דבר או מפולת כו'.

תנו רבנן:
מפולת[10] שאמרו -
בריאות, ולא רעועות,
שאינן ראויות ליפול, ולא הראויות ליפול.

הי ניהו בריאות, הי ניהו שאינן ראויות ליפול!
הי ניהו רעועות, הי ניהו ראויות ליפול!?
לא[11] צריכא,
דנפלו מחמת גובהייהו;
אי נמי -

רש"י

[1] דלא מוקמי מינן רישי נהרי. מוכסין:

[2] גזיריפטי. סרדיוטין מרוב בזיון:

[3] ונעתרות נשיקות שונא. נעתרות לשון הפך כדאמרינן במסכת סוכה (יד.) מה^ עתר זה מהפך את התבואה פורקא בלע"ז אי נמי נעתרות לשון רבוי וייתור אינקרי"ש בלע"ז כמו העתרתם עלי דבריכם (יחזקאל לה):

[4] בירכן בארז. כארזים עלי מים (במדבר כד):

[5] ארז זה אינו עומד במקום מים כו'. ואע"ג דכתיב בקרא כארזים עלי מים ההוא לאו בלעם קאמר ליה דבלעם אמר כארזים והמלאך השיבו עלי מים וכן כולהו דבלעם אמר כנחלים דזימנין מתייבשין וקאמר ליה המלאך נטיו דאין יבישין לעולם והיינו דכתיב ויהפוך ה' אלהיך לך את הקללה לברכה על ידי מלאך שהשיבו^ על ידי מלאך:

[6] ואפילו כל הרוחות. שאינן קשות:

[7] רוח דרומית. היא קשה כדאמרינן (ב"ב כה:) אילמלא בן נץ שמעמידה אין כל בריה יכולה לעמוד מפניה שנאמר המבינתך יאבר נץ יפרש כנפיו לתימן:

[8] ומטייל. לשמוח:

[9] נזדמן לו אדם. יש ספרים שכתוב בהן אליהו זכור לטוב והוא נתכוון להוכיחו שלא ירגיל בדבר:

[10] ה"ג מפולת שאמרו בריאות ולא רעועות שאינן ראויות ליפול ולא שראויות ליפול הי ניהו בריאות והי ניהו שאינן ראויות ליפול הי ניהו רעועות והי ניהו ראויות ליפול לא צריכא דקיימן אגודא דנהרא. מפולת שיש שם רוח חזק שמפיל החומות מפולת שאמרו מתריעין עליהן בבריאות קאמרינן שיהו החומות בריאות ואף על פי כן נופלות מכח נשיבת הרוח אבל אם היו החומות הנופלות רעועות אין מתריעין עליהן וכשאינן ראויות ליפול מתריעין עליהן ולא בראויות ליפול:

[11] לא צריכא. הא דקתני שאינן רעועות וראויות ליפול אלא כגון דקאי אגודא דנהרא על שפת הנהר שאע"פ שהיא בריאה ראויה היא ליפול שהמים מפילין אותה שמקלקלין את הקרקע ושוחקין את היסוד:

דקיימן אגודא דנהרא;

כי[1] ההיא אשיתא רעועה דהואי בנהרדעא,
דלא הוה חליף רב ושמואל תותה,
אף על גב דקיימא באתרה[2] תליסר שנין,
יומא חד איקלע רב אדא בר אהבה להתם,
אמר ליה שמואל לרב: ניתי מר נקיף,
אמר ליה: לא צריכנא האידנא,
דאיכא רב אדא בר אהבה בהדן דנפיש זכותיה,
ולא מסתפינא.

רב הונא הוה ליה ההוא חמרא בההוא ביתא דהוה[צה] רעיעא,
ובעי לפנוייה;
עייליה לרב אדא בר אהבה להתם,
משכיה בשמעתא עד דפנייה.
בתר דנפק - נפל ביתא.
ארגיש רב אדא בר אהבה, איקפד,
סבר לה כי הא דאמר רבי ינאי:
לעולם אל יעמוד אדם במקום סכנה ויאמר: עושין לי נס,
שמא אין עושין לו נס;
ואם עושין[צו] לו נס -
מנכין[3] לו מזכיותיו.

אמר רב חנן:
מאי קראה?[צז]
דכתיב (בראשית לב,יא):
"קָטֹנְתִּי מִכֹּל הַחֲסָדִים וּמִכָּל הָאֱמֶת".

מאי הוה עובדיה דרב אדא בר אהבה?
כי הא דאתמר:
שאלו תלמידיו לרב אדא בר אהבה:
במה הארכת ימים?
אמר להם:
מימי לא[4] הקפדתי בתוך ביתי;
ולא צעדתי בפני מי שגדול ממני;
ולא הרהרתי במבואות המטונפות;
ולא[5] הלכתי ארבע אמות בלא תורה ובלא תפילין;
ולא ישנתי בבית המדרש - לא שינת קבע ולא שינת עראי;
ולא ששתי בתקלת חבירי;[צח]
ולא קראתי לחבירי בהכינתו,[6]
ואמרי לה: בחניכתו.[7]

אמר ליה רבא לרפרם בר פפא:
לימא לן מר מהני מילי מעלייתא דהוה עביד רב הונא.
אמר ליה:
בינקותיה - לא דכירנא,
בסיבותיה - דכירנא,
דכל יומא דעיבא[8] הוו מפקין ליה בגוהרקא[9] דדהבא,
וסייר[10] לה לכולה מתא,
וכל אשיתא דהוות רעיעתא - הוה סתר לה.
אי אפשר למרה - בני לה,
ואי לא אפשר - בני לה איהו מדידיה.

וכל פניא דמעלי שבתא הוה משדר שלוחא לשוקא,
וכל ירקא דהוה פייש להו לגינאי -
זבין[12] ליה, ושדי ליה לנהרא.

וליתביה לעניים!?
זמנין דסמכא[13] דעתייהו, ולא אתו למיזבן.

ולשדייה לבהמה!?
קסבר - מאכל אדם - אין[14] מאכילין לבהמה.

ולא ליזבניה כלל!?
נמצאת מכשילן לעתיד לבא.

כי הוה ליה מילתא דאסותא,
הוי מלי כוזא דמיא, ותלי ליה בסיפא דביתא,
ואמר: כל דבעי - ליתי ולישקול.

ואיכא דאמרי:
מילתא[15] דשיבתא הוה גמיר,
והוה מנח כוזא דמיא ותלי[צט] ליה,
ואמר: כל דצריך - ליתי וליעול, דלא לסתכן.

כי הוה כריך ריפתא הוה פתח לבביה,
ואמר: כל דצריך -[ק] ליתי וליכול.

אמר רבא:
כולהו מצינא מקיימנא,
כא. לבר[16] מיהא,[קא] *
משום[17] דנפישי בני חילא דמחוזא.

אילפא ורבי יוחנן הוו גרסי באורייתא,
דחיקא[18] להו מילתא טובא,
אמרי:
ניקום וניזיל וניעבד עיסקא, ונקיים בנפשין -
"אֶפֶס כִּי[19] לֹא יִהְיֶה בְּךָ אֶבְיוֹן" (דברים טו,ד).

רש"י

1 כי ההיא אשיתא רעועה כו':
2 באתרה. במקומה אף על גב דאינה ראויה ליפול דהא קמה באתרה כולי האי אפילו הכי כיון דרעועה היא לא הוו חלפי תותה אלא היה מקיף סביבותיה:
3 מנכין. ממעטין:
4 ה"ג לא הקפדתי בתוך ביתי:
5 ולא הלכתי בלא תורה. דכל שעתא הוה גריס:
6 בהכינתו. שמכנים לו בני אדם כגון שם לווי:
7 חניכתו. כמו חניכת אבות בגיטין עד י' דורות (גיטין פח.):
8 ביומא דעיבא. יום המעונן דהוי רוח מנשבת ומסתפי דלא תפיל חומות:
9 בגוהרקא. תיבה תלויה בעגלה ושרות יושבות בהן:
10 וסייר. בודק תרגום פוקד (שמות לד) מסער כמו האי טבחא דלא סר סכינא קמיה חכם:
11 כי הוה ליה מילתא דאסותא רמי ליה אכוזא דמיא כו' לא גרסינן:
12 זבין ליה ושדי ליה בנהרא. להכי זבין להו דאי הוה משתייר מידי לגננין אזלא לאיבוד דמכמשא בשבת ונמצא מכשילן לעתיד לבא דלא מייתי ירקי לסעודת שבת:
13 דסמכא דעתייהו. שנסמכין עניים לאותו ירק ואומרים אין אנו צריכין לקנות ושמא לא ישתייר שם כלום ואין להן מה לאכול בשבת:
14 אין מאכילין אותן לבהמה. משום ביזוי אוכלין ומחזי כבועט בטובה שהשפיע הקב"ה בעולם אי נמי משום דחסה תורה על ממונן של ישראל וזרק לנהר והולכין למקום אחר ומוצאין אותם בני אדם ואוכלין אותן כך שמעתי:
15 מילתא דשיבתא. מנהג שדים שמזיקין למי שיאכל ואינו נוטל ידיו דשיבתא כהך דגרסינן במסכת יומא (עז:) אמר אביי משום שיבתא והוה תלי ליה לההוא כוזא דמיא כי היכי דלימשו ידייהו מיניה:^
16 בר מיהא.^ חוץ מזו דכל מאן דבעי הוה עייל ואכל:
17 משום דנפישי בני מחוזא. דאיכא עניי טפי וקא מיכלי קרנא:
18 דחיקא להו. עניות:
19 כי לא יהיה בך אביון. בך בעצמך:

אזלו אותבי תותי גודא רעיעא.

הוו קא כרכי ריפתא,
אתו תרי מלאכי השרת,
שמעיה רבי יוחנן דאמר חד לחבריה:
נישדי עלייהו האי גודא ונקטלינהו,
שמניחין חיי[1] עולם ועוסקין[קב] בחיי[2] שעה!
אמר ליה אידך:
שבקינהו, דאיכא בהו חד דקיימא[3] ליה שעתא.
אמר[קג] ליה רבי יוחנן לאילפא:
שמע מר מידי?
אמר ליה: לא.
אמר: מדשמעי אנא ואילפא לא שמע -
שמע[4] מינה - לדידי קיימא לי שעתא.

אמר ליה רבי יוחנן:
איהדר[5] ואוקי בנפשאי -
"כִּי לֹא יֶחְדַּל אֶבְיוֹן מִקֶּרֶב הָאָרֶץ" (שם יא).

עד[קד][6] דאתא אילפא - מלך[קה][7] רבי יוחנן,
אמרו[8] ליה:[קו] אי[9] יתיב[קז] מר וגריס - לא הוה מליך מר.
אזל תלא[10] נפשיה באסקריא[11] דספינתא,
אמר:
אי איכא דשאיל[12] לי במתניתא דרבי[13] חייא ורבי אושעיא,
ולא פשיטנא[קח][14] ליה ממתניתין -
נפילנא מאסקריא דספינתא וטבענא!
אתא ההוא סבא, תנא[15] ליה:
האומר:[16]
תנו שקל לבניי בשבת,
והן[17] ראויין לתת להם סלע - נותנין[18] להם סלע;
ואם אמר: אל תתנו להם אלא שקל -
אין נותנין להם אלא שקל;
אם אמר: אם[קט][19] מתו - ירשו אחרים תחתיהם,
בין שאמר: תנו, בין שאמר: אל תתנו -
אין נותנין להם אלא - שקל?
אמר[20] ליה:
הא[21] מני? רבי מאיר היא דאמר:
מצוה לקיים דברי המת.

אמרו עליו על נחום איש גם זו:
שהיה סומא משתי עיניו,
גידם משתי ידיו, קיטע משתי רגליו,
והיה כל[קי] גופו מלא שחין,
והיתה[קיא][22] מטתו מונחת בארבעה ספלים[קיב] של מים -
כדי שלא יעלו עליו נמלים.

פעם אחת היתה מטתו מונחת בבית רעוע,
בקשו תלמידיו לפנותו,[קיג]
אמר להם:
פנו[קיד] את הכלים ואחר כך פנו את מטתי,
שמובטח לכם שכל[קטו] זמן שאני בבית - אין הבית נופל.
פינו את הכלים ואחר כך פינו את מטתו,
מיד נפל[קטז] הבית.

אמרו לו תלמידיו: רבי,
וכי[קיז] מאחר שצדיק גמור אתה,
למה עלתה לך כך?
אמר להם:
אני[קיח] עשיתי בעצמי,[קיט]
שפעם אחת הייתי מהלך בדרך לבית חמי,
והיה עמי משוי שלשה חמורים,
אחד של מאכל, ואחד של משתה,
ואחד של מיני מגדים,
בא עני אחד ועמד לי בדרך,
ואמר לי: רבי, פרנסני!
אמרתי לו: המתן עד שאפרוק מן החמור.
לא הספקתי לפרוק מן החמור עד שיצתה נשמתו.

נפלתי עליו[קכ] ואמרתי:
עיני שלא חסו על עיניך - יסומו,
ידיי שלא חסו על ידיך - יתגדמו,
רגליי שלא חסו על רגליך - יתקטעו;
ולא נתקררה דעתי עד שאמרתי:
כל גופי יהא מלא שחין.

אמר לו רבי עקיבא: אוי לי שראיתך[קכא] בכך!

רש"י

1 **חיי העולם.** הבא תורה:

2 **חיי שעה.** עולם הזה זה סחורה:

3 **קיימא ליה שעתא.** עתיד להתגדל ואין זמנו למות:

4 **שמע מינה.** מדאנא שמעתיה:

5 **איהדר.** איזיל לתורתי:

6 **עד דאתא אילפא.** ממקום שהלך שם לסחורה:

7 **מלך רבי יוחנן.** מינוהו ראש ישיבה עליהן מנהג הוא מי שהוא ראש ישיבה היו מגדלין אותו משלהן ומעשירין אותו כדאמרינן לגבי כהן גדול בסיפרא וביומא (יח.) והכהן הגדול מאחיו גדלוהו משל אחיו:

8 **אמרו לו.** אנשי המקום לאילפא:

9 **אי אתיב מר וגריס.** אם היית יושב ועוסק בתורה היינו ממליכין אותך כמו שעשינו לר' יוחנן דאילפא הוי גמיר טפי מר' יוחנן:

10 **תלא נפשיה באסקריא.** כלונס עץ ארוך תקוע בלב הספינה שמניחין עליה וילון הספינה:~

11 **מכותא.**^ וילו"ן בלע"ז:

12 **דשאיל לי כו'.** כלומר אף על גב דעבדי עיסקא גריסנא אנא טפי מיניה:

13 **דבי ר' חייא ודבי ר' אושעיא.** דהוו מסדרי מתניתא על פי רבינו הקדוש שהיה רבם:

14 **ולא פשיטנא ליה ממתני'.** דמשכחנא^ משנה כוותיה דההיא ברייתא:

15 **תנא ליה.** שנה לפניו כלומר בעא מיניה:

16 **האומר תנו שקל לבניי.** מי שמת והניח ממונו ביד איש נאמן ואמר תנו שקל חצי סלע לבניי להוצאה בשבוע:

17 **וראויין לתת להן סלע.** שיש לו בנים הרבה ואין מסתפקין לשבת בפחות מסלע:

18 **נותנין להם סלע.** דאי הוה בדעתיה דלא למיתן להו אלא שקל היה מצוה אל תתנו להן אלא שקל והאי דקאמר תנו להן שקל ולא אמר תנו סלע משום דבעי לזרוזינהו כדאמרן בכתובות (ע.) כדי לזרזן במשא ובמתן כדי שיטרחו וילמדו דרך ארץ וירויחו:

19 **אם מתו ירשו אחרים תחתיהן.** אע"ג דאמר תנו שקל ולא אמר אל תתנו אלא שקל גלי בדעתיה דלא בעי למיתב להו אלא שקל בשבת כי היכי דאי מתו ירשו אחרים תחתיהן:

20 **אמר ליה.** אילפא:

21 **הא מני.** דקתני אע"ג דלא ספקי בבציר מסלע לא יהבינן להו אלא שקל ר"מ היא דאמר במסכת כתובות במתני' (סט:) מצוה לקיים דברי המת דאי לאו מצוה מן הדין נותנין להן כל הראוי להן שהרי כל הממון שלהן הוא ואין בו לאותן אחרים כלום אלא לאחר מיתתן אם יש מותר יש להן ואם לאו לא יטלו ומתוך שרוצין אנו לקיים דבריו שירשו אחרים תחתיהם אנו מקמצין את הממון כדי שיהא שם מותר:

22 **והיתה~ מטתו מונחת כו'.** רגלי המטה מונחין בספלים מלאים מים שלא יעלו אליו נמלים דרך רגלי המטה מפני שהיה גידם ואם היו עולים אינו יכול ליטלם בידיו ולזורקן:

אמר לו: אשריך שראיתיני בכך ![קכב]
שאלמלא לא ראיתיני בכך לא מצאת בי כך.[קכג]

ואמאי קרו ליה נחום איש גם זו?
דכל מילתא דהוה[1] סלקא ליה אמר -
גם זו לטובה.

זימנא חדא בעו לשדורי ישראל דורון לבי קיסר,
אמרו: מאן ייזיל?
ייזיל **נחום איש גם זו**, דמלומד בניסין הוא.
שדרו בידיה מלא סיפטא דאבנים טובות ומרגליות.

אזל, בת[2] בההוא דיורא,[קכד]
בליליא קמו הנך דיוראי,
ושקלינהו לסיפטיה[3] ומלונהו עפרא.

כי מטא התם - שרינהו לסיפטיה,[קכה]
חזנהו דמלו עפרא,
בעא מלכא למקטלינהו לכולהו,[4]
אמר: קא מחייכו בי יהודאי!
אמר: גם זו לטובה.

אתא אליהו, אדמי ליה כחד[5] מינייהו,
אמר להו: דילמא האי[קכו] עפרא מעפרא[6] דאברהם אבוהון הוא,
דכי הוה שדי עפרא - הוו סייפיה,
גילי -[7] הוו גירי,
דכתיב (ישעיהו מא,ב):
"יִתֵּן כֶּעָפָר חַרְבּוֹ כְּקַשׁ נִדָּף קַשְׁתּוֹ".

הויא חדא מדינתא דלא מצו למיכבשה,
בדקו מיניה עלה[קכז] וכבשוה.

עיילו לבי גנזיה,
ומלוהו לסיפטיה אבנים טובות ומרגליות.[קכח]

כי אתו ביתו[8] בההוא דיורא,
אמרו ליה: מאי אייתית בהדך דעבדי לך יקרא כולי האי?
אמר להו: מאי דשקלי מהכא אמטי להתם.

סתרו לדירייהו ואמטינהו לבי מלכא,
אמרו ליה:
האי עפרא דאייתי הכא - מדידן הוא,

בדקוה ולא אשכחוה,
וקטלינהו לכולהו[קכט] דיוראי.

איזהו[קל] דבר?
עיר המוציאה חמש מאות רגלי כו'.

תנו רבנן:
עיר קטנה[קלא] המוציאה חמש מאות[קלב] רגלי,
כגון כפר[9] עמיקו,[קלג]
ויצאו ממנה שלשה[קלד] מתים בשלשה ימים זה אחר זה -
הרי זה דבר;
ביום[10] אחד או בארבעה ימים -
אין זה דבר.

עיר[11] גדולה[קלה] המוציאה אלף וחמש מאות[קלו] רגלי,
כגון כפר עכו,[קלז]
ויצאו ממנה תשעה[קלח] מתים בשלשה ימים זה אחר זה -
כא: הרי זה דבר; *
ביום אחד או בארבעה ימים -
אין זה דבר.

דרוקרת[12][13] עיר המוציאה חמש מאות רגלי הוה,
ויצאו ממנה שלשה מתים ביום אחד,
גזר **רב נחמן בר רב חסדא** תעניתא.
אמר ליה[קלט] **רב נחמן בר יצחק**:
כמאן?
כרבי מאיר דאמר:
ריחק[14] נגיחותיו - חייב,
קירב נגיחותיו - לא כל שכן?

אמר ליה רב נחמן בר רב חסדא לרב נחמן בר יצחק:
ליקום[15] מר ליתי לגבן.
אמר ליה: תנינא:[16]
רבי יוסי אומר:
לא[17] מקומו של אדם מכבדו,
אלא אדם מכבד את מקומו,
שכן מצינו בהר סיני,
שכל זמן שהשכינה שרויה עליו -
אמרה תורה (שמות לד,ג):
"גַּם[18] הַצֹּאן וְהַבָּקָר אַל יִרְעוּ אֶל[19] מוּל הָהָר הַהוּא";

רש"י

[1] דסלקי ליה. כל המאורע לו אפילו רעה:
[2] בת בההיא דיורא. לן לילה אחת באותו המלון:
[3] לסיפטיה. ארגז שלו:
[4] לכולהו. שונאיהן של ישראל:
[5] כחד מינייהו. כאחד משרי קיסר:
[6] מעפרא דאברהם הוא. כשנלחם עם המלכים:
[7] גילי. קשין:
[8] ביתו. לנו במלון:
[9] כפר עמיקו שלשה מתים בשלשה ימים. מת אחד בכל יום:
[10] ביום אחד אין זה דבר. דאקראי בעלמא הוא:
[11] ה"ג עיר גדולה המוציאה אלף וחמש מאות רגלי יצאו הימנה תשעה מתים וכו'. אלף וחמש מאות איש דהיינו פי שלשה בעיר קטנה:
[12] כפר עכו דרוקרת. נ"א דיוקרת^ עיר ששמה יו"ד והיא קטנה על שם שיו"ד קטנה באותיות:
[13] ה"ג יצאו הימנה ג' מתים בג' ימים:
[14] ריחק נגיחותיו. בשור מועד קאי בבבא קמא בפרק כיצד הרגל מועדת אי זהו תם ואי זהו מועד כל שהעידו בו ג' ימים דברי ר' יהודה ר' מאיר אומר כל שהעידו בו ג' פעמים ביום אחד ר' יהודה סבר כתיב או נודע כי שור נגח הוא מתמול שלשום מתמול תרי שלשום תלת הרי ג' ימים ור"מ סבר ריחק נגיחותיו כשנגח בג' ימים זה אחר זה חייב קירב נגיחותיו שנגח ג' פעמים ביום אחד לא כל שכן:
[15] ליקום מר להכא. דרב נחמן בר יצחק הוה יתיב בין גברי דלא חשיבי כולי האי וקאמר ליה רב נחמן בר רב חסדא ליקום מר מהתם וליתי ליתיב גבאי:
[16] תנינא. תני אנא שונה אני ברייתא זו רבי יוסי אומר כו':
[17] לא מקומו של אדם מכבדו. ואם אלך ואשב שם אין המקום מכבדני:
[18] גם הצאן והבקר אל ירעו. דמשום שכינה היה הר סיני מכובד ומקודש:
[19] אל מול ההר ההוא. מדכתיב ההוא משמע כל זמן שהוא בגדולתו שהשכינה עליו נסתלקה השכינה במשוך היובל וגו' ואע"ג דהאי קרא בלוחות הראשונות כתיב לא נסתלקה שכינה עד לוחות האחרונות שניתנו ביום הכפורים וגם כל ימות החורף שעסקו במלאכת המשכן שהתה שכינה בהר ומשם ניתנו כל המצות בקולי קולות ולפידים ביום קבלת עשרת הדברות עד אחד בניסן שהוקם המשכן ונסעה וזזה שכינה מן ההר וישבה לה על הכפורת ושם באהל מועד נשנית התורה

נסתלקה שכינה ממנו -
אמרה תורה (שם יט,יג):
"בִּמְשֹׁךְ[1] הַיֹּבֵל הֵמָּה יַעֲלוּ בָהָר";

וכן מצינו באהל מועד שבמדבר,
שכל זמן שהוא נטוי -
אמרה תורה (במדבר ה,ב):
"וִישַׁלְּחוּ מִן הַמַּחֲנֶה כָּל צָרוּעַ וְכָל זָב" וגו';[קמ]
הוגללו[2] הפרוכת -
הותרו זבין ומצורעין[קמא] ליכנס שם.
אמר ליה:
איתי[קמב] אנא לגבי מר.
אמר ליה:
מוטב יבא מנה בן פרס[3] אצל מנה בן מנה,
ואל יבא מנה בן מנה אצל מנה בן פרס.

בסורא הוות דברתא,[4]
בשיבבותיה[5] דרב לא הוות דברתא,
סבור מינה[קמג] משום זכותיה דרב,[קמד]
איתחזי[6] להו בחילמא:
רב נפישא[קמה] זכותיה טובא,[קמו]
והא[7] זוטרא[קמז] ליה לרב,
אלא משום ההוא גברא דקא מושיל[קמח]
מרא[8] וזבילא[9] לקבורה.[10]

בדרוקרת הוות דליקתא,
ובשיבבותיה דרב הונא לא הוות דליקתא,
סבור מינה משום זכותיה[קמט] דרב הונא,[קנ]
איתחזי להו בחילמא:
רב הונא נפישא זכותיה טובא,[קנא]
והא[קנב] זוטרא ליה לרב הונא,
אלא משום ההיא איתתא דמחממת תנורא,
ומשיילא[קנג][11] לשיבבתא.[קנד]

אמרו ליה לרב יהודה:
אתו קמצי.[12]
גזר תעניתא.
אמרו ליה: לא[13] קא מפסדן.
אמר להו: זוודא[14] אייתו בהדייהו!?

אמרו ליה לרב יהודה:
איכא מותנא בחזירי.
גזר תעניתא.
נימא קסבר רב יהודה -
מכה משולחת במין[קנה] אחד - משולחת בשאר מינין?[קנו]
לא,
שאני חזירי דדמיין מעייהו[15] לבני אינשי.

אמרו ליה לשמואל:
איכא מותנא בי[16] חוזאי.
גזר[17] תעניתא,
אמרו ליה: והא[18] מרחק!?
וכי[19] מברי פסיקו להו?[קנז]

אמרו ליה לרב נחמן:
איכא מותנא בארעא דישראל.
וגזר[קנח] תעניתא.
אמר:
אם גבירה - לוקה,
שפחה -[20] לא כל שכן?

טעמא דגבירה ושפחה,
הא[21] שפחה ושפחה - לא.
והא אמרו ליה לשמואל:
איכא מותנא בי חוזאי,
גזר תעניתא!?
שאני התם,
כיון דאיכא שיירתא[22] דלווי[23] ואתיא בהדיה.

אבא אומנא,
הוה אתי ליה שלמא[24][25] ממתיבתא דרקיעא כל יומא,
ולאביי - כל מעלי יומא דשבתא,
לרבא - כל מעלי יומא דכיפורי.

הוה קא חלשא דעתיה דאביי משום דאבא אומנא.
אמרו ליה:
לא מצית למיעבד כעובדיה דאבא אומנא.[קנט]

ומאי הוו עובדיה דאבא אומנא?

רש"י

כללותיה ופרטותיה ועל אותה שעה היה מתיר להם בלוחות הראשונות לעלות כדאמרינן במסכת ביצה (ה.) כל דבר שבמנין צריך מנין אחר להתירו:^

1 במשוך היובל. בסיום השופר כשתסתלק השכינה דרך הוא להאריך ולמשוך התקיעה בשעת סיום:

2 הוגללו הפרוכת. שהיו נגללין בשעת נסיעתן היו נוסעין כולן ובאין זבים ומצורעים ונכנסין במחנה:

3 פרס. חצי מנה ולשון פרוסה כמו פרס פריסת מלכותך (דניאל ה) שאביו של רב נחמן בר רב חסדא גדול מיצחק אביו של רב נחמן מדמיתקרי בר רב חסדא ואידך רב נחמן בר יצחק מכלל שלא נסמך:

4 דברתא. דבר:

5 בשיבבותיה. בשכונתו:

6 איתחזי להו בחילמא. להנך אינשי דסברי משום זכותיה דרב הוא:

7 הא זוטר ליה לרב. נס זה קטן הוא לפי גדולת רב:

8 מרא. פושיי"ר בלע"ז:

9 זבילי. פלי"א בלע"ז:

10 לקבורה. ומשום זכותיה דקבורה מדדו בו מדה כנגד מדה:

11 ומשיילא לשיבבתא.^ ומשאילתו לשכנותיה לאחר שהסיקתו משלה לפיכך נמדדת השכר בה במדה:

12 קמצא. ארבה שמכלה את התבואה:

13 לא קא מפסדא. ולא^ בעינן למיגזר תעניתא:

14 זוודא אייתו בהדייהו. בתמיה וכי צידה הביאו עמם שלא יפסידו את התבואה:

15 מעייהו. בני מעיין שלהן שאין להן כרס הפנימי כשאר בהמה וסימן רע הוא:

16 בי חוזאי. מקום במלכות בבל:

17 גזר תעניתא. בעירו:

18 הא מרחק. ואין לחוש שמא יבא עד כאן:

19 אמר להו וכי מעברא פסיק להו. וכי מעברות ושאר מחיצות מפסיקין לפני הדבר שלא יבא:

20 שפחה לא כל שכן. ויש לחוש שמא ישתלח עד כאן:

21 הא שפחה ושפחה. שתי עיירות של חוצה לארץ כגון בי חוזאי ונהרדעא דאתריה דשמואל:

22 שיירתא. דאזלי מבי חוזאי לנהרדעא:

23 דלווי. מתלוה ובא עמהן:

24 שלמא מרקיעא. בת קול אומרת לו שלום עליך:

25 אבא אומנא. מקיז דם:

דכי הוה[1] עביד מילתא הוה מחית גברי לחוד ונשי[2] לחוד,
ואית ליה לבושא דאית[3] ביה קרנא,
דהוות בזיעא כי כוסילתא,
כי הוות אתיא איתתא -[קס] הוה מלביש לה,
כי היכי דלא ניסתכל בה.

ואית ליה דוכתא דצניעא דשדי ביה פשיטי,
דאית[קסא] ליה - שדי ביה,
דלית ליה - לא[4] מיכסיף.

כי הוה אתרמי ליה צורבא מרבנן -
אגרא מיניה לא שקיל,
ובתר דקאי - יהיב ליה פשיטי,
ואמר ליה: זיל איברי[קסב][5] נפשך!

זימנא חדא[קסג] שדר אביי זוגא דרבנן למיבדקיה,[6]
אותבינהו, ואכלינהו, ואשקינהו,
כב. ומך להו ביסתרקי.[7] *
לצפרא[קסד][8] כרכינהו ושקלינהו,
וקמו ונפקו להו לשוקא, ואשכחינהו.

אמרו[9] ליה: לשיימיה מר היכי שוו?
אמר להו: הכי והכי.
אמרו ליה: ודלמא שוו טפי.
אמר להו: בהכי שקלינהו.
אמרו ליה: דידך ניהו ושקלינהו מינך.
אמרו ליה: במטותא מינך, במאי[10] חשדתינן?
אמר להו:
אמינא - פדיון שבויים איקלע להו לרבנן,
ואכסיפו[11] למימר לי.
אמרו ליה: השתא נשקלינהו[12] מר.
אמר להו: מההוא שעתא אסחתינהו מדעתאי לצדקה.

הוה קא חלשא[13] דעתיה דרבא משום דאביי.
אמרו ליה: מסתייך דקא מגנית אכולה[14] כרכא.

רב[15] ברוקא חוזאה הוה קאי[קסה] בשוקא דבי[16] לפט,
אתא אליהו איתחזי ליה,[קסו]
אמר[17] ליה: איכא בהאי שוקא בר עלמא דאתי?
אמר ליה: לא.

אדהכי והכי חזא להההוא גברא,
דהוה סיים מסאני[18] אוכמי,
ולא[19] רמי חוטי,[קסז]
אמר[20] ליה: האי בר עלמא דאתי הוא.
רהט בתריה,
אמר[21] ליה: מאי עובדך?
אמר ליה: זיל האידנא ותא למחר.

למחר אמר ליה: מאי עובדך?
אמר ליה: זנדוקנא[22] אנא,
ואסרנא גברי לחוד ונשי לחוד,
ורמינא[23] פורייאי בין הני להני,
כי היכי דלא ליתו לידי איסורא.
כי חזינא בת ישראל דיהבי[24][25] גוים[קסח] עלה עינייהו -
מסרנא נפשאי ומצילנא לה.
יומא חד הוות נערה מאורסה,
בעו למינסבה,[קסט]
שקלי דורדייא[26] דחמרא ושדאי לה בשיפולה,[27]
ואמרי: דיסתנא[28] היא.
אמר ליה:
מאי טעמא דסיימת מסאני אוכמי ולא רמית חוטי?[קע]
אמר ליה: עיילנא ונפיקנא ביני גוים,[קעא]
כי היכי דלא לידעו דיהודאה אנא;
כי הוו גזרי גזירתא -
מודענא להו לרבנן, ובעו רחמי ומבטלי לגזירתייהו.
ומאי טעמא כי אמינא לך אנא: מאי עובדך,
ואמרת לי: זיל האידנא ותא למחר?
אמר ליה:
בההיא שעתא גזרי גזירתא,
ואמינא ברישא איזיל ואשמע להו לרבנן,
דלבעי רחמי עלה דמילתא.

אדהכי והכי אתו בתרי אחריני.[קעב]
אמר[29] ליה: הני[קעג] נמי בני עלמא דאתי נינהו.
אזל לגבייהו.
אמר להו: מאי עובדייכו?
אמרו ליה: אינשי בדוחי[30] אנן, מבדחינן עציבי.

רש"י

1 כי הוה עביד מילתא. כשהיה מקיז דם לבני אדם:
2 ונשי^ לחודייהו. לצניעותא:
3 דאית ביה קרנא. וינטוש"א שהיה תקוע בו הקרן שהוא מקיז בו ולנשים הוי מלביש לה:
4 ולא מיכסיף.~ דלאחר שהכה לא הוה ידע מאן רמי בכוסילתא^ פשיטי להתם ומאן דלא רמי:
5 איברי^ נפשך. תבריא עצמך:
6 למיבדקיה. לבודקו^ במעשיו:
7 ומך להו בסתרקי. קיפל תחתיהן תכשיטי צמר טפיד"ו בלע"ז לישן בהן:
8 לצפרא כרכינהו. רבנן לביסתרקי דאבא אומנא ואייתינהו לשוקא לזבונינהו:
9 אמרו ליה. לאבא אומנא לשיימינהו מר והב לן דמייהו והיו בודקין אותו אם יחשדם כגזלנין או אם יהא שם אותם פחות מכדי דמיהם:
10 במאי חשדתינן. כשלקחנום:
11 וכסיפא. לכו מילתא למימר לי לאלתר ליתן אותם ואהכי אתו למיגני גבאי למיעבד כולי האי:
12 לשקלינהו מר. שלא היינו רוצין אלא לנסותך:
13 חלשא דעתיה דרבא אדאביי. דלרבא לא אתי שלמא אלא ממעלי יומא דכיפורי למעלי יומא דכיפורי ולאביי כל מעלי שבתא:
14 אכולא כרכא. על כל בני עירך:
15 רב ברוקא חוזאה. שהיה מבי חוזאי:
16 דבי לפט. מקום:
17 א"ל. רב ברוקא לאליהו מי איכא בהאי שוקא כו':
18 מסאני אוכמי. מנעלים שחורים שלא כמנהג היהודים:
19 ולא רמי חוטי.^ לא הטיל ציצית בטליתו:
20 אמר ליה. אליהו לרב ברוקא האי בר עלמא דאתי הוא:
21 קרא ליה. רב ברוקא לההוא גברא:
22 זנדוקנא. שומר בית האסורין:
23 רמינא פורייאי כו'. מטיל אני מטתי בין אנשים לנשים:
24 דיהבי גוים^ עינייהו עלה. בעלי בית האסורים:
25 איתרמי נערה כו'. דהויא בבית הסוהר:
26 דורדיא דחמרא. שמרים של יין האדומים כדם:
27 בשיפולה. בשולי בגדיה:
28 דיסתנא. דרך נשים לה ומאוסה היא והוא לשון פרסי:
29 אמר ליה. אליהו לרב ברוקא הני נמי בני עלמא דאתי נינהו:
30 בדוחי. שמחים ומשמחים בני אדם:

אי נמי -
כי חזינן בי תרי דאית להו תיגרא בהדייהו,
טרחינן[1] ועבדינן להו שלמא.

על אלו מתריעין בכל מקום כו'.

תנו רבנן:
על אלו מתריעין בכל מקום:
על השדפון,[2] ועל הירקון,
ועל ארבה וחסיל ועל חיה רעה;
רבי עקיבא אומר:
על השדפון ועל הירקון -
בכל שהוא;
ארבה וחסיל -
אפילו לא נראה בארץ ישראל אלא כנף[3] אחד -
מתריעין עליהן מיד.[קעד]

ועל חיה וכו'.

תנו רבנן:
חיה רעה שאמרו -
בזמן שהיא משולחת - מתריעין עליה,
אינה משולחת -[4] אין מתריעין עליה.

כיצד?[קעה]
נראתה[קעו] בעיר - משולחת,
בשדה -[5] אינה משולחת.

ביום - משולחת,
בלילה - אינה משולחת.

ראתה שני בני אדם ורצתה אחריהן - משולחת,
נחבאת מפניהן - אינה משולחת.

טרפה[6] שני בני אדם ואכלה אחד מהן - משולחת,
אכלה שניהן -[7] אינה משולחת.

עלתה[8] לגג ונטלה תינוק מעריסה -[9] משולחת.

הא גופה קשיא - אמרת:
נראתה בעיר - משולחת,
לא שנא ביום ולא שנא בלילה;
והדר אמרת:
ביום - משולחת,
בלילה - אינה משולחת!?

לא קשיא,
הכי[10] קאמר -
נראתה בעיר ביום - משולחת,
בעיר בלילה - אינה משולחת;
אי נמי -
בשדה ביום - אינה משולחת.

ראתה שני בני אדם ורצתה אחריהן - משולחת.
הא[11] עמדה -[קעז] אינה משולחת;
והדר אמרת:
נחבאת מפניהן - אינה משולחת;
הא עמדה -[קעח] משולחת!?

לא קשיא,
כאן - בשדה[12] הסמוכה לאגם,
כאן - בשדה[13] שאינה סמוכה לאגם.[14]

טרפה שני בני אדם ואכלה[קעט] אחד מהן - משולחת,
שניהם - אינה משולחת.
והא אמרת אפילו רצתה!?
אמר רב פפא:
כי[15] תני ההיא - באגם גופיה.[קפ]

עלתה לגג ונטלה תינוק מעריסה - משולחת.
פשיטא!?
אמר רב פפא:
לא צריכא,[קפא]
דאפילו בכוכא[קפב][16] דציידי.

על החרב וכו'.

תנו רבנן:
חרב שאמרו -
אינו[17] צריך לומר חרב שאינו של שלום,
אלא אפילו חרב של שלום,
שאין לך חרב של שלום יותר מפרעה נכה,
ואף על פי כן נכשל בה המלך יאשיהו,
כב: שנאמר (דברי הימים ב לה,כא): *
"וַיִּשְׁלַח[18] אֵלָיו מַלְאָכִים לֵאמֹר,
מַה לִּי וָלָךְ מֶלֶךְ יְהוּדָה,
לֹא עָלֶיךָ אַתָּה הַיּוֹם כִּי אֶל בֵּית מִלְחַמְתִּי,

רש"י

1 טרחינן. במילי דבדיחותא בינייהו עד דעבדי שלמא שהן דברים שאדם אוכל פירותיהן בעולם הזה והקרן קיימת וכו' הבאת שלום בין אדם לחבירו:

2 שדפון וירקון. כיון שנראה כל שהוא מתריעין ומלא תנור דמתניתין להתענות אי נמי מעשה היה כך:

3 כנף אחד. עוף אחד של אותו מין כעין צפור כל כנף (בראשית ז):

4 משולחת. מן השמים:

5 בשדה אינה משולחת. דהיינו אורחה:

6 טרפה שני בני אדם. ולא אכלה אלא אחד מהם ודאי משולחת דכיון דלא היתה רעבה אלא לאחד מאי טעמא קטלה ליה לאידך:

7 שניהן אינה משולחת. שמפני הרעב אכלתם:

8 עלתה לגג. רגילין היו להשתמש כל תשמישיהן בגגות שלא היו משופעים אלא חלקים ושוין והוא הדין לבית שתחתיו:

9 עריסה. ברצו"ל בלע"ז:

10 הכי קאמר. האי דקתני נראתה בעיר כו' הכי קאמר נראתה בעיר כגון שנראתה ביום דסתם נראתה ביום משמע אבל בלילה אינה משולחת והאי דקתני נראתה ביום אשדה קאי דאם נראתה בשדה ביום אינה משולחת:

11 הא עמדה. בשדה דלא רצתה ולא נחבאת:

12 בשדה הסמוכה לאגם. עמדה אינה משולחת דכיון דסמוכה לאגם היינו רביתה ולא ברחה סברה אי אתי בתראי עריקנא לאגם מיד:

13 בשדה שאינה סמוכה לאגם. עמדה משולחת דכיון דלאו מקום רביתה הוא וקיימא ודאי משולחת גזירה היא:

14 אגם. מרשי"ק בלע"ז הסמוך לעיר והוא מלא קוצים:

15 כי תניא ההיא. דאכלה אין רצתה לא באגם דכיון דהיינו דוכתה סמכה אדעתה ורהטא אבתרייהו:

16 בכוכא דציידי. כוך קטן של ציידין שיחפרו למארב העופות ואף על גב דלאו בנין קבוע הוא ולא הוה כיישוב הויא משולחת:

17 אין צריך לומר חרב שאינו של שלום שמתריעין עליה אלא אפילו חרב של שלום. העוברת דרך אותו מלכות לילך להלחם במקום אחרת:

18 וישלח אליו מלאכים לאמר מה לי ולך מלך יהודה לא עליך אתה היום כי אל בית מלחמתי ואלהים אמר לבהלני חדל לך מאלהים אשר עמי וגו' לא עליך אני הולך היום. יאשיה יצא לקראתו למלחמה ולא נתנו לעבור בארצו ושלח לו פרעה נכה מלאכים לאמר כו':

וֵאלֹהִים אָמַר לְבַהֲלֵנִי,
חֲדַל לְךָ מֵאֱלֹהִים אֲשֶׁר עִמִּי וְאַל יַשְׁחִיתֶךָ".
מאן[1] "אֱלֹהִים"?[קפג]
אמר רב יהודה אמר רב:
זו עבודה זרה.
אמר:
הואיל וקא בטח בעבודה זרה - יכילנא ליה.
וכתיב (שם כג):[קפד]
"וַיֹּרוּ הַיֹּרִים לַמֶּלֶךְ יֹאשִׁיָּהוּ".
אמר[קפה] רב יהודה אמר רב:
מלמד[2] שעשו כל גופו ככברה.

אמר רב יהודה אמר רב:[קפו]
מפני מה נענש יאשיהו?
מפני שהיה לו לימלך בירמיהו, ולא נמלך.

מאי דרש?
"וְחֶרֶב לֹא תַעֲבֹר בְּאַרְצְכֶם" (ויקרא כו,ו),
מאי "חֶרֶב"?
אילימא - "חֶרֶב" שאינה של שלום;
והכתיב (שם):[3] "וְנָתַתִּי שָׁלוֹם בָּאָרֶץ"!
אלא - אפילו "חֶרֶב"[קפז] של שלום,
והוא אינו יודע שאין דורו[4] דומה יפה.

כי קא ניחא[קפח] נפשיה חזא ירמיהו שפוותיה דקא מרחשן,
אמר:
דילמא[קפט] חס ושלום מילתא דלא מהגנא אמר אגב צעריה!
גחין עילויה,[קצ]
שמעיה[קצא] דקא מצדיק עליה דינא אנפשיה,
אמר: "צַדִּיק הוּא יְהוָה כִּי פִיהוּ מָרִיתִי" (איכה א,יח).
פתח עליה ההיא שעתא: "רוּחַ אַפֵּינוּ מְשִׁיחַ יְהוָה" (שם ד,כ).

מעשה שירדו[קצב] זקנים מירושלים לעריהם כו'.

איבעיא[5] להו:
כמלא תנור תבואה;
או דלמא -
כמלא תנור פת?
תא[6] שמע: דתניא:[קצג]
כמלא פי תנור.
ועדיין תיבעי להו:
ככיסויא דתנורא;
או[7] דלמא -
כי דרא דריפתא דהדר ליה לפומא דתנורא?
תיקו.

ועוד גזרו תענית על שאכלו זאבים כו'.

אמר עולא משום רבי שמעון בן יהוצדק:
מעשה ובלעו[8] זאבים שני תינוקות בעבר הירדן,[קצד]
והקיאום דרך בית הרעי,
ובא מעשה לפני חכמים,
וטיהרו[9] את הבשר וטמאו[10] את העצמות.

על אלו מתריעין בשבת כו'.

תנו רבנן:
עיר שהקיפוה גוים[קצה] או נהר,
וספינה המטרפת[קצו] בים,
ויחיד הנרדף מפני גוים,[קצז] או מפני לסטין, ומפני[11] רוח רעה,
על כולן יחיד רשאי לסגף[12] את עצמו בתענית.

רבי יוסי אומר:
אין היחיד רשאי לסגף את עצמו בתענית,
שמא יצטרך[13] לבריות ואין הבריות מרחמות עליו.

אמר רב יהודה אמר רב:
מאי טעמיה דרבי יוסי?
דכתיב (בראשית ב,ז):
"וַיְהִי הָאָדָם לְנֶפֶשׁ[14] חַיָּה",
נשמה שנתתי בך החייה.

שמעון התימני אומר: אף על הדבר כו'.

איבעיא להו:
לא הודו לו חכמים בשבת,
אבל בחול הודו לו;
או דלמא -
לא הודו לו כלל?

תא שמע: דתניא:
שמעון התימני אומר:[קצח]
מתריעין על הדבר בשבת, ואין צריך לומר בחול;
חנן[15] בן פינחס[קצט] תלמידו של רבי עקיבא,
משום רבי עקיבא אומר:
אין מתריעין על הדבר כל עיקר.

רש"י

1 מאן אלהים. דקאמר ליה פרעה נכה חדל לך מאלהים אשר עמי:
2 מלמד. מדכתיב ויורו המורים דמשמע יריות רבות יורו המורים אמר רב יהודה אמר רב מלמד שעשו כל גופו ככברה:
3 הא כתיב ונתתי שלום בארץ. ולמאי הלכתא כתביה רחמנא לאידך קרא וחרב לא תעבור בארצכם אלא אפי' חרב של שלום:
4 שאין דורו דומה יפה. בעיני המקום:
5 איבעיא להו כמלא תנור תבואה. דהיינו שיעור גדול יותר ממלוא תנור פת דשיעור קטן הוא שאין דרך למלאות כל חלל התנור פת אלא בדפנות מדביקין אותו:
6 ת"ש. דקתני חדא כי האי לישנא כמלא פי התנור דהיינו פת דאילו תבואה לא מצי קיימא על פי התנור:
7 או דלמא כי דרא דריפתא. שורה של לחם הדבוקין זה אצל זה בפי התנור אי נמי שמדביקין זה למעלה מזה עד פי התנור:
8 ובלען. כשהן שלימין:
9 וטהרו את הבשר. שאינו מטמא טומאת מת דנתעכל ונתבטל תוך מעיו וכגון ששהו ימי עיכול ופירשא בעלמא הוא:
10 וטימאו את העצמות. דלא מתעכלו:
11 מפני רוח רעה. שנכנס^ בו רוח שידה ורץ והולך ושמא יטבע בנהר או יפול וימות:
12 לסגף. לענות נפש מתרגמינן לסגפא נפש (במדבר ל):
13 יצטרך לבריות. כי אין בו כח להרויח ולהתפרנס מיגיעו:
14 דכתיב לנפש חיה. החייה:
15 חנן בן פטום אומר אין מתריעין על הדבר. אפי' בחול דגזירה היא:

על כל צרה שלא תבא על הצבור כו'.

מאי[ר] טעמא?
אמר רבי אבא אמר שמואל:[ר"א]
לפי שאין מתפללין על רוב הטובה.

ואמר רבי אבא אמר שמואל:[ר"ב]
מניין שאין מתפללין על רוב הטובה?
שנאמר (מלאכי ג,י):
"הָבִיאוּ אֶת כָּל הַמַּעֲשֵׂר אֶל בֵּית הָאוֹצָר" וגו',
מאי "עַד בְּלִי דָי" (שם)?
אמר רמי[1] בר רב יוד:
"עַד" שיבלו שפתותיכם מלומר "דָי".

אמר רב יהודה אמר רב:[ר"ג]
ובגולה[2] מתריעין[3] עליה.

תניא נמי הכי:
שנה שגשמיה מרובין -
אנשי משמר שולחין לאנשי מעמד:
תנו עיניכם באחיכם שבגולה,
שלא[4,5,6] יהא בתיהם קבריהם.

שאלו את רבי אליעזר:
עד מתי[ר"ד] גשמים יורדין ויתפללו שלא ירדו?
אמר להם:
כדי שישב אדם על קרן[ר"ה][7] אפל,
וישכשך[8] רגליו במים.
והתניא:
ידו!?[ר"ו][9]
אמר אביי:[ר"ז]
רגלו[10] כידו.[ר"ח]

אמר רבה בר בר חנה:
לדידי חזיא לי ההוא דוכתא,[ר"ט]
וחליף[ר"י] ההוא טייעא[11] כי רכיב גמלא, ונקיט רומחא בידיה,
ומיתחזי[12] כאיניבא.[רי"א][13]

תנו רבנן:
"וְנָתַתִּי גִשְׁמֵיכֶם בְּעִתָּם" (ויקרא כו,ד).
לא[14] שכורה, ולא צמאה, אלא בינונית,
שכל זמן שהגשמים מרובין -
מטשטשין את הארץ, ואינה עושה[רי"ב] פירות.

כג. דבר אחר: *
"בְּעִתָּם",[15]
בלילי רביעיות, ובלילי שבתות,
שכן[16] מצינו בימי **שמעון בן שטח**,
שירדו להם גשמים בלילי רביעיות ובלילי שבתות,
עד שנעשו חטים ככליות,
ושעורים כגרעיני זיתים, ועדשים כדינרי זהב,
וצררו[17] מהם חכמים[רי"ג] דוגמא לדורות,
להודיע כמה חטא[רי"ד] גורם,
שנאמר (ירמיהו ה,כה):
"עֲוֹנוֹתֵיכֶם הִטּוּ אֵלֶּה,
וְחַטֹּאותֵיכֶם מָנְעוּ הַטּוֹב מִכֶּם".

וכן מצינו בימי הורדוס,[18]
בזמן[רט"ו] שהיו עוסקין בבנין בית המקדש -
ירדו להם[רט"ז] גשמים בלילות,[רי"ז]
למחר נשבה הרוח, ונתפזרו העבים, וזרחה החמה,
ויצאו העם למלאכתן,
להודיע[רי"ח] שמלאכת שמים בידיהם.

מעשה שאמרו לו[רי"ט] לחוני המעגל וכו'.

תנו רבנן:
פעם אחת יצא רוב אדר ולא ירדו גשמים,
שלחו לחוני המעגל:
התפלל וירדו גשמים;
התפלל ולא ירדו גשמים.

עג עוגה[19] ועמד בתוכה,
כדרך[20] שעשה חבקוק הנביא,
שנאמר (חבקוק ב,א):
"עַל מִשְׁמַרְתִּי אֶעֱמֹדָה וְאֶתְיַצְּבָה עַל מָצוֹר" וגו'.

אמר לפניו: רבונו של עולם,
בניך שמו פניהם עלי שאני כבן בית לפניך,
נשבע אני בשמך הגדול שאיני זז מכאן עד שתרחם על בניך.

התחילו גשמים מנטפין,
אמרו לו: רבינו,[ר"כ]
ראינוך[21] ולא נמות,
כמדומין אנו שאין גשמים יורדין אלא להתיר שבועתך!
אמר להם: ראיתוני ולא תמותו.[רכ"א]
אמר:
לא כך שאלתי,

רש"י

1 **רמי בר רב יוד.** חכם ששמו יוד:
2 **ובגולה.** בבל שהיא במצולה:
3 **מתריעין על רוב גשמים.** שלא ירדו:
4 **שלא יהו בתיהם קבריהן.** שעמוקה היא ונטבעים בתיהם במים:
5 **אנשי משמר ואנשי מעמד.** מפרש בשלשה פרקים לקמן (כו.):
6 **תנו עיניכם.** התבוננו בתפלתכם בתעניות עליהם שלא ירדו רוב גשמים:
7 **קרן אפל.** שן סלע גבוה וכך שמו:
8 **וישכשך רגליו במים.** כלומר לעולם אין מתפללין:
9 **והתניא ידו.** עד שישכשך ידו:
10 **רגלו כידו.** וכיון דיכול לשכשך ברגלו אי שוחה יכול לשכשך בידו נמי:
11 **טייעא.** סוחר ישמעאל:
12 **ומיתחזי.** האי טייעא וגמליה ורומחא לרבה בר בר חנה דהוה על קרן אפל:
13 **איניבא.** תולעת ל"א כי אנבא לינדינ"א בלע"ז:
14 **לא שכורה.** לא שתויה יותר מדאי שמטשטשין את הארץ:
15 **דכתיב בעתם.** זהו בלילי רביעיות ובלילי שבתות דאין טורח לבני אדם דאינם הולכין לדרכים בלילי רביעיות מפני אגרת בת מחלת בפסחים (קיב:):
16 **שכן מצינו.** כלומר ושמא תאמר אין סיפק בגשמים של ב' לילות בשבת מצינו בימי שמעון בן שטח כו':
17 **וצררו.** קשרו ואצרו:
18 **הורדוס.** סתר בנין דעזרא ובנה בנין יפה ממנו בב"ב (ד.):
19 **עוגה.** שורה עגולה כמו עוגה שהיא עגולה:
20 **כדרך שעשה חבקוק.** כדמפרש בתרגום של תפלת חבקוק על משמרתי אעמדה כמין בית האסורים עשה וישב:
21 **ראינוך ולא נמות.** נראה אותך ולא נמות בניחותא השתדל שלא נמות ברעב מפני עצירת גשמים:

אלא גשמי בורות, שיחין, ומערות.

ירדו בזעף,
עד שכל טפה וטפה כמלא פי חבית,
ושיערו חכמים שאין טפה פחותה מלוג,
אמרו לו תלמידיו: רבינו,[רכב]
ראינוך ולא נמות,
כמדומין אנו שאין גשמים יורדין אלא לשחת[רכג] העולם!
אמר להם: ראיתוני ולא תמותו.[רכד]
אמר:[רכה]
לא כך שאלתי,
אלא גשמי רצון, ברכה, ונדבה.

ירדו כתיקנן,
עד שעלו כל העם להר הבית מפני הגשמים.

אמרו לו:
כשם[רכו] שהתפללת שירדו -
כך התפלל וילכו להם.
אמר להם:
כך מקובלני -
שאין מתפללין על רוב הטובה,
אף על פי כן - הביאו לי פר[1] הודאה.

הביאו לו פר הודאה, סמך שתי ידיו עליו,
ואמר לפניו: רבונו של עולם,
עמך ישראל שהוצאת ממצרים אינן יכולין לקבל -[רכז]
לא ברוב טובה ולא ברוב פורענות,
כעסת עליהם - אינן יכולין לקבל,[רכח]
השפעת עליהם טובה - אינן יכולין לקבל,[רכט]
יהי רצון מלפניך,
שיהא[רל] ריוח בעולם.
מיד נשבה הרוח, ונתפזרו העבים, וזרחה החמה,
ויצאו וראו הר הבית שמלא[רלא] כמהין[2] ופטריות.

שלח לו שמעון בן שטח:
אלמלא[3] חוני אתה - גוזרני עליך נידוי;[4]
אילו[רלב][5] שנים כשני אליהו,
שמפתחות גשמים בידו של אליהו -
לא[6] נמצא[7] שם שמים מתחלל על ידך?
אבל מה אעשה לך,
שאתה מתחטא[8] לפני המקום ועושה לך רצונך,
כבן שמתחטא על אביו ועושה לו רצונו;
ואומר לו: אבא,
רחצני בחמין, ורוחצו;[רלג]
שטפני בצונן, ושוטפו;[רלד]
תן לי אגוזים, שקדים, אפרסקים, ורמונים, ונותן לו;
ועליך הכתוב אומר:
"יִשְׂמַח אָבִיךָ וְאִמֶּךָ וְתָגֵל יוֹלַדְתֶּךָ" (משלי כג,כה).

דרש רב נחמן בר רב חסדא:[רלה]
מה שלחו בני לשכת[9] הגזית לחוני המעגל:
"וְתִגְזַר אוֹמֶר וְיָקָם לָךְ וְעַל דְּרָכֶיךָ נָגַהּ אוֹר" (איוב כב,כח).
"וְתִגְזַר אוֹמֶר",
אתה גזרת מלמטה,
והקדוש ברוך הוא מקיים מאמרך מלמעלה.

"וְעַל דְּרָכֶיךָ נָגַהּ אוֹר",
דור[10] שהיה אפל -
הארת בתפלתך.

"כִּי הִשְׁפִּילוּ וַתֹּאמֶר גֵּוָה" (שם,כט),
דור שהיה שפל -
הגבהתו בתפלתך.

"וְשַׁח עֵינַיִם יוֹשִׁעַ" (שם),
דור ששח בעונו -
הושעתו[11] בתפלתך.

"יְמַלֵּט אִי נָקִי" (שם,ל),
דור שלא היה נקי -
מלטתו בתפלתך.

"וְנִמְלַט בְּבֹר כַּפֶּיךָ" (שם),
מלטתו במעשה ידיך הברורין.

אמר רבי יוחנן:
כל ימיו של[12] אותו צדיק,
היה מצטער על מקרא זה (תהלים קכו,א):
"שִׁיר[13] הַמַּעֲלוֹת, בְּשׁוּב יְהוָה אֶת שִׁיבַת צִיּוֹן,
הָיִינוּ[14] כְּחֹלְמִים".
אמר:
מי איכא דניים שבעין[15] שנין בחלמא!?

יומא חד הוה אזל באורחא,
חזייה לההוא גברא דהוה נטע חרובא,
אמר ליה: האי עד כמה שנין טעין?
אמר ליה: עד[16] שבעין שנין.
אמר ליה: פשיטא לך דחיית שבעין שנין?
אמר ליה: האי גברא עלמא בחרובא אשכחתיה,
כי היכי דשתלי לי אבהתי - שתלי נמי לבראי.

רש"י

1 פר הודאה. להתודות עליו ועשה לו סמיכה והביאו שלמים חוני בזמן הבית היה:
2 כמהין ופטריות. בוליי"ץ בלע"ז שיצאו מלחלוח הגשמים וידעו כי של ברכה היו:
3 אלמלא חוני אתה. ואדם גדול:
4 לנדות. שמנדין על כבוד הרב שהטיח דברים ואמר לא כך שאלתי:
5 שאלמלא היו שנים כשני אליהו. גזירת עצירת גשמים ומפתח של גשמים בידו של אליהו גרסינן:
6 לא נמצא שם שמים מתחלל. בתמיה שאליהו נשבע חי ה' אם יהיה השנים האלה טל ומטר כי אם לפי דברי (מלכים א י') ואתה נשבע שאין אתה זז עד שירדו גשמים:
7 נמצא שם שמים מתחלל על על ידך. דזה או זה בא לידי שבועת שוא:
8 מתחטא. לשון חטא כלומר הוי הולך וחוטא:
9 לשכת הגזית. סנהדרין:
10 דור שהיה אפל. מרוב צער שלא ירדו גשמים:
11 הושעת בתפלתך. מן המיתה שהבאת עליהם שובע:
12 של אותו צדיק. חוני המעגל היה מצטער על המקרא הזה:
13 שיר המעלות. לשון עילוי:
14 היינו כחולמים. כחלום נדמה גלות בבל שהיה שבעים שנה:
15 שבעין שני בחלמא. בתמיה מי איתא דניים שבעין שנין בחלמיה ויש אדם ישן שבעים שנה בשינה אחת:
16 עד שבעין שנין. לא טעין פירא בטעינא קמייתא:

יתיב,[1] קא כריך ריפתא,
אתא ליה שינתא, נים.
אהדרא[3] ליה משוניתא,
איכסי[4] מעינא, ונים שבעין שנין.

כי קם חזייה לההוא גברא דהוה קא מלקט מינייהו.
אמר ליה: את הוא דשתלתיה?
אמר ליה: בר בריה אנא.
אמר ליה: שמע מינה - דניימי שבעין שנין.
חזא לחמריה דאתיילידא ליה רמכי[5] רמכי.

אזל לביתיה,
אמר[6] להו: בריה דחוני המעגל מי קיים?
אמרו ליה: בריה ליתא, בר בריה איתא.
אמר להו: אנא הוא![רלו]
לא הימנוהו.

אזל לבי מדרשא,[רלז] שמעינהו לרבנן דקאמרי:
נהירן[7] שמעתתין כבשני חוני המעגל,
דכי הוי עייל לבי[רלח] מדרשא,
כל קושיא דהוו להו לרבנן - הוה מפרק להו.
אמר להו: אנא הוא![רלט]
לא הימנוהו,
ולא עבדי ליה יקרא כדמבעי ליה,
בעא רחמי, ונח נפשיה.[רמ]

אמר רבא:
היינו דאמרי אינשי:
או[8] חברא[רמא] או מיתותא.

אבא חלקיה בר בריה דחוני המעגל הוה,
וכי מצטריך עלמא למיטרא - הוו משדרי רבנן לגביה,
ובעי רחמי, ואתי מיטרא.

זימנא חדא איצטריך עלמא למיטרא,
שדור רבנן זוגא דרבנן לגביה,
למבעי רחמי דניתי מיטרא.
אזול לביתיה ולא אשכחוהו,
אזול בדברא,
ואשכחוהו דהוה קא רפיק[9] בדברא.[רמב]
כג: יהבו ליה שלמא, * ולא[10] אסבר להו אפיה.

בפניא,[11] כי הוה מנקט ציבי -
דרא ציבי ומרא בחד כתפא,
וגלימא בחד כתפא.

כולה אורחא לא סיים מסאניה,[רמג]
כי מטא[רמד] למיא - סיים מסאניה.
כי מטא להיזמי והיגי - דלינהו[12] למניה.

כי מטא למתא -
נפקא דביתהו לאפיה כי[13] מיקשטא.
כי מטא לביתיה -
עלת דביתהו ברישא,
והדר עייל איהו, והדר עיילי רבנן.

יתיב וכריך ריפתא,
ולא אמר להו לרבנן תו כרוכו.
פלג ריפתא לינוקי,
לקשישא חדא, ולזוטרא תרי.

אמר לה לדביתהו:
ידענא דרבנן משום מיטרא קא אתו,
ניסק לאיגרא[14] וניבעי רחמי,
אפשר דמרצי קודשא בריך הוא ואתי[רמה] מיטרא.
קם[רמו] איהו בחדא זויתא[15] ואיהי בחדא זויתא,
קדים סלוק ענני מהך זויתא[16] דדביתהו.

כי נחית, אמר להו:
אמאי אתו רבנן?
אמרו ליה:
שדרי לן רבנן לגבי דמר למיבעי רחמי אמיטרא.
אמר להו:
ברוך המקום שלא הצריך אתכם לאבא חלקיה.
אמרו ליה:
ידעינן דמיטרא מחמת מר הוא דאתא,
אלא לימא לן מר הני מילי דתמיהא לן:
מאי טעמא כי יהיבנא למר שלמא - לא אסבר לן מר אפיה?
אמר להו:
אגיר יומא[רמז] הואי, ואמינא לא[17] איפגר.

מאי[רמח][18] טעמא דרא מר ציבי אחד כתפיה,
וגלימא אחד כתפיה?
אמר להו:
טלית שאולה היתה,
להכי[19] שאלי, ולהכי[20] לא שאלי.

רש"י

1 יתיב. חוני המעגל וקא כריך רפתא:
2 הכי גרסי' אנא עלמא בחרובא אשכחתיה כי היכי דשתלי לי אבהתיי אנא נמי אישתיל לבראי:
3 אהדרא ליה משוניתא. עלתה סביבותיו שן סלע:
4 ואיכסי מעינא דאינשי. ולא אשכחוהו התם:
5 רמכי רמכי. וולדי וולדות באלו השנים דניים מעוברת זכר היתה וחזר ובא עליה והולידו:
6 אמר להו. שאל להון בנו של חוני המעגל קיים הוא:
7 נהירנא לן הנך שמעתתא. מוגהת לנו שמועה זו כאילו למדנוה בחייו של חוני המעגל שהיה מפרקה לנו ומגיה לנו יפה יפה:
8 או חברא^ או מיתותא. ולא גרסינן הכא כחברי דאיוב אלא בבבא בתרא (טז:) גבי מעשה דאיוב אם אין חביריו של אדם נוהגין בו כבוד כבתחילה נוח לו שימות אי נמי משום הנך בריוני לא כתוב בספרינו:
9 רפיק בדברא. עודר בשדה:
10 לא אסבר להו אפיה. לא החזיר להם פניו:
11 בפניא. לפנות ערב כשהלך לביתו:
12 דלינהו למניה. הגביה בגדיו אחר כתיפיו כדי שלא יקרעו:
13 כי מיקשטא. בתכשיטין:
14 לאיגרא. עלייה:
15 זויתא. זוית:
16 מזויתא דדביתהו. מאותו הרוח שאשתו שם עלו העבים תחלה שהיא נענית תחלה:
17 לא איפגר. לא אתבטל ממלאכתי כמו יומא דמיפגרי רבנן (שבת קכט:):
18 מ"ט דרת. מדוע נשאת הטלית על כתף אחת ולא נתת בכתף תחת המשאוי:
19 להכי שאלה לי. להתעטף בה:
20 ולהכי לא שאלה לי. להטיל עליה קוצין לקרעה:

מאי טעמא כולה אורחא לא סיים מר מסאניה,
וכי מטי למיא - סיים מסאניה?
אמר להו:
כולה אורחא חזינא, במיא[1] לא קא חזינא.

מאי טעמא כי מטא מר להיזמי והיגי -
דלינהו למניה?
אמר להו:
זה מעלה ארוכה, וזה אינה מעלה ארוכה.

מאי טעמא כי מטא מר למתא -
נפקא דביתהו דמר כי מיקשטא?
אמר להו:
כדי שלא אתן עיני באשה אחרת.

מאי טעמא עיילא איהי[רמט] ברישא,
והדר עייל מר אבתרה, והדר עיילינן אנן?
אמר להו:
משום דלא[2] בדקיתו לי.

מאי טעמא כי כריך מר ריפתא -
לא אמר לן - איתו כרוכו?
משום דלא נפישא ריפתא,
ואמינא לא אחזיק בהו ברבנן טובת[3] חנם.[רנ]

מאי טעמא יהיב מר לינוקא קשישא חדא ריפתא,
ולזוטרא תרי?
אמר להו:
האי -[4] קאי בביתא,
והאי - יתיב בבי כנישתא.

ומאי טעמא קדים סלוק ענני מהך זויתא,
דהוות קיימא דביתהו דמר, לעננא דידיה?
משום דאיתתא[5] שכיחא בביתא,
ויהבא ריפתא לעניי ומקרבא[6] הנייתה,
ואנא יהיבנא זוזא, ולא מקרבא הנייתיה.

אי[7] נמי -
הנהו ביריוני[8] דהוו בשיבבותן,
אנא בעי רחמי דלימותו,
והיא בעיא רחמי דליהדרו בתיובתא,
ואהדרו.

חנין[רנא] הנחבא בר ברתיה דחוני המעגל הוה,
כי הוה[רנב] מצטריך עלמא למיטרא -
הוו משדרי רבנן ינוקי[9] דבי רב לגביה,
ונקטי ליה בשיפולי[10] גלימיה,
ואמרו ליה: אבא,[11] אבא, הב לן מיטרא.
אמר לפניו:[רנג] רבונו של עולם,
עשה בשביל אלו שאין[12] מכירין -
בין אבא דיהיב מיטרא לאבא דלא יהיב מיטרא.

ואמאי קרו ליה חנין[רנד] הנחבא?
מפני שהיה מחביא[13] עצמו בבית הכסא.

אמר ליה רבי זריקא לרב ספרא:
תא חזי מה בין תקיפי דארעא דישראל,
לחסידי דבבל.

חסידי דבבל -
רב[14] הונא ורב חסדא,
כי הוה מצטריך עלמא למיטרא -
אמרי:
ניכניף[15] לגבי[רנה] הדדי וניבעי רחמי,
אפשר דמירצי קודשא בריך הוא ואתי[רנו] מיטרא.

תקיפי[16] דארעא דישראל -
רבי[רנז] יונה אבוה דרבי מני,
כי הוה מצטריך עלמא למיטרא -
הוה עייל לביתיה ואמר להו:
הבו לי גואלקי,[17] ואיזיל ואייתי[18] לי בזוזא עיבורא.

אזיל[רנח] וקאי בדוכתא עמיקתא,
דכתיב (תהלים קל,א): "מִמַּעֲמַקִּים קְרָאתִיךָ יְהֹוָה",
וקאי בדוכתא צניעא, ומכסי בשקא,
ובעי רחמי, ואתי מיטרא.

כי הוה אתי לביתיה אמרי ליה:
אייתי[19] מר עיבורא?
אמר להו:
אמינא הואיל ואתא מיטרא - רווח[רנט][20] עלמא.

רבי[רס] מני בריה הוו קא מצערי ליה דבי נשיאה,
אישתטח אמערתא[רסא] דאבוה,
יומא[רסב] חד הוו[21] קא חלפי התם,[22]

רש"י

1 במיא לא חזינן. מה דאית בה ושמא ישכנו דג או נחש:
2 דלא בדקיתו לי. אם כשרים אם פריצים דאמר מר (במס' דרך ארץ רבה פ"ה) כל אדם יהי בעיניך כלסטים:
3 טובת הנאה חנם. דאינהו לא הוו קא אכלי דליכא ריפתא וקא מחזקינן בהו טובה חנם:
4 ינוקא קאי בבי כנישתא. קמי רביה ולא אתי כולי יומא:
5 דאיתתא שכיחא בביתא. כל יומא וכי מיצטריך ענייא מידי אזלה ויהבה:
6 ועוד דמקרבא הנייתה. שדבר אכילה היא נותנת לעני והוא בלא טורח ממה שהיתה נותנת מעות ויטריח העני עד שיקנה:
7 אי נמי. אהכי קדים ענני דידה:
8 משום בירייוני. בורים עמי הארץ:
9 ינוקי דבי רב. להמריך לבו ויתכוין בתפלתו:
10 בשיפולי. בשולי בגדיו:
11 אבא אבא. כך רגילים לקרותו כיתום שאמר אבי אבי:
12 שאין מכירין. בין חוני לאבא כסבורין עלי שאני אביהן:
13 ה"נ שהיה מחבא. ולא גרסי' שהיה מחבא בבית הכסא כי הוה בעי רחמי אמיא היה מחבא עצמו מרוב ענוה ומאן דגרס בית הכסא כלומר מתחבא בבגדיו כשהוא נכנס להסך את רגליו מרוב צניעות:
14 רב הונא ורב חסדא. חסידי דבבל מפרסמין את הדבר ושל ארץ ישראל צנועין ולא מודיעין שבא המטר בשבילם:
15 תא ליכניף אהדדי. אלמא משום חד מינייהו לא אתי מיטרא:
16 תקיפי דארץ ישראל רבי יונה. וקא חזינן דמחמתיה אתי מיטרא:
17 גואלקא. טשק"א בלע"ז:
18 ואייתי בזוזא עיבורא. דגן משום כפנא שאפילו לבני ביתו לא היה מודיע:
19 אייתי לן מר מעיבורא. דבעית למיזבן:
20 רווחא עלמא. דליהוי שובע ואהכי לא זבני ביוקרא דהשתא:
21 הוו קא חלפי. דבי נשיאה:
22 התם. עלויה מערתא דרבי יונה:

אינקוט[1] כרעא דסוסוותייהו,
עד דקבילו עלייהו דלא קא מצערו ליה.

ותו -
רבי מני הוה שכיח קמיה דרבי **יצחק בן אלישיב**,
אמר ליה: עתירי[2] דבי חמי קא מצערו לי.
אמר: ליענו![3] ואיענו.
אמר ליה:[רסג] קא[4] דחקו לי.
אמר: ליעתרו! ואיעתרו.
אמר ליה:[רסד] לא[5] מיקבלי עלי אינשי ביתי.
אמר ליה: מה שמה?
אמר ליה:[רסה] חנה.
אמר:[רסו] תתייפי חנה! ונתייפת.
אמר ליה: קא מגנדרא[6] עלי.
אמר:[רסז] תחזור חנה לשחרוריתה! וחזרה חנה לשחרוריתה.

הנהו תרי תלמידי,
דהוו שכיחי[רסח] קמיה דרבי **יצחק בן אלישיב**,
אמרו ליה: ניבעי מר רחמי עלן דניחכים טפי.[רסט]
אמר להו: עמי[7] היתה ושלחתיה.

רבי יוסי בר אבין הוה שכיח קמיה דרבי **יוסי דמן**[8] **יוקרת**,
כד. שבקיה ואתא לקמיה **דרב אשי**. *
יומא[9] חד שמעיה דקא גריס:
אמר **שמואל**:
השולה דג מן הים בשבת,
כיון שיבש בו כסלע - חייב.
אמר ליה איהו:[רע] ובין סנפיריו!
אמר[10][11] ליה:
ולא סבר לה מר דהדיא **רבי יוסי בר**[רעא] **אבין** אמרה!?
אמר ליה: אנא ניהו.
אמר ליה: ולאו קמיה דרבי יוסי דמן יוקרת הוה שכיח מר?
אמר ליה: אין.[רעב]
אמר ליה: ומאי טעמא שבקיה מר ואתא הכא?
אמר ליה: גברא דעל בריה ועל ברתיה לא חס -
עלי דידי היכי חייס?

בריה מאי היא?
יומא חד הוו אגרי ליה אגירי בדברא,
נגה להו ולא אייתי להו ריפתא.
אמרו ליה לבריה: כפנינן![רעג]
הוו יתבי תותי תאינתא,
אמר: תאנה תאנה,
הוציאי פירותיך ויאכלו פועלי אבא.
אפיקא[רעד] ואכלו.
אדהכי והכי אתא אבוה,
אמר להו:
לא[12] תינקטו בדעתייכו,
דהאי דנגהנא - אמצוה טרחנא,
ועד השתא הוא דסגאי.[13]
אמרו ליה: רחמנא לישבעך כי היכי דאשבען ברך.
אמר להו: מהיכא?
אמרו: הכי והכי הוה מעשה.
אמר לו: בני,
אתה הטרחת את קונך להוציא תאנה פירותיה שלא בזמנה -
יאסף שלא בזמנו!

ברתיה מאי היא?
הויא ליה ברתא בעלת יופי;
יומא חד חזיא לההוא גברא,
דהוה[14] כריא בהוצא וקא חזי לה.
אמר[15] ליה:[רעה] מאי האי?
אמר ליה: רבי,
אם ללוקחה לא זכיתי - לראותה לא אזכה?
אמר לה:
בתי קא מצערת להו לברייתא,
שובי לעפריך, ואל יכשלו ביך בני אדם.

הויא ליה ההוא חמרא, כדהוו אגרי לה כל יומא,
לאורתא הוו משדרי לה אגרה אגבה ואתיא לבי מרה.
ואי טפו לה או בצרי לה - לא אתיא.
יומא חד אינשו[16] זוגא דסנדלי עלה,
ולא אזלה עד דשקלונהו מינה.[רעו]

רבי[רעז] **אלעזר איש ברתותא**,[רעח]
כד הוו חזו ליה גבאי צדקה - הוו טשו[17] מיניה,
דכל מאי דהוה גביה יהיב להו.
יומא חד הוה סליק לשוקא למיזבן נדוניא לברתיה,
חזיוהו גבאי צדקה טשו מיניה,
אזל ורהט בתרייהו.
אמר להו: אשבעתיכו,[18] במאי עסקיתו?

רש"י

1 **אינקוט.** נדבקו בקרקע שעל גבי מערה ולא היו יכולין לזוז ממקומן:
2 **עתירי דבי חמי.** עשירים של בית חמי:
3 **ליענו.** יהיו עניים:
4 **קא דחקי לי.** ליתן להן פרנסה:
5 **לא מקבלי עלי אינשי ביתי.** אין אשתי מקובלת עלי שאינה יפה:
6 **מגנדרא.** מתגדלת עלי מתוך גבהות יופיה מגנדרא מלשון מקום הניחו לי אבותי להתגדר בו (חולין ז.):
7 **עמי היתה ושלחתיה.** דבר זה היה בידי שכל מה שאני מבקש היו נותנין לי ועכשיו אין תפלתי מקובלת כל כך:
8 **דמן דיוקרת.** מקום:
9 **יומא חד שמעיה.** רב אשי לרבי יוסי בר אבין ל"א יומא חד שמעיה רבי יוסי בר אבין לרב אשי דקא גריס אמר שמואל השולה דג מן הים בשבת כיון דיבש בו כסלע אע"פ שהוא מפרכס לאחר כן ובעוד שהוא מפרכס השליכו במים חייב משום נטילת נשמה שהיא אב מלאכה דתנן (שבת עג.) השוחטו כו' אמר ליה רבי יוסי ובין סנפיריו דודאי לא חי וכשאין מחוסר צידה עסקינן כגון שצדו בתוך הסל והניחו במים לחיות כדרך שעושין הדייגין:
10 **א"ל.** רב אשי ולא סבר לה מר דהאי ובין סנפיריו רבי יוסי בר אבין אמרה כלומר מ"ט לא אמרת ליה משמיה שכל האומר דבר בשם אומרו מביא גאולה לעולם:
11 **סנפיריו.** שפורח בהן:
12 **לא תנקטו לי בדעתייכו.** אל תחשדוני שלא הבאתי לכם מזונות עד עכשיו:
13 **דסגאי.** שטרחתי ואיחרתי:
14 **דהוה כריא בהוצא.** סותר גדר העצים כדי להסתכל דרך הנקב:
15 **אמר ליה רבי יוסי מאי האי.** מה אתה מעיין כאן:
16 **אינשו.** שכחו:
17 **טשו מפניו.** היו מתחבאים:
18 **העבודה.** שבועה:

אמרו ליה: ביתום[1] ויתומה.
אמר להן: העבודה שהן קודמין לבתי!
שקל כל דהוה בהדיה ויהב להו.

פש ליה חד זוזא, זבן ביה[רעט] חיטי,
ואסיק שדייה באכלבא.[2]

אתאי דביתהו,
אמרה לה לברתיה: מאי אייתי אבוך?
אמרה לה: כל מה דאייתי - באכלבא שדיתיה.

אתיא למיפתח בבא דאכלבא,
חזת אכלבא דמליא חיטי, וקא נפקא בצינורא דדשא,
ולא מיפתח בבא מחיטי.

אזלא ברתיה לבי מדרשא,
אמרה ליה:
בא וראה מה עשה לך אוהבך![3]
אמר לה:
העבודה הרי הן הקדש עליך,
ואין לך בהן אלא[4] כאחד מעניי ישראל!

רבי[5] **יהודה נשיאה** גזר תעניתא,
בעי רחמי ולא אתא מיטרא.
אמר:
כמה איכא משמואל[6] הרמתי ליהודה בן גמליאל!
אוי לו לדור שכן נתקע![7]
אוי לו למי שעלתה בימיו כך!
חלש דעתיה ואתא מיטרא.

דבי נשיאה גזר תעניתא,
ולא אודעינהו **לרבי יוחנן** ו**לריש לקיש**.
לצפרא אודעינהו,
אמר ליה **ריש לקיש** ל**רבי יוחנן**:
הא[8] לא קבילנא עלן מאורתא!
אמר ליה:
אנן בתרייהו גררינן.[9]

דבי נשיאה גזר תעניתא ולא אתא מיטרא.
תנא להו **אושעיא זעירא**[10] **דמן חברייא**:
"וְהָיָה אִם מֵעֵינֵי[11] הָעֵדָה נֶעֶשְׂתָה לִשְׁגָגָה" (במדבר טו,כד),
משל לכלה שהיא בבית אביה,
כל[12] זמן שעיניה יפות - אין כל גופה צריכה בדיקה,
עיניה[13] טרוטות - כל גופה צריכה בדיקה.

אתו[14] עבדיה ורמו ליה סודרא בצואריה, וקא מצערו ליה.
אמרו[15] להו[רפ] בני מאתיה:
שבקיה, דהא נמי מצער[16] לן,
כיון דחזינן דכל מיליה לשום שמים -
לא אמרי ליה מידי ושבקינן ליה,
אתון נמי שבקוהו.

רבי גזר תעניתא ולא אתא מיטרא.
נחית[17] קמיה **אילפא**, ואמרי לה **רבי אילפי**,
אמר משיב הרוח - נשא[רפא][18] זיקא,
אמר[רפב] מוריד הגשם - אתא[רפג] מיטרא.
אמר ליה: מאי עובדך?
אמר ליה:
דיירנא בקוסטא[19] דחיקא,
דלית ביה חמרא לקידושא ואבדלתא -
טרחנא ואתינא חמרא לקידושא ואבדלתא,
ומפיקנא להו ידי חובתייהו.

רב איקלע לההוא אתרא,
גזר תעניתא ולא אתא מיטרא.
נחית קמיה שליחא דצבורא,
אמר משיב הרוח - נשא[רפד] זיקא,
אמר מוריד הגשם - אתא[רפה] מיטרא,
אמר ליה: מאי עובדך?
אמר ליה:
מיקרי דרדקי אנא,
ומקרינא לבני עניי כבני עתירי,
וכל דלא אפשר ליה - לא שקילנא[רפו] מיניה מידי.
ואית לי פירא[20] דכוורי,
וכל[21] מאן דפשע - משחדינא ליה מינייהו,
ומסדרינן[22] ליה, ומפייסינן ליה, עד דאתי וקרי.

רב נחמן גזר תעניתא,
בעא רחמי ולא אתא מיטרא.
אמר:
שקלוה לנחמן, חבוטו מן גודא לארעא.
חלש דעתיה ואתא מיטרא.

רבה גזר תעניתא,
בעי רחמי ולא אתא מיטרא.
אמרו ליה:
והא **רב יהודה** כי הוה גזר תעניתא אתא מיטרא!

רש"י

1 **ביתום ויתומה.** לזווג זה לזו:
2 **אכלבא.** אוצר של חטים:
3 **אוהבך.** הקב"ה:
4 **אלא כאחד מעניי ישראל.** משום דמעשה נסים הוא ואסור לאדם להנות ממעשה נסים כדאמר לעיל (כ:) ואם עושין לו נס מנכין לו מזכיותיו:
5 **רבי יהודה נשיאה.** היה בנו של רבן גמליאל בר רבי:
6 **לשמואל הרמתי.** שיורדין גשמים בשבילו דכתיב הלא קציר חטים היום ועכשיו באין כל ישראל והטילו על ר' יהודה בן גמליאל דצווח וליכא דמשגח ביה:
7 **שנתקע.** תקוע:
8 **והא לא קבלינן מאתמול.** בהדייהו:
9 **גרירין.** (גרירינן) גרורין ומשוכין אנו אחריהן וכמי שקבלנו עלינו:
10 **זעירא דמן חבריא.** צעיר שבישיבה והאי דקרי ליה הכי משום דאושעיא אחרינא הוה התם:
11 **מעיני העדה.** זקנים מאירי עיני העם:
12 **בזמן שעיניה יפות אין כל גופה וכו'.** דודאי כל גופה יפה:
13 **אין עיניה יפות כו'.** הואיל והנהו דבי נשיאה דהוו עיני העדה רשעים דלת העם אין צריכין לבדוק מה מעשיהם לכך לא משגחו בהו מן שמים:
14 **אתו עבדי דריש גלותא וקא מצערו ליה.** לאושעיא:
15 **אמרו ליה בני מתא.** לעבדי דבי נשיאה:
16 **מצער לן.** מחרף ומגדף אותנו:
17 **נחית קמיה.** לפני התיבה:
18 **נשא.** כמו נשב:
19 **בקוסטא דחיקא.** בכפר דחוק שיש בו עניות ביותר:
20 **פירא דכוורי.** מחילות של דגים:
21 **כל מאן דפשע.** דלא בעי מיקרי משחדינא ליה כו':
22 **ומסדרינא ליה ומפייסינא ליה.** מתקנן כסדר:

אמר להו: מאי אעביד ?
אי משום תנויי - אנן עדיפינן מינייהו,
כד: דבשני דרב יהודה כל תנויי * בנזיקין[1] הוה,
ואנן קא מתנינן בשיתא סדרין !
וכי הוה מטי רב יהודה בעוקצין -
האשה שכובשת[32] ירק בקדירה (טהרות ב:א) ;
ואמרי לה:
זיתים שכבשן בטרפיהן - טהורין[654] (עקצים ב:א) ;
אמר: הוייות[7] דרב ושמואל קא חזינא הכא,
ואנן קא מתנינן בעוקצין תליסר[8] מתיבתא !
ואילו רב יהודה -
כי[9] הוה שליף חד מסאנא - אתי מיטרא,
ואנן -
קא צווחינן כולי יומא - וליכא דאשגח בן ;
אי משום עובדא -
אי איכא דחזא[10] מידי לימא ;
אבל מה יעשו גדולי הדור שאין דורן דומה יפה.

רב יהודה חזא הנהו בי תרי דהוו קא פרצי[11] בריפתא,
אמר:
שמע מינה - איכא שבעא בעלמא.
יהיב עיניה, הוה כפנא.

אמרו ליה רבנן לרב כהנא בריה דרב נחוניא שמעיה:
מר דשכיח קמיה,
ניעשייה[12] דליפוק בפתחא דסמוך לשוקא.
עשייה ונפק לשוקא.
חזא כנופיא,
אמר להו: מאי האי ?
אמרו ליה: אכוספא[13] דתמרי קיימי, דקא מזדבן.
אמר: שמע מינה - כפנא בעלמא.
אמר ליה לשמעיה: שלוף לי מסאניי.
שלף ליה חד מסאנא, ואתא מיטרא.
כי מטא למישלף אחרינא -
אתא אליהו ואמר ליה: אמר קודשא בריך הוא:[רפז]
אי שלפת אחרינא - מחריבנא לעלמא.

אמר רב מרי ברה דבת שמואל:
אנא הוה קאימנא[14] אגודא דנהר פפא,
חזאי למלאכי דאידמו למלחי,
דקא מייתי חלא[15] ומלונהו לארבי והוה קמחא דסמידא,[16]
אתו כולי עלמא למיזבן.
אמרי[רפח][17] להו: מהא לא תיזבנון, דמעשה נסים הוא.
למחר אתיין ארבי דחיטי דפרזינא.[18]

רבא איקלע להגרוניא,
גזר תעניתא ולא אתא מיטרא.
אמר להו: ביתו כולי עלמא בתעניתייכו.
למחר אמר להו: מי איכא דחזא חילמא לימא.
אמר ליה[רפט] רבי אלעזר מהגרוניא:
לדידי אקריון[19] בחלמי -
שלם טב, לרב טב, מריבון טב,
דמטוביה מטיב לעמיה.
אמר:
שמע מינה - עת רצון היא, מבעי רחמי.
בעי רחמי ואתי מיטרא.

ההוא גברא דאיחייב נגדא[20] בבי דינא דרבא,
משום דבעל גויה,[רצ]
נגדיה רבא ומית.
אשתמע מילתא בי שבור מלכא,
בעא לצעורי לרבא,
אמרה ליה איפרא[21] הורמיז אימיה דשבור מלכא לברה:
לא ליהוי לך עסק דברים בהדי יהודאי,
דכל מאן דבעיין ממרייהו - יהיב להו.
אמר לה: מאי[22] היא ?
בעין[23] רחמי ואתי מיטרא.
אמר לה:
ההוא משום דזימנא[24] דמיטרא הוא ;
אלא לבעו רחמי האידנא, בתקופת תמוז, וליתי מיטרא !
שלחה[25] ליה לרבא:
כוין דעתך ובעי רחמי דליתי מיטרא.
בעי רחמי ולא אתי מיטרא.
אמר לפניו: רבונו של עולם,
"אֱלֹהִים בְּאָזְנֵינוּ שָׁמַעְנוּ, אֲבוֹתֵינוּ[26] סִפְּרוּ לָנוּ,
פֹּעַל פָּעַלְתָּ בִימֵיהֶם בִּימֵי קֶדֶם" (תהלים מד,ב),
ואנו בעינינו לא ראינו !

רש"י

[1] ה"ג בנזיקין הוה. תלמודם^ לא היה גדול אלא בסדר נזיקין:

[2] שכובשת ירק בקדירה. במסכת [טהרות] היא בפ' שני (מ"א) גבי ידות מיירי דקיי"ל (עוקצין פ"א משנה א) כל ידות האוכלין אם נגעה טומאה בהן נטמא גם האוכל הצריך לידות דיד מכניס ומוציא כדאמרינן בהעור והרוטב (חולין קיח.) מכל האוכל לרבות הידות וקתני התם אשה שהיא כובשת ירק דידות שלהן טהורין דכשהיא עוצרת אותם הידות משתברות וא"א ליטול הירקות בידות שלהן שנשמט ונפסק האוכל מן היד מחמת כבישה:

[3] כובשת. שול"ץ בלע"ז עוצרת שיצא המשקה שלהן ויבשו דרך אשה בכך כובשת ירק ממים שישתמרו לזמן מרובה:

[4] טהורין. העלין והקלחין:

[5] ואמרי לה. כי מטא לאידך בפרק שני (דעוקצין משנה א) זיתים שכבשן בטרפיהן כתרגומו עלה טרפא (בראשית ח) עלין שלהן דהיינו ידות:

[6] טהורין. הידות להביא טומאה לאוכל דתו לא חזי למהוי בית יד:

[7] הוויות דרב ושמואל. עומק גדול ולא הוה נהירא ליה:

[8] תליסר מתיבתא. שלש עשרה ישיבות איכא בהך מתא דגמרי מסכת עוקצין:

[9] כי הוה שליף חד מסאנא. משום עינוי:

[10] דחזא מידי. חס ושלום בעובדי בישי:

[11] פרצי בריפתא. זורקים אותם זה לזה:

[12] ניעשייה. יעשנו שיצא לחוץ:

[13] אכוספא דתמרי. על כלי מלא תמרים או פסולת של תמרים:

[14] קאימנא אנהר פפא. ההוא יומא דעבד רב יהודה הכי:

[15] חלא. חול:

[16] דסמידא. סולת והן עצמן מוכרין אותו:

[17] אמר להו מעשה נסים כו'. ובמה דאפשר להתרחק ממעשה נסים יותר טוב ונכון:

[18] דפרזינא. מקום:

[19] אקרון. הקרוני הייתי קורא בחלומי:

[20] נגדא. מלקות:

[21] איפרא הורמיז. כך שמה איפרא חן יופי שדים היה לה:

[22] מאי היא. מאי עביד להו:

[23] אמרה ליה. דכל אימת דבעי מיטרא:

[24] זימנא דמיטרא הוא. ואפילו לא בעו נמי אתי מיטרא:

[25] שלחה ליה לרבא. דרחמא ליה לרבא:

[26] אבותינו ספרו לנו פועל פעלת בימיהם בימי קדם. שהיית מפליא להם נסים:

אתא מיטרא עד[1] דשפוך מרזבי דצפורי לדיגלת.[2]
אתא אבוה איתחזי ליה בחלמיה, ואמר ליה:
מי איכא דמיטרח קמי שמיא כולי האי?
אשני[רצא][3] דוכתיך!
שני דוכתיה.
למחר אשכחיה דמרשם פורייה בסכיני.[4]

רב[5] פפא גזר תעניתא, ולא אתא מיטרא,
חלש ליביה,
שרף פינכא דדייסא,
ובעי רחמי ולא אתא מיטרא.
אמר ליה רב נחמן בר אושפרתי:[רצב]
אי[6] שריף מר פינכא אחריתי דדייסא - אתי מיטרא.
איכסיף, וחלש דעתיה, ואתא מיטרא.

רבי[7] חנינא בן דוסא הוה קא אזיל באורחא,
אתא מיטרא,
אמר לפניו: רבונו של עולם,
כל העולם כולו בנחת וחנינא בצער?
פסק מיטרא.
כי מטא לביתיה,
אמר לפניו: רבונו של עולם,
כל[8] העולם כולו בצער[9] וחנינא בנחת?
אתא מיטרא.

אמר רב יוסף:
מאי[10] אהניא ליה צלותיה[רצג] דכהן גדול
לגבי רבי חנינא בן דוסא?
דתנן (יומא ה:א):
מתפלל[רצד] תפלה קצרה בבית החיצון;
מאי מצלי?
רבין בר רב[רצה] אדא ורבא בר רב[רצו] אדא,
תרויהו[רצז] משמיה דרב יהודה אמרי:[רצח]
יהי רצון מלפניך יי אלהינו,
שתהא השנה הזו גשומה ושחונה;[11]
שחונה מעלייתא היא?
אדרבה, גריעותא היא!
אלא,
אם[12] שחונה - תהא גשומה;[רצט]
ואל תכנס[ש] לפניך תפלת עוברי דרכים.
רב אחא בריה דרבא מסיים משמיה דרב יהודה:
לא יעדי עביד שולטן מדבית יהודה,
ואל יהו עמך ישראל צריכין להתפרנס זה מזה,
ולא לעם אחר.

אמר רב יהודה אמר רב:
בכל יום ויום בת[13] קול יוצאת ואומרת:
כל העולם כולו ניזון בשביל חנינא בני,
וחנינא בני דיו בקב[14] חרובים מערב שבת לערב שבת.
הוה רגילא דביתהו למיחמא תנורא כל מעלי דשבתא,
כה. ושדייא אקטרתא,[15] * משום[16] כיסופא.
הוה לה הך שיבבתא בישתא.
אמרה:
מכדי, ידענא דלית להו ולא מידי, מאי כולי האי?
אזלא וטרפא אבבא,
איכספא ועיילא לאינדרונא.
איתעביד לה ניסא דחזיא לתנורא מלא לחמא,
ואגנא[17] מלא לישא.
אמרה לה: פלניתא, פלניתא!
אייתי מסא,[18] דקא חריך לחמיך!

תנא:[שא][19]
אף היא להביא מרדה נכנסה,
מפני שמלומדת בנסים.

אמרה ליה דביתהו:
עד אימת ניזיל ונצטער כולי האי?
אמר לה: מאי נעביד?
בעי רחמי דניתבו לך מידי.
בעא רחמי,
יצתה כמין פיסת יד ויהבו ליה חד כרעא דפתורא דדהבא.
חזא[שב][20] בחלמא -
עתידי צדיקי דאכלי אפתורא דדהבא דאית ליה תלת כרעי,
ואינהו על דתרין כרעי.[שג]
אמר לדביתהו:[שד]
ניחא לך דמיכל אכלי כולי עלמא אפתורא דמשלם,

רש"י

1 עד דשפיך מרזבי דציפורי. שקילחו מים מן המרזיבות עד ששוטפין בחוצות ויורדין ושופכין:
2 לדיגלת. לנהר חדקל:
3 אשני מטתך. אל תשכב במטתך הלילה:
4 בסכיני. שרצו שדים להורגו וחתכו את מטתו והיינו דאמרי' בשחיטת חולין בפרק הזרוע (קלג.) וליקריוה לרבא רבא נזוף היה לא מצינו לו נזיפה בכל התלמוד^ אלא בזה המעשה כשביקש הגשמים בתמוז שלא לצורך:
5 הכי גרסינן ר"פ גזר תעניתא חלש לביה טעים מידי בעא רחמי ולא אתא מיטרא:
6 אי שריף מר חדא פינכא דדייסא. מלשון שורפה חיה (ע"ז כט:) פינכא מלא כף כמו מלחיך פינכי (פסחים מט.) דייסא טריי"ס בלע"ז ולחוכא קאמר ליה הכי משום דטעים ברישא והדר בעא רחמי:
7 רבי חנינא בן דוסא. תנא הוא:
8 כל העולם כולו בצער. שמבקשין מים לשדותיהן:
9 בנחת. שאני יושב בביתי ואיני צריך לגשמים לפי שאין לי שדות:
10 מאי אהניא ליה צלותיה דכהן גדול. כשהיה מתפלל תפלה קצרה ביום הכפורים שהיה אומר אל יכנס לפניך תפלת עוברי דרכים דר' חנינא מבטל ליה לצלותיה דכהן גדול שאפ"כ שמע הקב"ה תפלתו ופסיק מיטרא:
11 שחונה. חמה כמו חמותי ראיתי אור (ישעיהו מד) תירגם יונתן בן עוזיאל שחינת:
12 אם שחונה תהא גשומה. כשהיא חמה צריכה הארץ לגשמים מאד ותדיר:
13 בת קול יוצאת ואומרת כל העולם כולו. ולא גרסי' מהר חורב:
14 קב חרובים מערב שבת לערב שבת. כל השבת היה ניזון בכך חסר לחם היה ומתגלגל היה בחרובין:
15 אקטרתא. דבר שמעלה עשן כקיטור הכבשן:
16 משום כיסופא. שהיו שכינותיה אופות עיסה לכבוד שבת והיא אינה עושה כלום:
17 אגנא. עריבה:
18 מסא. עתר שמוציאין בו הלחם מרדה פאל"א בלע"ז ומרדה ומסא חדא מילתא היא:
19 תנא אף היא להביא מרדה נכנסה. פל"א בלע"ז על שם שרודין בה פת מן התנור שלא היתה שואלת מפני שרגילה בניסין:
20 חזיא. דביתהו בחלמא:

ואנן אפתורא דמחסר?
אמרה ליה:
בעי[שה] רחמי דנשקלינהו מינך.
בעי רחמי ושקלוהו.

תנא:
גדול היה נס האחרון[שו] יותר מן הראשון.
דגמירי:
דמיהב - יהבי, מישקל -[1] לא שקלי.

חד בי[2] שמשי חזייה לברתיה דהוות עציבא,
אמר לה:
בתי אמאי[שז] עציבת?
אמרה ליה:
כלי[3] של חומץ נתחלף לי בכלי של שמן,
והדלקתי ממנו אור לשבת.
אמר לה: בתי,
מאי איכפת לך,
מי שאמר לשמן וידלוק הוא יאמר לחומץ וידלוק!
תנא:
היה דולק והולך כל היום כולו,
עד[4] שהביאו ממנו אור להבדלה.

רבי חנינא בן דוסא הוו ליה הנך עיזי,
אמרו ליה: קא[5] מפסדן.
אמר: אי קא מפסדן - ניכלינהו דובי,[6]
ואי לא - כל חדא וחדא תיתי לאורתא דובא בקרנייהו.
לאורתא אייתי כל חדא וחדא דובא בקרנייהו.

הוה ליה ההיא שיבבתא דקא בניא ביתא,
ולא[7] מטו כשורי,
אתיא לקמיה,
אמרה ליה: בניתי ביתי, ולא קמטו כשוראי.
אמר לה: מה שמך?
אמרה ליה: איכו.
אמר: איכו[8] נימטו כשוריך.

תנא:
הגיעו, עד שיצאו אמה לכאן ואמה לכאן;
ויש אומרין: סניפין[9] עשאום.

תנא:[שח]
פלימו אומר:
אני ראיתי אותו הבית,
והיו קורותיו יוצאות אמה לכאן ואמה לכאן,
ואמרו לי:
בית זה שקירה רבי חנינא בן דוסא בתפלתו.

רבי[שט][10] אלעזר בן פדת דחיקא ליה מילתא טובא,
עבד[11] מילתא[שי] ולא הוה ליה מידי למטעם,
שקל ברא[12] דתומא, ושדייה בפומיה,
חלש[13] לביה ונים.
אזול רבנן לשיולי ביה,
חזיוהו דקא בכי וחייך,
ונפק צוציתא[14] דנורא מאפותיה.[15]
כי אתער אמרו ליה:
מאי טעמא קבכית וחייכת?
אמר להו:
דהוה יתיב עמי הקדוש ברוך הוא,
ואמרי ליה: עד מתי אצטער בהאי עלמא?
ואמר לי: אלעזר בני,
ניחא לך דאפכיה לעלמא מרישא,
אפשר דמתילדת בשעתא דמזוני?
אמרי לקמיה:
כולי[16] האי, ואפשר?
דחיי[שיא][17] טפי או דחיינא?
אמר לי: דחיית.[18]
אמרי לקמיה: אם[19] כן - לא בעינא.
אמר לי:
בהאי אגרא דאמרת לא בעינא -
יהיבנא לך לעלמא דאתי תליסרי נהרוותא,
דמשחא אפרסמון דכיין, כפרת ודיגלת, דמענגת בהו.
אמרי לקמיה: האי, ותו[20] לא?
אמר[21] לי: ולחברך מאי יהיבנא?
ואנא[שיב] מגברא דלית ליה בעינא?
מחיין באסקוטלא[22] אאפותי,[שיג]
ואמר לי: אלעזר ברי - גירי[23] בך, גירי.

רש"י

1 **מישקל לא שקלי.** בתר דיהבי:
2 כל היכא דתני בי שמשי היינו ערב שבת לא שמעתי טעם:
3 **במנא דחלא.** בכלי שיש בו החומץ ושמתי החומץ בנר וכבה הנר:
4 **עד שנטלו ממנו אור להבדלה.** הדליק ממנו נר אחר ליהנות בו ונר של מעשה נסים כיבה כי היכי דעבד רב יהודה (לעיל כד:) בחלא דהוה סמידא:
5 **קא מפסדי לן.** שדות:
6 **דובים.** וזאבים בשדות:
7 **ולא מטו כשורי.** אין הקורות מגיעות מכותל לכותל:
8 **איכו נימטו כשוריך.** יאריכו הקורות:
9 **סניפין היו.** הקורות של חליות היו במעשה נס נדבקו להן חתיכות קטנות לאורכן:
10 **ר"א בן פדת.** אמורא היה והוא הנקרא מרא דארעא דא"י במסכת נדה (דף כ:) בעל הוראות היה והוא שימש רבי יוחנן אחרי מות ריש לקיש והיה דחוק ועני:
11 **עבד מילתא.** הקיז דם:
12 **ברא דתומא.** בן השום צלע של שום:
13 **חלש ליביה.** נתעלפה:
14 **צוציתא.** ניצוץ:
15 **מאפותיה.** ממצחו:
16 **כולי האי ואפשר.** בתמיה כולי האי עבדת ואכתי הך ספיקא דלמא לא מיתרמינא בשעתא דמזוני:
17 **דחיי נפישא או דחיינא.** ימי חיי שחייתי כבר הם רבים ממה שאני עתיד לחיות:
18 **אמר דחיית.** מה שכבר חיית מרובים ממה שאתה עתיד לחיות והיינו דקא בכי כי אמר שכינה הכי והאי דחייך משום י"ג נהרוותא לרחוץ בהן ולטייל בהן מזה לזה:
19 **אי הכי לא בעינא.** דתיחרביה לעלמא:
20 **ותו לא.** וכי אין אתה נותן לי דברים אחרים:
21 **א"ל ולחברך מאי קא יהבינא.** אנא מגברא דלית ליה בעינא לא גריס בספר רבי ובספר שלי כתוב:
22 **באסקוטלא אפותאי.** היינו צוציתא דנפק מיניה שמדביק אצבע צרדא עם הגודל ומכה בצפורן האצבע:
23 **איגרו בך גירי.** כלומר הכיתי בחיצי לחדווה בעלמא אמר כן:

רבי חמא בר חנינא גזר תעניתא ולא אתא מיטרא,
אמרו ליה: והא רבי יהושע בן לוי גזר תעניתא ואתי מיטרא!
אמר להו: האי[1] אנא, הא בר ליואי.
אמרו ליה:
דניתי וניכוין דעתין,
איפשר דתברי[2] ציבורא לבייהו דאתי מיטרא.
בעון רחמי, ולא אתי מיטרא.
אמר להו: רצונכם[שיד] שיבא[3] מטר בשבילנו?
אמרו ליה: הן.
אמר: רקיע רקיע, כסי פניך!
לא איכסי.
אמר: כמה[4] עזין פני רקיע!
איכסי, ואתא מיטרא.

לוי גזר תעניתא ולא אתא מיטרא,
אמר לפניו: רבונו של עולם,
עלית וישבת במרום, ואין אתה מרחם על בניך.
אתא מיטרא, ואיטלע.

אמר רבי אלעזר:
לעולם אל יטיח אדם דברים כלפי מעלה,
שהרי אדם גדול הטיח דברים כלפי מעלה ואיטלע;
ומנו? לוי.

והא גרמא ליה?
והא לוי[5] אחוי קידה קמיה דרבי ואיטלע!?
האי[6] והא גרמא ליה.

רבי חייא בר לוליני שמעינהו להנך ענני דקאמרי:
ניתו וניתבי מיא בעמון ומואב.
אמר לפניו: רבונו של עולם,
כשנתת תורה לעמך ישראל,
חזרת על כל אומות העולם, ולא קיבלוה,
ועכשיו אתה נותן להם מטר?
שדו הכא!
שדיוה אדוכתיהו.

דרש רבי חייא בר לוליני:
מאי דכתיב (תהלים צב,יג):
"צַדִּיק כַּתָּמָר יִפְרָח כְּאֶרֶז בַּלְּבָנוֹן יִשְׂגֶּה"?
אם נאמר "תָּמָר", למה נאמר "אֶרֶז"?
ואם נאמר "אֶרֶז", למה נאמר "תָּמָר"?

אילו נאמר "תָּמָר" ולא נאמר "אֶרֶז" - הייתי אומר -
כה: מה "תָּמָר" * - אין[7] גזעו מחליף,
אף[8] צדיק - אין[שטו] גזעו מחליף,
לכך נאמר "אֶרֶז".

אילו נאמר "אֶרֶז" ולא נאמר "תָּמָר" - הייתי אומר -
מה "אֶרֶז" - אין עושה פירות,
אף[9] צדיק - אין[שטז] עושה פירות,
לכך נאמר "תָּמָר" ונאמר "אֶרֶז".

ו"אֶרֶז" גזעו מחליף?
והתניא:
הלוקח אילן מחבירו לקוץ -
מגביהו מן הקרקע טפח, וקוצץ;
בסדן השקמה - שני טפחים;
בבתולת[10][11][12] השקמה - שלשה טפחים;
בקנים ובגפנים - מן[13] הפקק ולמעלה;
בדקלים ובארזים - חופר למטה ומשריש,
לפי שאין גזעו מחליף!?

הכא במאי עסקינן? בשאר מיני ארזים,
כדרבה בר רב[שיז] הונא,
דאמר רבה בר רב[שיח] הונא:
עשרה מיני[14] ארזים הן,
שנאמר (ישעיהו מא,יט):
"אֶתֵּן בַּמִּדְבָּר אֶרֶז שִׁטָּה וַהֲדַס" וגו'.

תנו רבנן:
מעשה[15] ברבי אליעזר שגזר שלש עשרה תעניות על הצבור,
ולא ירדו גשמים.
באחרונה התחילו[16] הצבור לצאת.
אמר להם: תקנתם קברים[17] לעצמכם?
געו[18] כל העם בבכיה, וירדו גשמים.

שוב מעשה ברבי אליעזר שירד לפני התיבה,
ואמר עשרים וארבע ברכות ולא נענה.
ירד רבי עקיבא אחריו ואמר:
אבינו מלכנו אין לנו מלך אלא אתה,
אבינו מלכנו למענך רחם עלינו,
וירדו גשמים.
הוו מרנני רבנן,
יצתה בת קול ואמרה:
לא מפני שזה גדול מזה,
אלא שזה מעביר על מידותיו,
וזה אינו מעביר על מדותיו.

רש"י

1 הא אנא והא בר ליואי. הוא איש אחד ואני איש אחד הוא עדיף מינאי:
2 דתברי. שוברים:
3 שיבא מטר בשבילנו. מקבלים אתם עליכם ומסכימין לדעת אחד:
4 כמה עזין. דלא כסין מצבורא:
5 לוי אחוי קידה. נועץ שני גודליו בארץ ושוחה ונושק את הרצפה:
6 הא והא גרמא ליה. החטא גרם לו שנצלע בקידה:
7 ואין גזעו מחליף. אם נפסק:
8 אף צדיק. אין לו זכר צדיק אין גזעו מחליף אינו בתחיית המתים:
9 צדיק אינו עושה פירות. אין לו שכר לעתיד:
10 בתולת השקמה. נטיעה שלא נקצצה מעולם:
11 סדן. שכבר הזקין טרונ"ק בלע"ז שנקצץ וחוזר ומתעבה והוא מלשון סדנא בסדניה יתיב (פסחים כח.):
12 שני טפחים. שכבר גזעו מחליף:
13 מן הפקק. קשר התחתון:
14 מיני ארזים. שנאמר אתן במדבר ארז שטה והדס וגו'. ובציר להו תלת ובראש השנה (כג.) מפרש הוסיפו עליהם אלונים אלמונים אלמוגים:
15 מעשה ברבי אליעזר בן הורקנוס. י"ג תעניות שהתענו והלכו עד שגמרו י"ג כדתנן (לעיל יב:) עברו אלו ולא נענו כו':
16 התחילו הצבור לצאת. מבית הכנסת:
17 קברים תקנתם. בתמיה אין לכם אלא לכו קברו עצמכם מפני הרעב:
18 געו. צעקו כמו אם יגעה שור על בלילו (איוב ו) הלוך וגעו (שמואל א ו):

תנו רבנן:
עד מתי יהו הגשמים יורדין והצבור[1] פוסקין מתעניתם?
כמלא[2] ברך[3] המחרישה,
דברי רבי מאיר;
רבי יהודה אומר:[שיט]
בחרבה -[4] טפח,
בבינונית - טפחיים,
בעבודה -[5] שלשה טפחים.

תניא:
רבי שמעון בן אלעזר אומר:
אין[6] לך כל[שכ] טפח מלמעלה,
שאין תהום יוצא לקראתו שלשה טפחים.

והא[7] תניא:
טפחיים!?
לא קשיא.
כאן -[8] בעבודה,
כאן - בשאינה[9] עבודה.

אמר רבי אלעזר:
כשמנסכין את המים בחג,
תהום אומר לחבירו:
אבע[10] מימיך, קול[11] שני ריעים אני שומע,
שנאמר (תהלים מב,ח):
"תְּהוֹם[12] אֶל תְּהוֹם קוֹרֵא לְקוֹל צִנּוֹרֶיךָ[13]" וגו'.

אמר רבה:
לדידי חזי לי האי[14] רידיא,
דמי[15] לעיגלא, ופריטא[שכא] שפותיה,
וקיימא בין[16] תהומא תתאה לתהומא עילאה,
לתהומא[17] עילאה אמר ליה: חשור[18] מימיך.
לתהומא תתאה אמר ליה: אבע[19] מימיך,

שנאמר (שיר השירים ב,יב): "הַנִּצָּנִים[20] נִרְאוּ בָאָרֶץ" וגו'.

היו מתענין וירדו להן[שכב] גשמים,
קודם הנץ החמה כו'.

תנו רבנן:
היו מתענין וירדו להם גשמים,
קודם[21] הנץ החמה - לא ישלימו,
לאחר הנץ החמה - ישלימו,
דברי רבי מאיר;
רבי יהודה אומר:
קודם[22][23][24] חצות - לא ישלימו,
לאחר חצות - ישלימו;
רבי יוסי אומר:
קודם תשע שעות - לא ישלימו,
לאחר תשע שעות - ישלימו,
שכן[25] מצינו באחאב,
שנתענה[שכג] מתשע שעות ולמעלה,
שנאמר (מלכים א כא,כט):
"הֲרָאִיתָ כִּי נִכְנַע אַחְאָב" וגו'.

רבי יהודה נשיאה גזר תעניתא,
וירדו להם גשמים לאחר הנץ החמה,
סבר לאשלומינהו,
אמר ליה רבי אמי:
קודם חצות ואחר חצות שנינו.

שמואל[26] הקטן גזר תעניתא,
וירדו להם גשמים קודם הנץ החמה,
כסבורין העם לומר שבחו של צבור הוא.
אמר להם: אמשול לכם משל, למה הדבר דומה?
לעבד שמבקש פרס מרבו,
אמר להם:

רש"י

1 ויהיו הצבור פוסקין מתעניתם. דתנן (שם) עברו אלו ולא נענו ב"ד גוזרין עוד כו' אבל נענו שוב אין צריכין להתענות והני מילי צבור אבל יחיד שהיה מתענה על החולה ונתרפא או על צרה ועברה הרי מתענה ומשלים כדאמרן לעיל (י:) כך שמעתי:

2 כמלא ברך המחרישה. אם טשטשו הגשמים בעומק הקרקע כשיעור שורת מענית המחרישה:

3 ברך. הוא הכלי שחורשין בו ומבריכין אותו סמוך לקרקע כשחורשין בו כלומר מילא התלם שיראו המים בתלם מחרישתו שקורין קולטר"א:

4 בחרבה. קרקע יבישה טפח כיון דחריבה היא ונכנסו בה הגשמים טפח ודאי רוב גשמים ירדו:

5 בעבודה. חרושה כגון שדה ניר הנכנסים בה גשמים הרבה ג' טפחים דאפי' בגשמים מועטין נכנסין בה בטפח או בטפחיים:

6 אין לך כל טפח. כשנכנסו הגשמים בעומק הקרקע טפח תהום עולה ומתגבר ג' טפחים ואע"ג דסומכא דארעא אלפא גרמידי בפרק החליל (סוכה נג:) אפ"ה רטיבותא מהנייא:

7 והתניא. תהום יוצא לקראתו ב' טפחים:

8 הא דקתני טפחיים ותו לא בעבודה. דאע"ג דנכנסו טפח בקרקע פורתא הוא דנחית ואהכי לא נפיק בהו לקבליה שלשה טפחים אלא פורתא טפחיים:

9 בשאינה עבודה. דכי נכנסו בה טפח טפי הוא דנחית ונפיק תהום לקיבליה ג' טפחים:

10 אבע. לשון נחל נובע:

11 קול שני ריעים. ניסוך המים וניסוך היין:

12 תהום אל תהום קורא. מים עליונים ומים תחתונים:

13 צנוריך. אותן שני ספלים:

14 האי רידיא. מלאך הממונה על הגשמים כך שמו:

15 דמי לעיגלא. ול"ג תלתא:

16 בין תהומא עילאה לתתאה. בין הרקיע לאוקיינוס היכא דנשקי ארעא ורקיע:

17 תהומא עלאה. מים העליונים:

18 חשור מימיך. ברקיע:

19 אבע מימיך. למטה בקרקע:

20 הנצנים נראו בארץ. כלומר כשמנסכין מים בחג שהניסוכין נראו בארץ שאין באין אלא משנה לחבירתה כנץ זה שאינו יוצא אלא משנה לשנה ועת הזמיר הגיע זמירות החג אז קול התור מלאך דומה לשור תרגום שור תור שבשעה שמנסכין מים בחג הוא אומר כן לשון אחר כמשמעו הנצנים נראו והזמיר הגיע בשעה שקול התור נשמע:

21 קודם הנץ החמה לא ישלימו. דאכתי לא חל עלייהו תענית כי נחתי גשמים:

22 קודם חצות. דחצות זמן אכילה היא מחצות ואילך חל התענית כיון שלא סעדו בשעת סעודה:

23 ועשו יר"ט. מתוך שמחה:

24 הלל הגדול. הודו לאלהי האלהים כי לעולם חסדו ומפני שנאמר בו נותן לחם לכל בשר כדאמרינן בשילהי פסחים (קיח.):

25 שכן מצינו כו'. כלומר שאין לך אדם בעולם שאין תענית חל עליו מט' שעות ואילך אפי' בני מלכים שדרכן לאכול בט' שעות שעד ג' שעות הן ישנים במטותיהן ושוהין ששה שעות ואוכלין וכדאמרינן בפסחים (קז:) אפי' אגריפס המלך שרגיל לאכול בט' שעות ביום לא יאכל עד שתחשך שנאמר הראית כי נכנע אחאב מפני ואחאב לא חלה תעניתו עליו אלא מט' שעות ואילך ועד ט' שעות היה יכול לאכול שלא גמר בדעתו להתענות אלא שבא אליהו אותו היום שנכנס בכרם נבות היזרעאלי ואמר ליה הרצחת וגם ירשת וגו' (מלכים א כא) ילקו הכלבים וגו' (שם) וכתיב ויצום שהתענה אותו היום:

26 הכי גרסינן שמואל הקטן גזר תעניתא וירדו גשמים קודם הנץ החמה:

תנו לו ואל אשמע קולו.

שוב שמואל הקטן גזר תעניתא,
וירדו להם גשמים לאחר שקיעת החמה,
כסבורים העם לומר שבחו של צבור הוא.
אמר להם: אמשול[שכד] לכם משל, למה הדבר דומה?
לעבד שמבקש פרס מרבו,
אמר[שכה] להם:
המתינו לו עד שיתמקמק ויצטער, ואחר כך תנו לו.

ולשמואל הקטן שבחו[1] של צבור היכי משכחת לה!?[שכו]
אמר משיב הרוח - ונשא[שכז] זיקא,
אמר מוריד הגשם - ואתא מיטרא.

מעשה שגזרו[שכח] תענית בלוד כו'.

ונימא הלל הגדול[שכט] מעיקרא?
אביי ורבא דאמרי תרווייהו:
כו. **לפי שאין אומרים הלל הגדול,[של]** *
אלא[2] על נפש שבעה וכרס מלאה.

איני?
והא רב פפא איקלע לבי כנישתא דאבי[3] גובר,
וגזר תענית וירדו להם גשמים קודם[שלא] חצות,
ואמר הלל,
ואחר כך אכלו ושתו!?
שאני בני מחוזא דשכיחי[4] בהו שכרות.

הדרן עלך סדר תעניות האלו

רש"י

[1] **שבח צבור הוא.** שעדיין לא קראו ונענו למה הדבר דומה וכו':
[2] **אלא בנפש שבעה.** מתוך שכתוב בו נותן לחם לכל בשר (תהלים קלו) נאה להאמר על השבע:
[3] **דאבי גובר.** שם אדם או מקום:
[4] **דשכיח בהו.** יין ושכרות ופשעי ולא יאמרו הלל:

פרק רביעי – בשלשה פרקים

משנה (א-ז):

בשלשה[1] פרקים בשנה,
כהנים נושאין את כפיהן ארבעה[א] פעמים ביום,
בשחרית, במוסף, במנחה, ובנעילת[2] שערים:
בתעניות, ובמעמדות, וביום הכפורים.

אלו[3] הן מעמדות?
לפי[4] שנאמר (במדבר כח,ב):
"צַו אֶת בְּנֵי יִשְׂרָאֵל, וְאָמַרְתָּ אֲלֵהֶם,[ב]
אֶת קָרְבָּנִי לַחְמִי",
וכי היאך קרבנו של אדם קרב, והוא אינו עומד על גביו?
התקינו נביאים[5] הראשונים עשרים וארבעה משמרות;
על[6] כל משמר ומשמר,
היה מעמד בירושלים של כהנים,[7] של לוים, ושל ישראלים.

הגיע זמן המשמר לעלות,
כהנים ולוים - עולים לירושלים,
וישראל[8] שבאותו משמר -
מתכנסין לעריהן וקורין[9] במעשה בראשית.

ביום[10] הראשון -
"בְּרֵאשִׁית" (בראשית א,א-ה), ו"יְהִי רָקִיעַ" (שם ו-ח);
בשני -
"יְהִי רָקִיעַ" (שם ו-ח), ו"יִקָּווּ הַמַּיִם" (שם ט-יג);
בשלישי -
"יִקָּווּ הַמַּיִם" (שם ט-יג), ו"יְהִי מְאֹרֹת" (שם יד-יט);
ברביעי -
"יְהִי מְאֹרֹת" (שם יד-יט), ו"יִשְׁרְצוּ הַמַּיִם" (שם כ-כג);
בחמישי -
"יִשְׁרְצוּ הַמַּיִם" (שם כ-כג), ו"תּוֹצֵא הָאָרֶץ" (שם כד-לא);
בששי -[11]
"תּוֹצֵא הָאָרֶץ" (שם כד-לא), "וַיְכֻלּוּ הַשָּׁמַיִם" (שם ב,א-ג).

פרשה[12] גדולה - קורין אותה בשנים,
והקטנה - ביחיד.
בשחרית ובמוסף;[ד]
ובמנחה נכנסין וקורין[13] על פיהן כקורין את שמע.

ערב שבת במנחה -
לא היו נכנסין מפני כבוד השבת.

כל[14] יום שיש בו הלל - אין מעמד בשחרית;
קרבן[15] מוסף - אין בנעילה,
קרבן[16] עצים - אין במנחה,
דברי רבי עקיבא;
אמר לו בן עזאי: כך[17] היה רבי יהושע שונה:
קרבן מוסף - אין במנחה,
קרבן עצים - אין בנעילה.
חזר רבי עקיבא להיות שונה כבן עזאי.

זמן[18] עצי הכהנים[ו] והעם תשעה:[19]
באחד בניסן - בני[20] ארח בן יהודה;
בעשרים בתמוז - בני[21] דוד בן יהודה;
בחמשה באב - בני פרעוש בן יהודה;
בשבעה בו - בני יונדב בן רכב;
בעשרה בו - בני[22] סנאה בן בנימין;
בחמשה עשר בו - בני זתוא בן יהודה,
ועמהם כהנים, ולוים, וכל מי שטעה בשבטו,
ובני גונבי עלי, ובני קוצעי קציעות;
בעשרים בו - בני פחת מואב בן יהודה;

רש"י

[1] פרק רביעי - בשלשה פרקים. מתני׳: בשלשה פרקים במוסף. מפרש בגמרא:

[2] נעילת שערים. מפורש בברכות ירושלמי בפרק תפלת השחר אימתי נעילה יש אומרים נעילת שערי מקדש וי״א נעילת שערי שמים שנועלים אותן לעת ערב בגמר תפלה ונוהגין היו להתפלל תפלת נעילה בכל תעניתם כדרך שמתפללין ביוהכ״פ:

[3] אלו הן מעמדות. המתענין מתפללין בעריהם שיתקבל ברצון קרבן אחיהם כדלקמן:

[4] לפי שנאמר צו את בני ישראל וגו׳. שהתמיד בא מן השקלים של כל ישראל ואי אפשר שיהו כל ישראל עומדין על גבי קרבנם ומינו מעמדות להיות במקומם:

[5] נביאים הראשונים. שמואל ודוד בגמרא מפרש:

[6] על כל משמר. ארבעה ועשרים משמרות של כהנים היו ושמואל ודוד תיקנום ועל כל משמר היה מעמד בירושלים שקבועין ועומדין בעיר ועומדין על קרבן אחיהם ולבד אלו הדרים בירושלים היו מעמדות בכל עיר שישראל נחלקו לכ״ד מעמדות כנגד ארבעה ועשרים משמרות כדתניא בברייתא של מ״ט מדות והיינו דתנן היה מעמד בירושלים כהנים לוים וישראלים:

[7] כהנים ולוים. של משמר היו עולים בירושלים כהנים לעבודה ולוים לשיר ומכל המעמדות היו קבועין בירושלים לעמוד על קרבן אחיהם:

[8] והשאר היו מתכנסין לעריהם. ומתפללין על קרבן אחיהם שיתקבל ברצון ומתענין ומוציאין ספר תורה ביום תעניתם:

[9] וקורין במעשה בראשית. ובגמרא מפרש טעמא:

[10] ביום הראשון. של שבוע קורין בראשית כו׳ פרשה ראשונה ופרשת יהי רקיע לפי שאין בפרשת בראשית לבדה תשעה פסוקים כדי קריאת כהן לוי ישראל וכן כולן:

[11] בששי תוצא^ הארץ. עד ויכולו לפי שבפרשת תוצא הארץ אין בה אלא שמונה פסוקים לפיכך אומר ויכולו:

[12] פרשה גדולה. שבפרשיות הללו קורין אותה בשנים כגון פרשה ראשונה של בראשית יש בה חמשה פסוקים היו קורין אותה בשנים כדאמרינן בגמרא יהי רקיע באחד וביום השני יהי רקיע באחד יקוו בשנים שיש בה ה׳ פסוקים ביום השלישי יקוו באחד שאין בה אלא ה׳ פסוקים ויהי מאורות בשנים שיש בה ו׳ פסוקים:

[13] וקורין אותה על פיהן. כל אחד בפני עצמו ובעי בגמרא מאי קאמר מעיקרא קתני פרשה קטנה כו׳ דמשמע דבספר תורה קורין והדר תנא על פיהם. פרשה בנעילה ליכא:

[14] כל יום שיש בו הלל אין בו מעמד שחרית. אותן שהיו בירושלים לא היו מתפללין על קרבן אחיהם שיש בו הלל לפי שאין להן פנאי לעשות מעמדם שקורין את הלל ומפני ההלל היו דוחין את המעמד:

[15] קרבן מוסף. יום שיש בו קרבן מוסף בירושלים אין מעמד בנעילה בירושלים וכל שכן במנחה הסמוכה למוסף לפי שהיו טרודין במוסף שיש בו להקריב בהמות יותר מתמיד שהוא אחד אין לך מוסף בלא שתי בהמות ולא היה להם פנאי כלל שהכהנים של מעמד טרודים במוסף וישראל שבהן היו טרודים לחטוב עצים ולשאוב מים ודוחה אפי׳ מעמד דנעילה:

[16] קרבן עצים. בגמרא מפרש כגון אחד מט׳ זמנים ואותו יום שהיה בו קרבן עצים אפילו לא היה בו מוסף היה נדחה מעמד של מנחה מפני קרבן עצים מפני שקרבן עצים קודם למנחה ודוחה מעמד הסמוך לו [ולא] של נעילה:

[17] כך היה רבי יהושע דורש קרבן מוסף אין במנחה. וטעמא מפרש בגמרא:

[18] זמן עצי כהנים והעם. שמתנדבים עצים:

[19] תשעה. באלו הט׳ זמנים היו הכהנים והעם מתנדבים להביא עצים והיו מקריבין קרבן אותו היום ואפילו היו עצים הרבה למערכה היו אלו מתנדבין ומקריבין באלו תשעה זמנים:

[20] בני ארח בן יהודה. שכשעלו בני הגולה הם התנדבו תחילה באחד בניסן וספק להם עצים עד כ׳ בתמוז שהתנדבו בני דוד ארח שמואל ומשבט יהודה היה:

[21] בני דוד. ממשפחת דוד המלך:

[22] סנאה בן בנימין זתוא בן יהודה בני גונבי עלי ובני קוצעי קציעות. משפחה אחת הן ובגמ׳ מפרש אמאי מיקרו הכי:

בעשרים באלול - בני[1] עדין בן יהודה;
באחד בטבת - שבו בני פרעוש שניה.

באחד[2] בטבת לא היה בו מעמד,
שהיה בו הלל, וקרבן מוסף, וקרבן עצים.

חמשה דברים אירעו את אבותינו בשבעה עשר בתמוז,
וחמשה בתשעה באב.

כו: בשבעה עשר בתמוז: *
נשתברו[3] הלוחות, ובטלי[4] התמיד, והובקעה העיר,
ושרף אפוסטמוס את התורה, והעמיד[5] צלם בהיכל.

בתשעה באב:
נגזר על[6] אבותינו שלא יכנסו לארץ,
וחרב הבית בראשונה ובשניה,
ונלכדה ביתר,[7] ונחרשה העיר.

משנכנס אב - ממעטין בשמחה.

שבת[8] שחל תשעה באב להיות בתוכה -
אסורין[ז] מלספר ומלכבס.
ובחמישי[9] מותרין מפני כבוד השבת.

ערב תשעה באב -
לא יאכל אדם שני[10] תבשילין,
לא יאכל בשר, ולא ישתה יין;
רבן שמעון בן גמליאל אומר: ישנה.[11]

רבי יהודה מחייב בכפיית[12] המטה;
ולא הודו לו חכמים.

אמר רבן שמעון בן גמליאל:
לא היו ימים טובים לישראל,
כחמשה עשר באב וכיום הכפורים,
שבהן בנות ירושלם[ח] יוצאות בכלי לבן שאולין,[13]
שלא לבייש את מי שאין לו.
כל הכלים טעונין[14] טבילה.

ובנות ירושלם[ט] יוצאות וחולות[15] בכרמים,
ומה היו אומרות?
בחור, שא נא עיניך וראה מה אתה בורר לך,
אל תתן עיניך - בנוי, תן עיניך - במשפחה.

וכן[י] הוא אומר:

"צְאֶינָה וּרְאֶינָה בְּנוֹת צִיּוֹן בַּמֶּלֶךְ[16] שְׁלֹמֹה,
בָּעֲטָרָה שֶׁעִטְּרָה לּוֹ אִמּוֹ[17] בְּיוֹם חֲתֻנָּתוֹ,
וּבְיוֹם שִׂמְחַת לִבּוֹ" (שיר השירים ג,יא),
"בְּיוֹם חֲתֻנָּתוֹ" - זהו[18] מתן תורה,
"וּבְיוֹם שִׂמְחַת לִבּוֹ" - זה בנין בית המקדש,
שיבנה במהרה בימינו.

גמרא:

בשלשה פרקים בשנה,
כהנים נושאין את כפיהם כו׳.

תעניות ומעמדות מי אית בהו[א] מוסף?!
חסורי מיחסרא והכי קתני:
בשלשה פרקים כהנים נושאין את כפיהן כל[19] זמן שמתפללין,
ויש[20] מהן ארבעה פעמים ביום:
שחרית, ומוסף, ומנחה,[ב] ונעילת שערים,
ואלו הן שלשה פרקים:
תעניות, ומעמדות, ויום הכפורים.

אמר רב נחמן אמר רבה בר אבוה:
זו דברי רבי מאיר;
אבל חכמים אומרים:
שחרית ומוסף - יש בהן נשיאת כפים,
מנחה ונעילה - אין בהן נשיאת כפים.

מאן חכמים? רבי יהודה היא,
דתניא:
שחרית, ומוסף, ומנחה,[ג] ונעילה,
כולן יש בהן נשיאת כפים,
דברי רבי מאיר;
רבי יהודה אומר:
שחרית ומוסף - יש בהן נשיאת כפים,
מנחה ונעילה - אין בהן נשיאת כפים;
רבי יוסי אומר:
נעילה - יש בה נשיאת כפים,
מנחה - אין בה נשיאת כפים.

במאי קמיפלגי?
רבי מאיר סבר -
כל[21] יומא טעמא מאי לא פרשי כהני ידייהו במנחתא?

רש״י

1 **בני עדין באחד בטבת שבו בני פרעוש שניה.** ובגמרא מפרש אמאי קבעו להן אלו הזמנים:

2 **באחד בטבת.** שהיה ר״ח [וחנוכה] לא היה בו מעמד כו׳:

3 **נשתברו הלוחות.** בגמ׳ מפרש:

4 **ובטל התמיד.** לפי שגזרה מלכות הרשעה^ מלהקריב עוד:

5 **והועמד צלם בהיכל.** שהעמידו מנשה כדמפורש בתרגום ירושלמי בפרשת השמים כסאי וגו׳ (ישעיהו סו):

6 **על אבותינו.** דור המדבר אם יראה איש באנשים האלה הדור הרע הזה את הארץ וגו׳ (דברים א):

7 **ביתר.** עיר גדולה והיו ישראל דרין בה במסכת גיטין פרק הניזקין (נז.) אשקא דריספק חרב ביתר:

8 **שבת שחל תשעה באב כו׳.** שבוע:

9 **בחמישי מותרין.** אם חל תשעה באב בערב שבת מותרין לכבס בחמישי וכשחל ט׳ באב בד׳ בשבת לא איצטריך למיתני דמותרין כדאמרינן בגמרא לא שנו אלא לפניו כו׳:

10 **שני תבשילין.** בשר ודגים או בשר וביצים שעליו או דג וביצה שעליו כדאמר בפרק ערבי פסחים (קיד:):

11 **ישנה.** בגמרא מפרש:

12 **כפיית המטה.** על פניה ולא יישן עליה:

13 **שאולין.** שכולן שואלות זו מזו אפילו עשירות כדי שלא לבייש כו׳:

14 **טעונין טבילה.** קודם שילבשום לפי שאין כל אחת בקיאה בחברתה שמא נדה היתה:

15 **וחולות.** כמו לחול במחולות (שופטים כא):

16 **במלך שלמה.** במלך שהשלום שלו:

17 **אמו.** כנסת ישראל:

18 **זה מתן תורה.** יום הכפורים שניתנו בו לוחות האחרונות:

19 **גמ׳: כל זמן שמתפללין.** דהיינו שחרית ומנחה ונעילה:

20 **יש מהן ארבעה פעמים ביום.** יום הכפורים שיש בו מוסף:

21 **כל יומא מאי טעמא לא פרשי כהני ידייהו במנחה.** דכל יומא שכיחא ביה שכרות שכבר סעד וזימנין דמשכא סעודתיה ומשתכר ופריש ידיה בהדי חמריה

משום שכרות;
האידנא[1] ליכא שכרות.

רבי יהודה סבר -
שחרית ומוסף דכל יומא לא שכיח שכרות -
לא גזרו בהו רבנן;
מנחה ונעילה דכל יומא שכיחא שכרות -
גזרו בהו רבנן.

רבי יוסי סבר -
מנחה דאיתה בכל יומא -
גזרו[2] בה רבנן,
נעילה[3] דליתה בכל יומא -
לא גזרו בה רבנן.

אמר רב יהודה אמר רב:
הלכה כרבי מאיר;

ורב הונא אמר:[יד]
מנהג כרבי מאיר;[טו]

ורבי יוחנן אמר:[טז]
נהגו העם כרבי מאיר.[יז]

מאן דאמר: הלכה -
דרשינן[4][יח] לה בפירקא.

מאן דאמר: מנהג -
מידרש לא דרשינן, אורויי[5] מורינן.

ומאן[6] דאמר: נהגו -
אורויי לא מורינן,
ואי עביד - עביד, ולא מהדרינן ליה.

ורב[7] נחמן אמר:
הלכה כרבי יוסי.

והלכה כרבי יוסי.

ואלא האידנא -[יט]
מאי טעמא פרשי כהני ידייהו במנחתא דתעניתא?
כיון[8] דבסמוך לשקיעת החמה קא פרשי -
כתפילת[9] נעילה דמיא.

דכולי עלמא מיהת -
שכור[10] אסור בנשיאת כפים;

מנהני מילי?
אמר רבי יהושע בן לוי משום בר קפרא:
למה נסמכה פרשת[11] כהן מברך לפרשת נזיר?
לומר לך -[כ]
מה נזיר - אסור ביין,
אף כהן מברך - אסור ביין.

מתקיף לה אבוה דרבי זירא,
ואמרי לה אושעיא בר זבדא:
אי מה נזיר - אסור בחרצן,
אף כהן מברך - אסור בחרצן?!

אמר רבי יצחק:
אמר קרא (דברים י,ח): "לְשָׁרְתוֹ וּלְבָרֵךְ בִּשְׁמוֹ",
מה[12] משרת - מותר בחרצן,
כז. אף כהן מברך - מותר בחרצן. *

אי מה משרת - בעל מום לא,
אף כהן מברך - בעל מום לא?!
הא איתקש לנזיר.

ומאי חזית דמקשת לקולא,
אקיש לחומרא?!
אסמכתא דרבנן היא,[כא] ולקולא.

אלו הן מעמדות?[כב]
לפי שנאמר (במדבר כח,ב):
"צַו אֶת בְּנֵי יִשְׂרָאֵל" כו'.

מאי[13] קאמר?
הכי[14] קאמר -
אלו הן מעמדות,
ומה טעם תיקנו מעמדות?
לפי שנאמר (שם):
"צַו אֶת בְּנֵי יִשְׂרָאֵל, וְאָמַרְתָּ אֲלֵהֶם,
אֶת קָרְבָּנִי לַחְמִי"[כג]
והיאך קרבנו של אדם קרב, והוא אינו עומד על גביו?
התקינו נביאים הראשונים עשרים וארבעה משמרות;
על כל משמר ומשמר,
היה מעמד בירושלים של כהנים, ושל לוים, ושל ישראלים;
הגיע זמן משמר לעלות,
כהנים ולוים - עולין לירושלים.

רש"י

וכהן שתוי יין אסור לישא את כפיו שנאמר יין ושכר אל תשת בבואכם וגו' (ויקרא י) ונשיאת כפים מעין עבודה כדלקמן:

1 **האידנא.** בתעניות ובמעמדות לא שכיחא שכרות ובמעמדות נמי מתענין כדלקמן (כז:):

2 **גזרינן.** תענית אטו שאר ימים:

3 **נעילה דליתה בכל יומא.** אלא ביום התענית:

4 **דדרשינן בפירקא.** הלכה כרבי מאיר דבעינן דליקום כוותיה עלמא:

5 **אורויי אורינן.** כרבי מאיר אי אתו לקמן אבל בפירקא לא דרשינן דלא פשיטא ליה כולי האי דתיהוי הלכה כר"מ:

6 **ומ"ד נהגו.** משמע הן נהגו מאליהן אבל אינו עיקר ומנהג משמע תורת מנהג יש בדבר ומנהג כשר הוא:

7 **ורב נחמן אמר הלכה כרבי יוסי והלכה כרבי יוסי.** תלמודא^ קא פסיק ומהדר סתמא ומוקי לה הלכה כרבי יוסי ואהכי קא פריך ואלא האידנא כו':

8 **כיון דסמוך לשקיעת החמה וכו'.** שמאחרין עד שקיעת החמה ומתפללין כל שעה ואינן הולכין לבית הכנסת משש שעות ומחצה ולמעלה כמו שהיו עושין באותן^ הימים:

9 **כתפלת נעילה דמיא.** דהשתא ליכא למיגזר משום מנחה דכל יומא דמנחתא כי הא ליתא בכל יומא:

10 **שכור מיהא אסור בנשיאת כפים.** דאפילו ר"מ לא קאמר אלא משום דהאידנא לאו שכרות הוא:

11 **פרשת כהן מברך.** כה תברכו את בני ישראל אמור להם (במדבר ו):

12 **מה משרת כו'.** עובד עבודה דלא מיתסר אלא שתויי יין ממש דכתיב יין ושכר אל תשת וגו' הא בחרצן מותר:

13 **מאי קאמר.** דקא בעי מאי ניהו מעמדות ומייתי קרא את קרבני לחמי לאשי וגו':

14 **הכי קאמר אלו הן מעמדות.** דלקמן וטעמא מאי תקון מעמדות לפי שנאמר צו את בני ישראל ואמרת אליהם את קרבני לחמי לאשי וגו':

תנו[1] רבנן:
עשרים וארבעה משמרות בארץ ישראל,
ושתים עשרה ביריחו;

שתים[2] עשרה ביריחו? נפישן[3] להו טובא!
אלא,
שתים עשרה מהן ביריחו;

הגיע[4] זמן המשמר לעלות,
חצי המשמר היה עולה מארץ ישראל לירושלים,
וחצי המשמר היה עולה ליריחו,[כד]
כדי שיספקו מים ומזון לאחיהם שבירושלים.

אמר רב יהודה אמר שמואל:
כהנים, ולוים, וישראלים -
מעכבין[5] את הקרבן.

במתניתא תנא:
רבי שמעון בן אלעזר אומר:[כה]
כהנים, ולוים, וישראלים,[כו] וכלי[6] שיר -
מעכבין את הקרבן.

במאי קמיפלגי?
מר סבר - עיקר[7] שירה בפה;
ומר סבר - עיקר[8] שירה בכלי.

אמר רב חסדא[כז] אמר רב חמא בר גוריא:[כח]
משה תיקן להם לישראל שמונה משמרות -
ארבעה[9] מאלעזר, וארבעה מאיתמר;
בא שמואל והעמידן על שש עשרה;
בא דוד והעמידן על עשרים וארבע,[כט]
שנאמר (דברי הימים א כו,לא):
"בִּשְׁנַת הָאַרְבָּעִים לְמַלְכוּת דָּוִיד,
נִדְרְשׁוּ וַיִּמָּצֵא בָהֶם גִּבּוֹרֵי חַיִל בְּיַעְזֵיר גִּלְעָד".

מיתיבי:
משה תיקן להם לישראל שמונה משמרות -
ארבעה מאלעזר, וארבעה מאיתמר;
בא דוד ושמואל והעמידן על עשרים וארבע,
שנאמר (שם ט,כב):
"הֵמָּה[10] יִסַּד דָּוִיד וּשְׁמוּאֵל הָרֹאֶה בֶּאֱמוּנָתָם"!?
הכי קאמר -
מיסודו[11] של דוד ושמואל הרמתי,
העמידום על עשרים וארבע.

מיתיבי:[ל]
משה תיקן להם לישראל שש עשרה משמרות -
שמונה מאלעזר, ושמונה מאיתמר;
וכשרבו בני אלעזר על בני איתמר,
חלקום והעמידום על עשרים וארבע,
שנאמר (שם כד,ד):
"וַיִּמָּצְאוּ[12] בְנֵי אֶלְעָזָר רַבִּים לְרָאשֵׁי הַגְּבָרִים מִן בְּנֵי אִיתָמָר,
וַיַּחְלְקוּם לִבְנֵי אֶלְעָזָר רָאשִׁים לְבֵית אָבוֹת שִׁשָּׁה עָשָׂר,
וְלִבְנֵי אִיתָמָר לְבֵית אֲבוֹתָם שְׁמוֹנָה",
ואומר:
"בֵּית אָב אֶחָד אָחֻז לְאֶלְעָזָר, וְאָחֻז[13] אָחֻז לְאִיתָמָר" (שם ו);
מאי[14] ואומר?
וכי תימא -
כי[15] היכי דנפישי בני אלעזר, הכי נפישי[לא] בני איתמר -
שמנה מעיקרא ארבעה הוו;
תא[16] שמע:
"בֵּית אָב אֶחָד אָחֻז לְאֶלְעָזָר, וְאָחֻז אָחֻז לְאִיתָמָר"!
תיובתא דרב חסדא!?[לב]
אמר לך דרב חסדא -[לג]
תנאי[17] היא,
ואנא דאמרי כי האי תנא דאמר: שמונה.

תנו רבנן:
ארבעה משמרות עלו[18] מן הגולה,
ואלו הן:

רש"י

[1] ה"ג תנו רבנן כ"ד משמרות היו בא"י וי"ב ביריחו:

[2] י"ב ביריחו בתמיה:

[3] **נפישי להו טובא אלא אימא וי"ב מהן ביריחו.** ברישא משמע לבד הכ"ד שבעיירות א"י היו י"ב ביריחו דהוו להו ל"ו וי"ב מהן משמע שמאותן הכ"ד היו י"ב ביריחו:

[4] **ה"ג הגיע זמן המשמר חצי המשמר עולה לירושלים וחצי המשמר עולה ליריחו כדי שיספקו מים ומזון לאחיהם שבירושלים.** כלומר כיצד היו י"ב ביריחו כשהגיע זמן המשמר לעלות לירושלים בשבת מתחלקים אנשי המשמר חציין הולכין לירושלים לעבודה וחציין הולכין ליריחו הסמוכה לירושלים ומתקנין שם מים ומזון לאחיהם וכך עושין כל הכ"ד משמרות נמצא י"ב ביריחו לשון אחר נהירא לי:

[5] **מעכבין את הקרבן.** אם אין מעמד מכולן בירושלים כדתנן (לעיל כו.) על כל משמר היה מעמד בירושלים של כהנים לוים וישראלים כיון דכולהו בעלים בעינן דליהוי כמוהו על גבי עבודה:

[6] **וכלי שיר מעכבין את הקרבן.** פלוגתא בשילהי מסכת סוכה (נ:) ובערכין (יא.) מפורשת:

[7] **עיקר שירה בפה.** וכלי לבסומי קלא בעלמא וכיון דאיכא לוים לא מעכב משום כלי שיר:

[8] **עיקר שירה בכלי.** אבוב וכן בפרק החליל (שם):

[9] **ארבעה מאלעזר.** מבניו של אלעזר שעשה מהן ד' משמרות וגמרא גמר לה:

[10] **המה יסד דוד ושמואל הרואה באמונתם.** ותיובתא דרב חמא דאמר שמואל העמידם על י"ו ודוד העמידן על כ"ד דהא שמעי' מינה דתרווייהו בהדי הדדי תקנינהו:

[11] **מיסודו של שמואל הרמתי.** שהעמידן על י"ו בא דוד והעמידן על כ"ד אית ספרים שכתוב בהן מיסודו של שמואל ודוד העמידום על כ"ד כלומר שניהם הועילו בדבר ושמואל העמידם על י"ו ודוד על כ"ד:

[12] **וימצאו בני אלעזר רבים לראשי הגברים מבני איתמר ויחלקו בני אלעזר ראשים לבית אבותם ששה עשר ולבני איתמר ראשים לבית אבותם שמונה ואומר בית אב אחד אחוז לאלעזר ואחוז אחוז לאיתמר.** וימצאו בני אלעזר רבים לראשי הגברים כלומר ראשי הגברים של בני אלעזר היו רבים מאיתמר והאי וימצאו משמע דקודם לכן היו קבועים ועכשיו הוסיפו עליהן ויחלקום לי"ו בית אב אחד אחוז שהיה מתחילה לאלעזר דהיינו ח' אחוז אחד בגורל דהיינו נמי ח' והוו להו י"ו:

[13] **ואחוז אחוז לאיתמר.** מה שהיה מתחילה אחוז לאיתמר אחוזים עתה כבתחילה שלא הרבו עליהם שום בית אב:

[14] **מאי ואומר.** וכי תימא מעיקרא הוו ד' לאלעזר וד' לאיתמר:

[15] **וכי היכי דנפישי בני אלעזר הכי נמי נפישי בני איתמר.** ומיהו בני אלעזר נפישי טפי דהא לאיתמר לא אוקמינהו אלא על ח' ודאלעזר על י"ו:

[16] **תא שמע ואחוז אחוז לאיתמר.** אלמא כדקיימי קיימי ושמע מינה דמשה תיקן להם י"ו ח' מזה וח' מזה וקשיא לרב חמא דאמר ד' וד' והא דכתב לעיל ובשנת הארבעים וגו' המה יסד במה שהוסיפו עליהן עד כ"ד משתעי [אבל] משה תיקן להם י"ו משמרות:

[17] **תנאי היא.** דהא איכא תנא דלעיל דקתני משה תיקן להן ח' משמרות משניהן ואנא קאימנא כוותיה:

[18] **עלו מן הגולה.** בבית שני והשאר לא עלו שהרבה מישראל נשתיירו ולא רצו לעלות:

ידעיה, חרים, פשחור,[1] ואימר.

כז: עמדו נביאים שביניהם, *
וחלקום[2] והעמידום על עשרים וארבע.[לד]

בללום[3] ונתנום בקלפי,
באי[4] ידעיה ונטל חלקו וחלק חבריו - שש,
בא חרים ונטל חלקו וחלק חבריו - שש,
וכן פשחור, וכן אימר.

וכן[5] התנו נביאים שביניהם,
שאפילו יהויריב[לה] ראש משמרות עולה -
לא[6] ידחה ידעיה ממקומו,
אלא ידעיה עיקר, ויהויריב[לו] טפל לו.

וישראל שבאותו משמר,
מתכנסין לעריהם[לז] וקורין במעשה בראשית.

מנהני מילי?
אמר רבי יעקב בר אחא אמר[7] רב אסי:
אלמלא מעמדות לא נתקיימו שמים וארץ,
שנאמר (בראשית טו,ח):
"וַיֹּאמַר אֲדֹנָי יֱהֹוִה בַּמָּה אֵדַע כִּי אִירָשֶׁנָּה",
אמר אברהם לפני הקדוש ברוך הוא:[לח] רבונו של עולם,
שמא ישראל חוטאין לפניך -
ואתה[לט] עושה להם כדור[8] המבול וכדור הפלגה!
אמר לו: לאו.
אמר לפניו: רבונו של עולם,
הודיעני, במה "אִירָשֶׁנָּה"?
אמר לו: "קְחָה לִי עֶגְלָה מְשֻׁלֶּשֶׁת וְעֵז מְשֻׁלֶּשֶׁת" וגו' (שם ט).
אמר לפניו: רבונו של עולם,
תינח - בזמן שבית המקדש קיים;
בזמן שאין בית המקדש קיים - מה תהא עליהם?
אמר לו:
כבר[9] תקנתי להם סדר קרבנות,
בזמן שקוראין בהן לפני -
מעלה אני עליהם כאילו הקריבום לפני,
ואני מוחל להם על כל עונותיהם.

תנו[10] רבנן:

אנשי[11] משמר היו מתפללין על קרבן אחיהם שיתקבל ברצון,
ואנשי מעמד מתכנסין לבית הכנסת,
ויושבין ארבע תעניות בשבת:[מ]
בשני -[12] על יורדי הים;
בשלישי -[13] על הולכי מדברות;
ברביעי - על[14] אסכרא שלא תיפול על התינוקות;
בחמישי - על[15] עוברות ומיניקות,
עוברות - שלא יפילו, מיניקות - שיניקו את בניהם.

ובערב שבת לא היו מתענין מפני כבוד השבת,
קל וחומר בשבת עצמה.

באחד בשבת מאי טעמא לא?
אמר רבי יוחנן:
מפני[16] הנוצרים;
רבי שמואל בר נחמני אמר:
מפני שהוא שלישי[17] ליצירה;
ריש לקיש אמר:
מפני נשמה[18] יתירה,
דאמר ריש לקיש:
נשמה[19] יתירה ניתנה בו באדם בערב שבת,
ולמוצאי[מא] שבת נוטלין אותה ממנו,
שנאמר (שמות לא,יז): "שָׁבַת וַיִּנָּפַשׁ",
כיון[20] ש"שָׁבַת" - וי[21] אבדה נפש.

ביום הראשון –

"בְּרֵאשִׁית" (בראשית א,א-ה), ו"יְהִי רָקִיעַ" (שם ו-ח).
תנא:
"בְּרֵאשִׁית"[22] בשנים, "יְהִי רָקִיעַ" באחד.

בשלמא "יְהִי רָקִיעַ" באחד -
תלתא[23] פסוקי הוו;
אלא "בְּרֵאשִׁית" בשנים -
חמשה פסוקי הוו,[מב]
ותנן (מגילה ד:ד):
הקורא בתורה לא[מג] יפחות משלשה פסוקים!

רש"י

1 **פשחור ואימר.** ומבעיא לי דפשחור לא כתיב גבי כ"ד משמרות (דה"א כד):
2 **וחלקום.** לכ"ד וכתבו כנוי של כל אחד ואחד בחלק:
3 **בללום ונתנום בקלפי.** כתבו על כ"ד חתיכות קלף ראשי משמרות שחלקו מאותן ד':
4 **בא ידעיה.** משמרה של ידעיה בא אחד מהן ונוטל חלקו וחלק ה' חתיכות קלף דהוו להו שש ומי שהיה עולה בידו ראשון היה לשבת ראשונה שבסדר שהיו עולין בידו זו אחר זו כך היו עובדין בשבתותיהן זו אחר זו:
5 **וכך התנו.** שאפי' יהויריב שהיה במקדש ראשון ראשון למשמרות עולה מן הגולה:
6 **לא ידחה ידעיה.** הואיל ומתחלה לא עלה יהויריב אלא כל משמרות הנעשות מידעיה קודמות לעבודה ליהויריב ויהויריב בא ועובד אחריהן במקום משמר אחר ושאר דידעיה עושין אותן ה' שלא להרבות במשמרות:
7 **א"ר אסי לפי שאלמלא מעמדות.** עיסקי קרבנות שישראל עושין הן היו כלים בחטאן ומשהן כלין שמים וארץ העומדים בזכותן אין מתקיימין כו':
8 **כאנשי דור המבול.** שמאחר שהן כלין אין העולם מתקיים והואיל שעל עיסקי קרבן העולם עומד לכך קורין אנשי מעמד בעריהן במעשה בראשית:
9 **כבר תקנתי להם כו'.** כל זמן שקורין בהן כו' מהיכא יליף לה להאי גמגום:
10 **ת"ר אנשי משמר מתפללין על קרבן אחיהן.** תמידים שבכל יום:
11 **אנשי משמר.** אותן כ"ד שהיו בעריהן:
12 **בשני על יורדי הים.** דכתיב בשני (בראשית א) יהי רקיע בתוך המים וצריך להזכיר ולרצות על הדבר:
13 **בשלישי על הולכי מדברות.** דכתיב ותראה היבשה תהי ראויה יבשה להולכיה שלא יזוקו מפני חיות רעות:
14 **ברביעי על האסכרא.** שבו נתלו המאורות וכתיב ביה (שם) יהי מאורות מארת כתיב:
15 **ועל עוברות כו'.** דכתיב ביה (שם) ישרצו המים שרץ נפש חיה:
16 **מפני הנוצרים.** שעושים אותו יום טוב שלהם:
17 **שלישי ליצירה.** דאדם נברא ביום ששי ובכל יום שלישי הוי חלוש כדכתיב (שם לד) ויהי ביום השלישי בהיותם כואבים:
18 **נשמה יתירה.** שנוטלין אותה ממנו והוי חלש:
19 **נשמה יתירה.** שמרחיבים דעתו לאכילה ושתיה:
20 **כיון שבשת.** שנח ושמר את השבת:
21 **ווי אבדה נפש.** וינפש דורש בנוטריקון ווי נפש:
22 **בראשית בשנים.** כהן ולוי קורין ביום תענית בראשית:
23 **תלתא פסוקי הוו.**^ וסגיא בהו לחד גברא:

רב[1] אמר: דולג;
ושמואל אמר: פוסק.[2]

רב[מד] אמר: דולג.
מאי טעמא לא אמר פוסק?
קסבר -
כל פסוקא דלא פסקיה משה - אנן לא פסקינן ליה.

ושמואל אמר פסקינן ליה?[מה]
והאמר רבי[3] חנינא קרא:
צער[4] גדול היה לי אצל רבי חנינא הגדול,
ולא התיר לי לפסוק אלא לתינוקות של בית רבן,
הואיל ולהתלמד עשוין;

ושמואל!?
התם טעמא מאי? משום דלא אפשר,
הכא[5] נמי - לא אפשר.

ושמואל אמר: פוסק.
מאי טעמא לא אמר דולג?
גזירה משום הנכנסין,
וגזירה משום היוצאין.

מיתיבי:[6]
פרשה של ששה פסוקים - קורין אותה בשנים,
ושל חמשה - ביחיד;
ואם הראשון קורא שלשה -
השני קורא שנים מפרשה זו ואחד מפרשה אחרת;
ויש[7] אומרים: שלשה,
לפי שאין מתחילין בפרשה פחות משלשה פסוקין;
למאן[8] דאמר: דולג - לידלוג,
ולמאן דאמר: פוסק - ליפסוק!?
כח. שאני התם * דאית[9] ליה רווחא.

בשחרית[מו] ובמוסף;
ובמנחה נכנסין וקורין על פיהן כו'.

איבעיא להו:
היכי קאמר?
בשחרית ובמוסף - קורין אותה בספר,
ובמנחה - קורין אותה על פה כקורין את שמע;
או דלמא הכי קתני -
בשחרית - קורין אותה בספר,
ובמוסף ובמנחה - קורין אותה על פה כקורין את שמע?

תא שמע: דתניא:
בשחרית ובמוסף -
נכנסין לבית הכנסת, וקורין כדרך שקורין כל השנה;
ובמנחה -
יחיד קורא אותה על פה;
אמר רבי יוסי:
וכי יחיד יכול לקרות דברי תורה על פה בצבור!?
אלא כולן נכנסין וקורין אותה על פה כקורין את שמע.

כל יום שיש בו הלל - אין בו מעמד כו'.

מה[10] הפרש בין זה לזה?
הללו -[11] דברי תורה,
והללו - דברי סופרים.

זמן עצי כהנים והעם כו'.

תנו רבנן:
למה הוצרכו לומר - זמן עצי כהנים והעם?
אמרו:
כשעלו בני הגולה לא מצאו עצים בלשכה,
ועמדו[12] אלו והתנדבו משלהם;
וכך התנו נביאים שביניהן:
שאפילו לשכה מלאה עצים -
יהיו אלו מתנדבין משלהן,
שנאמר (נחמיה י,לה):
"וְהַגּוֹרָלוֹת הִפַּלְנוּ עַל קֻרְבַּן הָעֵצִים,
הַכֹּהֲנִים הַלְוִיִּם וְהָעָם,
לְהָבִיא לְבֵית אֱלֹהֵינוּ לְבֵית אֲבֹתֵינוּ,
לְעִתִּים מְזֻמָּנִים שָׁנָה בְשָׁנָה,
לְבַעֵר עַל מִזְבַּח יְהוָה אֱלֹהֵינוּ, כַּכָּתוּב בַּתּוֹרָה".

ועמהם כהנים, ולוים, וכל מי כו'.

תנו רבנן:
מה הן[מז] בני גונבי עלי ומה הן בני[מח] קוצעי קציעות?
אמרו:
פעם אחת גזרה מלכות הרשעה שמד[מט] על ישראל,
שלא יביאו עצים למערכה,
ושלא יביאו בכורים לירושלים,
והושיבו פרדסיאות[13] על הדרכים,
כדרך שהושיב ירבעם בן נבט,

רש"י

1 רב אמר דולג. הראשון קורא שלשה פסוקים והשני מתחיל בפסוק שסיים בו הראשון והשנים עמו הרי שלשה ומשום אין משיירין בפרשה פחות משלשה פסוקים ליכא משום דלא אפשר:

2 פוסק. מפסיק הפסוק לשנים ראשון קורא שני פסוקים וחצי ולוי משלים חצי אותו הפסוק שקרא הכהן עם שנים הנותרים:

3 ר' חנינא קרא. שהיה בעל מקרא ויודעה בגירסא ובקי בטעמיה:

4 צער גדול. הרבה טרחתי וחזרתי עליו שיתיר לי לפסוק הפסוק לשנים לצורך תינוקות שלומדים לפני שאינן יכולין לקרוא פסוק כולו:

5 הכי נמי לא אפשר. גבי ס"ת ובדילוג אי אפשר משום הנכנסין והיוצאין אם שני דולג ומתחיל בפסוק שסיים בו הראשון בני אדם הנכנסין שלא שמעו קריאת הראשון סבורין לומר שלא קרא הראשון אלא שני פסוקים ונפיק מיניה חורבא וכשהראשון קורא ג' פסוקים ואינו משייר אלא שנים איכא גזרת יוצאין דסברי האי שני דסגיא ליה בשני פסוקים:

6 מיתיבי פרשה של ששה פסוקים. אשאר ימות השנה קאי:

7 ויש אומרים שלשה. מפרשה אחריתי:

8 הכי גרסינן למאן דאמר דולג לידלוג למ"ד פוסק ליפסוק. כלומר פרשה של חמשה פסוקין אמאי קורא שני שלשה פסוקין בפרשה אחרת לידלוג או ליפסוק:

9 דאית ליה רווחא. שיכול לקרות מפרשה אחרת אבל הכא לית ליה רווחא דהא לא מצי למיקרי אלא בראשית ויהי רקיע:

10 מה הפרש בין זה לזה. מאי שנא דקרבן עצים דחי מעמד דנעילה ומעמד דמנחה לא דחי:

11 הללו דברי תורה. מנחה כדאמרי' בברכות (כו.) יצחק אבינו תיקן תפלת מנחה שנאמר ויצא יצחק לשוח בשדה לפנות ערב ודנעילה מדברי סופרים וצריכין חיזוק לא גרסינן הכא:

12 עמדו אלו. זמן דקתני במתני' אהכי הוצרכו למנות משום ההיא תקנה דעבוד להו הנך נביאים כי היכי דלא לידחינהו מאתרייהו:

13 פרדיסיהו.~ שומרים:

שלא יעלו ישראל לרגל.

מה עשו יראי חטא שבאותו הדור?[נא]
הביאו סלי בכורים[1] וחיפום בקציעות,[2] ונטלום,
ועלי[3] על כתפיהן.
וכיון שהגיעו אצל פרדסיאות -[נב]
אמרו להם: להיכן אתם הולכין?
אומרין להם:
לעשות שני עיגולי דבילה במכתשת[4] שלפנינו,
ובעלי שעל כתפינו.
כיון שעברו מהן -
עיטרום בסלים והביאום לירושלים.

תנא:
הן[5] הן בני סלמאי הנתופתי.

תנו רבנן:
מה הן בני סלמאי הנתופתי?
אמרו:
פעם אחת גזרה מלכות הרשעה שמד[נג] על ישראל,
שלא יביאו עצים למערכה,
והושיבו פרדסיאות[נד] על הדרכים,
כדרך שהושיב ירבעם בן נבט על הדרכים,
שלא יעלו ישראל לרגל.

מה עשו יראי חטא שבאותו הדור?
הביאו גזיריהן, ועשו סולמות,
והניחו על כתפיהם והלכו להם.
כיון שהגיעו אצלן -
אמרו להם: להיכן אתם הולכין?
אמרו להם:
להביא גוזלות משובך שלפנינו,
ובסולמות שעל כתפינו.
כיון שעברו מהן -
פירקום והביאום והעלום לירושלים.

ועליהם ועל כיוצא בהם הוא אומר:
"זֵכֶר צַדִּיק לִבְרָכָה" (משלי י,ז);
ועל ירבעם בן נבט וחבריו נאמר:
"וְשֵׁם רְשָׁעִים יִרְקָב" (שם).

בעשרים בו – בני פחת מואב בן יהודה.

תנא:
בני פחת מואב בן יהודה -
הן[6] הן בני דוד בן יהודה,
דברי רבי מאיר;
רבי יוסי אומר:
הן הן בני יואב[7] בן צרויה.

בעשרים באלול – בני עדין בן יהודה.[נה]

תנו רבנן:
בני[8] עדין בן יהודה הן הן בני דוד בן יהודה,
דברי רבי יהודה;
רבי יוסי אומר:
הן[9] הן בני יואב בן צרויה.

באחד בטבת – שבו בני פרעוש שנייה.[נו]

מני מתניתין?
לא רבי מאיר, ולא רבי יהודה, ולא רבי יוסי;
אי רבי מאיר - ליתני[10] שבו בני דוד בן יהודה שניה,
אי רבי[11] יהודה - ליתני שבו בני דוד בן יהודה שניה,
אי רבי[12] יוסי - ליתני שבו בני יואב בן צרויה שניה!?
לעולם[13] רבי יוסי,
ותרי תנאי אליבא דרבי יוסי.

באחד בטבת לא היה בו מעמד כו'.

כח: אמר ליה מר קשישא בריה דרב חסדא לרב אשי: *
מאי[14] שנא הלל דדחי דידיה,
ומאי[15] שנא מוסף דלא דחי דידיה?
אמר ליה רב אשי:
השתא דלאו דידיה דחי - דידיה לא כל שכן!?
אמר ליה: הכי[16] קאמינא לך - לא לידחי אלא[17] דידיה!?
אמר ליה: איכא רבי יוסי דקאי כוותך,
דתניא:
רבי[18] יוסי אומר:
כל יום שיש בו מוסף - יש בו מעמד,
מעמד דמאי?
אילימא - מעמד דשחרית;
הא תנא קמא נמי הכי קאמר,
אלא מעמד דמוסף - דידיה נמי לא דחי,
אלא דמנחה - קרבן עצים דחי,

רש"י

[1] בכורים. אדם נכנס לתוך שדהו ורואה אשכול שביכר תאנה שביכרה קושר עליה גמי ועושה אותה בכורים:

[2] בקציעות. תאנים יבשים כותשין אותן ועושין מהן עגולין:

[3] ה"ג והעלי על כתפיהן. (בוכיא):

[4] במכתשת שלפנינו. שהוא במקום אחר לפני בסמוך וזהו גונבי עלי על שם שמתגנבין מן הפרוזדאות על עסקי עלי:

[5] הן הן בני סלמאי הנתופתי. כעין מעשה זה עשו:

[6] הן הן בני דוד בן יהודה. דוד מלך ישראל ואהכי קרו ליה פחת מואב שבא מרות המואביה:

[7] יואב בן צרויה. שבא מרות המואביה כי צרויה אם יואב אחות דוד היתה שנאמר (דה"א ב) ואחיותיהם צרויה ואביגיל:

[8] בני עדין הן הן בני דוד. להכי קרי ליה בספר שמואל (ב כג) עדינו העצני שבשעה שעוסק בתורה מעדן עצמו כתולעת וכשיוצא למלחמה מתקשה כעץ:

[9] הן הן בני יואב בן צרויה. פלוגתא היא (במס' חגיגה) חד אמר עדינו העצני זה דוד וחד אמר זה יואב:

[10] ליתני שבו בני דוד שניה. דהא קאמר ר' מאיר פחת מואב היינו דוד:

[11] ולר' יהודה. בני עדין היינו דוד ובמתניתין קתני בהדיא בני דוד והדר קתני בני פחת מואב דלר"מ ולר' יהודה בני עדין היינו דוד שבו שניה מיבעי ליה:

[12] ולר' יוסי. דאמר פחת מואב ועדין היינו יואב שבו שניה מיבעי ליה:

[13] לעולם ר' יוסי ותרי תנאי אליבא דר' יוסי. דמאן דאמר בני עדין בן יהודה היינו בני יואב לא סבר לה דבני פחת מואב היינו יואב ולהכי לא קתני שבו בני יואב שניה ולא סבירא ליה נמי דהן הן בני דוד דאם כן שבו בני דוד שניה מיבעי ליה למיתני אלא משפחה אחרת הן ומאן דאמר בני פחת מואב היינו בני יואב לא סבירא ליה דבני עדין היינו יואב אלא משפחה אחרת הן:

[14] מאי שנא הלל דדחי דידיה. מעמד דשחרית:

[15] ומאי שנא מוסף דלא דחי דידיה. דקתני יום שיש בו מוסף אין בו מנחה ולא קתני אין בו מוסף דלא דחי דידיה אלא דמנחה:

[16] הכי קאמינא. הכי קא בעינא למימר:

[17] אלא דידיה. דמוסף:

[18] ה"ג רבי יוסי אומר כל יום שיש בו מוסף יש בו מעמד. ואתנא קמא פליג דאמר יום שיש בו מוסף אין בו נעילה ואתא ר' יוסי למימר דיש בו מעמד אע"פ שיש בו מוסף:

אלא[1] לאו - דנעילה,
ושמע[נז] מינה -
דידיה - דחי,
דלאו דידיה - לא דחי ?
שמע מינה.

וליתני נמי באחד[2] בניסן לא היה בו מעמד,
מפני שיש בו הלל וקרבן מוסף וקרבן[3] עצים ! ?
אמר רבא :
זאת[4] אומרת הלילא דבריש ירחא לאו דאורייתא,
דאמר רבי יוחנן משום רבי שמעון בן יהוצדק :
שמונה עשר יום בשנה יחיד[5] גומר[6] בהן את ההלל,
ואלו הן :
שמונת ימי החג, ושמונת ימי חנוכה,
ויום טוב הראשון של פסח, ויום טוב של עצרת ;
ובגולה[7] עשרים ואחד יום,
ואלו הן :
תשעת ימי החג, ושמונת ימי חנוכה,
ושני ימים הראשונים של פסח,
ושני ימים טובים של עצרת.

רב איקלע לבבל,
חזינהו דקא קרו הלילא בריש ירחא,
סבר לאפסוקינהו ;
כיון דחזא דקא מדלגי[8] דלוגי -
אמר :
שמע מינה - מנהג אבותיהם בידיהם.

תנא :
יחיד לא[9] יתחיל,
ואם התחיל - גומר.

חמשה דברים אירעו את אבותינו בשבעה עשר בתמוז כו'. נשתברו הלוחות.

מנלן ?
דתניא :
בששה לחדש ניתנו עשרת הדברות לישראל ;
רבי[10] יוסי אומר : בשבעה בו ;
מאן דאמר : בששה -[נח]
בששה ניתנו, ובשבעה עלה משה ;
מאן דאמר : בשבעה -
בשבעה[11] ניתנו, ובשבעה עלה משה ;
דכתיב (שמות כד,יח) :[נט]
"וַיְהִי מֹשֶׁה בָּהָר אַרְבָּעִים יוֹם וְאַרְבָּעִים לָיְלָה".
וכתיב (שם לב,יט) :[ס]
"וַיְהִי כַּאֲשֶׁר קָרַב אֶל הַמַּחֲנֶה,
וַיַּרְא אֶת הָעֵגֶל וּמְחֹלֹת, וַיִּחַר אַף מֹשֶׁה,[סא]
וַיַּשְׁלֵךְ מִיָּדָיו (כתיב - מידו) אֶת הַלֻּחֹת,
וַיְשַׁבֵּר אֹתָם תַּחַת הָהָר".

בטל התמיד.

גמרא.[12]

הובקעה העיר.

בשבעה עשר הוה ?
והכתיב (ירמיהו נב,ו) :
"בַּחֹדֶשׁ הָרְבִיעִי בְּתִשְׁעָה לַחֹדֶשׁ וַיֶּחֱזַק הָרָעָב בָּעִיר",
וכתיב בתריה (שם ז) :
"וַתִּבָּקַע הָעִיר" וגו' ! ?

אמר רבא :
לא קשיא,
כאן - בראשונה,
כאן - בשניה,
דתניא :
בראשונה - הובקעה העיר בתשעה בתמוז,
בשניה - בשבעה עשר בו.

שרף אפוסטמוס את התורה.

גמרא.

העמיד צלם בהיכל.

מנלן ?
דכתיב (דניאל יב,יא) :
"וּמֵעֵת[13] הוּסַר הַתָּמִיד וְלָתֵת שִׁקּוּץ שֹׁמֵם".

וחד הוה ?
והכתיב (שם ט,כז) :
"וְעַל[14] כְּנַף שִׁקּוּצִים מְשֹׁמֵם" ! ?
אמר רבא :

רש"י

1 אלא לאו דנעילה הוא. דאמר ר' יוסי דיש בו מעמד ואין מוסף דוחה אותו :
2 באחד בניסן. דאית ביה הלל דראש חדש :
3 קרבן עצים. (קרבן מוסף) דבני ארח בן יהודה :
4 זאת אומרת. מדלא קתני נמי באחד בניסן אלמא הלל דראש חדש לא דחי ליה למעמד שמע מינה דלאו דאורייתא הוה אלא מנהגא כדלקמן מנהג אבותיהם בידיהן אבל הלל דחנוכה כגון באחד בטבת ודאי דחי דכיון דנביאים תיקנוהו שיהו אומרים אותו על כל פרק ופרק ועל כל צרה שלא תבא עליהן כשנגאלין יהו אומרין אותו על גאולתן כדאורייתא דמי :
5 יחיד. כלומר אפי' יחיד :
6 גומר בהן את ההלל. שכל אחד ואחד חייב לגמור בו את ההלל במסכת ערכין מפורש מאי שנא דגומר כל ימי החג ובפסח לא גומר אלא יום ראשון משום דחג הסוכות חלוק בקרבנותיו וכל אחד ואחד כחג בפני עצמו דמי :
7 ובגולה. שעושין שני ימים טובים משום ספיקא :
8 דמדלגי דלוגי. כגון אנן דמדלגין לא לנו ה' לא לנו ונתחיל מן ה' זכרנו יברך :
9 לא יתחיל. אינו צריך להתחיל בראש חדש :
10 ר' יוסי אומר בשבעה. וטעמייהו מקרא במסכת שבת בפרק ר"ע :
11 בשבעה עלה משה. לקבל הלוחות כלומר ודאי ליכא מאן דפליג עלה דמתני' דקתני דבי"ז בתמוז נשתברו הלוחות מכלל דכולהו סבירא להו דבשבעה עלה ולאו מקרא נפקא לן דבשבעה עלה דהאי דכתיב וישכון כבוד ה' על הר סיני ויכסהו הענן ששת ימים ויקרא אל משה ביום השביעי איכא מאן דדריש ליה במסכת יומא כי אחר מתן תורה הוה משבעה בסיון עד י"ז בתמוז איכא מ' יום כ"ד דסיון שהוא מלא וי"ז דתמוז הרי מ' יום שעמד משה בהר :
12 גמרא. כך קיבלנו מאבותינו :
13 ומעת הוסר התמיד לתת שקוץ שומם וגו'. דבעת שהוסר ונתבטל התמיד באותו היום נתן שקוץ שומם דהיינו הועמד צלם בהיכל :
14 ה"ג והא כתיב על כנף שקוצים. כלומר הא כתיב קרא אחרינא דכתיב ביה שקוצים דמשמע תרי :

תרי[1] הוו,
ונפל[2] חד על חבריה ותבריה ליה לידיה,
כט. ואשתכח[3] דכתיב עילויה:[סב] *
אנת[4] צבית לאחרובי[סג] ביתא,
וידך[סד] אשלימת ליה.

בתשעה באב:
נגזר על אבותינו שלא יכנסו לארץ.

מנלן?
דכתיב (שמות מ,יז):
"וַיְהִי בַּחֹדֶשׁ הָרִאשׁוֹן בַּשָּׁנָה הַשֵּׁנִית בְּאֶחָד לַחֹדֶשׁ,
הוּקַם הַמִּשְׁכָּן";

ואמר מר:
שנה ראשונה - עשה משה את המשכן,
שניה - הקים משה את המשכן ושלח מרגלים,
וכתיב (במדבר י,יא):
"וַיְהִי בַּשָּׁנָה הַשֵּׁנִית בַּחֹדֶשׁ הַשֵּׁנִי בְּעֶשְׂרִים בַּחֹדֶשׁ,
נַעֲלָה הֶעָנָן מֵעַל מִשְׁכַּן הָעֵדֻת",
וכתיב (שם,לג):
"וַיִּסְעוּ מֵהַר יְהוָה דֶּרֶךְ שְׁלֹשֶׁת יָמִים";

אמר[5] רבי חמא בר חנינא:
אותו היום סרו מאחרי יי;

וכתיב (שם יא,ד):
"וְהָאסַפְסֻף אֲשֶׁר בְּקִרְבּוֹ הִתְאַוּוּ תַּאֲוָה,
וַיָּשֻׁבוּ וַיִּבְכּוּ גַּם בְּנֵי יִשְׂרָאֵל" וגו';

וכתיב (שם,כ):
"עַד חֹדֶשׁ יָמִים" וגו',
דהוו להו עשרין ותרתין בסיון;

וכתיב (שם יב,טו):
"וַתִּסָּגֵר מִרְיָם... שִׁבְעַת יָמִים",
דהוו להו עשרין ותשעה בסיון;

וכתיב (שם יג,ב):
"שְׁלַח לְךָ אֲנָשִׁים";
ותניא:
בעשרים ותשעה בסיון שלח משה מרגלים,
וכתיב (שם,כה):
"וַיָּשֻׁבוּ מִתּוּר הָאָרֶץ מִקֵּץ אַרְבָּעִים יוֹם".

הני[6] ארבעים יום נכי חד הוו!?

אמר אביי:
תמוז דההיא שתא מלויי מליוה,
דכתיב (איכה א,טו):
"קָרָא עָלַי מוֹעֵד לִשְׁבֹּר בַּחוּרָי",
וכתיב (במדבר יד,א):
"וַתִּשָּׂא כָּל הָעֵדָה וַיִּתְּנוּ אֶת קוֹלָם,
וַיִּבְכּוּ הָעָם בַּלַּיְלָה הַהוּא".

אמר רבה בר בר חנה[סה] אמר רבי יוחנן:
אותו הלילה ליל[סו] תשעה באב היה,
אמר להם הקדוש ברוך הוא:
אתם בכיתם בכיה של חנם -
ואני קובע לכם בכיה לדורות,

חרב הבית בראשונה.

מנלן?[סז]
דכתיב (מלכים ב כה,ח):
"וּבַחֹדֶשׁ הַחֲמִישִׁי בְּשִׁבְעָה לַחֹדֶשׁ,
הִיא שְׁנַת תְּשַׁע עֶשְׂרֵה שָׁנָה
לַמֶּלֶךְ נְבֻכַדְנֶאצַּר מֶלֶךְ בָּבֶל,
בָּא נְבוּזַרְאֲדָן רַב טַבָּחִים עֶבֶד מֶלֶךְ בָּבֶל יְרוּשָׁלָםִ"
וכתיב (שם,ט):[סח]
"וַיִּשְׂרֹף אֶת בֵּית יְהוָה וְאֶת בֵּית הַמֶּלֶךְ";[סט]

וכתיב (ע"פ ירמיהו נב,יב):
"וּבַחֹדֶשׁ הַחֲמִישִׁי בֶּעָשׂוֹר לַחֹדֶשׁ,
הִיא שְׁנַת תְּשַׁע עֶשְׂרֵה שָׁנָה
לַמֶּלֶךְ נבוכדנצר מֶלֶךְ בָּבֶל,
בָּא נְבוּזַרְאֲדָן רַב טַבָּחִים עָמַד לִפְנֵי מֶלֶךְ בָּבֶל בִּירוּשָׁלָםִ"
וכתיב (שם יג):[ע]
"וַיִּשְׂרֹף אֶת בֵּית יְהוָה וְאֶת בֵּית הַמֶּלֶךְ";[עא]

ותניא:
אי אפשר לומר "בְּשִׁבְעָה" - שהרי כבר נאמר "בֶּעָשׂוֹר",
ואי אפשר לומר "בֶּעָשׂוֹר" - שהרי כבר נאמר "בְּשִׁבְעָה",
הא כיצד?
בשבעה נכנסו גוים[עב] להיכל,
ואכלו וקלקלו בו שביעי, שמיני, ותשיעי,
סמוך לחשיכה הציתו בו את האור,
והיה דולק והולך עד סוף עשירי,[עג]
שנאמר (שם ו,ד):
"אוֹי לָנוּ כִּי פָנָה הַיּוֹם כִּי יִנָּטוּ צִלְלֵי עָרֶב".

והיינו דאמר רבי יוחנן:
אלמלי הייתי באותו הדור - לא קבעתיו אלא בעשירי,
מפני שרובו של היכל בו נשרף.

ורבנן!?
אתחלתא דפורענותא עדיפא.

ובשניה.

מנלן?

רש"י

1 תרי הוו. שהעמידן מנשה בהיכל:

2 ונפל חד על חבריה וקטעיה לידיה. והנקטע לא קא חשיב והיינו דכתיב שקוץ אחד:

3 אשתכח דכתיב. על ההוא צלם הכי:

4 אנת צבית לאחרובי ביתיה וידך אשלימת ליה. הצלם אומר לחבירו אתה רצית להחריב ביתו של מקום שהטית ישראל אחריך ואני עשיתי בך נקמה ושילמתי לך ידי ל"א אנת צבית לאחרובי ביתא וידך [אושלית] לי לשון שאילת [כלים] כלומר ועלה בידי:

5 ואמר רבי חמא בר חנינא אותו היום וכו'. מהר לשון מהר עכשיו כשתטול י"ט ימים מחדש אייר קודם עליית הענן פשו להו י' והנהו י' היו בין דרך שלשת ימים וז' דהסגרת מרים וחדש של כ"ט ימים שאכלו בשר הוה ל"ט והשתא אשתכח דמשה שלח מרגלים בכ"ט דסיון:

6 הני ארבעים נכי חד. ב' מסיון וכ"ט מתמוז הוה ל"א וח' מאב הוה ל"ט:

דתניא:
מגלגלין זכות ליום זכאי,
וחובה[1] ליום חייב,
אמרו:
כשחרב בית המקדש בראשונה -
אותו היום תשעה[עד] באב היה,
ומוצאי[3] שבת היה,
ומוצאי[4] שביעית היתה,
ומשמרתה של יהויריב היתה,
והלוים היו אומרים שירה ועומדין על דוכנם;[5]
ומה שירה היו אומרים?
"וַיָּשֶׁב[6] עֲלֵיהֶם אֶת אוֹנָם וּבְרָעָתָם יַצְמִיתֵם" (תהלים צד,כג);
ולא הספיקו לומר: "יַצְמִיתֵם יְהוָֹה אֱלֹהֵינוּ",
עד שבאו גוים[עה] וכבשום.
וכן בשניה.

נלכדה ביתר.

גמרא.

נחרשה[7] העיר.

גמרא.[עו]

תניא:
כשחרש[עז] טורנוסרופוס הרשע את ההיכל -
נגזרה גזרה על רבן גמליאל להריגה;
בא אותו הגמון[עח] ועמד בבית המדרש,
ואמר:
בעל[8] החוטם מתבקש, בעל החוטם מתבקש,[9]
שמע רבן גמליאל, אזל טשא[10] מינייהו.
אזל[11] לגביה בצנעא.
אמר ליה: אי מצילנא לך מייתית לי לעלמא דאתי?
אמר ליה: הן.
אמר ליה: אשתבע לי.
אשתבע ליה.
סליק לאיגרא נפיל ומית.
וגמירי:
דכי גזרי גזירתא ומית[12] חד מינייהו -
מבטלי לגזרתייהו.
יצתה בת קול ואמרה:
אותו הגמון[עט] מזומן לחיי העולם הבא.

תנו רבנן:
כשחרב[פ] הבית בראשונה -
נתקבצו כיתות כיתות של פרחי כהונה,
ומפתחות ההיכל בידן, ועלו לגג ההיכל,
ואמרו לפניו: רבונו של עולם,
הואיל ולא זכינו להיות גזברין נאמנים -
יהיו מפתחות מסורות לך, וזרקום כלפי מעלה;
ויצתה כעין פיסת יד וקיבלתן מהם,
והם קפצו ונפלו לתוך האור;
ועליהן קונן ישעיהו הנביא:
"מַשָּׂא גֵּיא[13] חִזָּיוֹן, מַה לָּךְ אֵפוֹא,
כִּי עָלִית כֻּלָּךְ לַגַּגּוֹת,
תְּשֻׁאוֹת מְלֵאָה, עִיר הוֹמִיָּה, קִרְיָה עַלִּיזָה,
חֲלָלַיִךְ לֹא חַלְלֵי חֶרֶב, וְלֹא מֵתֵי מִלְחָמָה" (ישעיהו כב,א-ב).
אף הקדוש ברוך הוא מקרקר עליהם כתרנגולין,[פא]
שנאמר (שם,ה):[פב]
"מְקַרְקַר[14] קִר[15] וְשׁוֹעַ אֶל[16] הָהָר".

משנכנס אב ממעטין בשמחה.[פג]

אמר רב יהודה בריה דרב שמואל בר שילת משמיה דרב:
כשם שמשנכנס אב ממעטין בשמחה -
כט: כך משנכנס[17] אדר מרבין בשמחה. *
אמר רב פפא:
הלכך, בר ישראל דאית ליה דינא בהדי גוי -[פד]
לישתמיט מיניה באב, דריע מזליה,
ולימצי[18] נפשיה באדר, דבריא מזליה.

"לָתֵת[19] לָכֶם אַחֲרִית וְתִקְוָה" (ירמיהו כט,יא).
אמר רב יהודה בריה דרב שמואל בר שילת משמיה דרב:
אלו דקלים[20] וכלי פשתן.[21]

"וַיֹּאמֶר רְאֵה רֵיחַ בְּנִי כְּרֵיחַ שָׂדֶה,
אֲשֶׁר בֵּרֲכוֹ יְהוָֹה" (בראשית כז,כז).
אמר רב יהודה בריה דרב שמואל בר שילת משמיה דרב:
כריח שדה של תפוחים.

שבת שחל תשעה באב להיות בתוכה וכו׳.[פה]

אמר רב נחמן:

רש״י

[1] **וחובה על ידי חייב.** היינו תשעה באב דרגילין להיות בו רעות:
[2] **ה״ג מגלגלין זכות על ידי זכאי:**
[3] **מוצאי שבת.** יום ראשון:
[4] **מוצאי שביעית.** שמינית:
[5] **דוכן.** מקום עשוי כעין איצטבא ועליו לוים עומדין לשורר:
[6] **וישב עליהם את אונם וברעתם יצמיתם ה׳ אלהינו.** במזמור אל נקמות ה׳ והוא שיר של יום רביעי והאי דאמרי ליה ביום ראשון איליא בעלמא הוה דנפל בפומייהו כדאמרינן בערכין (יב.) פי׳ איליא קינה שכן תרגום יונתן בן עוזיאל שא קינה (יחזקאל כח) טול איליא וכמו אלי כבתולה חגורת שק על בעל נעוריה (יואל א) שפירושו קונני ובכי:
[7] **נחרשה העיר.** כדכתיב (מיכה ג) ציון שדה תחרש שנחרשה כולה ונעשית כשדה חרושה:
[8] **בעל החוטם.** בעל קומה וצורה ל״א גדול הדור:
[9] **מתבקש.** ליהרג ברמז אמר ליה שלא יכירו בו אנשי המלך:
[10] **טשא.** נחבא כמו טשו במערתא (שבת לג:):
[11] **אזל.** ההגמון^ אצל רבן גמליאל בצנעא:
[12] **ומית חד מינייהו.** מן היועצין וכסבורין שאירע להן על שהרעו לגזור:
[13] **גיא חזיון.** ירושלים שהכל מסתכלין שם:
[14] **מקרקר.** לשון יללה ומדקא׳ בלשון יחיד ש״מ דהקב״ה הוא דמקרקר:^
[15] **קיר ושוע.** מקונן וזועק לשון הנה קול שועת בת עמי (ירמיהו ח) קיר כמו קירי דבשחיטת חולין (קלט:):
[16] **אל ההר.** בשביל הר ציון ששמם:
[17] **משנכנס אדר.** ימי נסים היו לישראל פורים ופסח:
[18] **ניזיל בהדיה.** בערכאות שלהן:
[19] **ונתתי לכם אחרית ותקוה.** איידי דאיירי רב יהודה לעיל נקיט ואזיל:
[20] **דקלים.** להתפרנס מהן שיש מהן בבבל הרבה כדאמרינן בפ״ק (ט:) עולא איקלע לבבל חזא מלא צנא דתמרי כו׳:
[21] **כלי פשתן.** ללבוש:

לא[1] שנו אלא לכבס וללבוש,
אבל לכבס ולהניח - מותר;
ורב ששת אמר:
אפילו[2] לכבס ולהניח - אסור.

אמר[3] **רב ששת:**
תדע -
דבטלי קצרי[4] דבי רב.

מתיב רב המנונא (כאן):
ובחמישי מותרין[פו] מפני כבוד השבת;
למאי?
אילימא -[5] לכבס וללבוש;
מאי כבוד שבת איכא?
אלא[6] לאו - לכבס ולהניח,[פז]
וטעמא[פח] דבחמישי[פט] מותרין -[צ]
מפני כבוד השבת,[צא]
אבל בשאר יומי - לא!?[צב]

לעולם[7] לכבס וללבוש,
וכשאין לו אלא חלוק אחד,
כי הא[צג] דאמר **רב אסי אמר רבי יוחנן:**
מי[8] שאין לו אלא חלוק אחד -
מותר לכבסו בחולו[9] של מועד.

איתמר נמי:
אמר רבי בנימין אמר רבי אלעזר:
לא שנו אלא לכבס וללבוש,
אבל להניח - מותר.

מיתיבי:
אסור לכבס לפני תשעה באב,
אפילו להניח לאחר תשעה באב,
וגיהוץ[10] שלנו ככיבוס שלהן,
וכלי[11] פשתן אין בהם משום גיהוץ!?
תיובתא.

שלח רב יצחק בר גיורי משמיה דרבי יוחנן:
אף על פי שאמרו כלי פשתן אין בהן משום גיהוץ -
אבל אסור ללובשן בשבת שחל תשעה באב להיות בתוכה.

אמר רב:
לא[12] שנו אלא לפניו,
אבל[13] לאחריו - מותר;
ושמואל אמר:
אפילו לאחריו נמי אסור.

מיתיבי:
שבת שחל תשעה באב להיות בתוכה -
אסורין[צד] לספר ולכבס,
ובחמישי מותרין מפני כבוד השבת;
כיצד?
חל[14] להיות באחד בשבת -
מותר לכבס כל השבת כולה;
בשני,[15] בשלישי, ברביעי, ובחמישי,
לפניו - אסור,
לאחריו - מותר;
חל להיות בערב שבת -
מותר לכבס בחמישי מפני כבוד השבת;
ואם לא כבס בחמישי בשבת -
מותר לכבס בערב שבת מן המנחה ולמעלה;

לייט[16] עלה אביי, ואיתימא **רב אחא בר יעקב** אהא;

חל[17] להיות בשני ובחמישי -
קורין שלשה ומפטיר[18] אחד,
בשלישי וברביעי -
קורא[19] אחד ומפטיר אחד;
רבי יוסי אומר:
לעולם קורין שלשה ומפטיר אחד;
תיובתא דשמואל!?

אמר לך שמואל -
תנאי היא,
דתניא:
תשעה באב שחל להיות בשבת,
וכן[20] ערב תשעה באב שחל להיות בשבת -
אוכל ושותה כל צרכו,

רש״י

[1] **לא שנו.** במתני׳ שכל השבוע אסור לכבס:

[2] **אפילו לכבס ולהניח.** כדי שילבוש לאחר זמן לאחר ט׳ באב אסור דנראה כמסיח דעתו שעוסק בכיבוס בגדים:

[3] **אמר רב ששת תדע.** דאפי׳ לכבס ולהניח אסור:

[4] **קצרי.** כך שמם בלשון ישמעאל והם כובסין שמעתי אומרים על שם שמקצרין בגדי צמר כשדורסין אותן ברגליהן במים שקורין פורלוי״ר והיינו דמתרגמינן עין רוגל (שמואל ב יז) עינא דקצרא:

[5] **אילימא לכבס וללבוש.** מיד בחמישי מאי כבוד שבת איכא:

[6] **אלא לאו לכבס ולהניח.** עד השבת:

[7] **לעולם לכבס וללבוש.** מיד בחמישי:

[8] **ובמי שאין לו אלא חלוק אחד.** דאין לו להחליף ומאי מפני כבוד השבת דאי לא מכבס השתא בחמישי תו לא מצי לכבס ליה:

[9] **חולו של מועד.** שאין לו אלא חלוק אחד דלא סגיא דלא מכבס מפני הכנימה ואפי׳ כיבס לפני המועד מותר לכבסה במועד:

[10] **וגיהוץ שלנו.** אינו יפה אלא ככיבוס שלהן ואסור לגהץ לפני תשעה באב אפילו להניח לאחר תשעה באב אבל כיבוס שלנו מותר:

[11] **כלי פשתן אין בהן.** ליאסר משום גיהוץ אלא בכלי מילת לושקי״י בלע״ז:

[12] **לא שנו.** שאסור ללובשו בשבוע שחל תשעה באב להיות בתוכה אלא בימים שלפני תשעה באב שאם חל ביום רביעי אסור ללובשו ראשון ושני ושלישי:

[13] **אבל לאחריו.** חמישי וששי ושביעי מותר:

[14] **חל להיות באחד בשבת מותר לכבס כל השבת כולה.** דהיינו לאחריו:

[15] **חל להיות בשני או בשלישי וברביעי ובחמישי כו׳:**

[16] **לייט עלה אביי ואיתימא רב אחא בר יעקב אהא.** המכבס בתשעה באב אפילו מן המנחה ולמעלה ואדקאי בברייתא מפסיק לה למילתא וקאמר לייט עלה אביי כו׳:

[17] **חל להיות בשני כו׳.** סיפא דההיא ברייתא גופה היא:

[18] **ומפטיר.** מאותן שלשה אחרון מפטיר מתוך שאין מוסיפין בחול יותר מג׳ אנשים ולא בר״ח על ד׳ שאין לנו להוסיף אלא בשבת ובי״ט כדמפרש במגילה (כא.) ולפיכך קורין ג׳ דזמן ספר תורה הוא ובלאו הכי הוו קרו שלשה שהוא מתקנת עזרא לקרות בשני ובחמישי כהן ולוי וישראל:

[19] **קורא אחד ומפטיר אחד.** אחד קורא והוא עצמו המפטיר קתני מיהת לאחריו מותר תיובתא דשמואל:

[20] **וכן ערב תשעה באב שחל להיות בשבת.** אינו מפסיק סעודתו ואינו ממעט בתבשילין אלא אוכל כל צרכו ומעלה על שולחנו אפי׳ כסעודת שלמה בשעתו דפלוגתא היא במסכת גיטין בפרק [מי שאחזו] (סח:) דאיכא למאן דאמר מלך והדיוט ומלך ואיכא למ״ד מלך והדיוט כלומר כשנטרד שוב לא חזר למלכותו לפיכך הוצרך לומר בשעתו בשעת מלכו ותקפו שהיה אוכל הוא ושריו ס׳ כור סולת כו׳:

ומעלה על שולחנו אפילו כסעודת שלמה בשעתו,
ואסור לספר ולכבס מראש חדש ועד[1] התענית,
דברי רבי מאיר;
רבי יהודה אומר:
כל החדש כולו אסור;
רבן שמעון בן גמליאל אומר:
אינו אסור אלא אותה שבת בלבד;

ותניא אידך:
ונוהג אבל מראש חדש ועד התענית,
דברי רבי מאיר;
רבי יהודה אומר:
כל החדש כולו אסור;
רבן שמעון בן גמליאל אומר:
אינו אסור אלא אותה שבת בלבד.

אמר רבי יוחנן:
ושלשתן מקרא אחד דרשו,
דכתיב (הושע ב,יג):
"וְהִשְׁבַּתִּי כָּל מְשׂוֹשָׂהּ חַגָּהּ[2] חָדְשָׁהּ וְשַׁבַּתָּהּ";
ל. מאן דאמר: מראש חדש ועד התענית - *
מ"חַגָּהּ";
ומאן דאמר: כל החדש כולו אסור -
מ"חָדְשָׁהּ";
ומאן דאמר: אינו אסור אלא אותה שבת בלבד -[צה]
מ"שַׁבַּתָּהּ".

אמר רבא:
הלכה כרבן שמעון בן גמליאל.
ואמר רבא:
הלכה[3] כרבי מאיר.

ותרוייהו[5] לקולא,
וצריכא,
דאי אשמעינן[צו] הלכה כרבי מאיר -
הוה אמינא - אפילו מראש חדש;
קמשמע לן -
הלכה כרבן שמעון בן גמליאל;

ואי אשמעינן[צז] הלכה כרבן שמעון בן גמליאל -
הוה אמינא - אפילו לאחריו;
קמשמע לן -
הלכה כרבי מאיר.

ערב תשעה באב –
לא יאכל אדם שני תבשילין כו'.

אמר רב יהודה:
לא שנו אלא משש[6] שעות ולמעלה,
אבל משש שעות ולמטה - מותר.

ואמר רב יהודה:
לא שנו אלא בסעודה המפסיק[7] בה,
אבל בסעודה שאינו מפסיק בה - מותר.

ותרוייהו לקולא;
וצריכא,
דאי אשמעינן בסעודה המפסיק בה -
הוה אמינא -
אפילו משש שעות ולמטה;
קמשמע לן -
משש שעות ולמעלה;

ואי אשמעינן משש שעות ולמעלה -
הוה אמינא -
אפילו בסעודה שאינו מפסיק בה;
קמשמע לן -
בסעודה המפסיק בה.

תניא כלישנא קמא,
תניא כלישנא בתרא.

תניא כלישנא בתרא:
הסועד ערב תשעה באב,
אם עתיד לסעוד סעודה אחרת -
מותר לאכול בשר ולשתות יין,
ואם לאו -
אסור לאכול בשר ולשתות יין.

תניא כלישנא קמא:
ערב תשעה באב -
לא יאכל אדם שני תבשילין,
לא יאכל בשר ולא ישתה יין;
רבן שמעון בן גמליאל אומר: ישנה;

אמר רבי יהודה:
כיצד[8] משנה?
אם היה רגיל לאכול שני תבשילין - יאכל מין אחד,
ואם היה רגיל לסעוד בעשרה[9] בני אדם - סועד בחמשה,
היה רגיל לשתות עשרה כוסות - שותה חמשה כוסות;

במה דברים אמורים? משש שעות ולמעלה,
אבל משש שעות ולמטה - מותר.

תניא אידך:
ערב תשעה באב -
לא יאכל אדם שני תבשילין,
לא יאכל בשר ולא ישתה יין,
דברי רבי מאיר;

רש"י

1 **ועד התענית.** אלמא דסבירא ליה לרבי מאיר לפניו אסור לאחריו מותר ורבי יהודה ורבן (גמליאל) סבירא להו דאפילו לאחריו נמי אסור:
2 **מחגה.** כלומר יליף טעמא מן חגה דהיינו ר"ח שנקרא חג כדאמרי' לעיל (כט.) קרא עלי מועד:
3 **הלכה כר"מ.** דלפניו אסור ולאחריו מותר:
4 **הלכה כרבן שמעון בן גמליאל.** דאין איסור נוהג אלא באותה שבת:
5 **תרוייהו לקולא.** כדמפרש ואזיל דבלפניו מוקי הלכה כר"מ דלפניו ולא לאחריו ובאותה שבת אבל קודם אותה שבת אפילו לפניו מותר:
6 **משש שעות ולמטה.** כלפי השחר:
7 **המפסיק בה.** דשוב אינו אוכל עוד מאותה סעודה ואילך:
8 **ה"ג כיצד ישנה א"ר יהודה אם הוא רגיל כו':**
9 **בעשרה.** שהיו סועדין עמו לכבודו:

וחכמים[1] **אומרים: ישנה;**
וממעט בבשר וביין,
כיצד ממעט?
אם היה רגיל לאכול ליטרא בשר - יאכל חצי ליטרא,
היה רגיל לשתות לוג יין - ישתה חצי לוג יין,
ואם אינו רגיל כל עיקר - אסור;
רבן שמעון בן גמליאל אומר:
אם היה רגיל לאכול צנון או מליח[2] אחר סעודתו -
הרשות בידו.

תניא אידך:
כל[3] שהוא משום תשעה באב -
אסור לאכול בשר ואסור לשתות יין,
ואסור לרחוץ;
כל[4] שאינו משום תשעה באב -
מותר לאכול בשר ולשתות יין,
ואסור לרחוץ;
רבי[5] **ישמעאל ברבי יוסי אומר משום אביו:**
כל שעה שמותר לאכול -[צח]
מותר לרחוץ.

תנו רבנן:
כל מצות הנוהגות באבל - נוהגות בתשעה באב:
אסור[6] באכילה, ובשתיה,
וברחיצה,[צט] ובסיכה, ובנעילת הסנדל,
ובתשמיש המטה;
ואסור[7] לקרות בתורה, בנביאים, ובכתובים,
ולשנות במשנה, בתלמוד, ובמדרש,
ובהלכות, ובאגדות.
אבל קורא הוא במקום[8] שאינו רגיל לקרות,
ושונה במקום שאינו רגיל לשנות,
וקורא בקינות, באיוב, ובדברים הרעים שבירמיה,
ותינוקות של בית רבן אינן בטלין,[ק]
דברי רבי מאיר;[קא]
רבי יהודה אומר:
אף אינו קורא במקום שאינו רגיל לקרות,
ואינו שונה במקום שאינו רגיל לשנות,
אבל קורא הוא באיוב, ובקינות, ובדברים הרעים שבירמיהו,
ותינוקות של בית רבן בטלים בו,
משום שנאמר (תהלים יט,ט):
"פִּקּוּדֵי יְהוָה יְשָׁרִים מְשַׂמְּחֵי לֵב".

לא יאכל בשר, ולא ישתה יין.

תנא:
אבל אוכל הוא בשר מליח, ושותה יין מגתו.
בשר מליח עד[9] **כמה?**
אמר רב חיננא בר כהנא משמיה דשמואל:
כל[10] זמן שהוא[קב] כשלמים.
ויין[11] **מגתו עד כמה?**
כל זמן שהוא תוסס.[12]
תנא:
יין תוסס - אין[13] בו משום גילוי;
וכמה תסיסתו? שלשה ימים.

אמר רב יהודה אמר רב:
כך היה מנהגו של רבי יהודה ברבי אילעאי:
ערב תשעה באב מביאין לו פת חריבה במלח,
ל: ויושב * בין[14] תנור לכיריים,
ואוכל, ושותה עליה קיתון של מים,
ודומה כמי שמתו מוטל לפניו.

תנן התם (פסחים ד:ה):
מקום שנהגו לעשות מלאכה בתשעה באב - עושין;
מקום שנהגו שלא לעשות - אין עושין;
ובכל מקום תלמידי חכמים בטלים;
רבן שמעון בן גמליאל אומר:
לעולם יעשה כל אדם עצמו כתלמיד חכם.

תניא נמי הכי:
רבן שמעון בן גמליאל אומר:
לעולם יעשה אדם עצמו כתלמיד חכם,
כדי שיתענה.

תניא אידך:
רבן שמעון בן גמליאל אומר:
כל האוכל ושותה בתשעה באב -
כאילו אוכל ושותה ביום הכיפורים.
רבי עקיבא אומר:
כל העושה מלאכה בתשעה באב -
איננו[15] רואה סימן ברכה לעולם.
וחכמים אומרים:
כל העושה מלאכה בתשעה באב,
ואינו מתאבל על ירושלים -
אינו רואה בשמחתה,
שנאמר (ישעיהו סו,י):

רש"י

1 **וחכ"א ישנה.** אשני תבשילין קיימי בשר ויין ימעט:
2 **מליח.** דג או בשר מליח דאין בו טעם כל כך אחר ששהה שלשה ימים במלח כדלקמן כשלמים והנותר מבשר זבח השלמים וגו' טפי לא אשכחן דמקרי בשר:
3 **כל שהוא משום ט' באב.** כגון סעודה המפסיק בה:
4 **כל שאינו משום ט"ב.** כגון סעודה המפסיק בה בתענית צבור אי נמי סעודה שאינו מפסיק בה:
5 **ה"ג ר' ישמעאל בר' יוסי אומר משום אביו כל שעה שמותר לאכול מותר לרחוץ.** ולא גרסינן בשר כלומר אפילו בשעת סעודה המפסיק מותר לרחוץ הואיל ומותר לאכול:
6 **אסור באכילה ובשתיה.** הני אין נוהגין באבל דקא חשיב נמי איסורים שנוהגין בו לבד מהני דנהיגי באבל רחיצה סיכה ונעילה כו':
7 **ואסור לקרות בתורה כו'.** דכתיב בהו משמחי לב:
8 **במקום שאינו רגיל לקרות.** דכיון דלא ידע אית ליה צערא:
9 **עד כמה.** הוי בשר גמור דלא הוי בשר מליח:
10 **כל זמן שהוא כשלמים.** שלא שהה במלחו אלא שני ימים ולילה אחד כזמן אכילת שלמים ולהכי נקט כשלמים דבזמן אכילת שלמים אשכחן דאקרי בשר דכתיב (ויקרא ז) והנותר מבשר זבח השלמים וגו' טפי לא אשכחן דמקרי בשר שהטעם נפסל אחרי ב' וג' ימים:
11 **יין מגתו.** חדש ומתוק ואינו טוב כיין ישן ומשלשל ומזיק:
12 **תוסס.** רותח:
13 **אין בו משום גילוי.** שאין נחש שותהו כי יברח מרתיחתו:
14 **בין תנור לכיריים.** מקום מנוול שבבית:
15 **אינו רואה סימן ברכה.** מאותה מלאכה:

"שִׂמְחוּ אֶת יְרוּשָׁלַםִ וְגִילוּ בָהּ כָּל אֹהֲבֶיהָ,
שִׂישׂוּ אִתָּהּ מָשׂוֹשׂ כָּל הַמִּתְאַבְּלִים עָלֶיהָ",
מכאן אמרו:
כל המתאבל על ירושלים - זוכה ורואה בשמחתה,
ושאינו מתאבל על ירושלים - אינו רואה בשמחתה.

וכל[קג][1] האוכל בשר ושותה יין בתשעה באב -
עליו הכתוב אומר:
"וַתְּהִי עֲוֹנֹתָם עַל עַצְמוֹתָם" (יחזקאל לב,כז).

רבי יהודה מחייב בכפיית המטה; ולא הודו לו חכמים.

תניא:
אמרו לו לרבי יהודה:
לדבריך,
עוברות[2] ומניקות מה תהא עליהן!?
אמר להם:
אף אני לא אמרתי אלא ביכול.[3]

תניא נמי הכי:
מודה רבי יהודה לחכמים בשאינו יכול,
ומודים חכמים לרבי יהודה ביכול.

מאי[4] בינייהו?
איכא בינייהו - שאר[5] מטות,
כדתניא:
כשאמרו לכפות המטה - לא מטתו בלבד הוא כופה,
אלא כל המטות כולן הוא כופה.

אמר רבא:
הלכתא כתנא דידן דאמר -[קד]
ולא הודו לו חכמים כל עיקר.

אמר רבן שמעון בן גמליאל: לא היו ימים טובים לישראל, כחמשה עשר באב וכיום הכפורים.

בשלמא יום הכפורים -
משום דאית ביה סליחה ומחילה,
יום[6] שניתנו בו לוחות האחרונות;
אלא חמשה עשר באב -
מאי היא?
אמר רב יהודה אמר שמואל:
יום שהותרו[7] שבטים לבוא זה בזה,
מאי דרוש?
"זֶה[8] הַדָּבָר אֲשֶׁר צִוָּה יְהוָה לִבְנוֹת צְלָפְחָד" וגו' (במדבר לו,ו),
דבר זה לא יהא נוהג אלא בדור זה.

אמר רב יוסף אמר רב נחמן:
יום שהותר שבט בנימן לבוא[9] בקהל,
שנאמר (שופטים כא,א):
"וְאִישׁ יִשְׂרָאֵל נִשְׁבַּע בַּמִּצְפָּה לֵאמֹר,
אִישׁ מִמֶּנּוּ לֹא יִתֵּן בִּתּוֹ לְבִנְיָמִן לְאִשָּׁה",
מאי דרוש?
אמר רב: "מִמֶּנּוּ",[10] ולא מבנינו.

אמר רב דימי בר יוסף אמר רב נחמן:[קה]
יום שכלו[11] בו מתי מדבר,
דאמר[12] מר:
עד שלא כלו מתי מדבר -
לא[13] היה דבור עם משה,
שנאמר (דברים ב,טז-יז):
"וַיְהִי כַאֲשֶׁר תַּמּוּ כָּל אַנְשֵׁי הַמִּלְחָמָה לָמוּת...
וַיְדַבֵּר יְהוָה אֵלַי",
"אֵלַי" היה הדבור.

עולא אמר:
יום שביטל הושע בן אלה פרדסיאות,[קו]
שהושיב ירבעם בן נבט על הדרכים,
שלא יעלו ישראל לרגל,
לא. ואמר: *לאיזה[14] שירצו יעלו.

רב מתנה אמר:

רש"י

[1] כל האוכל בשר ושותה יין בתשעה באב עליו הכתוב אומר ותהי עונותם על עצמותם. בתשעה באב כלומר בסעודה המפסיק בה:

[2] עוברות ומניקות. שאינן יכולות לישן על גבי קרקע:

[3] ביכול. שאפשר לו:

[4] מאי בינייהו. כיון דזה מודה לו ביכול וזה מודה לו בשאינו יכול:

[5] שאר מטות. שבבית שאינו שוכב בהן ר' יהודה דמחייב במתני' בכפיית המטה קמחייב נמי ביכול בשאר מטות ורבנן סברי מטתו כופה ולא שאר מטות וכדתניא גבי אבל:

[6] שניתנו בו לוחות אחרונות. שבי"ז בתמוז ירד משה מן ההר תחלה ושיבר את הלוחות ובי"ח טחן את העגל ודן את הפושעים ועלה למרום נשתהה שם שמונים יום ארבעים יום עמד בתפלה דכתיב (דברים ט) ואתנפל לפני ה' ארבעים יום וארבעים לילה וארבעים יום עמד כבראשונה חשוב מי"ז בתמוז עד יום הכפורים והוו להו שמונים יום שנים עשרה שנשתיירו מתמוז דהוא חסר ושלשים דאב ותשעה ועשרים דאלול הרי אחד ושבעים ותשעה דתשרי הרי שמונים יום וליל צום השלים כנגד לילו של י"ז תמוז דלא הוה בחושבניה דהא נפק ליה כבר בשעה שעלה השתא הוי להו פ' שלמין לילה ויום ובוקר יום כפור ירד שהוא עשרה בתשרי ואותו היום נקבע ליום כפור להודיע שמחל וניחם על הרעה אשר דבר לעשות לעמו ועל כן נקבע צום כפור בעשרה בתשרי כך שמעתי:

[7] שהותרו שבטים לבא זה בזה. דרחמנא אמר וכל בת יורשת נחלה וגו' (במדבר לו) וכתיב (שם) ולא תסוב נחלה ממטה למטה אחר כי איש בנחלתו ידבקו בני ישראל ועמדו והתירו דבר זה בחמשה עשר באב:

[8] זה הדבר אשר צוה ה' לבנות צלפחד וגו'. זה מיעוט הוא כלו' לא יהיה דבר זה נוהג אלא בדור זה בדור של בנות צלפחד:

[9] לבא בקהל. לישא נשים לפי שנשבעו ישראל מלהינשא להם כדכתיב בשופטים (כא):

[10] ממנו. מיעוט הוא דכתיב איש ממנו לא יתן בתו לבנימין וכך אמרו כשגזרו~ אבותינו לא גזרו אלא מהם דכתי' ממנו~ אבל מבניהם לא גזרו:

[11] שכלו מתי מדבר. דתניא כל ארבעים שנה שהיו במדבר בכל ערב תשעה באב היה הכרוז יוצא ואומר צאו לחפור והיה כל אחד ואחד יוצא וחופר לו קבר וישן בו שמא ימות קודם שיחפור ולמחר הכרוז יוצא וקורא יבדלו חיים מן המתים וכל שהיה בו נפש חיים היה עומד ויוצא וכל שנה היו עושין כן ובשנת ארבעים שנה עשו ולמחר עמדו כולן חיים וכיון שראו כך תמהו ואמרו שמא טעינו בחשבון החדש חזרו ושכבו בקבריהן בלילות עד ליל חמשה עשר וכיון שראו שנתמלאה הלבנה בט"ו ולא מת אחד מהם ידעו שחשבון חדש מכוון וכבר מ' שנה של גזרה נשלמו קבעו אותו הדור לאותו היום יו"ט:

[12] דאמר מר כו'. לפיכך יו"ט הוא:

[13] לא היה הדבור עם משה. ביחוד וחיבה דכתיב וידבר ה' אלי לאמר אלי נתייחד הדיבור ואע"ג דמקמי הכי כתיבי קראי בהו וידבר איכא דאמרי לא היה פה אל פה אלא בחזיון לילה גמגום:

[14] לאיזה שירצה יעלו. הושע בן אלה רשע היה דכתיב (מלכים ב' יז) ויעש הרע בעיני ה' רק לא כמלכי ישראל והיינו דקאמר רק שבטל את הפרוסדאות ואמר לאיזה שירצו יעלו:

יום שנתנו הרוגי[1] ביתר לקבורה.

ואמר רב מתנה:
אותו יום שנתנו הרוגי ביתר לקבורה,
תקנו ביבנה הטוב והמטיב,
הטוב - שלא הסריחו,
והמטיב - שנתנו לקבורה.

רבה ורב יוסף דאמרי תרוייהו:
יום שפסקו מלכרות[2] עצים למערכה,
דתניא:[קז]
רבי אליעזר הגדול אומר:
מחמשה עשר באב ואילך תשש כוחה של חמה,
ולא היו כורתין עצים למערכה,
לפי שאינן יבשין.

אמר רב מנשיא:
וקרו ליה יום תברי[3] מגל.

מכאן[4] ואילך -
דמוסיף - יוסיף,
ודלא[5] מוסיף - יאסף.

מאי יאסף?
תני רב יוסף:[קח]
תקבריה[6] אימיה.

שבהן בנות ירושלם[קט] כו'.

תנו רבנן:
בת[7] מלך שואלת מבת[8] כהן גדול,
בת כהן גדול מבת סגן,[9]
ובת סגן מבת משוח[10] מלחמה,
ובת משוח מלחמה מבת כהן הדיוט,
וכל ישראל שואלין זה מזה,
כדי שלא לבייש[קי] את מי שאין לו.

כל הכלים טעונין טבילה.

אמר רבי אלעזר:
אפילו[11] מקופלין ומונחין בקופסא.

בנות ירושלם[קיא] יוצאות וחולות בכרמים.

תנא:
מי שאין לו אשה נפנה לשם.

מה היו אומרות וכו'.[קיב]

תנו רבנן:
יפיפיות שבהן מה היו אומרות?
תנו עיניכם ליופי,
שאין האשה אלא ליופי.

מיוחסות שבהן מה היו אומרות?
תנו עיניכם למשפחה,
לפי שאין[12] האשה אלא לבנים.

מכוערות שבהם מה היו אומרות?
קחו מקחכם לשום שמים,
ובלבד[13] שתעטרונו בזהובים.

אמר עולא ביראה אמר רבי אלעזר:
עתיד הקדוש ברוך הוא לעשות מחול[14] לצדיקים,
והוא יושב ביניהם בגן עדן,
וכל[15] אחד ואחד מראה באצבעו,
שנאמר (ישעיהו כה,ט):
"וְאָמַר בַּיּוֹם הַהוּא,
הִנֵּה אֱלֹהֵינוּ זֶה קִוִּינוּ לוֹ וְיוֹשִׁיעֵנוּ,
זֶה יְהוָה קִוִּינוּ לוֹ,
נָגִילָה וְנִשְׂמְחָה בִּישׁוּעָתוֹ".

הדרן עלך בשלשה פרקים,
וסליקא לה מסכת תענית

רש"י

1 **הרוגי ביתר.** בפרק הניזקין (גיטין נז.):

2 **מלכרות.** לפי שהן לחין ומאותו הזמן אין כח בחמה לייבשן וחיישינן מפני התולעת לפי שעץ שיש בו תולעת פסול למערכה כדאמרינן (מדות פרק ב' משנה ה'):

3 **יום תבר מגל.** שבירת הגרזן שפסק החוטב מלחטוב עצים:

4 **מכאן ואילך.** מחמשה עשר באב ואילך דמוסיף לילות על הימים לעסוק בתורה יוסיף חיים על חייו:

5 **דלא יוסיף.** לעסוק בתורה בלילות:

6 **תקבריה אימיה.** כלומר ימות בלא עתו:

7 **בת מלך.** אף על פי שהיה לה שואלת מבת כהן גדול כו' שלא לבייש את השואלת מתוך שאין לה:

8 **מבת כהן גדול.** שהוא קרוב וסמוך למלכות:

9 **סגן.** כהן חשוב ממונה תחת כהן גדול להיות תחתיו ביום הכפורים אם יארע פסול בכהן גדול ביום הכפורים ישמש זה הסגן תחתיו:

10 **משוח מלחמה.** הוא הכהן המכריז במלחמה מי האיש הירא ורך הלבב וגו' (דברים כ):

11 **אפילו מקופלין ומונחין בקופס'.** אישקוריי"ן צריכין טבילה כולן שלא לבייש את שצריכה טבילה:

12 **שאין אשה אלא לבנים.** אם בניך יהיו מיוחסין הכל קופצין עליהם בין זכרים בין נקבות:

13 **על מנת שתעטרונו בזהובים.** שאחרי הנישואין תתנו לנו תכשיטין ומילתא בעלמא הוא דאמרי כלומר ובלבד שתתנו לנו מלבושים נאים:

14 **מחול.** סביב לשון מחול הכרם (כלאים פרק ד' משנה א'):

15 **מראה באצבעו.** ואומר זה ה' קוינו לו ויושיענו זה ה' קוינו לו נגילה ונשמחה בישועתו:

הַדְרָן עֲלָךְ מַסֶּכֶת תַּעֲנִית, וְהַדְרָךְ עֲלָן.
דַּעְתָּן עֲלָךְ מַסֶּכֶת תַּעֲנִית, וְדַעְתָּךְ עֲלָן.
לָא נִתְנְשֵׁי מִנָּךְ מַסֶּכֶת תַּעֲנִית, וְלָא תִתְנְשֵׁי מִנַּן,
לָא בְּעָלְמָא הָדֵין וְלָא בְּעָלְמָא דְאָתֵי. (שלש פעמים)

יְהִי רָצוֹן מִלְּפָנֶיךָ יְיָ אֱלֹהֵינוּ וֵאלֹהֵי אֲבוֹתֵינוּ -
שֶׁתְּהֵא תּוֹרָתְךָ אֻמָּנוּתֵנוּ בָּעוֹלָם הַזֶּה,
וּתְהֵא עִמָּנוּ לָעוֹלָם הַבָּא.

חֲנִינָא בַּר פַּפָּא, רָמִי בַּר פַּפָּא, נַחְמָן בַּר פַּפָּא, אֲחָאי בַּר פַּפָּא,
אַבָּא מָרִי בַּר פַּפָּא, רַפְרָם בַּר פַּפָּא, רָכִישׁ בַּר פַּפָּא,
סוּרְחָב בַּר פַּפָּא, אַדָּא בַּר פַּפָּא, דָּרוּ בַּר פַּפָּא.

הַעֲרֶב נָא יְיָ אֱלֹהֵינוּ אֶת דִּבְרֵי תוֹרָתְךָ
בְּפִינוּ וּבְפִיפִיּוֹת עַמְּךָ בֵּית יִשְׂרָאֵל,
וְנִהְיֶה כֻּלָּנוּ אֲנַחְנוּ וְצֶאֱצָאֵינוּ וְצֶאֱצָאֵי עַמְּךָ בֵּית יִשְׂרָאֵל
יוֹדְעֵי שְׁמֶךָ וְלוֹמְדֵי תוֹרָתֶךָ.

"מֵאֹיְבַי תְּחַכְּמֵנִי מִצְוֹתֶךָ כִּי לְעוֹלָם הִיא לִי" (תהלים קיט,צח).

"יְהִי לִבִּי תָמִים בְּחֻקֶּיךָ לְמַעַן לֹא אֵבוֹשׁ" (שם,פ).

"לְעוֹלָם לֹא אֶשְׁכַּח פִּקּוּדֶיךָ כִּי בָם חִיִּיתָנִי" (שם,צג).

"בָּרוּךְ אַתָּה יְהוָה לַמְּדֵנִי חֻקֶּיךָ" (שם,יב)
אָמֵן אָמֵן אָמֵן סֶלָה וָעֶד.

מוֹדִים אֲנַחְנוּ לְפָנֶיךָ יְיָ אֱלֹהֵינוּ וֵאלֹהֵי אֲבוֹתֵינוּ,
שֶׁשַּׂמְתָּ חֶלְקֵנוּ מִיּוֹשְׁבֵי בֵּית הַמִּדְרָשׁ,
וְלֹא שַׂמְתָּ חֶלְקֵנוּ מִיּוֹשְׁבֵי קְרָנוֹת;

שֶׁאָנוּ מַשְׁכִּימִים וְהֵם מַשְׁכִּימִים,
אָנוּ מַשְׁכִּימִים לְדִבְרֵי תוֹרָה וְהֵם מַשְׁכִּימִים לִדְבָרִים בְּטֵלִים.

אָנוּ עֲמֵלִים וְהֵם עֲמֵלִים,
אָנוּ עֲמֵלִים וּמְקַבְּלִים שָׂכָר וְהֵם עֲמֵלִים וְאֵינָם מְקַבְּלִים שָׂכָר.

אָנוּ רָצִים וְהֵם רָצִים,
אָנוּ רָצִים לְחַיֵּי הָעוֹלָם הַבָּא וְהֵם רָצִים לִבְאֵר שַׁחַת,
שֶׁנֶּאֱמַר (תְּהִלִּים נה,כד):
"וְאַתָּה אֱלֹהִים תּוֹרִדֵם לִבְאֵר שַׁחַת,
אַנְשֵׁי דָמִים וּמִרְמָה לֹא יֶחֱצוּ יְמֵיהֶם,
וַאֲנִי אֶבְטַח בָּךְ".

יְהִי רָצוֹן מִלְּפָנֶיךָ יְיָ אֱלֹהַי,
כְּשֵׁם שֶׁעֲזַרְתַּנִי לְסַיֵּם מַסֶּכֶת תַּעֲנִית -
כֵּן תַּעַזְרֵנִי לְהַתְחִיל מַסֶּכְתּוֹת וּסְפָרִים אֲחֵרִים וּלְסַיְּמָם,
לִלְמֹד וּלְלַמֵּד, לִשְׁמֹר וְלַעֲשׂוֹת וּלְקַיֵּם -
אֶת כָּל דִּבְרֵי תַלְמוּד תּוֹרָתְךָ בְּאַהֲבָה.

וּזְכוּת כָּל הַתַּנָּאִים וַאֲמוֹרָאִים וְתַלְמִידֵי חֲכָמִים,
יַעֲמֹד לִי וּלְזַרְעִי,
שֶׁלֹּא תָמוּשׁ הַתּוֹרָה מִפִּי וּמִפִּי זַרְעִי וְזֶרַע זַרְעִי עַד עוֹלָם.

וְתִתְקַיֵּם בִּי:
"בְּהִתְהַלֶּכְךָ תַּנְחֶה אֹתָךְ, בְּשָׁכְבְּךָ תִּשְׁמֹר עָלֶיךָ,
וַהֲקִיצוֹתָ הִיא תְשִׂיחֶךָ" (משלי ו,כב),

"כִּי בִי יִרְבּוּ יָמֶיךָ וְיוֹסִיפוּ לְּךָ שְׁנוֹת חַיִּים" (שם ט,יא),

"אֹרֶךְ יָמִים בִּימִינָהּ בִּשְׂמֹאולָהּ עֹשֶׁר וְכָבוֹד" (שם ג,ז),

"יְהוָה עֹז לְעַמּוֹ יִתֵּן יְהוָה יְבָרֵךְ אֶת עַמּוֹ בַשָּׁלוֹם" (תהלים כט,יא).

יִתְגַּדַּל וְיִתְקַדַּשׁ שְׁמֵהּ רַבָּא,
בְּעָלְמָא דְּהוּא עָתִיד לְאִתְחַדָּתָא (ס"א לְחַדְּתָא),
וּלְאַחֲיָאה מֵתַיָּא וּלְאַסָּקָא יַתְהוֹן לְחַיֵּי עָלְמָא,
וּלְמִבְנֵי קַרְתָּא דִּירוּשְׁלֵם וּלְשַׁכְלֵל הֵיכְלֵהּ בְּגַוַּהּ,
וּלְמֶעְקַר פָּלְחָנָא נֻכְרָאָה מֵאַרְעָא,
וְלַאֲתָבָא פָּלְחָנָא דִשְׁמַיָּא לְאַתְרֵהּ,
וְיַמְלִיךְ קֻדְשָׁא בְּרִיךְ הוּא בְּמַלְכוּתֵהּ וִיקָרֵהּ,
[וְיַצְמַח פֻּרְקָנֵהּ וִיקָרֵב מְשִׁיחֵהּ,]
בְּחַיֵּיכוֹן וּבְיוֹמֵיכוֹן וּבְחַיֵּי דְכָל בֵּית יִשְׂרָאֵל,
בַּעֲגָלָא וּבִזְמַן קָרִיב וְאִמְרוּ אָמֵן.
יְהֵא שְׁמֵהּ רַבָּה מְבָרַךְ לְעָלַם וּלְעָלְמֵי עָלְמַיָּא.
יִתְבָּרַךְ וְיִשְׁתַּבַּח וְיִתְפָּאַר וְיִתְרוֹמַם וְיִתְנַשֵּׂא,
וְיִתְהַדַּר וְיִתְעַלֶּה וְיִתְהַלָּל שְׁמֵהּ דְּקֻדְשָׁא בְּרִיךְ הוּא.

לְעֵלָּא מִן כָּל (בעשי"ת לְעֵלָּא וּלְעֵלָּא מִכָּל) בִּרְכָתָא וְשִׁירָתָא,
תֻּשְׁבְּחָתָא וְנֶחֱמָתָא דַּאֲמִירָן בְּעָלְמָא,
וְאִמְרוּ אָמֵן.

עַל יִשְׂרָאֵל, וְעַל רַבָּנָן, וְעַל תַּלְמִידֵיהוֹן,
וְעַל כָּל תַּלְמִידֵי תַלְמִידֵיהוֹן,
וְעַל כָּל מָאן דְּעָסְקִין בְּאוֹרַיְתָא דִּי בְאַתְרָא (קַדִּישָׁא) הָדֵין,
וְדִי בְכָל אֲתַר וַאֲתַר -
יְהֵא לְהוֹן וּלְכוֹן שְׁלָמָא רַבָּה מִן שְׁמַיָּא,
חִנָּא, וְחִסְדָּא, וְרַחֲמִין, וְחַיִּין אֲרִיכִין, וּמְזוֹנָא רְוִיחֵי,
וּפֻרְקָנָא מִן קֳדָם אֲבוּהוֹן דִּי בִשְׁמַיָּא וְאַרְעָא,
וְאִמְרוּ אָמֵן.

יְהֵא שְׁלָמָא רַבָּא מִן שְׁמַיָּא,
וְחַיִּים טוֹבִים עָלֵינוּ וְעַל כָּל יִשְׂרָאֵל,
וְאִמְרוּ אָמֵן.

עֹשֶׂה שָׁלוֹם (בעשי"ת הַשָּׁלוֹם) בִּמְרוֹמָיו -
הוּא בְּרַחֲמָיו יַעֲשֶׂה שָׁלוֹם עָלֵינוּ וְעַל כָּל יִשְׂרָאֵל,
וְאִמְרוּ אָמֵן.

הערות

שימוש בהערות:

א. מטרת ההערות היא להראות את מקורות שינויי הנוסח.

ב. אמנם הערותינו מדויקות, אך כיון שאין מטרתנו להעמיד דפוס מדעי, אין לסמוך על הערותינו כהשוואה מדויקת בין כתבי היד.

ג. זו הסיבה שההערות מתייחסות רק לשינויים שנעשו מדפוס וילנא.

ד. ישנם מקרים בהם כל כתבי היד שבידינו שונים מהגרסא בדפוס וילנא, אך בניהם ישנם שינויי נוסחאות. במקרים כאלו ציינו את כתבי היד השייכים לנוסחה אותה בחרנו. לפיכך אין להסיק מכך שכתב יד שאינו מצוין - שגרסתו היא כגרסת הדפוס.

ה. פעמים שאחד מכתבי היד מהווה סייעתא לנוסחה אותה בחרנו, אך ישנו שינוי קל בינו לנוסחה אותה בחרנו. את שינוי זה ציינו על ידי סוגרים.

כתבי היד והדפוסים על מסכת זו:

כי״א - כתב יד אוקספורד Opp. Add. fol. 23
כי״ג - כתב יד גטינגן 3
כי״ו - כתב יד וטי׳ 134
כיו״ב - כתב יד וטי׳ 487
כיה״ה - כתב יד הרב הרצוג 1
כי״מ - כתב יד מינכן 95
כימ״ב - כתב יד מינכן 140
כיס״ב - כתב יד הספריה הבריטית Harl. 5508 (400)
כיא״ב - כתב יד אוקספורד Bodl. heb. b. 1 (2673) 2-3
כיק״א - כתב יד קמבריג׳ T-S NS 329.1011
כיק״ב - כתב יד קמבריג׳ T-S NS 329.735
כיק״ג - כתב יד קמבריג׳ T-S F1 (1) 7
כיק״ד - כתב יד קמבריג׳ T-S F2 (2) 2
כינ״א - כתב יד ניו יורק - בית המדרש לרבנים ENA 2077.1
כינ״ב - כתב יד ניו יורק - בית המדרש לרבנים ENA 2714.1
כינ״ג - כתב יד ניו יורק - בית המדרש לרבנים ENA 2077.3
כינ״ד - כתב יד ניו יורק - בית המדרש לרבנים ENA 2077.4
כינ״ה - כתב יד ניו יורק - בית המדרש לרבנים ENA 3315.18
כינ״ו - כתב יד ניו יורק - בית המדרש לרבנים ENA 2077/7-8
כי״ד - כתב יד מודנה - Archivio di Stato Fr. ebr. 340
דפ״ס - דפוס ספרדי
דפ״פ - דפוס פיזרו
כימ״ק - כתב יד משנה קאופמן
כימ״פ - כתב יד משנה פארמה
כימ״ר - כתב יד משנה של הרמב״ם

תיקונים ברש״י על מסכת זו:

דפוס ונציא רפ״ב ודפוס פיזרו ^
כת״י - New York - Jewish Theological Seminary Rab 840~

רשימת ר״ת בהערות על מסכת זו או אחרות

או״ז	אור זרוע
ד״ס	דקדוקי סופרים
הגר״א	הגהות הגר״א
עו״ה	הגהות וציונים של ״ש״ס עוז והדר״ בכמה מהדורות
בה״ג	הלכות גדולות
יל״ש	ילקוט שמעוני
מ״ו	מחזור ויטרי
מ״ה	מסורת הש״ס
רע״ג	סדר רב עמרם גאון
סרש״י	סידור רש״י
האורה	ספר האורה של רש״י
סה״א	ספר האשכול
סה״ע	ספר העיטור
ע״י	עין יעקב
שדר״א	שאילתות דרב אחאי
תוס׳	תוספות
ת״י	תלמוד ירושלמי

פרק א

א עו"ה; ד"ס (בשם רי"ף, רא"ש ואו"ז); כימ"פ; כימ"ק; כי"א (והלא אין הגשמים סימן ברכה בחג); כי"מ; כיס"ב; דפ"ס (והלא אין הגשמים סימן ברכה בחג); כימ"פ; כימ"ק.

ב כי"ו; כי"מ; כימ"ב; כיס"ב.

ג כי"א; כי"ו; כי"מ; כיס"ב; דפ"ס.

ד ד"ס (וכן ליתא בכ"י ב', וכן התוס' בברכות ל"א א' ד"ה במקום, ובס' המצות להרמב"ם מצוה ה', העתיקו זאת מן הספרי; והאבודרהם בריש סדר תפלות של חול שער ב' והתשב"ץ במגן אבות פ"א מ"ב הביאוהו מן הירושלמי, משמע שלא היה לפניהם בגמ'); כיה"ה; כי"ו; כי"מ; כימ"ב; כיס"ב.

ה הב"ח; כי"א (ואלו הן של חיה ושל גשמים); כיה"ה (מפתח שלחיה מפתח שלמטר);כי"ו; כיס"ב; כימ"ב (מטר); דפ"ס (ואלו הן של חיה ושל גשמים); וכן הסדר בסנהדרין.

ו כי"א; כיה"ה; כי"ו; כימ"ב; כיס"ב; דפ"ס.

ז כי"מ; כימ"ב (מנא לן); כיס"ב.

ח כי"א; כיה"ה; כי"ו; כימ"ב; כיס"ב; דפ"ס.

ט כי"א (דכתי' וישמע אליה אלהים); כיה"ה (דכת' ויזכר אלהים את רחל וג' וכת ויפתח); כי"ו (דכת' וישמע אליה א'לקים); כימ"ב; כיס"ב; דפ"ס (דכתי' וישמ.. אליה אלהים).

י כי"א; כיה"ה; כי"ו; כימ"ב; כיס"ב; דפ"ס.

יא כי"א (של גשמים); כיה"ה (שלמטר); כי"ו; כימ"ב (של מטר); כיס"ב (ומפתח של גשמים); דפ"ס (של גשמים).

יב כימ"ב (של מטר מנא לן); כיס"ב.

יג כי"א; כיה"ה (שנ'); כי"ו; כימ"ב; כיס"ב.

יד כי"א; כיה"ה (הטוב וג'); כי"ו ((מן)[את] השמים [לתת מטר ארצך בעתו ולברך את כל מעשה ידיך]); כימ"ב (הטוב וגו'); כיס"ב (הט' וג'); דפ"ס.

טו כי"מ; כיס"ב.

טז כי"א (ללא "רצון"); כי"ו; כי"מ; כימ"ב; כיס"ב; דפ"ס (ללא "רצון").

יז כי"א (אליעזר אומר); כי"ו; כי"מ; כימ"ב; כיס"ב; דפ"ס.

יח רש"י; כיה"ה; כי"ו; כי"מ; כימ"ב; כיס"ב; דפ"ס.

יט כיה"ה; כי"ו; כי"מ (בלילה); כימ"ב.

כ כיה"ה; כי"ו; כי"מ; כימ"ב.

כא כיה"ה (מנחתם); כי"ו; כי"מ; כימ"ב (מנחתם).

כב כיה"ה (ואפ'); כי"ו; כי"מ; כימ"ב.

כג עו"ה (בשם ד"ס); כי"א וכיה"ה (גבורת); כי"מ; כימ"ב (גבורת); כיס"ב; דפ"ס (גבורת).

כד כי"א; כיה"ה; כי"מ; כיס"ב; דפ"פ.

כה עו"ה; כי"א (להן); כי"ו; כיה"ה (להן); כי"מ; כימ"ב; כיס"ב ודפ"ס (להן).

כו כי"א; כיה"ה; כי"ו; כי"מ; כימ"ב; כיס"ב; דפ"ס.

כז כיה"ה (תחית); כי"מ; כימ"ב; כיס"ב.

כח כיה"ה; כי"מ; כימ"ב כיס"ב; דפ"פ.

כט כיה"ה; כי"ו; כי"מ; כימ"ב; כיס"ב.

ל כי"א; כי"ו; כיה"ה; דפ"ס.

לא כי"א; כי"ו; כיה"ה; דפ"ס.

לב כי"א; כיה"ה; כי"ו (ר' יהודה בן בתירא או משום ר' יהושע); כי"מ; כימ"ב; כיס"ב; דפ"ס; וכן לקמן.

לג כי"א; כיה"ה; כי"ו; כימ"ב; כיס"ב; דפ"ס; וכן לקמן.

לד עו"ה (דכל); כי"ו וכי"מ (דכל אימת דאתו); כימ"ב; כיס"ב (דאתי).

לה כי"א; כי"ו; כי"מ; כימ"ב; דפ"ס.

לו כי"א; כיה"ה; דפ"ס.

לז כי"א; כי"ו; כי"מ; כימ"ב; כיס"ב ודפ"ס (בששי); וכן בשבת.

לח כי"א; כי"ו; כי"מ; כימ"ב; כיס"ב; דפ"ס; וכן בשבת.

לט כיה"ה; כי"מ; כיס"ב.

מ ד"ס; כי"א; כי"ו; כיה"ה; כי"מ; כימ"ב; כיס"ב; דפ"ס (טעמא).

מא ד"ס (והיא הגירסא האמיתית); כימ"ב; כיס"ב.

מב כי"מ; כימ"ב; כיס"ב.

מג כי"א; כי"ו (מים); כי"מ; כימ"ב; דפ"ס.

מד כי"א; כי"ו; כי"מ; כימ"ב; כיס"ב; דפ"ס.

מה כי"ו; כימ"ב; כיס"ב.

מו רש"י; כי"א; כיה"ה (הוא); כי"מ; כימ"ב; כי"ו; כיס"ב; דפ"ס.

מז כי"א; כיה"ה (הוא); כי"ו; כיס"ב; דפ"ס.

מח כי"א; כי"ו; כיה"ה; כי"מ; כימ"ב (אפיק); כיס"ב; דפ"ס.

מט כי"א; כי"ו; כיה"ה; כימ"ב; כיס"ב.

נ ד"ס (וכ"ה ברש"י); כי"א; כי"ו; כיה"ה; כי"מ; כיס"ב; דפ"ס.

נא רש"י (דגמרא); כי"א וכי"ו וכי"מ (וגמרא); כימ"ב; כיס"ב; דפ"ס.

נב כי"א; כי"ו; כי"מ; כימ"ב; כיס"ב; דפ"ס (יוסי); וכן בסוכה; וכן במועד קטן; וכן בזבחים.

נג כי"א; כי"מ; כימ"ב; דפ"פ; דפ"ס.

נד כי"א; כיה"ה; כי"ו וכי"מ וכימ"ב (בלי "של חג").

נה כי"א; כימ"ב; דפ"ס.

נו כי"א; כיה"ה; כי"ו; כי"מ; כימ"ב; דפ"ס.

נז כי"א; כיה"ה; כי"מ (דסמכיה); כימ"ב; דפ"ס.

נח כי"א; כיה"ה; כימ"ב; דפ"ס.

נט כיה"ה; כי"ו.

ס כי"א; כיה"ה; כי"ו; כי"מ.

סא כיה"ה; כימ"ב; דפ"ס(ברוך).

סב רש"י; כי"א; כיה"ה; כי"ו; כי"מ; כיס"ב; דפ"ס.

סג עו"ה (מיבעי); כי"א; כי"ו (דבעי); כיה"ה (נמי מי בעיא); דפ"ס (מבעיא).

סד רש"י; כי"א; כיה"ה; כי"ו; כי"מ; כימ"ב; כיס"ב; דפ"ס.

סה עו"ה; כי"א; כיה"ה; כי"ו; כי"מ; כימ"ב; כיס"ב; דפ"ס.

סו כי"א; כיה"ה; כי"ו; כי"מ; כימ"ב; כיס"ב; דפ"ס (דקא).

סז כי"א; כי"ו; כי"מ; כיימ"ב.

סח כי"ו; כי"מ; כימ"ב; דפ"ס.

סט כיה"ה; כי"ו; כימ"ב; כיס"ב; דפ"ס.

ע כיה"ה; כימ"ב; כיס"ב; דפ"ס.

עא רש"י; כי"א; כיה"ה; כי"ו; כי"מ; כיס"ב.

עב רש"י (אורייתא); כי"א (אוריתיה); כיה"ה (אוריתיה מרתחא); כי"ו; כי"מ; כימ"ב (אוריתא); כיס"ב (אורייתיה היא דמרתחא ליה) ; דפ"ס (אוריתיה).

עג כי"ו; כי"מ; דפ"ס.

עד מ"ה; ד"ס (בשם הגדות התלמוד וע"י); כי"א; דפ"ס.

עה עו"ה (השיבוהו); כי"א; כי"ו; וכן נראה מרש"י.

עו עו"ה (השיבוהו); כי"א; כי"ו (דהשיבוהו).

עז עו"ה (השיבוהו); כי"א; כי"ו.

עח עו"ה; כי"ו.

עט כי"א; כי"ו; כיה"ה; כיס"ב.

פ הב"ח; כי"א; כיה"ה (שליפתח); כי"ו; כי"מ (זה); כימ"ב; כיס"ב (זה); דפ"ס.

פא כי"א; כי"ו; כי"מ; כימ"ב; כיס"ב; דפ"ס; דפ"פ; וכן לקמן.

פב רש"י; הב"ח; כי"א; כיה"ה; כי"ו; כי"מ; כימ"ב; כיס"ב; דפ"ס.

פג רש"י (והזכרה); כי"א; כיה"ה; כי"ו; כי"מ; כימ"ב; כיס"ב (הזכרון); דפ"ס (אבל הזכרה).

פד כי"א; כיה"ה; כי"ו; כי"מ; כימ"ב; דפ"ס.

פה רש"י; כי"א; כיה"ה; כי"ו; כי"מ; דפ"ס

פו כי"א; כי"ו; כי"מ; כימ"ב; כיס"ב; דפ"ס.

פז רש"י; הב"ח; כי"א; כי"ו; כיה"ה; דפ"ס.

פח רש"י; כי"א וכיה"ה (תרויהו איתמור); כי"ו; כי"מ; כימ"ב (תרויהו); כיס"ב (והא <..>יתמר); דפ"ס (תרויהו איתמור).

פט רש"י; כי"א(והאלהו); כי"ו; כי"מ; כימ"ב; כיס"ב; דפ"ס.

צ עו"ה; כי"א; כיה"ה; כי"ו; כי"מ; כימ"ב; כיס"ב; דפ"ס.

צא רש"י; כי"א; כיה"ה; כי"ו; כי"מ; כימ"ב; כיס"ב; דפ"ס.

צב מ"ה (בשם רי"ף ורא"ש); כי"א; כימ"ב; דפ"ס; כימ"ר.

צג הב"ח; ד"ס; כי"א; כי"ו; כי"מ; כימ"ב; כיס"ב; דפ"ס.

צד כיה"ה; כי"מ; כיס"ב.

צה כימ"ב; דפ"ס.

צו כימ"ב; דפ"ס.

צז כיה"ה; כי"ו; כי"מ; כימ"ב.

צח כי"ו; כימ"ב; כיס"ב; דפ"ס.

צט כי"א; כיה"ה (אוכל חזין מאי); כי"ו; כי"מ (התלמים מאי); כימ"ב; כיס"ב; דפ"ס.

ק עו"ה; כיה"ה.

קא כיה"ה; כי"ו; כימ"ב; דפ"פ; דפ"ס.

קב כיה"ה; כימ"ב; דפ"ס.

קג כי"א; כיה"ה; כי"מ; כימ"ב; כיס"ב;כיק"א; דפ"ס; דפ"פ.

קד כי"א; כיה"ה (ומי);כימ"ב (ומאי ניהו); כיק"א; כיק"ב; דפ"ס.

קה מ"ה; ד"ס (וכ"ה בע"י ...והיא גי' ישרה והביאה גם בערוך...וכ"ה בכל הדפוסים הישנים בגמ' אבל לא ברש"י ובד' פפד"מ הוגה כך גם בגמ' ע"פ המהרש"א אבל הנוסחא ותרתין נוח טפי וכן נראה מרש"י); כי"א; כי"ו וכי"מ (ותרתין); כיק"א; דפ"פ (ותרתין).

קו כיס"ב; כיק"ב; דפ"פ (נהי).

קז כימ"ב; דפ"ס (כזאת וגו').

קח כי"א; כיה"ה; כי"מ; כיס"ב; כיק"ב; דפ"ס.

קט כי"א; כיה"ה; כי"ו; כי"מ; כימ"ב; כיס"ב; כיק"ב; דפ"ס.

קי כי"א (עובדין); כיה"ה (לאור); כי"ו (עובדין); כי"מ; כימ"ב; כיס"ב; כיק"ב (לאור); דפ"ס.
קיא מ"ה; כי"א; כיה"ה; כי"ו; כי"מ; כימ"ב; כיס"ב; כיק"ב; דפ"ס.
קיב כי"א; כיה"ה; כי"ו; כי"מ; כימ"ב; כיס"ב; כיק"ב; דפ"ס.
קיג כי"מ; כימ"ב; דפ"ס.
קיד כימ"ב; דפ"ס.
קטו כימ"ב.
קטז כי"א; כיה"ה; כימ"ב; כיס"ב; כיק"ב.
קיז כי"א (כלי); כי"ו (אבתרי כולי עלמ'); כי"מ; כימ"ב (אבתריה כולי עלמא); כיס"ב.
קיח כי"א; כיה"ה כי"ו (זקפה עליו); כי"מ; כימ"ב; כיס"ב (הקפיץ); כיק"א; כיק"ב.
קיט כי"א (הרמתי ברמה); כיה"ה; כי"ו; כימ"ב; כיס"ב; כיק"א (הרמתי ברמה); כיק"ב; דפ"ס (הרמתי ברמה).
קכ מ"ה; כי"א; כי"ו; כי"מ; כימ"ב; כיס"ב; כיק"א; כיק"ב; דפ"ס.
קכא כיה"ה (שיהיו); כי"ו; כימ"ב (שיהיו).
קכב כי"ו (יהו); כיס"ב.
קכג רש"י; כי"א; כיה"ה; כי"ו; כי"מ; כימ"ב; כיס"ב; כיק"א; דפ"ס.
קכד (על היפוך הסדר:) הב"ח; ד"ס; כי"א; כי"ו; כיה"ה; כי"מ; כימ"ב; כיס"ב; כיק"א; דפ"ס.
קכה כי"א; כי"ו; כיה"ה; כי"מ; כימ"ב; כיק"א; דפ"ס.
קכו כי"א; כי"ו; כיה"ה (ואין); כי"מ (שיורדין בנחת ואין יורדין); כימ"ב (ואין); כיס"ב; דפ"ס (ואין).
קכז כי"א; כי"ו; כיה"ה; כי"מ; כימ"ב; כיס"ב; כיק"א; דפ"ס.
קכח כי"א; כי"ו; כימ"ב; כיס"ב; דפ"ס.
קכט כי"א; כי"ו וכי"מ (ומרוה את); כימ"ב (ומרוה אותה עד); כיס"ב; כיק"א; דפ"ס (ומרוה את).
קל כי"א; כי"ו; כיה"ה; כי"מ; כימ"ב; כיס"ב; כיק"א; דפ"ס.
קלא כי"א; כי"ו; כיה"ה; כי"מ; כימ"ב; כיס"ב; דפ"ס.
קלב כי"מ; כימ"ב; כיס"ב.
קלג עו"ה (בשם ד"ס); כי"א; כיה"ה; כי"ו (מה); כי"מ; כימ"ב; דפ"ס.
קלד ד"ס; כי"ו; כי"מ; כיס"ב; דפ"ס.
קלה כי"א; כי"ו (תניא אידך); כיה"ה; כימ"ב; כיס"ב; דפ"ס.
קלו עו"ה (בשם ד"ס); כי"א; כי"ו (מאמתי); כיה"ה; כימ"ב; כיס"ב; דפ"ס.
קלז ד"ס; כי"א (ר' אומר בכירה); כיה"ה (ר' מאיר אומר בכירה); כי"מ; כימ"ב; כיס"ב; דפ"ס (ר' אומר בכירה).
קלח רש"י; כי"א; כי"ו; כי"מ; כימ"ב; כיס"ב; דפ"ס.
קלט עו"ה (בשם ד"ס); כי"ו ;כי"מ; כימ"ב; דפ"ס.
קמ כי"א; כי"מ; כיק"א; דפ"ס.
קמא כי"א; דפ"ס (מחבירו).
קמב כי"א; כיה"ה; כי"מ; כימ"ב; כיס"ב; כיק"א; כינ"א; דפ"ס.
קמג כי"א; כימ"ב; דפ"ס.
קמד כי"א; כיה"ה; כי"מ; כימ"ב; כיס"ב; דפ"ס; וכן בבבא קמא.
קמה כי"א; כי"ו; כיה"ה; כי"מ; כימ"ב; כיס"ב; דפ"ס; וכן בברכות.
קמו רש"י (בבי); כיה"ה (מטרא דפתח באבא); כי"מ; כיס"ב.
קמז כי"א; כי"ו; כי"מ; כימ"ב; כיק"א; דפ"ס; דפ"פ; וכן בברכות.
קמח רש"י; כי"א; כי"ו; כי"מ; כימ"ב; כיס"ב; דפ"ס.
קמט רש"י; כי"א; כי"ו; כי"מ; כימ"ב; כיס"ב; כיק"א; דפ"ס.
קנ כיה"ה; כיס"ב.
קנא עו"ה; ד"ס; כי"א; כי"ו; כיה"ה; כי"מ; כימ"ב; כיס"ב; כיק"א; דפ"ס.
קנב כי"א; כי"ו; כי"מ; כיס"ב; דפ"ס; וכן בברכות.
קנג כי"מ; כיס"ב; וכן בברכות.
קנד כי"א; כיה"ה; כי"ו; כיס"ב; וכן בברכות.
קנה כיה"ה.
קנו כי"א (ביותר); כיה"ה (יתר); כי"ו; כי"מ; כימ"ב; כיס"ב; דפ"ס.
קנז כי"א; כי"ו; כי"מ; כימ"ב; כיס"ב; וכן בברכות.
קנח עו"ה (וכפי שהוא בסמוך); כי"א; כי"ו (הכיצ'); כיה"ה; כי"מ; כימ"ב; כיס"ב; כיק"א; דפ"ס.
קנט כי"א (עליו הלכות); כי"ו; כיה"ה (תזל כטל); כי"מ; כימ"ב; כיס"ב; דפ"ס.
קס כי"א; כי"מ; כימ"ב; כיס"ב; דפ"ס.
קסא מ"ה; כי"ו; כיה"ה; כי"מ; כיס"ב; כינ"ב; דפ"ס; דפ"פ.
קסב רש"י; עו"ה; כי"ו; כי"מ (את פני); כימ"ב; כיס"ב (איש).
קסג כי"א; כי"ו; כיק"א (ביחיד); דפ"ס.
קסד כי"א; כי"ו; כי"מ; כיס"ב.
קסה כי"א; כיה"ה; כימ"ב; כיס"ב (ועסקין); וכן בברכות.
קסו כי"א; כי"מ (צוען וגו'); כיס"ב; דפ"פ; דפ"ס (צוען וגו'); וכן בברכות.
קסז ד"ס; כיה"ה; כי"מ; כימ"ב; כיס"ב; דפ"ס; וכן במכות.
קסח עו"ה; כי"א; כי"ו; כיה"ה; כי"מ; כימ"ב; כיס"ב; כיק"א; דפ"ס; וכן במכות.
קסט רש"י; כי"א; כי"ו; כיה"ה; כי"מ; כימ"ב; כיס"ב; דפ"ס; דפ"פ.
קע רש"י; כי"א; כי"ו; כיה"ה; כי"מ; כימ"ב; כיס"ב; דפ"ס.
קעא כי"א; כי"ו; כיה"ה (בר); כי"מ; כימ"ב (בר); כיס"ב; דפ"ס (בר).
קעב כי"א; כי"ו; כיה"ה; כי"מ; כיס"ב; דפ"ס.
קעג מ"ה; כי"א; כי"ו; כיה"ה; כיס"ב; דפ"ס.
קעד כי"א (גבוהה עליו... שפלה עליו); כיה"ה; כי"ו (גבוה); כי"מ (גבוה והולכין למי); דפ"ס ([מ]שדעתו גבוהה עליו).
קעה כי"א; כי"ו; כיה"ה; כי"מ; כימ"ב; כיס"ב; דפ"ס.
קעו עו"ה (בשם ד"ס); כי"ו (למים ויין וחלב); כי"מ; דפ"ס (למים ויין וחלב).
קעז כי"ו; דפ"פ (אי בתרמי).
קעח רש"י; כי"ו; כי"מ; כימ"ב; כיס"ב; כיק"א.
קעט כי"א (דכספא ודהבא); כי"ו; כיה"ה (דכספא ודהבא).
קפ עו"ה; כי"א; כי"ו; כיה"ה; כי"מ (נפסדין); כימ"ב; כיס"ב; דפ"ס.
קפא עו"ה; כי"א; כי"ו (נפסלין); כיה"ה; כי"מ; כיס"ב; כיק"א; דפ"ס.
קפב כיה"ה; כימ"ב; דפ"ס; דפ"פ.
קפג כי"א; כי"ו; כיה"ה; כי"מ; כימ"ב; כיס"ב; דפ"ס; דפ"פ.
קפד כי"א; כי"ו; כי"מ; כיס"ב.
קפה כי"א (מר רב); כי"ו (מר); כי"מ; כימ"ב (ר'); דפ"ס.
קפו כי"א; כי"ו; כי"מ.
קפז כי"ו; דפ"ס.
קפח כי"ו; כיה"ה; כי"מ.
קפט כי"א וכי"ו (שהיה); כיה"ה; כי"מ (שהיה בהם); כימ"ב; כיס"ב (שהיה); דפ"ס (בהם).
קצ כי"א; כי"ו; כי"מ; כימ"ב; כיס"ב; כיק"א; דפ"ס.
קצא רש"י (אפילו כשהשמים בהורין); כי"א (עומדין); כי"ו (נעשים); כיה"ה (שהמים עוברים עומדים); כי"מ (שהעננים); כימ"ב; כיק"א; דפ"ס.
קצב עו"ה (בשם ד"ס); כי"א; כי"ו; כיה"ה; כי"מ; כיס"ב; כיק"א; דפ"ס.
קצג כי"ו וכיה"ה (תקנתם); כיס"ב כיק"א ודפ"ס (תקנתם).
קצד כי"ו; כיה"ה; כיס"ב; כיק"א; דפ"ס.
קצה כי"מ; כיק"א; דפ"ס.
קצו כי"א; כי"ו; כיה"ה; כי"מ; כימ"ב; כיס"ב; כיק"א; דפ"ס.
קצז רש"י; כי"א; כיה"ה; כי"מ; כיק"א; דפ"ס.
קצח כי"א; כי"ו; כי"מ (דאכשרו); כינ"ג (בלי "היכא"); דפ"ס (שהוכשרו).
קצט כי"א; כי"ו; כיה"ה; כיס"ב; כינ"ג; דפ"ס.
ר כי"א; כי"ו; כיה"ה; כי"מ; כימ"ב (תלמודו); כיס"ב; דפ"ס; דפ"פ.
רא כי"א (לו בפיו); כי"ו; כיה"ה; כי"מ; כימ"ב; כיס"ב; דפ"ס.
רב כי"א; כי"ו; כיה"ה; כי"מ; כימ"ב.
רג כי"א; כי"ו (היה סדורה לו); כיה"ה (בלי "לו"); כי"מ; כיס"ב; דפ"ס.
רד כי"א; כי"ו (בהם); כיה"ה; כימ"ב; כיס"ב; דפ"ס (בהם).
רה כי"א; כי"ו; כי"מ; כימ"ב; כיס"ב; דפ"ס.
רו כי"א; כי"ו; כיה"ה; כי"מ; כימ"ב; כיס"ב; דפ"ס; דפ"פ.
רז רש"י; הב"ח; כי"א; כי"ו; כיס"ב (מתנקשין); דפ"ס (משתנין); כיק"א.
רח הב"ח; כי"א; כי"ו וכיה"ה (שבאותו); כי"מ; כיס"ב; דפ"ס (בא ותו).
רט כי"א; כי"ו; כיה"ה; כי"מ; כימ"ב (וילחוש); כיס"ב.
רי כי"א; כיה"ה; כיס"ב; כיק"א(וכל מי ש<..>); דפ"ס.
ריא כי"א (בדעתו); כי"ו; כיה"ה; כי"מ; כימ"ב (דעתיה); כיק"א; דפ"ס.
ריב כי"א; כיס"ב.
ריג כי"א; כי"ו; כיה"ה (אומרות); כי"מ; כיק"א; דפ"ס; דפ"פ; וכן בערכין.
ריד כי"ו.
רטו עו"ה; כי"ו; כיה"ה; כימ"ב וכיס"ב (מה); וכן בערכין.
רטז כי"א (בר' נחמני); כיה"ה; כי"מ; דפ"ס.

ריז מ"ה; ד"ס; כי"א (קשיא אהדדי); כי"ו, כי"מ; כיס"ב; דפ"ס.
ריח כיה"ה; כי"ו; דפ"ס.
ריט כי"א; כי"ו; כיה"ה; כי"מ; כיס"ב; דפ"ס.
רכ כי"א (וא"ר); כי"ו; כי"מ; כיס"ב; דפ"ס.
רכא רש"י; כי"א; כי"מ; כימ"ב; דפ"ס.
רכב כי"א; כי"ו; כיה"ה; כי"מ; כיס"ב; דפ"ס.
רכג כי"א; כי"ו; כיה"ה (מתקשרים בעבים ואינן יורדין); כי"מ; כיס"ב; דפ"ס.
רכד כי"א; כיה"ה; כיס"ב (דומים); דפ"ס.
רכה כי"א; כיה"ה; כי"ו; כי"מ (עצירה בגשמים); כיס"ב (עצירה באשר); דפ"ס (ונאמר עצירה).
רכו כי"א; כיה"ה (ונאמרה לידה באשה); כי"ו; כי"מ (לידה בגשמים); כיס"ב; דפ"ס.
רכז כי"א; כיה"ה; כי"ו (ונאמר' פקיד' באשה); כי"מ (פקידה בקרקע); כיס"ב; דפ"ס.
רכח כי"א; כיה"ה; כיק"א; דפ"ס.
רכט כי"א; כי"ו; כיה"ה; כיס"ב; כיק"א; דפ"ס.
רל כי"א; כיה"ה; כיק"א; דפ"ס.
רלא כי"א; כי"ו; כיה"ה; כיס"ב; כיק"א; דפ"ס.
רלב כי"א; כי"ו; כיה"ה; דפ"ס.
רלג כי"א; כי"ו; כיה"ה; כיק"א; דפ"ס.
רלד כי"א; כי"ו; כיה"ה; כי"מ (בקרקע); כיס"ב; כיק"א; דפ"ס.
רלה כי"א; כי"ו; כיה"ה; כי"מ (פקידה דכתיב); דפ"ס.
רלו כי"א; כי"ו; כיה"ה; כי"מ; דפ"ס.
רלז כי"א; כי"ו; כיה"ה; כי"מ (בקרקע); כיס"ב; דפ"ס.
רלח כי"א (שממנו יורדין גשמים לעולם); כי"ו; כיה"ה וכי"מ וכימ"ב (בלי "לעולם"); כיס"ב; כיק"א; דפ"ס (בלי "לעולם").
רלט עו"ה (בשם ד"ס); כי"א; כי"ו; כיה"ה; כי"מ (ביומי); כימ"ב; כיס"ב; כיק"א; דפ"ס.
רמ רש"י; כי"א; כי"ו; כיה"ה (בענן); כי"מ (ניבעי); כיס"ב (בענן <..>); דפ"ס.
רמא כי"א; כי"ו; כיה"ה וכי"מ וכיס"ב (נבעי); דפ"ס.
רמב כי"א; כי"ו (בענן); כי"מ; כימ"ב (בענן); כיס"ב (בענן <..>); דפ"ס.
רמג עו"ה; כי"א; כי"ו; כיה"ה (שמאדא); כי"מ; כימ"ב; כיס"ב; כינ"ה; דפ"ס (שמדא לא); דפ"פ (שמדא וגזור).
רמד כי"א (נייתבה); כי"מ; כיס"ב (ניתיב בתעניתא) ; כינ"ה (ניתביה) ;דפ"פ (שמד ליתבי').
רמה כי"א (ומנא לן); כי"ו; כיה"ה; כי"מ; כיס"ב; כינ"ה(ומנא לן); דפ"ס (ומנא לן).
רמו כי"א; כי"ו; כיה"ה; כי"מ; כיס"ב; כינ"ה; דפ"ס.
רמז כי"א; כי"ו; כיה"ה; כימ"ב; כיס"ב; כיק"א; וכן בבבא מציעא.
רמח כי"א; כיה"ה; כיס"ב; כיק"א; דפ"ס.
רמט כי"א; כי"ו; כיה"ה; כי"מ; כיס"ב; דפ"ס; וכן בבבא מציעא.
רנ כי"א; כי"ו; כיה"ה; כי"מ; כיס"ב; דפ"ס.
רנא כי"א; כי"ו; כיה"ה; כי"מ (אותך); כימ"ב; דפ"ס.
רנב כי"א; כי"מ; כימ"ב; כיס"ב.
רנג כי"א; כימ"ב; כיק"א (<..>נוקיה); דפ"ס; דפ"פ.

רנד כי"א; כי"ו (בלי "מאי"); כיה"ה (ליפריש); כי"מ (פרש לי מר א"ל האי עשר) כימ"ב ("פרש" בלי "מר") כיס"ב (ליפריש) ; דפ"ס(לפרוש).
רנה כי"ו (שרי ליה לאיניש לנסויי); כיה"ה (לניסויי לקדשא); כי"מ (שרי לאיניש לנסויי); כימ"ב (הקב"ה); כיס"ב; דפ"ס; דפ"פ (לקב"ה).
רנו כי"א (יודן); כי"ו; כיה"ה (יודא); כימ"ב (יוד'); כיס"ב; כיק"א; דפ"ס.
רנז רש"י; כי"ו; כיה"ה וכי"מ (אי מטאי להתם); כימ"ב; כיק"א (אי מטאי להתם); דפ"ס (אי מטיא להתם).
רנח כי"ו; כימ"ב; כיס"ב.
רנט רש"י (לר'); כי"א; כי"ו (אושעי'); כי"מ (אושעיה); כיס"ב (אושעיא).
רס כי"א; כי"ו (בלי "הוה קא"); כיה"ה; כי"מ; כיס"ב (קתמה); דפ"ס.
רסא רש"י; כי"א; כי"ו (רמזא); כי"מ; כיס"ב.
רסב רש"י; כי"א; כיה"ה; כימ"ב.
רסג מ"ה; כיה"ה; כי"מ; כימ"ב.
רסד כי"א; כי"ו; כיה"ה; כי"מ; כימ"ב; כיס"ב (השמים וגו').
רסה עו"ה; ד"ס; כי"א; כי"ו; כיה"ה; כי"מ; כיס"ב.
רסו עו"ה; ד"ס; כי"א; כי"ו; כיה"ה; כי"מ; כיס"ב.
רסז כי"א; כי"ו וכיס"ב (ואילו).
רסח כי"א; כי"ו; כיה"ה; כי"מ; כימ"ב (עמוד); כיס"ב.
רסט כי"א; כימ"ב.
רע כי"א; כיה"ה; כי"מ; כיס"ב.
רעא כי"א; כי"ו; כיה"ה; כי"מ; כיס"ב.
רעב כי"א; כי"ו (ניטל); כיה"ה וכי"מ (בטל); כימ"ב.
רעג כי"א; כי"ו (והינו דכתיב); כימ"ב.
רעד כי"א; כי"ו; כי"מ; כימ"ב; וכן בר"ה.
רעה כי"ו; כיה"ה; כימ"ב; וכן בר"ה.
רעו כי"ו; כיה"ה (כי דריש); כי"מ וכימ"ב וכיס"ב (וכדר' שמעון בן לקיש).
רעז כי"א; כי"ו; כיה"ה; כי"מ; כימ"ב; כיס"ב.
רעח כי"א.
רעט כי"א.
רפ כי"א; כיה"ה (באעי); כיס"ב (דרבים בעי); כיק"א (<..>א בעי).
רפא כי"א; כי"ו; כי"מ; כימ"ב; כיס"ב.
רפב כי"ו; כי"מ (לשלם); כימ"ב; כיס"ב; דפ"פ.
רפג עו"ה; כי"א; כיה"ה (ואו) כי"מ (ואי); כיס"ב.
רפד עו"ה; כי"א; כי"ו; כי"מ; כיס"ב; דפ"ס.
רפה מ"ה; כי"א; כי"ו; כי"מ; כיס"ב.
רפו רש"י; כי"ו; כיה"ה (קלישא); כיס"ב (תותי);כינ"ד; דפ"ס.
רפז כי"א; כי"ו; כיה"ה; כי"מ; כימ"ב; כיס"ב; כינ"ד; דפ"ס.
רפח כי"א(לפום בדיתא); כי"ו; כיה"ה; כי"מ; כיס"ב; כינ"ד (לפום בדיתא); דפ"ס.
רפט כי"א; כי"ו; כיה"ה; כי"מ; כימ"ב; כיס"ב; דפ"ס.
רצ כי"א; כי"ו; כיה"ה; כי"מ; כימ"ב; כיס"ב; דפ"ס.
רצא רש"י; כי"א; כי"ו; כיה"ה (הסכיני); כי"מ; כימ"ב; כיס"ב; דפ"ס; דפ"פ.

רצב כי"א; כי"ו; כי"מ; כימ"ב; כיס"ב; דפ"ס.
רצג כיה"ה; כי"מ; כימ"ב; כיס"ב; כינ"ד; דפ"ס (הם).
רצד הב"ח; כי"א; כי"ו; כיה"ה; כי"מ; כיס"ב; כי"ד; דפ"ס.
רצה ד"ס; כי"א; כי"ו; כיה"ה; כי"מ; כיס"ב.
רצו כי"א (בתחלה); כי"ו; כיה"ה (בתחלה); כי"מ (בתחלה היא שותה); כיס"ב (כתחילה היא שותה); דפ"ס (בתחלה).
רצז כי"א (שותה בסוף); כי"ו (שותה לבסוף); כיה"ה (שותה בסוף); כי"מ (ואחר כך כל העולם כולו); כיס"ב; דפ"ס (כלו שותה בסוף).
רצח כי"מ (מתמצית ארץ ישראל משל); כיס"ב; דפ"ס.
רצט כי"א (שותה הב"ה בעצמו); כי"ו; כיה"ה; כי"מ וכיס"ב (הקב"ה משקה אותה); דפ"ס.
ש כי"א; כי"ו (משק'); כיה"ה (העולם משקה); כי"מ (העולם על ידי); כיס"ב; דפ"ס.
שא כי"א; כי"ו; כיה"ה; כי"מ; כיס"ב; דפ"ס.
שב כי"א; כי"ו; כיה"ה; כי"מ; כיס"ב; דפ"ס.
שג כי"א; כי"ו (א"<> אליעזר); כיה"ה; כי"מ (א"ר אליעזר); כיס"ב; כי"ד; דפ"ס.
שד כי"א; כיה"ה; כי"מ; כימ"ב; כיק"א; כי"ד (ממתיקין); דפ"פ.
שה כי"א; כיה"ה; כי"מ; כיס"ב; כי"ד (אמר קרא).
שו עו"ה (בשם ד"ס); כי"א; כי"ו; כיה"ה; כימ"ב; כיס"ב; כי"ד.
שז רש"י; כי"א; כי"ו; כיה"ה (מימיהו); כי"מ (חשוך ענגין סגיאין מוקי); כיס"ב (סגיין); דפ"ס.
שח רש"י; כי"א (ס?ג?יאין); כי"ו; כיה"ה (עננא [זעירן] סגיאין); כי"מ (נהור עננא זעירין מוהו); כיס"ב (זעירן); דפ"ס.
שט כי"א; כי"ו; כיה"ה (שלגן); כי"מ; כיס"ב.
שי כי"א; כי"ו; כיה"ה; כי"מ; כימ"ב; כיס"ב; דפ"ס; וכן בפסחים.
שיא כי"א; כי"ו; כיה"ה; כי"מ (מצרים); כיס"ב; דפ"ס; וכן בפסחים.
שיב כי"ו; כיה"ה; כימ"ב; כיס"ב; דפ"ס; וכן בפסחים.
שיג כי"א; כי"ו; כיה"ה; כימ"ב; כיס"ב; דפ"ס; וכן בפסחים.
שיד כי"א (וגיהנם אין לה); כי"ו; כיה"ה (לה... לה); כי"מ (וגהינם); כימ"ב; כיס"ב (וגיהנם); דפ"ס (עדן אין לה).
שטו כי"א (אוצרות); כי"ו (שניתרבו); כי"מ (שרבים אוצרותיה); כיס"ב; דפ"ס.
שטז כי"א; כי"ו (שהיא שוכנת); כיה"ה (עליהן); כי"מ (שהיא שוכנת); כיס"ב (עליהן); דפ"ס.
שיז כי"א; כי"ו; כיה"ה; כי"מ; כימ"ב; כיס"ב; דפ"ס.
שיח כי"א; כי"ו; כיה"ה; כי"מ; כימ"ב.
שיט כי"א; כי"ו; כיה"ה; כי"מ; כימ"ב.
שכ כי"א; כיה"ה; כי"מ; כיס"ב; דפ"ס; דפ"פ.
שכא כי"א; כי"ו; כיה"ה; כי"מ; כימ"ב; כיס"ב; דפ"ס.
שכב עו"ה; ד"ס; כי"א; כי"ו; כיה"ה; כי"מ; כימ"ב; כיס"ב; דפ"ס.
שכג כי"א; כי"ו; כיה"ה; כי"מ; כיס"ב; כי"ד; דפ"פ.
שכד כי"א; כי"ו; כי"מ; כי"ד; וכן בשבת.

[שכה] כי"א (שאינו); כי"ו, כיה"ה (שאינו); כי"מ; כי"ד; דפ"ס.
[שכו] כי"א; כי"ו; כיה"ה; כימ"ב; כיס"ב; כי"ד; דפ"ס.
[שכז] רש"י; כי"א; כי"ו; כיה"ה; כי"מ; כימ"ב; כיס"ב; כי"ד; דפ"ס.
[שכח] רש"י; כי"א; כי"ו; כיה"ה; כי"מ; כימ"ב(צרה); כיס"ב; כי"ד; דפ"ס.
[שכט] רש"י (בפניהן); כי"א; כי"ו; כי"מ; כימ"ב; כיס"ב; כי"ד; דפ"ס.
[של] עו"ה; כי"א; כי"מ; כימ"ב; כיס"ב; דפ"ס; דפ"פ.
[שלא] כי"א וכי"ו (המהלכים); כיה"ה; כימ"ב; כיס"ב; דפ"ס; וכן בסוטה.
[שלב] רש"י; כי"א; כי"ו; כיס"ב; דפ"ס; וכן בסוטה.
[שלג] מ"ה; כי"א; כי"ו; כיה"ה; כי"מ; כימ"ב; כיס"ב; דפ"ס; דפ"פ; וכן בסוטה.
[שלד] עו"ה; כי"מ; כימ"ב; כי"ד; וכן בפסחים; וכן בבא קמא.
[שלה] רש"י; כי"א; כי"ו; כיה"ה; כי"מ; כימ"ב; כיס"ב; דפ"ס.
[שלו] כי"א; כי"ו; כיה"ה; כי"מ (שמרעיב); כימ"ב; כיס"ב (שהרעיב את); כי"ד.
[שלז] עו"ה; ד"ס; כי"א; כי"מ; כימ"ב כיס"ב; כי"ד; דפ"ס.
[שלח] כי"א וכי"ו (שהציבור); כיה"ה; כי"מ; כימ"ב וכיס"ב וכי"ד ודפ"ס (שהציבור).
[שלט] כי"א; כי"ו; כיה"ה; כימ"ב (המלוים); כיס"ב; כי"ד.
[שמ] כי"א; כי"ו; כיה"ה; כי"מ; כימ"ב; כיס"ב; כי"ד.
[שמא] כי"א; כי"ו (שרוין); כיה"ה; כיס"ב; כי"ד; דפ"ס.
[שמב] רש"י; כי"א; כי"ו; כיה"ה; כי"מ; כיס"ב; דפ"ס.
[שמג] כי"א (במדת... מהו); כיה"ה (במדת רשעים ה'א); כימ"ב(מדת..אומ' דכתי'); כיס"ב; כי"ד (במדת... מהו).
[שמד] כי"א; כי"ו; כיה"ה; כי"מ ("המצער עם הצבור"); כיס"ב; כי"ד (כל); דפ"ס (הצבור).
[שמה] כי"א; כי"ו; כיה"ה; כי"מ (צבור); כיס"ב; כי"ד; דפ"ס (צבור).
[שמו] כי"א; כי"ו; כיה"ה; כימ"ב; כיס"ב; כי"ד; דפ"פ.
[שמז] כי"א; כיס"ב.
[שמח] כי"א; כי"ו (ושמא); כיה"ה; כי"מ; כימ"ב; כיס"ב; כי"ד; דפ"ס.
[שמט] כי"א; כי"ו; כיה"ה ("ורהיטני" בלי "של אדם"); כי"מ; וכן בחגיגה.
[שנ] כי"א; כי"ו; כיס"ב; כי"ד; דפ"ס; וכן בחגיגה (הם).
[שנא] כי"א (אמר); כיה"ה; כיס"ב (אמר).
[שנב] כי"א; כי"ו; כיה"ה; כי"מ; כימ"ב; כיס"ב.
[שנג] כי"ו; כי"מ; כימ"ב; כי"ד; וכן בחגיגה.
[שנד] כי"ו; כיה"ה; כימ"ב; כיס"ב; דפ"ס; וכן בחגיגה.
[שנה] כי"א; כי"ו; כיה"ה; כי"מ; דפ"ס.
[שנו] כימ"ב; כיס"ב.
[שנז] כי"א; כי"ו; כי"מ; כימ"ב; כיס"ב; דפ"ס; וכן בחגיגה.
[שנח] כימ"ב.
[שנט] מ"ה; כי"ו; כיה"ה; כימ"ב (נפרטים); כיס"ב; כי"ד; דפ"ס.
[שס] כיה"ה; דפ"ס (באי זו); וכן בנדרים.
[שסא] כי"א; כי"ו; כי"מ; כיס"ב; כי"ד; דפ"ס; וכן בנדרים.
[שסב] כיה"ה; כי"מ; כימ"ב; כיס"ב; כי"ד; דפ"ס.
[שסג] עו"ה; כיה"ה; כי"מ; כימ"ב; כיס"ב; כי"ד; דפ"ס.
[שסד] כי"ו; כיה"ה; כי"מ; כימ"ב; כי"ד; דפ"ס.
[שסה] כי"א; כי"ו; כיה"ה; כיס"ב; כי"ד; דפ"ס.
[שסו] כי"א; כיה"ה; כימ"ב; כיס"ב.
[שסז] כי"א; כי"ו; כי"מ; כי"ד.
[שסח] הב"ח; כי"א; כיה"ה; כי"מ; כיס"ב; כי"ד; דפ"ס; דפ"פ.
[שסט] הב"ח; כי"א (א"ר ירמיה אמ' ר'ש'ב'ל); כי"ו; כיה"ה (א"ר ירמיה אמ' ריש לקיש); כי"מ (א"ר ירמיה בר אבא); כימ"ב (אמ' ר' ירמיה אמ' ר' שמעון בן לקיש); כיס"ב (אמ' ר' ירמיה אמ' ר' שמע' בן לקיש); דפ"ס (אמ"ר ירמיה אמ' ריש לקיש).
[שע] הב"ח; כי"א; כי"ו; כיה"ה; כי"מ; כימ"ב (ראוי לישב); כיס"ב; דפ"ס.
[שעא] הב"ח; כי"א (שממעיט); כי"ו (שהוא ממ'[עט] ממלאכת); כיה"ה; כי"מ; כימ"ב (מלאכת); כיס"ב; דפ"ס (ממלאכת).
[שעב] כי"א; כי"ו; כי"מ; כימ"ב.
[שעג] הב"ח; כי"א; כי"ו; כי"מ; כימ"ב; כיס"ב; דפ"ס.
[שעד] ד"ס ("וכ"ה בשאילתות ובריף וברמבם פ"א מהלכות תענית הל' י' ובפסקי רי"ד ובפסקים וכתבים סי' ק"פ וכן הביא גירסה זו בספר האשכול ובראב"ש ובריטב"א וע' עי"ז באורך דברי הראשונים ז"ל"); כיה"ה; כי"מ; כימ"ב; כיס"ב (בזה) ; כי"ד; דפ"ס.
[שעה] כי"א וכי"ו וכיה"ה וכי"מ (כולה); כימ"ב; כיס"ב (כולה); כי"ד.
[שעו] כי"א; כי"ו; כיה"ה; כי"מ (יתפלל); כימ"ב; כיס"ב; דפ"ס.
[שעז] כי"א; כי"ו; כי"מ; כימ"ב; כיס"ב; דפ"ס.
[שעח] כי"א; כי"ו (תפילת); כי"מ; כימ"ב; כיס"ב(תפילת); כי"ד (תפיל'); דפ"ס.
[שעט] כיה"ה; כימ"ב; כי"ד.
[שפ] כי"א (מי סבר קסבר); כי"ו (נימא קסבר); כיה"ה; כי"מ (אי קסבר); כימ"ב (מסבר); כיס"ב (אילמ'); כי"ד (אי קא סבר); דפ"ס (אי קסבר).
[שפא] כי"א וכי"ו וכיה"ה (קסבר); כימ"ב; כיס"ב (קסבר בלי "לעולם"); דפ"ס (קסבר בלי "לעולם").
[שפב] כי"א; כי"ו; כיה"ה; כימ"ב; כיס"ב.
[שפג] כימ"ב; כי"ד.
[שפד] עו"ה; כי"א; כי"מ; כימ"ב; כיס"ב (התם דלא); כי"ד; דפ"ס.
[שפה] רש"י; כי"א; כיה"ה (קבליה עליה); כי"ו; כי"מ; כימ"ב (קבלה); כיס"ב (קביל); כי"ד (קיבלה עליה); דפ"ס.
[שפו] ד"ס (וכ"ה בילקוט כ"י ובסרע"ג ובראב"ן וכ"ה בע"ז ל"ד א'); כיה"ה (עקיבה); כימ"ב; כיס"ב; כי"ד; וכן בע"ז; (ועיין ברש"י כאן שהיה לפניו "ר' עקיבא" אמנם כתב לגרוס אחרת, וראה תוס' בע"ז שדחו את הקושיא השניה של רש"י).
[שפז] כי"א; כי"ו; כיה"ה; כי"מ; כימ"ב; כיס"ב; כי"ד; דפ"ס; וכן בע"ז.
[שפח] כי"א; כי"ו; כיה"ה (שלגוים); כי"מ; כימ"ב; כיס"ב; כי"ד; דפ"ס; דפ"פ.
[שפט] כי"א; כי"ו; כיה"ה; כי"מ; כימ"ב; כיס"ב; כי"ד; דפ"ס; וכן בע"ז.
[שצ] כי"א; כי"ו; כיה"ה (שלגוים); כי"מ; כימ"ב; כיס"ב; כי"ד; דפ"ס; דפ"פ.
[שצא] רש"י; כי"א; כי"ו; כיה"ה; כי"מ; כימ"ב; כי"ד; דפ"ס; וכן בע"ז.
[שצב] עו"ה; רש"י; רא"ש; ריטב"א; ראבי"ה; כי"א; כי"ו; כיה"ה; כי"מ; כימ"ב; כיס"ב (כל אותו היי<.>); כי"ד; דפ"ס.
[א] עו"ה; כי"א; כיה"ה; דפ"ס.
[ב] רש"י (נפשייהו); כי"א; כי"ו; כיה"ה; כי"מ (נפשייהו); כימ"ב; כיס"ב; כי"ד; דפ"ס; דפ"פ.
[ג] כי"ו; כימ"ב; כי"ד; דפ"ס.
[ד] רש"י; כי"א; כיה"ה (שלסנאה); כימ"ב (סנ(ו)אה); דפ"פ.
[ה] רש"י; כי"א; כי"ו; כיה"ה; כי"מ; כימ"ב; כי"ד; וכן בעירובין.
[ו] כי"א; כי"ו; כיה"ה; כי"מ (בעלמא נפשייהו); כימ"ב; כיס"ב; כי"ד.
[ז] כי"א; כי"ו; כיה"ה; כי"מ; כימ"ב; כיס"ב; כי"ד; דפ"ס; דפ"פ.
[ח] כי"ו; כיה"ה; כימ"ב וכיס"ב (קבלה); כי"ד.
[ט] כי"א; כיה"ה; כימ"ב; כיס"ב; כי"ד; דפ"ס (מקבלא).
[י] כי"א; כימ"ב; כי"ד; דפ"ס.
[יא] כי"א; כי"ו; כיה"ה; כי"מ; כימ"ב; כיס"ב; כי"ד; דפ"ס; דפ"פ.
[יב] כי"א; כי"ו; כיה"ה; כי"מ; כימ"ב; כיס"ב; כי"ד; דפ"ס.
[יג] כי"ו.
[יד] כי"א (גזירותינו); כי"ו (גזירתינו); כיה"ה; כי"מ (גזירתינו); כימ"ב (גזרתינו); כיס"ב (ידחה גזירתינו); דפ"ס (תדחת גזרתנו).
[טו] כי"א; כימ"ב.
[טז] כי"א; כי"ו (תדחה); כיה"ה (גזירתינו); כי"מ (תדחה... גזירתינו); כימ"ב; כיס"ב (תדחה... גזירתינו); דפ"ס (גזרתנו).
[יז] כי"א; כימ"ב; כיס"ב; כי"ד.
[יח] כי"א; כי"ו; כיה"ה; כי"מ (קריית); כימ"ב; דפ"ס (קריית).
[יט] מ"ה; כי"א; כי"ו; כיה"ה; כי"מ; כיס"ב; דפ"ס.
[כ] מ"ה; עו"ה; כי"א; כי"ו; כיה"ה; כי"מ; כימ"ב; כיס"ב; דפ"ס.
[כא] כי"א; כי"ו; כי"מ; כימ"ב.
[כב] כי"א; כי"ו; כי"מ; כימ"ב.
[כג] כי"א; כי"מ; כימ"ב; דפ"ס.
[כד] כי"א; כי"ו; כיה"ה; כי"מ; דפ"ס; וכן בפסחים, מגילה, יבמות, ונדה.
[כה] רש"י; כי"א (מידכרו); כי"מ; כיס"ב דפ"ס; וכן בפסחים, מגילה, יבמות, ונדה.
[כו] כי"א; כי"ו (או'); כיה"ה (ואמ'); כי"מ; דפ"ס.
[כז] כי"א; כי"ו (קאכלי); כיה"ה; כי"מ (קאכלי); כימ"ב; כיס"ב (בלי "נמי").
[כח] כי"א; כי"ו; כיה"ה (סימי); כי"מ; כימ"ב; כיס"ב; דפ"ס.
[כט] כי"א; כי"ו; כיה"ה; כי"מ; כימ"ב; דפ"ס.

[ל] כי"א; כי"ו; כיה"ה (צערא קביל); כי"מ; כימ"ב; כיס"ב; דפ"ס.
[לא] עו"ה; רא"ש; כי"א; כיה"ה; כימ"ב; דפ"ס.
[לב] בה"ג; רע"ג; ריטב"א; מ"ו (ישלם); סרש"י; כי"א; כיה"ה (משלם למחר); כי"מ; כימ"ב (משלים למחר וליום אחרינא); דפ"ס.
[לג] עו"ה; כי"א; כי"ו; כיה"ה; כי"מ; כימ"ב; כיס"ב; דפ"ס; דפ"פ; וכן בשבת.
[לד] כי"א; כי"ו; כיה"ה; כי"מ; כיס"ב; דפ"ס; וכן בשבת.
[לה] כי"א; כי"ו; כיה"ה; כי"מ; כימ"ב; כיס"ב; דפ"ס.
[לו] מ"ה; כי"ו.
[לז] עו"ה; כי"א; כי"ו; כיה"ה; כי"מ; כימ"ב; כיס"ב; דפ"ס.
[לח] כיס"ב.
[לט] כימ"ק; כימ"פ; כי"מ; כימ"ב; כיס"ב; דפ"ס.
[מ] כימ"ק; כימ"פ; כי"מ (מה); כימ"ב; כיס"ב (ובמה); דפ"ס.
[מא] כי"ו; כי"מ (פותחין כל היום); כימ"ב.
[מב] כי"ו; כי"מ (אבל); כימ"ב; דפ"ס.
[מג] כי"א; כיה"ה; כימ"ב; דפ"ס; וכן במגילה.
[מד] כי"א; כי"ו; כיה"ה; כי"מ (מפלגא דיומא עד אורתא); כימ"ב; כיס"ב (מפלגא); דפ"ס (מפלגא דיומא עד לפניא).
[מה] כי"א; כי"ו; כיה"ה; כימ"ב; דפ"ס.
[מו] כי"א (וריבעיה); כי"ו; כיה"ה (ורבעא); כי"מ; כימ"ב (רבעיה); כיס"ב; דפ"ס; וכן במגילה.
[מז] כי"א; כי"ו; כימ"ב; דפ"ס.
[מח] כי"א; כי"ו; כיה"ה; כימ"ב; כיס"ב; דפ"ס.
[מט] כי"א; כי"ו; כי"מ; כימ"ב; כיס"ב (מנחת); דפ"ס; וכן במגילה.
[נ] כיה"ה; וכן במגילה.
[נא] כי"א; כיה"ה (ואסורין); כי"מ; כימ"ב; דפ"ס.
[נב] כי"א; כי"ו; כיה"ה וכי"מ (למיתנא); כימ"ב וכיס"ב (למתנא).
[נג] כי"א; כי"ו; כיה"ה; כי"מ (נועלין); כימ"ב; כיס"ב.
[נד] כי"א; כי"ו (ובצונין); כיה"ה (בלי "לאו"...בצונן); כי"מ (ולאו למימר); כימ"ב; כיס"ב (לממרא... ובצונין); דפ"ס (בלי "לאו").
[נה] כי"א; כי"ו; כיה"ה; כי"מ; כימ"ב; כיס"ב; דפ"ס.
[נו] רש"י; כי"א; כי"ו; כיה"ה; כי"מ; כימ"ב; כיס"ב; דפ"ס.
[נז] כי"א; כיה"ה; כי"מ; כימ"ב; כיס"ב; דפ"ס.
[נח] כי"א; כי"ו; כיה"ה; כי"מ; כימ"ב; כיס"ב (שרו); דפ"ס.
[נט] עו"ה; כי"א; כיה"ה (הא קא טבל); כי"מ; כימ"ב; כיס"ב (הא קמיטבלי); דפ"ס (הא טבלי).
[ס] כי"ו; כי"מ; כיס"ב; וכן במועד קטן.
[סא] רש"י; כי"א; כיה"ה; כי"מ; כימ"ב; דפ"ס; וכן במועד קטן.
[סב] כי"א; כי"מ; דפ"ס.
[סג] כי"ו (מישרי"); כי"מ; כימ"ב; דפ"ס.
[סד] כי"א (רבה); כיה"ה (והא אמ' רבה); כימ"ב; כיס"ב; דפ"ס.
[סה] כי"א; (בחמין אסור); כיה"ה; כימ"ב (ברחיצת חמין); כיס"ב; דפ"ס.
[סו] כי"א; כיה"ה; כימ"ב; כיס"ב (אפ').
[סז] כי"מ; כימ"ב; כיס"ב.
[סח] כי"ו; וכן במועד קטן.
[סט] כי"א; כי"ו; כיה"ה; כימ"ב; כיס"ב; דפ"ס.
[ע] כי"א; כי"ו (ובמאי); כיה"ה; כי"מ; כיס"ב; דפ"ס.
[עא] כי"א; כי"ו (ללא "לא"); כיה"ה (כי קא תאני); כי"מ (בצונן אסור כי קתני); כימ"ב; כיס"ב; דפ"ס.
[עב] כי"א; כי"ו; כיה"ה; כי"מ; כימ"ב; כיס"ב; דפ"ס.
[עג] כי"א; כי"ו וכיה"ה וכי"מ וכימ"ב (מבישרא); כיס"ב; דפ"ס (מבישרא).
[עד] כי"א; כיה"ה; כי"מ (פחרא); כימ"ב; דפ"ס; דפ"פ (פחרא).
[עה] כי"א; כי"ו; כיה"ה; כי"מ; כימ"ב; כיס"ב; דפ"ס (להתענג).
[עו] כי"א; כי"ו; כיה"ה; כי"מ; כימ"ב; כיס"ב; דפ"ס.
[עז] כי"א; כי"ו (כי קתני אשארא); כיה"ה (כי קא תאני); כי"מ; כימ"ב (כי קא תאני); כיס"ב; דפ"ס.
[עח] כי"מ; כיס"ב.
[עט] כי"א; כי"ו; כיה"ה; כימ"ב; דפ"ס.
[פ] כי"א; כי"ו; כיה"ה; כי"מ; כימ"ב; כיס"ב; דפ"ס (ולסוף).
[פא] כי"א; כי"ו; כיה"ה; כי"מ; כימ"ב; כיס"ב; דפ"ס.
[פב] כי"א; כי"ו; כיה"ה; כי"מ; כיס"ב; דפ"ס.
[פג] כי"א; כי"ו וכיה"ה (שקיבל); כי"מ; כיס"ב (שקיבל); דפ"ס.
[פד] כי"א; כי"ו; כיה"ה; כי"מ (וצבור יחיד); כיס"ב (ציבור).
[פה] כי"א; כי"ו; כיה"ה; כי"מ; כיס"ב; דפ"ס.
[פו] כי"א; כיה"ה; כימ"ב; דפ"ס (ובקמייתא).
[פז] כי"א; כי"ו; כי"מ; כימ"ב; כיס"ב; דפ"ס.
[פח] הב"ח; כיה"ה; כי"מ.
[פט] רש"י; כי"א; כי"ו; כיה"ה; כי"מ; כימ"ב; כיס"ב.
[צ] רש"י; כי"א; כי"ו (קמיירי); כיה"ה(קא מירי); כי"מ (קמיירי); כימ"ב; כיס"ב (קאמיירי); דפ"ס.
[צא] רש"י; כי"א וכיה"ה (לא איכא); כי"מ; כימ"ב וכיס"ב (לא איכא); דפ"ס.
[צב] עו"ה; כי"א; כיה"ה (לעסרין); כימ"ב.
[צג] כי"א (דייקא); כי"ו; כיה"ה וכימ"ב ודפ"ס (דוקא).
[צד] כי"א; כי"ו; כיה"ה; כי"מ; כימ"ב; כיס"ב; דפ"ס.
[צה] כי"א; כיה"ה; כימ"ב; דפ"ס.
[צו] כי"מ; כיס"ב; דפ"ס.
[צז] רש"י; כי"א; כי"ו; כי"מ (דקתני); כימ"ב (דהא קא תני); כיס"ב; דפ"ס.
[צח] כי"א; כי"ו.
[צט] כי"א; כי"ו; כי"מ; כימ"ב (דהא קא תני); כיס"ב; דפ"ס (דקתני לה באידך פרקין).
[ק] כי"ו; כיה"ה; כי"מ; דפ"ס; דפ"פ.
[קא] כי"א (מצעיאתא); כי"ו; כיה"ה; כימ"ב; כיס"ב (מיצעתא).
[קב] (עי' בהגר"א); ד"ס ("בודאי שהנוסחא שבע היא הנכונה ונוסחת הדפוס מוקשת מאוד דהרי בשבע ברכות היו תוקעין דגם ברכת גואל ישראל היו תוקעין וא"כ כ"א הן"); כי"א כי"ו; כיה"ה; כימ"ב; דפ"ס.
[קג] כי"א; כי"ו; כיה"ה; כי"מ; כימ"ב; כיס"ב; דפ"ס.
[קד] כי"א; כי"ו; כיה"ה; כי"מ; כימ"ב; כיס"ב; דפ"ס.
[קה] כי"א; כי"ו וכיה"ה וכי"מ (ועניננו); כימ"ב; כיס"ב (ועניננו); דפ"ס.
[קו] עו"ה (בשם ד"ס "ליה"); כי"א; כי"ו (ליה); כיה"ה (קארי ליה); כי"מ (ליה); כימ"ב; כיס"ב ודפ"ס (ליה).
[קז] כי"א (הציבור); כי"ו; כיה"ה; כי"מ (הבאות ומתרגשות); כימ"ב; כיס"ב ודפ"ס (הציבור);וכן בב"ק.
[קח] כיה"ה.
[קט] מ"ה; כי"א (תנ'); כיה"ה; כימ"ב.
[קי] כי"א; כימ"ב; כיס"ב.
[קיא] כי"א; כיה"ה (המיטרפת); כימ"ב; כיס"ב; דפ"ס; דפ"פ (המיטרפת).
[קיב] כי"א; כיה"ה; כי"ו; כי"מ; כימ"ב; כיס"ב; דפ"ס.
[קיג] כי"א; כי"ו; כי"מ; כימ"ב; כיס"ב; דפ"ס.
[קיד] כי"א (תליסרי); כי"ו (גזר תעניתא); כיה"ה (תלי סר תעניאתא); כי"מ; כימ"ב (תלת עשר); כיס"ב; דפ"ס (תענייתא).
[קטו] כי"א; כי"ו וכיה"ה (שייענו); כי"מ; כימ"ב; כיס"ב.
[קטז] כי"א; כי"ו; כיה"ה (מתניתין); כי"מ; כימ"ב (מתניתין); כיס"ב; דפ"ס.
[קיז] כי"א; כי"ו; כיה"ה; כי"מ וכיס"ב (בחמשי).
[קיח] כי"א; כי"ו; כיה"ה; כי"מ; כיס"ב; דפ"ס.
[קיט] כי"ו; כיה"ה; כי"מ; כימ"ב; כיס"ב; דפ"ס.
[קכ] כי"א; כי"ו; כיה"ה; כי"מ; כיס"ב; דפ"ס.
[קכא] כי"א; כי"ו; כי"מ; דפ"ס.
[קכב] כי"א; כיה"ה; כי"מ; כימ"ב (אם); דפ"ס.
[קכג] כי"א.
[קכד] כיה"ה;כי"ו (בניין); כימ"ב; דפ"ס.
[קכה] כי"א; כי"ו; כיה"ה; כי"מ; כימ"ב; כיס"ב; דפ"ס.
[קכו] כי"א; כי"ו (אותו); כיה"ה; כימ"ב; כיס"ב (אתו); דפ"ס.
[קכז] כי"א (ואבלים); כימ"ב; דפ"ס; וכן במועד קטן.
[קכח] כי"א; כי"ו; כיה"ה; כי"מ; כימ"ב; וכן במועד קטן.
[קכט] כי"א; כיה"ה; כימ"ב; כיס"ב; דפ"ס; דפ"פ.
[קל] כי"ו; כיה"ה; כי"מ; כימ"ב; דפ"ס.
[קלא] כי"א; כיה"ה; כימ"ב; דפ"פ.
[קלב] כי"א; כי"ו; כיה"ה; כיס"ב; דפ"ס.
[קלג] כי"א; כי"ו; כיה"ה; כי"מ; כימ"ב; כיס"ב; דפ"ס.
[קלד] כיס"ב.

פרק ב

[א] כי"א; כי"ו; כיו"ב; כי"מ; כימ"ב; כיס"ב; דפ"ס; כימ"פ; כימ"ק.
[ב] כי"מ; כימ"ב; כימ"פ; כימ"ק.
[ג] כי"ו; כיס"ב; כימ"פ; כימ"ק.
[ד] כי"ו; כיו"ב; כי"מ; כיס"ב; דפ"ס.
[ה] כי"א; כי"ו; כיו"ב; כי"מ; כימ"ב; כיס"ב; דפ"ס; כימ"פ.
[ו] כי"א; כי"ו; כימ"ב; כיס"ב; דפ"פ.
[ז] כי"א; כי"ו; כיו"ב; כי"מ; כימ"ב; כיס"ב.
[ח] כי"א; כי"ו; כיו"ב; כי"מ; כימ"ב; כיס"ב.

[ט] כי"א; כי"ו; כיו"ב; כי"מ; כימ"ב; כיס"ב; דפ"ס; כימ"פ.

[י] כי"א; כי"ו; כי"מ; כימ"ב; כיס"ב.

[יא] כי"א; כי"ו; כימ"ב; כיס"ב.

[יב] כי"א; כי"ו; כיו"ב; כי"מ (חנינ'); כימ"ב (חנינה); כיס"ב; דפ"ס; כימ"פ; כימ"ק.

[יג] ע' רש"י, ואמנם שמורה לגרוס אחרת, היה לפניו גירסא זו ; ריטב"א ("ורש"י ז"ל דחק עצמו לומר כי טעותם היה שלא היו עונים אמן אחר כל ברכה, אלא שהיו אומרים בשכמל"ו כדרך שעושין במקדש, וגרסינן במשנתינו ולא ענו אחריו אמן, וזה אינו נכון חדא דבנוסחי עתיקי וענו אחריו אמן גרסינן עד שבא רש"י ז"ל ומחק והגיה... טעותם היתה בזה, כי במקדש לא היו אומרים בחתימת כל ברכה מז' ברכות מי שענה עד לאחר שאומר חותמה ברוך יי' אלהי ישראל כו' ועונים העם בשכמל"ו, וחזן הכנסת אומר תקעו ואומר ש"צ מי שענה את אברהם בהר המוריה הוא יענה אתכם וישמע קול צעקתכם היום הזה ותוקעין, וכן בכל ברכה וברכה, אבל בגבולים אין עושים כן אלא כסדר משנתינו, כי קודם חתימת כל ברכה אומר מי שענה וחותם בה ועונים אמן ואומר חזן הכנסת תקעו ותוקעים, כי סדר משנתינו בגבולים היא."); ד"ס (בשם רא"ה, תוס' רי"ד, ר"ן, "וכ"ה במשניות נאפולי, ובירושלמי, ובפי' רגמ"ה, ובפסקי רי"ד, וכ"ה ברי"ף כ"י, וכן העתיק הרא"ה להל' הרי"ף והר"ן, וכבר העיד הריטב"א שכ"ה בכל הנוסחאות"); כי"א; כי"ו; כימ"ב; כיס"ב; כימ"פ; כימ"ק.

[יד] גר"א; כי"א; כי"ו; כי"מ; כימ"ב; כיס"ב; דפ"ס; כימ"פ; כימ"ק.

[טו] כי"א.

[טז] כי"א (הזה וכן בכל ברכה וברכה); כי"ו (הריעו וכן בכל ברכה וברכה); כימ"ב (המוריה וכן כל ברכה וברכה); כיס"ב ודפ"ס (כל).

[יז] כי"ו; (כאחת... וכאחת); כימ"ב; כיס"ב; דפ"ס.

[יח] כי"א; כי"ו; כיו"ב; כי"מ; כימ"ב; כיס"ב; דפ"ס; כימ"פ; כימ"ק.

[יט] כי"א; כיו"ב; כי"מ; כימ"ב; דפ"ס; כימ"פ; כימ"ק.

[כ] כי"א; כי"ו; כיו"ב; כי"מ; כימ"ב; כיס"ב; דפ"ס.

[כא] רש"י; כי"א; כי"ו; כיו"ב; כי"מ; כימ"ב; דפ"ס; כימ"ק.

[כב] כי"א; כיו"ב וכיס"ב (ושיני); כי"מ; דפ"ס; כימ"ק (ושיני).

[כג] כי"א; כיה"ה (והא תניא); כי"ו; כיו"ב; כי"מ (והא תניא); כימ"ב; כיס"ב; דפ"ס.

[כד] כי"א; כיה"ה; כי"ו; כי"מ; כימ"ב; כיס"ב; דפ"ס.

[כה] כי"א; כיה"ה; כיו"ב; כי"מ; כימ"ב; כיס"ב; דפ"ס.

[כו] רש"י; כי"א; כיה"ה; כי"ו; כיו"ב; כי"מ; כימ"ב (קאתני); כיס"ב; דפ"ס (קאתני).

[כז] כי"א; כיה"ה; כי"ו; כיו"ב; כי"מ; כימ"ב (קאתני); כיס"ב; דפ"ס.

[כח] כי"ו; כיה"ה; כי"מ; כיס"ב.

[כט] רש"י; כי"א; כיה"ה; כי"ו (נכרי); כיו"ב; כי"מ; כימ"ב; כיס"ב; דפ"ס.

[ל] עו"ה; כי"א; כי"ו (רחמי עלן); כיו"ב; כיה"ה; כי"מ; כימ"ב; דפ"ס (רחמי עלן).

[לא] מ"ה; רי"ף; כי"א (רב אדא בר אהבה); כיו"ב; כימ"ב; כיס"ב (רב אדא); דפ"ס.

[לב] ר"ח; כי"א; כיה"ה; כי"ו; כי"מ; כימ"ב; דפ"ס.

[לג] ד"ס; כי"א; כיה"ה; כיס"ב (ולמה); כי"מ; דפ"ס.

[לד] עו"ה; כי"א; כיו"ב; כיה"ה (חייה); כי"מ; כימ"ב; כיס"ב; דפ"ס.

[לה] עו"ה (שינו בתוך הגמרא); רש"י; כי"א; כי"ו (דיגלו); כיה"ה; כי"מ; כימ"ב (דיגלו); דפ"ס.

[לו] כי"א; כי"ו; כי"מ; כימ"ב; כיס"ב (לפינך); דפ"ס (הרי אנו לפניך).

[לז] כי"א; כיה"ה; כי"ו; כי"מ; כימ"ב; דפ"ס.

[לח] כי"א; כיה"ה; כי"ו; כי"מ; כימ"ב; כיס"ב; דפ"ס.

[לט] כי"א; כי"ו; כי"מ; כימ"ב; כיס"ב; דפ"ס.

[מ] כי"א; כיה"ה; כי"ו; כי"מ; כימ"ב; כיס"ב; דפ"ס.

[מא] כיה"ה; כי"ו (בר'); כיו"ב (בר' חנינה); כי"מ (ב"ר); כימ"ב; כיס"ב (בר'); דפ"ס (חמה).

[מב] כי"א; כיה"ה (שתזכר); כי"ו; כיו"ב; כי"מ; כימ"ב; כיס"ב (שתזכ??); דפ"ס.

[מג] כי"א; כיה"ה; כיו"ב; כי"מ; כימ"ב; כיס"ב (וירחם); דפ"ס.

[מד] כי"ו; כיו"ב; כיה"ה; כי"מ; כימ"ב; כיס"ב; דפ"ס.

[מה] כי"א (בר'); כיה"ה; כי"מ (ב"ר); כימ"ב; כיס"ב (בר'); דפ"ס.

[מו] כי"א; כי"ו; כיו"ב; כיה"ה; כי"מ; כימ"ב; כיס"ב; דפ"ס; דפ"פ.

[מז] כיה"ה; כיו"ב (חמא בר'); כימ"ב; כיס"ב; דפ"ס.

[מח] כי"א; כיה"ה; כי"ו (בלי "העולם"); כיו"ב (בלי "לכל"); כי"מ (בלי "לכל"); כימ"ב; כיס"ב; דפ"ס (בלי "לכל").

[מט] כי"א; כיה"ה; כי"ו; כיו"ב (ללא "זקן"); כי"מ; כימ"ב; כיס"ב (אם יש שם); דפ"ס.

[נ] כי"א; כיה"ה; כי"ו; כיו"ב; כי"מ; כימ"ב; כיס"ב; דפ"ס.

[נא] כי"א; כיה"ה; כי"ו; כיו"ב; כי"מ; כימ"ב; כיס"ב; דפ"ס.

[נב] כי"א; כיה"ה (דקא אמרינן); כי"ו; כי"מ; כימ"ב (דקא אמרינן); כיס"ב; דפ"ס.

[נג] כי"א; כיה"ה; כי"ו; כי"מ; כימ"ב (קא אמרינן); כיס"ב; דפ"ס.

[נד] כי"א; כיה"ה; כי"ו; כיו"ב; כי"מ (אם יש שם זקן); כיס"ב (<..> שם זקן); דפ"ס.

[נה] כי"א; כיה"ה; כי"ו וכיו"ב (אין שם זקן חכם); כימ"ב; כיס"ב; דפ"ס (אין שם זקן חכם).

[נו] כי"א; כיה"ה; כי"ו (אין שם זקן ולא חכם); כיו"ב; כי"מ; כימ"ב; כיס"ב; דפ"ס.

[נז] כי"א; כיה"ה; כיו"ב; כי"מ; כימ"ב; כיס"ב (עביד); דפ"ס.

[נח] כי"א; כיה"ה; כי"ו; כיו"ב (אמר שמו' אסרו את); כי"מ; כימ"ב; כיס"ב; דפ"ס.

[נט] עו"ה; כי"ו; כיו"ב; כי"מ; כימ"ב; כיס"ב.

[ס] כי"א (בלי "מידו"); כיה"ה כי"ו; כיו"ב (בלי "מידו מיד"); כי"מ (בלי "מיד"); כימ"ב; כיס"ב (בלי "מיד").

[סא] רי"ף; כי"א; כיה"ה; כי"ו; כיו"ב; כימ"ב; כיס"ב; דפ"ס.

[סב] רש"י; כי"א; כיה"ה; כי"ו; כיו"ב; כי"מ; כימ"ב; כיס"ב; דפ"ס.

[סג] או"ז; רבינו ירוחם; כי"ו; כיו"ב; כי"מ; כימ"ב; כיס"ב; דפ"ס.

[סד] רש"י; כיה"ה; כי"ו; כיו"ב; כימ"ב.

[סה] כי"א; כיה"ה; כי"ו; כי"מ; כימ"ב; דפ"ס.

[סו] מ"ה; כי"א; כיה"ה; כי"ו; כיו"ב; כי"מ; כימ"ב; דפ"ס.

[סז] כי"א; כיה"ה; כי"ו; כיו"ב; כימ"ב; דפ"ס.

[סח] כי"ו; כי"מ; כימ"ב; כיס"ב; דפ"ס.

[סט] כי"א; כיה"ה; כי"ו; כי"מ; כימ"ב; כיס"ב; דפ"ס.

[ע] הגר"א; כי"ו; כי"מ; כיס"ב; דפ"ס.

[עא] כי"א; כיה"ה; כי"ו; כי"מ; כימ"ב; דפ"ס.

[עב] רש"י; כי"ו; כיו"ב; כי"מ כימ"ב; כיס"ב דפ"ס.

[עג] כי"א; כי"ו (כל כל ברכה וברכה תהיל'); כיו"ב (על ברכה וברכה); כימ"ב; כיס"ב; דפ"ס וכן בברכות ובסוטה.

[עד] הגר"א; כיה"ה; כי"מ; כימ"ב; כיס"ב.

[עה] כי"א; כי"ו; כי"מ; כימ"ב; כיס"ב; דפ"ס.

[עו] כי"א; כי"ו; כי"מ; כימ"ב; כיס"ב; דפ"ס.

[עז] כי"א; כיה"ה; כי"ו; כיו"ב; כי"מ; כימ"ב; כיס"ב; דפ"ס.

[עח] כי"ו; כי"מ; כימ"ב; כיס"ב.

[עט] כי"א; כיה"ה; כי"ו; כימ"ב.

[פ] כי"א.

[פא] כי"א.

[פב] כי"א.

[פג] כי"א; כיה"ה; כיס"ב; דפ"ס.

[פד] עו"ה (בשם ד"ס); כי"א; כי"ו; כימ"ב; כיס"ב; דפ"ס.

[פה] עו"ה (בשם ד"ס); כי"א; כי"ו; כימ"ב; כיס"ב; דפ"ס.

[פו] כי"א; כי"ו; כי"מ; כימ"ב; כיס"ב; דפ"ס.

[פז] כי"ו; כי"מ; כימ"ב; כיס"ב; דפ"ס.

[פח] כי"א; כי"ו; כימ"ב.

[פט] כי"א; כי"ו; כימ"ב; כיס"ב; דפ"ס.

[צ] כי"א (חוזר); כי"ו; כי"מ וכימ"ב וכיס"ב (חוזר); דפ"ס.

[צא] כי"ו; כימ"ב.

[צב] כי"א וכי"ו (ומריעין); כי"מ (ותוקעין); כימ"ב; כיס"ב (ותוקעין).

[צג] כי"א; כי"ו; כי"מ; כיס"ב; דפ"ס; דפ"פ.

[צד] כי"מ.

[צה] עו"ה (בשם ד"ס); כי"א; כי"ו; כיו"ב (בדו'); כיה"ה; כי"מ; כימ"ב; כיס"ב; דפ"ס.

[צו] כי"א; כיה"ה וכי"ו (אותם); כיו"ב; כי"מ; כימ"ב; כיס"ב; דפ"ס (אותם).

[צז] כיו"ב; כימ"ב; כיס"ב; דפ"ס; דפ"פ.

[צח] רש"י; כי"א; כיה"ה; כי"ו; כיו"ב; כי"מ; כימ"ב; כיס"ב; דפ"ס.

[צט] עו"ה (בשם ד"ס); כי"א; כיה"ה; כי"ו; כיו"ב (היה מכיר); כי"מ; כימ"ב; כיס"ב; דפ"ס.

[ק] כיו"ב; כי"מ (שכהנים אסורין); כימ"ב; כיס"ב; דפ"ס; וכן לקמן.

[קא] כי"א; כיה"ה; כיו"ב (בלי "רבי"); כיס"ב; דפ"ס.

[קב] כי"א; כיה"ה; כי"ו; כיו"ב; כי"מ; כימ"ב; דפ"ס; וכן בסנהדרין.

קג כי"א; כיה"ה; כי"ו; כי"מ (רבה); כימ"ב; כיס"ב; דפ"ס.
קד כי"א; כיה"ה; כיו"ב; כי"מ (ב"ר); כימ"ב; דפ"ס.
קה כי"א; כיה"ה; כי"ו; כיו"ב; כי"מ; כימ"ב; כיס"ב; דפ"ס; וכן בסנהדרין.
קו כי"א; כיה"ה; כי"ו; כיו"ב; כי"מ (והתם נמי); כימ"ב; כיס"ב; וכן בסנהדרין ובמו"ק.
קז כי"א; כיה"ה; כיו"ב; כי"מ; כיס"ב.
קח כי"א; כי"ו; כיו"ב; כי"מ; כימ"ב; כיס"ב; דפ"ס; וכן במו"ק, בנזיר ובסנהדרין.
קט כי"א; כיה"ה; כי"מ; כימ"ב; כיס"ב; וכן בסנהדרין.
קי כי"א; כי"ו; כימ"ב; כיס"ב; דפ"ס; וכן בסנהדרין.
קיא כי"א; כיה"ה (ביין); כי"ו (כיין); כיו"ב; כי"מ (כיון); כיס"ב ודפ"ס (כיין); וכן בסנהדרין.
קיב רש"י; כי"א; כיה"ה; כי"ו; כיו"ב; כי"מ; כימ"ב; כיס"ב; דפ"ס; וכן בסנהדרין.
קיג כי"א; כיה"ה; כי"ו; דפ"ס.
קיד כי"א; כיה"ה; כי"ו; כיו"ב; כי"מ; כימ"ב; כיס"ב; דפ"ס (גידול פרע).
קטו כי"א; כיה"ה; כי"ו; כיו"ב; כי"מ; כימ"ב (ביאה אסיר); כיס"ב; דפ"ס (דאסור).
קטז כי"א; כיה"ה; כי"ו; כיו"ב; כי"מ (הוא דשרי); כימ"ב; כיס"ב; דפ"ס.
קיז עו"ה; כי"א; כיה"ה; כי"ו; כיו"ב; כימ"ב; כיס"ב.
קיח כי"ו; כיו"ב; וכן לעיל.
קיט כי"א; כיה"ה; כי"ו; כי"מ; כימ"ב; כיס"ב; דפ"ס.
קכ כי"א; כיה"ה; כי"ו; כיו"ב; כי"מ; כימ"ב; כיס"ב; דפ"ס.
קכא כי"א (כהני למעיבד עבודה); כיה"ה (כגון כהן לעבודה); כי"ו (ובענן כהן לעבודה); כיו"ב (ובענן); כי"מ (כהנים הראויים); כימ"ב; כיס"ב (כהנים הראויים); דפ"ס (כהן כשר).
קכב כיו"ב; כיס"ב; דפ"ס; וכן בסנהדרין.
קכג כי"א; כיה"ה; כי"ו; כי"מ; כימ"ב; כיס"ב; דפ"ס.
קכד כי"א; כיה"ה; כי"ו; כיו"ב; כי"מ; כימ"ב; כיס"ב; דפ"ס.
קכה כיו"ב; כי"מ; כיס"ב; וכן בעירובין ובסנהדרין.
קכו כיה"ה; כי"ו; כיו"ב; וכן בסנהדרין.
קכז כי"א; כיה"ה; כי"ו; כיו"ב; כי"מ; כימ"ב; דפ"ס.
קכח כי"א; כימ"ב.
קכט כימ"ב.
קל עו"ה (בשם ד"ס); כי"א; כי"ו; כיו"ב; כיה"ה (נמחק גם "ומינה"); כי"מ; כימ"ב; כיס"ב; דפ"ס.
קלא כי"ו (קשיא הא מקמי); כי"מ.
קלב כי"א; כיה"ה; כימ"ב; כיס"ב; דפ"ס; וכן במו"ק.
קלג כי"א (רבנו); כיה"ה; כיו"ב; כי"מ; כימ"ב; כיס"ב; וכן במו"ק.
קלד כי"א; כיה"ה; כי"ו (אלא מדברי); כיו"ב; כי"מ; כימ"ב; וכן במו"ק.
קלה כי"א; כיה"ה (מיקמי); כי"מ; כיס"ב; וכן במו"ק.
קלו כי"א; כיה"ה; כי"ו; כימ"ב; כיס"ב; דפ"ס; וכן במו"ק.
קלז כי"א; כי"ו; כיו"ב; כימ"ב; כיס"ב; דפ"ס.
קלח כי"א; כי"מ; כיס"ב (למיספד); דפ"ס.
קלט כי"ו; כיו"ב; דפ"ס.
קמ כי"א; כיה"ה (דילא למיספד); כיו"ב; כימ"ב; דפ"ס.
קמא כי"א; כיא"ב; כיה"ה; כי"ו; כיו"ב; כי"מ; כימ"ב; כיס"ב (למימרא); דפ"ס.
קמב כי"א; כיא"ב; כימ"ב; כיס"ב.
קמג כי"א; כיא"ב; כי"ו; כיו"ב; כי"מ; כימ"ב; כיס"ב (למימרא).
קמד כי"א; כיא"ב; כי"ו; כיו"ב; כי"מ; כימ"ב; כיס"ב; דפ"ס.
קמה כי"ו; כיו"ב.
קמו כיה"ה (דאיתקם); כיס"ב.
קמז כיא"ב; כיה"ה; כי"מ; כימ"ב; וכן בר"ה.
קמח עו"ה; כי"א; כיא"ב; כיה"ה; כי"ו; כיו"ב; כי"מ; כימ"ב; כיס"ב; דפ"ס; דפ"ו.
קמט כי"א; כיא"ב; כי"ו; כי"מ (באו); כימ"ב; כיס"ב; דפ"פ; דפ"ס; וכן בר"ה.
קנ הב"ח; כי"א; כיא"ב; כי"ו; כיו"ב; כי"מ; כימ"ב; כיס"ב; דפ"ס; וכן בר"ה.
קנא כי"א; כיא"ב; כי"ו; כיו"ב; כי"מ; כימ"ב; כיס"ב; דפ"ס.
קנב רש"י; כי"א; כיה"ה (בלי "הוא"); כי"ו; כי"מ; כימ"ב; כיס"ב.
קנג רש"י; כי"א; כיא"ב; כיה"ה; כי"ו; כיו"ב; כי"מ; כיס"ב.
קנד כי"א; כיא"ב; כי"ו; כיו"ב; כימ"ב; דפ"ס.
קנה כי"א; כיא"ב; כי"מ.
קנו כיו"ב; דפ"ס.
קנז כי"א; כיא"ב; כיו"ב; כימ"ב; דפ"ס.
קנח כי"א; כיא"ב; כיה"ה; כי"ו; כיו"ב; כי"מ; כימ"ב; כיס"ב; דפ"ס.
קנט הב"ח; כי"א; כיא"ב; כי"ו; כיו"ב; כיה"ה; כי"מ (דרשב"ג); כימ"ב; כיס"ב; דפ"ס.
קס כי"א; כי"ו; כיו"ב; כי"מ; כימ"ב; כיס"ב; דפ"ס.
קסא כי"א; כיה"ה; כיו"ב; כי"מ; כימ"ב; כיס"ב; דפ"ס; דפ"פ.
קסב עו"ה; כי"א (קארו); כיא"ב (בארבסר); כיו"ב (וקרו בארבסר); כי"מ (דקא קרו בארבסר); כימ"ב; כיס"ב; דפ"ס.
קסג כי"ו; כי"מ; כימ"ב; כיס"ב (למיספד).
קסד כי"א (קארו); כיא"ב; כיה"ה (קארו בתלסר); כיו"ב (דקא);כימ"ב.
קסה כי"א (קארו בתרי סרי); כיה"ה (קארו בתרי סר); כי"ו; כי"מ (דקרו); כימ"ב.
קסו כי"א (דקארו); כיא"ב (דקרו); כי"ו; כי"מ (דקרו בחד סר); כיס"ב (דקרו); דפ"ס (דקרו בחד סר).
קסז כי"א; כיא"ב; כיה"ה; כי"ו; כיו"ב; כי"מ; כימ"ב; כיס"ב; דפ"ס.
קסח כי"א; כיא"ב; כי"ו; כיו"ב; כי"מ; כימ"ב; כיס"ב; דפ"ס.
קסט כי"א; דפ"ס.
קע כי"א; כיא"ב; כיה"ה (בתרי סר); כי"ו; כימ"ב; כיס"ב; דפ"ס.
קעא כי"א וכיה"ה וכיו"ב (טורינוס); כי"מ; כיס"ב (טורינוס); דפ"ס; דפ"פ.
קעב כי"א וכיו"ב (טורינוס); כי"מ; כימ"ב (טוריאנוס); כיס"ב (טורינוס); דפ"ס; דפ"פ.
קעג כי"א; כיה"ה; כיו"ב (בטוליה).
קעד כי"א; כיא"ב; כי"ו; כיו"ב; כי"מ; כימ"ב; כיס"ב.
קעה עו"ה; הגר"א; כי"א; כיא"ב; כי"ו.
קעו כי"א; כיה"ה (ואחייה); כי"ו; כי"מ; כיס"ב.
קעז כי"א; כיא"ב (של לפני); כיה"ה; כי"מ; כימ"ב; כיס"ב; דפ"ס.
קעח כי"א; כיא"ב; כי"ו; כיו"ב; כיה"ה; כי"מ; כימ"ב; כיס"ב; דפ"ס.
קעט כי"א; כיה"ה (נכנסו לחילות שלו וקיצצו); כיו"ב; כי"מ (וקיצצו); כימ"ב; כיס"ב; דפ"ס.
קפ כי"א וכיא"ב וכיה"ה וכי"ו (וירושלם); כיו"ב; כי"מ וכימ"ב וכיס"ב ודפ"ס (וירושלם).
קפא הב"ח; כי"א; כיא"ב; כי"ו; כיו"ב; כיה"ה; כי"מ; כימ"ב; כיס"ב; דפ"ס.
קפב עו"ה; כיא"ב; כיה"ה (הרגם); כי"ו; כימ"ב.
קפג כימ"ב.
קפד כי"א; כיא"ב; כי"ו; כיו"ב; כיה"ה; כי"מ; כימ"ב; כיס"ב; דפ"ס.
קפה כי"א; כיא"ב; כי"ו; כיה"ה (אמר); כי"מ; כימ"ב; כיס"ב.

פרק ג

א כימ"ק וכימ"פ (האילו); כי"א; כיא"ב וכי"ו וכי"מ (האילו); כימ"ב; כיס"ב (האילו).
ב מ"ה (בשם רי"ף ורא"ש); כי"א; כי"מ; כיס"ב; דפ"ס.
ג רש"י; כימ"ק; כימ"פ; כי"א.
ד כימ"ק; כימ"פ; כי"א.
ה כי"א; כיא"ב (ולא לשיחים); כי"ו; כימ"ב (לא); כיס"ב; כימ"ק (לא לשיחים) כימ"פ.
ו כי"א; כיא"ב; כי"ו; כי"מ; כימ"ב; כיס"ב; כימ"פ; כימ"ק.
ז כימ"ק; כימ"פ; כיא"ב; כימ"ב.
ח עו"ה (בכת"י וראשונים וכ"ה במשניות דפו"י ועי' ד"ס); רי"ף ; כי"א; כי"ו; כיס"ב.
ט עו"ה; כיא"ב; כי"ו; כי"מ; כימ"ב; דפ"ס.
י כיא"ב; כימ"ב; כימ"ק; כימ"ר; פ"ס; דפ"פ.
יא כיא"; כי"ו; כימ"ב (עליו); כיס"ב; דפ"ס.
יב כי"ו (המתחטא); כי"מ; כימ"ב; כיס"ב; דפ"ס; וכן בברכות.
יג כי"א; כיה"ה; כי"ו; כי"מ (ורמנהי); כימ"ב; כיס"ב; דפ"ס.
יד כי"א; כיה"ה; כי"ו; כי"מ (האילו); כימ"ב; כיס"ב (האילו); דפ"ס.
טו כי"א; כי"ו; כיה"ה; כי"מ; כימ"ב; כיס"ב; דפ"ס.
טז כי"ו; כי"מ.
יז כי"א; כיה"ה; כי"ו; כי"מ; כיס"ב; דפ"ס.
יח כי"א (עליהם); כיה"ה; כי"ו; כי"מ; כימ"ב; כיס"ב; דפ"ס.
יט עו"ה; כי"א; כי"ו; כיה"ה (ואמר); כי"מ; כימ"ב; כיס"ב (ואמר).
כ כיה"ה; כי"ו.
כא כי"א; כיה"ה; כי"ו.
כב כיה"ה; כי"ו (את').
כג כי"א; כיה"ה; כי"ו (לשיחי); כי"מ (אבל לא לעורו' ולא למערות); כימ"ב (לא לשיחין); כיס"ב.

[כד] כי"א; כיה"ה (נוסף "ולא אתא טובא"); כי"ו (ואתא); כי"מ וכימ"ב וכיס"ב ודפ"ס (דאתיא).
[כה] כי"א; כיה"ה; כי"ו.
[כו] הגר"א; הב"ח; כי"א; כיה"ה (בפרס); כי"מ; כימ"ב כיס"ב ודפ"ס (בפרס); דפ"פ.
[כז] הגר"א; הב"ח; כי"א; כיה"ה (ואין להם); כי"ו; כי"מ; כימ"ב; כיס"ב; דפ"ס.
[כח] הב"ח; כי"א; כיה"ה; כי"ו; כי"מ; כיס"ב; דפ"ס.
[כט] כי"א; כיה"ה; כי"ו; כי"מ; כימ"ב; כיס"ב; דפ"ס.
[ל] כי"א; כיה"ה; כימ"ב.
[לא] עו"ה; ד"ס; כי"א; כי"ו; כיה"ה; כי"מ; כיס"ב; דפ"ס.
[לב] כי"א; כיה"ה; דפ"ס.
[לג] כי"א; כיה"ה; כיס"ב; דפ"ס.
[לד] כיה"ה; כיס"ב.
[לה] כי"א (שאוכלות); כימ"ב; כיס"ב (כמו); דפ"ס (שאוכלות).
[לו] כי"מ; רש"י.
[לז] כי"א; כי"מ; כיס"ב; דפ"ס (כמו).
[לח] כיה"ה; כיס"ב (ה').
[לט] כי"מ; כיס"ב; דפ"ס; דפ"פ.
[מ] כי"א; כימ"ב; כיס"ב (כמו); דפ"ס (כמה שאוכלות מן הכור או<>לות).
[מא] כי"א; כי"מ; כימ"ב; כיס"ב; דפ"ס (שאוכלות).
[מב] כי"א; כיה"ה; כי"מ; כימ"ב; כיס"ב; דפ"ס.
[מג] כי"א; כיה"ה (מתגבל טיטו); כי"ו; כי"מ; כימ"ב; כיס"ב; דפ"ס.
[מד] כיה"ה; כי"ו; כי"מ; כימ"ב; וכן באדר"נ.
[מה] עו"ה (בשם ד"ס); כי"א; כיה"ה (אגמון); כי"ו; כי"מ; כימ"ב; כיס"ב; דפ"ס; דפ"פ.
[מו] כי"א; כיה"ה; כי"ו וכי"מ (שהיה לו מים); כימ"ב (שהיה שם מים); כיס"ב; דפ"ס.
[מז] כי"א; כיה"ה; כי"ו; כי"מ; כימ"ב; כיס"ב; וכן באדר"נ.
[מח] כי"ו; כי"מ; כיס"ב (מעינות); דפ"ס (מעינו').
[מט] כי"א; כי"ו (דמי); כי"מ (קיצץ); כימ"ב; כיס"ב (וקצץ); דפ"ס (ממון).
[נ] כי"א; כיה"ה; כי"מ; כימ"ב; כיס"ב; דפ"ס; וכעי"ז באדר"נ.
[נא] כי"א; כיה"ה; כי"מ; כימ"ב; כיס"ב; דפ"ס; וכן באדר"נ.
[נב] כי"א; כיה"ה; כי"ו (בלי "יש לי"); כי"מ (יש שהות ב???); כימ"ב; כיס"ב; דפ"ס.
[נג] עו"ה; כי"א; כיה"ה; כי"ו; כי"מ; כימ"ב; כיס"ב; דפ"ס; דפ"פ.
[נד] כי"א; כיה"ה; כימ"ב; דפ"פ (שהגמון).
[נה] כי"א; כיה"ה (גירון); כי"ו; כי"מ; כימ"ב; כיס"ב.
[נו] כי"א; כיה"ה (המדרש); כי"ו (הכנסת); כי"מ; כימ"ב; כיס"ב (המדרש); דפ"ס.
[נז] כי"א; כיה"ה; כי"ו; כי"מ; כימ"ב; כיס"ב; דפ"ס.
[נח] כי"א (כל מעיינות והותירו); כיה"ה (כל המעלות והותירו); כי"מ; כימ"ב (כל [ה]מעינות [מים] והותירו); כיס"ב (כל המעיינות והותירו); דפ"ס (עד שהיו מלאות כל המעיינות והותירו).
[נט] כי"א; כיה"ה (עד שהגמון); כי"ו (ההגמון); כי"מ (אותו הגמון); כימ"ב; כיס"ב; דפ"ס (אותו הגמון); דפ"פ.
[ס] כיה"ה; וכן באדר"נ.
[סא] כי"א; כי"ו (ומים ירדו ברשותי); כיה"ה; כי"מ; כימ"ב; כיס"ב; דפ"ס; וכן באדר"נ.
[סב] כי"א; כיה"ה; כימ"ב; דפ"ס; וכן באדר"נ.
[סג] כי"א; כיה"ה; כימ"ב; כיס"ב; דפ"ס.
[סד] ב"ח; כי"א; כיה"ה; כי"ו; כי"מ; כימ"ב; כיס"ב; דפ"ס; וכן באדר"נ.
[סה] כי"א; כיה"ה; כי"ו; כימ"ב; כיס"ב; וכן באדר"נ.
[סו] כי"א; כיה"ה; כי"מ; כיס"ב; דפ"ס.
[סז] כי"א; כיס"ב; כימ"ב.
[סח] כי"א; כיה"ה; כי"מ; כימ"ב; דפ"ס.
[סט] כי"א (שנקדה לו); כי"מ; כימ"ב; כיס"ב; דפ"ס.
[ע] כי"א; כיה"ה; כי"ו (נקרה) כי"מ; כימ"ב; כיס"ב; דפ"ס (נקרה).
[עא] כי"א; כיה"ה; כי"ו; כי"מ; כימ"ב; כיס"ב; דפ"ס.
[עב] כי"א; כי"ו; כיה"ה; כי"מ; כימ"ב (שתיהם); דפ"ס.
[עג] עו"ה (בשם ד"ס ומהרש"א); כי"א; כי"ו; כיה"ה (התר); כי"מ; כימ"ב (התר); כיס"ב; דפ"ס (התר).
[עד] כי"א; כי"ו; כיה"ה; כי"מ; כימ"ב; כיס"ב; דפ"ס.
[עה] כי"א; כי"ו; כיה"ה; כי"מ; כימ"ב; דפ"ס.
[עו] כי"א (ומה); כיה"ה; כי"מ.
[עז] כי"א (אין גזעו מחליף ואין שרשיו מרובין ואין עומד במקום מים); כיה"ה; כי"מ; כימ"ב.
[עח] כי"א; כי"ו; כימ"ב; כיס"ב; דפ"ס.
[עט] כי"א; כי"ו; כי"מ; כימ"ב (ומנשבות); כיס"ב; דפ"ס; וכן בסנהדרין.
[פ] כי"א; כיה"ה; כי"מ; כימ"ב; כיס"ב.
[פא] כי"א; כיה"ה; כי"מ; כימ"ב; כיס"ב.
[פב] מ"ה (אדר"נ ומסכת דרך ארץ רבה); כי"א; כי"ו; כיה"ה; כי"מ; כימ"ב; כיס"ב; דפ"ס; דפ"פ.
[פג] כי"א; כי"ו; כיה"ה; כי"מ; כימ"ב; כיס"ב; דפ"ס; דפ"פ.
[פד] ד"ס; כי"מ; כיס"ב.
[פה] כי"א; כיה"ה; כי"ו; כי"מ; כיס"ב; דפ"ס.
[פו] כי"א; כיה"ה; כי"ו; כי"מ; כימ"ב; כיס"ב; דפ"ס; וכן בדרך ארץ רבה.
[פז] כי"א; כיה"ה; כי"מ; כימ"ב; כיס"ב.
[פח] כי"א; כיה"ה; כי"ו; כי"מ; כימ"ב; כיס"ב; דפ"ס.
[פט] כי"א; כיה"ה; כי"ו; כי"מ; כימ"ב; כיס"ב; דפ"ס.
[צ] כי"א; כיה"ה; כי"מ; כימ"ב; כיס"ב; דפ"ס.
[צא] כי"א; כיה"ה; כי"ו; כי"מ; כימ"ב; כיס"ב; דפ"ס.
[צב] כי"א; כיה"ה (אמר להן אני מוחל); כי"ו; כי"מ (הרני); כימ"ב; כיס"ב; דפ"ס.
[צג] כי"א; כיה"ה; כי"ו; כי"מ; כימ"ב (המדרש וישב ודרש); דפ"ס.
[צד] כי"א; כיה"ה; כי"מ; כימ"ב; דפ"ס.
[צה] כי"א; כיה"ה; כי"ו (והוה); כי"מ; כימ"ב; דפ"ס.
[צו] כיה"ה; כי"ו; כי"מ; כימ"ב; כיס"ב; דפ"ס; וכן בשבת.
[צז] כי"א; כיה"ה.
[צח] כי"א; כיה"ה; כי"ו; כי"מ; כיס"ב.
[צט] עו"ה; כי"א (ותאלי); כיה"ה; כי"ו (וקא תלי); כי"מ (אכוזא ותלי); כימ"ב; כיס"ב; דפ"פ; דפ"ס.
[ק] כי"א; כיה"ה; כי"ו; כי"מ; כימ"ב.
[קא] כי"א; כיה"ה; כי"ו; כי"מ (מהא); כימ"ב; כיס"ב; דפ"ס.
[קב] עו"ה (בשם ד"ס); כי"א; כיה"ה; כי"ו; כי"מ; כימ"ב; כיס"ב; דפ"ס; דפ"פ.
[קג] כי"א; כיה"ה; כי"מ; כימ"ב; כיס"ב; דפ"ס.
[קד] כי"א; כיה"ה; כי"מ; כימ"ב; כיס"ב.
[קה] רש"י; כי"א; כיה"ה; כי"ו; כי"מ; כימ"ב; כיס"ב; דפ"ס; דפ"פ.
[קו] כי"א; כיה"ה; כי"מ; כימ"ב; כיס"ב; דפ"ס.
[קז] הב"ח; כי"מ.
[קח] רש"י; כי"א; כיה"ה; כי"ו; כי"מ; כימ"ב; כיס"ב; דפ"ס.
[קט] מ"ה; כי"א; כי"מ; כימ"ב; כיס"ב; דפ"ס; וכן בכתובות וכן בבבא בתרא.
[קי] כי"א; כיה"ה; כי"ו; כי"מ; כימ"ב; כיס"ב (יהיה כל); כיק"ג (והיה גופו); דפ"ס.
[קיא] כי"א; כיה"ה; כי"ו; כי"מ; כימ"ב; כיס"ב; כיק"ג; דפ"ס.
[קיב] כיה"ה; כי"ו (בארבע); כימ"ב; כיק"ג (בארבע).
[קיג] כי"א; כיה"ה; כי"ו (לפנותה); כי"מ (לפנות אותו); כימ"ב; כיס"ב ודפ"ס (לפנותה); כיק"ג.
[קיד] כי"א; כיה"ה; כי"ו; כי"מ; כימ"ב; כיס"ב; כיק"ג; דפ"ס.
[קטו] כי"א; כיה"ה; כי"ו; כי"מ; כימ"ב; כיס"ב; כיק"ג; דפ"ס.
[קטז] כי"א (נפלה); כיה"ה; כי"מ; כימ"ב; כיק"ג; דפ"ס.
[קיז] כי"א; כי"ו; כי"מ; כימ"ב; דפ"ס; כיק"ג.
[קיח] כיה"ה; כי"ו; כי"מ; כימ"ב; כיס"ב; כיק"ג; דפ"ס.
[קיט] כי"א; כיה"ה; כי"ו (לעצמי); כי"מ; כימ"ב; כיס"ב; כיק"ג; דפ"ס.
[קכ] כי"א; כיה"ה; כי"ו; כי"מ (ונפלתי); כימ"ב; כיק"ג; דפ"ס.
[קכא] כי"א; כיה"ה (עקיבה); כי"ו; כי"מ; כימ"ב; כיס"ב (אמ' לו ר' <.>יב אוי לי <.> איתיך בכך); כיק"ג (עקיבה); דפ"ס.
[קכב] כי"א (אשרי ואשריך); כיה"ה; כי"ו; כי"מ (אמ' אשירך); כימ"ב; כיס"ב (אשריך שראית<.>ך); כיק"ג (אמ' לו אשריני שראיתני בכך); דפ"ס.
[קכג] כי"א (שאילמלא...לא אירע בי); כי"ו (שאילמלא... לא מצאתי בי כך); כי"מ; דפ"ס (שאם לא).
[קכד] כיה"ה; כי"ו; כי"מ; כימ"ב; דפ"ס.
[קכה] כי"א; כיה"ה (לסיפטי).
[קכו] כי"א; כימ"ב; כיס"ב; כיק"ג; דפ"ס; וכן בסנהדרין.
[קכז] עו"ה; כי"א (עליה מיניה); כיה"ה (בדקו עלה וכבשוה); כי"ו (מיני' עלו); כי"מ (מינה עלה); כימ"ב (מיניה עליה); כיס"ב (מינה עלי); כיק"ג; דפ"ס (מניה עלה).
[קכח] כי"א; כיה"ה; כי"ו; כי"מ; כימ"ב; כיס"ב.
[קכט] כי"א; כיה"ה (לכולהו הני); כי"ו; כי"מ; כימ"ב; כיס"ב; כיק"ג; דפ"ס.
[קל] כי"ו; כי"מ.

[קלא] עו"ה; ד"ס; כי"א; כי"ו; כיה"ה; כי"מ; כיס"ב; דפ"ס.
[קלב] כי"א; כיה"ה; כי"ו; כי"מ; כימ"ב; כיס"ב; כיק"ג; דפ"ס.
[קלג] כי"א (עמיקים); כיה"ה (עמיק); כי"ו; כימ"ב; כיס"ב; כיק"ג; דפ"ס.
[קלד] כי"א; כיה"ה; כי"ו (שלש); כי"מ; כימ"ב (הימנה); כיס"ב; כיק"ג; דפ"ס.
[קלה] כי"א; כי"ו; כיה"ה; כי"מ; כיס"ב; כיק"ג; דפ"ס.
[קלו] כי"א; כי"ו; כיה"ה; כי"מ; כיס"ב; כיק"ג; דפ"ס.
[קלז] כי"א; כי"ו; כיה"ה; כיס"ב; כיק"ג; דפ"ס.
[קלח] כי"א; כי"ו; כיה"ה; כי"מ (הימנה תשעה); כיס"ב; כיק"ג; דפ"ס.
[קלט] כי"א; כיה"ה; כי"ו; כי"מ; כימ"ב; כיס"ב; כיק"ג; דפ"ס.
[קמ] כי"א; כיה"ה; כי"ו; כי"מ (וכל זב); כימ"ב; דפ"ס.
[קמא] כי"א; כיה"ה; כי"מ; כימ"ב; דפ"ס.
[קמב] כיה"ה; כי"מ (ליתי); כימ"ב; כיס"ב; כיק"ג (ליתי).
[קמג] עו"ה; כי"א; כיה"ה; כיס"ב; כיק"ג; דפ"פ.
[קמד] כי"א; כיה"ה; כי"ו; כי"מ; כימ"ב; כיק"ג; דפ"ס.
[קמה] כי"ו (נ<.>ש); כיה"ה; כי"מ (נפיש); כימ"ב; כיס"ב; כיק"ג.
[קמו] כי"א; כיה"ה; כי"מ; כימ"ב (נפישא זכותיה); כיק"ג.
[קמז] כי"א (זטרא); כיה"ה; כי"ו; כי"מ; כימ"ב וכיס"ב (והאי); כיק"ג.
[קמח] כי"א; כי"ו; כיה"ה; כימ"ב.
[קמט] כי"א (משו?ם? זכותא?); כי"ו; כיה"ה; כי"מ (זכותא); כימ"ב; כיס"ב; כיק"ג; דפ"ס.
[קנ] כי"א; כי"ו; כי"מ; כימ"ב; כיס"ב; כיק"ג; דפ"ס.
[קנא] כי"א (לאו משום זכותיה הוות ?דרב הונא? נפישא ליה זכותא טובא); כי"ו (נפיש); כי"מ (נפישי זכוותיה); כימ"ב; כיס"ב (רב<.>נא) כיק"ג; דפ"ס.
[קנב] כי"א; כי"ו; כי"מ; כיק"ג.
[קנג] רש"י; ר"ח; כי"א (ומשיילה); כי"ו; כיה"ה (ומושלא); כי"מ; כימ"ב (ומשילה); כיס"ב (ומשיילה); כיק"ג; דפ"ס.
[קנד] כי"א; כי"ו (לשיכבת'); כיה"ה (לשיבבאתא); כי"מ; כימ"ב (לש(י)בבתיה); כיק"ג; דפ"ס (לשבבתא).
[קנה] הב"ח; כי"א; כי"ו; כיה"ה; כי"מ; כימ"ב; כיק"ג; דפ"ס.
[קנו] כי"א; כי"ו; כיה"ה; כי"מ; כימ"ב; כיס"ב.
[קנז] כי"א.
[קנח] כי"א; כיה"ה; כי"ו; כימ"ב; כיס"ב.
[קנט] הב"ח; כי"ו; כי"מ (כעובדי); כימ"ב; כיס"ב (כעובדי).
[קס] כי"א; כיה"ה; כי"ו; כי"מ; כימ"ב; כיס"ב; כיק"ג; דפ"ס.
[קסא] עו"ה (בשם מהרש"א); כי"א; כיה"ה; כי"ו; כי"מ; כימ"ב; כיס"ב; כיק"ג; דפ"ס.
[קסב] כי"א; כיה"ה (ניברי בהו מר נפשיה); כי"ו; כי"מ (בהלואה ואיבראי); כימ"ב (איבראי); כיס"ב; כיק"ג; דפ"ס.

[קסג] כי"א; כי"ו; כיה"ה; כי"מ (בלי "חדא"); כימ"ב; כיס"ב; כיק"ג; דפ"ס.
[קסד] עו"ה; כי"א; כיה"ה; כי"ו; כי"מ; כימ"ב; כיס"ב; כיק"ג; דפ"ס.
[קסה] כי"א; כיה"ה (קאיי); כי"ו; כי"מ; כימ"ב; כיס"ב; כיק"ג; דפ"ס.
[קסו] כי"א (אליהו זכרו טוב); כיה"ה; כי"ו; כי"מ; כימ"ב; כיס"ב; כיק"ג (לי); דפ"ס (אליהו זל).
[קסז] כי"א; כיה"ה; כי"ו; כי"מ; כימ"ב; כיס"ב; כיק"ג; דפ"ס.
[קסח] כי"א; כיה"ה; כי"ו; כי"מ; כימ"ב; כיס"ב; כיק"ג; דפ"ס; דפ"פ.
[קסט] כי"א (למנסה); כי"ו (ובעו); כי"מ; כימ"ב; כיס"ב (לאונסה); כיק"ג; דפ"ס (למינסה).
[קע] ד"ס; כי"מ.
[קעא] כי"ו; כיה"ה (בלי "ביני"); דפ"פ.
[קעב] כי"א (ביתרי); כיא"ב; כיה"ה (חלפו בתרי אחריני); כי"ו; כימ"ב (תרי); כיס"ב (אחרי<>); כיק"ג (אתי בתרי אחריני); דפ"ס.
[קעג] כי"א; כיא"ב; כיה"ה; כי"ו (הני בני); כי"מ (אמ' הני); כימ"ב; כיס"ב; כיק"ג (הכי נמי); דפ"ס.
[קעד] כי"א; כיה"ה; כי"ו; כי"מ (מיד מפני שהיא מכה משלחת); כימ"ב; כיס"ב (מיד ש<.>יא מכה משולחת); כיק"ג; דפ"ס.
[קעה] כי"א (באיזה צד); כיה"ה; כי"ו; כי"מ; כימ"ב; כיס"ב; כיק"ג; דפ"ס.
[קעו] כי"א; כיה"ה; כי"מ; כימ"ב; כיק"ג; דפ"ס.
[קעז] רש"י; כי"א; כיה"ה; כי"ו; כי"מ; כימ"ב; כיס"ב; כיק"ג; דפ"ס.
[קעח] כי"א; כיה"ה; כי"ו; כי"מ; כימ"ב; כיס"ב; כיק"ג; דפ"ס.
[קעט] עו"ה; כי"א; כיה"ה; כי"ו; כי"מ; כימ"ב; כיס"ב; דפ"ס.
[קפ] כי"א; כי"ו; כיה"ה; כי"מ; כיס"ב; דפ"ס.
[קפא] כי"א; כיא"ב (צריכה); כיה"ה (צריכה); כי"ו; כי"מ; כימ"ב; כיס"ב; דפ"ס.
[קפב] כי"א; כיה"ה (אפלו בכוכי); כי"ו (אפי'); כימ"ב; כיס"ב; דפ"ס (אפי').
[קפג] רש"י; הב"ח; כי"א; כיא"ב (אלי"ם); כיה"ה; כי"מ; כימ"ב; כיס"ב; דפ"ס.
[קפד] הב"ח; כי"א; כיא"ב; כי"ו; כי"מ; כימ"ב; כיס"ב; דפ"ס.
[קפה] כי"א (ואמ'); כיא"ב; כי"ו; כיה"ה; כי"מ; כימ"ב; כיס"ב.
[קפו] כי"א; כיא"ב; כיה"ה וכי"ו (ואמר); כי"מ; כימ"ב; כיס"ב; דפ"ס.
[קפז] הב"ח; ד"ס; כי"א; כיה"ה כי"ו; כי"מ; כיס"ב; דפ"ס.
[קפח] כי"א; כיא"ב; כיה"ה (הוה קא); כימ"ב; כיס"ב.
[קפט] כי"א; כיא"ב; כיה"ה (דלמא); כי"ו; כי"מ; כימ"ב; כיס"ב; דפ"ס.
[קצ] כי"א; כיא"ב; כיה"ה; כי"ו; כי"מ וכימ"ב (עליה); כיס"ב; דפ"ס.
[קצא] כי"א; כיא"ב; כיה"ה; כי"ו; כי"מ; כימ"ב; כיס"ב; דפ"ס.
[קצב] כי"א; כיא"ב; כי"ו; כי"מ; כימ"ב; כיס"ב; דפ"ס.
[קצג] עו"ה; כי"מ; כיס"ב.
[קצד] כי"א; כיא"ב; כיה"ה; כי"ו; כימ"ב; כיס"ב; דפ"ס.

[קצה] כי"א; כיא"ב; כיה"ה; כי"ו; כימ"ב; דפ"ס; דפ"פ.
[קצו] כי"א; כיא"ב; כי"ו (או ספינה המטורפת); כיה"ה; כי"מ (וספינה המטורפת ויחיד); כימ"ב; כיס"ב(ועל הספינה); דפ"ס.
[קצז] כי"א; כי"ו (לפני); כיה"ה; כי"מ; כימ"ב; דפ"ס; דפ"פ (שנרדף).
[קצח] עו"ה; כי"א; כיה"ה; כי"ו (ר' שמעון התימני או'); כי"מ; כימ"ב; כיס"ב; דפ"ס.
[קצט] כי"א (פנחס); כיא"ב; כיה"ה; כי"ו; כימ"ב; כיס"ב (פינקס); דפ"ס.
[ר] כי"א; כיא"ב; כיה"ה; כי"ו; כי"מ; כימ"ב; כיס"ב; דפ"ס.
[רא] עו"ה; כי"א; כיא"ב; כיה"ה; כי"ו; כי"מ (בר שמואל); כימ"ב; כיס"ב (בר שמואל); דפ"ס.
[רב] כי"א; כיא"ב (אבה); כי"ו; כימ"ב; כיס"ב (בר שמואל).
[רג] מ"ה; כי"א; כיא"ב; כי"ו; כיה"ה; כי"מ; כימ"ב; כיס"ב; דפ"ס.
[רד] כי"א; כיא"ב; כיה"ה; כי"ו (מתי יורדין); כי"מ; כימ"ב; כיס"ב; דפ"ס (מתי יהו).
[רה] כי"א; כיא"ב; כיה"ה; כי"ו; כי"מ; כימ"ב; כיס"ב; דפ"ס (אדם בקרן).
[רו] רש"י; כי"א; כיא"ב; כיה"ה; כי"ו; כי"מ; כימ"ב; כיס"ב.
[רז] כי"א; כיא"ב; כיה"ה; כי"ו; כי"מ; כימ"ב; כיס"ב (רביי); דפ"ס.
[רח] רש"י; כיא"ב; כי"א; כי"ו (בידו); כיה"ה; כי"מ (רגליו); כימ"ב; כיס"ב; דפ"ס (בידו).
[רט] כי"א; כיא"ב; כי"ו (דההוא) כי"מ; כימ"ב (ההיא); כיס"ב (לההוא); דפ"ס (ההיא).
[רי] כי"א; כיא"ב; כיה"ה; כי"מ; כימ"ב; כיס"ב; דפ"ס.
[ריא] עו"ה (בשם מהרש"א – "ומתחזי כי"); כי"א (ומתחזי כואנכיא); כיא"ב (ומיתחזי כי נחבא); כיה"ה (חזי לי כינכא בעלמא); כי"ו; כי"מ (ומחזי כי אינבא); כימ"ב (ומיתחזי כחיטא); כיס"ב; דפ"ס (ומיתחזי ככנא) .
[ריב] כי"א; כיא"ב; כיה"ה; כי"ו; כי"מ; כימ"ב; כיס"ב; דפ"ס.
[ריג] עו"ה; כי"א; כיא"ב; כיה"ה; כי"ו; כי"מ; כימ"ב; כיס"ב; דפ"ס.
[ריד] כי"א; כיא"ב; כיה"ה; כי"ו; כי"מ; כימ"ב; כיס"ב; דפ"ס.
[רטו] כי"א; כיא"ב; כיה"ה; כי"ו; כי"מ; כימ"ב; כיס"ב; דפ"ס.
[רטז] כי"א (להן); כיא"ב; כיה"ה (להן); כי"ו; כי"מ; כימ"ב; כיס"ב; דפ"ס (שירדו).
[ריז] כי"א; כיא"ב; כיה"ה; כימ"ב; כיס"ב; דפ"ס.
[ריח] כי"א; כיא"ב; כיה"ה; כי"ו; כי"מ; כימ"ב; כיס"ב; דפ"ס.
[ריט] כיא"ב; כי"ו; כיס"ב; דפ"ס.
[רכ] כי"א; כי"מ; כימ"ב; כיס"ב; דפ"ס.
[רכא] כי"א וכיא"ב (לא); כיה"ה (להן... לא); כי"ו; כי"מ (לא תמותון); כימ"ב.
[רכב] כי"א; כי"ו; כימ"ב; כיס"ב.
[רכג] כי"א; כיא"ב; כיה"ה (לשחת את); כי"ו; כי"מ; כימ"ב; כיס"ב; דפ"ס.
[רכד] ד"ס (תמותון); כי"א; כי"ו; כי"מ.
[רכה] כי"א; כי"ו; כי"מ; כימ"ב; כיס"ב; דפ"ס.
[רכו] כי"א; כיא"ב; כיה"ה; כי"ו; כימ"ב; כיס"ב; דפ"ס.

רכז כי"א; כיא"ב; כיה"ה; כי"ו; כי"מ; כימ"ב; כיס"ב; דפ"ס.
רכח כי"א; כיא"ב; כיה"ה; כי"ו; כי"מ; כימ"ב; כיס"ב; דפ"ס.
רכט כי"א; כיא"ב; כיה"ה; כי"ו; כי"מ; כימ"ב; כיס"ב; דפ"ס.
רל כי"א; כיא"ב; כיה"ה; כי"ו; כי"מ; כימ"ב (שתהא); כיס"ב; דפ"ס.
רלא ד"ס; כי"א; כי"ו (שהיה מלא); כיה"ה (ומצאו ה"ה כהמין וכו'); כי"מ; כיס"ב; דפ"ס (ומלא).
רלב כי"א; כי"ו; כיה"ה; כי"מ; כיס"ב.
רלג ד"ס; כי"ו; כי"מ.
רלד ד"ס; כי"ו; כי"מ.
רלה כי"א; כיא"ב (??? נחמן ? בר רב חסדא); כיה"ה (בר חסדא); כי"ו (חנין בר); כי"מ; כימ"ב; כיס"ב; דפ"ס (בר חסדא).
רלו כי"א; כיא"ב; כי"ו; כי"מ; כימ"ב; כיס"ב; דפ"ס.
רלז כי"א; כיה"ה; כי"ו; כי"מ; כימ"ב; כיס"ב; דפ"ס.
רלח כי"א; כיה"ה; כי"ו; כי"מ; כימ"ב; כיס"ב; דפ"ס.
רלט כי"א; כיה"ה; כי"ו; כי"מ; כימ"ב; כיס"ב; דפ"ס.
רמ כי"א; כיה"ה (נח); כי"ו; כי"מ; כיס"ב; דפ"ס.
רמא כי"א; כיה"ה; כי"ו; כי"מ; כימ"ב; כיס"ב; דפ"פ.
רמב רש"י; הב"ח; כי"מ (דמריק בדברא); כיס"ב.
רמג כי"א; כיה"ה; כי"ו; כי"מ; כימ"ב; כיס"ב; דפ"ס (מסניה).
רמד כי"א; כיה"ה; כי"ו; כי"מ; כימ"ב; כיס"ב; דפ"ס.
רמה כי"א; כימ"ב; כיס"ב; דפ"ס.
רמו כי"א; כיה"ה; כי"ו; כי"מ; כימ"ב; כיס"ב; דפ"ס.
רמז כי"א; כי"ו (אגיד); כי"מ; כימ"ב; כיס"ב; דפ"ס.
רמח כי"א; כיה"ה; כימ"ב; כיס"ב; דפ"ס.
רמט כי"א; כי"ו; כי"מ; כימ"ב; כיס"ב; דפ"ס.
רנ כי"א; כי"ו; כי"מ; כימ"ב; כיס"ב; דפ"ס.
רנא כי"א; כיה"ה; כי"ו; כימ"ב; כיס"ב; כיק"ד; דפ"ס; דפ"פ.
רנב הב"ח; כי"א; כי"ו; כיה"ה; כי"מ; כימ"ב; כיס"ב; דפ"ס.
רנג כי"א; כיה"ה; כי"מ; כימ"ב; כיס"ב; כיק"ד; דפ"ס; דפ"פ.
רנד כי"א; כיה"ה; כימ"ב; כיס"ב; כיק"ד; דפ"ס.
רנה הב"ח; כי"א; כי"מ; כיס"ב; דפ"ס.
רנו כי"א; כי"ו; כימ"ב; דפ"ס.
רנז כי"א; כיה"ה; כי"ו; כי"מ; כימ"ב; כיס"ב; דפ"ס.
רנח כי"א; כיה"ה; כי"ו; כי"מ; כימ"ב; כיס"ב; דפ"ס.
רנט כי"א; כי"ו; כי"מ; כימ"ב; כיס"ב; דפ"ס.
רס כי"א; כיה"ה (רב); כי"ו; כי"מ; כימ"ב; כיס"ב; דפ"ס.
רסא כי"א; כיה"ה; כי"ו; כי"מ; כימ"ב; כיס"ב; דפ"ס.
רסב כי"א; כיה"ה; כי"ו; כי"מ; כימ"ב; כיס"ב; דפ"ס.
רסג כיה"ה; כי"ו.
רסד כי"ו; כיס"ב.
רסה כיה"ה; כי"ו.
רסו כיה"ה; כיס"ב.
רסז כי"א; כיה"ה; כי"ו; כי"מ; כימ"ב; כיס"ב; דפ"ס.
רסח עו"ה; כי"א; כי"ו; כי"מ; כימ"ב; כיס"ב; דפ"ס.
רסט כי"א; כיה"ה; כי"מ; כיס"ב; דפ"ס.
רע עו"ה (בשם ד"ס); כי"א; כיה"ה (איהו ובין); כי"מ; כימ"ב; דפ"ס.
רעא כי"א וכיה"ה; (בר אבון); כי"מ; כימ"ב.
רעב כי"א; כיה"ה; כי"מ; כימ"ב; כיס"ב; דפ"ס.
רעג הב"ח; כי"מ; כימ"ב; כיס"ב; דפ"ס.
רעד עו"ה; כי"א; כי"ו; כיה"ה; כימ"ב (אפיקה); דפ"ס; דפ"פ.
רעה כי"א; כיה"ה; כי"ו; כי"מ; כיס"ב.
רעו כי"א; כי"ו (מיני'); כי"מ וכימ"ב (מיניה); כיס"ב.
רעז ד"ס; כי"ו; כי"מ; כיס"ב.
רעח ד"ס; כיה"ה; כי"מ.
רעט ב"ח; כי"ו; כיה"ה; כיס"ב.
רפ מ"ה; כימ"ב; כיס"ב.
רפא כי"א; כיה"ה; כי"ו; כי"מ.
רפב כי"א; כי"ו; כיה"ה; כי"מ; כיס"ב.
רפג כי"א; כי"ו; כי"מ; כימ"ב; כיס"ב.
רפד כי"א; כי"ו; כיה"ה; כימ"ב; כיס"ב; דפ"פ.
רפה כי"א; כיה"ה; כי"ו; כי"מ; כימ"ב; כיס"ב.
רפו כי"א; כי"מ; כימ"ב; כיס"ב.
רפז כיה"ה (א' לך קב"ה); כי"ו.
רפח כי"א; כי"ו (ואמרי); כי"מ; כיס"ב.
רפט עו"ה; כי"א; כיה"ה; כי"ו; כי"מ (לו); כימ"ב; כיס"ב.
רצ כי"א; כיה"ה; דפ"פ.
רצא כי"א; כיה"ה; כי"ו (אישני); כי"מ; כיס"ב.
רצב מ"ה; כי"א; כי"ו; כיה"ה; דפ"פ.
רצג רש"י; כי"א; כיה"ה; כי"ו; כיו"ב; כי"מ; כימ"ב; כיס"ב.
רצד כי"א; כיו"ב; כימ"ב; כיס"ב (כהן גדול מתפלל).
רצה עו"ה; כי"א; כיה"ה; כי"ו; כיו"ב; כי"מ; כימ"ב; כיס"ב.
רצו עו"ה; כי"א; כי"ו; כיו"ב; כימ"ב; כיס"ב.
רצז כי"א; כי"ו; כיו"ב; כי"מ (תרוייהו); כימ"ב; כיס"ב.
רצח כי"א; כי"ו; כיו"ב; כי"מ; כימ"ב; כיס"ב.
רצט כי"א; כי"ו; כיו"ב; כי"מ; כימ"ב; כיס"ב.
ש הב"ח; כי"א; כיה"ה; כיו"ב; כימ"ב.
שא כי"א; כיה"ה (אמרו); כי"ו; כיו"ב; כי"מ; כימ"ב; כיס"ב.
שב כי"א; כי"מ.
שג כי"א; כימ"ב ([ואינהו על תרתי כרעי]).
שד כי"מ.
שה כי"א; כי"ו (אמרה ליה במטותא); כי"מ (א"כ בעי); כימ"ב; כיס"ב (אמרה ליה דביתהו).
שו כי"א; כי"ג; כיה"ה; כי"ו; כיו"ב; כי"מ; כימ"ב; כיס"ב.
שז עו"ה; כי"א; כי"ג; כיה"ה; כי"ו; כיו"ב; כי"מ; כימ"ב; כיס"ב.
שח כי"א וכיה"ה; (תאנא); כי"ו; כיו"ב (תאנא); כי"ג; כי"מ; כימ"ב; כיס"ב.
שט מ"ה; כי"א; כי"ג; כי"ו; כיו"ב; כי"מ; כימ"ב; כיס"ב.
שי רש"י; כי"א; כי"ג; כיה"ה; כי"ו; כיו"ב; כי"מ; כימ"ב; כיס"ב.
שיא כי"א; כי"ג (שני דחיי); כיה"ה (דחיינא); כיו"ב (ועדין אולי דחיי).
שיב כי"א; כי"מ (אנא).
שיג ד"ס; כי"מ.
שיד כי"א; כי"ג; כי"ו; כיו"ב; כי"מ; כימ"ב; כיס"ב.
שטו כי"א; כיה"ה; כי"ו; כיו"ב; כי"מ; כימ"ב; כיס"ב; וכן בבא בתרא.
שטז כי"ג; כיה"ה; כיו"ב; כי"מ; כימ"ב; כיס"ב.
שיז עו"ה; כי"א; כי"ו; כיו"ב; כיה"ה; כי"מ; כימ"ב; כיס"ב.
שיח כי"א; כי"ג; כי"ו; כי"מ; כימ"ב; כיס"ב.
שיט מ"ה; עו"ה; כי"א; כי"ג; כי"ו; כיו"ב; כי"מ; כימ"ב; כיס"ב.
שכ רש"י; כי"א; כי"ג; כיה"ה; כי"ו; כיו"ב; כי"מ; כימ"ב; כיס"ב.
שכא מ"ה; ד"ס (וכ"ה נכון וכ"ה בע"י); כי"ג (ופריטה); כימ"ב.
שכב כי"א; כי"ג; כיו"ב (להם); כימ"ב; כיס"ב.
שכג כי"א; כי"ג; כיו"ב; כי"מ; כימ"ב; כיס"ב.
שכד כי"א וכי"ג (שמואל אמשול); כי"ו; כיו"ב; כי"מ; כימ"ב.
שכה כי"א; כי"ג; כי"ו; כיו"ב; כי"מ; כימ"ב.
שכו כי"א; כי"ג; כי"ו; כיו"ב; כי"מ; כימ"ב; כיס"ב.
שכז כי"א; כי"ג; כי"ו וכיו"ב (נשא); כי"מ; כימ"ב; כיס"ב (נשא).
שכח כימ"ב.
שכט כי"א; כי"ג; כי"ו; כיו"ב; כי"מ; כימ"ב.
של מ"ה; עו"ה; כי"א; כי"ג; כי"ו; כיו"ב; כיס"ב.
שלא עו"ה; כי"א; כי"ו; כיו"ב; כי"מ; כימ"ב; כיס"ב.

פרק ד

א כי"א; כי"ג; כי"ו; כיו"ב; כי"מ; כימ"ב; כיס"ב; דפ"ו ודפ"פ (ד').
ב כי"ג; כימ"ב.
ג כי"ו; כיו"ב; כימ"ב; כיק"ד.
ד עו"ה (רש"ש, וכ"ה ברש"י דפו"י); כימ"ב.
ה עו"ה; כי"ו.
ו כי"ג; כי"ו; כיו"ב; כימ"ב; כיס"ב.
ז כי"ג; כי"ו; כיו"ב; כימ"ב; כיס"ב; כימ"פ; כימ"ק (אסורים).
ח כימ"ב; דפ"ו; דפ"פ; כימ"ק (בני ירושלם).
ט כימ"ב; דפ"ו; דפ"פ; כימ"פ; כימ"ק.
י כי"ג; כי"ו; כי"מ; כימ"ב; כיס"ב.
יא כי"א; כי"ג (אית בהו קרבן מוסף); כי"ו; כיו"ב; כי"מ; כימ"ב; כיס"ב.
יב כי"א; כי"ג; כיו"ב; כימ"ב.
יג כי"א; כי"ג; כיו"ב; כימ"ב; כיס"ב.
יד כי"א; כי"ג; כי"ו; כיו"ב; כי"מ; כימ"ב; כיס"ב.
טו כי"א; כי"ג; כי"ו; כיו"ב; כי"מ; כימ"ב; כיס"ב.
טז כי"א; כי"ג; כי"ו; כיו"ב; כי"מ; כימ"ב; כיס"ב.
יז כי"א; כי"ג; כי"ו; כיו"ב; כי"מ (נהגו כר' מאיר); כימ"ב; כיס"ב (נהגו כר' מאיר).
יח כי"א; כי"ג;

יט הב"ח; כי"א; כי"ג; כי"ו; כיה"ה; כי"מ; כיס"ב.
כ כי"א; כי"ג; כי"ו; כיו"ב; כי"מ; כימ"ב; כיס"ב; דפ"פ.
כא כי"א; כי"ג (הוא); כי"ו; כיה"ה; כי"מ; כיס"ב.
כב כי"א; כי"ג; כי"ו; כי"מ; כימ"ב; כיס"ב; דפ"פ.
כג כי"מ.
כד עו"ה; כי"ג; כי"ו; כי"מ; כימ"ב.
כה כי"א; כי"ג; כי"ו; כיה"ה; כי"מ;.
כו עו"ה; כי"א (וישר'); כי"ג (וישראל); כי"ו (וישר'); כי"מ וכימ"ב (וישראל) דפ"פ.
כז כי"א; כי"ג; כיה"ה; כי"מ (אמר רב חסדא משה...); כיס"ב.
כח כי"א; כי"ג; כי"ו; כיו"ב; כימ"ב; כיס"ב.
כט כי"ג; כיו"ב; כימ"ב; דפ"פ.
ל עו"ה (בשם ד"ס); כי"א; כי"מ; כיס"ב.
לא כי"א; כי"ג; כי"ו; כי"מ; כימ"ב; כיס"ב.
לב עו"ה; כי"א; כי"ג; כי"ו; כי"מ; כיס"ב; דפ"פ.
לג עו"ה; כי"א; כי"ג; כי"ו; כי"מ; כיס"ב; דפ"פ.
לד כי"א; כי"ג; דפ"פ.
לה כי"ו; כיס"ב; דפ"ו; דפ"פ.
לו כי"א; כי"ג; כי"ו; כיו"ב; כי"מ; כימ"ב; כיס"ב; דפ"ו; דפ"פ.
לז כי"א.
לח כי"א; כי"ג (מלפני); כיה"ה; כי"מ.
לט כי"ג; כי"ו; כיה"ה; כי"מ.
מ כי"א; כי"ג; כי"מ; כימ"ב; כיס"ב.
מא כי"מ; כיס"ב; וכן בביצה.
מב כי"א; כי"ג; כי"ו; כי"מ; כימ"ב; כיס"ב (חמשא); וכן במגילה כב.
מג כי"א; כי"ג; כי"ו; כי"מ; כימ"ב; כיס"ב.
מד כי"ג; כיה"ה; כי"מ; כיס"ב.
מה כי"א (סבר); כי"ג; כי"ו; כי"מ; כימ"ב (סבר); כיס"ב.
מו עו"ה (בשם דק"ס); כי"ו; כי"מ; כימ"ב; כיס"ב.
מז כי"א וכי"ג (הם); כי"ו; כי"מ; כימ"ב; כיס"ב.
מח כי"א; כי"ג (הם); כי"ו; כי"מ (בלי "בני"); כימ"ב; כיס"ב.
מט עו"ה; כי"א; כי"ג; כי"ו; כי"מ; כימ"ב; כיס"ב; דפ"פ.
נ כי"א; כי"ג (פרסדיאות); כי"ו (פרדיסיאות); כי"מ (פרדסיות); כימ"ב (פרסדיאות); כיס"ב.
נא כי"א; כי"ג; כי"ו (מה עשו יריאי חטא שבאותו הדור וכשירין שבאותו הדור]; כי"מ; כימ"ב; כיס"ב (הדור וכשירין שבאותו הדור).
נב כי"א; כי"ג (פרסדיאות); כי"ו (פרדיסיאות); כי"מ (שהגיע לפרדסייא); כימ"ב (פרסדיאות); כיס"ב.
נג עו"ה כי"א; כי"ג; כי"ו; כי"מ; כימ"ב; כיס"ב; דפ"פ.
נד כי"א; כי"ג (פרסדיאות); כי"ו (פרדיסיאו'); כי"מ (פרדסייאות); כימ"ב (פרסדיאות); כיס"ב.
נה כי"א; כימ"ב; כיס"ב.
נו כי"א; כימ"ב (בן יהודה שנייה); כיס"ב (שנייה מתניתין מני).
נז כי"א; כי"ג; כיה"ה; כי"מ.
נח כי"א; כי"ג; כי"ו; כי"מ; כימ"ב; כיס"ב.
נט כי"א (וכתיב); כי"מ; כימ"ב וכיס"ב (וכתיב).
ס ד"ס; כי"א; כי"ג; כי"ו; כיה"ה; כי"מ; כיס"ב.

סא כי"ג.
סב כי"א; כי"ג; כי"ו; כיה"ה; כי"מ.
סג כי"א; כי"ג; כי"ו; כיה"ה; כי"מ; כיס"ב.
סד רש"י; הב"ח; כי"א; כי"ג; כי"ו; כי"מ; כימ"ב.
סה כי"א; כי"ו; כי"מ.
סו מ"ה (אותה לילה ליל); כי"ג; כי"ו (לילה לילי).
סז כי"א; כי"ג; כי"ו; כיה"ה; כי"מ; כיס"ב.
סח כי"א; כי"ו; כימ"ב; כיס"ב.
סט כי"א (ואת כל בתי ירושלם ואת כל בית הגדול שרף באש); כי"ו; כימ"ב (ואת כל בתי ירושלם ואת כל בית גדול שרף באש); כיס"ב.
ע כי"א; כימ"ב.
עא כי"א; כימ"ב.
עב כי"א; כי"ג; כי"ו; כיה"ה; כי"מ; כיס"ב.
עג כי"ג; כיה"ה.
עד הב"ח; כי"א; כי"ו; כי"מ; כיס"ב.
עה כי"א; כי"ג; כי"ו; כיה"ה; כי"מ; כיס"ב.
עו מ"ה (נמי גמרא); ד"ס; כי"ג; כיה"ה.
עז מ"ה; כי"א.
עח כי"א (אגמון); כי"ג; כי"ו; כי"מ; כימ"ב (היגמון); כיס"ב.
עט כי"א (אגמון); כי"ו; כי"מ; כימ"ב (היגמון); כיס"ב.
פ עו"ה; כי"ג; כיה"ה; כי"מ; כיס"ב.
פא כי"א (אף ה'ב'ה' קרקר עליהן את האויב כתרנגולין); כי"ג; כי"ו (ואף הק' מקרקר עלי' [כתרנגולין שנ']); כי"מ (ואף הק'ב'ה' מקרקר (עליהן) אחריהם כתרנגולין); כימ"ב (ואף הק'ב'ה' קירקר עליהם כתרנגולין); כיס"ב (ואף הק'ב'ה קרקר עליהן כתרנגול) דפ"פ; דפ"ו.
פב כי"א; כי"ג; כי"מ; כימ"ב; כיס"ב; דפ"פ; דפ"ו.
פג כי"ג; כי"מ; כימ"ב; כיס"ב.
פד כי"ג; כי"ו; כיה"ה; כי"מ; כיס"ב.
פה כימ"ב (בלי "וכו'); כיס"ב.
פו הב"ח; כי"ג (ובחמשי); כי"ו; כי"מ (ובחמשי); כימ"ב; כיס"ב.
פז כי"א; כי"ג; כי"ו; כיה"ה; כי"מ.
פח כי"א (טעמא); כי"ג; כי"ו; כיה"ה; כי"מ.
פט כי"א; כי"ג; כי"ו; כיה"ה; כי"מ.
צ כי"א (דמותרין); כי"ג; כי"ו (הוא דמותרין); כיה"ה;
כי"מ (הוא דמותרין).
צא כי"א; כי"ג; כי"ו; כיה"ה; כי"מ.
צב כי"א; כי"ג; כי"ו; כיה"ה; כי"מ.
צג עו"ה (וכי); כי"ג; כיה"ה; כי"מ.
צד כי"א; כי"ו; כימ"ב.
צה עו"ה (בשם ד"ס); כי"א (אין); כי"ג; כי"ו; כיה"ה; כי"מ (אין).
צו כי"א; כי"ג; כי"ו; כי"מ; כימ"ב.
צז כי"א; כי"ג; כי"ו; כי"מ; כימ"ב.
צח הגר"א; כי"א; כי"מ.
צט עו"ה; כי"א; כי"ג; כי"ו; כיה"ה; כי"מ.
ק הגר"א; כי"א; כי"ו; כי"מ.
קא הגר"א; כי"א; כי"ו; כי"מ.
קב מ"ה; כי"א; כי"ו; כי"מ; כימ"ב.
קג עו"ה (כל); כי"א; כי"ו; כי"מ.
קד עו"ה (דקאמר); כי"א; כי"מ.
קה עו"ה; כי"א; כי"ג; כי"ו; כי"מ.
קו מ"ה; כי"א; כי"ו (פרדיסיאות); כיה"ה; כי"מ.
קז מ"ה; עו"ה; כי"א; כי"ו; כי"מ; כימ"ב.

קח כי"א; כי"ג; כי"ו; כיה"ה; כי"מ; דפ"פ.
קט כי"א; דפ"פ; דפ"ו.
קי עו"ה; כי"א; כיה"ה; כי"מ.
קיא כי"ג; כינ"ו (ירו').
קיב כי"ו; כיה"ה; כי"מ.

זה השער לי״י צדיקים יבואו בו

והיה

אמונת עתיך חסן ישועת חכמת ודעת

יראת י״י היא אוצרו

תלמוד בבלי

גמרא סדורה
המאיר

מגילה

מהדורה מופלאה מאירת עינים
מפוסקת ומחולקת לפסקאות
בנוסח דפוס וילנא עם שינויי נוסח
על פי כתבי יד וראשונים
והגהות רבותינו הקדושים
עם מקורי נוסח בסוף המסכת
ועוד הרבה מעלות כמבואר במבוא

מהדורת
יעקב יוסף

שנת תשפ״ב לפ״ק

ושבתם וראיתם בין צדיק לרשע בין עובד אלהים לאשר לא עבדו (מלאכי ג')

- מסכת מגילה -

לוח לסימון מאה ואחת חזרות

ב	
ג	
ד	
ה	
ו	
ז	
ח	
ט	
י	
יא	
יב	
יג	
יד	
טו	
טז	
יז	
יח	
יט	
כ	
כא	
כב	
כג	
כד	
כה	
כו	
כז	
כח	
כט	
ל	
לא	
לב	

תרוייהו צדיקי גמורי נינהו, ואינו דומה שונה פרקו מאה פעמים, לשונה פרקו מאה ואחת (חגיגה ט:)

מגילה

פרק ראשון – מגילה נקראת

ב. **משנה** (א-ב): *

מגילה[1] נקראת באחד עשר, בשנים עשר, בשלשה עשר,
בארבעה עשר, בחמשה עשר,
לא[2] פחות ולא יותר.
כרכין המוקפין חומה מימות[3] יהושע בן נון -
קורין בחמשה עשר;
כפרים ועיירות גדולות -
קורין בארבעה עשר,
אלא[4] שהכפרים מקדימין ליום הכניסה.

כיצד?
חל להיות בשני -[א]
כפרים ועיירות גדולות קורין בו ביום,
ומוקפין[ב] חומה למחר.

חל להיות בשלישי או ברביעי -
כפרים מקדימין ליום הכניסה,
ועיירות גדולות קורין בו ביום,
ומוקפין[ג] חומה למחר.

חל להיות בחמישי -
כפרים ועיירות גדולות קורין בו ביום,
ומוקפין[ד] חומה למחר.

חל[5] להיות בערב[ה] שבת -
כפרים מקדימין ליום הכניסה,
ועיירות גדולות ומוקפין[ו] חומה קורין בו ביום.

חל להיות בשבת -
כפרים ועיירות גדולות מקדימין[ז] ליום הכניסה,
ומוקפין[ח] חומה למחר.

חל[6] להיות אחר השבת -
כפרים מקדימין ליום הכניסה,
ועיירות גדולות קורין בו ביום,
ומוקפין[ט] חומה למחר.

גמרא:

מגילה נקראת באחד עשר.

מנלן?[7]
מנלן? כדבעינן למימר לקמן:
חכמים הקילו על הכפרים להיות מקדימין ליום הכניסה,
כדי[8] שיספקו מים ומזון לאחיהם שבכרכין!?[י]

אנן[9] הכי קאמרינן -
מכדי[10] כולהו אנשי כנסת הגדולה תקינו,[יא]
דאי[11] סלקא דעתך -
אנשי כנסת הגדולה -
ארבעה עשר וחמשה עשר הוא דתקון,[יב]
היכי[יג] אתו[12] רבנן ועקרי תקנתא דתקינו אנשי כנסת הגדולה?
והתנן (עדויות א:ה):
אין בית דין יכול לבטל דברי בית דין חבירו,
אלא אם כן גדול ממנו בחכמה ובמנין!
אלא[13] פשיטא -
כולהו אנשי כנסת הגדולה תקינו;
היכא רמיזא?

אמר רב שמן בר אבא אמר רבי יוחנן:
אמר קרא (אסתר ט,לא):
"לְקַיֵּם אֶת יְמֵי הַפֻּרִים הָאֵלֶּה בִּזְמַנֵּיהֶם",
זמנים הרבה תקנו להם חכמים.[יד]

האי מיבעיא ליה לגופיה!?[14]
אם כן -
לימא[15] קרא - זמן,
מאי "זְמַנֵּיהֶם"? זמנים הרבה.[טו]

ואכתי[16] מיבעי ליה -
זמנו[17] של זה לא זמנו[טז] של זה!?
אם כן -
לימא קרא - זמנם,
מאי "זְמַנֵּיהֶם"? שמעת מינה כולהו.

רש"י

[1] **פרק ראשון - מגילה נקראת. מתני': מגילה נקראת בי"א וכו'.** פעמים בזה ופעמים בזה ולקמן מפרש ואזיל:

[2] **לא פחות ולא יותר.** לא פחות מי"א ולא יותר מט"ו:

[3] **מימות יהושע.** בגמ' מפרש לה:

[4] **אלא שהכפרים מקדימין ליום הכניסה.** כלומר מאחר שהמוקפין קורין בט"ו ושאין מוקפין קורין בי"ד הרי הכל בכלל תו היכי משכחת י"א י"ב י"ג אלא שהכפרים נתנו להן חכמים רשות להקדים קריאתה ליום הכניסה יום שני בשבת שלפני י"ד או חמישי בשבת שהוא יום כניסה שהכפרים מתכנסין לעיירות למשפט לפי שבתי דינין יושבין בעיירות בשני ובחמישי כתקנת עזרא (ב"ק פב.) והכפרים אינן בקיאין לקרות וצריכין שיקראנה להם אחד מבני העיר ולא הטריחום חכמים להתאחר ולבא ביום י"ד ופעמים שיום הכניסה בי"ג ופעמים שהוא בי"ב^ ופעמים שהוא בי"א:

[5] **חל ארבעה עשר להיות בערב שבת עיירות ומוקפין חומה קורין בו ביום.** שאין קריאת המגילה בשבת גזירה שמא יטלנה בידו וא"ת יאחרו המוקפין עד אחר שבת הוה ליה ט"ז ואמר קרא ולא יעבור:

[6] **חל להיות אחר שבת כפרים מקדימין ליום הכניסה.** דהוה ליה י"א וטפי לא משכחת לה יום הכניסה שלפני פורים מוקדם לו דמיום הכניסה ליום הכניסה לא מקדמינן:

[7] **גמ': ה"ג מנלן מנלן כדבעינן למימר לקמן וכו'.** והכי פירושא מנלן די"א וי"ב וי"ג חזו לקרייה די"ד וט"ו הוא דכתיב בקרא וקא מהדר תלמודא^ מנלן בתמיה האי לאו חובה היא אלא חכמים הקילו עליהן כדבעינן למימר לקמן:

[8] **כדי שיספקו.** שיהו פנויין ביום פורים להספיק צורכי סעודת פורים לבני העיירות:

[9] **אנן הכי קאמרינן.** אנן דמיבעיא לן מנלן הכי קאמרינן:

[10] **מכדי.** מדהקילו חכמים על הכפרים להקדים על כרחך אנשי כנסת הגדולה שתיקנו בימי מרדכי ואסתר את שמחת הפורים וקריאת המגילה כולהו הני זימני תקון^ ונתנו רשות לקרות:

[11] **דאי סלקא דעתך.** י"ד וט"ו תקון הכתובין במגילה ותו לא:

[12] **היכי אתו רבנן.** דבתרייהו ועקרו תקנתא והתירו להקדים בתמיה:

[13] **אלא פשיטא.** אינהו תקון וכיון דאינהו תקון ודאי רמזינהו במגילת אסתר היינו דמיבעיא לן היכא רמיזא ומנלן:

[14] **לגופיה.** לי"ד וט"ו המפורשין בספר:

[15] **לימא קרא.** את ימי הפורים האלה בזמן דמשמע בזמן המפורש להם:

[16] **ואכתי מיבעי ליה.** האי דנקט זמנים לשון רבים:

[17] **זמנו.** של מוקפין לאו כזמנו של פרזים דאי כתוב בזמן הוה משמע זמן אחד לשניהן אי בעו ליקרו בארביסר ואי בעו ליקרו בחמיסר:

ואימא -[יז] זמנים טובא ! ?
"וְּמַנֵּיהֶם"[1] דומיא דזמנם,
מה זמנם - תרי,
אף "וְּמַנֵּיהֶם"- תרי.

ואימא - תריסר ותליסר ! ?
כדאמר רב שמואל בר רב[יח] יצחק:
שלשה עשר זמן[2] קהילה לכל היא,
ולא צריך לרבויי;
הכא נמי -
שלשה עשר זמן קהילה לכל היא,
ולא צריך לרבויי.

ואימא - שיתסר ושיבסר ! ?
"וְלֹא יַעֲבוֹר" כתיב (שם,כז).

ורבי שמואל בר נחמני אמר:
אמר קרא (שם,כב):
"כַּיָּמִים אֲשֶׁר נָחוּ בָהֶם הַיְּהוּדִים",
ימים[3] "כַּיָּמִים",
לרבות - אחד עשר ושנים עשר.

ואימא - תריסר ותליסר ! ?
אמר רב שמואל בר רב[יט] יצחק:
שלשה עשר זמן קהילה לכל היא,
ולא צריך לרבויי.

ואימא - שיתסר ושיבסר ! ?
"וְלֹא יַעֲבוֹר" כתיב (שם,כז).

ורבי[כ] שמואל בר נחמני,
מאי טעמא לא אמר מ"בִּזְמַנֵּיהֶם" ?
זמן זמנם "זְמַנֵּיהֶם" לא משמע ליה.

ורב שמן בר אבא,
מאי טעמא לא אמר מ"כַּיָּמִים" ?
אמר לך -
ההוא לדורות[4] הוא דכתיב.

אמר רבה בר בר חנה אמר רבי יוחנן:
זו[5] דברי רבי עקיבא סתימתאה,[6]
דדריש זמן זמנם "זְמַנֵּיהֶם",
אבל חכמים אומרים:
אין קורין אותה אלא בזמנה.

מיתיבי:
אמר רבי יהודה: אימתי ?[7]
בזמן[8] שהשנים כתיקנן וישראל שרויין[9] על אדמתן,
אבל[10] בזמן הזה, הואיל ומסתכלין בה -
אין קורין אותה אלא בזמנה;
רבי יהודה אליבא דמאן ?
אילימא - אליבא דרבי עקיבא;
אפילו בזמן[11] הזה איתא להאי תקנתא !
אלא[12] לאו - אליבא דרבנן,
ובזמן שהשנים כתיקנן וישראל שרויין על אדמתן,
מיהא[13] קרינן ! ?
תיובתא.[כא]

איכא[14] דאמרי:
אמר רבה בר בר חנה אמר רבי יוחנן:
זו דברי רבי עקיבא סתימתאה,
אבל חכמים אומרים:[כב]
בזמן הזה, הואיל ומסתכלין בה -
אין קורין אותה אלא בזמנה.

תניא נמי הכי:
אמר רבי יהודה: אימתי ?
בזמן שהשנים כתיקנן וישראל שרויין על אדמתן,
אבל בזמן הזה, הואיל ומסתכלין בה -
אין קורין אותה אלא בזמנה.

ב: רב אשי קשיא[15] ליה דרבי יהודה אדרבי יהודה, *
ומוקים[16] לה לברייתא כרבי יוסי בר יהודה:
ומי אמר רבי יהודה -
בזמן הזה, הואיל ומסתכלין בה -
אין קורין אותה אלא בזמנה ?
ורמינהי (כאן ג):
אמר רבי יהודה: אימתי ?[17]

רש"י

[1] זמניהם דומיא דזמנם. רבויא דדרשינן לקרא לייתורא דיו"ד וה"א דומיא דעיקר הזמן דנפקא לן מזמנם הוא דקא מרבה דומיא דידהו:

[2] זמן קהלה לכל היא. הכל נקהלו להנקם מאויביהם בין בשושן בין בשאר מקומות כמו שכתוב בספר הלכך לא צריך קרא לרבויי שיהא ראוי לקרייה דעיקר הנס בו היה:

[3] ימים כימים. לעיל מיניה כתיב י"ד וט"ו ישמחו וכתיב כימים אשר נחו בהם היהודים וגו' והוה ליה למיכתב ימים אשר נחו דמשמע הם הם ימים אשר נחו מאי כימים לרבות שנים אחרות כדוגמתן:

[4] לדורות הוא דכתיב. להכי שייך לישנא דקרא כימים כלומר יעשו לדורות י"ד וט"ו כאשר היה בימי הנס ימים אשר נחו בהם הלכך לא איכא לרבויי מהכא שנים אחרים:

[5] זו דברי ר' עקיבא. הכי גמיר רבי יוחנן מרביה דמתני' ר"ע אמרה:

[6] סתימתאה. הרבה סתם משנה סתם ר' שהן דברי ר' עקיבא וי"מ סתימתאה כל הסתומין תלמידיו היו כדאמר בסנהדרין (פו.) סתם משנה ר"מ סתם תוספתא ר' נחמיה סתם ספרא רבי יהודה וכולהו סתימתאי אליבא דר' עקיבא אך קשה בעיני לפרש כן שמצינו בכמה מקומות בתלמוד^ ר"א בר' יוסי סתימתאי רבי מנחם בר רבי יוסי סתימתאי לקמן בפרק בני העיר (כו.):

[7] אימתי. הקילו חכמים על הכפרים:

[8] בזמן שהשנים כתיקנן. שהשנים מתעברות על פי בית דין והחדשים המקדשין בבית דין שולחין שלוחיהן להודיע אימתי הוקדש ניסן ועושין מועדים ע"פ שלוחין:

[9] כששרויין על אדמתם. והשלוחין מגיעין עד הפסח לקצה ארץ ישראל:

[10] אבל בזמן הזה. שפסקו כל אלה וישראל נפרדו ולא יגיעו שלוחי ב"ד אצלם הכל צופין למקרא מגילה ואומרים יום י"ד באדר קרינן המגילה נשארו לאדר ט"ו יום וט"ו של ניסן עושין פסח ואם תקדים קריאתה יעשו פסח לסוף שלשים יום של קריאה ונמצאו אוכלין חמץ בימים אחרונים (ביום) של פסח:

[11] בזמן הזה נמי איתא להא תקנתא. דהא רבי עקיבא בזמן הזה [הוה] ואמר במתני' דמקדימין:

[12] אלא לאו. רבנן דהוי^ מקמי ר"ע אמרוה:^

[13] מיהא קרינן. אלמא רבנן נמי דרשי זמן זמנם זמניהם:

[14] איכא דאמרי אמר רבה זו דברי ר' עקיבא סתימתאה. ולא גרסינן להאי לישנא דדריש זמן זמנם זמניהם דהא רבנן דפליגי עליה נמי דרשי ליה אלא שהחמירו לאחר חורבן משום דמסתכלין בה:

[15] קשיא דר"י. דהא ברייתא דלעיל אדר' יהודה דמתני' כדמפרש ואזיל:

[16] ואוקי לה להך ברייתא. דלעיל כרבי יוסי בר יהודה:

[17] אימתי. מקדימים:

מקום[1] שנכנסין בשני ובחמישי;
אבל[2] מקום שאין נכנסין בשני ובחמישי -
אין קורין אותה אלא בזמנה;
מקום שנכנסין בשני ובחמישי מיהא קרינן,
ואפילו בזמן הזה!?
ומוקים לה לברייתא כרבי יוסי בר יהודה.

ומשום[3] דקשיא ליה דרבי יהודה אדרבי יהודה -
מוקים לה לברייתא כרבי יוסי בר יהודה!?

רב אשי שמיע ליה -
דאיכא דתני לה כרבי יהודה,
ואיכא דתני לה כרבי יוסי בר יהודה,
ומדקשיא ליה דרבי יהודה אדרבי יהודה -
אמר:
מאן דתני לה כרבי יהודה - לאו דווקא,
מאן דתני לה כרבי יוסי בר יהודה - דווקא.

כרכין המוקפין[כג] חומה מימות יהושע בן נון – קורין בחמשה עשר וכו׳.

מנהני מילי?
אמר רבא:
דאמר קרא (אסתר ט,יט):
"עַל כֵּן הַיְּהוּדִים הַפְּרָזִים[4] (כתיב - הפרוזים),
הַיֹּשְׁבִים בְּעָרֵי הַפְּרָזוֹת,
עֹשִׂים אֵת יוֹם אַרְבָּעָה עָשָׂר",[כד]
מדפרזים ב"אַרְבָּעָה עָשָׂר"-
מוקפין[5] בחמשה עשר.

ואימא -
פרזים - ב"אַרְבָּעָה עָשָׂר",
מוקפין - כלל[6] כלל לא!?

ולאו ישראל נינהו?
ועוד -
"מֵהֹדּוּ[7] וְעַד כּוּשׁ" (שם א,א) כתיב!

ואימא -
פרזים - ב"אַרְבָּעָה עָשָׂר",[כה]
מוקפין - בארבעה עשר ובחמשה עשר,[כו]
כדכתיב[8] (שם ט,כא):
"לִהְיוֹת עֹשִׂים אֵת יוֹם אַרְבָּעָה עָשָׂר לְחֹדֶשׁ אֲדָר,
וְאֵת יוֹם חֲמִשָּׁה עָשָׂר בּוֹ בְּכָל שָׁנָה"!?

אי הוה כתיב -[כז]
את יום ארבעה עשר וחמשה עשר - כדקאמרת,
השתא דכתיב:
"אֵת יוֹם אַרְבָּעָה עָשָׂר לְחֹדֶשׁ אֲדָר,[כח]
וְאֵת יוֹם חֲמִשָּׁה עָשָׂר",
אתא "אֵת" ופסיק,
הני - ב"אַרְבָּעָה עָשָׂר",
והני ב"חֲמִשָּׁה עָשָׂר".

ואימא -[9]
פרזים - ב"אַרְבָּעָה עָשָׂר",[כט]
מוקפין - אי בעו בארבעה עשר, ואי בעו בחמשה עשר!?[ל]
אמר קרא (שם,לא): "בִּזְמַנֵּיהֶם",
זמנו של זה לא זמנו של זה.

ואימא -[10]
מוקפין בשלשה עשר!?[לא]
כשושן.[11]

אשכחן -[12] עשייה,
זכירה -[13] מנלן?[14]
אמר קרא (שם,כח):
"וְהַיָּמִים הָאֵלֶּה נִזְכָּרִים וְנַעֲשִׂים",
איתקש[15] זכירה לעשייה.

מתניתין דלא כי האי תנא,
דתניא:
רבי יהושע בן קרחה אומר:
כרכין המוקפין חומה מימות אחשורוש -
קורין בחמשה עשר.

מאי טעמיה דרבי יהושע בן קרחה?
כשושן,[לב]
מה שושן -
מוקפת חומה מימות אחשורוש וקורין בחמשה עשר,
אף כל -
שמוקפת חומה מימות אחשורוש קורין בחמשה עשר.

ותנא דידן, מאי טעמיה?
יליף - פרזי פרזי,
כתיב הכא (אסתר ט,יט):
"עַל כֵּן הַיְּהוּדִים (כתיב - הפרוזים) הַפְּרָזִים
הַיֹּשְׁבִים בְּעָרֵי הַפְּרָזוֹת",[לג]

רש״י

1 מקום שנכנסים כו׳. במקום שבית דין קבוע והכפרים נכנסים שם ליום הדין כשיש להם הריב:

2 אבל מקום שאין נכנסין. דהך הקדמה לאו קולא היא לכפרים אין קורין אותה אלא בזמנה:

3 משום דקשיא ליה כו׳. בתמיה:

4 הפרזים. עיר שאין לה חומה ומתוך כך ישיבתה נפוץ ופרוז ומרוחקין משכונה לשכונה:

5 מוקפין בט״ו. שהרי שני ימים כתובין שם ומדקבע י״ד לפרזים שדייה ט״ו למוקפין:

6 כלל כלל לא. וחמשה עשר דכתיב במגילה שדייה לשושן כדרך שנחו בו בשעת הנס:

7 מהודו ועד כוש כתיב. שקיבלו עליהם פורים דכתיב וישלח ספרים בכל מדינות המלך אחשורוש וגו׳ לקיים עליהם ואע״ג דלא כתב הודו וכוש בהאי קרא כיון דכתיב בכל מדינות המלך אחשורוש הרי מהודו ועד כוש:

8 כדכתיב להיות עושים. מסקנא דקושיא היא ולא תירוצא הוא:

9 ואימא פרזים בי״ד. דהא קבעינהו קרא אבל מוקפין דלא קבעינהו קרא אי בעו בארביסר ליקרו אי בעו בחמיסר ליקרו:

10 ואימא מוקפין בי״ג. וקרא דכתיב בחמשה עשר לשושן הוא דקבע כדרך שעשו בט״ו בשנה ראשונה:

11 ומשני כשושן. כיון דלא רמז לך הכתוב זמן המוקפין אימת הוא ואשכחן שושן שעשו בט״ו. מסתברא שאותו היום שייר למוקפין:

12 אשכחן עשייה. דמשתה ויום טוב שתהא לפרזים בי״ד ומוקפין בט״ו:

13 זכירה. קריאת המגילה:

14 מנלן. שנקבע להם זמן לפרזים בארבעה עשר הא בהאי קרא דעל כן היהודים הפרזים היושבים בערי הפרזות עושים את יום ארבעה עשר וגו עשייה הוא דכתיבא:

15 איתקש זכירה לעשייה. הלכך זמן אחד להם:

וכתיב[א] התם (דברים ג,ה):
"לְבַד מֵעָרֵי הַפְּרָזִי[ב] הַרְבֵּה מְאֹד",
מה[ב] להלן - מוקפין דידהו[לג] מימות יהושע בן נון,
אף[ג] כאן - מוקפין דידהו[לד] מימות יהושע בן נון.

בשלמא רבי יהושע בן קרחה -
לא אמר כתנא דידן,
דלית ליה - פרזי[ד] פרזי,
אלא תנא דידן -
מאי טעמא לא אמר כרבי יהושע בן קרחה?
מאי טעמא?
דהא אית ליה פרזי פרזי!

אנן הכי[ה] קאמרינן -[לה]
אלא שושן דעבדא כמאן,
לא כפרזים ולא כמוקפין!?
אמר רבא, ואמרי לה כדי:
שאני שושן הואיל[ו] ונעשה בה נס.

בשלמא לתנא דידן -
היינו דכתיב (אסתר ט,כח): "מְדִינָה[ז] וּמְדִינָה וְעִיר וָעִיר",
"מְדִינָה וּמְדִינָה" -
לחלק בין מוקפין חומה מימות יהושע בן נון,
לשאין מוקפין חומה מימות יהושע בן נון,[לו]
"עִיר וָעִיר" נמי -
לחלק בין שושן לשאר עיירות;

אלא[ח] לרבי יהושע בן קרחה,
בשלמא "מְדִינָה וּמְדִינָה" -
לחלק בין מוקפין חומה מימות אחשורוש,[לח]
לשאין מוקפין חומה מימות אחשורוש;[לט]
אלא "עִיר[ט] וָעִיר" -
למאי אתא!?

אמר לך רבי יהושע בן קרחה -
ולתנא דידן מי ניחא?
כיון דאית ליה פרזי פרזי -
"מְדִינָה וּמְדִינָה" למה לי?
אלא,
קרא יתירא הוא לכדרבי[י] יהושע בן לוי,[מ]
דאמר רבי יהושע בן לוי:

כרך, וכל הסמוך לו, וכל הנראה עמו -
נידון[יא] ככרך.

עד[יב] כמה?
אמר רבי ירמיה, ואיתימא רבי חייא בר אבא:
כמחמתן לטבריא, מיל.

ולימא מיל!?
הא קא משמע לן -
דשיעורא דמיל כמה הוי? כמחמתן לטבריא.

ואמר רבי ירמיה, ואיתימא רבי חייא בר אבא:
מנצפ"ך[יג] צופים[יד] אמרום.

ותסברא,
והכתיב (ויקרא כז,לד): "אֵלֶּה הַמִּצְוֹת",
שאין נביא רשאי לחדש דבר מעתה!
ועוד -
האמר רב חסדא:
ג. מ"ם וסמ"ך שבלוחות - *
בנס[טו] היו עומדין!?

אין, מהוה[טז] הוו,
ולא הוו ידעי הי באמצע תיבה והי בסוף תיבה,
ואתו צופים ותקינו:
פתוחין - באמצע תיבה,
וסתומין - בסוף תיבה.

סוף סוף - "אֵלֶּה הַמִּצְוֹת",
שאין נביא רשאי[מא] לחדש דבר מעתה!?
אלא,
שכחום וחזרו ויסדום.

ואמר רבי ירמיה, ואיתימא רבי חייא בר אבא:
תרגום של תורה -
אונקלוס הגר אמרו מפי רבי אליעזר ורבי יהושע;
תרגום של נביאים -
יונתן בן עוזיאל אמרו מפי חגי, זכריה, ומלאכי,
באותה שעה נזדעזעה[מב] ארץ ישראל
ארבע מאות פרסה על ארבע מאות פרסה,
יצתה בת קול ואמרה:
מי הוא זה שגילה סתריי לבני אדם!?

רש"י

1 וכתיב התם. בביאת הארץ בימי משה ויהושע לבד מערי הפרזי הרבה מאד:

2 מה להלן מימות יהושע. ולא גרסינן מה להלן מוקפין חומה מימות יהושע דהא פרזים לאו מוקפין חומה נינהו:

3 אף כאן מימות יהושע. אף פרזים האמור כאן במעשה המן בפרזי דיהושע קאמר ואע"ג דלאחר כן נעשה מוקף. הוי פרזים לענין מגילה:

4 פרזי פרזי. לא גמיר גזירה שוה מרביה ואין אדם דן גזירה שוה מעצמו אלא אם כן קיבלה מרבו:

5 הכי קאמר אלא שושן דעבדה כמאן. אי ילפינן הך גזירה שוה היאך עשו אותן שבשושן בט"ו הא פרזי הוא ולא ידעינן בה שהוקפה מימות יהושע:

6 הואיל ונעשה בה נס. שניתן להם גם מחר לעשות כדת היום להרוג בשונאיהם שני ימים על כרחן לא נחו עד ט"ו וכך קבעוה לדורות:

7 מדינה ומדינה עיר ועיר. גבי זכירה ועשייה כתיב והימים האלה נזכרים ונעשים וגו' משמע מדינה ומדינה כמנהגה ועיר ועיר כמנהגה למדנו שיש מנהג חלוק במדינות ומנהג חלוק בעיירות לחלק בין שושן לשאר עיירות ואע"פ שאף היא בכלל פרזים הוקבעה בט"ו:

8 הכי גרסינן אלא לר' יהושע בן קרחה בשלמא מדינה ומדינה לחלק בין מוקפין חומה מימות אחשורוש לשאין מוקפין מימות אחשורוש:

9 עיר ועיר למאי. הרי כל הפרזים שוין וכל המוקפין שוים ואין חילוק בין עיר ועיר:

10 וכר' יהושע בן לוי. ובחלוק לא איירי כלל אלא ה"ק כל עיר ועיר הסמוך למדינה שתהא כמותה:

11 נידון ככרך. וקורין בט"ו הסמוך אע"ג שאינו נראה ואע"פ שאינו סמוך הכי מפרש לקמן:

12 עד כמה. חשיב לה סמוך:

13 מנצפ"ך. כפל אותיות:

14 צופים אמרום. נביאי הדורות:

15 בנס היו עומדין. שהיתה חקיקתן משני עבריהן הלכך שאר אותיות יש להן מקום דבק אלא מ"ם וסמ"ך היתה באויר (ודוקא בסתומים) ואפשר היה לו לתרץ הך (ברייתא) דרב חסדא בסתומין וכי אתמר הך דרבי ירמיה בפתוחין והכי מוכח בפרק הבונה במסכת שבת אלא הא פריך לה מילתא דשויא לתרוייהו:

16 מהוה הוו כו'. ואורחא דסוגיא דתלמודא^ (להקשות) דבר שאינו עד דטרח ומעמידה על בורייה מפי רבי ע"כ:

עמד יונתן בן עוזיאל על רגליו ואמר:
אני הוא שגיליתי[מג] סתריך לבני אדם,
גלוי וידוע לפניך -
שלא לכבודי עשיתי, ולא לכבוד בית אבא עשיתי,[מד]
אלא לכבודך עשיתי,
שלא[1] ירבו מחלוקות[מה] בישראל.

ועוד ביקש לגלות תרגום של כתובים,
יצתה בת קול ואמרה לו: דייך!

מאי טעמא?
משום דאית ביה קץ[2] משיח.

ותרגום של תורה אונקלוס הגר אמרו?
והא אמר רב איקא בר אבין אמר רב חננאל אמר רב:
מאי דכתיב (נחמיה ח,ח):
"וַיִּקְרְאוּ[3] בַסֵּפֶר בְּתוֹרַת[מו] הָאֱלֹהִים מְפֹרָשׁ,
וְשׂוֹם שֶׂכֶל וַיָּבִינוּ בַּמִּקְרָא"?
"וַיִּקְרְאוּ בַסֵּפֶר בְּתוֹרַת[מז] הָאֱלֹהִים" - זה[4] מקרא,
"מְפֹרָשׁ" - זה תרגום,
"וְשׂוֹם שֶׂכֶל" - אלו הפסוקין,[5]
"וַיָּבִינוּ בַּמִּקְרָא" - אלו פיסקי[6] טעמים,
ואמרי לה: אלו המסורות!?[מח]
אלא,[מט]
שכחום וחזרו ויסדום.

מאי שנא דאורייתא דלא אזדעזעה,
ואדנביאי אזדעזעה?
דאורייתא - מיפרשא מלתא,
דנביאי - איכא מילי דמיפרשן, ואיכא מילי דמסתמן,
דכתיב (זכריה יב,יא):
"בַּיּוֹם הַהוּא יִגְדַּל הַמִּסְפֵּד בִּירוּשָׁלַ◌ִם
כְּמִסְפַּד הֲדַדְ רִמּוֹן בְּבִקְעַת מְגִדּוֹן",
ואמר רב יוסף:
אלמלא[7] תרגומא דהאי קרא לא ידענא מאי קאמר;
בעידנא[נ] ההוא יסגי מספדא בירושלים,
כמספדא דאחאב בר עמרי,
דקטל יתיה הדדרימון בר[נא] טברימון ברמות גלעד,
וכמספדא דיאשיה בר אמון,
דקטל יתיה פרעה חגירא בבקעת מגידו.

"וְרָאִיתִי אֲנִי דָנִיֵּאל לְבַדִּי אֶת הַמַּרְאָה,
וְהָאֲנָשִׁים אֲשֶׁר הָיוּ עִמִּי, לֹא רָאוּ אֶת הַמַּרְאָה,
אֲבָל חֲרָדָה גְדֹלָה נָפְלָה עֲלֵיהֶם,
וַיִּבְרְחוּ בְּהֵחָבֵא" (דניאל י,ז).

מאן נינהו "אֲנָשִׁים"?
אמר רבי ירמיה, ואיתימא רבי חייא בר אבא:
זה חגי, זכריה, ומלאכי,
אינהו עדיפי מיניה,
ואיהו עדיף מינייהו.

אינהו עדיפי מיניה.
דאינהו[8] נביאי, ואיהו לאו נביא.

איהו עדיף מינייהו.
דאיהו חזא, ואינהו לא חזו.

וכי מאחר דלא חזו,
מאי[9] טעמא איבעיתו?
אף על גב דאינהו לא חזו - מזלייהו[10] חזו.

אמר רבינא:
שמע מינה -
האי מאן דמיבעית,
אף על גב דאיהו לא חזי - מזליה חזי.

מאי תקנתיה?
ליקרי קרית שמע.

ואי קאים במקום הטנופת -
לינשוף[11] מדוכתיה ארבע אמות.[נב]

ואי לא -
לימא הכי:
עיזא דבי טבחא[נג] שמינא מינאי.

והשתא דאמרת:
"מְדִינָה וּמְדִינָה וְעִיר וָעִיר" (אסתר ט,כח) לדרשה,
"מִשְׁפָּחָה וּמִשְׁפָּחָה" (שם) למאי אתא?
אמר רבי יוסי ברבי[נד] חנינא:
להביא משפחות כהונה ולויה שמבטלין עבודתן,
ובאין לשמוע מקרא מגילה,
איתמר נמי אמר רב יהודה אמר שמואל:[נה]
כהנים בעבודתן, ולוים בדוכנן, וישראל במעמדן -
כולן מבטלין עבודתן ובאין לשמוע מקרא מגילה.

תניא נמי הכי:
כהנים בעבודתן, ולוים בדוכנן, וישראל[12] במעמדן -
כולן מבטלין עבודתן ובאין לשמוע מקרא מגילה.

מכאן סמכו של בית רבי -
שמבטלין תלמוד תורה,
ובאין לשמוע מקרא מגילה,
קל וחומר מעבודה;
ומה עבודה שהיא חמורה - מבטלין,

רש"י

1 שלא ירבו מחלוקת. לפרש מקראות הסתומים:
2 קץ משיח. בספר דניאל:
3 ויקראו בספר תורת האלהים וגו'. בספר עזרא כתיב:
4 זה מקרא. לשון עברי של חומש:
5 הפסוקים. היאך נפסקין:
6 פיסקי הטעמים. הנגינות קרויין טעמים:
7 אלמלא תרגומא דהאי קרא וכו'. שלא מצינו בכל המקרא הספד להדדרימון בבקעת מגידו ויונתן תרגמו לשני הספידות הדדרימון ברמות גלעד (מלכים א כב) ויאשיהו בבקעת מגידו כדמפרש בספר מלכים (ב כג):
8 דאינהו נביאי. שנתנבאו לישראל בשליחותו של מקום והוא לא נשתלח לישראל בשום נבואה:
9 מאי טעמא איבעיתו. דכתיב בקרא אבל חרדה גדולה נפלה עליהם ויברחו בהחבא:
10 מזלייהו. שר של כל אדם למעלה:
11 לינשוף. ידלג:
12 וישראל במעמדן. עומדין על תמידי צבור בשעת הקרבן כדתנן במסכת תענית (כו.) תשמרו להקריב לי במועדו היאך שומר אם אינו עומד על גביו תיקנו נביאים הראשונים כ"ד משמרות על כל משמר ומשמר היה מעמד כו':

תלמוד תורה - לא כל שכן ?

ועבודה חמורה מתלמוד תורה ?
והכתיב (יהושע ה,יג):
"וַיְהִי בִּהְיוֹת יְהוֹשֻׁעַ בִּירִיחוֹ, וַיִּשָּׂא עֵינָיו וַיַּרְא,
וְהִנֵּה אִישׁ עֹמֵד לְנֶגְדּוֹ" וגו',
"וַיִּשְׁתָּחוּ" (שם,יד);[נו]

והיכי[1] עביד הכי?
והאמר רבי יהושע בן לוי:
אסור לאדם שיתן שלום לחבירו בלילה,
חיישינן שמא שד הוא!
שאני התם דאמר ליה: "כִּי אֲנִי שַׂר צְבָא יְהוָה" (שם);
ודלמא משקרי!
גמירי דלא מפקי שם שמים לבטלה;

אמר לו:
אמש בטלתם[2] תמיד של בין הערבים,
ועכשיו[3] בטלתם תלמוד תורה!
אמר לו: על איזה מהן באת?
אמר לו: "עַתָּה[4] בָאתִי" (שם);
מיד,[5]
"וַיָּלֶן... יְהוֹשֻׁעַ בַּלַּיְלָה הַהוּא בְּתוֹךְ הָעֵמֶק" (יהושע ח,ט-יג);
ג: אמר רבי יוחנן: *
מלמד שלן בעומקה של הלכה;

ואמר רב שמואל בר איניא[נז] משמיה דרב:[נח]
גדול תלמוד תורה יותר מהקרבת תמידין,
שנאמר: "עַתָּה בָאתִי"!?
לא קשיא,
הא -[6] דרבים,
והא - דיחיד;
דרבים חמור דיחיד קל מעבודה ופורים.[נט]

ודיחיד קל?
והתנן (מועד קטן ג:ח-ט):
נשים במועד מענות,[7]
אבל לא[8] מטפחות;
רבי ישמעאל אומר:
הסמוכות[ס] למטה מטפחות;

בראשי חדשים, בחנוכה, ובפורים -
מענות ומטפחות,
בזה וזה - לא[סא][9] מקוננות;

ואמר רבה בר רב[סב] הונא:
אין מועד בפני תלמיד חכם,
כל שכן חנוכה ופורים!?
כבוד תורה קאמרת,
כבוד תורה דיחיד - חמור,
תלמוד[10] תורה דיחיד - קל.

אמר רבא:
פשיטא לי -
עבודה ומקרא מגילה - מקרא מגילה עדיף,
מדרבי[11] יוסי ברבי[סג] חנינא.

תלמוד תורה ומקרא מגילה - מקרא מגילה עדיף,
מדסמכו של בית רבי.

תלמוד תורה ומת מצוה - מת מצוה עדיף,
מדתניא:
מבטלין תלמוד תורה להוצאת המת[סד] ולהכנסת כלה.

עבודה ומת מצוה - מת מצוה עדיף,
מ"וּלְאַחֹתוֹ"[12] (במדבר ו,ז).
דתניא:
"וּלְאַחֹתוֹ",
מה תלמוד לומר?
הרי שהיה הולך לשחוט את פסחו, ולמול את בנו,
ושמע שמת[13] לו מת,
יכול - יטמא;
אמרת:[14] "לֹא יִטַּמָּא" (שם);
יכול - כשם שאינו מיטמא "לְאַחֹתוֹ" -
כך אינו מיטמא למת מצוה;
תלמוד לומר: "וּלְאַחֹתוֹ":
"לְאַחֹתוֹ" הוא דאינו מיטמא,
אבל מיטמא הוא[סה] למת מצוה.

בעי רבא:
מקרא מגילה ומת מצוה,
הי מינייהו עדיף?
מקרא מגילה עדיף - משום פרסומי ניסא;
או דלמא -
מת מצוה עדיף - משום כבוד הבריות?
בתר דבעיא הדר פשטה - מת מצוה עדיף,
דאמר מר:
גדול כבוד הבריות,

רש"י

1 והיכי עביד הכי. שהשתחוה לו דכתיב ויפול על פניו וישתחו:

2 אמש ביטלתם כו'. בתשובה שהשיבו עתה באתי אנו למדין תחלת דברי המלאך האשימן בשני דברים אמש כלומר כשהעריב היום היה לכם להקריב תמיד הערב ובטלתם אותו ונשתהיתם במארב העיר חנם שאין זמן מלחמה בלילה [משתחשך]:

3 ועכשיו. שהוא לילה היה לכם לעסוק בתורה שהרי אינכם נלחמים בלילה:

4 עתה באתי. על של עכשיו:

5 מיד וילן יהושע בלילה ההוא בתוך העמק. לא באותו הלילה כתיב אלא בלילה שצר על העי והכי קאמר מיד חזר יהושע מדבריו וכשבא לילה אחר במצור עסק בתורה:

6 הא דרבים. דהתם כל ישראל הוו:

7 מענות. הספד על המת:

8 ולא מטפחות. על לבן:

9 אבל לא מקוננות. והתם מפרש איזהו עינוי ואיזהו קינה עינוי שכולן עונות כאחת קינה. אחת אומרת וכולן עונות אחריה:

10 ת"ת דיחיד. ביטול תלמודו^ קל מעבודה ופורים:

11 מדרבי יוסי בר חנינא. דדריש משפחה כו':

12 ולאחותו מה ת"ל. גבי נזיר כתיב על נפש מת לא יבא (במדבר ו) הרי הכל במשמע הדר כתיב בתריה קרא יתירא לאביו ולאמו לאחיו ולאחותו כו' דריש לה בספרי לאביו לא יטמא אבל מיטמא הוא למת מצוה לאמו מה ת"ל שאם היה כהן ונזיר אע"פ שקדוש ב' קדושות לאמו לא יטמא אבל מיטמא הוא למת מצוה לאחיו שאם היה כהן גדול ונזיר לאחיו לא יטמא אבל מיטמא הוא למת מצוה דעל כרחך כולהו למעוטי מת מצוה אתו הלכך אם אינו ענין לו תנהו ענין לחבירו ולאחותו מה ת"ל כו' ואם אינו ענין לאלו תנהו ענין לענין ביטול עבודה ומילה מפני מת מצוה:

13 שמת לו מת. אח או אחות:

14 אמרת לא יטמא. כשם שאין נזיר מבטל נזירותו ליטמא לקרוביו כך הוא זה לא יבטל מפסחו:

שדוחה את[1] לא תעשה שבתורה.

גופא:
אמר רבי יהושע בן לוי:
כרך, וכל הסמוך לו, וכל הנראה עמו -
נדון ככרך.
תנא:
סמוך, אף על פי שאינו נראה,
נראה, אף על פי שאינו סמוך.

בשלמא נראה אף על פי שאינו סמוך -
משכחת לה כגון דיתבה בראש ההר;
אלא סמוך אף על פי שאינו נראה -
היכי משכחת לה!?
אמר רבי ירמיה:
כגון[סז] שיושבת בנחל.[2]

ואמר רבי יהושע בן לוי:
כרך שישב[3] ולבסוף הוקף -
נדון ככפר.
מאי טעמא?
דכתיב (ויקרא כה,כט):
"וְאִישׁ כִּי יִמְכֹּר בֵּית מוֹשַׁב עִיר חוֹמָה"[4],
שהוקף ולבסוף ישב,
ולא שישב ולבסוף הוקף.

ואמר רבי יהושע בן לוי:
כרך שאין בו עשרה[5] בטלנין -
נדון ככפר.

מאי קא משמע לן?
תנינא[6] (כאן ג):
איזו היא עיר גדולה?
כל שיש בה עשרה בטלנין;
פחות מכאן - הרי זה כפר!?
כרך[7] איצטריך ליה,
אף על גב דמיקלעי[8] ליה מעלמא.

ואמר רבי יהושע בן לוי:
כרך שחרב ולבסוף ישב -
נדון ככרך.

מאי חרב?
אילימא - חרבו חומותיו;
ישב - אין,[9] לא ישב - לא?
והא תניא:
רבי אלעזר ברבי[סז] יוסי אומר:
"אֲשֶׁר לוֹ (כתיב - לא) חוֹמָה" (שם,ל),
אף על פי שאין לו עכשיו,
והיה לו קודם לכן!
אלא,
מאי חרב?
שחרב מעשרה בטלנין.

ד. ואמר רבי יהושע בן לוי: [*]
לוד,[10] ואונו, וגיא החרשים -
מוקפות חומה מימות יהושע בן נון הוו.

והני יהושע בננהי?
והא אלפעל בננהי,
דכתיב (דברי הימים א ח,יב):
"וּבְנֵי אֶלְפַּעַל עֵבֶר וּמִשְׁעָם וָשָׁמֶד,
הוּא בָּנָה אֶת אוֹנוֹ וְאֶת לֹד וּבְנֹתֶיהָ"!?
ולטעמיך,
אסא בננהי,
דכתיב (שם ב יד,ה):
"וַיִּבֶן עָרֵי מְצוּרָה בִּיהוּדָה"![סח]
אלא[סט] אמר רבי אלעזר:
הני מוקפות חומה מימות יהושע בן נון הוו,
חרוב בימי[11] פילגש בגבעה, ואתא אלפעל בננהי,
הדור אינפול, ואתא[ע] אסא שפצינהו.[12]
דיקא[13] נמי, דכתיב (שם,ו):
"וַיֹּאמֶר לִיהוּדָה נִבְנֶה אֶת הֶעָרִים הָאֵלֶּה",
מכלל דערים הוו מעיקרא;
שמע מינה.

ואמר רבי יהושע בן לוי:
נשים חייבות במקרא מגילה,
שאף[14] הן היו באותו הנס.

ואמר רבי יהושע בן לוי:

רש"י

[1] את לא תעשה. דכתיב לא תוכל להתעלם (דברים כב) וכתיב והתעלמת פעמים שאתה מתעלם כגון זקן ואינו לפי כבודו:
[2] בנחל. מקום נמוך:
[3] שישב ולבסוף הוקף. שנתיישב תחלה בבתים ולבסוף הוקף חומה נידון ככפר לענין בתי ערי חומה:
[4] בית מושב עיר חומה. בית מושב של עיר חומה:
[5] עשרה בטלנין. שבטלין ממלאכתן שיהו מצויין תמיד בבית הכנסת שחרית וערבית כדאמרינן במסכת ברכות (ו:) כיון שבא הקב"ה בבית הכנסת ולא מצא שם עשרה מיד כועס שנאמר מדוע באתי ואין איש:^
[6] תנינא. בפירקין במתני' (ה.):
[7] כרך איצטריכא ליה. דכל כרך אינו אלא מקום שווקין שנכנסים שם מכל צד וגדול הוא יותר מעיר גדולה:
[8] דמיקלעי ליה מעלמא. אנשים הרבה ויש הרבה מהן בטלין ממלאכ' שאין עושין מלאכה אלא במקומן אפילו הכי בעינן קבועין דזמנין דלא משתכחין:
[9] ישב אין. שחזר והוקף:
[10] לוד ואונו וגיא החרשים. מערי בנימין היו כדכתיב ובני אלפעל עבר ומשעם ושמר הוא בנה את לוד ואת אונו וגו' ובספר דברי הימים מיחסו על שבט בנימין וגמרא גמיר לה רבי יהושע בן לוי מרביה דמוקפות חומה מימות יהושע בן נון הן ובמתני' דערכין תנן תרתי מינייהו דקא מני לוד ואונו אצל ערי חומה שאינן נוהגות אלא מימות יהושע בן נון ולפי שחומותיהן נראות חדשות כדאמרינן לקמן שנפלו והחזיקן הוזקק ר' יהושע בן לוי להעיד שבכלל מוקפות חומה הן לקרות מגילה בט"ו ויחזק אסא. אינו בכל המקרא אבל מקרא אחר כתיב ויבן ערים ביהודה ואע"ג דהני לאו מיהודה נינהו ומבנימין היו מלכי יהודה מושלים על בנימין ומצינו באסא שאף ערי בנימין חיזק דכתיב (ד"ה ב' טז) וישאו את אבני הרמה ואת עציה אשר בנה בעשא ויבן בה את גבע ואת המצפה והן ערי בנימין כדכתיב בספר יהושע:
[11] בימי פילגש בגבעה. שהחריבו ישראל את בנימין ואת עריו כדכתיב גם כל הערים הנמצאות שלחו באש (שופטים כ):
[12] שפצינהו. החזיק את בדקיהן ודומה לו ביבמות (סג.) טום ולא תשפץ שפיץ ולא תבנה:
[13] דיקא נמי. גרס:
[14] שאף הן היו באותו הנס. שאף על הנשים גזר המן להשמיד להרוג ולאבד מנער ועד זקן טף ונשים וגו':

פורים שחל להיות בשבת -
שואלין[1] ודורשין בענינו של יום.

מאי איריא[עא] פורים?
אפילו יום טוב נמי,
דתניא:
"וַיְדַבֵּר מֹשֶׁה אֶת מֹעֲדֵי יְהוָה אֶל בְּנֵי יִשְׂרָאֵל" (ויקרא כג,מד),[עב]
מצותן שיהיו קורין אותן כל אחד ואחד בזמנו;[עג]
ותניא:[עד]
משה תיקן להם לישראל -
שיהו שואלין ודורשין בענינו של יום,
הלכות פסח בפסח,
הלכות עצרת בעצרת,
והלכות חג בחג;
פורים איצטריכא ליה!?

מהו דתימא?
נגזור משום דרבה;[2]
קא משמע לן.

ואמר רבי יהושע בן לוי:
חייב אדם לקרות את המגילה בלילה ולשנותה[3] ביום,
שנאמר (תהלים כב,ג):
"אֱלֹהַי אֶקְרָא[4] יוֹמָם וְלֹא תַעֲנֶה,
וְלַיְלָה וְלֹא דוּמִיָּה לִי".
סבור[5] מינה -
למקרייה בליליא, ולמיתנא[6] מתניתין דידה בימָמא.
אמר להו רבי ירמיה:
לדידי מיפרשא לי מיניה דרבי חייא בר אבא:
כגון דאמרי אינשי:
אעבור[7] פרשתא דא ואתנייה.

איתמר נמי:
אמר רבי חלבו אמר עולא ביראה:[8]
חייב אדם לקרות את המגילה בלילה ולשנותה ביום,
שנאמר (תהלים ל,יג):
"לְמַעַן יְזַמֶּרְךָ[9] כָבוֹד וְלֹא יִדֹּם יְהוָה אֱלֹהַי לְעוֹלָם אוֹדֶךָּ".

אלא שהכפרים מקדימין ליום הכניסה.

אמר רבי חנינא:
חכמים הקילו על הכפרים להיות מקדימין ליום הכניסה,
ד: כדי שיספקו מים ומזון לאחיהם שבכרכין. *

למימרא[10] דתקנתא דכרכין היא?[עה]
והתנן (כאן):
חל להיות בשני -
כפרים ועירות גדולות קורין בו ביום;
ואם איתא -
ליקדמו ליום הכניסה!?
הוו להו עשרה,
ועשרה לא תקינו רבנן.

תא שמע (כאן):
חל להיות בחמישי -
כפרים ועירות גדולות קורין בו ביום;
ואם איתא -
ליקדמו ליום הכניסה, דאחד עשר הוא!?
מיום הכניסה ליום הכניסה לא דחינן.

תא שמע (כאן ג):
אמר רבי יהודה: אימתי?
מקום[עו] שנכנסין בשני ובחמישי,
אבל מקום שאין נכנסין בשני ובחמישי -
אין קורין אותה אלא בזמנה;
ואי סלקא דעתך תקנתא דכרכין היא -
משום דאין נכנסים בשני ובחמישי מפסדי להו לכרכין!?
לא תימא -
כדי שיספקו מים ומזון,
אלא[11] אימא -
מפני שמספקים מים ומזון לאחיהם שבכרכין.

וכן תנא דבי רבי ישמעאל:[עז]
חכמים הקלו על הכפרים להיות מקדימין ליום הכניסה,[עח]
מפני שמספקין מים ומזון לאחיהם שבכרכין.[עט]

כיצד?
חל להיות בשני וכו'.[פ]

מאי שנא רישא דנקט סידורא[12] דירחא,
ומאי שנא סיפא דנקט סידורא דיומי?
איידי דמיתהפכי ליה -
נקט סידורא דיומי.

חל להיות בערב שבת וכו'.

מתניתין[13] מני?

רש"י

1 שואלין ודורשין. מעמידין תורגמן לפני החכם לדרוש אגרת פורים ברבים:

2 משום דרבה. דגזר לקמן בקריאת מגילה שמא יעבירנה ארבע אמות ברשות הרבים אף כאן גזרו דרשה אטו קרייה:

3 ולשנותה ביום. זכר לנס שהיו זועקין בימי צרתן יום ולילה:

4 אקרא. במזמור למנצח על אילת השחר הוא שנאמר על אסתר כדאמרינן במסכת יומא (כט.) למה נמשלה אסתר כאילת כו':

5 סבור מינה. בני הישיבה ששמעו שמועה זו בלה"ק ולשנותה ביום היו סבורין דהאי ולשנותה לשון שונה משנה הוא:

6 למיתני מתני' דידה. משניות של מסכת מגילה:

7 אעבור פרשתא הדא ואתניה. אסיים פרשה זו ואשנה אותה פעם שניה:

8 ביראה. דמן בירי:

9 יזמרך כבוד. ביום ולא ידום בלילה והאי קרא במזמור ארוממך ה' כי דליתני דרשינן בפסיקתא במרדכי ואסתר והמן ואחשורוש וקריאת מגילה שבח הוא שמפרסמין את הנס והכל מקלסין להקדוש ברוך הוא:

10 למימרא דתקנתא דכרכין היא. כדי שיספקו משמע כדי שיהו פנויין ליום השמחה:

11 אלא אימא מפני שמספקין. שכר הוא להם בשביל שהן מספקין הלכך היכא דאין נכנסין לא קולא הוא לגבייהו ואין כאן שכר:

12 סידרא דירחא. דקתני בי"א בי"ב בי"ג בי"ד בט"ו כסדר מנין החודש וכשבא לפרשה נקט סדר ימי השבת ושמעינן ימי החודש לאחריה חל להיות ערב שבת כפרים מקדימין ליום הכניסה הרי י"ג חל להיות בשבת הרי י"ב חל להיות אחר השבת כפרים מקדימין ליום הכניסה הרי י"א ומשני איידי דמיתהפכי ליה נקט סידורא דיומי כלומר ע"י שאם היה אוחז ימי השבת לפי סדר ימי החדש יהו נהפכין לו וטועה בגירסתו השונה את המשנה לפי שהיה צריך להזכירן לאחוריו אחר השבת דהיינו י"א בשבת י"ב ערב שבת י"ג מתוך כך הוא בא לדלג ולטעות להכי נקט סידורא דיומא וסדר החודש הבא לו לאחוריים אינו מזכירו בפיו דהרי מאליו הוא נשמע ואין כאן עוד טעות:

13 מני מתני'. דקתני חל להיות ע"ש עיירות ומוקפות חומה קורין בו ביום אי רבי אי רבי יוסי:

אי רבי,
אי רבי יוסי.

מאי רבי?
דתניא:
חל להיות בערב שבת -
כפרים ועיירות גדולות מקדימין ליום הכניסה,
ומוקפין חומה קורין בו ביום;
רבי אומר: אומר אני:
לא ידחו עיירות ממקומן,
אלא אלו ואלו קורין בו ביום.

מאי טעמיה[פא] דתנא קמא?
דכתיב (אסתר ט,כא): "בְּכָל[1] שָׁנָה וְשָׁנָה",
מה "כָּל שָׁנָה וְשָׁנָה" - עיירות קודמות למוקפין,
אף כאן - עיירות קודמות למוקפין.
ואימא -
"בְּכָל שָׁנָה וְשָׁנָה",
מה "כָּל שָׁנָה וְשָׁנָה" - אין נדחין עיירות ממקומן,
אף כאן - לא ידחו עיירות ממקומן!?
שאני הכא דלא[2] אפשר.

ורבי, מאי טעמיה?
"בְּכָל שָׁנָה וְשָׁנָה",
מה[3] "כָּל שָׁנָה וְשָׁנָה" - אין נדחין עיירות[פב] ממקומן,
אף כאן - לא ידחו עיירות ממקומן.
ואימא -
"בְּכָל שָׁנָה וְשָׁנָה",
מה "כָּל שָׁנָה וְשָׁנָה" - עיירות קודמות למוקפין,
אף כאן -[פג] עיירות קודמות למוקפין!?
שאני הכא דלא אפשר.

מאי רבי יוסי?
דתניא:
חל להיות בערב שבת -
מוקפין וכפרים מקדימין ליום הכניסה,
ועיירות גדולות קורין בו ביום;
רבי יוסי אומר: אומר אני:[פד]
אין מוקפין קודמין לעיירות,
אלא אלו ואלו - קורין בו ביום.

מאי טעמיה דתנא קמא?
דכתיב: "בְּכָל שָׁנָה וְשָׁנָה",
מה "כָּל שָׁנָה וְשָׁנָה" - עיירות בארבעה עשר,
וזמנו של זה לא זמנו של זה,
אף כאן - עיירות בארבעה עשר,
וזמנו[4] של זה לא זמנו של זה.
ואימא -
"בְּכָל שָׁנָה וְשָׁנָה",
מה "כָּל שָׁנָה וְשָׁנָה" - אין מוקפין קודמין לעיירות,
אף כאן - אין מוקפין קודמין לעיירות!?
שאני הכא דלא[5] אפשר.

מאי טעמיה דרבי יוסי?
"בְּכָל שָׁנָה וְשָׁנָה",
מה "כָּל שָׁנָה וְשָׁנָה" - אין מוקפין קודמין לעיירות,
אף כאן - אין מוקפין קודמין לעיירות.
ואימא -
"בְּכָל שָׁנָה וְשָׁנָה",
מה "כָּל שָׁנָה וְשָׁנָה" - עיירות בארבעה עשר,[פה]
וזמנו[פו] של זה לא זמנו של זה,
אף כאן - עיירות בארבעה עשר,[פז]
וזמנו[פח] של זה לא זמנו של זה!?
שאני הכא דלא אפשר.

וסבר רבי עיירות לא דחינן ליום הכניסה?
והתניא:
חל להיות בשבת -
כפרים מקדימין ליום הכניסה,
ועיירות גדולות קורין בערב שבת ומוקפות חומה למחר;
רבי אומר: אומר אני:
הואיל ונדחו עיירות ממקומן -
ידחו ליום הכניסה!?
הכי השתא?
התם - זמנם שבת היא,
והואיל ונדחו -[פט] ידחו ליום הכניסה,[צ]
הכא -[צא][6] זמנם ערב שבת.

כמאן אזלא הא דאמר רבי חלבו אמר רב הונא:
פורים שחל להיות בשבת הכל נדחין ליום הכניסה?
הכל נדחין סלקא דעתך?
והא איכא מוקפין דעבדי למחר!
אלא כל הנדחה -
ידחה ליום הכניסה?
כמאן? כרבי.

דכולי עלמא מיהא מגילה בשבת לא קרינן,
מאי טעמא?
אמר רבה:
הכל[7] חייבין במקרא[צב] מגילה,
ואין הכל בקיאין במקרא מגילה,
גזירה שמא יטלנה בידו וילך אצל בקי ללמוד,
ויעבירנה[8] ארבע אמות ברשות הרבים.
והיינו טעמיה[צג] דלולב,
והיינו טעמיה[צד] דשופר.

רש"י

1 בכל שנה ושנה. להיות עושים את שני הימים האלה ככתבם וכזמנם בכל שנה ושנה כל השנים יהו שוות:
2 דלא אפשר. דאם כן לא יקדמו עיירות למוקפין שאינן יכולין לקרות בשבת:
3 מה כל שנה ושנה עיירות בי"ד. לכך אין נדחות ממקומן ודלא כתנא קמא דרבי:
4 זמנו של זה לא הוא זמנו של זה. הלכך לא עבד כתנא דמתני' כו':
5 דלא אפשר. דאי לא מקדמת להו למוקפין צריך אתה לעקור עיירות מפני מוקפין או יקראו ביום אחד:
6 הכא ערב שבת זמנם. ואין לך צורך לדחותן:
7 הכל חייבין. ומתוך שהוא מחוייב בדבר הוא בהול לצאת ידי חובה:
8 ויעבירנה ארבע אמות. ואפילו לן בשדה ומגילה בידו יש לגזור על הדבר:

רב יוסף אמר:
מפני שעיניהם[צ״ה] של עניים נשואות[1] למקרא[צ״ו] מגילה.
תניא נמי הכי:
אף על פי שאמרו כפרים מקדימין ליום הכניסה -
גובין[2] בו ביום, ומחלקין בו ביום.

אף על פי שאמרו?
אדרבה,[3] משום דאמרו הוא!?
אלא,
הואיל ואמרו שכפרים מקדימין ליום הכניסה -
גובין בו ביום ומחלקין בו ביום,
מפני שעיניהם של עניים נשואות למקרא[צ״ז] מגילה;
ה. אבל * שמחה[4] אינה נוהגת אלא בזמנה.

אמר רב:
מגילה בזמנה[5] קורין אותה אפילו ביחיד,
שלא[6] בזמנה - בעשרה.

רב[7] אסי אמר:
בין בזמנה, בין שלא בזמנה -
בעשרה.

הוה עובדא,
וחש[8] ליה רב להא דרב אסי.

ומי אמר רב הכי?
והאמר רב יהודה בריה דרב שמואל בר שילת משמיה דרב:
פורים שחל להיות בשבת -
ערב[9] שבת זמנם;

ערב שבת זמנם?
והא שבת זמנם הוא!
אלא לאו הכי קאמר -
שלא בזמנם - כזמנם,
מה זמנם - אפילו ביחיד,
אף שלא בזמנם - אפילו ביחיד!?

לא,

לענין מקרא מגילה בעשרה.

אלא מאי ערב שבת זמנם?
לאפוקי מדרבי דאמר:
הואיל ונדחו עיירות ממקומן -
ידחו ליום הכניסה;
קא[צ״ח] משמע לן - דערב שבת זמנם הוא.

משנה (ג):
אי זו היא עיר גדולה?
כל שיש בה עשרה בטלנין;
פחות מכאן - הרי זה כפר.

באלו[10] אמרו מקדימין ולא מאחרין;
אבל[11] זמן עצי כהנים, ותשעה באב,
וחגיגה[צ״ט][12] והקהל -
מאחרין ולא[13] מקדימין.

אף על פי שאמרו:
מקדימין ולא מאחרין -
מותרין בהספד ובתענית ומתנות לאביונים.

אמר רבי יהודה: אימתי?
מקום שנכנסין בשני ובחמישי;
אבל מקום שאין נכנסין בשני ובחמישי -[ק]
אין קורין אותה אלא בזמנה.

גמרא:
תנא:
עשרה[14] בטלנין שבבית הכנסת.

באלו אמרו מקדימין ולא מאחרין.
מאי טעמא?
אמר רבי אבא אמר שמואל:
אמר קרא (אסתר ט,כז): "וְלֹא יַעֲבוֹר".

ואמר רבי אבא אמר שמואל:
מנין[15] שאין מונין ימים לשנים?
שנאמר (שמות יב,ב): "לְחָדְשֵׁי הַשָּׁנָה",

רש״י

1 **נשואות למקרא מגילה.** לקבל מתנות האביונים ואי אפשר בשבת:

2 **גובין בו ביום.** שמקדימין בו לקרות גובין הגבאים מתנות האביונים ומחלקין לעניים:

3 **אדרבה.** משום דאמרו להקדים את הקריאה הוא דאמרו להקדים את המתנות כדמפרש תנא טעמא ואזיל מפני שעיניהן של עניים כו׳:

4 **שמחה.** של מאכל ומשתה:

5 **בזמנה.** בי״ד מתוך שהיא חובה בו ביום על כל יחיד ויחיד קורין אותה אפילו ביחיד דהכל קורין בו ואיכא פרסום נס:

6 **שלא בזמנה.** כגון כפרים המקדימין ליום הכניסה אין קורין אותה אלא בעשרה דבעינן פרסום ניסא:

7 **ורב אסי אמר בין בזמנה בין שלא בזמנה.** מצוה לחזר אחר עשרה משום פרסומי ניסא אבל אי לא אשכח עשרה לא אמר רב אסי דלא ליקרי שאין איסור קריאתה ביחיד אלא מצוה לקרותה בעשרה:

8 **וחש ליה רב להא דרב אסי.** וחזר על עשרה וקיבצן:

9 **ערב שבת זמנם הוא.** משמע שהוא זמן הקבוע להו מימי אנשי כנסת הגדולה מדלא קאמר מקדימין לערב שבת להכי קשה ליה והא שבת זמנם הוא שהרי י״ד הוקבע לפרזים אלא להכי נקט האי לישנא דתשמע מינה הואיל ותיקנו להן חכמי ישראל שאחר כנסת הגדולה להקדים משום דרבה הרי הוא לנו כיום וזמן הקבוע מתחלה לכל דבריו ואף על פי שהוא שלא בזמנן הוי כזמנן:

10 **מתני׳: באלו אמרו.** בזמנים של מגילה אמרו מקדימין אם חל י״ד בשבת:

11 **אבל זמן עצי כהנים והעם.** האמור במס׳ תענית (כח.) שהיו משפחות של ישראל שקבוע להם ימים בכל שנה להביא עצים למקדש לצורך המערכה ומביאין קרבן עצים עמהן אם חל להיות בשבת מאחרין ליום מחר וכן תשעה באב שחל להיות בשבת והוא הדין לי״ז בתמוז ולעשרה בטבת והאי דנקט תשעה באב משום דהוכפלו בו צרות והכל מתענין בו אבל שאר צומות אמרינן במסכת ראש השנה (יח:) רצו מתענין רצו אין מתענין:

12 **וחגיגה.** אם חל יום טוב בשבת דוחין שלמי חגיגה למחר שהרי יש לה תשלומין כל שבעה וכן הקהל את העם שהיה בשנה ראשונה של שמטה במוצאי יום טוב האחרון של חג כדכתיב מקץ שבע שנים במועד שנת השמטה (דברים לא) כדאמרינן במסכת סוטה (מא.) שהיה המלך קורא בתורה ספר משנה תורה וכל העם חייבין לבוא ולהביא את טפם כדכתיב הקהל את העם האנשים והנשים והטף ובשבת אי אפשר ומעבירין אותו למחר ובתלמוד^ ירושלמי מפרש דהא דלא עבדינן ליה בשבת מפני הבימה כדתנן בימה של עץ היו עושין למלך בעזרה ויושב עליה ופרכינן התם וליעבדה מאתמול ומשני דחיקא ליה עזרה:

13 **ולא מקדימין.** טעמא מפרש בגמרא:

14 **גמ׳ עשרה בטלנין.** שבבית הכנסת שהן בטלים ממלאכתן וניזונים משל צבור כדי להיות מצויין בתפלה בבית הכנסת דאמר מר במסכת ברכות (ו:) כיון שבא הקב״ה בבית הכנסת ואינו מוצא שם עשרה מיד כועס:^

15 **מנין שאין מונין ימים לשנים.** כגון דאמר קונם יין שאני טועם לשנה מונה י״ב חדש מיום ליום ואם נדר באחד בניסן אסור עד אחד בניסן הבא אע״פ שעדיין יש י״א יום שימות החמה יתירין על ימות הלבנה או פעמים שאנו עושין חדשים חסרין:

חדשים אתה מונה לשנים,
ואי אתה מונה ימים לשנים.

ורבנן דקיסרי משום רבי אבא אמרו:
מנין שאין מחשבין שעות[1] לחדשים?
שנאמר (במדבר יא,כ): "עַד חֹדֶשׁ יָמִים",
ימים אתה מחשב לחדשים,
ואי אתה מחשב שעות לחדשים.

אבל זמן עצי כהנים, ותשעה באב,
וחגיגה והקהל –
מאחרין ולא מקדימין.
תשעה באב -
אקדומי פורענות לא מקדמי.

חגיגה והקהל -
משום דאכתי[2] לא מטא זמן חיובייהו.

תנא:
חגיגה, וכל זמן חגיגה מאחרין.

בשלמא[3] חגיגה -
דאי מיקלע בשבתא - מאחרינן לה לבתר שבתא;
אלא זמן חגיגה -
מאי היא?

אמר רב הושעיא:[קא]
הכי קאמר -
חגיגה בשבת,
ועולת ראייה אפילו[4] ביום טוב,
דזמן חגיגה - מאחרין;
מני?
בית שמאי היא,
דתנן (ביצה ב:ד, חגיגה ב:ג):
בית שמאי אומרים:
מביאין[5] שלמים ואין[קב][6] סומכין עליהן,
אבל[7] לא עולות;
ובית[8] הלל אומרים:
מביאין שלמים ועולות וסומכין עליהן.

רבא אמר:
חגיגה, כל[9] זמן חגיגה - מאחרין,
טפי - לא;
דתנן (חגיגה א:ו):
מי שלא חג ביום טוב הראשון של חג -
חוגג את[קג] כל הרגל ויום[קד] טוב האחרון של חג;[קה]
עבר הרגל ולא חג -
אינו חייב באחריותו.

רב[10] אשי אמר:
חגיגה וכל זמן חגיגה מאחרין,
ואפילו עצרת דחד יומא מאחרין,
דתנן (שם ב:ד):
מודים[11] שאם חלה להיות בשבת -
שיום טבוח אחר השבת.

אמר רבי אלעזר אמר רבי חנינא:
רבי נטע נטיעה בפורים, * ה:
ורחץ בקרונה[12] של צפורי בשבעה עשר בתמוז,
ובקש לעקור תשעה באב,
ולא[13] הודו לו.

אמר[14] לפניו רבי אבא בר זבדא: רבי,
לא[15] כך היה מעשה,
אלא תשעה באב שחל להיות בשבת הוה,
ודחינוהו לאחר השבת,
ואמר רבי: הואיל ונדחה - ידחה,
ולא הודו לו[קו] חכמים.
קרי עליה (קהלת ד,ט):
"טוֹבִים[16] הַשְּׁנַיִם מִן הָאֶחָד".

ורבי, היכי נטע נטיעה בפורים,
והתני רב יוסף:
"שִׂמְחָה וּמִשְׁתֶּה וְיוֹם טוֹב" (אסתר ט,יט),
"שִׂמְחָה" - מלמד שאסור[קז] בהספד,
"מִשְׁתֶּה" - מלמד שאסור בתענית,
"וְיוֹם טוֹב" - מלמד שאסור בעשיית מלאכה!?
רבי[קח] בר[17] ארביסר הוה,

רש"י

[1] **שעות לחדשים.** כגון האומר זה גיטך אם לא באתי מכאן עד חדש זה והיה חדש חסר ובא משחשיכה ליום כ"ט אין אומרים עדיין הוא בתוך החדש שהרי חדשה של לבנה כ"ט יום ומחצה:

[2] **אכתי לא מטא זמן חיובייהו.** ואם יקדימוה לא יצאו ידי חובתן וכן עצי כהנים שקבוע להן זמן קבוע בנדרים:

[3] **בשלמא חגיגה.** דקתני מאחרים אי איקלע בשבת:

[4] **אפילו ביום טוב דזמן חגיגה הוא.** שמותר להקריב שלמי חגיגה ואפילו הכי מאחרין עולת ראייה עד חולו של מועד והכי משמע לישנא דברייתא חגיגה מאחרין ועוד יש דבר אחר שהגיע זמנו מאחרין אותו יום אף שהוא זמן חגיגה ואיזו זו עולת ראייה שהיא חובת רגל כדכתיב לא יראו פני ריקם (שמות מ) ואמרינן במסכת חגיגה (ז.) לא יראו פני ריקם בעולות וזבחים ואפ"ה בי"ט לא קרבה וב"ש היא דאמרי אין מקריבין בי"ט עולה היכולה לבא למחר ואפילו היא חובת הרגל:

[5] **מביאין שלמים בי"ט.** שהן מאכל אדם בי"ט וכתיב אך אשר יאכל לכל נפש (שמות יב):

[6] **ואין סומכין עליהן.** שהסמיכה שבות היא דתנן (ביצה לו:) אלו הן משום שבות לא רוכבין על גבי בהמה ועל אלו שיקריבו בי"ט יסמכו מאתמול דלית להו לבית שמאי תכף לסמיכה שחיטה:

[7] **אבל לא עולות.** אין מביאין דסברי לכם ולא לגבוה:

[8] **ובית הלל אומרים מביאין שלמים ועולות.** ומה אני מקיים לכם ולא לגוים:^

[9] **כל זמן חגיגה.** כל הרגל עד י"ט האחרון ראשי לשהותה:

[10] **רב אשי אמר חגיגה כל זמן שנאמרה בו חגינה מאחרין.** אם באה בשבת ואפילו עצרת שאינה אלא יום אחד תשלומין יש לה כל שבעה ועדיין יש לה זמן ליקרב:

[11] **ומודין בעצרת שחל להיות בשבת.** במסכת חגיגה (יז.) נחלקו בעצרת שחל להיות בערב שבת בית שמאי אומרים יום טבוח של עצרת אחר השבת ובית שמאי לטעמייהו דאמרי עולות אין מקריבין ביום טוב הלכך לא יקריבו עד לאחר שבת ובית הלל אומרים אין לה יום טבוח אין צריך להמתין ליום טבוח שהשלמים [ועולות] קריבין בי"ט ומודין בעצרת שחל להיות בשבת שאין עולת ראייה ושלמי חגיגה קריבין בשבת וממתין ליום טבוח של קרבנות היום לאחר השבת אלמא יש תשלומין לעצרת:

[12] **בקרונה של צפורי.** ביום השוק בפרהסיא בשעת הילוך קרונות:

[13] **ולא הודו לו.** מתשעה באב:

[14] **אמר לפניו.** [לפני] ר' אלעזר:

[15] **לא כך היה.** לא ביקש לעקור לגמרי אלא אותה שנה בלבד:

[16] **טובים השנים.** אילו לא שמעתי הייתי טועה בדבר עכשיו טוב לי שלימדתני האמת:

[17] **בר ארביסר הוה.** לא היתה מן המוקפין:

וכי נטע - בחמיסר נטע.

איני?
והא רבי בטבריא הוה,
וטבריא[1] מוקפת חומה מימות יהושע בן נון הוא!?
אלא,
רבי בר חמיסר הוה,
וכי נטע - בארביסר נטע.קט

ומי[2] פשיטא ליה,
דטבריא מוקפת חומה מימות יהושע בן נון?
והא חזקיה קרי בטבריא בארביסר ובחמיסר,
מספקא ליה -
אי מוקפת חומה מימות יהושע בן נון היא,
אי לא!?
לחזקיה - מספקא ליה,
לרבי - פשיטא ליה.

וכי פשיטא ליה -
מי שרי?
והכתיב במגילת תענית:
את יום ארבעה עשר ואת יום חמשה עשר -
יומי פוריא אינון,
דלא למספד בהון,
ואמר רבא:
לא[3] נצרכא אלא לאסור את של זה בזה, ואת של זה בזה!?
הני מילי - בהספד ובתענית,
אבל מלאכה - יום אחד ותו לא.

איני?
והא רב חזייה לההוא גברא דהוה קא שדי כיתנא[4] בפוריא,
ולטייה ולא צמח כיתניה!?
התם בר[5] יומא הוה.

רבה בריה דרבא אמר:
אפילו[6] תימא - ביומיה,
הספד ותענית - קבילו עלייהו,
מלאכה - לא קבילו עלייהו,
דמעיקרא כתיב (שם): "שִׂמְחָה וּמִשְׁתֶּה וְיוֹם טוֹב",
ולבסוף כתיב (שם,כב): "לַעֲשׂוֹת אוֹתָם יְמֵי מִשְׁתֶּה וְשִׂמְחָה",
ואילו יום טוב לא כתיב.

ואלא רב,

מאי טעמא לטייה לההוא גברא!?
דברים המותרין ואחרים נהגו בהן איסור הוה,
ובאתריה[7] דרבי לא נהוג.

ואיבעית אימא -
לעולם נהוג,
ורבי נטיעה[8] של שמחה נטע,
כדתנן[9] (תענית א:ז):
עברו אלו ולא[10] נענו -
ממעטין[11] במשא ומתן,
בבנין, ובנטיעה,
באירוסין, ובנשואין;
ותנא[12] עלה:
בנין - בנין של שמחה,
נטיעה -[13] נטיעה של שמחה;
איזהו בנין של שמחה? זה הבונה בית חתנות לבנו;
איזו היא נטיעה של שמחה? זה הנוטע אבורנקי של מלכים.

גופא:
חזקיה קרי בטבריא בארביסר ובחמיסר,
מספקא ליה -
אי מוקפת חומה מימות יהושע בן נון היא,
אי לא.
ומי מספקא ליה מלתא דטבריא?
והכתיב (יהושע יט,לה):
"וְעָרֵי[14] מִבְצָר הַצִּדִּים צֵר וְחַמַּת רַקַּת וְכִנָּרֶת",
וקיימא לן - "רַקַּת" זו טבריא!?
היינו טעמא דמספקא ליה:
משום דחד[15] גיסא דשוראק ימא הוא.קיא

אי הכי -
אמאי מספקא ליה?
ודאי לאו חומה היא,
דתניא:
"אֲשֶׁר לוֹ (כתיב - לא) חוֹמָה"[16] (ויקרא כה,ל), ולא שור איגר,
"סָבִיב"[17] (שם,לא), פרט[18] לטבריא שימה חומתה!?
לענין בתי ערי חומה - לא מספקא ליה,

רש"י

[1] וטבריא מוקפת חומה מימות יהושע. לקמן ילפינן מקרא:
[2] וכי פשיטא ליה. שהיה מבני חמיסר מי שרי בארביסר במלאכה:
[3] לא נצרכא. במגילת תענית שהרי כבר כתובין במגלת אסתר שאסור בהספד ותענית אלא לאסור כו':
[4] שדי כיתנא. זורע פשתן:
[5] בר יומיה הוה. שקראו בו בני עירו:
[6] אפילו תימא. בר יומיה הוה גרסי' רבי שנטע נטיעה ביום שקראו בו נטע ודקא קשיא לך יום טוב שאסור בעשיית מלאכה ההוא קרא דכתיב שמחה ומשתה ויום טוב כתיב מעיקרא קודם קבלה אבל בשעת קבלה לא קיבלו עליהן אלא שמחה ומשתה לאוסרן בהספד ותענית אבל י"ט לא קיבלו עליהן:
[7] ובאתריה דרבי לא נהוג גרסינן. במקומו של רבי לא נהגו איסור בדבר:
[8] נטיעה של שמחה. דכיון דפורים יום שמחה הוא מותר לנטוע נטיעה של שמחה:
[9] כדתנן עברו אלו. י"ג תעניות שב"ד מתענין על הגשמים:
[10] ולא נענו. מן השמים:
[11] ממעטין. בנטיעה ובבנין:
[12] ותנא נטיעה נטיעה של שמחה. בנין האמור כאן שאסורין בבנין של שמחה שנוהגין עצמן כנזופין וכאבלים:
[13] ונטיעה. האמורה כאן נטיעה של שמחה כגון אבורנקי אילן שצילו נאה כגון אילן שכופפין אותו על גבי כלונסות ויתידות והמלכים אוכלין תחתיו בימות החמה ומתעדנין בה במיני שמחות ובנין בית חתנות לבנו כששיא אשה לבנו הראשון היה בונה לו בית ועושה לו חופה בתוכו אלמא איכא נטיעה של שמחה:
[14] וערי מבצר הצדים וגו'. בספר יהושע (יט) בנחלת נפתלי וקיימא לן לקמן דרקת זו טבריא וקרי ליה ערי מבצר אלמא מוקפת חומה הוא:
[15] דחד גיסא שורא דימא הויא. אין לה חומה מצד אחד אלא הים חומתה ומספקא ליה אי חשיב היקף אי לא:
[16] חומה ולא שור איגר. בבתי ערי חומה כתיב עיר חומה ולא עיר שאין לה חומה בפני עצמה אלא מוקפת בתים סמוכות זו לזו וחומות חיצונות של בתים נעשות חומה לעיר והיינו שור איגר שגגותיה חומותיה גג מתרגמינן איגר:
[17] סביב. לגבי בתי החצרים כתיב אשר אין להם חומה סביב מכלל דבתי ערי חומה מסובבת סביב קאמ':
[18] פרט לטבריא שימה חומתה. שהים שלה היא חומתה מצד האחד:

כי קא מספקא ליה - לענין מקרא מגילה,
מאי פרזים ומאי מוקפין דכתיבי גבי מקרא מגילה?
משום דהני מיגלו והני לא מיגלו,
והא נמי מיגליא;
או דלמא -
משום דהני מיגנו והני לא מיגנו,
והא נמי מיגניא?
משום הכי מספקא ליה.

רב אסי קרי מגילה בהוצל בארביסר ובחמיסר,
מספקא ליה -
אי מוקפת חומה מימות יהושע בן נון היא,
אי לא.

איכא דאמרי:[קיב]
אמר רב אסי:
האי הוצל דבית בנימין -
מוקפת חומה מימות יהושע בן נון[קיג] היא.

אמר רבי יוחנן:
ו. כי הוינא טליא[2] אמינא מלתא דשאילנא לסבייא, *
ואישתכח[3] כוותי:

חמת - זו טבריא,
ולמה נקרא שמה חמת?
על שום חמי טבריא.

רקת - זו ציפורי,
ולמה נקרא שמה רקת?
משום דמידלייא כרקתא[4] דנהרא.

כינרת - זו גינוסר,
ולמה נקרא שמה כינרת?
דמתיקי פירא כקלא דכינרי.

אמר רבא:
מי איכא למאן דאמר רקת לאו טבריא היא?
והא כי[5] שכיב איניש הכא,
התם[6] ספדי ליה הכי:
גדול הוא בששך,[7]
ושם[8] לו ברקת;
וכי[9] מסקי ארונא להתם ספדי ליה[10] הכי:
אוהבי[11] שרידים יושבי[12] רקת,
צאו וקבלו הרוגי עומק!

וכי[קיד] נח נפשיה דרבי[13] זירא פתח עליה ההוא ספדנא:

ארץ שנער הרה וילדה ארץ[14] צבי גידלה[15] שעשועיה,
אוי נא לה אמרה רקת,
כי אבדה כלי חמדתה!?

אלא אמר רבא:[קטו]
חמת - זו חמי גרר,
רקת - זו טבריא,
כינרת - זו גינוסר;
ולמה נקרא שמה רקת?
שאפילו ריקנין שבה מלאין מצות כרמון.

רבי ירמיה אמר:
רקת שמה,
ולמה נקרא שמה טבריא?
שיושבת בטיבורה[קטז][16] של ארץ ישראל.

רבא אמר:
רקת שמה,
ולמה נקרא שמה טבריא?
שטובה ראייתה.

אמר זעירא:
קטרון - זו ציפורי,[קיז]
ולמה נקרא שמה ציפורי?
שיושבת בראש ההר כצפור.

וקטרון ציפורי היא?
והא קטרון בחלקו של זבולון הואי,
דכתיב (שופטים א,ל):
"זְבוּלֻן לֹא הוֹרִישׁ אֶת יוֹשְׁבֵי[17] קִטְרוֹן וְאֶת יוֹשְׁבֵי נַהֲלֹל",
וזבולון מתרעם על[18] מדותיו הוה,
שנאמר (שם ה,יח): "זְבֻלוּן עַם חֵרֵף נַפְשׁוֹ לָמוּת",
מה טעם?
משום ד"נַפְתָּלִי עַל מְרוֹמֵי שָׂדֶה" (שם);
אמר זבולון לפני הקדוש ברוך הוא: רבונו של עולם,
לאחיי נתת להם שדות וכרמים, ולי נתת הרים וגבעות,
לאחיי נתת להם ארצות, ולי נתת ימים ונהרות!
אמר לו: כולן[19] צריכין לך על[20] ידי חלזון,
שנאמר (דברים לג,יט):
"עַמִּים[21] הַר יִקְרָאוּ... וּשְׂפוּנֵי טְמוּנֵי חוֹל",
ותני[קיח] רב יוסף:
"שְׂפוּנֵי" -[22] זה חלזון,

רש"י

1 כי מספקא ליה לענין מקרא מגילה. דלא מפורש בה חומה אלא לשון פרזים ושאינן פרזים כתיב בה ומספקא ליה האי לשון פרזים אי לשון גלוי הוא או לשון עיר הנוחה ליכבש:
2 כד הוינא טליא. כשהייתי נער:
3 ואישתכח כוותי. גרסי':
4 רקתא דנהרא. שפת הנהר גבוה מן הנהר אף ציפורי יושבת בראש ההר:
5 כי שכיב איניש הכא. כשמת אדם גדול בבבל:
6 ספדי ליה התם. בטבריא:
7 ששך. בבל בחילוף א"ת ב"ש:
8 ושם לו ברקת. יצא לו שם בטבריא:
9 וכי מסקי ארון. של מת מבבל לקוברו בטבריא:
10 אמרו הכי. הספדנין קורין בשווקים בלשון הזה שיצאו לקראת המת:
11 אוהבי שרידים. אוהבי ישראל:
12 יושבי רקת צאו וקבלו הרוגי עמק. מתי בבל העמוקה:
13 ר' זירא. עלה מבבל לארץ ישראל ומת שם בטבריא:
14 [ארץ צבי. ארץ] ישראל:
15 גידלה שעשועיה. של שנער:
16 בטיבורה. באמצעיתה:
17 לא הוריש את יושבי קטרון. שבאה לחלקו ועבר על מה שאמר הקב"ה לא תחיה כל נשמה (דברים כ) והניחן לגור שם ביניהם ולהעלות להם מס:
18 על מדותיו. על מזלו שנמדד לו מן השמים מדה שאינו חפץ בה:
19 כולן צריכין לך. כל אחיך יהו צריכין לך:
20 על ידי חלזון. חלזון עולה מן הים להרים וצובעין בדמו תכלת ונמכר בדמים יקרים:
21 עמים הר יקראו. מכל השבטים יתקבצו להריך לקנות שפוני טמוני חול:
22 שפוני זה חלזון. שהוא דבר חשוב ספון חשוב בלשון ברייתא:

"טְמוּנֵי" -[1] זו טרית,
"חוֹל" - זו[2] זכוכית לבנה;
אמר לפניו: רבונו של עולם,
מי[3] מודיעני?
אמר לו: "שָׁם יִזְבְּחוּ זִבְחֵי צֶדֶק" (שם),
סימן זה יהא לך -
כל[4] הנוטל ממך בלא דמים -
אינו מועיל בפרקמטיא שלו כלום;

ואי סלקא דעתך קטרון זו ציפורי -
אמאי מתרעם על מדותיו?
והא הויא ציפורי, מילתא דעדיפא טובא!
וכי תימא -
דלית בה זבת חלב ודבש,
והאמר ריש לקיש:
לדידי חזי לי זבת[6] חלב ודבש דציפורי,
והויא[7] ששה עשר מיל על ששה עשר מיל!
וכי תימא -
דלא נפישא דידיה כדאחוה,
והאמר רבה בר בר חנה אמר רבי יוחנן:
לדידי[8] חזי לי זבת חלב ודבש דכל ארעא דישראל,
והויא כמבי כובי עד אקרא דתולבקני,
עשרין ותרתין פרסי - אורכא,[9]
ופותיא - שיתא פרסי!?
אפילו הכי שדות וכרמים עדיפא[10] ליה,
דיקא נמי,
דכתיב (שופטים ה,יח): "וְנַפְתָּלִי עַל מְרוֹמֵי שָׂדֶה";
שמע מינה.

אמר רבי אבהו:
"וְעֶקְרוֹן תֵּעָקֵר" (צפניה ב,ד),
זו קסרי בת אדום,
שהיא יושבת בין החולות,
והיא היתה יתד תקועה[11] לישראל בימי יוונים,
וכשגברה מלכות בית חשמונאי ונצחום,
היו קורין אותה: אחידת[12] מגדל צור.[קיט]
אמר רבי יוסי ברבי[קכ] חנינא:
מאי דכתיב (זכריה ט,ז):
"וַהֲסִרֹתִי[13] דָמָיו מִפִּיו וְשִׁקֻּצָיו מִבֵּין שִׁנָּיו,
וְנִשְׁאַר גַּם הוּא לֵאלֹהֵינוּ",
"וַהֲסִרֹתִי דָמָיו מִפִּיו" - זה בית במיא שלהן,
"וְשִׁקֻּצָיו מִבֵּין שִׁנָּיו" - זה בית[14] גליא שלהן,
"וְנִשְׁאַר גַּם הוּא לֵאלֹהֵינוּ" -
אלו בתי כנסיות ובתי מדרשות שבאדום.

"וְהָיָה כְּאַלֻּף בִּיהוּדָה וְעֶקְרוֹן כִּיבוּסִי"[15][16] (שם).
אלו תראטריות וקרקסיות שבאדום,
שעתידין שרי יהודה ללמד בהן תורה ברבים.

אמר רבי יצחק:
"לֶשֶׁם" (יהושע יט,מז) -[17] זו[18] פמייס,
"עֶקְרוֹן תֵּעָקֵר" (צפניה ב,ד) - זו קסרי בת אדום,
שהיא היתה מטרופולין[19] של מלכים.
איכא דאמרי:
דמרבו[קכא][20] בה מלכי;
ואיכא דאמרי:
דמוקמי מינה מלכי.

קסרי וירושלים,
אם יאמר לך אדם:
חרבו שתיהן - אל תאמן,
ישבו שתיהן - אל תאמן,
חרבה קסרי וישבה ירושלים,
חרבה ירושלים וישבה קסרי - תאמן.
שנאמר (יחזקאל כו,ב): "אִמָּלְאָה[21] הָחֳרָבָה":
אם מליאה זו - חרבה זו.
אם מליאה זו - חרבה זו.
רב נחמן בר יצחק אמר: מהכא:
"וּלְאֹם מִלְאֹם יֶאֱמָץ" (בראשית כה,כג).

ואמר רבי יצחק:
מאי דכתיב (ישעיהו כו,י):
"יֻחַן רָשָׁע[22] בַּל לָמַד צֶדֶק בְּאֶרֶץ[23] נְכֹחוֹת יְעַוֵּל,[קכב]
וּבַל יִרְאֶה גֵּאוּת יְהוָה"?[קכג]
אמר[24] יצחק לפני הקדוש ברוך הוא: רבונו של עולם,
"יֻחַן" עשו.

רש"י

1 טרית. דג שקורין טונינ"א:
2 זכוכית לבנה. היוצא מן החול כדאמר ביציאות השבת (שבת טו:) וחול של זבולון חשוב משאר חולות וראוי לזכוכית לבנה:
3 מי מודיעני. על זאת לתת לי דמים:
4 כל המוצא. חלזון ונוטלו בלא דמים אינו מצליח:
5 שם יזבחו זבחי צדק. כאשר אסור גזל בעולה כך לא יגזלו ממך כלום שאם יטול שוה פרוטה בלא דמים תתקלקל הצביעה והחול ולא יועיל כלום:
6 זבת חלב ודבש. העזים אוכלין תאנים והדבש נוטף מהן והחלב זב מן העזים ונעשים כמין נחל:
7 ששה עשר מיל. ד' פרסאות:
8 לדידי חזי לי זבת חלב ודבש דכל ארץ ישראל. בכל מקום שהוא שם ואם באת לצרפו יחד הוי כמבי כובי עד אקרא דתולבקני שם מקום:
9 אקרא. מקום מעבר הנהר ובלע"ז פורט"ו:
10 עדיפי ליה. חביבי ליה:
11 יתד תקועה. לרעה:
12 אחידת מגדל שיר. כבושת מגדל שיר:
13 והסירותי דמיו מפיו וגו'. גבי צור כתיב שהוא ראש לאדום:
14 גלייא במיא. ראשי ע"ז הם לאדום:
15 כיבוסי. היא ירושלים:
16 והיה אדום לאלופי יהודה. ועקרון תהיה בית תלמוד בירושלים:
17 לשם. עיר שכיבשו בני דן:
18 זו פמייס. שמשם ירדן יוצא כדאמר מר ירדן יוצא ממערת פמייס (בכורות נה.):
19 מטרופולין. לשון יון אימא של מלכות מטר"א אם פולין לשון שררה כדאמר מר עד שבאו דיופלי של רומי^ שני שרים (תענית יח:):
20 דמרבו.^ שמגדלין שם בני מלכים:
21 אמלאה החרבה. רישא דקרא יען אמרה צור על ירושלים אמלאה החרבה עכשיו אתמלא מחורבתה:
22 רשע. זה עשו:
23 בארץ נכוחות יעול. את ירושלים יחריב:
24 אמר יצחק להקב"ה. יוחן רשע זה עשו:

אמר[1] לו: "רָשָׁע" הוא.
אמר[2] לו: "בַּל[3] לָמַד צֶדֶק"?
אמר[4] לו: "בְּאֶרֶץ[5] נְכֹחוֹת יְעַוֵּל".
אמר[6] לו: אם כן - "בַּל יִרְאֶה גֵּאוּת יְהֹוָה".

ואמר רבי יצחק:
מאי דכתיב (תהלים קמ,ט):
"אַל תִּתֵּן יְהֹוָה מַאֲוַיֵּי רָשָׁע זְמָמוֹ אַל תָּפֵק יָרוּמוּ סֶלָה"?
אמר יעקב לפני הקדוש ברוך הוא: רבונו של עולם,
"אַל תִּתֵּן" לעשו ה"רָשָׁע" תאות לבו.
"זְמָמוֹ[7] אַל תָּפֵק".
ו: זו * גרממיא[8] של אדום,
שאלמלי הן יוצאין -
מחריבין כל העולם כולו,
דאמר[קכד] רבי חמא בר חנינא:
תלת מאה מלכי[קכה] קטירי תגא איכא בגרממיא של אדום,
ותלת מאה ושיתין וחמשה מרזבני[9] איכא ברומי,
ובכל יומא נפקי הני לאפי הני,
ומקטיל חד מהני וחד מהני,[קכו]
ומיטרדי לאוקמי מלכא.

ואמר רבי יצחק:
אם יאמר לך אדם:
יגעתי[10] ולא מצאתי - אל תאמן,
לא יגעתי ומצאתי - אל תאמן,
יגעתי ומצאתי - תאמן.
הני מילי - בדברי תורה,
אבל במשא ומתן - סייעתא מן שמיא היא.[קכז]
ולדברי תורה נמי,[קכח]
לא אמרן אלא לחדודי,
אבל לאוקמי[11] גירסא - סייעתא[12] מן שמיא היא.

ואמר רבי יצחק:
אם ראית רשע שהשעה משחקת לו,
אל תתגרה בו,
שנאמר (שם י,ה):[קכט] "יָחִילוּ[13] דְרָכָיו (כתיב - דרכו) בְּכָל עֵת";
ולא עוד אלא שזוכה בדין,
שנאמר (שם): "מָרוֹם[14] מִשְׁפָּטֶיךָ מִנֶּגְדּוֹ",
ולא עוד אלא שרואה בשונאיו,
שנאמר (שם): "כָּל צוֹרְרָיו יָפִיחַ[15] בָּהֶם".

איני?
והאמר רבי יוחנן משום רבי שמעון בן יוחי:
מותר להתגרות ברשעים בעולם הזה,
שנאמר (משלי כח,ד):
"עֹזְבֵי תוֹרָה יְהַלְלוּ רָשָׁע וְשֹׁמְרֵי תוֹרָה יִתְגָּרוּ בָם"!
ותניא:
רבי דוסתאי בר מתון אמר:
מותר להתגרות ברשעים בעולם הזה,
שנאמר (שם):[קל]
"עֹזְבֵי תוֹרָה יְהַלְלוּ רָשָׁע וְשֹׁמְרֵי תוֹרָה יִתְגָּרוּ בָם";[קלא]
ואם לחשך אדם לומר:
"אַל תִּתְחַר בַּמְּרֵעִים אַל תְּקַנֵּא בְּעֹשֵׂי עַוְלָה" (תהלים לז,א),
אמור לו:[קלב] מי[16] שלבו נוקפו אומר כן!
אלא,
"אַל[17] תִּתְחַר בַּמְּרֵעִים" - להיות כמרעים,
ו"אַל תְּקַנֵּא בְּעֹשֵׂי עַוְלָה" - להיות כעושי עולה;
ואומר(משלי כג,יז):[18]
"אַל יְקַנֵּא לִבְּךָ בַּחַטָּאִים,
כִּי אִם בְּיִרְאַת יְהֹוָה כָּל הַיּוֹם"![קלג]
לא קשיא,
הא - במילי דידיה,
הא - במילי דשמיא;
ואיבעית אימא -
הא והא במילי דשמיא,[קלד]
ולא קשיא,
הא - בצדיק גמור,
הא - בצדיק שאינו גמור;
דאמר רב הונא:
מאי דכתיב (חבקוק א,יג):
"לָמָּה תַבִּיט בּוֹגְדִים תַּחֲרִישׁ בְּבַלַּע רָשָׁע צַדִּיק מִמֶּנּוּ"?
"צַדִּיק מִמֶּנּוּ" - בולע,
צדיק גמור - אינו בולע;
ואי בעית אימא -
שעה משחקת לו שאני.

אמר עולא:
איטליא[19] של יון -
זה כרך גדול של רומי.
והויא תלת מאה פרסה על תלת מאה פרסה,
ויש בה שלש מאות ששים וחמישה שווקים,[20]

רש"י

1 אמר לו. הקדוש ברוך הוא רשע הוא:
2 אמר. יצחק:
3 בל למד צדק. כלומר אין אדם יכול ללמד עליו צדק:
4 אמר לו. הקב"ה:
5 בארץ נכוחות יעול. כלומר עתיד להחריב את ארץ ישראל:
6 אמר. יצחק אם כן בל יראה גאות ה':
7 זממו אל תפק. אל תוציאנו מנחיריו זמם כמין טבעת ברזל שנותנין בחוטמה של אנקה ונמשכת בו ומתוך חוזקה אינה משתמרת כי אם בו:
8 גרממיא. שם מלכות והיא מאדום:
9 מרזבני. דוכסים:
10 יגעתי. בתורה:
11 לאוקמי גירסא. שלא תשתכח ממנו:
12 סייעתא דשמיא. ויש יגע ואינו מוצא:
13 יחילו. יצליחו ודומה לו על כן לא יחיל טובו (איוב כ):
14 מרום משפטיך מנגדו. מסולקין הם ממנו:
15 יפיח בהם. בנפיחה בעלמא הן נופלים:
16 מי שלבו נוקפו. היינו מן העבירות שבידו אומר כן:
17 אל תתחר. אינו לשון גירוי אלא שלא תאחוז במעשיו כמו ואיך תתחרה את הסוסים (ירמיה יב) כלומר שאינו רץ כמותו:
18 ואומר אל יקנא לבך בחטאים כי אם ביראת ה' כל היום. על כרחך אין קנאה זו לשון גירוי מלחמה אלא אחיזת מעשיו מדכתיב בסיפא כי אם ביראת ה' כל היום:
19 איטליא של יון. כרך גדול שגדל בשביל עון מנשה שבשעה שהכניס צלם בהיכל ירד גבריאל ונעץ קנה בים וגדל עליו חלקה גדולה ונבנה לשם איטליא של יון מאיי אלישה (יחזקאל כז) מתרגמינן מנגוות איטליא:
20 שווקים. חוצות:

כמנין ימות החמה,
וקטן שבכולם של מוכרי עופות,
והויא ששה עשר מיל על ששה עשר מיל.
ומלך סועד בכל יום באחד מהן.
והדר בה, אף על פי שאינו נולד בה -
נוטל פרס[1] מבית המלך,
והנולד בה, אף על פי שאינו דר בה -
נוטל פרס מבית המלך.
ושלשת אלפים בי בני יש בו,
וחמש מאות חלונות[2] מעלין עשן חוץ לחומה.
צדו אחד - ים,
וצדו אחד - הרים וגבעות,
צדו אחד - מחיצה של ברזל,
וצדו אחד - חולסית[3] ומצולה.

משנה (ד):

קראו את המגילה באדר הראשון ונתעברה השנה -
קורין אותה באדר השני,[קלה]
אין בין אדר הראשון לאדר השני -
אלא[4] מקרא מגילה[קלו] ומתנות לאביונים.

גמרא:

הא לענין סדרי[5] פרשיות -
זה[6] וזה שוין.

מני מתניתין?
לא תנא קמא, ולא רבי אליעזר ברבי יוסי,
ולא רבן שמעון בן גמליאל;

דתניא:
קראו את המגילה באדר הראשון ונתעברה השנה -
קורין אותה באדר השני,
שכל מצות שנוהגות בשני - נוהגות בראשון,
חוץ ממקרא מגילה;

רבי אליעזר ברבי יוסי אומר:
אין קורין אותה באדר השני,
שכל מצות שנוהגות בשני - נוהגות בראשון;

רבן שמעון בן גמליאל אומר משום רבי יוסי:
אף קורין אותה באדר השני,
שכל מצות שנוהגות בשני - אין נוהגות בראשון;
ושוין בהספד ובתענית שאסורין[7] בזה ובזה;

רבן שמעון בן גמליאל היינו תנא קמא!
אמר[8] רב פפא:
סדר פרשיות איכא בינייהו,
דתנא קמא סבר - לכתחילה בשני,
ואי עבוד בראשון - עבוד,

בר ממקרא מגילה,
דאף על גב דקרו בראשון - קרו בשני;

ורבי אליעזר ברבי יוסי סבר -
אפילו מקרא מגילה לכתחילה בראשון;

ורבן[9] שמעון בן גמליאל סבר -
אפילו סדר פרשיות,
אי קרו בראשון - קרו בשני;

מני?
אי תנא קמא - קשיא מתנות,
אי רבי אליעזר ברבי יוסי - קשיא נמי מקרא מגילה,
אי רבן שמעון בן גמליאל - קשיא סדר פרשיות!?

לעולם תנא קמא,
ותנא מקרא מגילה, והוא הדין מתנות לאביונים,
דהא בהא תליא.

ואי בעית אימא -
לעולם רבן שמעון בן גמליאל היא,
ומתניתין[10] הכי[קלז] קתני:
אין בין ארבעה עשר שבאדר הראשון
לארבעה עשר שבאדר השני,
אלא מקרא מגילה ומתנות לאביונים,[קלח]
הא לענין הספד ותענית - זה וזה שוין,
ואילו סדר פרשיות לא מיירי.

אמר רבי חייא בר אבין אמר רבי יוחנן:
הלכה[קלט] כרבן שמעון בן גמליאל שאמר משום רבי יוסי.

אמר רבי יוחנן:
ושניהם מקרא אחד דרשו:
"בְּכָל שָׁנָה וְשָׁנָה" (אסתר ט,כא).
רבי אליעזר ברבי יוסי סבר - "בְּכָל שָׁנָה וְשָׁנָה",
מה "כָּל שָׁנָה וְשָׁנָה" - אדר הסמוך לשבט,
אף כאן - אדר הסמוך לשבט;
ורבן שמעון בן גמליאל סבר - "בְּכָל שָׁנָה וְשָׁנָה",
מה "כָּל שָׁנָה וְשָׁנָה" - אדר הסמוך לניסן,
אף כאן - אדר הסמוך לניסן.

בשלמא רבי אליעזר ברבי יוסי -
מסתבר טעמיה,[קמ]
דאין[11] מעבירין על המצות;
אלא רבן שמעון בן גמליאל -
מאי טעמיה!?
אמר רבי טבי:
מסמך[קמא] גאולה[12] לגאולה עדיף.

רש"י

1 פרס. מזון:
2 חלונות שמעלים מהן עשן חוץ לחומה. שהן גבוהים מן החומה ואין מעשנין את החומה וזהו חשיבות:
3 חולסית. מקום אבנים דקות:
4 מתני': אלא מקרא מגילה. כלומר שאם עשאו בראשון לא יצא:
5 גמ': סדר פרשיות. פרשת שקלים וזכור ופרה והחודש דתנן במתניתין דבני העיר דנוהגין באדר:
6 זה וזה שוין. שאם קראם בראשון אין צריך לחזור ולקרות בשני:
7 שאסורין בזה ובזה. ביום ארבעה עשר וחמשה עשר שבשניהן:
8 ואמר רב פפא. גרסינן:
9 ורבן שמעון בן גמליאל כו'. דהא כל מצות קאמר:
10 מתניתין הכי קתני. ולא איירי בסדר פרשיות כלל:
11 אין מעבירין כו'. משבא לידי אקדים לעשות דהכי תניא במכילתא ושמרתם את המצות אם באת מצוה לידך אל תחמיצנה:
12 גאולה לגאולה. פורים לפסח:

רבי אלעזר אמר:
טעמיה[קמב] דרבן שמעון בן גמליאל - מהכא:
"לְקַיֵּם[קמג] אֵת אִגֶּרֶת הַפּוּרִים הַזֹּאת הַשֵּׁנִית" (שם,כט);
ז. ויצטריך למיכתב - * "הַשֵּׁנִית",
ויצטריך למיכתב - "בְּכָל שָׁנָה וְשָׁנָה",
דאי מ"בְּכָל שָׁנָה וְשָׁנָה",
הוה אמינא - כי קושין;
קא משמע לן - "הַשֵּׁנִית".[1]
ואי אשמועינן "הַשֵּׁנִית",
הוה אמינא - בתחילה בראשון ובשני;
קא משמע לן - "בְּכָל שָׁנָה וְשָׁנָה".

ורבי אליעזר ברבי יוסי,
האי "הַשֵּׁנִית" מאי עביד ליה?
מיבעי ליה לכדרב שמואל בר יהודה,
דאמר רב שמואל בר יהודה:
בתחילה קבעוה בשושן,
ולבסוף[2] בכל העולם כולו.

אמר רב שמואל בר יהודה:
שלחה[3] להם אסתר לחכמים:
קבעוני[4] לדורות!
שלחו לה:
קנאה[5] את מעוררת עלינו לבין האומות!
שלחה להם:
כבר[6] כתובה אני על דברי הימים למלכי מדי ופרס.

רב[7] ורבי[קמד] חנינא ורבי יוחנן ורב חביבא מתנו,
בכוליה[8] סדר מועד,
כל כי האי זוגא חלופי רבי יוחנן ומעייל רבי יונתן:
שלחה להם אסתר לחכמים:
כתבוני בספר.[קמה]
שלחו לה:
"הֲלֹא כָתַבְתִּי לְךָ שָׁלִישִׁים (כתיב - שלשום)" (משלי כב,כ),
"שָׁלִישִׁים"[9] ולא רבעים.
עד שמצאו לה[קמו] מקרא כתוב בתורה (שמות יז,יד):
"כְּתֹב זֹאת זִכָּרוֹן בַּסֵּפֶר",
"כְּתֹב זֹאת" - מה שכתוב כאן ובמשנה תורה,
"זִכָּרוֹן" - מה שכתוב בנביאים,
"בַּסֵּפֶר" - מה שכתוב במגילה.
כתנאי:

"כְּתֹב זֹאת" - מה שכתוב כאן,
"זִכָּרוֹן" - מה[10] שכתוב במשנה תורה,
"בַּסֵּפֶר" - מה שכתוב בנביאים,
דברי רבי יהושע;
רבי אלעזר המודעי אומר:
"כְּתֹב זֹאת" - מה שכתוב כאן ובמשנה תורה,
"זִכָּרוֹן" - מה שכתוב בנביאים,
"בַּסֵּפֶר" - מה שכתוב במגילה.

אמר רב יהודה אמר שמואל:
אסתר אינה[11] מטמאה את הידים.
למימרא דסבר שמואל אסתר לאו ברוח הקודש נאמרה?
והאמר שמואל:
אסתר ברוח הקודש נאמרה!?
נאמרה לקרות,
ולא נאמרה ליכתוב.
מיתיבי:
רבי מאיר אומר:
קהלת אינו מטמא את הידים,
ומחלוקת בשיר השירים;
רבי יוסי אומר:
שיר השירים מטמא את הידים,
ומחלוקת בקהלת;
רבי שמעון אומר:
קהלת מקולי בית שמאי ומחומרי בית הלל,
אבל רות, ושיר השירים, ואסתר - מטמאין את הידים!?
הוא[12] דאמר כרבי יהושע.

תניא:
רבי שמעון בן מנסיא אומר:
קהלת אינו מטמא את הידים,
מפני שחכמתו של שלמה היא.
אמרו לו:
וכי זו בלבד אמר?
והלא כבר נאמר (מלכים א ה,יב):
"וַיְדַבֵּר[13] שְׁלֹשֶׁת אֲלָפִים מָשָׁל",
ואומר:
"אַל[14] תּוֹסְףְּ עַל דְּבָרָיו" (משלי ל,ו).
מאי ואומר?
וכי תימא -
מימר טובא אמר,

רש"י

1 השנית. בחודש השני:
2 לבסוף קבעוה כו'. וזהו השנית:
3 שלחה להם. בשנה שנייה לקובעה עליהם חובה:
4 קבעוני. ליום טוב ולקרייה להיות לי לשם:
5 קנאה את מעוררת עלינו. שיאמרו האומות שאנו שמחים להזכיר מפלתן:
6 כבר אני כתובה. ושם יהו רואין מה שאירע להם על ידי ישראל:
7 רב ורבי^ חנינא ורבי יוחנן ורב חביבא מתנו. הא דאמרינן לקמן:
8 בכוליה סדר מועד. שהוזכרה שם זוג זה של ארבע חכמים הללו חלופי רבי יוחנן ומכניסין רבי יונתן:
9 שלישים. בשלשה מקומות יש לנו להזכיר מלחמת עמלק בספר ואלה שמות (יז) ובמשנה תורה (כה) ובספר שמואל (א טו) וזהו שאמר שלמה בדבר ששילשתו אי אתה רשאי לרבעו:
10 זאת מה שכתוב כאן ובמשנה תורה. דכל מה שכתוב בתורה קורא כתב אחד:
11 אינה מטמאה את הידים. כשאר ספרים דאמר ביציאות השבת (יד.) שגזרו עליהן לטמא את הידים לתרומה ומחלוקת בית שמאי וב"ה היא:
12 הוא דאמר כרבי יהושע. דאמר לעיל זאת מה שכתוב בתורה זכרון מה שכתוב במשנה תורה בספר מה שכתוב בנביאים אבל במגילה לא ניתנה ליכתב אלא לגורסה על פה ולקרותה:
13 והלא כבר נאמר וידבר כו'. וקהלת כבר נאמרה וכיון דלא כתב את כולן למדת שמה שכתב רוח הקודש היה:
14 אל תוסף על דבריו. מקרא הוא בספר משלי:

דאי בעי - איכתיב, ודאי בעי - לא איכתיב,
תא[2] שמע:
"אַל תּוֹסְףְּ עַל דְּבָרָיו".

תניא:
רבי אליעזר אומר:
אסתר ברוח הקודש נאמרה,
שנאמר (אסתר ו,ו):
"וַיֹּאמֶר[3] הָמָן בְּלִבּוֹ";

רבי עקיבא אומר:
אסתר ברוח הקודש נאמרה,
שנאמר (שם ב,טו):
"וַתְּהִי אֶסְתֵּר נֹשֵׂאת חֵן בְּעֵינֵי כָּל רֹאֶיהָ";

רבי מאיר אומר:
אסתר ברוח הקודש נאמרה,
שנאמר (שם,כב):
"וַיִּוָּדַע[4] הַדָּבָר לְמָרְדֳּכַי";

רבי יוסי בן דורמסקית אומר:
אסתר ברוח הקודש נאמרה,
שנאמר (שם ט,י):
"וּבַבִּזָּה[5] לֹא שָׁלְחוּ אֶת יָדָם".

אמר שמואל:
אי הואי התם -
הוה אמינא - מלתא דעדיפא מכולהו,
שנאמר (שם,כז): "קִיְּמוּ וְקִבְּלוּ (כתיב - וקבל)",
"קִיְּמוּ" למעלה מה ש"קִבְּלוּ" למטה.

אמר רבא:
לכולהו אית להו פירכא,
לבר מדשמואל דלית ליה פירכא.

דרבי אליעזר - סברא הוא,
דלא הוה איניש דחשיב למלכא כוותיה,
והאי כי קא מפיש[6] טובא ואמר - אדעתיה דנפשיה קאמר.

דרבי עקיבא - דלמא כרבי אלעזר דאמר:
מלמד שכל אחד ואחד נדמתה[7] לו כאומתו.

והא דרבי מאיר - דלמא כרבי[8] חייא בר אבא דאמר:
בגתן ותרש שני טרסיים^קמז היו.

והא דרבי יוסי בן דורמסקית - דלמא פריסתקי[9] שדור.

דשמואל ודאי לית ליה פירכא.
אמר רבינא:
היינו דאמרי אינשי:
טבא חדא פלפלתא חריפתא ממלי צני קרי.

רב יוסף אמר: מהכא:
"וִימֵי הַפּוּרִים הָאֵלֶּה
לֹא[10] יַעַבְרוּ מִתּוֹךְ הַיְּהוּדִים" (שם,כח).

רב נחמן בר יצחק אומר: מהכא:
"וְזִכְרָם לֹא יָסוּף מִזַּרְעָם" (שם).

ומתנות לאביונים.

תני רב יוסף:
"וּמִשְׁלוֹחַ מָנוֹת[11] אִישׁ לְרֵעֵהוּ" (שם,כב).
שתי[12] מנות לאיש אחד.

"וּמַתָּנוֹת לָאֶבְיוֹנִים" (שם).
שתי מתנות לשני בני אדם.

רבי יהודה נשיאה שדר ליה לרבי אושעיא -
אטמא דעיגלא[13] תלתא וגרבא דחמרא,
ז: שלח ליה: *
קיימת[14] בנו רבינו "וּמִשְׁלוֹחַ מָנוֹת אִישׁ לְרֵעֵהוּ".^קמח

רבה שדר ליה למרי בר מר ביד אביי -
מלא טסקא[15] דקשבא,
ומלא^קמט כסא קמחא דאבשונא.[16]
אמר[17] אביי:^קנ
השתא[18] אמר מרי - אי[19] חקלאה מלכא ליהוי -
דיקולא מצואריה לא נחית.

הדר שדר ליה איהו -
מלא טסקא דזנגבילא,
ומלא כסא דפלפלתא אריכא.
אמר אביי:
השתא אמר מר - אנא שדרי ליה חוליא,[20]
ואיהו שדר לי חורפא.

אמר אביי:

רש"י

[1] דאי בעי כתב ואי בעי לא כתב. ולעולם מה שכתב משלות בעלמא נינהו ולא מפי הקב"ה:

[2] תא שמע אל תוסף על דבריו. מדקאסר להוסיף עליהן שמע מינה ברוח הקודש נאמרו:

[3] ויאמר המן בלבו. מנא ידעו כותבי המגילה שכך אמר בלבו אלא רוח הקודש נגלה עליהם:

[4] ויודע הדבר למרדכי. מי גלה לו רוח הקדש שרה עליו:

[5] ובבזה לא שלחו את ידם. היאך ידעו מה עשו הרחוקים:

[6] מפיש ואמר טובא. יביאו לבוש מלכות אדעתא דנפשיה קאמר שמע מינה זאת היתה בלבו:

[7] נדמתה לו כאומתו. והיו אומרים בפיהם זו משלנו היא:

[8] דרבי חייא בר אבא. לקמן בפירקין:

[9] פריסתקי שדור. שלוחים שלחו להם למרדכי ואסתר שלא נגענו בביזה שלא ירע למלך:

[10] לא יעברו. מנא ידע את העתיד:

[11] מנות. מיני מעדנים:

[12] שתי מנות לאדם אחד. דכתיב ומשלוח מנות איש לרעהו שתי מנות לאדם אחד ומתנות לאביונים שתי מתנות לשני בני אדם די לכל אחד ואחד מתנה אחת דהא אביונים נמי תרתי משמע:

[13] עגלא תלתא. שלישי לבטן:

[14] ה"ג קיימת בנו רבינו ומשלוח מנות. דהא תרי מנות איכא הדר שלח ליה איהו לא גרסינן ליה הכא:

[15] טסקא דקשבא. שק מלא תמרים:

[16] דאבשונא. שנתייבשו החטים בתנור בעודן כרמל וקמח שלהן מתוק לעולם:

[17] א"ל אביי. לרבה:

[18] השתא אמר מרי. עכשיו יאמר מרי עליך:

[19] אי חקלאה מלכא ליהוי דיקולא מצואריה לא נחית. הסל שהיה רגיל להוליך בעודנו בן כפר ומאכיל לבהמתו לא יוריד עתה מראשו כך אתה נעשית מלך וראש בפומבדיתא ואינך שולח לו אלא דברים המצויין לכל:

[20] חוליא. מתיקא:

כי[1] נפקי מבי מר הוה שבענא,
כי מטאי להתם,
קריבו לי שיתין צעי[2] דשיתין מיני קדירה,
ואכלי בהו שיתין פלגי,[קנא]
ובישולא בתרייתא הוו קרו ליה צלי קדר,
ובעאי למיכס[3] צעא אבתרה.
אמר אביי:
היינו דאמרי אינשי:
כפין עניא ולא ידע;
אי נמי -
רווחא[4] לבסימא שכיח.

אביי בר אבין ורבי חנינא בר אבין -
מחלפי[5] סעודתייהו להדדי.

אמר רבא:
מיחייב איניש לאיבסומי[קנב][6] בפוריא,
עד דלא ידע בין ארור המן לברוך מרדכי.

רבה ורבי זירא עבדו סעודת פורים בהדי הדדי,
איבסום,[7]
קם רבה, שחטיה לרבי זירא.
למחר בעי רחמי עליה[קנג] ואחייה.
לשנה אמר ליה: ניתי מר ונעביד סעודת פורים בהדי הדדי.
אמר ליה: לא בכל שעתא ושעתא מתרחיש ניסא.

אמר רבא:
סעודת פורים שאכלה בלילה -
לא יצא ידי חובתו.
מאי טעמא?
"יְמֵי מִשְׁתֶּה וְשִׂמְחָה" (שם) כתיב.

רב אשי הוה יתיב קמיה דרב כהנא,
נגה[8] ולא אתו רבנן.
אמר ליה: מאי טעמא לא אתו רבנן?
אמר ליה:[קנד] דלמא טרידי בסעודת פורים.
אמר ליה: ולא הוה אפשר למיכלה באורתא!?
אמר ליה: לא שמיע ליה למר הא דאמר רבא:
סעודת פורים שאכלה בלילה לא יצא ידי חובתו!?
אמר ליה: אמר רבא הכי?
אמר ליה: אין.
תנא מיניה ארבעין זימנין,
ודמי ליה כמאן דמנח בכיסיה.

משנה (ה):

אין[9] בין יום טוב לשבת -
אלא אוכל נפש בלבד.

גמרא:

הא לענין מכשירי אוכל נפש -
זה[10] וזה שוין.

מתניתין דלא כרבי יהודה,
דתניא:
אין בין יום טוב לשבת -
אלא אוכל נפש;
רבי יהודה מתיר אף מכשירי אוכל נפש.

מאי טעמיה דתנא קמא?
אמר קרא (שמות יב,טז): "הוּא לְבַדּוֹ יֵעָשֶׂה לָכֶם",[קנה]
"הוּא", ולא מכשיריו.

ורבי יהודה!?
אמר קרא:[קנו] "לָכֶם",
"לָכֶם", לכל צורכיכם.

ואידך נמי הכתיב: "לָכֶם"!?
"לָכֶם", ולא לגוים,[קנז]
"לָכֶם", ולא לכלבים.

ואידך נמי, הא כתיב: "הוּא"!?
כתיב: "הוּא", וכתיב: "לָכֶם",
ולא קשיא,[קנח]
כאן - במכשירין שאפשר[11] לעשותן מערב יום טוב,
כאן - במכשירין שאי[12] אפשר לעשותן מערב יום טוב.

משנה (ה):

אין[13] בין שבת ליום הכפורים -
אלא שזה זדונו בידי אדם, וזה זדונו בכרת.

גמרא:

הא לענין תשלומין -
זה וזה שוין.

מני מתניתין?
רבי נחוניא בן הקנה היא,
דתניא:
רבי נחוניא בן הקנה
היה עושה את יום הכפורים כשבת לתשלומין,
מה שבת - מתחייב בנפשו ופטור מן התשלומין,

רש"י

1 כי נפקי מבי מר. כשיצאתי מבית אדוני רבה לילך לבית אבא מרי בר מר הייתי שבע:
2 צעי. קערות של מיני מאכל:
3 דאיכסייא לצעא בתראי. הייתי חפץ לכוס הקערה אחריו כל אכילה שלא כדרכה נקרא כוסס:
4 רווחא לבסימא שכיח. ריוח מצוי לדבר המתוק בתוך המעיים:
5 מחלפי סעודתייהו. זה אוכל עם זה בפורים של שנה זו ובשניה סועד חברו עמו:
6 לאבסומי. להשתכר ביין:
7 ואיבסום. נשתכרו:
8 נגה ולא אתו רבנן. איחר היום ולא באו התלמידים לבית המדרש:
9 מתני': אין בין יום טוב לשבת. להיות מותר לכתחלה ביום טוב מה שאסור בשבת אבל לענין עונשין יש הרבה שזה בסקילה ובכרת וזה בלאו גרידא:
10 גמ': זה וזה שוין. אסורין ביום טוב כשבת:
11 שאפשר. כגון סכין שנפגם מערב יום טוב:
12 שאי אפשר. כגון סכין שנפגמה ביום טוב:
13 מתני': בידי אדם. יש בה מיתת ב"ד:

אף[1] יום הכפורים - מתחייב בנפשו ופטור[2] מן התשלומין.

תנן התם (מכות ג:טו):
כל[3] חייבי כריתות שלקו -
נפטרו[4] מידי כריתתן,
שנאמר (דברים כה,ג): "וְנִקְלָה אָחִיךָ לְעֵינֶיךָ",
כיון שלקה - הרי הוא כ"אָחִיךָ",
דברי רבי חנניה בן גמליאל.

אמר רבי יוחנן:
חלוקין עליו חביריו על רבי חנניה בן גמליאל.

אמר רבא:
אמרי בי רב:
תנינא (כאן):[5]
אין בין יום הכפורים לשבת -
אלא שזה זדונו בידי אדם, וזה זדונו בהיכרת;
ואם[6] איתא -
אידי ואידי בידי אדם היא!

אמר[7] רב נחמן בר יצחק:קנט
הא[8] מני? רבי יצחק היא דאמר:
מלקות בחייבי כריתות ליכא,
דתניא:
רבי יצחק אומר:
חייבי[9] כריתות בכלל היו,
ולמה[10] יצאת כרת ב"אֲחֹתוֹ" (ויקרא כ,יז)?
לדונה[11] בכרת ולא במלקות.

רב אשי אמר:
אפילו[12] תימא רבנן,
זה - עיקר זדונו בידי אדם,
ח. וזה - עיקר זדונו בהיכרת. *

משנה (ו):
אין[13] בין המודר הנאה מחבירו למודר ממנו מאכל -
אלא דריסת[14] הרגל וכלים[15] שאין עושין בהן אוכל נפש.

גמרא:
הא[16] לענין כלים שעושין בהן אוכל נפש -
זה וזה שוין.

דריסת הרגל.
הא[17] לא קפדי אינשי!?
אמר רבא:
הא מני? רבי אליעזר היאקס דאמר:
ויתור[18] אסור במודר הנאה.

משנה (ו):
אין[19] בין נדרים לנדבות -
אלא שהנדרים חייב באחריותן,
ונדבות אינו חייב באחריותן.

גמרא:
הא[20] לענין בל תאחר -
זה וזה שוין.

תנן התם (קינים א:א):
אי זהו נדר?
האומר: הרי עלי עולה.
איזו היא נדבה?
האומר: הרי זו עולה.
ומה בין נדרים לנדבות?
הנדרים -
מתו או נגנבו או אבדו - חייב באחריותן;
נדבות -
מתו או נגנבו או אבדו - אינו חייב באחריותן.

מנהני מילי?
דתנו רבנן:
"וְנִרְצָה לוֹ לְכַפֵּר עָלָיו" (ויקרא א,ד),
רבי שמעון אומר:
את[21] שעליו - חייב באחריותו,
ואת שאינו עליו - אינו חייב באחריותו.

רש"י

1 גמ': אף יום הכפורים מתחייב בנפשו. דאיסור כרת כמיתת בית דין דמי:

2 ופטורים מלשלם. אם הדליק גדישו של חבירו ביום הכפורים שאין תשלומין אצל חיוב מיתה שנאמר ולא יהיה אסון ענש יענש (שמות כא) הא אם יהיה אסון לא יענש:

3 כל חייבי כריתות שלקו. שהתרו בהן עדים על לאו שעמו כרת ולקו בבית דין:

4 נפטרו מידי כריתתן. שוב אין בית דין של מעלה נפרעין:

5 תנינא. דחלוקין:

6 ואם איתא. דנפטרו אידי ואידי בידי אדם הוא אף ביום הכפורים יש מלקות על לאו שבו ובית דין פוטרין אותו מכרת:

7 אמר רב נחמן. לעולם אינן חלוקין עליו חביריו והא דקתני דאין זדונו בידי אדם:

8 הא מני ר' יצחק היא. דאמר במסכת מכות דאין מלקין בלאו הניתן לאזהרת כרת אפילו התרו בו למלקות ויליף טעמיה מהאי קרא:

9 כל חייבי כריתות. של עריות היו בכלל ונכרתו הנפשות העושות וגו' שכתוב בפרשת עריות (ויקרא יח):

10 למה יצאת כרת באחותו. דכתיב בקדושים תהיו ואיש כי יקח את אחותו וגו':

11 לדונה בכרת ולא במלקות. אם התרו בהן ואף על גב דנדה נמי נשנית באותה פרשה לדבר שנתחדש בה נשנית להעראה:

12 אפילו תימא רבנן היא. דאמרי מלקות אצל כרת ואפילו הכא ליכא למילף מינה שחלוקין על רבי חנניה והכי קאמר מתניתין שבת עיקר חומר זדונו בידי אדם וזה עיקר חומר זדונו בהכרת ומיהו אם התרו בו ולקה מיפטר:

13 מתני': אין בין המודר הנאה. מודר הנאה חמור ממודר מאכל:

14 דריסת הרגל. שהמודר הנאה אסור ליכנס לביתו והמודר מאכל מותר:

15 וכלים שאין עושין בהן אוכל נפש. מותר להשאיל למודר מאכל ודוקא במקום שאין משכירין כיוצא בהן אבל במקום שמשכירין כיוצא בהן תנן בהדיא דאסור דכל הנאה שאם לא ההנהו זה היה מחסר בה פרוטה הנאת מאכל היא שהרי ראויה אותה פרוטה לקנות בה מאכל:

16 גמ': הא לענין כלים שעושין בהן אוכל נפש. אסור אף במודר מאכל ואפי' במקום שאין משכירים:

17 הא לא קפדי אינשי. ואמאי אסור במודר הנאה:

18 ויתור. דבר שהיה מוותר לכל אדם ואינו מקפיד עליו:

19 מתני': נדר ונדבה. מפרש בגמרא נדר האומר הרי עלי עולה ולאחר זמן הפרישה חייב באחריותה נדבה האומר הרי זו ולא קבלה עליו:

20 גמ': הא לענין בל תאחר. ואף על גב דנדבה בקרא דבל תאחר לא כתיבא הא מרבינן ליה במסכת ראש השנה מגזרה שוה:

21 את שעליו חייב באחריותו. הכי דרש ליה לקרא ונרצה לו נדרו לכשיתכפר בהן הויא נרצה אבל מקמי כפרה לא נרצה ובאיזה קרבן אמרתי לך באותו שעליו והיינו עליו דקרא:

מאי[1] משמע ?
אמר רבי יצחק בר אבדימי :
כיון דאמר : עלי,
כמאן דטעין אכתפיה דמי.

משנה (ז) :
אין בין זב הרואה שתי[2] ראיות לרואה שלש -
אלא קרבן.

גמרא:
הא[3] לענין משכב ומושב וספירת[4] שבעה -
זה וזה שוין.

מנהני[5] מילי ?
דתנו רבנן :
רבי סימאי אומר :
מנה[6] הכתוב שתים וקראו טמא,
שלש[7] וקראו טמא ;
הא[8] כיצד ?
שתים -[9] לטומאה,
ושלש - לקרבן.

ואימר -
שתים - לטומאה ולא לקרבן,
שלש - לקרבן ולא[10] לטומאה ! ?
אמרת : עד שלא ראה שלש - ראה[11] שתים.

ואימר -
שתים - לקרבן ולא לטומאה,
שלש - אף לטומאה ! ?
לא סלקא דעתך,
דתניא :
"וְכִפֶּר עָלָיו הַכֹּהֵן לִפְנֵי יְהֹוָה מִזּוֹבוֹ"[12] (שם טו,טו),
מקצת זבין מביאין קרבן,
ומקצת זבין אין מביאין קרבן ;
הא כיצד ?
ראה שלש - מביא,
שתים - אינו מביא.

או אינו אלא ראה שתים - מביא,
ראה שלש - אינו מביא ?
אמרת : עד שלא ראה שלש - ראה שתים.

ואיצטריך דרבי סימאי,
ואצטריך "מִזּוֹבוֹ" ;
דאי מדרבי סימאי -
הוה אמינא כי קושיין ;
קמשמע לן - "מִזּוֹבוֹ" ;
ואי "מִזּוֹבוֹ" -
לא[13] ידענא כמה ראיות ;
קמשמע לן - דרבי סימאי.

והשתא דאמרת : "מִזּוֹבוֹ" לדרשא,
"וְכִי יִטְהַר הַזָּב מִזּוֹבוֹ" (שם,יג) -
מאי דרשת ביה ?
ההוא מיבעי ליה לכדתניא :
"וְכִי יִטְהַר הַזָּב",
לכשיפסוק מזובו.[14]

"מִזּוֹבוֹ",
ולא מנגעו.[קסא]

"מִזּוֹבוֹ[15] וְסָפַר" (שם),
לימד על זב בעל שתי ראיות שטעון ספירת שבעה.

והלא דין הוא -
אם מטמא משכב ומושב -
ח: לא[16] יהא טעון ספירת שבעה ! ? *
שומרת[17] יום כנגד יום תוכיח -
שמטמאה[18] משכב ומושב ואינה טעונה ספירת שבעה,
ואף אתה אל תתמה על זה,

רש"י

[1] **מאי משמע.** דעליו קבלת אחריות עליו :

[2] **מתני' : שתי ראיות.** ביום אחד או בשני ימים רצופים וכן שלש ביום אחד או בשלשה ימים רצופין או שתים ביום אחד ואחת למחר :

[3] **גמ' : משכב ומושב.** שכב או ישב על גבי עשרה בגדים זה על זה כולן אבות הטומאה ואפילו לא נגע בהן ואילו נגע בדבר שאינו משכב ומושב אינו [אלא] ראשון לטומאה ואינו מטמא אדם וכלים אלא אוכלין ומשקין :

[4] **וספירת שבעה.** משיפסוק צריך למנות ז' נקיים קודם שיטבול ואם ראה זוב באחד מהן סתר כל המנויין :

[5] **מנא הני מילי.** דשוין לטומאה ואין שוין לקרבן :

[6] **מנה הכתוב שתים.** ואיש כי יהיה זב מבשרו זובו טמא הוא (ויקרא טו) הרי שתי זיבות מנויות כאן וקראו טמא :

[7] **שלש וקראו טמא.** דכתיב וזאת תהיה טומאתו בזובו רר בשרו את זובו או החתים בשרו מזובו (שם) הרי לך שלש וקראו טמא טומאתו היא :

[8] **הא כיצד.** אם משתים טמא למה פרט לך הכתוב שלש :

[9] **שתים לטומאה.** לכל חומר טומאת זב :

[10] **ולא לטומאה.** חמורה אלא כבעל קרי בעלמא :

[11] **ראה שתים.** והרי כבר ירד לכל חומר טומאה ומי הוציאו :

[12] **מזובו.** משמע מקצת זובו :

[13] **לא ידענא כמה ראיות.** האי מקצת דמשמע מהאי קרא לא ידעינן מאי היא או שלש וארבע או שתים ושלש :

[14] **לכשיפסוק מזובו.** אין צריך ליטבול קודם ספירה אלא משיפסוק ימנה הכי גרסינן בתורת כהנים מזובו ולא מזובו ומנגעו שאם היה זב ומצורע ופסק מזובו ולא נתרפא עדיין מנגעו וספר אין אומרים לו אין ספירה זו נקיות עד שיטהר אף מנגעו אלא מונה והולך מיד ועולה לו לספירת זוב ולכשיתרפא מצרעתו יטבול מיד טבילה ראשונה של מצורע והיא עולה לו לטבילת נגעו וזובו ונטהר מלטמא משכב ומושב ולטמא כלי חרס בהיסט כדין זב ואף על פי שצריך לספירת שבעה לצרעתו לענין אכילת קדשים וטבילה שניה כדכתיב במצורע (ויקרא יד) ורחץ במים וטהר ואחר יבא אל המחנה וישב מחוץ לאהלו שבעת ימים והיה ביום השביעי יגלח את כל שערו וגו' ורחץ בשרו במים וגו' אהני טבילה קמייתא לטהרו מלטמא משכב ומושב וכלי חרס בהיסט :

[15] **מזובו וספר.** להכי סמך ספירה אצל זובו ללמדך שאף בשביל מקצת זב טעון ספירה לימד על זב בעל שתי ראיות :

[16] **לא יהא טעון ספירת שבעה.** בתמיה אחר שאמרת שתים כו' וה"ג הלא דין הוא אם מטמא משכב ומושב בשתי ראיות לכל חומר טומאת זב מהיכן יתמעט מספירה :

[17] **שומרת יום כנגד יום.** הרואה יום אחד או שנים בתוך אחד עשר יום שבין נדה לנדה מונה יום אחד וטובלת בו ביום תוכיח :

[18] **שמטמאה משכב ומושב.** בשמעתא בתרייתא דמסכת נדה (עב:) מרבינן לה. מאי שנא האי מזובו. מזובו וספר (לה) דרשת ליה דמקצת זוב ולאשמועינן דמקצת זבין טעונין ספירת שבעה ובהא עניינא שמעינן מיניה זב בעל שתי ראיות לספירה ומאי שנא האי מזובו דלעיל דכתיב לגבי קרבן ולא דרשת ליה מקצת זוב לאתויי זב בעל שתי ראיות לקרבן אלא מקצת זבין דרשת ליה ומוקמת ליה אבעל שלש ראיות וממעטת מיניה בעל שתי ראיות :

שאף על פי שמטמא משכב ומושב -
לא יהא טעון ספירת שבעה!
תלמוד לומר: "מִזּוֹבוֹ וְסָפַר",
מקצת "זוֹבוֹ וְסָפַר",
לימד על זב בעל שתי ראיות שטעון ספירת שבעה.

אמר ליה רב פפא לאביי:
מאי שנא האי "מִזּוֹבוֹ" -
דמרבי ביה זב בעל שתי ראיות,
ומאי שנא האי "מִזּוֹבוֹ" -
דממעט ביה זב בעל שתי ראיות!?
אמר ליה:
אי סלקא דעתך האי למעוטי הוא דאתא -
לישתוק[1] קרא מיניה.

וכי[2] תימא -
אתיא מדינא;
שומרת יום כנגד יום תוכיח.

וכי תימא -
האי מיבעי ליה "מִזּוֹבוֹ" ולא מנגעו;
אם[3] כן -
ליכתב קרא - "וְכִי יִטְהַר הַזָּב" ולישתוק,
"מִזּוֹבוֹ" למה לי?
לימד על זב בעל שתי ראיות שטעון ספירת שבעה.

משנה (ז):
אין בין מצורע מוסגר למצורע מוחלט -
אלא פריעה[4] ופרימה.
אין בין טהור מתוך הסגר לטהור מתוך החלט -
אלא תגלחת וצפרים.

גמרא:
הא לענין שילוח[6] וטומאה -[7]
זה וזה שוין.

מנהני[8] מילי?
דתני רב שמואל בר יצחק קמיה דרב הונא:
"וְטִהֲרוֹ[9] הַכֹּהֵן מִסְפַּחַת הִיא,
וְכִבֶּס בְּגָדָיו וְטָהֵר" (ויקרא יג,ו),
טהור מפריעה ופרימה דמעיקרא.

אמר ליה רבא: אלא מעתה -
גבי[10] זב דכתיב (שם טו,ו):
"וְכִבֶּס בְּגָדָיו וְטָהֵר",
התם מאי "וְטָהֵר" מעיקרא איכא?
אלא,[11]
טהור השתא מלטמא כלי חרס בהיסט,
אף על גב דהדר חזי לא מטמא למפרע;
הכא[12] נמי -
טהור השתא מלטמא בביאה למפרע!?

אלא אמר רבא: מהכא:
"וְהַצָּרוּעַ אֲשֶׁר[13] בּוֹ הַנֶּגַע" (שם יג,מה),
מי שצרעתו תלויה בגופו,
יצא[14] זה שאין צרעתו תלויה בגופו אלא בימים.

אמר ליה אביי:
אלא מעתה -
"כָּל[15] יְמֵי אֲשֶׁר הַנֶּגַע בּוֹ יִטְמָא" (שם,מו),
מי שצרעתו תלויה בגופו - הוא דטעון שילוח,
ושאין צרעתו תלויה בגופו - אין טעון שילוח!
וכי תימא -
הכי נמי;
והא קתני (כאן):
אין בין מצורע מוסגר למצורע מוחלט -
אלא פריעה ופרימה;
הא לענין שילוח ולטמויי בביאה -
זה וזה שוין!?

אמר ליה:
ימי,[16] "כָּל יְמֵי",
לרבות מצורע מוסגר לשילוח.

תגלחת[קסב] וצפרים -
מאי טעמא לא?
דקתני (כאן):

רש"י

[1] **לישתוק קרא מיניה.** ומהיכא תיתי לן ספירה:

[2] **וכי תימא אתיא מדינא.** דלעיל כדאמרת אם מטמא משכב ומושב לא יהא טעון ספירת שבעה לא אתיא דהא אמרת שומרת יום כנגד יום תוכיח:

[3] **אם כן ליכתוב קרא וכי יטהר הזב.** ולא בעי מזובו ומדכתיב וכי יטהר הזב ולא כתיב וכי יטהר סתמא הוה דרשינן ליה וכי יטהר מן הזב מאי מזובו שמע מינה למדרש מקצת זבין טעון ספירה:

[4] **מתני': פריעה ופרימה.** בגדיו יהיו פרומים וראשו יהי פרוע:

[5] מוחלט. לאחר שכלו ימי ההסגר ונראה בו סימני טומאה האמורין בו:

[6] **גמ': שילוח.** חוץ לחומת העיר:

[7] **וטומאה.** כל חומר טומאה האמורה במצורע:

[8] **מנא הני מילי.** דאין פריעה ופרימה במוסגר דלמא גלי לן רחמנא במוחלט והוא הדין למוסגר כדאמרת לענין טומאה:

[9] **וטהרו הכהן מספחת היא.** במצורע שבא לכלל טהרה מתוך הסגירו ולא נחלט כתיב וסיפיה דקרא כתיב וכבס בגדיו וטהר מדלא כתב ויטהר לישנא דמעיקרא הוא והכי קאמר וכבר קודם טבילה היה טהור ממקצת טומאה של חומר מצורע:

[10] **גבי זב דכתיב.** בסוף טהרתו וטהר מה טהור מעיקרא אמרת ביה:

[11] **אלא.** על כרחך טהור יהיה מכאן ולהבא מלטמא כלי חרס בהיסט ואע"ג שטבילתו ביום ואם ראה אחר טבילה בו ביום סתר את הכל ומטמא למפרע משכב ומושב כדאמרינן בכיצד צולין (פסחים פא.) וכל שכן אדם ואפילו הכי מהניא ליה טבילה מלטמא כלי חרס שהסיט בין טבילה לראיה והכי דריש לה בתורת כהנים ונראה בעיני דהא דדרשינן ליה וטהר מלטמא כלי חרס מדכתבינהו להאי קרא בתר קרא אשר יגע בו הזב דנפקא לן מיניה היסט כלי חרס לזב ואין לך עוד טמא שמטמא כלי חרס בהיסט אלא הוא:

[12] **הכא נמי וטהר.** דמצורע טהור השתא מלטמא בביאה מחומרי מצורע שמטמא אדם וכלים הנכנסין עמו לבית שאפילו חזרה המספחת ופשתה ונטמאת טהור כדכתיב ואם פשה תפשה המספחת בעור וגו' אהני ליה טבילה לטהר את הכלים הבאין עמו לבית לפי שמצורע מטמא בביאה דתניא בתורת כהנים זאת התורה לכל נגע הצרעת ולנתק ולצרעת הבגד ולבית מה בית מטמא בביאה אף כולן מטמאין בביאה:

[13] **אשר בו.** משמע מי שצרעתו תלויה טומאתו בגופו שכל זמן שלא נתרפא ממנו טמא והיינו מוחלט דגבי טהרה דיליה כתיב והנה נרפא נגע הצרעת מן הצרוע:

[14] **יצא.** מוסגר שטומאתו תלויה בימי הסגר שאם לא ימצא ביום שבעה סימני טומאה שער לבן או פסיון יטהרנו ואע"פ שנגעו עומד עליו:

[15] **כל ימי אשר הנגע בו וגו'.** שילוח כתיב בהאי קרא מחוץ למחנה מושבו:

[16] **ימי כל ימי.** מדהוה ליה למיכתב ימי וכתיב כל ימי:

אין[1] בין טהור מתוך הסגר לטהור[2] מתוך החלט -
אלא תגלחת וצפרים?
אמר אביי:
אמר קרא (ויקרא יד,ג):
"וְיָצָא הַכֹּהֵן אֶל מִחוּץ לַמַּחֲנֶה,
וְרָאָה הַכֹּהֵן[קסג] וְהִנֵּה[3] נִרְפָּא נֶגַע הַצָּרַעַת",
מי שצרעתו תלויה ברפואות,
יצא זה שאין צרעתו תלויה ברפואות אלא בימים.

משנה (ח):

אין בין ספרים[4] לתפלין ומזוזות -
אלא שהספרים נכתבין בכל לשון,
ותפלין ומזוזות אינן נכתבות אלא אשורית[5];
רבן שמעון בן גמליאל אומר:
אף[6] בספרים לא התירו שיכתבו אלא[7] יוונית.

גמרא:

הא לתופרן[8] בגידין ולטמא את הידים -
זה וזה שוין.

וספרים נכתבין בכל לשון?[קסד]
ורמינהו:
מקרא[9] שכתבו תרגום, ותרגום[10] שכתבו[11] מקרא,
וכתב[12] עברי -
אינו מטמא את הידים;
עד[13] שיכתבנו אשורית[קסה] על הספר ובדיו!?
ט. אמר רבא: לא קשיא, *
כאן - בגופן[14][15] שלנו,
כאן - בגופן שלהן.
אמר ליה אביי:
במאי אוקימתא להא? בגופן שלהן,
מאי איריא -
מקרא שכתבו תרגום, ותרגום שכתבו מקרא?
אפילו מקרא שכתבו מקרא,
ותרגום שכתבו תרגום נמי,
דהא קתני:
עד שיכתבנו אשורית על הספר בדיו!?

אלא,
לא קשיא,

הא - רבנן,
הא -[16] רבן שמעון בן גמליאל.
אי[17] רבן שמעון בן גמליאל -
הא איכא יונית!?

אלא[18] לא קשיא,
כאן - בספרים,
כאן - בתפלין ומזוזות;
תפלין ומזוזות מאי טעמא?
משום דכתיב בהו (דברים ו,ו): "וְהָיוּ",[19] בהוייתן יהו.
מאי תרגום שכתבו מקרא איכא?
בשלמא תורה -
איכא "יְגַר שָׂהֲדוּתָא" (בראשית לא,מז);
אלא הכא -
מאי תרגום איכא!?

אלא לא קשיא,
כאן - במגילה,
כאן -[20] בספרים;
מגילה מאי טעמא?
דכתיב בה (אסתר ח,ט): "כִּכְתָבָם וְכִלְשׁוֹנָם".
מאי תרגום שכתבו מקרא איכא?
אמר רב פפא:
"וְנִשְׁמַע פִּתְגָם הַמֶּלֶךְ" (שם א,כ);
רב נחמן בר יצחק אמר:
"וְכָל הַנָּשִׁים יִתְּנוּ יְקָר לְבַעְלֵיהֶן" (שם).

רב אשי אמר:
כי תניא ההיא -
בשאר ספרים, ורבי יהודה היא,
דתניא:
תפלין ומזוזות -
אין נכתבין אלא אשורית;
ורבותינו התירו יונית;
והכתיב (דברים ו,ו): "וְהָיוּ"!
אלא אימא -
ספרים נכתבים בכל לשון,
ורבותינו התירו יונית;
התירו?

רש"י

1 אין בין טהור מתוך הסגר. בימי רפואתו:
2 לטהור מתוך החלט אלא תגלחת וצפרים. דאף על גב דאיכא קרבנות אשם ולוג שמן מיהו הכא ביום טהרתו ורפואתו הוא דקתני ולא איירי בקרבנות שהן בשמיני:
3 והנה נרפא וגו'. וכתיב בתריה שתי צפרים חיות טהורות וגלח את כל שערו:
4 מתני': ספרים. תורה נביאים וכתובים:
5 אשורית. לשון הקודש:
6 אף בספרים לא התירו. להם לשון אחר חוץ מלשון הקודש:
7 אלא יונית. ובגמרא מפרש טעמא:
8 גמ': לתופרן בגידין. כל ספריהן עשויין בגליון והלכה למשה מסיני הוא בתפילין ומזוזות שיהו תפורין בגידין ובספר תורה נחלקו במסכת מכות (יא.) בספר תורה שתפרה בפשתן השתא אשמעינן מתניתין כמאן דפסל:
9 מקרא שכתבו תרגום. ספר שכתוב בלשון הקודש הראוי לכתוב בו מקרא כתבו לשון ארמי:
10 ותרגום. שהיה ראוי ליכתוב בו תרגום כגון יגר שהדותא (בראשית לא):
11 כתבו מקרא. גלעד וכגון תרגום כתב של דניאל ועזרא:
12 וכתב עברי. או שלא שינה את הלשון אבל שינה את הכתב שכתבו בכתב של עבר הנהר ובמסכת סנהדרין (כא:) קרי ליה כתבא ליבונאה:
13 עד שיכתבנו אשורית. כתב אשורית הוא כתב שלנו:
14 גופן. כתיבה:
15 כאן בגופן שלנו. מתניתין דקתני בכל לשון שלא שינה את הכתב אלא ששינה את הלשון ובריית' בגופן שלהן:
16 הא. דאמר עד שיכתבנו בכתב אשורית רבן שמעון בן גמליאל היא דפליג אדרבנן במתניתין:
17 אי רבן שמעון בן גמליאל. אמאי קתני בברייתא עד שיכתבנו אשורית:
18 אלא לא קשיא. גרסינן:
19 והיו הדברים האלה. כתיב בתפילין ומזוזות שכתובין בהן פרשיות של שמע:
20 בשאר ספרים. נביאים וכתובים:

מכלל דתנא[1] קמא אסר?
אלא אימא -
רבותינו[2] לא התירו שיכתבו אלא יונית;

ותניא:
אמר רבי יהודה:
אף כשהתירו רבותינו יונית,
לא התירו אלא בספר תורה,
ומשום מעשה דתלמי המלך.

דתניא:
מעשה בתלמי[3] המלך שכינס שבעים ושנים זקנים,
והכניסן בשבעים ושנים בתים,
ולא גילה להם על מה כינסן.

ונכנס אצל כל אחד ואחד ואמר להם:
כתבו לי תורת משה רבכם.
נתן הקדוש ברוך הוא בלב כל אחד ואחד עצה,
והסכימו כולן לדעת אחת.
וכתבו לו:
"אלהים[4] ברא בראשית";

"אעשה[5] אדם בצלם ובדמות";

"ויכל[6] ביום הששי... וישבות ביום השביעי;

"זכר[7] ונקבה בראו";[קסו]

"הבה ארדה ואבלה שם שפתם";

"ותצחק שרה בקרוביה";[8]

"כי באפם הרגו שור וברצונם עקרו אבוס";

"ויקח משה את אשתו ואת בניו,
וירכיבם על נושא[109] בני אדם";

"ומושב בני ישראל אשר ישבו במצרים ובשאר[11] ארצות,
שלשים שנה וארבע[קסז] מאות שנה";

"וישלח את זאטוטי בני ישראל",

ט: "ואל[1312] זאטוטי בני ישראל לא שלח ידו"; *

"לא[14] חמד אחד מהם נשאתי";

"אשר חלק יי אלהיך אתם להאיר[15] לכל העמים";

"וילך ויעבוד אלהים אחרים אשר[16] לא צויתי לעובדם";

וכתבו[17] לו: "את צעירת הרגלים",
ולא כתבו לו - "אֶת הָאַרְנֶבֶת"(ויקרא יא,ו),
מפני שאשתו של תלמי ארנבת שמה,
שלא יאמר:
שחקו בי היהודים והטילו שם אשתי בתורה.

רבן שמעון בן גמליאל אומר:
אף בספרים לא התירו שיכתבו אלא יונית.

אמר רבי אבהו אמר רבי יוחנן:
הלכה כרבן שמעון בן גמליאל.

ואמר רבי אבהו אמר[קסח] רבי יוחנן:
מאי טעמיה דרבן שמעון בן גמליאל?
אמר קרא (בראשית ט,כז):
"יַפְתְּ אֱלֹהִים לְיֶפֶת וְיִשְׁכֹּן בְּאָהֳלֵי שֵׁם",
דבריו של "יֶפֶת" יהיו "בְּאָהֳלֵי שֵׁם".

אי הכי - גומר ומגוג נמי!?[קסט]
אלא[קע] אמר רבי חייא בר אבא אמר רבי יוחנן:[קעא]
היינו טעמיה דרבן שמעון בן גמליאל -[קעב]
דכתיב: "יַפְתְּ אֱלֹהִים לְיֶפֶת",
יפיותו[18] של "יֶפֶת" יהא "בְּאָהֳלֵי שֵׁם".

משנה (ט):

אין בין כהן משוח בשמן המשחה למרובה[19] בגדים -
אלא פר[20] הבא על כל המצות.

אין בין כהן[21] משמש לכהן שעבר -
אלא פר[22] יום הכפורים ועשירית האיפה.

רש"י

[1] מכלל דתנא קמא. בתמיהה והא תנא קמא שרי בכל לשון:
[2] רבותינו אמרו. רבן שמעון בן גמליאל:
[3] תלמי. מלך מצרים היה:
[4] אלהים ברא בראשית. את השמים שלא יאמר בראשית שם הוא ושתי רשויות הן וראשון ברא את השני:
[5] אעשה אדם. שמכאן פקרו המינין לומר^ שתי רשויות הן דכתיב נעשה אדם (בראשית א):
[6] ויכל ביום הששי. שלא יאמר אם כן עשה מלאכה בשבת דהא כתיב ויכל ביום השביעי והוא לא יקבל עליו מדרש חכמים שדרשו בו מה היה העולם חסר מנוחה באתה שבת באתה מנוחה וזהו גמרו:
[7] זכר ונקבה בראו. ולא כתבו בראם דמשמע שני גופין ברא כל אחד זכר ונקבה שני פרצופין לכן כתבו בראו שכך נברא אדם בשני פרצופים:
[8] בקרוביה. שלא יאמר על אברהם לא הקפיד דכתיב ויצחק ועל שרה הקפיד לפיכך כתבו בקרוביה לומר אברהם בלבו והיא אמרה בקרוביה:
[9] נושא בני אדם. דמשמע גמל שלא יאמר משה רבכם לא היה לו סוס או גמל:
[10] הרגו שור. שלא יאמר רצחנים היו אבותיכם שהרי אביהם מעיד עליהם שהם הרגו איש לכך כתבו שור שלא היו חשובין בעיניו אלא כבהמות ולא הקפיד על הבהמות:
[11] ובשאר ארצות. שלא יאמר שקר כתוב בתורה שהרי קהת מיורדי מצרים היה וכשאתה מונה שנותיו של קהת ושנותיו של עמרם ושנותיו של משה כולן אין מגיעות לד' מאות שנה כל שכן שהרבה משנות הבנים נבלעין בתוך שנות האבות אלא שמנה הכתוב מיום שנגזרה גזירת גלות מצרים בין הבתרים ומשם עד שנולד יצחק שלשים שנה ומשנולד יצחק עד שיצאו ישראל ממצרים ארבע מאות שנה צא מהם ששים של יצחק ומאה ול' שחיה יעקב כשבא למצרים נשארו מאתים ועשר וכן היתה הגזרה כי גר יהיה זרעך בארץ לא להם (בראשית טו) ולא נאמר במצרים אלא בארץ לא להם וכשנולד יצחק היה אברהם גר בארץ פלשתים ומאז עד שיצאו ממצרים נמצא יצחק וזרעו שהן זרעו של אברהם גרים ושלשים של קודם לכן לא נמנו בגזרה דהא זרעך כתיב:
[12] זאטוטי. לשון חשיבות אבל נערי לשון קטנות ויאמר גרועים שלכם שלחתם לקבל פני שכינה:
[13] ואל זאטוטי בני ישראל. באותה פרשה עצמה ולפי שכתבו זאטוטי תחילה חזרו וכתבום כשמם הראשון ולא כתבו ואל אצילי בני ישראל:
[14] לא חמד אחד מהם נשאתי. שלא יאמר חמור לא לקח אבל חפץ אחר לקח:
[15] להאיר לכל העמים. שאם לא כן יאמר בן נח מותר בע"ז ומדרשו (ע"ז נה.) להחליקן בדברים כדי לטורדן מן העולם:
[16] אשר לא צויתי לעובדם. שאם לא כתבו לעובדם משמע אשר לא צויתי שיהיו ויאמר א"כ אלהות הן שעל כורחו נבראו:
[17] וכתבו. במקום ואת הארנבת ואת צעירת הרגלים לפי שידיה קצרות וקטנות מרגליה:
[18] יפיותו של יפת. הוא לשון יון לשונו יפה משל כל בני יפת:
[19] מתני': מרובה בגדים. כהנים ששימשו בבית שני ואף בבית ראשון מימות יאשיהו ואילך שנגנז צלוחית של שמן המשחה:
[20] פר הבא על כל המצות. כהן משיח שהורה היתר בדבר שזדונו כרת ועשה כהוראתו מביא פר שנאמר אם הכהן המשיח יחטא לאשמת העם וגו' (ויקרא ד):
[21] כהן המשמש. כגון שאירע בו פסול ומינו אחר תחתיו ועבר פסולו וחזר לעבודתו והעבירו הבא תחתיו הראשון קרוי משמש והשני עבר:
[22] אלא פר יוה"כ. שאי אפשר להביא שנים וכן עשירית האיפה חביתי כהן [גדול] שבכל יום שאי אפשר להביא שנים:

גמרא:

הא לענין פר יום הכפורים[קעג] ועשירית האיפה -
זה[1] וזה שוין.

מתניתין דלא כרבי מאיר,
דאי רבי מאיר - הא תניא:
מרובה בגדים -
מביא פר הבא על כל[2] המצות,
דברי רבי מאיר;
וחכמים אומרים: אינו[3] מביא.

מאי טעמיה דרבי מאיר?
דתניא:
"הַמָּשִׁיחַ" (ויקרא ד,ג),
אין לי אלא משוח בשמן המשחה,
מרובה בגדים מנין?
תלמוד לומר: "הַמָּשִׁיחַ" (שם).

במאי אוקימתא?[קעד]
דלא כרבי מאיר.
אימא סיפא (כאן):
אין בין כהן משמש לכהן שעבר -
אלא פר יום הכפורים ועשירית האיפה;
הא לכל דבריהן - זה וזה שוין;

אתאן לרבי מאיר,
דתניא:
אירע בו פסול ומינו כהן אחר תחתיו -
ראשון - חוזר לעבודתו,
שני - כל מצות כהונה גדולה עליו,
דברי רבי מאיר;
רבי יוסי אומר:
ראשון - חוזר לעבודתו,
שני - אינו ראוי - לא לכהן גדול ולא לכהן הדיוט;
ואמר רבי יוסי:
מעשה ברבי יוסף בן אולם מציפורי,
שאירע בו פסול בכהן גדול,
ומינוהו תחתיו;
ובא מעשה לפני חכמים ואמרו:
ראשון - חוזר לעבודתו,
שני - אינו ראוי לא לכהן גדול ולא לכהן הדיוט;
כהן גדול - משום איבה,
כהן הדיוט - משום מעלין בקודש ולא מורידין;

רישא רבנן וסיפא רבי מאיר!?
אמר רב חסדא: אין,
רישא רבנן וסיפא רבי מאיר.

רב יוסף אמר:
רבי[4] היא,
ונסיב[5] לה אליבא דתנאי.

משנה (י):

אין[6] בין במה גדולה לבמה[7] קטנה -
אלא פסחים.

זה הכלל:
כל שהוא נידר ונידב - קרב[8] בבמה;
וכל[9] שאינו - לא נידר ולא נידב - אינו קרב בבמה.

גמרא:

פסחים[10] ותו לא?
אימא - כעין[11] פסחים.

מני?[12]
רבי[13] שמעון היא,
דתניא:
רבי שמעון אומר:
אף צבור לא הקריבו -
אלא פסחים וחובות שקבוע להם זמן;
אבל חובות שאין קבוע להם זמן -
הכא והכא לא קרב.

משנה (יא):

אין בין שילה לירושלים,
אלא שבשילה -
אוכלין קדשים קלים ומעשר שני בכל[14] הרואה,
ובירושלים -
לפנים מן החומה.

וכאן וכאן -
קדשי קדשים נאכלין לפנים מן הקלעים.

י. קדושת שילה - * יש[15] אחריה היתר;
וקדושת ירושלים - אין אחריה היתר.

רש"י

1 גמ': הא לכל דבריהן זה וזה שוין. ואם בא להקטיר או לעבוד שום עבודה משמש בשמונה בגדים כהן שעבר ככהן המשמש:

2 כל מצות כהונה גדולה עליו. משמש בח' בגדים לא פורע ולא פורם ומצווה על הבתולה ומוזהר על האלמנה ומקריב אונן:

3 ואינו ראוי. לשמש לא בשמונה בגדים ככהן גדול ולא בארבעה ככהן הדיוט:

4 רבי היא. וסתמה אליבא דנפשיה:

5 ונסיב ליה אליבא דתנאי. במרובה בגדים סבר לה כרבנן ובכהן שעבר סבר לה כר' מאיר:

6 מתני': אין בין במה. אין הפרש בשעת היתר הבמות בין במה גדולה זה מזבח של משה בעודו בנוב וגבעון:

7 לבמה קטנה. מזבח של יחיד שכל יחיד ויחיד עושה במה לעצמו:

8 קרב בבמה. קטנה:

9 כל שאינו נידר ונידב כו'. בזבחים יליף לה בפרק בתרא:

10 גמ': פסחים ותו לא. והא קתני סיפא כל שאינו נידר ונידב אינו קרב בבמה קטנה ואילו בגדולה היו מקריבין קרבנות צבור תמידין ומוספין וקא ס"ד דאף חובות צבור שאין קבוע להן זמן היו קריבין בה כגון פר העלם דבר של צבור ושעירי ע"ז:

11 כעין פסחים. וכל חובות הקבוע להם זמן כפסחים:

12 מני. מתניתין דקתני דבמה קטנה אין קרב בה שום חובה ואמר דבמה גדולה לא עדיפא מינה אלא בחובות הקבוע להן זמן:

13 ר' שמעון היא. דאמר בפרק בתרא דזבחים אף צבור לא הקריבו בבמה גדולה שום חובה אלא פסחים וחובות הקבוע להן זמן אבל חובות שאין קבוע להן זמן כגון פר העלם דבר ושעירי ע"ז הכא והכא לא קרב אבל כדרבנן דהתם לא מתוקמא מתניתין דהא אמרי כל שהצבור מקריבין באהל מועד שבמדבר מקריבין באהל מועד שבגלגל דהיא במה גדולה ואפילו פר העלם דבר ומתניתין קתני פסח וכיוצא בהן:

14 מתני': בכל הרואה. בכל מקום שיוכל לראות משם את שילה ובפרק בתרא דזבחים יליף טעמא:

15 יש אחריה היתר. כשחרבה שילה הותרו הבמות כדאמרינן במס' זבחים (קיט.) כי לא באתם עד עתה אל המנוחה זו שילה שנחו מלכבוש ואל הנחלה זו ירושלים למה חלקן הכתוב כדי ליתן היתר בין זו לזו:

גמרא:

אמר רבי יצחק:
שמעתי שמקריבין בבית[1] חוניו בזמן הזה.
קסבר -[2]
בית חוניו לאו בית עבודה זרה היא,
וקסבר -[קעה][3]
קדושה ראשונה קידשה לשעתה,
ולא קידשה לעתיד[4] לבוא,
דכתיב (דברים יב,ט):
"כִּי לֹא בָאתֶם עַד עָתָּה אֶל הַמְּנוּחָה וְאֶל הַנַּחֲלָה",
"מְּנוּחָה" - זו שילה,
"נַּחֲלָה" - זו ירושלים,
מקיש "נַּחֲלָה" ל"מְּנוּחָה",
מה מנוחה - יש אחריה היתר,
אף נחלה - יש אחריה היתר.

אמרו ליה: אמרת?
אמר להו: לא.
אמר רבא:
האלהים!
אמרה, וגמירנא לה מיניה.

ומאי טעמא קא הדר ביה?
משום קשיא דרב מרי,
דמותיב רב מרי:
קדושת שילה - יש אחריה היתר,
קדושת ירושלים - אין אחריה היתר;
ועוד תנן (זבחים יד:ח):
משבאו לירושלים - נאסרו הבמות,
ולא היה להם עוד היתר, והיא[5] היתה "נַּחֲלָה" (שם).[קעו]

תנאי היא,
דתנן[קעז] (עדיות ח:ו):
אמר רבי אליעזר:
שמעתי כשהיו בונין בהיכל,
עושין קלעים[6] להיכל וקלעים לעזרה;
אלא שבהיכל בונין[7] מבחוץ,
ובעזרה בונין מבפנים;

אמר[קעח] רבי יהושע:
שמעתי שמקריבין אף על פי שאין בית,
ואוכלין[קעט] קדשי קדשים אף על פי שאין קלעים,
קדשים קלים ומעשר שני אף על פי שאין חומה,
מפני שקדושה ראשונה קידשה לשעתה,
וקידשה לעתיד לבוא;

מכללי[8] דרבי אליעזר סבר -
לא קידשה לעתיד לבוא.

אמר ליה רבינא לרב אשי:
ממאי?
דלמא דכולי עלמא -
קדושה ראשונה קידשה לשעתה,
וקידשה לעתיד לבוא,
ומר[9] מאי דשמיע ליה קאמר,
ומר מאי דשמיע ליה קאמר;

וכי[10] תימא -
קלעים לרבי אליעזר למה לי?
לצניעותא בעלמא.

אלא,
כי הני תנאי,
דתניא:
אמר רבי ישמעאל ברבי יוסי:
למה מנו חכמים את[12][11] אלו?
שכשעלו בני הגולה מצאו אלו[קפ] וקידשום,
אבל הראשונות בטלו משבטלה הארץ;
אלמא קסבר -
קדושה ראשונה קידשה לשעתה,
ולא קידשה לעתיד לבוא.

ורמינהו:[13]
אמר רבי ישמעאל ברבי יוסי:
וכי אלו בלבד היו?
והלא כבר נאמר (דברים ג,ד):
"שִׁשִּׁים עִיר כָּל חֶבֶל אַרְגֹּב";
וכתיב (שם,ה):
"כָּל אֵלֶּה עָרִים בְּצֻרוֹת חוֹמָה גְבֹהָה",
אלא למה מנו חכמים את אלו?
שכשעלו בני הגולה מצאו אלו וקידשום;

י: קידשום? *
השתא האי[14] אמרי לא צריכא לקדושי!
אלא מצאו את אלו ומנאום;

ולא אלו בלבד,
אלא כל שתעלה לך מסורת בידך מאבותיך,
שמוקפת חומה מימות יהושע בן נון -

רש"י

1 גמ': בית חוניו. מזבח חוניו בנו של שמעון הצדיק בנה במה במצרים לשם שמים כדאמרינן במס' מנחות (קט:):
2 קסבר כו'. דאיכא למאן דאמר התם שבנאה לשם ע"ז:
3 וקסבר קדושה. שנתקדשה ירושלים אינה קדושה לעולם ומשחרבה הותרו הבמות:
4 לעתיד לבא. כלומר משתחרב:
5 והיא היתה נחלה. האמור בפסוק אל המנוחה ואל הנחלה:
6 קלעים להיכל. קא סלקא דעתך במקום חומות היכל שיהא מזבח הבנוי בעזרה קרוי אשר פתח אהל מועד שאלמלא כן לא היו מקריבין עד שיגמר הבנין והם התחילו להקריב קרבנות משבאו שם בימי כורש כמו שכתוב בספר עזרא ועד עשרים ושנים שנה אחרי כן לא נגמר הבית בשנת שלש לדריוש האחרון:
7 בונין מבחוץ. שהיו הקלעים פרושים לפנים מעובי החומה שלא יכנסו הבונין לתוך ההיכל:
8 לאו מכלל דר' אליעזר. דבעי קלעים סבר לא קידשה לאחר חורבן לפיכך פירסו קלעים במקום בנין וחזרו וקידשו בתודות ובשיר כדאמר במס' שבועות (טז.):
9 ומר מאי דשמיע ליה קאמר. ולא משום צורך קדושה:
10 וכי תימא. כו':
11 את אלו. עיירות נמנו בפ' בתרא דערכין לענין בתי ערי חומה לומר שהיו מוקפות חומה מימות יהושע בן נון ואין שם יותר מתשעה:
12 ולמה מנאום. והלא הרבה היו שם והתם נמי תנן וכל כיוצא בהן:
13 ורמינהו. מסקנא דמילתיה הוא דאמר לעיל הני תנאי פליגי בקידשה ולא קידשה:
14 הא אמרי. לקמן בסיפא דהא מתני' גופה דלא צריכי לקדושי דקא מסיים ואזיל בה וכל שתעלה בידך מסורת מאבותיך:

כלי[1] המצות הללו נוהגין בה,
מפני שקדושה ראשונה קידשה לשעתה,
וקידשה לעתיד לבא;
קשיא דרבי ישמעאל אדרבי ישמעאל!?
תרי תנאי אליבא דרבי ישמעאל ברבי יוסי.

ואיבעית אימא -
חדא מינייהו -[קפא]
רבי אלעזר ברבי[קפב] יוסי אמרה,
דתניא:
רבי אלעזר ברבי יוסי אומר:[קפג]
"אֲשֶׁר לוֹ (כתיב - לא) חוֹמָה" (ויקרא כה,ל),
אף[2] על פי שאין לו עכשיו,
והיה לו קודם לכן.

"וַיְהִי בִּימֵי אֲחַשְׁוֵרוֹשׁ" (אסתר א,א).
אמר רבי לוי, ואיתימא רבי יונתן:
דבר זה מסורת בידינו מאנשי כנסת הגדולה:
כל מקום שנאמר - ויהי,
אינו אלא לשון צער.

"וַיְהִי בִּימֵי אֲחַשְׁוֵרוֹשׁ" (שם) -
הוה המן.

"וַיְהִי בִּימֵי שְׁפֹט הַשֹּׁפְטִים" (רות א,א) -
הוה רעב.

"וַיְהִי כִּי הֵחֵל הָאָדָם לָרֹב" (בראשית ו,א) -
"וַיַּרְא יְהוָה כִּי רַבָּה רָעַת הָאָדָם" (שם,ה).

"וַיְהִי בְּנָסְעָם מִקֶּדֶם" (שם יא,ב) -
"הָבָה נִבְנֶה לָּנוּ עִיר" (שם,ד).

"וַיְהִי בִּימֵי אַמְרָפֶל" (שם יד,א) -
"עָשׂוּ מִלְחָמָה" (שם,ב).

"וַיְהִי כִּי זָקֵן יִצְחָק" (שם כז,א) -[קפד]
"וַתִּכְהֶיןָ עֵינָיו מֵרְאֹת" (שם).[קפה]

"וַיְהִי יְהוָה אֶת יוֹסֵף" (שם לט,ב) -[קפו]
"וַתִּשָּׂא אֵשֶׁת אֲדֹנָיו" (שם,ז).[קפז]

"וַיְהִי בִּהְיוֹת יְהוֹשֻׁעַ בִּירִיחוֹ" (יהושע ה,יג) -
"וְחַרְבּוֹ[3] שְׁלוּפָה בְּיָדוֹ" (שם).

"וַיְהִי יְהוָה אֶת יְהוֹשֻׁעַ" (יהושע ו,כז) -
"וַיִּמְעֲלוּ בְנֵי יִשְׂרָאֵל" (שם ז,א).

"וַיְהִי אִישׁ אֶחָד מִן הָרָמָתַיִם" (שמואל א א,א) -
"כִּי אֶת חַנָּה אָהֵב וַיהוָה סָגַר רַחְמָהּ" (שם,ה).

"וַיְהִי כַּאֲשֶׁר זָקֵן שְׁמוּאֵל" (שם ח,א)-
"וְלֹא הָלְכוּ בָנָיו בִּדְרָכָיו (כתיב - בדרכו)".

"וַיְהִי דָוִד לְכָל דְּרָכָו מַשְׂכִּיל וַיהוָה עִמּוֹ" (שם יח,יד) -
"וַיְהִי שָׁאוּל עֹוֵן (כתיב - עון) אֶת דָּוִד" (שם,ט).

"וַיְהִי כִּי יָשַׁב הַמֶּלֶךְ בְּבֵיתוֹ" (שמואל ב ז,א) -
"רַק אַתָּה לֹא תִבְנֶה הַבָּיִת" (דברי הימים ב ו,ט).

והכתיב (ויקרא ט,א):
"וַיְהִי בַּיּוֹם הַשְּׁמִינִי",
ותניא:
אותו היום היתה שמחה לפני הקדוש ברוך הוא,
כיום שנבראו בו שמים וארץ,
כתיב הכא:
"וַיְהִי בַּיּוֹם הַשְּׁמִינִי",
וכתיב התם (בראשית א,ה):
"וַיְהִי עֶרֶב וַיְהִי בֹקֶר יוֹם אֶחָד"!?
הא שכיב נדב ואביהוא.

והכתיב (מלכים א ו,א):
"וַיְהִי בִשְׁמוֹנִים שָׁנָה וְאַרְבַּע מֵאוֹת שָׁנָה"!
והכתיב (בראשית כט,י):
"וַיְהִי כַּאֲשֶׁר רָאָה יַעֲקֹב אֶת רָחֵל"!
והכתיב (שם א,ה):
"וַיְהִי עֶרֶב וַיְהִי בֹקֶר יוֹם אֶחָד"!
והאיכא "שֵׁנִי" (שם,ח),
והאיכא "שְׁלִישִׁי" (שם,יג),
והאיכא טובא!?

אלא[קפח] אמר רב אשי:
כל ויהי - איכא הכי, ואיכא הכי;
ויהי בימי - אינו אלא לשון צער.

חמשה ויהי בימי הוו:
"וַיְהִי בִּימֵי אֲחַשְׁוֵרוֹשׁ" (אסתר א,א);
"וַיְהִי בִּימֵי שְׁפֹט הַשֹּׁפְטִים" (רות א,א);
"וַיְהִי בִּימֵי אַמְרָפֶל" (בראשית יד,א);
"וַיְהִי בִּימֵי אָחָז" (ישעיהו ז,א);
"וַיְהִי בִּימֵי יְהוֹיָקִים" (ירמיהו א,ג).

ואמר רבי לוי:
דבר זה מסורת בידינו מאבותינו:
אמוץ[5] ואמציה אחים היו.[קפט]

מאי קא משמע לן?
כי הא דאמר רבי שמואל בר נחמני אמר רבי יונתן:
כל כלה שהיא צנועה בבית חמיה -
זוכה ויוצאין ממנה מלכים ונביאים;
מנלן?
מתמר,
דכתיב (בראשית לח,טו):

רש"י

[1] כל המצות הללו. הנוהגות בערי חומה שילוח מצורע וקריאת מגילה בחמשה עשר והבית חלוט בה לסוף שנה:

[2] אע"פ שאין כו'. אלמא סבירא ליה קדושה קמייתא לא בטלה מחמת חורבן והיינו תנאי:

[3] וחרבו שלופה וגו'. וציערו שהוכיחו על ביטול תורה ותמיד של בין הערבים כדאמר לעיל בפירקין (ג.):

[4] ויהי דוד לכל דרכיו משכיל וה' עמו. וכתיב התם ויהי שאול עוין את דוד בשביל הצלחתו:

[5] אמוץ ואמציה. אמוץ אביו של ישעיה ואמציה מלך יהודה:

"וַיִּרְאֶהָ יְהוּדָה וַיַּחְשְׁבֶהָ לְזוֹנָה כִּי כִסְּתָה פָּנֶיהָ";
משום ד"כִסְּתָה פָּנֶיהָ" "וַיַּחְשְׁבֶהָ לְזוֹנָה"?
אלא משום[1] ד"כִסְּתָה פָּנֶיהָ" בבית חמיה, ולא הוה ידע לה,
זכתה ויצאו ממנה מלכים ונביאים;
מלכים - מדוד,
נביאים - מאמוץ,[קצ]
דאמר רבי לוי:
דבר זה[קצא] מסורת בידינו מאבותינו:
אמוץ ואמציה אחים היו,
וכתיב (ישעיהו א,א):
"חֲזוֹן יְשַׁעְיָהוּ בֶן אָמוֹץ".

ואמר רבי לוי, ואיתימא רבי יונתן:[קצב]
דבר זה מסורת בידינו מאבותינו:
מקום ארון אינו[2] מן המדה.

תניא נמי הכי:
ארון שעשה משה יש לו עשר אמות לכל רוח;

וכתיב (מלכים א ו,כ):
"וְלִפְנֵי[3] הַדְּבִיר עֶשְׂרִים אַמָּה אֹרֶךְ וְעֶשְׂרִים אַמָּה רֹחַב",[קצג]
ארון[קצד] גופיה היכא הוה קאי?
אלא שמע[קצה] מינה - בנס היה עומד.

רבי יונתן
פתח[4] לה פיתחא להאי פרשתא מהכא:
"וְקַמְתִּי[5] עֲלֵיהֶם נְאֻם יְהוָה צְבָאוֹת,[קצו]
וְהִכְרַתִּי לְבָבֶל שֵׁם וּשְׁאָר וְנִין וָנֶכֶד,[קצז]
נְאֻם יְהוָה" (ישעיהו יד,כב).[קצח]

"שֵׁם" - זה[6] הכתב,
"וּשְׁאָר" -[קצט] זה לשון,
"וְנִין" -[ר][7] זה מטבע,[רא]
"וָנֶכֶד" - זו ושתי.

רבי שמואל בר נחמני
פתח לה פיתחא להאי פרשתא מהכא:
"תַּחַת הַנַּעֲצוּץ יַעֲלֶה בְרוֹשׁ,
וְתַחַת (כתיב - תחת) הַסִּרְפַּד יַעֲלֶה הֲדַס" (ישעיהו נה,יג).

"תַּחַת הַנַּעֲצוּץ" -
תחת המן הרשע שעשה עצמו עבודה זרה,
דכתיב (ישעיהו ז,יט):
"וּבְכֹל הַנַּעֲצוּצִים וּבְכֹל הַנַּהֲלֹלִים".

"יַעֲלֶה בְרוֹשׁ" -
זה מרדכי שנקרא ראש לכל הבשמים,
שנאמר (שמות ל,כג):
"וְאַתָּה קַח לְךָ בְּשָׂמִים רֹאשׁ מָר דְּרוֹר",
ומתרגמינן: מירא דכיא.[רב]

"תַּחַת הַסִּרְפַּד" -
"תַּחַת" ושתי הרשעה בת בנו של נבוכדנצר הרשע,
ששרף רפידת בית יי,
דכתיב (שיר השירים ג,י): "רְפִידָתוֹ זָהָב".

"יַעֲלֶה הֲדַס" -
זו אסתר הצדקת שנקראת הדסה,
שנאמר (אסתר ב,ז): "וַיְהִי אֹמֵן אֶת הֲדַסָּה".

"וְהָיָה לַיהוָה לְשֵׁם" (ישעיהו נה, יג) -
זו מקרא מגילה.

"לְאוֹת עוֹלָם לֹא יִכָּרֵת" (שם) -
אלו ימי פורים.

רבי יהושע בן לוי
פתח לה פיתחא להאי פרשתא מהכא:
"וְהָיָה כַּאֲשֶׁר שָׂשׂ יְהוָה עֲלֵיכֶם,
לְהֵיטִיב אֶתְכֶם וּלְהַרְבּוֹת אֶתְכֶם,[רג]
כֵּן יָשִׂישׂ יְהוָה עֲלֵיכֶם לְהַאֲבִיד אֶתְכֶם" (דברים כח,סג).[רד]
ומי חדי הקדוש ברוך הוא במפלתן של רשעים?
והא כתיב (דברי הימים ב כ,כא):
"בְּצֵאת[8] לִפְנֵי הֶחָלוּץ וְאֹמְרִים,
הוֹדוּ[9] לַיהוָה כִּי לְעוֹלָם חַסְדּוֹ",
ואמר רבי יוחנן:
מפני מה לא נאמר - כי טוב בהודאה זו?
לפי שאין הקדוש ברוך הוא שמח במפלתן של רשעים;
ואמר רבי יוחנן:
מאי דכתיב (שמות יד,כ):
"וְלֹא קָרַב זֶה אֶל זֶה כָּל הַלָּיְלָה"?
בקשו מלאכי השרת לומר שירה,
אמר הקדוש ברוך הוא:
מעשה ידי טובעין בים ואתם אומרים שירה!?

אמר רבי אלעזר:
הוא אינו שש, אבל[10] אחרים משיש.
ודיקא נמי דכתיב:
"כֵּן יָשִׂישׂ" (דברים כח,סג), ולא כתיב - ישוש;
שמע מינה.

רבי אבא בר כהנא
פתח לה פיתחא להאי פרשתא מהכא:

רש"י

[1] מלמד שכיסתה פניה בבית חמיה. לפיכך לא הכירה עכשיו שאף בביתו לא ראה פניה שיהא מכירה:

[2] אינו מן המדה. אינו אוחז למעט מדת קרקע לכל צדדיו כלום כדקתני יש לו עשר אמות לכל רוח באמצע בית קדש הקדשים היה יושב ויש ריוח בינו לבין הכתלים עשר אמות לכל צד וכל הבית אינו אלא כ׳ על כ׳ נמצא שאינו ממעט כלום:

[3] לפני הדביר. חלל בית קדש הקדשים שהוא לפנים הדביר היא המחיצה המבדלת בין הקדש ובין קדש הקדשים:

[4] פתח לה פיתחא להאי פרשתא מהכא. כשהיה רוצה לדרוש בענין איגרת פורים היה מתחיל לדרוש מקרא זה:

[5] וקמתי עליהם. בפורענות בבל כתיב:

[6] זה הכתב. אין להן כתב אלא מאומה אחרת:

[7] נין. לשון ממשלה וכן ינון שמו (תהלים עב) ימשול ויגדל:

[8] בצאת לפני החלוץ. ביהושפט כתיב בדברי הימים כשיצא להלחם על העמונים והגבעונים שבאו עליו:

[9] הודו לה׳. כי טוב משמע טוב שיקלסו לפניו על זאת:

[10] אחרים משיש. וכשנתחייבו כלייה בימי המן היו אויביהן שמחין להן:

"כִּי[ר"ה] לְאָדָם שֶׁטּוֹב לְפָנָיו נָתַן חָכְמָה וְדַעַת וְשִׂמְחָה,
וְלַחוֹטֶא נָתַן עִנְיָן לֶאֱסוֹף וְלִכְנוֹס,[ר"ו]
לָתֵת לְטוֹב לִפְנֵי הָאֱלֹהִים" (קהלת ב,כו).[ר"ז]

"וְלַחוֹטֶא נָתַן עִנְיָן לֶאֱסוֹף וְלִכְנוֹס" - זה המן,
"לָתֵת לְטוֹב לִפְנֵי הָאֱלֹהִים" - זה מרדכי,[ר"ח]
דכתיב (אסתר ח,ב): "וַתָּשֶׂם אֶסְתֵּר אֶת מָרְדֳּכַי עַל בֵּית הָמָן".

רבה בר עופרן
פתח לה פיתחא להאי פרשתא מהכא:
"וְשַׂמְתִּי[1] כִסְאִי בְּעֵילָם,
וְהַאֲבַדְתִּי מִשָּׁם מֶלֶךְ וְשָׂרִים נְאֻם יְהוָה" (ירמיהו מט,לח).[ר"ט]

"מֶלֶךְ" - זו ושתי,
"וְשָׂרִים" - זה המן ועשרת בניו.

רב דימי בר יצחק
יא. פתח לה פיתחא להאי פרשתא מהכא: *
"כִּי[2] עֲבָדִים אֲנַחְנוּ וּבְעַבְדֻתֵנוּ לֹא עֲזָבָנוּ אֱלֹהֵינוּ,
וַיַּט עָלֵינוּ חֶסֶד לִפְנֵי מַלְכֵי פָרַס, לָתֶת לָנוּ מִחְיָה,[ר"י]
לְרוֹמֵם אֶת בֵּית אֱלֹהֵינוּ, וּלְהַעֲמִיד אֶת חָרְבֹתָיו,[רי"א]
וְלָתֶת לָנוּ גָדֵר בִּיהוּדָה וּבִירוּשָׁלָםִ" (עזרא ט,ט),[רי"ב]
אימתי "וַיַּט עָלֵינוּ חֶסֶד"?[רי"ג]
בימי מרדכי.[רי"ד]

רבי חנינא בר פפא
פתח לה פתחא להא פרשתא מהכא:
"הִרְכַּבְתָּ אֱנוֹשׁ לְרֹאשֵׁנוּ,
בָּאנוּ בָאֵשׁ וּבַמַּיִם וַתּוֹצִיאֵנוּ לָרְוָיָה" (תהלים סו,יב).[רט"ו]

"בָּאנוּ בָאֵשׁ" -[רט"ז] בימי[3] נבוכדנצר הרשע,
"וּבַמַּיִם" - בימי פרעה,
"וַתּוֹצִיאֵנוּ לָרְוָיָה" - בימי המן.

רבי יוחנן
פתח לה פתחא להא פרשתא מהכא:
"זָכַר חַסְדּוֹ וֶאֱמוּנָתוֹ לְבֵית יִשְׂרָאֵל,
רָאוּ כָל אַפְסֵי אָרֶץ, אֵת יְשׁוּעַת אֱלֹהֵינוּ" (תהלים צח,ג).
אימתי[4] "רָאוּ כָל אַפְסֵי אָרֶץ אֵת יְשׁוּעַת אֱלֹהֵינוּ"?
בימי מרדכי ואסתר.

ריש לקיש
פתח לה פתחא להא פרשתא מהכא:
"אֲרִי נֹהֵם וְדֹב שׁוֹקֵק, מוֹשֵׁל רָשָׁע עַל עַם דָּל" (משלי כח,טו).

"אֲרִי נֹהֵם" - זה נבוכדנצר הרשע,
דכתיב ביה (ירמיהו ד,ז): "עָלָה אַרְיֵה מִסֻּבְּכוֹ".

"דֹב שׁוֹקֵק" - זה אחשורוש,
דכתיב ביה במלכות פרס (דניאל ז,ה):[רי"ז]
"וַאֲרוּ חֵיוָה אָחֳרִי תִנְיָנָה דָּמְיָה לְדֹב",
ותני רב יוסף:
אלו פרסיים,
שאוכלין ושותין כדוב,
ומסורבלין[5] בשר כדוב,
ומגדלין שער כדוב,
ואין להם מנוחה כדוב.

"מוֹשֵׁל רָשָׁע" - זה המן.

"עַל עַם דָּל" - אלו ישראל, שהיו[רי"ח] דלים מן המצות.

רבי אלעזר
פתח לה פתחא להא פרשתא מהכא:
"בַּעֲצַלְתַּיִם יִמַּךְ הַמְּקָרֶה,
וּבְשִׁפְלוּת יָדַיִם יִדְלֹף הַבָּיִת" (קהלת י,יח).
בשביל עצלות שהיה להם לישראל שלא עסקו בתורה,
נעשה שונאו[6] של הקדוש ברוך הוא מך.
ואין מך אלא עני,
שנאמר (ויקרא כז,ח):
"וְאִם מָךְ הוּא מֵעֶרְכֶּךָ";
ואין מקרה אלא הקדוש ברוך הוא,
שנאמר (תהלים קד,ג):
"הַמְקָרֶה בַמַּיִם עֲלִיּוֹתָיו".

רב נחמן בר יצחק
פתח לה פתחא להא פרשתא מהכא:
"שִׁיר הַמַּעֲלוֹת לְדָוִד,[רי"ט]
לוּלֵי יְהוָה שֶׁהָיָה לָנוּ, יֹאמַר נָא יִשְׂרָאֵל,
לוּלֵי יְהוָה שֶׁהָיָה לָנוּ, בְּקוּם עָלֵינוּ אָדָם" (תהלים קכד,א-ב),
"אָדָם"[7] ולא מלך.

רבא
פתח לה פתחא להא פרשתא מהכא:
"בִּרְבוֹת צַדִּיקִים יִשְׂמַח הָעָם,
וּבִמְשֹׁל רָשָׁע יֵאָנַח עָם" (משלי כט,ב).

"בִּרְבוֹת צַדִּיקִים יִשְׂמַח הָעָם" - זה מרדכי ואסתר,
דכתיב (אסתר ח,טו): "וְהָעִיר שׁוּשָׁן צָהֲלָה וְשָׂמֵחָה".

"וּבִמְשֹׁל רָשָׁע יֵאָנַח עָם" - זה המן,
דכתיב (שם ג,טו): "וְהָעִיר שׁוּשָׁן נָבוֹכָה".

רבי[8] מתנה אמר מהכא:
"כִּי מִי גוֹי גָּדוֹל, אֲשֶׁר לוֹ אֱלֹהִים קְרֹבִים אֵלָיו,
כַּיהוָה אֱלֹהֵינוּ, בְּכָל קָרְאֵנוּ אֵלָיו" (דברים ד,ז).[ר"כ]

רש"י

1 ושמתי כסאי בעילם. שושן הבירה היתה בעילם דכתיב בספר דניאל בשושן הבירה אשר בעילם המדינה:
2 כי עבדים אנחנו. פסוק הוא בספר עזרא וסיפא ויט עלינו חסד לפני שרי פרס לתת עלינו מחיה:
3 באש בימי נבוכדנצר. שהטילנו לתוך הכבשן:
4 אימתי ראו כל אפסי ארץ את ישועת אלהינו בימי מרדכי. שהדבר נגלה לכל האומות שהלכו אגרות בכל העולם:
5 מסורבלין. מלובשין בבשר:
6 נעשה שונאו של הקדוש ברוך הוא מך. כמי שלא היה יכול להושיע:
7 אדם ולא מלך. זה המן:
8 רב מתנה [אמר] מהכא. פתח פתחא:

רב אשי אמר מהכא:
"אוֹ הֲנִסָּה אֱלֹהִים, לָבוֹא לָקַחַת לוֹ גוֹי מִקֶּרֶב גּוֹי,
בְּמַסֹּת בְּאֹתֹת וּבְמוֹפְתִים" (שם,לד).[רכא]

"וַיְהִי בִּימֵי אֲחַשְׁוֵרוֹשׁ" (אסתר א,א).
אמרי רב:
ויי היה[רכב] מה שכתוב בתורה (דברים כח,סח):[רכג]
"וְהִתְמַכַּרְתֶּם שָׁם לְאֹיְבֶיךָ לַעֲבָדִים וְלִשְׁפָחוֹת וְאֵין קֹנֶה".[רכד]

ושמואל[2] אמר מהכא:[רכה]
"לֹא מְאַסְתִּים וְלֹא גְעַלְתִּים לְכַלֹּתָם לְהָפֵר בְּרִיתִי אִתָּם,[רכו]
כִּי אֲנִי יְהֹוָה אֱלֹהֵיהֶם" (ויקרא כו,מד).[רכז]

"לֹא מְאַסְתִּים" - בימי יוונים;

"וְלֹא גְעַלְתִּים" - בימי אספסיינוס קיסר;[רכח]

"לְכַלֹּתָם" - בימי המן;

"לְהָפֵר בְּרִיתִי אִתָּם" - בימי רומיים;[רכט]

"כִּי אֲנִי יְהֹוָה אֱלֹהֵיהֶם" - בימי גוג ומגוג.

במתניתא תנא:
"לֹא מְאַסְתִּים" - בימי כשדים,
שהעמדתי להם דניאל, חנניה, מישאל, ועזריה;

"וְלֹא גְעַלְתִּים" - בימי יוונים,
שהעמדתי להם שמעון הצדיק,
ומתתיה בן יוחנן כהן גדול חשמונאי ובניו;[רל]

"לְכַלֹּתָם" - בימי המן,
שהעמדתי להם מרדכי ואסתר;

"לְהָפֵר בְּרִיתִי אִתָּם" - בימי רומיים,[רלא]
שהעמדתי להם של בית רבי וחכמי דורות;

"כִּי אֲנִי יְהֹוָה אֱלֹהֵיהֶם" -
לעתיד לבוא,
שאין כל אומה ולשון יכולה לשלוט בהם.

רבי לוי אמר מהכא:
"וְאִם[3] לֹא תוֹרִישׁוּ אֶת יֹשְׁבֵי הָאָרֶץ מִפְּנֵיכֶם,[רלב]
וְהָיָה אֲשֶׁר תּוֹתִירוּ מֵהֶם,[רלג]
לְשִׂכִּים בְּעֵינֵיכֶם וְלִצְנִינִם בְּצִדֵּיכֶם" (במדבר לג,נה).[רלד]

רבי חייא אמר: מהכא:
"וְהָיָה כַּאֲשֶׁר דִּמִּיתִי לַעֲשׂוֹת לָהֶם אֶעֱשֶׂה[4] לָכֶם" (שם,נו).

"אֲחַשְׁוֵרוֹשׁ" (אסתר א,א).
אמר רב:
אחיו[5] של ראש, ובן[6] גילו של ראש.
אחיו של ראש -
אחיו של נבוכדנצר הרשע שנקרא ראש,
שנאמר (דניאל ב,לח): "אַנְתְּ (כתיב - אנתה) הוּא רֵאשָׁה דִּי דַהֲבָא".
בן גילו של ראש,
הוא הרג - הוא ביקש להרוג,
הוא החריב - הוא ביקש[7] להחריב,
שנאמר (עזרא ד,ו):
"וּבְמַלְכוּת אֲחַשְׁוֵרוֹשׁ בִּתְחִלַּת מַלְכוּתוֹ,
כָּתְבוּ שִׂטְנָה[8] עַל יֹשְׁבֵי יְהוּדָה וִירוּשָׁלִָם".

ושמואל אמר:
שהושחרו פניהם של ישראל בימיו כשולי קדרה.

ורבי יוחנן אמר:
כל שזוכרו אמר: אח[9] לראשו.

ורבי חנינא אמר:
שהכל נעשו רשין בימיו,
שנאמר (אסתר י,א):
"וַיָּשֶׂם הַמֶּלֶךְ אֲחַשְׁוֵרוֹשׁ (כתיב - אחשרש) מַס".

"הוּא אֲחַשְׁוֵרוֹשׁ" (שם א,א),
"הוּא" ברשעו מתחילתו ועד סופו.

"הוּא עֵשָׂו" (בראשית לו,מג),
"הוּא" ברשעו מתחילתו ועד סופו.

"הוּא דָתָן וַאֲבִירָם" (במדבר כו,ט),
הן ברשען מתחילתן ועד סופן.

"הוּא הַמֶּלֶךְ אָחָז" (דברי הימים ב כח,כב),
"הוּא" ברשעו מתחילתו ועד סופו.

"אַבְרָם[10] הוּא אַבְרָהָם" (שם א א,כז),
"הוּא" בצדקו מתחילתו ועד סופו.

"הוּא אַהֲרֹן וּמֹשֶׁה" (שמות ו,כו),
הן בצדקן מתחילתן ועד סופן.

"וְדָוִד הוּא הַקָּטָן" (שמואל א יז,יד),
"הוּא" בקטנותו מתחילתו עד סופו,
כשם שבקטנותו,
הקטין עצמו אצל מי שגדול ממנו ללמוד תורה -[רלה]
כך במלכותו,
הקטין עצמו אצל מי שגדול ממנו ללמוד תורה.[רלו]

"הַמֶּלֶךְ" (אסתר א,א).
אמר רב: שמלך[11] מעצמו;

רש"י

1 [הדא דכתיב כו']. מה שכתב בתורה ואין קונה גזר המן שלא יהא אדם רשאי לקנות מהן לעבד:
2 ושמואל אמר מהכא. פתחא לא מאסתים וגו':
3 ואם לא תורישו וגו'. אף אלו נענשו על שחמל שאול על עמלק:
4 אעשה לכם. אף אלו כמעט כלו:
5 אחיו של ראש. כלומר דומה לו:
6 בן גילו. בן מזלו שניהן דעת אחת היה להן:
7 בקש להחריב. יסוד שיסד זרובבל בבית המקדש בימי כורש לפני אחשורוש כמו שאמור בספר עזרא (סימן ד'):
8 שטנה. שנמנה לשטן להם שלא יבנוהו:
9 אח. אוי:
10 אברם הוא אברהם. פסוק הוא בדברי הימים:
11 שמלך מעצמו. שלא היה מזרע המלוכה:

אמרי לה: לשבח;
ואמרי לה: לגנאי.

אמרי לה לשבח.
דלא הוה איניש דחשיב למלכא כוותיה.

ואמרי לה לגנאי.
דלא הוה חזי למלכותא,
וממונא יתירא הוא דיהב וקם.

"מֵהֹדּוּ וְעַד כּוּשׁ" (שם).
רב ושמואל,
חד אמר:
"הֹדּו" בסוף העולם, ו"כּוּשׁ" בסוף העולם;
וחד אמר:
"הֹדּו" ו"כּוּשׁ" בהדי[רלז] הדדי הוו קיימי,
כשם שמלך על "הֹדּו" ועל "כּוּשׁ" -[רלח]
כך מלך על כל העולם כולו.[רלט]

כיוצא בדבר אתה אומר:
"כִּי הוּא רֹדֶה בְּכָל עֵבֶר הַנָּהָר,
מִתִּפְסַח וְעַד עַזָּה" (מלכים א ה,ד),
רב ושמואל,
חד אמר:
"תִּפְסַח" בסוף העולם, ו"עַזָּה" בסוף העולם;
וחד אמר:
"תִּפְסַח" ו"עַזָּה" בהדי הדדי הוו קיימי,
כשם שמלך על "תִּפְסַח" ועל "עַזָּה" -
כך מלך על כל העולם כולו.

"שֶׁבַע וְעֶשְׂרִים וּמֵאָה מְדִינָה" (אסתר א,א),
אמר רב חסדא:
בתחילה - מלך על שבע,
ולבסוף - מלך על עשרים,
ולבסוף - מלך על מאה.

אלא מעתה -
"וּשְׁנֵי חַיֵּי עַמְרָם שֶׁבַע וּשְׁלֹשִׁים וּמְאַת שָׁנָה" (שמות ו,כ),
מאי דרשת ביה?!
שאני הכא - דקרא יתירא הוא,
מכדי כתיב (אסתר א,א): "מֵהֹדּוּ וְעַד כּוּשׁ",
"שֶׁבַע וְעֶשְׂרִים וּמֵאָה מְדִינָה" - למה לי?
שמע מינה - לדרשה.

תנו רבנן:
שלשה מלכו בכיפה,
ואלו הן:
אחאב בן עמרי,[רמ] ונבוכדנצר,[רמא] ואחשורוש.

אחאב.
דכתיב (מלכים א יח,י):
"חַי יְהוָה אֱלֹהֶיךָ,
אִם יֶשׁ גּוֹי וּמַמְלָכָה אֲשֶׁר לֹא שָׁלַח אֲדֹנִי שָׁם לְבַקֶּשְׁךָ" וגו',
"וְהִשְׁבִּיעַ אֶת הַמַּמְלָכָה וְאֶת הַגּוֹי כִּי לֹא יִמְצָאֶכָּה" (שם),[רמב]
ואי לא דהוה מליך עלייהו -
היכי מצי משבע להו?

נבוכדנצר.
דכתיב (ירמיהו כז,ח):
"וְהָיָה הַגּוֹי וְהַמַּמְלָכָה...
אֲשֶׁר לֹא יִתֵּן אֶת צַוָּארוֹ בְּעֹל מֶלֶךְ בָּבֶל,
בַּחֶרֶב וּבָרָעָב וּבַדֶּבֶר אֶפְקֹד" וגו'.[רמג]

אחשורוש.
יא: האי דאמרן. *

ותו ליכא?
והא איכא שלמה!?
לא סליק מלכותיה.

הניחא למאן דאמר: מלך והדיוט;
אלא למאן דאמר: מלך והדיוט ומלך -
מאי איכא למימר!?
שלמה מילתא אחריתי הוה ביה,
שמלך על העליונים ועל התחתונים,
שנאמר (דברי הימים א כט,כג):
"וַיֵּשֶׁב שְׁלֹמֹה עַל כִּסֵּא יְהוָה".

והא הוה סנחריב,
דכתיב (ישעיהו לו,כ):
"מִי בְּכָל אֱלֹהֵי הָאֲרָצוֹת הָאֵלֶּה,
אֲשֶׁר הִצִּילוּ אֶת אַרְצָם מִיָּדִי"!?
הא איכא ירושלים דלא כבשה.

והא איכא דריוש,
דכתיב (דניאל ו,כו):
"בֵּאדַיִן[רמד] דָּרְיָוֶשׁ מַלְכָּא כְּתַב לְכָל עַמְמַיָּא אֻמַיָּא וְלִשָּׁנַיָּא
דִּי דָיְרִין (כתיב - דארין) בְּכָל אַרְעָא שְׁלָמְכוֹן יִשְׂגֵּא"!?[רמה]
הא איכא שבע דלא מלך עלייהו,
דכתיב (שם,ב):
"שְׁפַר קֳדָם דָּרְיָוֶשׁ וַהֲקִים עַל מַלְכוּתָא לַאֲחַשְׁדַּרְפְּנַיָּא,
מְאָה וְעֶשְׂרִין דִּי לֶהֱוֹן בְּכָל מַלְכוּתָא".[רמו]

והא איכא כורש,
דכתיב (עזרא א,ב):
"כֹּה אָמַר כֹּרֶשׁ מֶלֶךְ פָּרַס,
כֹּל מַמְלְכוֹת הָאָרֶץ נָתַן לִי יְהוָה"!?

רש"י

1 כי הוא רודה. כתיב בשלמה:
2 כשם שמלך על תפסח ועל עזה וכו'. והכי קאמר כי הוא רודה בכל עבר הנהר כמו מתפסח ועד עזה:
3 מלכו בכיפה. תחת כל כיפת הרקיע:
4 הא דאמרן. מהודו ועד כוש:
5 סימן. שלמה סנחריב דריוש כורש:
6 לא סליק מלכותיה. לא השלים מלכותו שהרי טרדו אשמדאי^ כדאמרינן במסכת גיטין (סח:):
7 הניחא למאן דאמר וכו'. במס' גיטין פ' מי שאחזו:
8 על העליונים. על השדים:

התם אשתבוחי הוא דקא משתבח בנפשיה.

"בַּיָּמִים הָהֵם כְּשֶׁבֶת[1] הַמֶּלֶךְ" (אסתר א,ב),
וכתיב בתריה (שם,ג):
"בִּשְׁנַת שָׁלוֹשׁ לְמָלְכוֹ".
אמר רבא:
מאי "כְּשֶׁבֶת"?
לאחר שנתיישבה[2] דעתו.
אמר:
בלשצר חשב וטעה,
אנא חשיבנא ולא טעינא.

מאי[3] היא?
דכתיב (ירמיהו כט,י):
"כִּי לְפִי מְלֹאת[4] לְבָבֶל שִׁבְעִים שָׁנָה אֶפְקֹד אֶתְכֶם".
חשוב -רמז[5]
ארבעין וחמש דנבוכדנצר,
ועשרים ותלת דאויל מרודך,
ותרתי[6] דידיה,
הא שבעים.
אפיק מאני דבי מקדשא ואשתמש בהו.

ונבוכדנצר מנלן דארבעין וחמש שנין מלך?
דאמר מר:
גלו[7] בשבע,
גלו בשמונה,
גלו בשמונה עשרה,
גלו בתשע עשרה;

גלו בשבע לכיבוש יהויקים,
גלות יהויכין,
שהיא שמונה לנבוכדנצר.

גלו בשמונה עשרה לכיבוש יהויקים,
גלות צדקיהו,
שהיא תשע עשרה לנבוכדנצר.

דאמר[8] מר:
שנה ראשונה כיבש נינוה,
שניה[9] כיבש יהויקים,
וכתיב (ירמיהו נב,לא):
"וַיְהִי בִשְׁלֹשִׁים וָשֶׁבַע שָׁנָה לְגָלוּת יְהוֹיָכִן מֶלֶךְ יְהוּדָה,
בִּשְׁנֵים עָשָׂר חֹדֶשׁ בְּעֶשְׂרִים וַחֲמִשָּׁה לַחֹדֶשׁ,
נָשָׂא[10] אֱוִיל מְרֹדַךְ מֶלֶךְ בָּבֶל בִּשְׁנַת מַלְכֻתוֹ,
אֶת רֹאשׁ יְהוֹיָכִין מֶלֶךְ יְהוּדָה,
וַיֹּצֵא אוֹתוֹ מִבֵּית הַכְּלוּא (כתיב - הכליא)".

תמני ותלתין ושבע -
הרי ארבעין וחמש דנבוכדנצר.

ועשרין ותלת דאויל מרודך -
גמרא.

ותרתי דידיה -
הא שבעין.

כיון דחזא דמלו שבעין שנין ולא איפרוק -רמח
אמר:
השתא ודאי תו לא מיפרקי,
אפיק[11] מאני דבי מקדשא ואשתמש בהו.

היינו דקאמר ליה דניאל:
"וְעַל מָרֵא שְׁמַיָּא הִתְרוֹמַמְתָּ,
וּלְמָאנַיָּא דִּי בַיְתֵהּ הַיְתִיו קָדָמָךְ (כתיב - קדמיך)" (דניאל ה,כג),
וכתיב (שם,ל):
"בֵּהּ בְּלֵילְיָא,
קְטִיל בֵּלְאשַׁצַּר מַלְכָּא כַשְׂדָּאָה (כתיב - כשדיא)", רמט
וכתיב (שם ו,א):
"וְדָרְיָוֶשׁ מָדָאָה (כתיב - מדיא) קַבֵּל מַלְכוּתָא,
כְּבַר שְׁנִין שִׁתִּין וְתַרְתֵּין".

אמר:[12]
איהו מיטעא טעי,
אנא[13] חשיבנא ולא טעינא.
מי כתיב למלכות בבל?
"לְבָבֶל" (ירמיהו כט, י) כתיב.

רש"י

[1] **כשבת המלך.** משמע בתחילת מלכותו והדר כתיב בשנת שלש:

[2] **כשנתיישבה דעתו.** שמתחלה היה דואג שיצאו ישראל מתחת ידו כשיגמרו שבעים שנה לגלות בבל ועכשיו נתיישבה:

[3] **מאי היא.** חושבניה דבלשצר וטעותיה:

[4] **לפי מלאות לבבל.** כסבור הוא למלכות בבל מיום שנטלה בבל מלכות וזה נבוכדנצר נטל מלכות מאסר חדון מלך אשור:

[5] **חשב.** בלשצר מ"ה דנבוכדנצר וכ"ג דאויל מרודך:

[6] **ותרתי דידיה.** דאשכחן דבלשצר מלך תלת שנין דכתיב בספר דניאל בשנת שלש למלכות בלשצר המלך חזון נראה אלי אני דניאל וגו':

[7] **גלו בשבע גלו בשמונה.** חד גלות הוא וקראי קא דריש כתיב בגלות יהויכין בשנת שמונה למלכות נבוכדנצר בסוף ספר מלכים ובספר ירמיה בסופו אשר הגלה נבוזראדן בשנת שבע אלא שמונה למלכות נבוכדנצר ושבע לכיבוש יהויקים שכבשו תחתיו בשנה שניה למלכותו ולא הגלהו ויהי לו עבד שלש שנים וי"ח וי"ט כתיב בגלות צדקיהו בסוף ספר ירמיה והיינו חורבות ירושלים שהיא י"א שנה אחר גלות יהויכין דכתיב ויהי בעשתי עשרה שנה למלך צדקיהו וגו' ומאי י"ח וי"ט י"ח לכיבוש יהויקים וי"ט למלכות נבוכדנצר:

[8] **דאמר מר שנה ראשונה כיבש נינוה.** שהיתה ראש מלכות אשור שהיה מלך בנינוה:

[9] **שניה כיבש יהויקים.** קראי קא דריש בסדר עולם כתיב בראש ספר דניאל בשנת שלש למלכות יהויקים בא נבוכדנצר בירושלים ויתן ה' את יהויקים בידו אפשר לומר כן והלא לא מלך אלא בשנת ארבע ליהויקים שנאמר בספר ירמיהו (מה) הדבר אשר היה בשנת הרביעית ליהויקים היא שנה הראשונה לנבוכדנצר אלא מה תלמוד לומר בשנת שלש למלכות יהויקים בשנת שלשה למרדו לאחר שכיבשו עבדו שלשה שנים ומרד בו שנאמר ויהי לו [יהויקים] עבד שלש שנים וישב וימרד בו (מלכים ב כד) ולמדך כאן שעמד במרדו שלש שנים הרי ששה שנים לכיבושו ובפעם הזאת נמסר בידו והרגו ונתקיים בו קבורת חמור ייקבר (ירמיהו כב) והמליך את יהויכין בנו תחתיו ובא לו לבבל (מדרש רבה מצורע פי"ט) אמרו לו יועציו האב מרד בך והמלכת בנו מתלא אמרן מכלבא בישא גוריא טבא לא נפיק חזר עליו לתשובת השנה והגלהו והמליך צדקיהו וכן כתיב בספר מלכים בסופו נמצאת גלות יהויכין בשנת שבע לכיבוש יהויקים והרי הכתוב קורא אותה בשנת שמונה למלכות נבוכדנצר בספר מלכים בסופו למדנו שבשנה שניה למלכותו כיבשו:

[10] **נשא אויל מרודך מלך בבל וגו'.** למדנו שמלך אויל מרודך בשנת ל"ז לגלות יהויכין וכבר מלך נבוכדנצר שמונה שנים קודם גלות יהויכין שמונה ול"ז הרי מ"ה וכ"ג דאויל מרודך וב' דבלשצר:

[11] **אפיק מאני דבית המקדש.** בשנת שלישית למלכותו:

[12] **אמר.** אחשורוש איהו ודאי מיטעא טעי:

[13] **אנא חשיבנא כו' לגלות בבל.** תחילת גולה שהגלה את יכניה:

מאי "לְבָבֶל"? לגלות בבל.
כמה[1] בצירן? תמני.
חשיב[2] ועייל[3] חילופייהו,
חדא -[4] דבלשצר,
וחמש -[5] דדריוש וכורש,
ותרתי - דידיה,
הא שבעין.

כיון דחזי דמלו שבעין ולא איפרוק,
אמר:
השתא ודאי תו לא מיפרקי,
אפיק[6] מאני דבי מקדשא ואשתמש בהו,
בא שטן וריקד ביניהן והרג את ושתי.

והא שפיר חשיב!?
איהו נמי מיטעא טעי,
דאיבעי ליה למימני מ"חָרְבוֹת[7] יְרוּשָׁלִָם" (דניאל ט,ב).

סוף סוף כמה בצירן? חד[8] סרי,[רנ]
איהו[9] כמה מלך? ארביסר,
בארביסר דידיה איבעי ליה למיבני בית המקדש;
אלמה כתיב (עזרא ד,כד):
"בֵּאדַיִן[10] בְּטֵלַת עֲבִידַת בֵּית אֱלָהָא דִּי בִּירוּשְׁלֶם,
וַהֲוָת בָּטְלָא עַד שְׁנַת תַּרְתֵּין לְמַלְכוּת דָּרְיָוֶשׁ,[רנא]
מֶלֶךְ פָּרָס"!?[רנב]
אמר רבא:
יב. שנים[11] מקוטעות הוו. *

תניא[12] נמי הכי:
ועוד[13] שנה אחת[רנג] לבבל,
ועמד דריוש והשלימה.

אמר רבא:

אף דניאל טעה בהאי חושבנא,
דכתיב (דניאל ט,ב):
"בִּשְׁנַת אַחַת לְמָלְכוֹ אֲנִי דָּנִיֵּאל בִּינֹתִי[14] בַּסְּפָרִים",
מדקאמר: "בִּינֹתִי", מכלל דטעה.

מכל מקום קשו קראי אהדדי -
כתיב[15] (ירמיהו כט,י): "לְפִי[רנד] מְלֹאת לְבָבֶל",
וכתיב[16] (דניאל ט,ב): "לְמַלֹּאות[רנה] לְחָרְבוֹת יְרוּשָׁלִָם"!?
אמר רבא:
לפקידה[17] בעלמא.
והיינו דכתיב (עזרא א,ב):
"כֹּה אָמַר כֹּרֶשׁ מֶלֶךְ פָּרַס,
כֹּל מַמְלְכוֹת הָאָרֶץ נָתַן לִי יְהוָה אֱלֹהֵי הַשָּׁמָיִם,
וְהוּא פָקַד עָלַי לִבְנוֹת לוֹ בַיִת בִּירוּשָׁלִַם אֲשֶׁר בִּיהוּדָה",[רנו]
וכתיב (שם ג):[רנז]
מִי[18] בָכֶם מִכָּל עַמּוֹ יְהִי אֱלֹהָיו עִמּוֹ וְיַעַל"[רנח]

דרש רב נחמן בר רב חסדא:
מאי דכתיב (ישעיהו מה,א):
"כֹּה אָמַר יְהוָה לִמְשִׁיחוֹ,
לְכוֹרֶשׁ אֲשֶׁר הֶחֱזַקְתִּי בִימִינוֹ"?
וכי "כּוֹרֶשׁ" משיח[19] היה?
אלא אמר לו הקדוש ברוך הוא למשיח:
קובל[20] אני לך על כורש,
אני אמרתי הוא יבנה ביתי ויקבץ גליותי;
והוא אמר:
"מִי[21] בָכֶם מִכָּל עַמּוֹ יְהִי אֱלֹהָיו עִמּוֹ[רנט] וְיַעַל" (עזרא א,ג).

"חֵיל[22] פָּרַס וּמָדַי הַפַּרְתְּמִים" (אסתר א,ג).

רש"י

[1] כמה בצירן. משבעים משנת שתים לבלשצר תמני אותן שמונה שנים שמלך נבוכדנצר לפני הגלותו את יכניה שלא היה לו לבלשצר למנותן ומנאן:

[2] חשב. אחשורוש מב' לבלשצר עד שלש שלו:

[3] ועייל. הנך תמני תחותייהו:

[4] חדא דבלשצר. דהרי משנת שתים שלמו שבעים שנה לפי מניינו ושוב מנה שלישית:

[5] וחמשה דדריוש המדי וכורש הפרסי. דכתיב ודריוש מדאה קביל מלכותא (דניאל ו) ואחריו מלך כורש הראשון שנתן רשות לבני הגולה לעלות שנאמר כה אמר כורש וגו' (עזרא א) וקסלקא דעתך השתא שמלכו בין שניהן ה' שנים אע"ג דלא כתיב בקרא:

[6] ותרתי דאחשורוש. כבר עברו לו שתי שנים:

[7] מחרבות ירושלים. גלות צדקיהו שנשרפה העיר ובו בהדיא כתיב דלחרבות ירושלים בעי למימניא דכתיב בספר דניאל למלאות לחרבות ירושלם שבעים שנה:

[8] חדיסר. שכך עמד הבית אחר גלות יכניה:

[9] איהו כמה מלך ארביסר. דכתיב בשנת שתים עשרה הפיל פור הוא הגורל ולשנה אחרת נעשה הנס. הרי י"ג דמלכי אומות העולם מתשרי מנינן ונתחדשה השנה בתשרי וכתיב לשנה אחרת לקיים את אגרת הפורים הזאת השנית הרי י"ד:

[10] באדין. בימי כורש בטילת עבידת בית אלהא שצוה כורש לבנות וחזר בו על ידי צרי יהודה ובנימין כמו שכתוב בספר עזרא עד שנת תרתין למלכות דריוש השני שמלך אחר אחשורוש ונקרא שלשה שמות דריוש כורש ארתחשסתא:

[11] שנים מקוטעות היו. אותן שנים שמנינן למעלה יש בהן שנבלעו משל אחרון בראשון כגון לדריוש המדי וכורש שמנינן להם ה' שנים לא תמצא אלא ד' דכתיב בשנת אחת לדריוש בן אחשורוש בספר דניאל בשנת שלש למלכות כורש וגו' ותניא בסדר עולם לא מצינו למדי שנה בכתובים אלא זו בלבד ולכורש מצינו שלשה שנים בספר דניאל בשנת שלש למלכות כורש וגו' ותניא נמי בסדר עולם כורש מלך שלש שנים מקוטעות הרי שמנית שנה יתרה וגם דבשנות נבוכדנצר ואויל מרודך נבלעה שנה וכנגדו נשתהה הבנין שתים שנים לדריוש:

[12] תניא נמי הכי. דבשנות נבוכדנצר ואויל מרודך נבלעה שנה:

[13] עוד שנה אחת לבבל. הכי איתא בסדר עולם ביה בליליא קטיל בלשצר מלכא ודריוש מדאה קביל מלכותא הרי שבעים שנה מיום שמלך נבוכדנצר שבעים חסר אחת מיום שכיבש יהויקים ועוד שנה אחת לבבל למלאות שבעים שנה משלט על ישראל ועמד דריוש והשלימה ואחריו בשנה אחרת מלך כורש בבבל ונפקדו פקידה במקצת שאמר מי בכם מכל עמו יהי אלהיו עמו ויעל וגו' למדנו מברייתא זו כשמת בלשצר לא היו לכיבוש יהויקים אלא שבעים חסר אחת ואנחנו מנינו למעלה שבעים שנה מ"ה דנבוכדנצר וכ"ג דאויל מרודך ושלשה דבלשצר הרי שנים מקוטעות היו:

[14] בינותי בספרים. לשון ספירה וחשבון:

[15] כתיב לפי מלאות לבבל. שבעים שנה אפקוד אתכם בספר ירמיה:

[16] וכתיב. בספר דניאל למלאות לחרבות ירושלם שבעים שנה מספר השנים אשר היה דבר ה' אל ירמיה הנביא:

[17] לפקידה בעלמא. ואמר לפי מלאות לבבל שבעים שנה אפקוד אתכם וכך היתה שנפקדו בשנה אחת לכורש מלך פרס שהיא שנת ע"א לכיבוש יהויקים שפשטה בבל על ישראל:

[18] מי בכם מכל עמו וגו'. והוא עצמו לא נשתדל בדבר:

[19] משיח. נמשח כמו שמן המשחה:

[20] קובל אני לך כו'. והכי קאמר כה אמר ה' למשיחו לכורש אשר החזקתי בימינו וגו' הוא יבנה את ביתי תרי קראי כתיבי דסמיכי אהדדי וניקוד טעם מקרא זה מוכיח על דרש זה שאין לך טעם זרקא במקרא שאין סגול בא אחריו וכאן ננקד למשיחו בזרקא ולכורש ננקד במאריך להפרישו ולנתקו מעם למשיחו:

[21] מי בכם מכל עמו וגו'. והוא עצמו לא נשתדל בדבר:

[22] כתיב פרס ומדי הפרתמים. סמך הפרתמים אצל מדי וכתיב למלכי מדי ופרס. סמך מלכי אצל מדי:

וכתיב (שם י,ב): "לְמַלְכֵי מָדַי וּפָרָס"!?
אמר רבא:
אתנויי אתנו בהדי הדדי:[רס]
אי מינן מלכי - מינייכו איפרכי,
ואי מינייכו מלכי - מינן איפרכי.

"בְּהַרְאֹתוֹ אֶת עֹשֶׁר כְּבוֹד מַלְכוּתוֹ,
וְאֶת יְקָר תִּפְאֶרֶת גְּדוּלָּתוֹ,[רסא]
יָמִים רַבִּים שְׁמוֹנִים וּמְאַת יוֹם" (שם א,ד).[רסב]
אמר רבי יוסי ברבי[רסג] חנינא:
מלמד שלבש בגדי[1] כהונה,
כתיב הכא (שם): "יְקָר תִּפְאֶרֶת גְּדוּלָּתוֹ",
וכתיב התם (שמות כח,ב): "לְכָבוֹד וּלְתִפְאָרֶת".

"וּבִמְלוֹאת הַיָּמִים הָאֵלֶּה,
עָשָׂה הַמֶּלֶךְ לְכָל הָעָם הַנִּמְצְאִים בְּשׁוּשַׁן" (אסתר א,ה).[רסד]
רב ושמואל,
חד אמר: מלך פיקח[2] היה;
וחד אמר: מלך טיפש היה.

מאן דאמר: מלך פיקח היה -
שפיר עבד דקריב רחיקא ברישא,
דבני מאתיה מיכף כייפין[רסה] כל אימת דבעי מפייס להו.

ומאן דאמר: טיפש היה -
דאיבעי ליה לקרובי בני מאתיה ברישא,
דאי מרדו ביה הנך - הני הוו קיימי בהדיה.

שאלו תלמידיו את רבי שמעון בן יוחאי:
מפני מה נתחייבו שונאיהן של ישראל שבאותו הדור כליה?
אמר להם: אמרו אתם.
אמרו לו: מפני שנהנו מסעודתו של אותו רשע.
אמר להם:[רסו]
אם כן -
שבשושן יהרגו,
שבכל העולם כולו אל יהרגו!?

אמרו לו: אמור אתה.
אמר להם: מפני שהשתחוו[3] לצלם.
אמרו לו: וכי[4] משוא פנים יש בדבר!?
אמר להם:
הם לא[5] עשו אלא לפנים,
אף הקדוש ברוך הוא לא עשה עמהן אלא לפנים,
והיינו דכתיב (איכה ג,לג):
"כִּי לֹא עִנָּה מִלִּבּוֹ וַיַּגֶּה בְּנֵי אִישׁ".[רסז]

"בַּחֲצַר גִּנַּת בִּיתַן הַמֶּלֶךְ" (אסתר א,ה).
רב ושמואל,
חד אמר:
הראוי לחצר - לחצר,
הראוי לגינה - לגינה,
הראוי לביתן - לביתן.

וחד אמר:
הושיבן בחצר ולא החזיקתן,
בגינה ולא החזיקתן,
עד שהכניסן לביתן והחזיקתן.

במתניתא תנא:
הושיבן בחצר,
ופתח להם שני פתחים אחד לגינה ואחד לביתן.

"חוּר כַּרְפַּס וּתְכֵלֶת" (שם,ו).
מאי "חור"?
רב אמר: חרי[6] חרי;
ושמואל אמר: מילת[7] לבנה הציע להם.

"כַּרְפַּס".
אמר רבי יוסי ברבי[רסח] חנינא:
כרים של פסים.

"עַל גְּלִילֵי כֶסֶף וְעַמּוּדֵי שֵׁשׁ מִטּוֹת זָהָב וָכֶסֶף" (שם).
תניא:
רבי יהודה אומר:
הראוי[8] לכסף - לכסף,
הראוי לזהב - לזהב;
אמר לו רבי נחמיה:
אם כן אתה מטיל קנאה בסעודה!
אלא הם של כסף ורגליהן של זהב.

"רִצְפַת[רסט] בַּהַט וָשֵׁשׁ" (שם).
אמר רבי יוסי ברבי חנינא:[רע]
אבנים שמתחוטטות[9] על בעליהן,
וכן[10] הוא אומר:
"כִּי[רעא] אַבְנֵי נֵזֶר מִתְנוֹסְסוֹת עַל אַדְמָתוֹ" (זכריה ט,טז).

"וְדַר וְסֹחָרֶת" (אסתר א,ו).
רב אמר: דרי[11] דרי;
ושמואל אמר:
אבן טובה יש בכרכי הים, ודורה[רעב] שמה,
הושיבה באמצע סעודה ומאירה להם כצהרים.[12]

דבי רבי ישמעאל תנא:

רש"י

[1] בגדי כהונה. שהיו בידו שם בגדי כהן גדול שהביאן מירושלים:
[2] פיקח היה. שהקדים משתה הרחוקים יותר ממשתה בני עירו:
[3] שהשתחוו לצלם. בימי נבוכדנצר:
[4] וכי משוא פנים יש בדבר. איך זכו לנס:
[5] הם עשו לפנים. מיראה:
[6] חרי חרי. מעשה מחט מלאכת המצעות היתה עשויה נקבים נקבים:
[7] מילת לבנה. חור לשון חיור:
[8] הראוי לכסף כו'. מטות זהב וכסף קדריש שר הראוי לזהב לזהב וגרוע לכסף:
[9] מתחוטטות על בעליהן. רצפה עשה להם באבנים חטוטות כלומר שלא באו לידי אדם אלא בטורח שמחטטים ומחזירים בעליהן אחריהן עד שמוצאין אותן בדמים יקרים:
[10] וכן הוא אומר. שהמקרא משבח אבני' יקרות ואומר על נסיונות הרבה הן באין כי אבני נזר מתנוססות על אדמתו והכתוב מדבר לישראל לעתיד לבוא שיהיו חשובין ויקרים בין האומות כאבני נזר המתנוססות:
[11] דרי דרי. שורות שורות סביב וסוחרת לשון סחור סחור:
[12] כצהרים. והאי וסוחרת לשון סהרא הוא:

שקרא דרור[1] לכל בעלי סחורה.

"וְהַשְׁקוֹת בִּכְלֵי זָהָב וְכֵלִים מִכֵּלִים שׁוֹנִים" (שם,ז).
משונים מיבעי ליה!?
אמר רבא: יצתה בת קול ואמרה להם:
ראשונים[2] כלו מפני כלי[רעג] ואתם שונים בהם!?

"וְיֵין מַלְכוּת רָב" (שם).
אמר רב:
מלמד שכל אחד ואחד השקהו יין שגדול הימנו בשנים.

"וְהַשְּׁתִיָּה כַדָּת" (שם,ח).
מאי "כַדָּת"?
אמר רב חנן משום רבי מאיר:
כדת[3] של תורה,
מה דת של תורה - אכילה מרובה משתיה,
אף סעודתו של אותו רשע - אכילה מרובה משתיה.

"אֵין אֹנֵס" (שם).
אמר רבי אלעזר:
מלמד שכל אחד ואחד השקהו מיין[4] מדינתו.

"לַעֲשׂוֹת כִּרְצוֹן אִישׁ וָאִישׁ" (שם).
אמר רבא:
"לַעֲשׂוֹת כִּרְצוֹן"[5] מרדכי והמן,
מרדכי דכתיב (שם ב,ה): "אִישׁ יְהוּדִי",
המן דכתיב (שם ז,ו):[רעד] "אִישׁ צַר וְאוֹיֵב".

"גַּם וַשְׁתִּי הַמַּלְכָּה עָשְׂתָה מִשְׁתֵּה נָשִׁים,
בֵּית הַמַּלְכוּת" (שם א,ט).
בית הנשים מיבעי ליה!?
אמר רבא:
שניהן לדבר עבירה נתכוונו.
היינו דאמר אינשי:
יב: איהו בקרי[6] ואתתיה * בבוציני.[7]

"בַּיּוֹם הַשְּׁבִיעִי כְּטוֹב לֵב הַמֶּלֶךְ בַּיָּיִן" (שם,י).
אטו עד השתא לא טב לביה בחמרא?
אמר רבא:
"יוֹם הַשְּׁבִיעִי" שבת היה,
מלמד[רעה] שהיתה ושתי הרשעה מביאה בנות ישראל,
ומפשטתן[רעו] ערומות,
ועושה בהן מלאכה בשבת.
לפיכך - נגזר עליה שתישחט ערומה בשבת.[רעז]

והיינו[רעח] דכתיב (שם ב,א):
"אַחַר הַדְּבָרִים הָאֵלֶּה כְּשֹׁךְ חֲמַת הַמֶּלֶךְ אֲחַשְׁוֵרוֹשׁ,
זָכַר אֶת וַשְׁתִּי וְאֵת אֲשֶׁר עָשָׂתָה וְאֵת אֲשֶׁר נִגְזַר עָלֶיהָ",
כשם ש"עָשָׂתָה" -
כך "נִגְזַר עָלֶיהָ".

"וַתְּמָאֵן הַמַּלְכָּה וַשְׁתִּי" (שם א,יב).
מכדי פריצותא[רעט][8] הואי,
דאמר מר:
שניהן לדבר עבירה נתכוונו;
מאי טעמא לא אתאי!?
אמר רבי יוסי ברבי[רפ] חנינא:
מלמד[9] שפרחה בה צרעת.
במתניתא תנא:
בא גבריאל ועשה[10] לה זנב.

"וַיִּקְצֹף הַמֶּלֶךְ מְאֹד וַחֲמָתוֹ בָּעֲרָה בוֹ" (שם).[רפא]
אמאי דלקה ביה כולי האי?
אמר רבא:
שלחה ליה: בר אהורייריה[11] דאבא!
אבא לקבל[12] אלפא חמרא שתי ולא רוי,
וההוא גברא אשתטי בחמריה;
מיד "וַחֲמָתוֹ בָּעֲרָה בוֹ".

"וַיֹּאמֶר הַמֶּלֶךְ לַחֲכָמִים" (שם,יג).
מאן "חֲכָמִים"?
רבנן.

"יֹדְעֵי הָעִתִּים" (שם).
שיודעין לעבר שנים ולקבוע חדשים.

אמר להו: דיינוה לי.
אמרו: היכי נעביד?
נימא ליה: קטלה - למחר פסיק[13] ליה חמריה ובעי לה מינן!
נימא ליה: שבקה - קא מזלזלה במלכותא!
אמרו לו:
מיום שחרב בית המקדש וגלינו מארצנו -
ניטלה עצה ממנו, ואין אנו יודעין לדון דיני נפשות,
זיל לגבי עמון ומואב,
דיתבי בדוכתייהו כחמרא דיתיב על דורדייה.[14]
וטעמא[15] אמרו ליה:
דכתיב (ירמיהו מח,יא):

רש"י

[1] שקרא דרור לכל בעלי סחורה. עשה נחת רוח לבני מלכותו להעביר מהן מכס של סוחרין:

[2] הראשונים. כלומר בלשצר וחבורתו:

[3] כדת של תורה. אכילת מזבח מרובה משתיה פר ושלשה עשרונים סולת לאכילה ונסך חצי ההין:

[4] מיין מדינתו. יין הרגיל בו ולא ישכרהו [ולא ישתהו] אלא לפי רצונו:

[5] כרצון מרדכי והמן. הם היו שרי המשקים במשתה:

[6] איהו בקרי. דלועין גדולות:

[7] בוציני. דלועין קטנות כלומר דבאותו מין עצמו זה נואף וזו נואפת הוא אומר להראות את יופיה והיא לכך נתכונה שיסתכלו ביופיה:

[8] פריצתא הואי. פרוצה היתה:

[9] מלמד שפרחה בה צרעת. ויליף בירושלמי מאשר נגזר עליה וכתיב וישב בית החפשית מצורע כי נגזר מבית ה' (דה"ב כו) מה להלן צרעת אף כאן צרעת:

[10] ועשה לה זנב. יליף לה מעליה ולהלן הוא אומר וירם הטבח את השוק והעליה ואמר רבי יוחנן השוק והאליה מה להלן אליה אף כאן אליה:^

[11] אהורייריה. שומרי הסוסים:

[12] לקבל אלפא חמרא שתי. כן העיד הכתוב עליו (דניאל ה):

[13] פסיק ליה. יפיג יינו מעט מעליו:

[14] על דורדייה. על שמריו:

[15] וטעמא אמרו ליה. ויפה אמרו לו דודאי כן הוא שמתוך שהאדם שקט דעתו מיושבת עליו שנאמר שאנן מואב מנעוריו ושוקט הוא אל שמריו וסיפיה דקרא על כן עמד טעמו בו וריחו לא נמר:

"שַׁאֲנַן מוֹאָב מִנְּעוּרָיו, וְשֹׁקֵט הוּא אֶל שְׁמָרָיו,
וְלֹא הוּרַק מִכְּלִי אֶל כֶּלִי, וּבַגּוֹלָה לֹא הָלָךְ,
עַל כֵּן עָמַד טַעְמוֹ בּוֹ, וְרֵיחוֹ לֹא נָמָר".
מיד -
"וְהַקָּרֹב אֵלָיו כַּרְשְׁנָא שֵׁתָר אַדְמָתָא תַרְשִׁישׁ
מֶרֶס מַרְסְנָא מְמוּכָן" (אסתר א,יד).[רפב]

אמר רבי לוי:
כל[1] פסוק זה על שום קרבנות נאמר.
"כַּרְשְׁנָא" -[2]
אמרו מלאכי השרת לפני הקדוש ברוך הוא: רבונו של עולם,
כלום הקריבו לפניך אומות העולם[רפג] כרים בני שנה,
כדרך שהקריבו ישראל לפניך!?
"שֵׁתָר" -[3]
כלום הקריבו לפניך שתי תורין!?
"אַדְמָתָא" -
כלום בנו לפניך מזבח אדמה!?
"תַּרְשִׁישׁ" -
כלום שימשו לפניך בבגדי כהונה,
דכתיב בהו (שמות כח,כ): "תַּרְשִׁישׁ וְשֹׁהַם וְיָשְׁפֵה"!?
"מֶרֶס" -[4]
כלום מירסו בדם לפניך!?
"מַרְסְנָא" -[5]
כלום מירסו במנחות לפניך!?
"מְמוּכָן" -
כלום הכינו שלחן ולחם הפנים[רפד] לפניך!?

"וַיֹּאמֶר מְמוּכָן (כתיב - מומכן)" (אסתר א,טז).
תנא:
"מְמוּכָן"[6] זה המן;
ולמה נקרא שמו "מְמוּכָן"?
שמוכן לפורענות.

אמר רב כהנא:
מכאן[7] שההדיוט קופץ בראש.

"לִהְיוֹת כָּל אִישׁ שֹׂרֵר בְּבֵיתוֹ" (שם,כב).
אמר רבא:
אלמלא[8] אגרות הראשונות,
לא[9] נשתייר משונאיהן של ישראל שריד ופליט.
אמרי:[10]
מאי האי דשדיר לן "לִהְיוֹת כָּל אִישׁ שֹׂרֵר בְּבֵיתוֹ"?
פשיטא!
אפילו קרחה בביתיה פרדשכא[11] ליהוי!?

"וְיַפְקֵד הַמֶּלֶךְ פְּקִידִים" (שם ב,ג).
אמר רב:
מאי דכתיב (משלי יג,טז):
"כָּל עָרוּם יַעֲשֶׂה בְדָעַת וּכְסִיל יִפְרֹשׂ אִוֶּלֶת"?
"כָּל עָרוּם יַעֲשֶׂה בְדָעַת" - זה דוד,
דכתיב (מלכים א א,ב):
"וַיֹּאמְרוּ לוֹ עֲבָדָיו יְבַקְשׁוּ לַאדֹנִי הַמֶּלֶךְ נַעֲרָה[12] בְתוּלָה",
כל מאן דהוה ליה ברתא - אייתה ניהליה.
"וּכְסִיל יִפְרֹשׂ אִוֶּלֶת" - זה אחשורוש,
דכתיב: "וְיַפְקֵד הַמֶּלֶךְ פְּקִידִים",
כל מאן דהוה ליה ברתא - איטמרה מיניה.

"אִישׁ יְהוּדִי הָיָה בְּשׁוּשַׁן הַבִּירָה,
וּשְׁמוֹ מָרְדֳּכַי בֶּן יָאִיר בֶּן שִׁמְעִי בֶּן קִישׁ,[רפה]
אִישׁ יְמִינִי" (אסתר ב,ה).
מאי קאמר?
אי ליחוסיה[רפו] קאתי - ליחסיה וליזיל[רפז] עד בנימין!
אלא מאי שנא הני!?
תנא:
כולן על שמו נקראו;
"בֶּן יָאִיר" -
בן שהאיר עיניהם של ישראל בתפלתו;
"בֶּן שִׁמְעִי" -
בן ששמע אל תפלתו,
"בֶּן קִישׁ" -
שהקיש על שערי רחמים ונפתחו לו.

קרי ליה "יְהוּדִי",
אלמא מיהודה קאתי;
וקרי ליה "יְמִינִי",
אלמא מבנימין קאתי!?
אמר רב נחמן:
מרדכי[13] מוכתר בנימוסו היה.

רש"י

1 **פסוק זה על קרבנות נאמר.** והקרוב אליו לשון הקרבת קרבן מלאכי השרת הזכירו לפני הקב"ה את הקרבנות שהקריבו ישראל לפניו לעשות להם נקמה בושתי ותבא אסתר ותמלוך תחתיה:

2 **כרשנא.** כלום הקריבו לפניך כרים בני שנה:

3 **שתר.** שתי תורים:

4 **מרס.** שמירסו את הדם שלא יקרש ושוב לא יהא ראוי לזריקה:

5 **מרסנא.** מירסו במנחות לבוללן ממרס לשון מגיס:

6 **מוכן לפורענות.** עומד להיות תלוי:

7 **מכאן שההדיוט קופץ בראש.** שהרי מנה אותו הכתוב לבסוף אלמא גרוע הוא מכולן והוא קפץ בראש:

8 **אלמלא אגרות ראשונות.** שהוחזק בהן שוטה בעיני האומות:

9 **לא נשתייר משונאי ישראל שריד ופליט.** שהיו ממהרין להורגן במצות המלך באגרות האמצעיות ולא היו ממתינים ליום המועד:

10 **אמרי מאי האי דשדר לן.** אומרים האומות מה זה ששלח לומר לנו להיות כל איש שורר בביתו שאף הגרדן שורר בביתו:

11 **פרדשכא.** פקיד ונגיד:

12 **נערה.** דוד לא ביקש אלא נערה אחת כל אדם הראה לשלוחיו את בתו אולי תיטב בעיניו ואחשורוש כסיל צוה לקבץ את כולן הכל יודעין שלא יקח אלא אחת ואת כולן יבעל מאן דהוה ליה ברתא מטמרה:

13 **מוכתר בנימוסו היה.** בשמות נאין נימוס שם בלשון יון (נערי) לא גרסינן אלא הכי גרסינן אמר רבה בר בר חנה אמר רבי יהושע בן לוי כו':

אמר רבה בר בר חנה אמר רבי יהושע בן לוי:
אביו מבנימין ואמו מיהודה.

ורבנן אמרי:
משפחות מתגרות זו בזו,
משפחת יהודה אמרה: רפח
אנא גרים דמתיליד מרדכי,
דלא קטליה דוד לשמעי[1] בן גרא.
ומשפחת בנימין אמרה:
מינאי קאתי.

רבא אמר:
כנסת ישראל אמרה לאידך[2] גיסא:
ראו מה עשה לי "יְהוּדִי",
ומה שילם לי "יְמִינִי".

יג. מה עשה לי "יְהוּדִי" - *
דלא קטליה דוד לשמעי,
דאיתיליד מיניה מרדכי,
דמיקני ביה המן,
וגרם להו צערא לישראל, רפט

ומה שילם לי "יְמִינִי" -
דלא קטליה שאול לאגג,
דאיתיליד מיניה המן,
דמצער לישראל.

רבי יוחנן אמר:
לעולם מבנימין קאתי,
ואמאי קרי ליה "יְהוּדִי"?
על שום שכפר בעבודה זרה,
שכל הכופר בעבודה זרה - נקרא יהודי,
כדכתיב (דניאל ג,יב):
"אִיתַי[3] גֻּבְרִין יְהוּדָאִין" וגו'.

רבי שמעון בן פזי כי הוה פתח בדברי הימים אמר הכי:
כל[4] דבריך אחד הם,
ואנו[5] יודעין לדורשן.

"וְאִשְׁתּוֹ[6] הַיְהֻדִיָּה,
יָלְדָה אֶת יֶרֶד אֲבִי גְדוֹר וְאֶת חֶבֶר אֲבִי שׂוֹכוֹ,
וְאֶת יְקוּתִיאֵל אֲבִי זָנוֹחַ,
וְאֵלֶּה בְּנֵי בִּתְיָה בַת פַּרְעֹה,
אֲשֶׁר לָקַח מָרֶד" (דברי הימים א ד,יח).
אמאי קרי לה "יְהֻדִיָּה"?
על שום שכפרה בעבודה זרה,
דכתיב (שמות ב,ה):

"וַתֵּרֶד בַּת פַּרְעֹה לִרְחֹץ עַל הַיְאֹר",
ואמר רבי יוחנן:
שירדה[7] לרחוץ מגילולי בית אביה.

"יָלְדָה"? והא רבויי רביתיה!?
לומר לך שכל המגדל יתום ויתומה בתוך ביתו -
מעלה עליו הכתוב כאילו ילדו.

"יֶרֶד" -
זה משה,
ולמה נקרא שמו "יֶרֶד"?
שירד להם לישראל מן בימיו.

"גְדוֹר" -
שגדר פרצותיהן של ישראל.

"חֶבֶר" -
שחיבר את ישראל לאביהן שבשמים.

"שׂוֹכוֹ" -
שנעשה להם לישראל כסוכה.

"יְקוּתִיאֵל" -
שקוו ישראל לאל בימיו.

"זָנוֹחַ" -
שהזניח עוונותיהן של ישראל.

"אֲבִי" "אֲבִי" "אֲבִי" -
אב בתורה, אב בחכמה, אב בנביאות.

"וְאֵלֶּה בְּנֵי בִּתְיָה בַת פַּרְעֹה, רצ
אֲשֶׁר לָקַח מָרֶד".
וכי "מֶרֶד" שמו? והלא[8] כלב שמו!?
אמר הקדוש ברוך הוא:
יבא כלב שמרד בעצת מרגלים,
וישא[9] בתיה רצא בת פרעה שמרדה בגלולי בית אביה.

"אֲשֶׁר הָגְלָה מִירוּשָׁלַיִם" (אסתר ב,ו).
אמר רבא:
שגלה[10] מעצמו.

"וַיְהִי אֹמֵן אֶת הֲדַסָּה הִיא אֶסְתֵּר" (שם,ז). רצב
קרי לה "הֲדַסָּה", וקרי לה "אֶסְתֵּר".

תניא:
רבי מאיר אומר: "אֶסְתֵּר" שמה,
ולמה נקרא שמה "הֲדַסָּה"?
על שם הצדיקים שנקראו הדסים,
וכן הוא אומר:

רש"י

1 דלא קטליה דוד לשמעי. שהיה חייב מיתה:
2 לאידך גיסא. לצעקה ולא לשבח איש יהודי ואיש ימיני גרמו לי הצער הזה:
3 איתי גוברין יהודאין כו'. וסיפיה דקרא לאלהך לא פלחין:
4 כל דבריך אחד הן. כנגד הספר היה אומר כל דבריך דברי הימים אחת הן הרבה שמות אתה מזכיר פלוני ופלוני וכולן אדם אחד הן:
5 ואנו יודעין לדורשן. ואע"פ שסתמת אותן אנו נותנין את לבינו עד שאנו יודעין לדורשן משום דאמרינן לעיל כל הכופר בע"ז נקרא יהודי נקט לה הכא:
6 ואשתו היהודיה וגו'. והלא בתיה שמה דהא כתיב בסופיה ואלה בני בתיה:
7 לרחוץ. לטבול (לשון) גירות:
8 והלא כלב שמו. שבכלב משתעי קרא:
9 הכי גרסינן וישא בתיה שמרדה בגילולי בית אביה. ולכך נשתנה שמה בליקוחין הללו:
10 שגלה מעצמו. מדלא כתיב אשר היה מן הגולה אשר הגלתה וכתיב אשר הגלה עם הגולה משמע שלא היה כשאר ישראל שגלו על כרחן והוא גלה מעצמו כמו שעשה ירמיהו שגלה מעצמו עד שאמר לו הקב"ה לחזור:

"וְהוּא עֹמֵד בֵּין[1] הַהֲדַסִּים" (זכריה א,ח).

רבי יהודה אומר: "הֲדַסָּה" שמה,
ולמה נקרא[רצג] שמה "אֶסְתֵּר"?
על שם שהיתה מסתרת דבריה,
שנאמר (אסתר ב,כ):
"אֵין אֶסְתֵּר מַגֶּדֶת מוֹלַדְתָּהּ וְאֶת עַמָּהּ".[רצד]

רבי נחמיה אומר: "הֲדַסָּה" שמה,
ולמה נקרא שמה[רצה] "אֶסְתֵּר"?
שהיו אומות העולם קורים אותה על שום אסתהר.[2]

בן עזאי אומר: "אֶסְתֵּר",
לא ארוכה ולא קצרה היתה,
אלא בינונית, כ"הֲדַסָּה".

רבי יהושע בן קרחה אומר:[רצו] "אֶסְתֵּר",
ירקרוקת[3] היתה, וחוט[4] של חסד משוך עליה.

"כִּי אֵין לָהּ אָב וָאֵם" (שם,ז).
"וּבְמוֹת[5] אָבִיהָ וְאִמָּהּ" (שם) למה לי?
אמר רב אחא:
עיברתה אמה -[רצז][6] מת אביה,
ילדתה אמה -[רצח][7] מתה אמה.

"וּבְמוֹת אָבִיהָ וְאִמָּהּ לְקָחָהּ מָרְדֳּכַי לוֹ לְבַת" (שם).
תנא משום רבי מאיר:
אל תקרי: "לְבַת", אלא - לבית,

וכן הוא אומר:
"וְלָרָשׁ[8] אֵין כֹּל, כִּי אִם כִּבְשָׂה[9] אַחַת קְטַנָּה אֲשֶׁר קָנָה,
וַיְחַיֶּהָ וַתִּגְדַּל עִמּוֹ וְעִם בָּנָיו יַחְדָּו,
מִפִּתּוֹ תֹאכַל וּמִכֹּסוֹ תִשְׁתֶּה וּבְחֵיקוֹ תִשְׁכָּב,
וַתְּהִי לוֹ כְּבַת" (שמואל ב יב,ג),
אל תיקרי: "כְּבַת",[רצט] אלא - כבית;[ש]
הכא נמי - לבית.

"וְאֵת שֶׁבַע הַנְּעָרוֹת" וגו' (אסתר ב,ט).
אמר רבא:
שהיתה[10] מונה בהן ימי שבת.

"וַיְשַׁנֶּהָ וְאֶת נַעֲרוֹתֶיהָ" וגו' (שם).
אמר רב:
שהאכילה מאכל יהודי;
ושמואל אמר:[שא]
קדלי[11] דחזירי;
ורבי יוחנן אמר:
זרעונים,
וכן[12] הוא אומר:
"וַיְהִי[13] הַמֶּלְצַר נֹשֵׂא אֶת פַּתְבָּגָם וְיֵין מִשְׁתֵּיהֶם,[שב]
וְנֹתֵן לָהֶם זֵרְעֹנִים" (דניאל א,טז).

"שִׁשָּׁה חֳדָשִׁים בְּשֶׁמֶן הַמֹּר" (אסתר ב,יב).
מאי "שֶׁמֶן הַמֹּר"?
רבי הונא בר חייא[שג] אמר: סטכת;
רב הונא אמר: שמן זית שלא הביא שליש.

תניא:
רבי יהודה אומר:
אנפקינון -[14] שמן זית שלא הביא שליש,
ולמה סכין אותו?
שמשיר את השיער ומעדן[15] את הבשר.

"בָּעֶרֶב הִיא בָאָה וּבַבֹּקֶר הִיא שָׁבָה" (שם,יד).
אמר רבי יוחנן:
מגנותו[16] של אותו רשע למדנו שבחו,
שלא היה משמש מטתו ביום.

"וַתְּהִי אֶסְתֵּר נֹשֵׂאת חֵן" (שם,טו).
אמר רבי אלעזר:
מלמד שלכל אחד ואחד נדמתה לו כאומתו.

"וַתִּלָּקַח אֶסְתֵּר אֶל הַמֶּלֶךְ אֲחַשְׁוֵרוֹשׁ אֶל בֵּית מַלְכוּתוֹ,
בַּחֹדֶשׁ הָעֲשִׂירִי הוּא חֹדֶשׁ טֵבֵת" (שם,טז).
ירח שנהנה גוף[17] מן הגוף.

"וַיֶּאֱהַב הַמֶּלֶךְ אֶת אֶסְתֵּר מִכָּל הַנָּשִׁים,
וַתִּשָּׂא חֵן וָחֶסֶד לְפָנָיו מִכָּל הַבְּתוּלֹת" (שם,יז).
אמר רב:
ביקש[18] לטעום טעם בתולה - טעם,
טעם בעולה - טעם.

רש"י

1 בין ההדסים אשר במצולה. בין הצדיקים שגלו לבבל ובשכינה משתעי קרא:
2 אסתהר. ירח יפה כלבנה.
3 ירקרוקת היתה. כהדסה זו.
4 אלא חוט של חסד משוך עליה. מאת הקב"ה לכך נראית יפה לאומות ולאחשורוש:
5 ובמות אביה ואמה תו ל"ל. מאחר דכתיב כי אין לה אב ואם אלא ללמדנו שאפי' יום אחד לא היה לה אב ואם:
6 בשעה שנתעברה אמה מת אביה. נמצא שלא היה לה אב משעה שנראה להקרות אב:
7 וכשילדתה אמה מתה. ולא נראית לקרות אם:
8 ולרש אין כל. באוריה משתעי קרא:
9 כבשה אחת. בת שבע:
10 שהיתה מונה בהן ימי שבת. שהיתה משרתת לה אחת באחד בשבת ואחת בשני בשבת ואחת בשלישי בשבת וכן כולן וכשהגיע יום שפחה של שבת יודעת שהיום שבת:
11 כתלי דחזירי. בקונ'וש שמינית ומתוך אונסה לא נענשה:
12 וכן הוא אומר. שהזרעונים טובים לצדיקים להבדילן ממאכל טמא:
13 ויהי המלצר נושא את בגם ויין משתיהם וגו'. וכתיב בההוא ענינא ולמקצת ימים עשרה נראה מראיהם טוב ובריאי בשר וגו':
14 אנפקינון שמן זית שלא הביא שליש. גבי מנחות תנן אין מביאין אנפקינון ואם הביא פסול ועלה קאי ר' יהודה ואמר מהו אנפקינון:
15 מעדן. מצהיב:
16 מגנותו של אותו רשע. גנותו הוא זה שהוא בועל נשים ומשלחן:
17 שהגוף נהנה מן הגוף. מפני הצינה והעיד לך הכתוב שהיו מתכונין מן השמים לחבבה על בעלה:
18 ביקש לטעום כו'. לכך נאמר מכל הנשים ומכל הבתולות:

"וַיַּעַשׂ הַמֶּלֶךְ מִשְׁתֶּה גָדוֹל,
לְכָל שָׂרָיו וַעֲבָדָיו, אֵת מִשְׁתֵּה אֶסְתֵּר,[שד]
וַהֲנָחָה לַמְּדִינוֹת עָשָׂה,[שה]
וַיִּתֵּן מַשְׂאֵת כְּיַד הַמֶּלֶךְ" (שם,יח).[שו]
עבד[1] משתיא - ולא גליא ליה,
דלי[2] כרגא - ולא גליא ליה,
שדר[3] פרדישני - ולא גליא ליה.

"וּבְהִקָּבֵץ בְּתוּלוֹת שֵׁנִית,
וּמָרְדֳּכַי יֹשֵׁב בְּשַׁעַר הַמֶּלֶךְ" (שם,יט).[שז]
אזיל שקל עצה ממרדכי,
אמר ליה:[שח]
אין אשה מתקנאה אלא בירך חבירתה.
ואפילו הכי לא גליא ליה,
דכתיב (שם,כ):
"אֵין אֶסְתֵּר מַגֶּדֶת מוֹלַדְתָּהּ וְאֶת עַמָּהּ".[שט]

אמר רבי אלעזר:
יג: מאי דכתיב (איוב לו,ז): *
"לֹא יִגְרַע מִצַּדִּיק עֵינָיו"?[4]
בשכר צניעות שהיתה בה ברחל -
זכתה[5] ויצא ממנה שאול,
ובשכר צניעות שהיתה[שי] בו בשאול -
זכה[6] ויצאת ממנו אסתר.

ומאי צניעות שהיתה[שיא] בה ברחל?
דכתיב (בראשית כט,יב):
"וַיַּגֵּד יַעֲקֹב לְרָחֵל כִּי אֲחִי אָבִיהָ הוּא",
וכי "אֲחִי אָבִיהָ הוּא"? והלא בן אחות אביה הוא!
אלא כיון דאמר לה בן רבקה אני,[שיב]
אמר לה: מינסבת לי?[שיג]
אמרה ליה: אין מנסיבנא לך,[שיד]
מיהו אבא רמאה הוא, ולא יכלת ליה.
אמר לה: אחיו אנא ברמאות.
אמרה ליה: ומי שרי לצדיקי למעבד רמאותא?[שטו]
אמר לה: אין,
דכתיב (שמואל ב כב,כז):[שטז]
"עִם נָבָר תִּתָּבָר וְעִם עִקֵּשׁ תִּתַּפָּל".
אמר לה: ומאי רמאותיה?[שיז]
אמרה ליה:
אית לי אחתא דקשישא מינאי,
ולא מנסיב לי מקמה.
מסר[7] לה סימנים,

כי מטא ליליא, אמרה: השתא מיכספא אחתאי,
מסרתינהו ניהלה.
והיינו דכתיב (בראשית כט,כה):
"וַיְהִי בַבֹּקֶר וְהִנֵּה הִוא לֵאָה",
מכלל דעד השתא לאו לאה היא?
אלא מתוך סימנין שמסרה רחל ללאה -
לא הוה ידע;
זכתה[שיח] ויצא ממנה שאול.

ומאי[שיט] צניעות היתה בשאול?
דכתיב (שמואל א י,טז):
"וַיֹּאמֶר שָׁאוּל אֶל דּוֹדוֹ,[שכ]
הַגֵּד הִגִּיד לָנוּ כִּי נִמְצְאוּ הָאֲתֹנוֹת,[שכא]
וְאֶת דְּבַר הַמְּלוּכָה לֹא הִגִּיד לוֹ, אֲשֶׁר אָמַר שְׁמוּאֵל";
זכה ויצאת ממנו אסתר;
דכתיב:[שכב]
"אֵין אֶסְתֵּר מַגֶּדֶת מוֹלַדְתָּהּ וְאֶת עַמָּהּ"[שכג]

ואמר רבי אלעזר:
כשהקדוש ברוך הוא פוסק גדולה לאדם -
פוסק לבניו ולבני בניו עד סוף כל הדורות,
שנאמר (איוב לו,ז):
"וַיֹּשִׁיבֵם[8] לָנֶצַח וַיִּגְבָּהוּ".

ואם[9] הגיס דעתו -
הקדוש ברוך הוא משפילו,
שנאמר (שם,ח):
"וְאִם אֲסוּרִים בַּזִּקִּים יִלָּכְדוּן בְּחַבְלֵי עֹנִי".[שכד]

"וְאֶת מַאֲמַר מָרְדֳּכַי אֶסְתֵּר עֹשָׂה" (אסתר ב,כ).
אמר רבי ירמיה בר אבא:[שכה]
שהיתה מראה דם נדה לחכמים.

"כַּאֲשֶׁר הָיְתָה בְאָמְנָה אִתּוֹ" (שם).
אמר רבה בר לימא:
שהיתה עומדת מחיקו של אחשורוש,
וטובלת,[10] ויושבת בחיקו של מרדכי.

"בַּיָּמִים הָהֵם, וּמָרְדֳּכַי יֹשֵׁב בְּשַׁעַר הַמֶּלֶךְ,
קָצַף בִּגְתָן וָתֶרֶשׁ" (שם,כא).
אמר רבי חייא בר אבא אמר רבי יוחנן:
הקציף הקדוש ברוך הוא -
אדון[11] על עבדיו לעשות רצון צדיק,
ומנו? יוסף,

רש"י

[1] **עבד משתיא כו'.** חוזר לכמה ענינים לפייסה שתגלה לו מולדתה ולא הועיל וסמוך לה להאי קרא ובהקבץ בתולות שנית וגו' אין אסתר מגדת מולדתה ואת עמה וגו' עבד משתיא סעודה לכבודה מה שלא עשה בשאר נשים:

[2] **דלי כרגא.** אמר בשביל אסתר אני מניח לכם מכסי גולגולתכם היינו והנחה למדינות עשה:

[3] **שדר פרדישני.** דורונות לשרים בשמה והיינו דכתיב ויתן משאת כיד המלך:

[4] **לא יגרע מצדיק עיניו.** נותן עיניו במעשה הצדיקים לשלם להם אף לימים רבים מדה במדה:

[5] **זכתה ויצא ממנה שאול.** שהיה צנוע:

[6] **זכה ויצאת ממנו אסתר.** בתרגום של מגילה מייחס מרדכי ועושהו עשירי לשאול ומשאול עד בנימין וכתיב היא אסתר בת דודו ואין לו ראיה אחרת בכתובים שיצאה משאול:

[7] **מסרתן.** ללאה והוא צניעות שלא יתפרסם הדבר שמסר לה סימנין:

[8] **שנאמר לא יגרע מצדיק עיניו.** וסיפיה דקרא ויושיבם לנצח ויגבהו והיינו גדולה לדורות:

[9] **ואם הגיס דעתו כו'.** הכי סמכי קראי ויושיבם לנצח ויגבהו ואם אסורים בזקים על ידי שמגביהין עצמן באין לידי עניות ויסורים:

[10] **וטובלת.** מחמת נקיות שלא תהא מאוסה לצדיק משכיבתו של גוי:^

[11] **אדון על עבדיו.** ויקצוף פרעה על שני סריסיו:

דכתיב (בראשית מא,יב):[שכו] "וְשָׁם אִתָּנוּ נַעַר עִבְרִי" וגו';
הקציף הקדוש ברוך הוא -[שכז]
עבדים על אדוניהן לעשות רצון צדיק,[שכח]
ומנו? מרדכי,
דכתיב (אסתר ב,כב): "וַיִּוָּדַע הַדָּבָר לְמָרְדֳּכַי" וגו'.

אמר רבי יוחנן:
בגתן ותרש שני טרסיים הוו,
והיו מספרין בלשון[1] טורסי ואומרים:
מיום שבאת זו - לא[2] ראינו שינה בעינינו,
בא ונטיל לו ארס בספל כדי שימות;
והן לא היו יודעין כי מרדכי מיושבי לשכת הגזית היה,
והיה יודע בשבעים לשון.
אמר לו: והלא אין משמרתי[3] ומשמרתך שוה?
אמר לו: אני אשמור משמרתי ומשמרתך.
והיינו דכתיב (שם,כג): "וַיְבֻקַּשׁ הַדָּבָר וַיִּמָּצֵא",
שלא נמצא במשמרתו.[שכט]

"אַחַר[4] הַדְּבָרִים הָאֵלֶּה,
גִּדַּל הַמֶּלֶךְ אֲחַשְׁוֵרוֹשׁ[של]
אֶת הָמָן בֶּן הַמְּדָתָא הָאֲגָגִי וַיְנַשְּׂאֵהוּ" (אסתר ג,א).[שלא]
אחר[5] מאי?
אמר רבא:
אחר[6] שברא הקדוש ברוך הוא רפואה למכה,
דאמר ריש לקיש:
אין הקדוש ברוך הוא מכה את ישראל -
אלא אם כן בורא להם רפואה תחילה,
שנאמר (הושע ז,א):
"כְּרָפְאִי[7] לְיִשְׂרָאֵל וְנִגְלָה עֲוֹן אֶפְרַיִם";
אבל אומות העולם אינו כן,
מכה אותן ואחר כך בורא להם רפואה,
שנאמר (ישעיהו יט,כב):
"וְנָגַף יְהֹוָה אֶת מִצְרַיִם נָגֹף וְרָפוֹא".

"וַיִּבֶז בְּעֵינָיו לִשְׁלֹחַ יָד בְּמָרְדֳּכַי לְבַדּוֹ" (אסתר ג,ו).
אמר רבא:
בתחילה "בְּמָרְדֳּכַי לְבַדּוֹ",
ולבסוף ב"עַם מָרְדֳּכָי" (שם),
ומנו? רבנן,
ולבסוף ב"כָּל הַיְּהוּדִים" (שם).

"הִפִּיל[8] פּוּר הוּא הַגּוֹרָל" (שם,ז).
תנא:
כיון שנפל פור בחדש אדר - שמח שמחה גדולה,
אמר: נפל לי פור בירח שמת בו משה;
ולא היה יודע שבשבעה[9] באדר מת, ובשבעה[10] באדר נולד.

"וַיֹּאמֶר הָמָן לַמֶּלֶךְ אֲחַשְׁוֵרוֹשׁ,[שלב] יֶשְׁנוֹ עַם אֶחָד" (שם,ח).
אמר רבא:
ליכא דידע לישנא בישא כהמן;
אמר ליה: תא ניכלינהו!
אמר ליה: מסתפינא מאלההון,[שלג]
דלא ליעביד בי כדעבד בקמאי.
אמר ליה: ישנו מן המצות.
אמר ליה: אית[11] בהו רבנן.
אמר ליה: "עַם אֶחָד" הן.

שמא תאמר - קרחה[12] אני עושה במלכותך,
"מְפֻזָּר" (שם),[שלד] מפוזרין הם "בֵּין הָעַמִּים" (שם).

שמא תאמר אית הנאה מינייהו -
"מְפֹרָד" (שם) כפרידה זו שאינה עושה פירות.

ושמא תאמר איכא מדינתא[13] מינייהו -
תלמוד לומר: "בְּכֹל מְדִינוֹת מַלְכוּתֶךָ" (שם).

"וְדָתֵיהֶם שֹׁנוֹת מִכָּל עָם" (שם),
דלא אכלי מינן, ולא שתי מינן,[שלה]
ולא[14] נסבי מינן, ולא מנסבי לן.

"וְאֶת[15] דָּתֵי הַמֶּלֶךְ אֵינָם עֹשִׂים" (שם),
דמפקי לכולא שתא בשה"י[16] פה"י,
ולא יהבי כרגא.[שלו]

"וְלַמֶּלֶךְ אֵין[17] שֹׁוֶה לְהַנִּיחָם" (שם),
דאכלו ושתו ומבזו ליה למלכא.[שלז]

ועוד דבר אחר:[שלח]
שאפילו[שלט] נופל זבוב בכוסו של אחד מהן -
זורקו ושותהו;
ואם אדוני המלך נוגע בכוסו של אחד מהן -
חובטו בקרקע ואינו שותהו.

"אִם עַל הַמֶּלֶךְ טוֹב, יִכָּתֵב לְאַבְּדָם,
וַעֲשֶׂרֶת אֲלָפִים כִּכַּר כֶּסֶף,
אֶשְׁקוֹל עַל יְדֵי עֹשֵׂי הַמְּלָאכָה,[שמ]
לְהָבִיא אֶל גִּנְזֵי הַמֶּלֶךְ" (שם,ט).[שמא]

רש"י

1 לשון טורסי. שם מקום:
2 לא ראינו שינה. מתוך שהיתה חביבה עליו היה מרבה בתשמיש וצמא לשתות:
3 משמרתי ומשמרתך. אתה ממונה על עבודה אחת ואני ממונה על עבודה אחרת:
4 הכי גרסינן אחר הדברים האלה גדל המלך את המן וגו'. בתר בגתן ותרש כתיב:
5 וקא בעי תלמוד^ אחר מאי. מה העיד עליו הכתוב שלא גידלו עד שבא מעשה הזה:
6 אחר שברא הקדוש ב"ה רפואה למכה. העתידה לבא לאחר זמן:
7 כרפאי לישראל. ואחר כך נגלה עון אפרים ע"י מכה שאני מביא עליהן:
8 הפיל פור. ומהו פור הוא הגורל מיום ליום באיזו יום יפול הגורל וכן מחודש לחודש והגורל של כולן הטיל ביום אחד ונפל לו הגורל על אחד:
9 בשבעה באדר מת משה. שנאמר והעם עלו מן הירדן בעשור לחודש הראשון (יהושע ד) צא מהם למפרע שלשים יום באבלו של משה ושלשה ימים שהכינו להם צידה שנאמר הכינו לכם צידה כי בעוד שלשה ימים אתם עוברים וגו' (שם א) הרי בשבעה באדר מת משה:
10 ובשבעה באדר נולד. דכתיב בן מאה ועשרים שנה אנכי היום (דברים לא) היום מלאו ימי ושנותי כדאי הלידה שתכפר על המיתה:
11 אית בהו רבנן. מתשובתו של המן אנו למדין שכך היה אחשורוש משיבו:
12 קרחה אני עושה במלכותך. שמלכות אחת מליאה מהם:
13 מדינתא. מדינה קטנה:
14 ולא נסבי מינן. נשים:
15 ואת דתי המלך אינם עושים. אונגריות ומסים וגולגליות וארנונות אינן נותנין:
16 דמפקי ליה לשתא בשה"י פה"י. שבת היום פסח היום ואנו אסורים במלאכה:
17 אין שוה. אין נאה ואין חשש להניחן:

אמר ריש לקיש:
גלוי וידוע לפני מי שאמר והיה העולם -
שעתיד המן הרשע[שמב] לשקול שקלים על ישראל,
לפיכך הקדים שקליהן לשקליו;
והיינו דתנן (שקלים א:א):
באחד באדר משמיעין[1] על השקלים ועל[2] הכלאים.

"וַיֹּאמֶר הַמֶּלֶךְ לְהָמָן,
הַכֶּסֶף נָתוּן לָךְ, וְהָעָם לַעֲשׂוֹת בּוֹ כַּטּוֹב בְּעֵינֶיךָ" (שם,יא).

יד. אמר רבי אבא: *
משל[3] דאחשורוש והמן למה הדבר דומה?
לשני בני אדם,
לאחד היה לו תל בתוך שדהו,
ולאחד היה לו חריץ בתוך שדהו,
בעל חריץ אמר: מי יתן לי תל זה בדמים!
בעל התל אמר: מי יתן לי חריץ זה בדמים!
לימים נזדווגו זה אצל זה,
אמר לו בעל חריץ לבעל התל: מכור לי תילך!
אמר לו: טול אותו[שמג] בחנם, והלואי!

"וַיָּסַר הַמֶּלֶךְ אֶת טַבַּעְתּוֹ" (שם,י).
אמר רבי אבא בר כהנא:
גדולה הסרת טבעת -
יותר מארבעים ושמונה נביאים ושבע נביאות,
שנתנבאו להן לישראל,
שכולן לא[4] החזירום למוטב,
ואילו הסרת הטבעת החזירתן למוטב.

תנו רבנן:
ארבעים ושמונה נביאים ושבע נביאות נתנבאו להם לישראל,
ולא פחתו ולא הותירו על מה שכתוב בתורה,
אפילו אות אחת,[שמד] חוץ[5] ממקרא מגילה.

מאי דרוש?
אמר רבי חייא בר אבין אמר רבי יהושע בן קרחה:
קל וחומר -[שמה]
ומה מעבדות[6] לחירות - אמרינן שירה,
ממיתה לחיים - לא כל שכן?

אי הכי -
הלל[7] נמי נימא!?
אמר רבי יצחק:[שמו]
לפי שאין אומרים הלל על נס שבחוצה לארץ.

יציאת מצרים דנס שבחוצה לארץ -
היכי אמרינן שירה!?
כדתניא:
עד שלא נכנסו ישראל לארץ -
הוכשרו כל ארצות לומר שירה;
משנכנסו ישראל לארץ -
לא הוכשרו כל הארצות לומר שירה.

רב נחמן אמר:
קרייתא זו הלילא.

מתקיף[8] לה[שמז] רבא:
בשלמא[שמח] התם -
"הַלְלוּ עַבְדֵי יְהֹוָה" (תהלים קיג,א) ולא עבדי פרעה,
אלא הכא -
"הַלְלוּ עַבְדֵי יְהֹוָה" ולא עבדי אחשורוש?
אכתי[9] עבדי אחשורוש אנן!?

בין[10] לרבא בין[11] לרב נחמן קשיא - והא תניא:
משנכנסו לארץ -
לא הוכשרו[12] כל הארצות לומר שירה!?
כיון שגלו - חזרו להכשירן הראשון.

ותו[13] ליכא?
והכתיב (שמואל א א,א):
"וַיְהִי אִישׁ אֶחָד מִן הָרָמָתַיִם צוֹפִים",
ואמר רבי אבהו:[שמט]
אחד ממאתים "צוֹפִים" שנתנבאו להם לישראל!?

מיהוה טובא הוו,
כדתניא:
הרבה נביאים עמדו להם לישראל,
כפלים כיוצאי מצרים;
אלא נבואה[14] שהוצרכה לדורות - נכתבה,
ושלא הוצרכה לדורות -[שנ] לא נכתבה.

רבי שמואל בר נחמני אמר:
אדם הבא משתי רמות שצופות ורואות[שנא] זו את זו.

רבי חנין אמר:
אדם הבא מבני אדם שעומדין ברומו של עולם;
ומאן נינהו? בני קרח,
דכתיב (במדבר כו,יא): "וּבְנֵי קֹרַח לֹא מֵתוּ".

רש"י

1 משמיעין. בית דין מכריזין שיביאו שקלים למקדש:

2 ועל הכלאים. שגדלו הזרעים קצת וניצן ניכר ועוקרין אותן משדותיהן בהכרזת בית דין:

3 משל דאחשורוש והמן כו'. כלומר יש ללמוד מאחשורוש שאף בדעתו היה להשמידן:

4 להחזירן למוטב. שגזרו עליהן תעניות לתשובה כדכתיב צום ובכי ומספד שק ואפר יוצע לרבים:

5 חוץ ממקרא מגילה. ואם תאמר נר חנוכה כבר פסקו הנביאים אבל בימי מרדכי היו חגי זכריה ומלאכי:

6 מעבדות לחירות. ביציאת מצרים אמרו שירה על הים:

7 הלל נמי נימא. שהיא שירה:

8 הכי גרסי' אמר רבא בשלמא התם כו' ולא עבדי פרעה. שהרי לחירות יצאו:

9 אכתי עבדי אחשורוש אנן. דלא נגאלו אלא מן המיתה:

10 בין לרבא. דאמר להכי לא אמרי הלל דאכתי עבדי אחשורוש הוו הא לאו הכי אמרינן:

11 בין לרב נחמן. דאמר קריאת מגילה במקום הלל:

12 הוכשרו שאר ארצות לומר שירה. על נס המאורע להם:

13 ותו ליכא. נביאים:

14 נבואה שהוצרכה לדורות. ללמוד תשובה או הוראה וכל הנך מ"ח הוצרכו ובהלכות גדולות מנויין מסדר עולם אברהם יצחק יעקב משה ואהרן יהושע פנחס ויעל מלאך ה' מן הגלגל אל הבוכים (שופטים ב) זה פנחס ויבא איש האלהים אל עלי (שמואל א ב) זה אלקנה עלי שמואל גד נתן דוד שלמה עידו קרא אל המזבח בבית אל מיכיהו בן ימלה בימי אחאב עובדיה אחיה השילוני יהוא בן חנני בימי אסא עזריה בן עודד חזיאל [הלוי] מבני מתניה אליעזר בן דודו ממורישה כולן בימי יהושפט בדברי הימים (ב' יט) ובימי ירבעם בן יואש הושע עמוס ובימי יותם מיכה המורשתי ובימי אמציה אמוץ אמוץ אמר לאמציה מדוע דרשת אלהי אדום ואליהו ואלישע ויונה בן אמיתי ישעיה בימי מנשה יואל נחום חבקוק בימי יאשיה צפניה אוריה מקרית יערים ירמיה בגולה יחזקאל דניאל בשנת שתים לדריוש ברוך נריה שריה מחסיה חגי זכריה מלאכי ומרדכי בלשן בסדר עולם ועל דניאל אמרינן לעיל (ג.) אינהו נביאי ואיהו לאו נביא אלא אפיק דניאל ועייל שמעיה שאמר לרחבעם אל תעלו ואל תלחמו עם אחיכם בני ישראל שנים לא ידעתי:

תנא משום רבינו:
מקום נתבצרי[1] להם בגיהנם,
ועמדו עליו.

שבע נביאות מאן נינהו?
שרה, מרים, דבורה, חנה,
אביגיל, חולדה, ואסתר.

שרה.
דכתיב (בראשית יא,כט): "אֲבִי מִלְכָּה וַאֲבִי יִסְכָּה",
ואמר רבי יצחק:
"יִסְכָּה" זו שרה,
ולמה נקרא שמה "יִסְכָּה"?
שסכתה ברוח הקדש,
שנאמר (שם כא,יב):
"כֹּל אֲשֶׁר תֹּאמַר אֵלֶיךָ שָׂרָה שְׁמַע בְּקֹלָהּ".
דבר אחר:
"יִסְכָּה" - שהכל סוכין ביופיה.

מרים.
דכתיב (שמות טו,כ):
"וַתִּקַּח מִרְיָם הַנְּבִיאָה אֲחוֹת אַהֲרֹן".

"אֲחוֹת אַהֲרֹן".שנב
ולא אחות משה!?
אמר רב נחמן אמר רב:
שהיתה מתנבאה כשהיא "אֲחוֹת[2] אַהֲרֹן", ואומרת:
עתידה אמי שתלד בן שיושיע את ישראל;
ובשעה שנולד נתמלא כל הבית כולו אורה,
עמד אביה ונשקה על ראשה,
אמר לה: בתי נתקיימה נבואתיך;
וכיון שהשליכוהו ליאור - עמד אביה וטפחה על ראשה,
ואמר לה: בתי, היכן נבואתיך!?
היינו דכתיב (שם ב,ד):
"וַתֵּתַצַּב אֲחֹתוֹ מֵרָחֹק לְדֵעָה מַה יֵּעָשֶׂה לוֹ",שנג
לדעת מה יהא בסוף נבואתה.

דבורה.
דכתיב (שופטים ד,ד):
"וּדְבוֹרָה אִשָּׁה נְבִיאָה אֵשֶׁת לַפִּידוֹת".

מאי "אֵשֶׁת לַפִּידוֹת"?
שהיתה עושה[3] פתילות למקדש.

"וְהִיא יוֹשֶׁבֶת תַּחַת תֹּמֶר" (שם,ה).
מאי שנא "תַּחַת תֹּמֶר"?

אמר רבי שמעון בן אבשלום:
משום[4] יחוד.
דבר אחר:
מה תמר זה - אין לו אלא לב[5] אחד,
אף ישראל - איןשנד להם אלא לב אחד לאביהן שבשמים.

חנה.
דכתיב (שמואל א ב,א):
"וַתִּתְפַּלֵּל חַנָּה וַתֹּאמַר עָלַץ לִבִּי בַּיהוָה,
רָמָה קַרְנִי בַּיהוָה";
"רָמָה[6] קַרְנִי" ולא רמה פכי,
דוד ושלמה שנמשחו בקרן - נמשכה מלכותן,
שאול ויהוא שנמשחו בפך - לא נמשכה מלכותן.

"אֵין קָדוֹשׁ כַּיהוָה כִּי אֵין בִּלְתֶּךָ" (שם,ב).
אמר רב יהודה בר מנשיא:
אל תקרי: "בִּלְתֶּךָ", אלא - לבלותך,
שלא כמדת הקדוש ברוך הוא מדת בשר ודם,
מדת בשר ודם - מעשה ידיו מבלין אותו,
אבל הקדוש ברוך הוא - מבלה מעשה ידיו.

"וְאֵין צוּר כֵּאלֹהֵינוּ" (שם).
אמר רב יהודה בר מנשיא:שנה
אל תקרי: "אֵין צוּר", אלא -שנו אין צייר "כֵּאלֹהֵינוּ",
שלא כמדת הקדוש ברוך הוא מדת בשר ודם,שנז
מדת בשר ודם -שנח צר צורה על גבי הכותל,
ואינו יכול להטיל בה רוח ונשמה קרבים ובני מעים,
אבל הקדוש ברוך הוא - צר צורה בתוך צורה,
ומטיל בה רוח ונשמה קרבים ובני מעים.

אביגיל.
דכתיב (שמואל א כה,כ):
"וְהָיָה הִיא רֹכֶבֶת עַל הַחֲמוֹר וְיֹרֶדֶת בְּסֵתֶר הָהָר",
"בְּסֵתֶר הָהָר"? מן ההר מיבעי ליה!
אמר רבה בר שמואל:
על עסקי דם הבא מן הסתרים,
נטלה דם והראתה לו,
אמר לה: וכי[7] רואיןשנט דם בלילה?
אמרה לו: וכי[8] דנין דיני נפשות בלילה?
יד: אמר לה: * מורד במלכות הוא, ולא צריך למידייניה!
אמרה לו: עדיין שאול קיים, ולא יצא טבעך בעולם!
אמר לה:
"בָּרוּךְ טַעְמֵךְ,

רש"י

[1] נתבצר להם. לשון גבוה כמו ובצורות בשמים (דברים ט):
[2] כשהיא אחות אהרן. ועדיין לא נולד משה:
[3] פתילות למקדש. משכן שילה:
[4] משום יחוד. שהוא גבוה ואין לו צל ואין אדם יכול להתייחד שם עמה כמו בבית:
[5] לב אחד. שרף יש לו כמו אילן אבל אין לו בענפיו אלא בגזעו על פני כל גובהו:
[6] רמה קרני ולא רמה פכי. זו היא נבואתה שנתנבאית על שאול ויהוא שלא תימשך מלכותן במשיחת דוד ושלמה כתיב קרן השמן ובמשיחת שאול ויהוא כתיב פך:
[7] וכי רואין דם בלילה. שנאמר (שמואל א' כה) אם אשאיר לנבל עד אור הבקר משתין בקיר שמע מינה דהוה בלילה וכי מראין דם בלילה אם טמא או טהור הלא צריך להבחין מראיתו אם מה' דמים הטמאים באשה הוא:
[8] וכי דנין דיני נפשות בלילה. והא כתיב (ירמיהו כא) דינו לבוקר משפט וכתיב והוקע אותם לה' נגד השמש (במדבר כה):

"וּבְרוּכָה אַתְּ אֲשֶׁר כְּלִתִנִי[1] הַיּוֹם הַזֶּה מִבּוֹא בְדָמִים" (שם,לג),
דמים[2] תרתי משמע!
אלא מלמד -
שגילתה[3] את שוקה,
והלך לאורה שלש פרסאות;
אמר לה: השמיעי לי!
אמרה לו: "לֹא תִהְיֶה זֹּאת לְךָ לְפוּקָה"[4] (שם,לא);
"זֹאת"?[5] מכלל דאיכא אחריתי?
אין, איכא[סס] מעשה דבת שבע;
ומסקנא היכי[ססא] הואי?
"וְהָיְתָה נֶפֶשׁ אֲדֹנִי צְרוּרָה בִּצְרוֹר הַחַיִּים" (שם,כט).

כי הוות מיפטרא מיניה אמרה ליה:
"וְהֵיטִב יְהֹוָה לַאדֹנִי וְזָכַרְתָּ אֶת אֲמָתֶךָ" (שם כה,לא).
אמר רב נחמן:
היינו דאמרי אינשי:
איתתא בהדי[6] שותא פילכא.
איכא דאמרי:
שפיל ואזיל בר אווזא ועינוהי מיטייפי.[7]

חולדה.
דכתיב (מלכים ב כב,יד):
"וַיֵּלֶךְ חִלְקִיָּהוּ הַכֹּהֵן וַאֲחִיקָם וְעַכְבּוֹר
וְשָׁפָן וַעֲשָׂיָה אֶל חֻלְדָּה הַנְּבִיאָה". [ססב]

ובמקום[8] דקאי ירמיה היכי מתנביא איהי!?
אמרי בי רב משמיה דרב:
חולדה קרובת ירמיה היתה, ולא היה[ססג] מקפיד עליה.

ויאשיה גופיה,
היכי שביק ירמיה ומשדר לגבה!?
אמרי דבי רבי שילא:
מפני שהנשים רחמניות הן.

רבי יוחנן אמר:
ירמיה לא הוה התם,
שהלך להחזיר עשרת השבטים.

ומנלן דאהדור?
דכתיב (יחזקאל ז,יג):
"כִּי[9] הַמּוֹכֵר אֶל הַמִּמְכָּר לֹא יָשׁוּב",

אפשר[10] יובל בטל ונביא מתנבא עליו שיבטל?
אלא[11] מלמד שירמיה החזירן,
ויאשיהו בן אמון מלך עליהן,
דכתיב (מלכים ב כג,יז):
"וַיֹּאמֶר[12] מָה הַצִּיּוּן הַלָּז אֲשֶׁר אֲנִי רֹאֶה,
וַיֹּאמְרוּ אֵלָיו אַנְשֵׁי הָעִיר,
הַקֶּבֶר אִישׁ הָאֱלֹהִים אֲשֶׁר בָּא מִיהוּדָה,
וַיִּקְרָא אֶת הַדְּבָרִים הָאֵלֶּה
אֲשֶׁר עָשִׂיתָ עַל הַמִּזְבַּח בֵּית[ססד] אֵל",
וכי מה[13] טיבו של יאשיהו על המזבח ב"בֵית אֵל"?
אלא מלמד שיאשיהו מלך עליהן.

רב נחמן אמר: מהכא:
"גַּם יְהוּדָה שָׁת[14] קָצִיר לָךְ, בְּשׁוּבִי שְׁבוּת עַמִּי" (הושע ו,יא).

אסתר.
דכתיב (אסתר ה,א):
"וַיְהִי בַּיּוֹם הַשְּׁלִישִׁי וַתִּלְבַּשׁ אֶסְתֵּר מַלְכוּת",
בגדי מלכות מיבעי ליה!
אלא שלבשתה רוח הקדש,
כתיב הכא: "וַתִּלְבַּשׁ",
וכתיב התם (דברי הימים א יב,יט): "וְרוּחַ לָבְשָׁה אֶת עֲמָשַׂי" וגו'.

אמר רב נחמן:
לא[15] יאה יהירותא לנשי,
תרתי נשי יהירן הויין, וסניין[16] שמייהו,
חדא שמה - זיבורתא,[17]
וחדא שמה - כרכושתא.[18]

זיבורתא כתיב בה (שופטים ד,ו): "וַתִּשְׁלַח וַתִּקְרָא לְבָרָק",
ואילו איהי לא אזלה לגביה.
כרכושתא כתיב בה (מלכים ב כב,טו/דה"י ב לד,כג): "אִמְרוּ לָאִישׁ",
ולא אמרה אמרו למלך.

אמר רב נחמן:
חולדה מבני בניו של יהושע היתה,
כתיב הכא (שם,יד): "בֶּן[19] חַרְחַס",
וכתיב התם (יהושע כד,ל): "בְּתִמְנַת חֶרֶס".

רש"י

1 כליתני. מנעת אותי:
2 בדמים. דם נדה ושפיכות דמים:
3 שגילתה שוקה. ונתאוה לה ותבעה ולא שמעה לו כדמסיים ואזיל:
4 לפוקה. כמו פיק ברכים (נחום ב):
5 הכי גרסי' זאת מכלל דאיכא אחריתי ומאי ניהו מעשה דבת שבע ומסקנא הכי הוה. והכי פירושה מדקאמרה ליה ולא תהיה זאת לך לפוקה מכלל שהתנבאת' לו שסופו להכשל בביאה אחרת ומאי ניהו בת שבע ומסקנא הכי הוה סוף שעלתה לו כך אלמא נביאה הוות שנתקיימה נבואתה:
6 בהדי שותא פילכא. עם שהאשה מדברת היא טווה כלומר עם שהיא מדברת עמו על בעלה הזכירה לו את עצמה שאם ימות ישאנה:
7 מיטייפי. צופין למרחוק ודוגמתו במס' כתובות (ס.) נטוף עיניך:
8 ובמקום ירמיה היכי מיתנביא היא. הרי ירמיה עמד משנת י"ג ליאשיה שנאמר אשר היה דבר ה' אל ירמיה וגו' (ירמיהו א) והספר נמצא בשנת י"ח ליאשיה ועליו שלח אצל חולדה:
9 כי המוכר אל הממכר לא ישוב. יחזקאל אמרו והוא נתנבא בתוך (י"ד) שנה שבין גלות יכניה לחרבות ירושלים ומתנבא שיהא בטל היובל והמוכר שדהו לא ישוב לו:
10 אפשר יובל בטל. משגלו עשרת השבטים בימי חזקיה שנאמר לכל יושביה (ויקרא כה) בזמן שכל יושביה עליה ולא בזמן שגלו מקצתן נמצא משגלו שבט ראובן וגד וחצי שבט מנשה [כבר] בטלו היובלות ויחזקאל היה מתנבא לאחר זמן שיבטל:
11 אלא מלמד שירמיה החזירן. באותה שנה שנמצא הספר והיא שנת שמונה עשרה ליאשיהו וכשלח על דברי הספר אצל חולדה לא היה שם ירמיה וחזרו למנות את היובל ולא הספיקו למנות אלא שמיטות עד שחרב הבית:
12 ויאמר מה הציון הלז. ביאשיהו כתיב בהיותו בבית אל ושרף עצמות הכומרים בבית אל על המזבח שעשה ירבעם:
13 מה טיבו בבית אל. והלא (משל) מלכי ישראל היה שהרי שם העמיד ירבעם את העגל:
14 שת קציר. עשה חיל וגדולה כמו ועשה קציר כמו נטע (איוב יד):
15 לא נאה יוהרא לנשי. לא נאה חשיבות לנשים:
16 וסניין שמייהו. שמותיהן מאוסות:
17 זיבורתא. דבורה:
18 כרכושתא. חולדה:
19 בן חרחס. ואע"ג דקרא על בעלה קא מסהיד מיהו במעשיה כתיב:

איתיביה רב עינא סבא לרב נחמן:
שמונה נביאים והם כהנים יצאו מרחב הזונה,
ואלו הן:
נריה, ברוך, ושריה, מחסיה,
ירמיה, חלקיה, חנמאל, ושלום;
רבי יהודה אומר:
אף חולדה הנביאה מבני בניה של רחב הזונה היתה,
כתיב הכא (מלכים ב כב,יד): "בֶּן תִּקְוָה",
וכתיב התם (יהושע ב,יח): "אֶת תִּקְוַת חוּט הַשָּׁנִי"!?
אמרי[1] ליה: עינא סבא! ואמרי לה: פתיא אוכמא!
מיני ומינך תסתיים שמעתא,
דאיגיירא ונסבה יהושע.

ומי הוו ליה זרעא ליהושע?
והכתיב (דברי הימים א ז,כז): "נוֹן[2] בְּנוֹ יְהוֹשֻׁעַ בְּנוֹ"!?
בני - לא הוו ליה,
טו. בנתן - הוו ליה. *

בשלמא[3] אינהו - מיפרשי,
אלא אבהתייהו מנלן?
כדעולא, דאמר עולא:
כל מקום -
ששמו ושם אביו בנביאות - בידוע שהוא נביא בן נביא,
שמו ולא שם אביו - בידוע שהוא נביא ולא בן נביא,
שמו ושם עירו מפורש - בידוע שהוא מאותה העיר,
שמו ולא שם עירו - בידוע שהוא מירושלים.

במתניתא תנא:
כל שמעשיו ומעשה אבותיו סתומין,
ופרט לך הכתוב באחד מהן לשבח,
כגון
"דְּבַר יְהוָה,
אֲשֶׁר הָיָה אֶל צְפַנְיָה בֶּן כּוּשִׁי בֶן גְּדַלְיָה" (צפניה א,א) -
בידוע שהוא צדיק בן צדיק;
וכל שפרט לך הכתוב באחד מהן לגנאי,
כגון -
"וַיְהִי בַּחֹדֶשׁ הַשְּׁבִיעִי,
בָּא יִשְׁמָעֵאל[4] בֶּן נְתַנְיָה בֶּן אֱלִישָׁמָע" (מלכים ב כה,כה) -
בידוע שהוא רשע בן רשע.

אמר רב:[שסה]
מלאכי זה מרדכי,
ולמה נקרא שמו מלאכי?
שהיה משנה למלך.

מיתיבי:
ברוך בן נריה, ושריה בן מחסיה,[שסו]
ודניאל איש חמודות,[שסז] ומרדכי בלשן,
וחגי, וזכריה[שסח] ומלאכי -
כולן נתנבאו בשנת[5] שתים לדריוש,
קא חשיב מרדכי וקא חשיב מלאכי!?[שסט]
תיובתא.

תניא:
אמר רבי יהושע בן קרחה: מלאכי זה עזרא;
וחכמים אומרים: מלאכי שמו.

אמר רב נחמן בר יצחק:[שע]
מסתברא כמאן דאמר: מלאכי זה עזרא,
דכתיב בנביאות מלאכי (מלאכי ב,יא):
"בָּגְדָה[6] יְהוּדָה, וְתוֹעֵבָה נֶעֶשְׂתָה בְיִשְׂרָאֵל וּבִירוּשָׁלָ͏ִם,
כִּי חִלֵּל יְהוּדָה קֹדֶשׁ יְהוָה אֲשֶׁר אָהֵב,
וּבָעַל בַּת אֵל נֵכָר";
ומאן אפריש נשים נכריות מישראל?[שעא] עזרא,
דכתיב (עזרא י,ב):
"וַיַּעַן שְׁכַנְיָה בֶן יְחִיאֵל מִבְּנֵי עֵילָם (כתיב - עולם),
וַיֹּאמֶר לְעֶזְרָא,
אֲנַחְנוּ מָעַלְנוּ בֵאלֹהֵינוּ וַנֹּשֶׁב נָשִׁים נָכְרִיּוֹת".

תנו רבנן:
ארבע נשים יפיפיות היו בעולם:
שרה, רחב, אביגיל,[שעב] ואסתר.

ולמאן דאמר: אסתר ירקרוקת היתה -
מפיק אסתר, ומעייל ושתי.

תנו רבנן:
רחב - בשמה[7] זינתה,
יעל - בקולה,
אביגיל - בזכירתה,
מיכל בת שאול - בראייתה.

אמר רבי יצחק:
כל האומר רחב רחב - מיד ניקרי.[8]
אמר ליה רב נחמן:
אנא אמינא רחב רחב, ולא איכפת לי!?
אמר ליה: כי קאמינא - ביודעה ובמכירה.

"וּמָרְדֳּכַי יָדַע אֶת כָּל אֲשֶׁר נַעֲשָׂה" (אסתר ד,א).
מאי[9] אמר?

רש"י

[1] **אמר ליה עינא סבא מיני ומינך תסתיים שמעתא.** כלומר על ידי ועל ידך תתפרש אמיתו של דבר הא והא הואי:

[2] **נון בנו יהושע בנו.** את שבט אפרים מייחס הכתוב עד יהושע ומיהושע למטה לא ייחס איש:

[3] **בשלמא.** ירמיה וחנמאל דכתיב ויבא אלי חנמאל בן דודי כדבר ה' (ירמיהו לב) ברוך ושריה מצינו שהיו תלמידי ירמיה ברוך דכתיב מפיו יקרא אלי את הדברים האלה ואני כותב על הספר בדיו (ירמיהו לו) ושריה בתוך ספר ירמיה (נא) הדבר אשר צוה ירמיה את שריה בן מחסיה וגו' ומצינו בתלמידי נביאים שהיו נביאים נחה רוח אליהו על אלישע ויהושע תלמיד משה ולקמן תניא בברייתא ברוך בן נריה ושריה בן מחסיה ודניאל ומרדכי וחגי זכריה ומלאכי כולן נתנבאו בשנת שתים לדריוש:

[4] **ישמעאל בן נתניה.** הוא שהרג את גדליהו בן אחיקם הצדיק:

[5] **בשנת שתים לדריוש.** האחרון נתנבאו לבני הגולה שיחזרו לבית המקדש שנתבטלה המלאכה זה שמונה עשרה שנה על ידי שמרונים משהתחילו בה בימי כורש:

[6] **בגדה יהודה.** סיפיה דקרא ובעל בת אל נכר:

[7] **בשמה זינתה.** המזכיר את שמה נגרר אחר תאות זנות:

[8] **נקרי.** רואה קרי:

[9] **ה"ג מאי אמר.** כשצעק צעקה גדולה ומרה מה היה אומר בצעקתו:

רבי[1] אמר: גבה[2] המן מאחשורוש!
ושמואל אמר: גבר[3] מלכא עילאה ממלכא תתאה!

"וַתִּתְחַלְחַל[4] הַמַּלְכָּה" (שם,ד).
מאי "וַתִּתְחַלְחַל"?
אמר רב:
שפירסה נדה;
ורבי ירמיה אמר:
שהוצרכה לנקביה.

"וַתִּקְרָא אֶסְתֵּר לַהֲתָךְ" (שם,ה).
אמר רב:
"הֲתָךְ" זה דניאל,
ולמה נקרא שמו "הֲתָךְ"? שחתכוהו[5] מגדולתו.
ושמואל אמר:
שכל דברי מלכות נחתכין על פיו.

"לָדַעַת מַה זֶּה וְעַל מַה זֶּה" (שם).
אמר רבי יצחק:
שלחה לו:
שמא עברו ישראל על חמשה חומשי תורה,
דכתיב בהן (שמות לב,טו): "מִזֶּה וּמִזֶּה הֵם כְּתֻבִים".

"וַיַּגִּידוּ לְמָרְדֳּכַי אֵת דִּבְרֵי אֶסְתֵּר" (אסתר ד,יב).
ואילו[6] איהו לא אזל לגביה;
מכאן שאין משיבין על[7] הקלקלה.

"לֵךְ כְּנוֹס אֶת כָּל הַיְּהוּדִים" וגו' (שם,טז).
מאי[שעג] "אֲשֶׁר לֹא כַדָּת" (שם)?
אמר רבי אבא:
ש"לֹא כַדָּת" היה,
שבכל יום ויום עד[8] עכשיו - באונס,
ועכשיו -[9] ברצון.

"וְכַאֲשֶׁר אָבַדְתִּי אָבָדְתִּי" (שם).
כשם ש"אָבַדְתִּי" מבית אבא -
כך אובד[10] ממך.

"וַיַּעֲבֹר מָרְדֳּכָי" (שם,יז).
אמר רב:
שהעביר יום[11] ראשון של פסח בתענית;
ושמואל אמר:
דעבר[12] ערקומא דמיא.

"וַיְהִי בַּיּוֹם הַשְּׁלִישִׁי וַתִּלְבַּשׁ אֶסְתֵּר מַלְכוּת" (שם ה,א).
בגדי מלכות מיבעי ליה!?
אמר רבי אלעזר אמר רבי חנינא:
מלמד שלבשתה רוח הקדש,
כתיב הכא: "וַתִּלְבַּשׁ",
וכתיב התם (דברי הימים א יב,יט): "וְרוּחַ לָבְשָׁה אֶת עֲמָשַׂי".

ואמר רבי אלעזר אמר רבי חנינא:
לעולם אל תהי ברכת הדיוט קלה בעיניך,
שהרי שני גדולי הדור ברכום שני הדיוטות ונתקיימה בהן,
ואלו הן: דוד ודניאל,
דוד - דברכיה ארונה, דכתיב (שמואל ב כד,כג):
"וַיֹּאמֶר אֲרַוְנָה אֶל הַמֶּלֶךְ יְהוָה אֱלֹהֶיךָ יִרְצֶךָ";
דניאל - דברכיה דריוש,
דכתיב (דניאל ו,יז):
"אֱלָהָךְ דִּי אַנְתְּ (כתיב - אנתה) פָּלַח לֵהּ בִּתְדִירָא,
הוּא יְשֵׁיזְבִנָּךְ".

ואמר רבי אלעזר אמר רבי חנינא:
אל תהי קללת הדיוט קלה בעיניך,
שהרי אבימלך קלל את שרה (בראשית כ,טז):
"הִנֵּה הוּא לָךְ כְּסוּת עֵינַיִם",
ונתקיים בזרעה -
"וַיְהִי כִּי זָקֵן יִצְחָק וַתִּכְהֶיןָ עֵינָיו" (שם כז,א).

ואמר רבי אלעזר אמר רבי חנינא:
בא וראה שלא כמדת הקדוש ברוך הוא מדת בשר ודם,
מדת בשר ודם -
אדם שופת[13] קדרה ואחר כך נותן לתוכה מים,
אבל הקדוש ברוך הוא -
נותן מים ואחר כך שופת הקדרה,
לקיים מה שנאמר (ירמיהו י,יג):
"לְקוֹל תִּתּוֹ הֲמוֹן מַיִם בַּשָּׁמַיִם".

ואמר רבי אלעזר אמר רבי חנינא:
כל האומר דבר בשם אומרו -
מביא גאולה לעולם,
שנאמר (אסתר ב,כב):
"וַתֹּאמֶר אֶסְתֵּר לַמֶּלֶךְ בְּשֵׁם מָרְדֳּכָי".

ואמר רבי אלעזר אמר רבי חנינא:
צדיק אבד - לדורו אבד.

רש"י

1 רב אמר. כך היה צועק:
2 גבה המן מאחשורוש. שמלאו לבו לדבר מה שלא עלה על לב אחשורוש:
3 גבר מלכא עילאה. כינוי הוא להיפוך בלשון נקיה:
4 ותתחלחל. נתמסמס חלל גופה:
5 שחתכוהו מגדולתו. בימי אחשורוש שהרי בלשצר השליטו תלתא במלכותו וכן דריוש המדי שנאמר ועלה מנהון סרכיא תלתא די דניאל חד מנהון (דניאל ו) וכן כורש שנאמר ודניאל הצלח במלכות דריוש ובמלכות כורש פרסאה (שם) וכשמלך אחשורוש חתכו מגדולתו:
6 ואלו איהו. דניאל לא אזיל להשיב שליחותו:
7 על הקלקלה. שהיתה אסתר מונעת לבא אל המלך לפיכך לא השיב התך את שליחותו ואסתר שלחה דבריה ע"י אחרים:
8 עד עכשיו. נבעלתי באונס:
9 ועכשיו. מכאן ואילך מדעתי:
10 אבדתי ממך. ואסורה אני לך דאשת ישראל שנאנסה מותרת לבעלה וברצון אסורה לבעלה:
11 יו"ט ראשון של פסח. שהרי בי"ג בניסן נכתבו האגרות וניתן הדת בשושן וי"ד וחמשה עשר וששה עשר התענו ובששה עשר נתלה המן בערב:
12 דעבר ערקומא דמיא. לאסוף היהודים שבעבר השני:
13 שופת את הקדרה. מושיבה על הכירה היא קרויה שפיתה:

משל לאדם שאבדה לו מרגלית,
כל מקום שהיא - מרגלית שמה,
לא אבדה אלא לבעלה.

"וְכָל זֶה אֵינֶנּוּ שֹׁוֶה לִי" (אסתר ה,יג).[שעד]
אמר רבי אלעזר אמר רבי חנינא:
בשעה שראה המן את מרדכי יושב בשער המלך -
אמר:
"כָּל זֶה אֵינֶנּוּ שֹׁוֶה לִי".

כדרב חסדא,
דאמר רב חסדא:
זה בא בפרוזבולי,[2]
טו: וזה בא * בפרוזבוטי.[3]
אמר רב פפא:
וקרו ליה עבדא דמזדבן בטלמי.

"וְכָל זֶה אֵינֶנּוּ שֹׁוֶה לִי".
מלמד שכל גנזיו של אותו רשע חקוקין על לבו,
ובשעה שרואה את מרדכי יושב בשער המלך,
אמר:
"כָּל זֶה אֵינֶנּוּ שֹׁוֶה לִי".

ואמר רבי אלעזר אמר רבי חנינא:
עתיד הקדוש ברוך הוא להיות עטרה בראש כל צדיק וצדיק,
שנאמר (ישעיהו כח,ה):
"בַּיּוֹם הַהוּא יִהְיֶה יְהֹוָה צְבָאוֹת לַעֲטֶרֶת צְבִי,
וְלִצְפִירַת תִּפְאָרָה לִשְׁאָר עַמּוֹ".[שעה]

מאי "לַעֲטֶרֶת צְבִי וְלִצְפִירַת תִּפְאָרָה"?
לעושין צביונו ולמצפין תפארתו.

יכול - לכל;
תלמוד לומר: "לִשְׁאָר עַמּוֹ",
למי שמשים עצמו כשירים.

"וּלְרוּחַ[5] מִשְׁפָּט" (שם,ו).
זה הדן[6] את יצרו.

"לַיּוֹשֵׁב עַל הַמִּשְׁפָּט" (שם).[שעו]
זה הדן דין אמת לאמתו.

"וְלִגְבוּרָה" (שם).
זה המתגבר[7] על יצרו.

"מְשִׁיבֵי מִלְחָמָה" (שם).
שנושאין ונותנין במלחמתה של תורה.

"שָׁעְרָה" (שם).
אלו תלמידי חכמים,
שמשכימין[8] ומעריבין בבתי כנסיות ובבתי מדרשות.

אמרה מדת הדין לפני הקדוש ברוך הוא: רבונו של עולם,
מה נשתנו אלו מאלו!?
אמר לה הקדוש ברוך הוא:
ישראל - עסקו בתורה,
אומות העולם - לא עסקו בתורה;
אמר ליה:
"וְגַם[9] אֵלֶּה בַּיַּיִן[10] שָׁגוּ וּבַשֵּׁכָר תָּעוּ...
פָּקוּ[11] פְּלִילִיָּה",
ואין[שעז] "פָּקוּ" אלא גיהנם,
שנאמר (שמואל א כה,לא):
"וְלֹא תִהְיֶה זֹאת לְךָ לְפוּקָה";
ואין "פְּלִילִיָּה" אלא דיינין,
שנאמר (שמות כא,כב): "וְנָתַן בִּפְלִלִים".

"וַתַּעֲמֹד בַּחֲצַר בֵּית הַמֶּלֶךְ הַפְּנִימִית" (אסתר ה,א).
אמר רבי לוי:
כיון שהגיעה לבית הצלמים -
נסתלקה הימנה שכינה,
אמרה: "אֵלִי[12] אֵלִי לָמָה עֲזַבְתָּנִי" (תהלים כב,ב),
שמא אתה דן על שוגג כמזיד ועל[13] אונס כרצון?
או שמא על שקראתיו כלב,
שנאמר (שם,כא):
"הַצִּילָה[14] מֵחֶרֶב נַפְשִׁי מִיַּד כֶּלֶב יְחִידָתִי".
חזרה וקראתו אריה,
שנאמר (שם,כב): "הוֹשִׁיעֵנִי מִפִּי אַרְיֵה".

"וַיְהִי כִרְאוֹת הַמֶּלֶךְ אֶת אֶסְתֵּר הַמַּלְכָּה" (אסתר ה,ב).
אמר רבי יוחנן:
שלשה מלאכי השרת נזדמנו לה באותה שעה:
אחד - שהגביה את צוארה,
ואחד - שמשך חוט של חסד עליה,
ואחד - שמתח את השרביט.

וכמה?
אמר רבי ירמיה:
שתי אמות היה, והעמידו על שתים עשרה;
ואמרי לה: על שש עשרה;
רבי יהושע בן לוי אמר:[שעח] על עשרים וארבע;
ואמרי לה: עשרים ושמנה;[שעט]
רב חסדא אמר[שפ] אבימי:[שפא] על ששים;

רש"י

1 **וזה בא בפרוזבולי.** מרדכי בא אליו בטענת עושר המן בא בטענת עוני שמכר המן את עצמו למרדכי קודם לכן ימים רבים בככרי לחם:
2 **בולי.** לשון עושר כדאמרינן (גיטין לז.) ושברתי את גאון עוזכם אלו בולאות שביהודה:
3 **בוטי.** לשון עניות כמו והעבט תעביטנו (דברים טו) במסכת גיטין (לז.):
4 **בטולמי.** נהמא בככרות לחם עשרים לחם שעורים (מלכים ב ד) מתרגמינן עשרין טולמין דלחמא:
5 **לרוח משפט.** לשופטים את רוחן יהיה לעטרה:
6 **דן את יצרו.** כופהו לשוב בתשובה:
7 **ומתגבר על יצרו.** אינו הולך אחריו לעבור עבירה:
8 **שמשכימין כו'.** והיינו שערה שעושין [שנעשים שוערים] לפתוח דלתות בהשכמה ולאחר [שם עד] זמן נעילתו:
9 **גם אלה.** אלו הרשעים הנידונין בגיהנם:
10 **ביין שגו.** כלומר אף הם עשו כהם לפיכך דנם:
11 **פקו פליליה.** לגיהנם נשפטו:
12 **אלי אלי למה עזבתני.** במזמור אילת השחר הוא:
13 **על אונס.** [אע"פ] שאני באה אליו מאלי אונס הוא:
14 **הצילה מחרב נפשי.** באותו מזמור הוא:

וכן אתה מוצא באמתה[1] של בת פרעה,
וכן אתה מוצא בשיני[2] רשעים,
דכתיב (תהלים ג,ח): "שִׁנֵּי רְשָׁעִים שִׁבַּרְתָּ",
ואמר ריש לקיש:
אל[3] תקרי: "שִׁבַּרְתָּ", אלא - שריבבת;

רבה בר עופרן אמר משום רבי אלעזר ששמע מרבו ורבו מרבו:
מאתים.

"וַיֹּאמֶר לָהּ הַמֶּלֶךְ,
מַה לָּךְ אֶסְתֵּר הַמַּלְכָּה וּמַה בַּקָּשָׁתֵךְ,
עַד חֲצִי הַמַּלְכוּת" (אסתר ח,ג).[שפב]
"חֲצִי הַמַּלְכוּת", ולא כל המלכות,
ולא[4] דבר שחוצץ למלכות;
ומאי ניהו? בנין בית המקדש.

"וַתֹּאמֶר אֶסְתֵּר, אִם עַל הַמֶּלֶךְ טוֹב,[שפג]
יָבוֹא הַמֶּלֶךְ וְהָמָן" (שם,ד).
תנו רבנן:
מה ראתה אסתר שזימנה את המן?
רבי אליעזר אומר:
פחים טמנה לו,
שנאמר (תהלים סט,כג):
"יְהִי שֻׁלְחָנָם לִפְנֵיהֶם לְפָח, וְלִשְׁלוֹמִים לְמוֹקֵשׁ";[שפד]

רבי יהושע אומר:
מבית[5] אביה למדה,
שנאמר (משלי כה,כא-כב):
"אִם רָעֵב שֹׂנַאֲךָ הַאֲכִלֵהוּ לָחֶם,
וְאִם צָמֵא הַשְׁקֵהוּ מָיִם,[שפה]
כִּי גֶחָלִים אַתָּה חֹתֶה עַל רֹאשׁוֹ,[שפו]
וַיהוָה יְשַׁלֶּם לָךְ";[שפז]

רבי מאיר אומר:
כדי שלא יטול עצה וימרוד;[6]

רבי יהודה אומר:
כדי שלא יכירו בה שהיא יהודית;

רבי נחמיה אומר:
כדי שלא יאמרו ישראל -
אחות יש לנו בבית המלך, ויסיחו דעתן מן הרחמים;

רבי יוסי אומר:
כדי שיהא[7] מצוי לה בכל עת;

רבי שמעון בן מנסיא אומר:
אולי ירגיש[8] המקום ויעשה לנו נס;

רבי יהושע בן קרחה אומר:
אסביר לו פנים כדי שיהרג[9] הוא והיא;

רבן גמליאל אומר:
מלך[10] הפכפכן היה;

אמר רבן גמליאל:
עדיין צריכין אנו למודעי,
רבי[שפח] אליעזר המודעי אומר:
קנאתו במלך, קנאתו בשרים;

רבה אמר:
"לִפְנֵי שֶׁבֶר גָּאוֹן" (משלי טז,יח);

אביי ורבא דאמרי תרוייהו:
"בְּחֻמָּם[11] אָשִׁית אֶת מִשְׁתֵּיהֶם,
וְהִשְׁכַּרְתִּים לְמַעַן יַעֲלֹזוּ,[שפט]
וְיָשְׁנוּ שְׁנַת עוֹלָם וְלֹא יָקִיצוּ" (ירמיהו נא,לט).[שצ]

אשכחיה רבה בר אבוה לאליהו,
אמר ליה: כמאן חזיא אסתר ועבדא הכי?
אמר ליה: ככולהו תנאי וככולהו אמוראי.

"וַיְסַפֵּר לָהֶם הָמָן אֶת כְּבוֹד עָשְׁרוֹ וְרֹב בָּנָיו" (אסתר ה,יא).
וכמה רב בניו?
אמר רב:
שלשים,
עשרה - מתו,
ועשרה - נתלו,
ועשרה - מחזרין על הפתחים.

ורבנן אמרי:
אותן שמחזרין על הפתחים - שבעים הויא,
דכתיב (שמואל א ב,ה): "שְׂבֵעִים[12] בַּלֶּחֶם נִשְׂכָּרוּ",
אל תקרי: "שְׂבֵעִים", אלא - שבעים.

ורמי בר אבא אמר:
כולן מאתים ושמונה הוו,
שנאמר (אסתר ח,יא): "וְרֹב בָּנָיו".

ורוב בגימטריא מאתן וארביסר הוו!?
אמר רב נחמן בר יצחק:
"וְרֹב" כתיב.

"בַּלַּיְלָה הַהוּא נָדְדָה שְׁנַת הַמֶּלֶךְ" (שם ו,א).
אמר רבי תנחום:

רש"י

[1] אמתה של בת פרעה. ותשלח את אמתה ותקחה (שמות ב):

[2] בשיני רשעים. עוג מלך הבשן במס' ברכות פרק הרואה (נד:) [שעקר הר בת ג' פרסי להשליכו על ישראל ונתנו על ראשו ושלח הקב"ה נמלים ונקבוהו ונכנס בצוארו בקש לשומטו ונשתרבבו שיניו לכאן ולכאן]:

[3] אל תקרי שברת אלא שרבבת. גרסינן ומשיני רשעים נפיק להאי דרשה דליכתוב קרא ושן רשע אלא י' דשיני וי"ם דרשעים הרי ששים:

[4] ולא דבר שחוצץ במלכות. בנין הבית שהוא באמצע של עולם כדאמרי' בסדר יומא (נד:) אבן שתיה שממנה נשתת העולם:

[5] מבית אביה למדה. שמעה התינוקות אומרים כן:

[6] וימרוד. במלך שהיתה שעתו מצלחת:

[7] שיהא מצוי לה. אולי תוכל להכשילו בשום דבר לפני המלך:

[8] ירגיש הקב"ה. שאף אני מקרבת שונאיהן של ישראל אי נמי ירגיש שאני צריכה להחניף רשע זה ולזלזל בכבודי:

[9] שיהרג הוא והיא. שיחשדני המלך ממנו ויהרוג את שנינו [נ"א וכי גזרי גזירה ומית חד מינייהו בטלי הגזירה]:

[10] מלך הפכפך היה. וחוזר בדיבורו אמרה שמא אוכל לפתותו ולהורגו ואם לא יהא מזומן תעבור השעה ויחזור בו:

[11] בחומם אשית את משתיהם. על בלשצר וסיעתו נאמר בשובם מן המלחמה שדריוש וכורש היו צרין על בבל ונצחן בלשצר אותו היום והיו עייפים וחמים וישבו לשתות ונשתכרו ובאותו היום נהרג ואף אסתר אמרה מתוך משתיהן של רשעים באה להם פורענות:

[12] שבעים בלחם נשכרו. יונתן תרגם על בניו של המן:

נדדה שנת[1] מלכו של עולם.

ורבנן אמרי:
נדדו[2] עליונים, נדדו תחתונים.

רבא אמר:
שנת המלך אחשורוש ממש,
נפלה ליה מילתא בדעתיה,
אמר:
מאי[3] דקמן דזמינתיה אסתר להמן?
דלמא עצה קא שקלי עילויה דההוא גברא למקטליה.
הדר אמר:
אי הכי -
לא הוה גברא דרחים לי, דהוה מודע לי?
הדר אמר:
דלמא איכא איניש דעבד בי טיבותא ולא פרעתיה,
משום הכי מימנעי אינשי ולא מגלו לי.
מיד -
"וַיֹּאמֶר לְהָבִיא אֶת סֵפֶר הַזִּכְרֹנוֹת דִּבְרֵי הַיָּמִים" (שם).

"וַיִּהְיוּ נִקְרָאִים" (שם).
מלמד שנקראים מאיליהן.

"וַיִּמָּצֵא כָתוּב" (שם,ב).[4]
כתב מבעי ליה!?
טז. מלמד * ששמשי[5] מוחק, וגבריאל כותב.

אמר רבי אסי:
דרש רבי שילא איש כפר תמרתא:
ומה כתב שלמטה שלזכותן של ישראל - אינו נמחק,
כתב שלמעלה - לא כל שכן?

"לֹא נַעֲשָׂה עִמּוֹ דָּבָר" (שם,ג).
אמר רבא:
לא מפני שאוהבין את מרדכי,
אלא מפני ששונאים את המן.

"וַיֹּאמֶר הַמֶּלֶךְ מִי בֶחָצֵר,[שצא]
וְהָמָן בָּא לַחֲצַר בֵּית הַמֶּלֶךְ הַחִיצוֹנָה,[שצב]
לֵאמֹר לַמֶּלֶךְ, לִתְלוֹת אֶת מָרְדֳּכַי,[א]
עַל הָעֵץ אֲשֶׁר[ב] הֵכִין לוֹ" (שם,ד).
תנא:
"לו"[6] "הֵכִין".

"וַיֹּאמֶר הַמֶּלֶךְ לְהָמָן,[ג]
מַהֵר קַח אֶת הַלְּבוּשׁ וְאֶת הַסּוּס כַּאֲשֶׁר דִּבַּרְתָּ,[ד]
וַעֲשֵׂה כֵן לְמָרְדֳּכַי הַיְּהוּדִי" (שם,י).
אמר ליה: מנו "מָרְדֳּכַי"?
אמר ליה: "הַיְּהוּדִי".
אמר ליה: טובא מרדכי איכא ביהודאי.
אמר ליה: "הַיּוֹשֵׁב בְּשַׁעַר הַמֶּלֶךְ" (שם).
אמר ליה: סגי ליה בחד דיסקרתא,[7] אי נמי בחד נהרא.[8]
אמר ליה: הא נמי הב ליה,
"אַל תַּפֵּל דָּבָר מִכֹּל אֲשֶׁר דִּבַּרְתָּ" (שם).

"וַיִּקַּח הָמָן אֶת הַלְּבוּשׁ וְאֶת הַסּוּס" (שם,יא).
אזל אשכחיה דיתבי רבנן[9] קמיה,
ומחוי להו הלכות קמיצה.[10]
אמר[ה] להו:
במאי עסקיתו?
אמרו ליה:
בזמן שבית המקדש קיים -
מאן דמנדב מנחה מייתי מלי קומציה דסולתא ומתכפר ליה.
אמר להו:
אתא מלי קומצי קמחא דידכו,
ודחי עשרה אלפי ככרי כספא דידי.
אמרו[ו] ליה:
רשע!
עבד שקנה נכסים -
עבד למי, ונכסים למי!?

אמר ליה:
קום לבוש הני מאני, ורכוב האי סוסיא,
דבעי לך מלכא.
אמר ליה:
לא יכילנא עד דעיילנא לבי בני ואשקול[11] למזייא,
דלאו אורח ארעא לאשתמושי במאני דמלכא הכי.
שדרה אסתר ואסרתינהו[12] לכולהו בי בני,
ולכולהו אומני;[13]
עייליה איהו לבי בני, ואסחיה,
ואזיל ואייתי זוזא[14] מביתיה, וקא שקיל ביה מזייה;
בהדי דקא שקיל ליה אינגד ואיתנח.
אמר ליה:
אמאי קא מיתנחת?
אמר ליה:
גברא דהוה חשיב ליה למלכא מכולהו רברבנוהי,
השתא לישוייה בלאני וספר?
אמר ליה:

רש"י

[1] שנת מלכו של עולם. דוגמא ויקץ כישן ה' (תהלים עח) לנקום נקמתו:
[2] נדדו עליונים. שהיו מלאכים מבהילים אותו כל הלילה ואמרו לו כפוי טובה שלם טובה למי שעשאה לשון מורי ויש אומרים [נדדו עליונים] כדי שירבו בתחנונים לבקש על הדבר:
[3] מאי דקמן דזמינתיה. כלומר מה זאת הבאה לפני עכשיו דבר חדש כזה:
[4] כתוב. משמע שהיה כתוב מחדש כתב משמע מעיקרא וימצא כתוב בספר זכרון לפניו אשר הגיד מרדכי:
[5] שמשי. סופר המלך שונא ישראל היה ומימות כורש היה כמו שנאמר בספר עזרא (פרק ד) שכתב שטנה על בנין הבית עד שבא כורש וביטלו ואף בימי אחשורוש עשה כן שנאמר (שם) ובמלכות אחשורוש בתחלת מלכותו כתב שטנה:
[6] לו הכין. לצורך עצמו:
[7] דיסקרתא. כפר:
[8] נהרא. ליטול מכס:
[9] לרבנן. תלמידיו:
[10] הלכות קמיצה. דורש בענינו של יום וששה עשר בניסן היה הוא יום תנופת העומר:
[11] ואשקול למזייא. ואטול שערי:
[12] אסרתינהו. צותה עליהן להחביאן:
[13] אומני. ספרים:
[14] זוזא. זוג של ספרים כעין מספרים:

רשע!
ולאו ספר של כפר קרצום היית!

תנא:
המן ספר של כפר קרצום היה עשרים ושתים שנה.

בתר דשקלינהו למזייה -
לבשינהו למאניה,
אמר ליה: סק ורכב.
אמר ליה:
לא יכילנא,
דכחישא חילאי מימי תעניתא.
גחין וסליק.
כי סליק - בעט ביה.
אמר ליה:
לא כתיב לכו:
"בִּנְפֹל אוֹיִבְךָ (כתיב - אויביך) אַל תִּשְׂמָח" (משלי כד,יז)?!
אמר ליה:
הני מילי - בישראל,
אבל בדידכו כתיב (דברים לג,כט):
"וְאַתָּה עַל בָּמוֹתֵימוֹ תִדְרֹךְ"!

"וַיִּקְרָא לְפָנָיו,
כָּכָה יֵעָשֶׂה לָאִישׁ, אֲשֶׁר הַמֶּלֶךְ חָפֵץ בִּיקָרוֹ" (אסתר ו,יא).
כי הוה נקיט ואזיל בשבילא דבי המן,
חזיתיה ברתיה דקיימא אאיגרא,
סברה -
האי דרכיב - אבוה,
והאי דמסגי קמיה - מרדכי;
שקלה עציצא[1] דבית הכסא ושדיתיה ארישא דאבוה.
דלי עיניה וחזת דאבוה הוא,
נפלה מאיגרא לארעא ומתה.

והיינו דכתיב (שם,יב):
"וַיָּשָׁב מָרְדֳּכַי אֶל שַׁעַר הַמֶּלֶךְ",
אמר רב ששת:
ששב לשקו ולתעניתו;[2]
"וְהָמָן נִדְחַף אֶל בֵּיתוֹ אָבֵל וַחֲפוּי רֹאשׁ",
"אָבֵל" - על בתו,
"וַחֲפוּי רֹאשׁ" - על שאירע לו.

"וַיְסַפֵּר הָמָן לְזֶרֶשׁ אִשְׁתּוֹ וּלְכָל אֹהֲבָיו" וגו' (שם,יג).
קרי להו "אֹהֲבָיו", וקרי להו "חֲכָמָיו" (שם);
אמר רבי יוחנן:
כל האומר דבר חכמה,
אפילו באומות העולם - נקרא חכם.

"אִם[3] מִזֶּרַע הַיְּהוּדִים מָרְדֳּכַי" וגו' (שם).
אמרו ליה:
אי משאר שבטים קאתי - יכלת ליה,
ואי משבט יהודה ובנימן ואפרים ומנשה - לא יכלת ליה.

יהודה - דכתיב (בראשית מט,ח):
"יָדְךָ בְּעֹרֶף אֹיְבֶיךָ".
אינך - דכתיב בהו (תהלים פ,ג):
"לִפְנֵי אֶפְרַיִם וּבִנְיָמִן וּמְנַשֶּׁה עוֹרְרָה אֶת גְּבוּרָתֶךָ".

"כִּי נָפוֹל תִּפּוֹל לְפָנָיו" (אסתר ו,יג).
דרש רבי יהודה ברבי אלעאי:
שתי נפילות הללו למה?
אמרו לו:
אומה זו משולה לעפר ומשולה לכוכבים,
כשהן יורדין - יורדין עד עפר,
וכשהן עולין - עולין עד לכוכבים.

"וְסָרִיסֵי הַמֶּלֶךְ הִגִּיעוּ וַיַּבְהִלוּ" (שם,יד).
מלמדי[4] שהביאוהו בבהלה.

"כִּי נִמְכַּרְנוּ אֲנִי וְעַמִּי" וגו',
"כִּי אֵין הַצָּר שֹׁוֶה בְּנֵזֶק הַמֶּלֶךְ" (שם ז,ד).
אמרה לו:
"צָר" זה אינו "שֹׁוֶה[5] בְּנֵזֶק הַמֶּלֶךְ",
איקני בה בושתי - וקטלה,
השתא איקני בדידי - ומבעי למקטלי.

"וַיֹּאמֶר הַמֶּלֶךְ אֲחַשְׁוֵרוֹשׁ וַיֹּאמֶר לְאֶסְתֵּר הַמַּלְכָּה" (שם,ה).
"וַיֹּאמֶר" "וַיֹּאמֶר" למה לי?
אמר רבי אבהו:
בתחלה על ידי תורגמן,
כיון דאמרה ליה: מדבית שאול קאתינא,
מיד - "וַיֹּאמֶר לְאֶסְתֵּר הַמַּלְכָּה".

"וַתֹּאמֶר אֶסְתֵּר אִישׁ צַר וְאוֹיֵב הָמָן הָרָע הַזֶּה" (שם,ו).
אמר רבי אלעזר:
מלמדי[6] שהיתה מחווה כלפי אחשורוש,
ובא מלאך וסטר ידה כלפי המן.

"וְהַמֶּלֶךְ קָם בַּחֲמָתוֹ" וגו' (שם,ז),
"וְהַמֶּלֶךְ שָׁב מִגִּנַּת הַבִּיתָן" (שם,ח).
מקיש שיבה לקימה,
מה קימה - בחימה,
אף שיבה - בחימה,
דאזל ואשכח למלאכי השרת דאידמו ליה כגברי,
וקא עקרי לאילני דבוסתני,
ואמר להו: מאי עובדייכו?
אמרו ליה: דפקדינן המן.
אתא לביתיה - "וְהָמָן נֹפֵל עַל הַמִּטָּה" (שם),

רש"י

[1] עציץ. כלי חרס:
[2] ולתעניתו. יום שלישי לתענית היה שהתחילו להתענות בי"ד בניסן ומה שאמר המקרא ליום אתמול שלישי ויהי ביום השלישי ותלבש אסתר מלכות יום שלישי לשילוח הרצים היה:
[3] אם מזרע היהודים. יש זרע ביהודים שאם הוא בא מהם לא תוכל לו:
[4] מלמד שהביאוהו בבהלה. ולא רחץ יפה מטינופו:
[5] שוה. חושש:
[6] מלמד שהיתה מחווה כנגד אחשורוש. מרבוי אתה לומד איש צר ואויב המן הרע הזה:

"נָפֹל"[1]? נפל מיבעי ליה!
אמר רבי אלעזר:
מלמד שבא מלאך והפילו עליה.
אמר: ויי מביתא, ויי מברא,
"וַיֹּאמֶר הַמֶּלֶךְ הֲגַם לִכְבּוֹשׁ אֶת הַמַּלְכָּה עִמִּי בַּבָּיִת" (שם).

"וַיֹּאמֶר חַרְבוֹנָה" וגו' (שם,ט).
אמר רבי אלעזר:
אף חרבונה הרשע[ט] באותה עצה היה,
כיון שראה שלא נתקיימה עצתו - מיד ברח,
והיינו דכתיב (איוב כז,כב):
"וְיַשְׁלֵךְ[2] עָלָיו וְלֹא יַחְמֹל מִיָּדוֹ[3] בָּרוֹחַ יִבְרָח".

"וַחֲמַת הַמֶּלֶךְ שָׁכָכָה" (אסתר ז,י).
שתי שכיכות הללו למה?
אחת - של מלכו של עולם,
ואחת - של אחשורוש;
ואמרי לה:
אחת -[4] של אסתר,
ואחת - של ושתי.

"לְכֻלָּם נָתַן לָאִישׁ חֲלִפוֹת שְׂמָלֹת,
וּלְבִנְיָמִן נָתַן... חָמֵשׁ חֲלִפֹת" (בראשית מה,כב),
טז: אפשר דבר[5] שנצטער בו אותו צדיק * יכשל[6] בו?
דאמר רבא בר מחסיא אמר רב חמא בר גוריא אמר רב:
בשביל משקל שני סלעים מילת
שהוסיף יעקב ליוסף משאר אחיו -
נתגלגל הדבר, וירדו אבותינו למצרים!?
אמר רבי בנימין בר יפת:
רמז רמז לו,
שעתיד בן לצאת ממנו,
שיצא מלפני המלך בחמשה לבושי מלכות,
שנאמר (אסתר ח,טו):
"וּמָרְדֳּכַי יָצָא... בִּלְבוּשׁ מַלְכוּת תְּכֵלֶת" וגו'.

"וַיִּפֹּל עַל צַוְּארֵי בִנְיָמִן אָחִיו" (בראשית מה,יד).
כמה[7] צוארין הוו ליה לבנימין?
אמר רבי אלעזר:
בכה על שני מקדשים שעתידין להיות בחלקו של בנימין,
ועתידין ליחרב.

"וּבִנְיָמִן בָּכָה עַל צַוָּארָיו" (שם).
בכה על משכן שילה שעתיד להיות בחלקו של יוסף,
ועתיד ליחרב.

"וְהִנֵּה עֵינֵיכֶם רֹאוֹת וְעֵינֵי אָחִי בִנְיָמִין" (בראשית מה,יב).
אמר רבי אלעזר:
אמר להם:
כשם שאין בלבי על בנימין אחי שלא היה במכירתי -
כך אין בלבי עליכם.

"כִּי פִי הַמְדַבֵּר אֲלֵיכֶם" (שם).
כפי - כן לבי.

"וּלְאָבִיו שָׁלַח כְּזֹאת עֲשָׂרָה חֲמֹרִים,
נֹשְׂאִים מִטּוּב מִצְרָיִם" (שם,כג).
מאי "מִטּוּב מִצְרָיִם"?
אמר רבי בנימין בר יפת אמר רבי אלעזר:
שלח[8] לו יין ישן,
שדעת זקנים נוחה הימנו.

"וַיֵּלְכוּ גַּם אֶחָיו וַיִּפְּלוּ לְפָנָיו" (שם נ,יח).
אמר רבי בנימין בר יפת אמר רבי אלעזר:
היינו דאמרי אינשי:
תעלא[9] בעידניה -[10] סגיד ליה.

תעלא?[11]
מאי בצירותיה מאחווה!?
אלא,
אי איתמר, הכי איתמר:
"וַיִּשְׁתַּחוּ יִשְׂרָאֵל עַל רֹאשׁ הַמִּטָּה" (שם מז,לא),
אמר רבי בנימין בר יפת אמר רבי אלעזר:
היינו דאמרי אינשי:
תעלא בעידניה - סגיד ליה.

"וַיְנַחֵם אוֹתָם וַיְדַבֵּר עַל לִבָּם" (שם נ,כא).
אמר רבי בנימין בר יפת אמר רבי אלעזר:
מלמד שאמר להם דברים שמתקבלין על הלב -
ומה עשרה נרות - לא יכלו לכבות נר אחד,
נר אחד - היאך יכול לכבות עשרה נרות?

"לַיְּהוּדִים הָיְתָה אוֹרָה וְשִׂמְחָה וְשָׂשֹׂן וִיקָר" (אסתר ח,טז).
אמר רב יהודה:
"אוֹרָה" -[12] זו תורה,
וכן הוא אומר:
"כִּי נֵר מִצְוָה וְתוֹרָה אוֹר" (משלי ו,כג).

"שִׂמְחָה" - זה[13] יום טוב,
וכן הוא אומר: "וְשָׂמַחְתָּ בְּחַגֶּךָ" (דברים טז,יד).

"שָׂשֹׂן" - זו[14] מילה,

רש"י

1 נופל. לשון עושה והולך נופל ורוצה לזקוף והמלאך מפילו:
2 וישלך עליו. הקב"ה משליך פורענות על הרשע בלי חמלה:
3 מידו ברוח יברח. בני סייעתו וחבריו בורחים מידו:
4 אחת של אסתר. שהיה כעוס אחשורוש על מה שעשה המן לאסתר:
5 דבר שנצטער בו אותו צדיק. לעבד נמכר יוסף על ידי קנאת אחיו:
6 יכשל בו. גרסי' ולא גרסי' זרעו:
7 כמה צוארין היו לו לבנימין. לא גרסינן שכן דרך המקרא לכתוב צוארי לשון רבים על חלקת צואריו (בראשית כז) בכה על צואריו:
8 שיגר לו יין. לפי שדעת זקנים נוחה הימנו זה הדבר הטוב לו מן הכל:
9 תעלא. שועל:
10 בעידניה. אם תראה שעתו מצלחת:
11 תעלא. קרי ליה יוסף לפני אחיו מאי בצירותיה מאחווה:
12 אורה זו תורה. שגזר עליהן המן שלא יעסקו בתורה:
13 זהו יום טוב. קיימו עליהם ימים טובים:
14 זו מילה. ועל כל אלה גזר:

וכן הוא אומר:
"שָׂשׂ אָנֹכִי עַל אִמְרָתֶךָ"[1] (תהלים קיט,קסב).

"וִיקָר" - אלו תפלין,
וכן הוא אומר:
"וְרָאוּ כָּל עַמֵּי הָאָרֶץ כִּי שֵׁם יְהוָה נִקְרָא עָלֶיךָ,
וְיָרְאוּ מִמֶּךָּ" (דברים כח,י),
ותניא:
רבי אליעזר הגדול אומר:
אלו תפלין שבראש.

"וְאֵת פַּרְשַׁנְדָּתָא" וגו',
"עֲשֶׂרֶת בְּנֵי הָמָן" (אסתר ט,ז-י).
אמר רב אדא דמן יפו:
עשרת[2] בני המן ו"עֲשֶׂרֶת" -
צריך למימרינהו בנשימה אחת.
מאי טעמא?
כולהו בהדי הדדי נפקו נשמתייהו.

אמר רבי יוחנן:
וי"ו ד"וַיְזָתָא" (שם,ו),
צריך למימתחה בזקיפא[3] כמורדיא דלברות.
מאי טעמא?
כולהו בחד זקיפא אזדקיפו.

אמר רבי חנינא בר פפא:
דרש רבי שילא איש כפר תמרתא:
כל השירות כולן נכתבות -
אריח[4] על גבי לבינה[5] ולבינה על גבי אריח,
חוץ משירה זו ומלכי כנען,
שאריח על גבי אריח,
ולבינה על גבי לבינה.
מאי טעמא?
שלא[6] תהא תקומה למפלתן.

"וַיֹּאמֶר הַמֶּלֶךְ לְאֶסְתֵּר הַמַּלְכָּה,
בְּשׁוּשַׁן הַבִּירָה הָרְגוּ הַיְּהוּדִים" (שם,יב).
אמר רבי אבהו:
מלמד[7] שבא מלאך וסטרו על פיו.

"וּבְבֹאָהּ לִפְנֵי הַמֶּלֶךְ אָמַר עִם הַסֵּפֶר"[9] (שם,כה).
"אָמַר"? אמרה מבעי ליה!?
אמר רבי יוחנן:
אמרה לו:
יאמר[8] בפה מה שכתוב בספר.

"דִּבְרֵי שָׁלוֹם וֶאֱמֶת" (שם,ל).
אמר רבי תנחום, ואמרי לה אמר רבי אסי:
מלמד שצריכה שרטוט כאמיתה[10] של תורה.

"וּמַאֲמַר אֶסְתֵּר קִיַּם" (שם,לב).
"מַאֲמַר אֶסְתֵּר" - אין,
"דִּבְרֵי[11] הַצֹּמוֹת" (שם,לא) - לא?
אמר רבי יצחק דבי רבי אמי: הכי קאמר:[א]
"דִּבְרֵי הַצֹּמוֹת...
וּמַאֲמַר אֶסְתֵּר קִיַּם דִּבְרֵי[ב] הַפֻּרִים הָאֵלֶּה".

"כִּי מָרְדֳּכַי הַיְּהוּדִי מִשְׁנֶה לַמֶּלֶךְ אֲחַשְׁוֵרוֹשׁ,
וְגָדוֹל לַיְּהוּדִים, וְרָצוּי לְרֹב אֶחָיו" (שם י,ג).
"לְרֹב אֶחָיו", ולא לכל אחיו?
מלמד שפירשו[12] ממנו מקצת סנהדרין.

אמר רב יוסף:
גדול תלמוד תורה יותר מהצלת נפשות,
דמעיקרא - חשיב ליה למרדכי בתר ארבעה,
ולבסוף - בתר חמשה.
מעיקרא[13] כתיב (עזרא ב,ב):
"אֲשֶׁר בָּאוּ עִם זְרֻבָּבֶל,
יֵשׁוּעַ נְחֶמְיָה שְׂרָיָה רְעֵלָיָה מָרְדֳּכַי בִּלְשָׁן",
ולבסוף כתיב (נחמיה ז,ז):
"הַבָּאִים עִם זְרֻבָּבֶל,
יֵשׁוּעַ נְחֶמְיָה עֲזַרְיָה רַעַמְיָה נַחֲמָנִי מָרְדֳּכַי בִּלְשָׁן".

אמר רב, ואיתימא רב שמואל בר מרתא:
גדול תלמוד תורה יותר מבנין בית המקדש,
שכל[14] זמן שברוך בן נריה קיים -
לא הניחו עזרא ועלה.

אמר רבה אמר רב יצחק בר שמואל בר מרתא:

רש"י

[1] אמרתך. זו מילה שניתנה במאמר ולא בדיבור ויאמר ה' אל אברהם ואתה את בריתי תשמור (בראשית יז) ומצינו שדוד שמח עליה שנאמר למנצח על השמינית (תהלים ו) כשהיה בבית המרחץ וראה עצמו בלא תורה ובלא מצות כיון (שנסתכל) במילה שמח:

[2] עשרת בני המן ועשרת. הזכרת שמותן ותיבה הסמוכה אחריהן כלומר נשמתן נפלו כאחד:

[3] זקיפא. פורק"א בלעז בצד אחד זה למטה מזה:

[4] אריח. הוא הכתב:

[5] לבינה. הוא חלק שהוא כפליים מן הכתב והאריח חצי לבינה:

[6] שלא תהא להם תקומה. שלא יהא להם מקום להרחיב צעדיו תחתיו:

[7] מלמד שבא מלאך כו'. שהרי התחיל לדבר בלשון כעס וסופו אמר מה שאלתך:

[8] הכי גרסינן אמר רב נחמן יאמר בפה מה שנכתב בספרים. ולא גרסינן אמרה לו והכי פירושה סדר המקראות כך הוא וקיבל היהודים את אשר החלו לעשות כי המן בן המדתא האגגי וגו' ובבואה לפני המלך אמר עם הספר וגו' ומרדכי כתב אליהם שיעשו פורים כי המן ביקש לאבדם ומה שבאת אסתר לפני המלך [להתחנן לו] כל זה יאמר שנה בשנה:

[9] עם הספר. שתהא מגילה כתובה לפניהם בשעת קריאה:

[10] כאמיתה של תורה. כספר תורה עצמו שרטוט הלכה למשה מסיני:

[11] דברי הצומות וזעקתם ומאמר אסתר. כך סמוכים המקראות:

[12] שפירשו ממנו. לפי שבטל מדברי תורה ונכנס לשררה:

[13] מעיקרא. בימי כורש כשעלה (עם) זרובבל מן הגולה ומרדכי עמו ונמנו בספר עזרא כ"ד שנה היה בין מנין למנין בימי כורש לדריוש האחרון ולפי שנעשה מרדכי שר בינתים ירד מחשיבותו אצל חכמים:

[14] שכל זמן שברוך בן נריה קיים לא הניחו עזרא ועלה. שיש לך לתמוה למה לא עלה עזרא עם זרובבל בימי כורש עד השנה השביעית לדריוש האחרון לאחר שנבנה הבית כמו שכתוב בעזרא ויבא ירושלם בחדש החמישי היא שנת השביעית למלך וגו' (עזרא ז) ובמדרש שהיה לומד תורה מפי ברוך בן נריה בבבל וברוך לא עלה מבבל ומת שם בתוך השנים הללו ודאמרן לעיל ברוך נתנבא בשנת שתים לדריוש בבבל היה מתנבא ושולח ספרים לירושלים:

גדול תלמוד תורה יותר מכבוד אב ואם,
שכל אותן שנים שהיה יעקב[1] אבינו בבית עבר -
לא נענש עליהן.[יג]

יז. דאמר מר: *
למה[2] נמנו שנותיו של ישמעאל?
כדי ליחס[3] בהן שנותיו של יעקב;
דכתיב (בראשית כה,יז):
"וְאֵלֶּה שְׁנֵי חַיֵּי יִשְׁמָעֵאל,
מְאַת שָׁנָה וּשְׁלֹשִׁים שָׁנָה וְשֶׁבַע שָׁנִים".
כמה קשיש ישמעאל מיצחק?
ארביסר שנין,
דכתיב (שם טז,טז):
"וְאַבְרָם בֶּן שְׁמֹנִים שָׁנָה וְשֵׁשׁ שָׁנִים,
בְּלֶדֶת הָגָר אֶת יִשְׁמָעֵאל לְאַבְרָם".

וכתיב (שם כא,ה):
"וְאַבְרָהָם בֶּן מְאַת שָׁנָה,
בְּהִוָּלֶד לוֹ אֵת יִצְחָק בְּנוֹ".

וכתיב (שם כה,כו):
"וְיִצְחָק בֶּן שִׁשִּׁים שָׁנָה, בְּלֶדֶת אֹתָם".
בר כמה הוה ישמעאל כדאתיליד יעקב?
בר שבעים וארבעה.

כמה פיישן משניה?
שתין ותלת.
ותניא:[4]
היה יעקב אבינו בשעה שנתברך מאביו -
בן ששים ושלש שנה,
ובו בפרק מת ישמעאל,
דכתיב (בראשית כח,ו-ט):
"וַיַּרְא עֵשָׂו כִּי בֵרַךְ" וגו',
"וַיֵּלֶךְ עֵשָׂו אֶל יִשְׁמָעֵאל,
וַיִּקַּח אֶת מָחֲלַת בַּת יִשְׁמָעֵאל בֶּן אַבְרָהָם"[יד] אֲחוֹת נְבָיוֹת",
ממשמע שנאמר "בַּת יִשְׁמָעֵאל",
איני יודע שהיא "אֲחוֹת נְבָיוֹת"?
מלמד[5] שקידשה ישמעאל ומת,
והשיאה נביות אחיה.

שתין ותלת,
וארביסר[6] דהוה בבית לבן עד דאיתיליד יוסף -[טו]
הא שבעין ושבעה.

וכתיב (שם מא,מו):
"וְיוֹסֵף בֶּן שְׁלֹשִׁים שָׁנָה בְּעָמְדוֹ לִפְנֵי פַּרְעֹה",
הא מאה ושבע.

שב[7] דשבעא ותרתי דכפנא -
הא מאה ושיתסר.

וכתיב (שם מז,ח-ט):
"וַיֹּאמֶר פַּרְעֹה אֶל יַעֲקֹב, כַּמָּה יְמֵי שְׁנֵי חַיֶּיךָ,
וַיֹּאמֶר יַעֲקֹב אֶל פַּרְעֹה,
יְמֵי שְׁנֵי מְגוּרַי שְׁלֹשִׁים וּמְאַת שָׁנָה",
הא[טז] מאה ושיתסר הויין!
אלא שמע מינה -
ארבע עשרה שנין דהוה בבית[8] עבר -
לא חשיב להו.

תניא נמי הכי:[יז]
היה יעקב אבינו[יח] בבית עבר מוטמן ארבע עשרה שנה;
עבר מת לאחר שירד יעקב אבינו לארם נהרים שתי שנים;
יצא[9] משם ובא לו לארם נהרים,
נמצא[10] כשעמד על הבאר -
בן שבעים ושבע שנה היה.[יט]

ומנלן דלא איענש?[כ]
דתניא:
נמצא יוסף שפירש מאביו עשרים ושתים שנה,
כשם שפירש יעקב אבינו מאביו עשרים ושתים שנה;[כא]
דיעקב תלתין ושיתא הויין!
אלא[11] ארביסר דהוה בבית עבר לא חשיב להו.

סוף[12] סוף דבית לבן עשרין שנין הויין!?
אלא,
משום דאשתהי[13] באורחא תרתין שנין,
דתניא:

רש"י

1 **יעקב למד תורה י"ד שנה בבית עבר.** כשפירש מאביו ללכת לחרן ולא נענש עליהן על כיבוד אביו ובשאר כל השנים שנשתהה בבית לבן ובדרך נענש כדמפרש ואזיל:

2 **למה נמנו שנותיו של ישמעאל.** מה לנו למנות שנות הרשעים:

3 **להתייחס בהן שנותיו של יעקב.** על ידי מנין שנות ישמעאל אנו למדין [באיזה פרק משנות יעקב עברו עליו כל הקורות והמוצאות אותו מהן אנו למדין] ששימש בבית עבר י"ד כיצד אברהם בן פ"ו שנה כשנולד ישמעאל וכשנולד יצחק היה בן מאה שנה הרי היו לישמעאל י"ד שנה ויצחק קדם ליעקב ששים שנה הרי לישמעאל ע"ד כמה פיישן משנותיו של ישמעאל ס"ג נמצא שהיה יעקב כשמת ישמעאל בן ס"ג שנה:

4 **ותניא היה יעקב כו'.** ותניא נמי הכי שהיה יעקב כשנתברך מאביו בן ס"ג ובו בפרק מת ישמעאל שנאמר וילך עשו אל ישמעאל וגו':

5 **מלמד שקידשה ישמעאל.** אביה ומת והשיאה נביות אחיה:

6 **וארבע עשרה שנה.** היה יעקב בבית לבן עד דאתיליד יוסף דכתיב עבדתיך ארבע עשרה שנה בשתי בנותיך וגו' (בראשית לא) וכשנולד יוסף שלמו שני עבודות הבנות שנאמר ויהי כאשר ילדה רחל את יוסף וגו' (שם ל) ומשם והלאה עבד אותו בשכר הצאן הרי בן ע"ז היה יעקב כשנולד יוסף וכתיב ויוסף בן שלשים שנה בעמדו לפני פרעה נמצא יעקב בן מאה ושבע [שנים כשהיה יוסף בן שלשים שנה] ונשתהה יעקב לישב בארץ כנען שלא ירד למצרים:

7 **שבעה דשבעא ותרין דכפנא.** דכתיב כי זה שנתים הרעב בקרב הארץ וגו' (בראשית מה) הרי בן קי"ו היה יעקב כשירד למצרים וקרא כתיב שלשים ומאת שנה נמצא משנסע מבית אביו עד שבא לבית לבן ארבע עשר ואותן השנים היה בבית עבר ולא חשיב להו לא גרסינן הכא עד לקמן:

8 **עבר מת לאחר ירידתו של יעקב לארם נהרים.** ובא לבית לבן ועמד שם שתי שנים צא וחשוב שנותיו של עבר ונמצא שמת כשהיה יעקב בן שבעים ותשע שנה והיינו שתי שנים משבא לבית לבן כשתחשוב י"ד שנה ששימש בבית עבר:

9 **יצא.** יעקב מבית עבר שתי שנים לפני מיתתו של עבר:

10 **נמצא כשעמד כו'.** הכי גרסינן מנלן דלא איענש עלייהו דתניא נמצא יוסף כשפירש מאביו שלא ראהו עשרים ושתים שנה כדרך שפירש יעקב מבית אביו שלא כיבדו נתאבל על יוסף כ"ב שנה כיצד יוסף בן שבע עשרה שנה היה כשפירש מאביו וכשמלך על מצרים היה בן שלשים שנה שנאמר ויוסף בן שלשים שנה בעמדו לפני פרעה הרי י"ג ושבעה דשבעא ותרין דכפנא הרי עשרים ושתים שנה שנתכסה יוסף מאביו ויעקב עמד עשרים שנה בבית לבן וי"ד שנה בבית עבר:

11 **אלא שמע מינה.** י"ד דבית עבר לא חשיב להו דלא איענש עלייהו:

12 **אי הכי בצירא להו.** ואין כאן אלא עשרים דבית לבן:

13 **אישתהי ב' שנים באורחא.** דבשובו מארם נהרים לבא ליצחק אביו ויבן לו בית לימות החורף עשה סוכות ב' פעמים שני ימות הקיץ הרי י"ח ובבית אל עשה ששה חדשים כשיצא משכם שנאמר קום עלה בית אל וגו' (בראשית לה):

יצא מארם נהרים ובא לו לסכות,

ועשה שם שמונה עשר חודש,

שנאמר (בראשית לג, יז) :

"וְיַעֲקֹב נָסַע סֻכֹּתָה, וַיִּבֶן לוֹ בָּיִת,

וּלְמִקְנֵהוּ עָשָׂה סֻכֹּת",

ובבית אל עשה ששה חדשים והקריב זבחים.

הדרן עלך מגילה נקראת

פרק שני – הקורא למפרע

משנה (א-ב):
הקורא את המגילה למפרע -
לא יצא.
קראה על פה, קראה תרגום בכל לשון -
לא יצא;
אבל קורין אותה ללועזות[1] בלעז,
והלועז ששמע אשורית - יצא.

קראה סירוגין[2] ומתנמנם - יצא.
היה[3] כותבה, דורשה, ומגיהה,
אם כוון לבו - יצא,
ואם לאו - לא יצא.

היתה כתובה בסם, ובסיקרא, ובקומוס, ובקנקנתום,
על הנייר[4] ועל הדפתרא -
לא יצא;
עד שתהא כתובה אשורית על הספר[5] ובדיו.

גמרא:
מנא[6] הני מילי?
אמר רבא:
דאמר קרא (אסתר ט,כז): "כִּכְתָבָם וְכִזְמַנָּם",
מה[7] זמנם - למפרע לא,
אף כתבם - למפרע לא.

מידי קריאה כתיבה הכא?
עשייה כתיבה, דכתיב (שם):
"לִהְיוֹת עֹשִׂים אֵת שְׁנֵי הַיָּמִים"!?

אלא מהכא -
דכתיב (שם,כח):
"וְהַיָּמִים הָאֵלֶּה נִזְכָּרִים וְנַעֲשִׂים",
איתקש זכירה לעשייה,
מה עשייה - למפרע לא,
אף זכירה - למפרע לא.

תנא:
וכן בהלל,
וכן בקריתא שמע ובתפלה.

הלל.
מנלן?
רבה אמר:
דכתיב (תהלים קיג,ג): "מִמִּזְרַח[8] שֶׁמֶשׁ עַד מְבוֹאוֹ";

רב יוסף אמר:
"זֶה[9] הַיּוֹם עָשָׂה יְהוָה" (שם קיח,כד);

רב אויא אמר:
"יְהִי[10] שֵׁם יְהוָה מְבֹרָךְ" (שם קיג,ב),

ורב נחמן בר יצחק,
ואיתימא רב אחא בר יעקב אמר:
"מֵעַתָּה[ב] וְעַד עוֹלָם" (שם).

קרית שמע.
מנלן?[ג]
דתניא:
קרית שמע ככתבה,[11]
דברי רבי;
וחכמים אומרים:
בכל לשון.

מאי טעמיה דרבי?
יז: אמר קרא (דברים ו,ו): *
"וְהָיוּ",[12] בהויתן יהו.

ורבנן, מאי טעמייהו?
אמר קרא (שם,ד): "שְׁמַע",
בכל לשון שאתה שומע.

ורבי נמי,
הא כתיב: "שְׁמַע"!?
ההוא מיבעי ליה -
השמע לאזניך מה שאתה מוציא מפיך.

ורבנן!?
סברי כמאן דאמר:
הקורא את שמע ולא השמיע לאזנו -
יצא.

ורבנן נמי,
הכתיב: "וְהָיוּ"!?
ההוא מיבעי ליה -
שלא[13] יקרא למפרע.

ורבי, שלא יקרא למפרע מנא ליה?
מדברים, "הַדְּבָרִים" (שם,ו).

ורבנן!?
דברים, "הַדְּבָרִים" לא משמע להו.

רש"י

1 **פרק שני - הקורא למפרע. מתני': ללועזות.** כל שאינו לשון הקודש נקרא לעז ולקמן פריך והא אמרת קראה בכל לשון לא יצא:
2 **סירוגין.** בגמרא מפרש קורא מעט ופוסק (ושוהה) וחוזר ופוסק:
3 **היה כותבה או דורשה.** ומתוך כך קוראה אם כוון לבו יצא:
4 **דיפתרא ונייר.** מפרש בגמ':
5 **על הספר.** קלף:
6 **גמ': מנהני מילי.** דלמפרע לא יצא:
7 **מה זמנם למפרע לא.** דאי אפשר שיהא ט"ו קודם לי"ד:
8 **ממזרח שמש עד מבואו.** כשם ששקיעת וזריחת החמה לא יהפכו כך מהולל שם ה' ולא למפרע:
9 **זה היום.** כסדר היום שאינו משתנה בשעותיו להיפך כך למפרע לא:
10 **יהי שם ה' מבורך.** כהוייתו יהא הלול השם וברכתו כסדרו:
11 **ככתבה.** בלשון הקודש ולא בלשון אחר:
12 **והיו.** הדברים האלה בהוייתן בלשון הקודש:
13 **שלא יקרא למפרע.** אלמא קריאת שמע למפרע לא ומהכא יליף תנא דלעיל טעמא:

לימא קסבר רבי -
כל התורה כולה בכל[1] לשון נאמרה,
דאי סלקא דעתך בלשון הקודש נאמרה -
למה לי למכתב: "וְהָיוּ" ?
אצטריך,[2]
סלקא דעתך "שְׁמַע" כרבנן -
כתב רחמנא: "וְהָיוּ".

לימא קסברי רבנן -
כל התורה בלשון הקודש נאמרה,
דאי סלקא דעתך בכל לשון נאמרה -
למה לי למכתב: "שְׁמַע" ?
איצטריך,
סלקא דעתך אמינא "וְהָיוּ" כרבי -
כתב רחמנא: "שְׁמַע".

תפלה.
מנא לן ?
דתניא:
שמעון הפקולי[4] הסדיר שמונה עשרה ברכות
לפני רבן גמליאל על[3] הסדר ביבנה.

אמר רבי ירמיה, ואיתימא רבי חייא בר אבא,[ד]
ואמרי לה במתניתא תנא:
מאה ועשרים זקנים, ומהם[ה] כמה נביאים,
תיקנו שמונה עשרה ברכות על הסדר.

תנו רבנן:
מנין שאומרים אבות ?
שנאמר (תהלים כט,א):
"הָבוּ לַיהוָה בְּנֵי אֵלִים".
ומנין שאומרים גבורות ?
שנאמר (שם):
"הָבוּ[5] לַיהוָה כָּבוֹד וָעֹז".
ומנין שאומרים קדושות ?
שנאמר (שם,ב):
"הָבוּ לַיהוָה כְּבוֹד שְׁמוֹ,
הִשְׁתַּחֲווּ לַיהוָה בְּהַדְרַת קֹדֶשׁ".[6]

ומה[ז] ראו לומר בינה אחר קדושת השם ?[ו]
דכתיב[ז] (ישעיהו כט,כג):
"וְהִקְדִּישׁוּ אֶת קְדוֹשׁ יַעֲקֹב וְאֶת אֱלֹהֵי יִשְׂרָאֵל יַעֲרִיצוּ";
וסמיך ליה (שם,כד):
"וְיָדְעוּ תֹעֵי רוּחַ בִּינָה".

ומה ראו לומר תשובה אחר בינה ?
דכתיב (שם ו,י):
"וּלְבָבוֹ יָבִין וָשָׁב וְרָפָא לוֹ".

אי הכי -
לימא רפואה בתרה דתשובה ! ?
לא סלקא דעתך,
דכתיב (שם נה,ז):
"וְיָשֹׁב אֶל יְהוָה וִירַחֲמֵהוּ,
וְאֶל אֱלֹהֵינוּ כִּי יַרְבֶּה לִסְלוֹחַ",
אלמא בתר תשובה - סליחה.[ח]

ומאי חזית דסמכת אהא,
סמוך אהא ! ?
כתב קרא אחרינא (תהלים קג,ג-ד):
"הַסֹּלֵחַ לְכָל עֲוֹנֵכִי, הָרֹפֵא לְכָל תַּחֲלֻאָיְכִי,
הַגּוֹאֵל מִשַּׁחַת חַיָּיְכִי".
למימרא דגאולה ורפואה בתר סליחה היא.

והכתיב: "וָשָׁב וְרָפָא לוֹ" ! ?
ההוא -
לאו רפואה דתחלואים היא,
אלא רפואה דסליחה היא.

ומה ראו לומר גאולה בשביעית ?
אמר רבא:
מתוך[8] שעתידין ליגאל בשביעית,
לפיכך קבעוה בשביעית.

והאמר מר:
בששית - קולות,
בשביעית - מלחמות,
במוצאי שביעית - בן דוד בא ! ?
מלחמה נמי אתחלתא[9] דגאולה היא.

ומה ראו לומר רפואה בשמינית ?
אמר רבי אחא:
מתוך שנתנה מילה בשמינית, שצריכה רפואה,
לפיכך קבעוה בשמינית.

ומה ראו לומר ברכת השנים בתשיעית ?
אמר רבי אלכסנדרי:
כנגד מפקיעי שערים,

רש"י

[1] בכל לשון נאמרה. לקרותה בכל לשון ולכן איצטריך בקריאת שמע והיו:
[2] איצטריך. והיו דלא תימא שמע בכל לשון שאתה שומע כרבנן:
[3] על הסדר. כמשפט המקראות וכדליף לקמן:
[4] הפקולי. יש אומרים שמשתכר בצמר גפן שנקרא פקולא:
[5] הבו לה'. הזכירו לפניו את אילי הארץ:
[6] הבו לה' כבוד שמו. סיפיה דקרא בהדרת קודש:
[7] ומה ראו לומר גאולה בשביעית. ולא רפואה אחר סליחה כדכתיב קרא הסולח לכל עוניכי הרופא לכל תחלואיכי:
[8] מתוך שעתידין ליגאל בשביעית. שבוע שבן דוד בא בו חלוק משאר שנים כדאמרינן בפרק חלק (צז.) שנה ראשונה רעב ולא רעב כו' עד ובשביעית מלחמות ובמוצאי שביעית בן דוד בא:
[9] אתחלתא דגאולה היא. ואע"ג דהאי גאולה לאו גאולה דגלות היא אלא שיגאלנו מן הצרות הבאות עלינו תמיד דהא ברכת קיבוץ ובנין ירושלים וצמח דוד יש לכל אחת ואחת ברכה לעצמה לבד מגאולה זו אפילו הכי כיון דשם גאולה עלה קבעוה בשביעית:

דכתיב (תהלים י,טו):
"שְׁבֹר[1] זְרוֹעַ רָשָׁע וָרָע תִּדְרוֹשׁ רִשְׁעוֹ בַל תִּמְצָא",[ט]
ודוד כי אמרה - בפרשה[2] תשיעית אמרה.

ומה ראו לומר קיבוץ גליות לאחר ברכת השנים?
דכתיב (יחזקאל לו,ח):
"וְאַתֶּם הָרֵי יִשְׂרָאֵל,
עַנְפְּכֶם תִּתֵּנוּ וּפֶרְיְכֶם[3] תִּשְׂאוּ לְעַמִּי יִשְׂרָאֵל,
כִּי קֵרְבוּ לָבוֹא".

וכיון[4] שנתקבצו גליות - נעשה דין ברשעים,
שנאמר (ישעיהו א,כה-כו):
"וְאָשִׁיבָה יָדִי עָלַיִךְ וְאֶצְרֹף כַּבֹּר סִיגָיִךְ,
וְאָסִירָה כָּל בְּדִילָיִךְ, [י] וְאָשִׁיבָה שֹׁפְטַיִךְ כְּבָרִאשֹׁנָה".

וכיון שנעשה דין ברשעים[יב] - כלו[5] המינין,[יג]
וכולל זדים עם המינין,[יד]
שנאמר (שם א,כח):
"וְשֶׁבֶר פֹּשְׁעִים וְחַטָּאִים יַחְדָּו וְעֹזְבֵי יְהוָה יִכְלוּ".[טו]

וכיון שכלו המינין -[טז] מתרוממת קרן צדיקים,
דכתיב (תהלים עה,יא):
"וְכָל קַרְנֵי רְשָׁעִים אֲגַדֵּעַ תְּרוֹמַמְנָה קַרְנוֹת צַדִּיק",
וכולל גרים[יז] עם הצדיקים,
שנאמר (ויקרא יט,לב):
"מִפְּנֵי שֵׂיבָה תָּקוּם וְהָדַרְתָּ פְּנֵי זָקֵן",
וסמיך ליה (שם,לג):
"וְכִי יָגוּר אִתְּךָ גֵּר".[יח]

והיכן מתרוממת קרנות צדיקים?[יט] בירושלים,
שנאמר (תהלים קכב,ו):
"שַׁאֲלוּ שְׁלוֹם יְרוּשָׁלָםִ יִשְׁלָיוּ אֹהֲבָיִךְ".

וכיון שנבנית ירושלים - בא דוד,
יח. שנאמר (הושע ג,ה): *
"אַחַר[6] יָשֻׁבוּ בְּנֵי יִשְׂרָאֵל וּבִקְשׁוּ אֶת יְהוָה אֱלֹהֵיהֶם,
וְאֵת דָּוִד מַלְכָּם".

וכיון שבא דוד - באתה תפלה,

שנאמר (ישעיהו נו,ז):
"וַהֲבִיאוֹתִים אֶל הַר קָדְשִׁי וְשִׂמַּחְתִּים בְּבֵית תְּפִלָּתִי".

וכיון שבאתה[כ] תפלה - באתה[כא] עבודה,
שנאמר (שם):
"עוֹלֹתֵיהֶם וְזִבְחֵיהֶם לְרָצוֹן עַל מִזְבְּחִי".

וכיון שבאתה[כב] עבודה - באתה הודאה,[כג]
שנאמר (תהלים נ,כג):
"זֹבֵחַ[7] תּוֹדָה יְכַבְּדָנְנִי".

ומה ראו לומר ברכת כהנים אחר הודאה?
דכתיב (ויקרא ט,כב):
"וַיִּשָּׂא אַהֲרֹן אֶת יָדָו אֶל הָעָם וַיְבָרְכֵם,
וַיֵּרֶד[8] מֵעֲשֹׂת הַחַטָּאת וְהָעֹלָה וְהַשְּׁלָמִים".

אימא קודם עבודה!?
לא סלקא דעתך,
דכתיב: "וַיֵּרֶד מֵעֲשֹׂת הַחַטָּאת" וגו',
מי כתיב לעשות? "מֵעֲשֹׂת" כתיב.
ולימרה אחר העבודה!?
לא סלקא דעתך,
דכתיב (תהלים נ,כג): "זֹבֵחַ תּוֹדָה".

מאי חזית דסמכת אהאי? סמוך אהאי!?
מסתברא,
עבודה והודאה חדא[9] מילתא היא.

ומה ראו לומר שים שלום אחר ברכת כהנים?
דכתיב (במדבר ו,כז):
"וְשָׂמוּ אֶת שְׁמִי עַל בְּנֵי יִשְׂרָאֵל וַאֲנִי אֲבָרְכֵם",
ברכה דהקדוש ברוך הוא - שלום,
שנאמר (תהלים כט,יא):
"יְהוָה יְבָרֵךְ אֶת עַמּוֹ בַשָּׁלוֹם".

מכאן[כד] ואילך אסור[10] לספר בשבחו של הקדוש ברוך הוא,
דאמר רבי אלעזר:
מאי דכתיב (שם קו,ב):
"מִי יְמַלֵּל גְּבוּרוֹת יְהוָה יַשְׁמִיעַ כָּל תְּהִלָּתוֹ"?
למי נאה למלל "גְּבוּרוֹת יְהוָה"?

רש"י

1 שבור זרוע רשע. אלו המייקרין את התבואה ומפקיעין את השער וממאי דבמפקיעי שערים כתיב דכתיב בההיא פרשתא יארב במסתר כאריה בסוכו יארוב לחטוף עני וכי הליסטים אורב את העני והלא את העשיר הוא אורב אלא במפקיעי שערים הכתוב מדבר שרוב דעתם לעניים הוא וקא בעי דוד רחמי עלה דמילתא שבור זרוע רשע ותן שובע בעולם ובכך זרועו שבור ורע תדרוש רשעו בל תמצא וזה שהיה בדעתו להיות רשע כשתדרוש רשעו לא תמצא עולה שלא הספיק לעשותה:

2 בפרשה תשיעית אמרה. ואם תאמר שמינית היא אשרי ולמה רגשו גויים תרתי פרשתא היא:

3 ופריכם תשאו לעמי ישראל כי קרבו לבא. אלמא קיבוץ גליות בעת ברכת השנים היא:

4 וכיון שנתקבצו גליות נעשה דין ברשעים. קודם שיתיישבו^ בירושלים שנאמר ואסירה כל בדיליך ועל ידי כך ואשיבה שופטיך כבראשונה ויועציך כבתחלה כמו לשעבר ציון במשפט תפדה ושביה בצדקה לכן סמכם לקבוץ גליות והשיבה שפטינו וצדקינו במשפט:

5 כלו המינין. תלמידי ישו הנוצרי~ לכך סמכו לה ברכת המינין^ שנאמר עוזבי ה' אלו המינין^ ושבר פושעים היינו זדים כדאמר פושעים אלו המורדין^ (יומא לו:):

6 אחר ישובו בני ישראל. אחר שישובו לבית המקדש יבקשו^ הקב"ה ואת דוד מלכם:

7 זובח תודה. אחר זביחה תן הודאה:

8 וירד מעשות החטאת והעולה וגו':

9 חדא מילתא היא. אף הודאה עבודה של מקום הוא:

10 אסור לספר. בקביעות ברכה:

למי שיכול להשמיע "כָּל תְּהִלָּתוֹ".[1]

אמר רבה בר בר חנה אמר רבי יוחנן:
המספר בשבחו של הקדוש ברוך הוא יותר מדאי -
נעקר מן העולם,
שנאמר (איוב לז,כ):
"הַיְסֻפַּר[2] לוֹ כִּי אֲדַבֵּר אִם אָמַר אִישׁ כִּי יְבֻלָּע".

דרש רבי יהודה איש כפר גבוריא,
ואמרי לה איש כפר גבור חיל:
מאי דכתיב (תהלים סה,ב): **"לְךָ דֻמִיָּה תְהִלָּה"?**
סמא דכולה משתוקא.

כי אתא רב דימי אמר: אמרי במערבא:
מלה -[3] בסלע,
משתוקא - בתרין.

קראה על פה.[כה]

מנלן?
אמר רבא:
אתיא - זכירה זכירה,
כתיב הכא (אסתר ט,כח): **"וְהַיָּמִים הָאֵלֶּה נִזְכָּרִים",**
וכתיב התם (שמות יז,יד): **"כְּתֹב זֹאת זִכָּרוֹן בַּסֵּפֶר",**
מה להלן - בספר,
אף כאן - בספר.

וממאי דהאי זכירה קריאה היא?
דלמא עיון בעלמא!?

לא סלקא דעתך,
דתניא:[כו]
"זָכוֹר" (דברים כה,יז),
יכול - בלב;
כשהוא אומר: **"לֹא תִּשְׁכָּח"** (שם,יט),
הרי שכחת הלב אמור;
הא מה אני מקיים **"זָכוֹר"**? בפה.

קראה תרגום.[כז]

היכי דמי?
אילימא - דכתיבה מקרא, וקרי לה תרגום;
היינו על פה!?
לא צריכא,
דכתיבה תרגום וקרי לה תרגום.

אבל קורין אותה ללועזות בלעז וכו'.

והא אמרת (כאן):
קראה...[4] בכל לשון -
לא יצא!?
רב ושמואל דאמרי תרוייהו:
בלעז יווני.

היכי דמי?
אילימא - דכתיבה אשורית וקרי לה יוונית;
היינו על פה!?
אמר רבי אחא אמר רבי אלעזר:
שכתובה בלעז יוונית.

ואמר רבי אחא אמר רבי אלעזר:
מנין שקראו הקדוש ברוך הוא ליעקב אל?
שנאמר (בראשית לג,כ):
"וַיִּקְרָא לוֹ אֵל אֱלֹהֵי יִשְׂרָאֵל".
דאי סלקא דעתך למזבח קרא ליה יעקב אל,
ויקרא לו יעקב מיבעי ליה!
אלא **"וַיִּקְרָא לוֹ"** ליעקב **"אֵל",**
ומי קראו **"אֵל"? "אֱלֹהֵי יִשְׂרָאֵל".**

מיתיבי:[5]
קראה גיפטית, עברית,
עילמית, מדית, יוונית -
לא יצא!?

האי[6] לא דמיא אלא להא:
גיפטית[7] לגיפטים, עברית[8] לעברים,
עילמית[9] לעילמים, יוונית ליוונים - יצא.

אי הכי -
רב ושמואל אמאי מוקמי לה למתניתין בלעז יוונית?
לוקמה בכל לעז!?

אלא מתניתין[10] כברייתא,
וכי איתמר דרב ושמואל - בעלמא איתמר,
רב ושמואל דאמרי תרוייהו:
לעז יווני לכל - כשר.

והא קתני:
יוונית ליוונים;
ליוונים -[כח] אין,
לכולי עלמא - לא!?
אינהו דאמור כרבן שמעון בן גמליאל,
דתנן (כאן א:ח):
רבן שמעון בן גמליאל אומר:

רש"י

[1] **למי שיכול.** ואין מי שיכול לספר את כולו לפיכך אין נראה לספר מדעתו אלא את מה שתקנו חכמים:

[2] **היסופר לו כי אדבר.** הכי דריש ליה היסופר שבחו כולו כי ארבה לו דברי שבח אם אמר לעשות כך כי יבולע. סמא דכולה משתוקא. מבחר כל הסממנין היא השתיקה שלא להרבות דברים והיינו לך דומיה תהלה:

[3] **מלה בסלע משתוקא בתרין.** אם תרצה לקנות הדבור בסלע תקנה השתיקה בשתים:

[4] **קראה תרגום בכל לשון.** זו ואין צ"ל זו קתני:

[5] **מיתיבי.** לרב ושמואל דקתני הכא יוונית לא יצא:

[6] **הא לא דמיא.** תירוצא הוא:

[7] **גיפטית לגיפטים יצא.** והכי נמי תנן במתני' ללועזות בלעז:

[8] **עברית.** לשון עבר הנהר:

[9] **עילמית.** לשון עילם:

[10] **מתני' כברייתא.** זו מיתוקמא קראה בכל לשון דקתני מתני' לא יצא כגון גיפטית למדיים ומדית לגיפטים אבל קורין אותו ללועזות בלעז איש כלשונו:

אף בספרים[כט] לא התירו שיכתבו אלא יוונית.

ולימרו הלכה כרבן שמעון בן גמליאל ! ?
אי אמרי הלכה כרבן שמעון בן גמליאל -
הוה אמינא -
הני מילי - שאר ספרים,
אבל מגילה דכתיב בה (אסתר ט,כז): "כִּכְתָבָם" -
אימא לא ;
קא משמע לן.

והלועז ששמע אשורית – יצא.[ל]

והא לא ידע מאי קאמרי ! ?
מידי דהוה אנשים ועמי הארץ.

מתקיף לה רבינא:
אטו אנן "הָאֲחַשְׁתְּרָנִים בְּנֵי הָרַמָּכִים" (אסתר ח,י) - מי ידעינן ! ?
אלא מצות קריאה ופרסומי[1] ניסא,
הכא נמי - מצות קריאה ופרסומי ניסא.

קראה סירוגין.[לא]

לא[2] הוו ידעי רבנן מאי סירוגין,
שמעוה לאמתא דבי רבי,
דקאמרה להו לרבנן דהוי עיילי פסקי פסקי לבי רבי:
עד מתי אתם נכנסין סירוגין סירוגין !

לא הוו ידעי רבנן
מאי לגלוגות,[לב][3]
שמעוה לאמתא דבי רבי,
דאמרה ליה לההוא גברא דהוה קא מבדר פרפחיני,[4]
עד מתי אתה מפזר לגלוגך.[לג]

לא הוו ידעי רבנן
מאי "סַלְסְלֶהָ וּתְרוֹמְמֶךָּ" (משלי ד,ח),
שמעוה לאמתא דבי רבי,
דהוות אמרה לההוא גברא דהוה מהפך במזייה,
אמרה ליה: עד מתי אתה מסלסל[5] בשערך !

לא הוו ידעי רבנן
מאי "וְטֵאטֵאתִיהָ[לד] בְּמַטְאֲטֵא הַשְׁמֵד" (ישעיהו יד,כג),
שמעוה לאמתא דבי רבי,
דהוות אמרה לחברתה:
שקולי טאטיתא[6] וטאטי ביתא.

לא הוו ידעי רבנן
מאי "הַשְׁלֵךְ עַל יְהוָה יְהָבְךָ" (תהלים נה, כג),
אמר רבה בר בר חנה:
זימנא חדא הוה אזילנא בהדי ההוא טייעא,
וקא דרינא טונא,
ואמר לי: שקול יהביך ושדי אגמלאי.

תנו רבנן:
יח: קראה סירוגין - יצא, *
סירוסין -[7] לא יצא ;
רבי מונא אומר משום רבי יהודה:
אף בסירוגין,
אם שהה כדי לגמור את כולה - חוזר לראש.

אמר[לה] ליה אביי לרב יוסף:
כדי לגמור את כולה מהיכא דקאי לסיפא ;
או דלמא -
מרישא לסיפא ?
אמר ליה: מרישא לסיפא,
דאם כן נתת דבריך לשיעורין.

אמר רבי אבא אמר רבי ירמיה בר אבא אמר רב:
הלכה כרבי מונא ;
ושמואל אמר:
אין הלכה כרבי מונא.

בסורא מתנו הכי,
בפומבדיתא מתנו הכי:
אמר רב כהנא אמר רב:
הלכה כרבי מונא ;
ושמואל אמר:
אין הלכה כרבי מונא.

רב ביבי מתני איפכא:
רב אמר:
אין הלכה כרבי מונא ;
ושמואל אמר:
הלכה כרבי מונא.

אמר רב יוסף:
נקוט דרב ביבי בידך,
דשמואל הוא דשמעת ליה[לו] דחייש[8] ליחידאה,
דתנן (יבמות ד:ט):
שומרת[9] יבם שקידש אחיו את אחותה -
משום רבי יהודה בן בתירה אמרו:
אומרים[10] לו: המתן עד[11] שיעשה אחיך הגדול מעשה ;

רש"י

[1] ופרסומי ניסא. אע"פ שאין יודעין מה ששומעין שואלין את השומעין ואומרין מה היא הקרייה הזו ואיך היה הנס ומודיעין להן:
[2] לא הוו ידעי רבנן. תלמידי רבינו הקדוש:
[3] חלוגלוגות. מין ירק הוא ושנוי בכמה מקומות במשנה ובברייתא:
[4] פרפחיני. פיקקל"י בלעז:
[5] מסלסל בשערך. למדנו שהסלסול לשון חיפוש והיפוך:
[6] טאטיתא. אישקופ"א בלעז:
[7] סירוסין. למפרע כמו סרס את המקרא ודרשהו וכן יצא מחותך או מסורס (נדה כח.):
[8] דחייש ליחידאה. במקום שהיחיד מחמיר ורבים מקילין:
[9] שומרת יבם. מצפה ליבמה ומצוה בגדול ליבם בא אחד מן האחין וקידש את אחותה של יבמה אחר שנפלה היבמה לפניהן:
[10] אומרים לו המתן. מלכונסה:
[11] עד שיעשה אחיך הגדול מעשה. ביבמתו או לחלוץ או ליבם אבל בעוד היבמה לפני כולן לחלוץ או לייבם הרי היא לכל אחד כאשתו על ידי זיקת יבום ואסור באחותה משום אחות אשה דקסבר יש זיקה אפי' בתרי וכל שכן בחד ופליגי רבנן

ואמר[לז] שמואל:
הלכה כרבי יהודה בן בתירה.

תנו רבנן:
השמיט[1] בה סופר אותיות או פסוקין,
וקראן הקורא כמתורגמן[2] המתרגם - יצא.
מיתיבי:
היו בה אותיות מטושטשות או מקורעות,
אם רשומן ניכר - כשרה,
ואם לאו - פסולה!?
לא קשיא,
הא - בכולה,
הא - במקצתה.

תנו רבנן:
השמיט בה הקורא פסוק אחד,
לא יאמר - אקרא את כולה ואחר כך אקרא אותו פסוק,
אלא קורא מאותו פסוק ואילך.

נכנס לבית הכנסת ומצא צבור שקראו חציה,
לא יאמר - אקרא חציה עם הצבור ואחר כך אקרא חציה,
אלא קורא אותה מתחילתה ועד סופה.

מתנמנם – יצא.[לח]

היכי דמי מתנמנם?
אמר רב אשי:
נים ולא נים, תיר[3] ולא תיר,
דקרו ליה ועני, ולא ידע לאהדורי[4] סברא,
וכי מדכרו ליה - מידכר.

היה כותבה, דורשה, ומגיהה, אם כוון לבו – יצא וכו'.

היכי דמי?
אי דקא[5] מסדר פסוקא פסוקא וכתב לה -
כי כוון לבו -
מאי הוי? על פה הוא!
אלא דכתב פסוקא פסוקא וקרי ליה.

ומי יצא?
והאמר רבי חלבו אמר רב חמא בר גוריא אמר רב:
הלכה[6] כדברי האומר: כולה,
ואפילו למאן דאמר: מ"אִישׁ יְהוּדִי" (אסתר ב,ה) -
צריכה שתהא כתובה כולה!?
אלא,
דמנחה[7] מגילה קמיה,
וקרי לה מינה פסוקא פסוקא,
וכתב לה.

לימא מסייע[8] ליה לרבה בר בר חנה,
דאמר רבה בר בר חנה אמר רבי יוחנן:
אסור לכתוב אות אחת שלא מן הכתב.
דלמא[9] דאתרמי ליה אתרמויי.

גופא:
אמר רבה בר בר חנה אמר רבי יוחנן:
אסור לכתוב אות אחת שלא מן הכתב.
מיתיבי:
אמר רבי שמעון בן אלעזר:
מעשה ברבי מאיר שהלך לעבר שנה בעסיא,
ולא היה שם מגילה,
וכתבה מלבו וקראה!?

אמר רבי אבהו:
שאני רבי מאיר דמקיים ביה -
"וְעַפְעַפֶּיךָ יַיְשִׁרוּ נֶגְדֶּךָ" (משלי ד,כה).

אמר ליה רמי בר חמא לרבי ירמיה מדפתי:
מאי "וְעַפְעַפֶּיךָ יַיְשִׁרוּ נֶגְדֶּךָ"?
אמר ליה:[לט] אלו דברי תורה,
דכתיב בהו (שם כג,ה): "הֲתָעִיף[10] (כתיב - התעוף) עֵינֶיךָ בּוֹ וְאֵינֶנּוּ",
ואפילו הכי - מיושרין הן אצל רבי מאיר.

רב חסדא אשכחיה לרב חננאל
דהוה כתב ספרים שלא מן הכתב,
אמר ליה:
ראויה כל התורה כולה ליכתב על פיך,
אלא כך אמרו חכמים:
אסור לכתוב אות אחת שלא מן הכתב.

מדקאמר כל התורה כולה ראויה שתיכתב על פיך -
מכלל דמיושרין הן אצלו,
והא רבי מאיר כתב!?
שעת הדחק שאני.

אביי שרא לדבי בר[11] חבו,
למיכתב תפלין ומזוזות שלא מן הכתב.

רש"י

עליה ואמרי הואיל ושני אחים הן אין זיקתו מיוחדת להיות מוטלת על אחד מהן להיות כאשתו ומותר באחותה:
1 השמיט. דילג בה הסופר פסוק אחד וקראן הקורא:
2 כמתורגמן המתרגם. על פה:
3 תיר. ער:
4 אהדורי סברא. דבר הבא מבינת הלב:
5 דקא מסדר פסוקא. על פה וכתב ליה וקתני יצא ע"י קריאת אותו סידור:
6 הלכה כדברי האומר כולה. צריך לקרות ופליגי בה תנאי במתני' מהיכן קורא אדם את המגילה ויוצא בה ידי חובתו רבי מאיר אומר כולה ר' יהודה אומר מאיש יהודי:
7 דמנחא מגילה קמיה. ומעתיק ממנה:
8 מסייע ליה לרבה. מתני' דקתני יצא וליכא לאוקמה אלא במעתיק מן הכתב מסייע ליה לרבה:
9 דלמא דאיתרמי ליה. לעולם מותר לכתוב בלא העתק ומתני' דאתרמי ליה מגילה ומעתיק ממנה ואיצטריך לאשמעינן דהיכא דמעתיק ממנה אם כוון לבו יצא:
10 התעיף עיניך בו ואיננו. אם תכפול עיניך ממנה הרי היא משתכחת ממך כהרף עין:
11 דבי בר חבו. מוכר תפלין הוה כדאמרינן בבבא מציעא (כט:) תפלין דבי בר חבו שכיחי:

כמאן? כי האי תנא,
דתניא:
רבי ירמיה אומר משום רבינו:
תפלין ומזוזות נכתבות שלא מן הכתב,
ואין צריכות שרטוט.

והלכתא:[1]
מזוזה - צריכה שרטוט,[מ]
תפלין - אין צריכין שרטוט,[מא]

אידי ואידי - נכתבות שלא מן הכתב.
מאי טעמא?
מיגרס[2] גריסין.

היתה כתובה בסם כו'.

סם -
סמא.[3]

סקרא -
אמר רבה בר בר חנה:
סקרתא[4] שמה.

קומוס -
יט. קומא.[5] *

קנקנתום -
חרתא[6] דאושכפי.

דיפתרא -
דמליח וקמיח[7] ולא[8] עפיץ.

נייר -
מחקא.[9]

עד שתהא כתובה אשורית.

דכתיב (אסתר ט,כז):
"כִּכְתָבָם וְכִזְמַנָּם".

על הספר ובדיו.[מב]

מנלן?
אתיא - כתיבה כתיבה,
כתיב הכא (שם,כט):
"וַתִּכְתֹּב אֶסְתֵּר הַמַּלְכָּה",
וכתיב התם (ירמיהו לו,יח):
"וַיֹּאמֶר לָהֶם בָּרוּךְ,
מִפִּיו יִקְרָא אֵלַי אֵת כָּל הַדְּבָרִים הָאֵלֶּה,
וַאֲנִי כֹּתֵב עַל הַסֵּפֶר בַּדְּיוֹ".

משנה (ג):

בן[10] עיר שהלך[11] לכרך, ובן כרך שהלך לעיר,
אם[12] עתיד לחזור למקומו - קורא[13] כמקומו,
ואם לאו - קורא עמהן.

ומהיכן קורא אדם את המגילה ויוצא בה ידי חובתו?
רבי מאיר אומר: כולה;
רבי יהודה אומר: מ"אִישׁ יְהוּדִי" (אסתר ב,ה);
רבי יוסי אומר: מ"אַחַר הַדְּבָרִים הָאֵלֶּה" (שם ג,א).

גמרא:

אמר רבא:
לא[14] שנו אלא[15] שעתיד לחזור בלילי ארבעה עשר;
אבל[16] אין עתיד לחזור בלילי ארבעה עשר -
קורא עמהן.

אמר רבא:
מנא[17] אמינא לה?
דכתיב (שם ט,יט):
"עַל כֵּן הַיְּהוּדִים הַפְּרָזִים (כתיב - הפרוזים)
הַיֹּשְׁבִים בְּעָרֵי הַפְּרָזוֹת",
מכדי כתיב: "הַיְּהוּדִים הַפְּרָזִים",
למה לי למיכתב: "הַיֹּשְׁבִים בְּעָרֵי הַפְּרָזוֹת"?
הא קא משמע לן - דפרוז בן יומו נקרא פרוז.

אשכחן - פרוז,
מוקף - מנא לן?
סברא הוא,
מדפרוז בן יומו קרוי פרוז -
מוקף בן יומו קרוי מוקף.

ואמר רבא:
בן[18] כפר שהלך לעיר -

רש"י

1 והלכתא כו'. כך הלכה למשה מסיני:
2 מיגרס גריסין. שגורות בפי הכל:
3 סמא. זרניך בלשון קודש אורפומניט"ו בלעז:
4 סקרתא. צבע אדום שצובעין בו תריסין:
5 קומא. שרף אילן:
6 חרתא דאושכפי. סם שצובעין בו מנעלים שחורין:
7 קמיח. במים:
8 ולא עפיץ. מעובד בעפצים שקורין גל"ש:
9 מחקא. מין עשבים עשוי על ידי דבק:
10 מתני': בן עיר. שזמנו בארבעה עשר:
11 שהלך לכרך. שזמנו בחמשה עשר:
12 אם עתיד לחזור. מפרש בגמ':
13 קורא כמקומו. כחובת מקומו בן עיר בארבעה עשר בן כרך בחמשה עשר:

14 גמ': לא שנו. דבן כרך שהלך לעיר ועתיד לחזור למקומו קורא בחמשה עשר ולא בארבעה עשר:
15 אלא שעתיד לחזור בליל ארבעה עשר. אם קודם עמוד השחר יצא מן העיר הוא דקתני שאינו צריך לקרות עמהן בלילי י"ד אע"פ שעודנו שם הואיל וביום לא יהיה שם אין זה אפילו פרוז בן יומו:
16 אבל אין עתיד. לצאת משם בלילה דהשתא הוי פרוז לאותו יום אע"פ שעתיד לחזור למחר ליום (אחר) נקרא פרוז וקורא עמהן בין בלילי י"ד בין בי"ד וה"ה לבן עיר שהלך לכרך אם עתיד לחזור בלילי ט"ו שלא יהא שם ביום ט"ו לא הוי מוקף ליומו וקורא בי"ד כחובת מקומו ואע"פ שהוא בכרך אבל אין עתיד לחזור בלילי ט"ו אין צריך לקרותה בי"ד וממתין וקורא עמהן אע"פ שסופו לחזור לאחר זמן:
17 מנא ליה. דמשום ההוא יומא חשיב כוותייהו:
18 בן כפר. שהקדים וקרא ליום הכניסה ואח"כ הלך לעיר והיה שם לילי י"ד:

בין[1] כך ובין כך קורא עמהן.

מאי טעמא?
האי כבני[2] העיר בעי למקרי,
ורבנן הוא דאקילו על הכפרים,
כדי שיספקו מים ומזון לאחיהם שבכרכין,
הני[3] מילי - כי איתיה בדוכתיה,
אבל כי איתיה בעיר - כבני עיר בעי למקרי.

איתיביה אביי:
בן כרך שהלך לעיר -
בין כך ובין כך קורא כמקומו.
בן כרך סלקא דעתך?
באם עתיד לחזור תליא מילתא!
אלא לאו - בן כפר!?

ולאו תרוצי מתרצת?
תני: קורא עמהן.

מהיכן קורא אדם את המגילה וכו'.[4]

תניא:
רבי שמעון בן יוחאי אומר:
מ"בַּלַּיְלָה הַהוּא" (אסתר ו,א).

אמר רבי יוחנן:
וכולן מקרא אחד דרשו:
"וַתִּכְתֹּב אֶסְתֵּר הַמַּלְכָּה בַת אֲבִיחַיִל מג
וּמָרְדֳּכַי הַיְּהוּדִי אֶת כָּל[5] תֹּקֶף" (שם ט,כט).

מאן דאמר: כולה -
תוקפו[6] של אחשורוש;

ומאן דאמר: מ"אִישׁ יְהוּדִי" -
תוקפו של מרדכי;

ומאן דאמר: מ"אַחַר הַדְּבָרִים הָאֵלֶּה" -
תוקפו של המן;

ומאן דאמר: מ"בַּלַּיְלָה הַהוּא" -
תוקפו של נס.

רב הונא אמר: מהכא:
"וּמָה[7] רָאוּ עַל כָּכָה וּמָה הִגִּיעַ אֲלֵיהֶם" (שם,כו).

מאן דאמר: כולה -
"מָה" ראה אחשורוש שנשתמש בכלים של בית המקדש?
"עַל כָּכָה" -
משום דחשיב שבעים שנין ולא איפרוק;
"וּמָה הִגִּיעַ אֲלֵיהֶם"?
דקטל ושתי.

ומאן דאמר: מ"אִישׁ יְהוּדִי" -
"מָה" ראה מרדכי דאיקני בהמן?
"עַל כָּכָה" -
דשוי נפשיה עבודה זרה;
"וּמָה הִגִּיעַ אֲלֵיהֶם"?
דאתרחיש ניסא.

ומאן דאמר: מ"אַחַר הַדְּבָרִים הָאֵלֶּה" -
"מָה" ראה המן שנתקנא בכל היהודים?
"עַל כָּכָה" -
משום ד"מָרְדֳּכַי לֹא יִכְרַע וְלֹא יִשְׁתַּחֲוֶה" (שם ג,ב);
"וּמָה הִגִּיעַ אֲלֵיהֶם"?
"וְתָלוּ אֹתוֹ וְאֶת בָּנָיו עַל הָעֵץ" (שם ט,כה).

ומאן דאמר: מ"בַּלַּיְלָה הַהוּא" -
"מָה" ראה אחשורוש "לְהָבִיא אֶת סֵפֶר הַזִּכְרֹנוֹת" (שם ו,א)?
"עַל כָּכָה" -
דזמינתיה אסתר להמן בהדיה;
"וּמָה הִגִּיעַ אֲלֵיהֶם"?
דאתרחיש ניסא.

אמר רבי חלבו אמר רב חמא בר גוריא אמר רב:
הלכה כדברי האומר כולה.
ואפילו למאן דאמר: מ"אִישׁ יְהוּדִי" -
צריכה שתהא כתובה כולה.

ואמר רבי חלבו אמר רב חמא בר גוריא אמר רב:
מגילה נקראת ספר ונקראת אגרת.
נקראת[8] ספר -
שאם[9] תפרה בחוטי פשתן - פסולה.
ונקראת[10] אגרת -
שאם הטיל בה שלשה חוטי גידין - כשרה.

אמר רב נחמן:
ובלבד שיהו[11] משולשין.

אמר רב יהודה אמר שמואל:
הקורא במגילה הכתובה[12] בין הכתובים -

רש"י

[1] בין כך ובין כך. אפילו עתיד לחזור ולצאת משם קודם היום קורא עמהן בלילה:
[2] כבני העיר בעי מקרי. כל הפרזים זמנם בארבעה עשר בין כפרים בין עיירות ורבנן הוא דאקילו עלייהו להקדים ליום הכניסה:
[3] והני מילי. דאקילו עלייהו דאין צריך לחזור ולקרות בארבעה עשר כי איתיה בכפר:
[4] מאחר הדברים האלה. גידל המלך וכו':
[5] כל תוקף. לקיים אגרת הפורים על תוקף הקפיד להזכיר:
[6] תוקפו של אחשורוש. ומתחילתה היא מדברת בתוקפו עד סופה:
[7] ומה ראו על ככה. המגילה נכתבת ונקראת להודיע לדורות מה ראו באותו הזמן שעשו מה שעשו ומפרש על ככה עשו ולפרש מה הגיע על העושים:
[8] נקראת ספר. ונכתב בספר:
[9] שאם תפרה בחוטי פשתן פסולה. דאיכא למאן דאמר במסכת מכות (יא.) ספר תורה שתפרו בפשתן פסולה:
[10] ונקראת אגרת. לומר שאינה חמורה כספר:
[11] שיהו משולשין. שיהא מראש התפר עד מקום תפירת הגיד כממנו ועד הגיד השני ומן השני לשלישי כמשלישי לסוף התפר:
[12] הכתובה בין הכתובים. ספרים שהיו בימי החכמים כולן בגליון כספר תורה שלנו:

לא[1] יצא.

אמר רבא:
לא אמרן אלא דלא[2] מחסרא ומייתרא פורתא;
אבל מחסרא ומייתרא פורתא -
לית לן בה.

לוי בר שמואל הוה קא קרי קמיה דרב יהודה
יט: במגילה * הכתובה בין הכתובים,
אמר ליה:
הרי אמרו הקורא במגילה הכתובה בין הכתובים -
לא יצא!?

אמר רבי חייא בר אבא אמר רבי יוחנן:
הקורא במגילה הכתובה בין הכתובים -
לא יצא.
ומחו[3] לה אמוחא:
בצבור שנו.

ואמר רבי חייא בר אבא אמר רבי יוחנן:
שיורי[4] התפר - הלכה למשה מסיני.
ומחו[5] לה אמוחא:
ולא אמרו אלא כדי[6] שלא יקרע.

ואמר רבי חייא בר אבא אמר רבי יוחנן:
אלמלי נשתייר במערה[7] שעמד בה משה ואליהו,
כמלא נקב מחט[8] סדקית -[9]
לא היו יכולין לעמוד מפני האורה,
שנאמר (שמות לג,כ):
"כִּי לֹא יִרְאַנִי הָאָדָם וָחָי".

ואמר רבי חייא בר אבא אמר רבי יוחנן:
מאי דכתיב (דברים ט,י):
"וַעֲלֵיהֶם כְּכָל הַדְּבָרִים אֲשֶׁר דִּבֶּר יְהֹוָה עִמָּכֶם בָּהָר"?
מלמד שהראהו הקדוש ברוך הוא למשה -
דקדוקי[10] תורה, ודקדוקי[11] סופרים,
ומה שהסופרים עתידין לחדש;
ומאי ניהו? מקרא מגילה.

משנה (ד):
הכל כשרין לקרות את המגילה,
חוץ מחרש, שוטה, וקטן;
רבי יהודה מכשיר בקטן.

גמרא:
מאן תנא חרש דיעבד נמי לא?
אמר רב מתנה:
רבי יוסי היא,
דתנן (ברכות ב:ג):
הקורא את שמע ולא השמיע לאזנו - יצא;
רבי יוסי אומר: לא[12] יצא.

וממאי[13] דרבי יוסי היא, ודיעבד נמי לא?
דלמא רבי יהודה היא, ולכתחלה[14] הוא דלא,
הא דיעבד - שפיר דמי!?

לא סלקא דעתך,
דקתני חרש דומיא דשוטה וקטן,
מה שוטה וקטן - דיעבד נמי לא,
אף חרש - דיעבד נמי לא.

ודלמא -
הא - כדאיתא,
והא - כדאיתא!?

מדקתני[15] סיפא (כאן):
רבי יהודה מכשיר בקטן;
מכלל דרישא לאו רבי יהודה היא.

ודלמא כולה רבי יהודה היא!?
מי[16] דמי?
רישא לפסולה וסיפא לכשירה.

ודלמא כולה רבי יהודה היא,
ותרי גווני קטן קתני לה,
וחסורי מיחסרא והכי קתני:
הכל כשרין לקרות את המגילה,
חוץ מחרש שוטה וקטן;

רש"י

[1] **לא יצא.** דבעינן אגרת לעצמה דמיפרסם ניסא טפי דכי קוראה בין הכתובים נראה כקורא במקרא:

[2] **אי מחסרא או מייתרא.** ארוכה משאר הקלפים למעלה או למטה או קצרה מהן ויש לה היכר לעצמה:

[3] **ומחו לה אמוחא.** לאחר שאמר שמועה זו הכה על קדקדה כלומר סתר מקצתה ואמר לא אמרו אלא בצבור:

[4] **שיור התפר.** כשתופרין יריעות של ספר תורה לחברן יחד משיירין בתפר למעלה ולמטה:

[5] **ומחו לה אמוחא.** לאחר שאמרה הכה על מוחה כלומר חזר וסתר ואמר לאו הלכה למשה מסיני הוא אלא חכמים אמרו:

[6] **כדי שלא יקרע.** שאם אינו משייר מהדק בחזקה כשהוא מהדקו לספר תורה והוא נקרע אבל עכשיו כשהוא מהדקו בכח ומתחיל להרחיב ורוצה להיקרע מונע מלהדקו יותר:

[7] **מערה שעמד בה משה.** כשעבר הקב"ה לפניו שנאמר ושמתיך בנקרת הצור (שמות לג) ואליהו אף הוא עמד באותה מערה ועבר הקב"ה לפניו שנאמר ויבא שם אל המערה וגו' ויאמר צא ועמדת בהר וגו' והנה ה' עובר וגו' (מלכים א יט):

[8] **מחט סידקית.** שלנו שהיא דקה ותופרין בה סדקי בגדים ויש מחט אחרת גסה שנקראת מחט של שקאין:

[9] **אלמלי נשתייר בה נקב.** כפי מחט כשעבר עליהן הקב"ה כמו שנאמר ושכותי כפי עליך עד עברי (שמות לג):

[10] **דקדוקי תורה.** ריבויין אתין וגמין מיעוטין אכין ורקין:

[11] **דקדוקי סופרים.** שדקדקו האחרונים מלשון משנת הראשונים:

[12] **לא יצא.** דיעבד הוא:

[13] **וממאי.** דחוץ מחרש דקאמר מתני' אפי' בדיעבד קאמר ור' יוסי היא דפסל בדיעבד:

[14] **ולכתחלה הוא דלא.** ובהא איכא למימר דאפי' ר' יהודה מודה דהא לא שמעינן ליה דפליג אלא בדיעבד:

[15] **מדסיפא רבי יהודה.** דקתני ור' יהודה מכשיר בקטן:

[16] **לא דמי רישא לפסולה וסיפא להכשירה.** לא גרסינן ליה דלישנא יתירא הוא אלא הכי גרסינן ודלמא רבי יהודה היא ותרי גווני קטן וחסורי מיחסרא כו' הכל כשירין לקרות את המגילה חוץ מחרש שוטה וקטן הא כדאיתא והא כדאיתא חרש לכתחילה ושוטה אפילו בדיעבד:

במה[1] דברים אמורים ? בקטן שלא הגיע לחינוך ;
אבל בקטן שהגיע לחינוך - אפילו לכתחלה,
שרבי יהודה מכשיר בקטן ! ?

במאי[2] אוקימתא ?
כרבי יהודה, ודיעבד ;
אלא[3] הא דתני רבי יהודה בריה דרבי שמעון בן פזי :
חרש המדבר ואינו שומע - תורם לכתחלה ;
מני ?
אי רבי יהודה -
דיעבד - אין,
לכתחלה - לא ;
אי רבי יוסי -
דיעבד - נמי לא !

ואלא[4] מאי ?
רבי יהודה ואפילו לכתחלה ?
אלא[5] הא דתניא :
לא יברך אדם ברכת המזון בלבו,
ואם בירך - יצא ;
מני ?
לא רבי יהודה ולא רבי יוסי,
אי רבי יהודה - אפילו לכתחלה !
כ. אי רבי יוסי - אפילו דיעבד נמי לא ! *
לעולם[6] רבי יהודה,
ואפילו לכתחלה,
ולא קשיא,
הא -[7] דידיה,
הא -[8] דרביה ;[9]
דתניא :
רבי יהודה אומר משום רבי אלעזר בן עזריה :
הקורא את שמע צריך שישמיע לאזנו,
שנאמר (דברים ו,ד) :
"שְׁמַע יִשְׂרָאֵל יְהֹוָה אֱלֹהֵינוּ יְהֹוָה אֶחָד" ;
השמע לאזניך מה שאתה מוציא מפיך ;
אמר לו[מד] רבי מאיר :
הרי הוא אומר :[מה]
"אֲשֶׁר אָנֹכִי מְצַוְּךָ הַיּוֹם עַל לְבָבֶךָ" (שם,ו),
אחר כונת הלב הן הן "הַדְּבָרִים" (שם).

השתא[10] דאתית להכי,
אפילו[11] תימא - רבי יהודה כרביה סבירא ליה,
והא דתני רבי[מו] יהודה בריה דרבי שמעון בן פזי -
רבי מאיר היא.

רבי יהודה מכשיר בקטן.

תניא :[מז]
אמר רבי יהודה :
קטן הייתי,
וקריתיה למעלה מרבי טרפון וזקנים בלוד.
אמרו לו :
אין מביאין ראיה מן הקטן.

תניא :
אמר רבי :
קטן הייתי,
וקריתיה למעלה מרבי יהודה.
אמרו לו :
אין מביאין ראיה מן המתיר.[12]

ולימרו ליה : אין מביאין ראיה מן הקטן ! ?
חדא ועוד קאמרו ליה :
חדא - דקטן היית,
ועוד - אפילו גדול היית, אין מביאין ראיה מן המתיר.

משנה (ד) :

אין קורין את המגילה,
ולא[13] מלין, ולא טובלין, ולא מזין,
וכן[14] שומרת יום כנגד יום לא תטבול -
עד[15] שתנץ החמה ;
וכולן[16] שעשו משעלה עמוד השחר - כשר.

גמרא :

מנלן ?
דאמר קרא (אסתר ט,כח) :
"וְהַיָּמִים הָאֵלֶּה נִזְכָּרִים וְנַעֲשִׂים",
ביום - אין, בלילה - לא.
לימא תיהוי תיובתא דרבי יהושע בן לוי,

רש"י

[1] בד"א בקטן שלא הגיע לחינוך. לחינוך מצות כגון בן תשע ובן עשר כדאמרינן ביומא בפרק בתרא (פב.) :

[2] במאי אוקימתא כר' יהודה. ואשמעת לן דכי אמר רבי יהודה בלא השמיע לאזנו יצא בדיעבד קאמר ולא לכתחילה :

[3] אלא הא דתניא כו' תורם. ואע"פ שהוא צריך לברך ואין אזניו שומעות הברכה שהוא מוציא מפיו :

[4] אלא מאי. בעית למימר דרבי יהודה דאמר בלא השמיע לאזנו יצא אפילו לכתחילה כי היכי דתיקום הא דר"י בריה דר"ש בן פזי אליביה והאי דקא מיפלגי בדיעבד להודיעך כחו דר' יוסי :

[5] אלא הא דתניא כו'. מני :

[6] לעולם ר' יהודה. ואפי' לכתחילה מכשיר ומתני' רבי יוסי היא ואפי' דיעבד לא :

[7] והאי. דתורם לכתחילה ר' יהודה :

[8] והאי. דברהמ"ז :

[9] דרביה. משמו של ר' אלעזר בן עזריה אמרה שצריך להשמיע והאי לישנא משמע לכתחילה אבל דיעבד יצא :

[10] והשתא דאתית להכי. לאשמועינן הא פלוגתא דר' יהודה ור"מ :

[11] אפי' תימא ר' יהודה. דאמר בק"ש יצא דיעבד אין לכתחילה לא ומתני' נמי לכתחילה הוא דפסלה לחרש ור' יהודה היא והך דברכת המזון נמי ר' יהודה היא ודקשיא לך הא דיהודה בריה דר' שמעון בן פזי מני לא ר' יהודה ולא ר' יוסי ר"מ היא דמכשר לכתחילה :

[12] מן המתיר. ר' יהודה שקרית לפניו הוא המתיר את הקטן ואין לך להביא ראיה ממנו שהרי רבים חולקין עליו :

[13] מתני' : ולא טובלין. משיגיע שביעי לזב ולטמא מת אין אומרים משחשיכה בכניסת שביעי ראוי לטבול אע"ג דלילה תחילת יום היא הכא יום בעינן אבל משעבר היום מותר לטבול בלילה ובגמרא יליף לה לכולהו :

[14] וכן שומרת יום כנגד יום. בגמרא מפרש מאי שנא דנקט להא תו באנפי נפשה הא תנא ליה אין טובלין :

[15] עד הנץ החמה. שיצא מספק לילה :

[16] וכולן שעשו כו'. דמעלות השחר יממא הוא אבל לפי שאין הכל בקיאין בו צריכין להמתין עד הנץ החמה :

דאמר רבי יהושע בן לוי:
חייב אדם לקרות את המגילה בלילה ולשנותה ביום!?
כי[1] קתני - אדיום.

ולא מלין וכו'.

דכתיב (ויקרא יב,ג):
"וּבַיּוֹם הַשְּׁמִינִי יִמּוֹל".

ולא טובלין ולא מזין וכו'.

דכתיב (במדבר יט,יט):
"וְהִזָּה הַטָּהֹר עַל הַטָּמֵא בַּיּוֹם הַשְּׁלִישִׁי^מח וּבַיּוֹם הַשְּׁבִיעִי...
וְרָחַץ בַּמַּיִם וְטָהֵר בָּעָרֶב",^מט
ואיתקש[2] טבילה להזיה.

וכן שומרת יום כנגד יום לא תטבול – עד שתנץ החמה.^נ

פשיטא![3]
מאי שנא שומרת[4] יום כנגד יום מכל חייבי טבילות!?
איצטריך,
סלקא דעתך אמינא -
תיהוי[5] כראיה ראשונה של זב,
וראיה ראשונה של זב איתקש לבעל קרי,
דכתיב[6] (ויקרא טו,לב):
"זֹאת תּוֹרַת הַזָּב וַאֲשֶׁר תֵּצֵא מִמֶּנּוּ שִׁכְבַת זֶרַע",
מה בעל קרי - טובל ביום,
האי נמי - ליטבול ביומיה;
והא בימּמא לא מצי טבלה,
דכתיב (שם,כו):
"כָּל יְמֵי זוֹבָהּ כְּמִשְׁכַּב נִדָּתָהּ יִהְיֶה לָּהּ",
בליליא מיהת ליעביד מקצת שימור, ותטבול;
קא[7] משמע לן -
כ: כיון דבעיא ספירה - *
ספירה ביממא היא.

וכולן שעשו משעלה עמוד השחר – כשר.

מנהני מילי?
אמר רבא:
דאמר קרא (בראשית א,ה):
"וַיִּקְרָא אֱלֹהִים לָאוֹר יוֹם",
למאיר ובא קראו "יום".

אלא מעתה -
"וְלַחֹשֶׁךְ קָרָא לָיְלָה" (שם),
למחשיך ובא קרא "לילה"?
הא קיימא לן דעד צאת הכוכבים לאו לילה הוא!?

אלא,
אמר רבי זירא: מהכא:
"וַאֲנַחְנוּ עֹשִׂים בַּמְּלָאכָה וְחֶצְיָם מַחֲזִיקִים בָּרְמָחִים, מֵעֲלוֹת הַשַּׁחַר עַד צֵאת הַכּוֹכָבִים" (נחמיה ד,טו),
ואומר:
"וְהָיוּ לָנוּ הַלַּיְלָה מִשְׁמָר וְהַיּוֹם מְלָאכָה" (שם,טז),^נא
מאי ואומר?
וכי תימא -
משעלה עמוד השחר - לאו יממא,
ומכי ערבא שמשא - ליליא;
ואינהו מקדמי[8] ומחשכי -[9]
תא[10] שמע:
"וְהָיוּ לָנוּ הַלַּיְלָה מִשְׁמָר וְהַיּוֹם מְלָאכָה".

משנה (ה-ו):

כל[11] היום כשר לקריאת המגילה, ולקריאת ההלל,
ולתקיעת שופר, ולנטילת לולב,
ולתפלת המוספין, ולמוספין,
ולוידוי[12] הפרים, ולוידוי מעשר, ולוידוי יום הכפורים,
לסמיכה, לשחיטה, ולתנופה,^נב
להגשה, לקמיצה, ולהקטרה,
למליקה,[13] ולקבלה,[14] ולהזיה,[15]
ולהשקיית סוטה, ולעריפת העגלה, ולטהרת המצורע.

כל הלילה כשר לקצירת העומר,
ולהקטר חלבים ואברים.

רש"י

[1] גמ': כי קתני. עד שתהא הנץ החמה אדיום אקרייה שניה וקאמר שיהא של יום ביום:

[2] ואיתקש טבילה. דכתיב בסיפיה ורחץ במים וה"ה לזב וזבה:

[3] ה"ג פשיטא מאי שנא שומרת יום כנגד יום כו':

[4] שומרת יום כנגד יום. לאחר שכלה שבעה ימי נדה נכנסין י"א יום הקרויין ימי זיבה שאם תראה בהן ג' ימים רצופין הרי היא זבה וטעונה ספירת שבעה וקרבן ואם תראה יום אחד שומרת יום למחרת וטובלת ומקראי יליף לה בתורת כהנים ומייתי לה בשמעתא בתרייתא דמסכת נדה:

[5] תיהוי. הך ראיה של זבה כראיה ראשונה של זב דאיתקש לבעל קרי דכתיב זאת תורת הזב ואשר תצא ממנו שכבת זרע חדא זיבה כתיב הכא והיינו ראיה ראשונה ואשר תצא ממנו שכבת זרע היינו בעל קרי:

[6] משום דכתיב. יהיה גרסינן כל ימי זוב טומאתה כמשכב נדתה יהיה לה והך קרא בראיית שומרת יום כנגד יום קאי מרבויי כל ימי דרשינן לה במסכת נדה (עג.) ואמרינן התם יהיה לה מלמד שסופרת אחד לאחד קצת מיום המחרת הלכך בלילה מיהת תטבול דעבדה קצת שימור:

[7] קמ"ל. כיון דהאי אחד לאחד משום ספירה היא מדוגמת ספירת ז' כל ספירה דיממא היא דכתיב וספרה לה שבעת ימים (ויקרא טו):

[8] מקדמי. מקדימין:

[9] מחשכי. מעריבין:

[10] ת"ש (והיה) לנו הלילה למשמר והיום למלאכה. ש"מ כל זמן שעסוקים במלאכה קרי יום ולא קדמותא וחשכותא:

[11] מתני': כל היום כשר. אע"ג דקיימא לן זריזין מקדימין למצות דכתיב וישכם אברהם בבקר (בראשית כב) אפילו הכי כשר כל היום:

[12] לוידוי פרים. פר העלם דבר של צבור ופר כהן משיח שמתודין עליו חטא שהביאוהו עליו כדאמרינן במסכת יומא (לו:) והתודה על חטאת עון חטאת כתיב הכא וכפר עליו הכהן (ויקרא ד) וכתיב התם ביום הכפורים יעמד חי לפני ה' לכפר עליו וגו' (ויקרא טז) מה להלן כפרת דברים וביום כדיליף לקמן אף כאן כפרת דברים וביום:

[13] למליקה. של עוף:

[14] לקבלה. לקבלת הדם:

[15] להזיה. לזריקת הדם והזיית פרים הנשרפין וחטאות הפנימיות שהיא זריקה שלהן:

זה הכלל:
דבר שמצותו ביום - כשר כל היום,
דבר שמצותו בלילה - כשר כל הלילה.

גמרא:

מנלן?
דאמר קרא (אסתר ט,כח):
"וְהַיָּמִים הָאֵלֶּה נִזְכָּרִים וְנַעֲשִׂים".

לקריאת ההלל.

דכתיב (תהלים קיג,ג):
"מִמִּזְרַח שֶׁמֶשׁ עַד מְבוֹאוֹ".

רב יצחק בר אבדימי אמר:[נג]
"זֶה הַיּוֹם עָשָׂה יְהֹוָה" (שם קיח,כד).

ולתקיעת שופר.[נד]

דכתיב (במדבר כט,א):
"יוֹם תְּרוּעָה יִהְיֶה לָכֶם".

ולנטילת לולב.

דכתיב (ויקרא כג,מ):
"וּלְקַחְתֶּם לָכֶם בַּיּוֹם הָרִאשׁוֹן".

ולתפלת המוספין, ולמוספין.[נה]

דכתיב (שם,לז):
"דְּבַר יוֹם בְּיוֹמוֹ";
מלמד שכל היום כשר למוספין,[נו]
ותפלת[נז] המוספין כמוספין שויוה רבנן.

ולוידוי הפרים.[נח]

דיליף - כפרה כפרה מיום הכפורים,
דתניא גבי יום הכפורים:
"וְכִפֶּר בַּעֲדוֹ וּבְעַד בֵּיתוֹ" (שם טז,ו),
בכפרת[1] דברים הכתוב מדבר,
וכפרה בימּמא הוא,
דכתיב (שם,ל):
"כִּי[2] בַיּוֹם הַזֶּה יְכַפֵּר עֲלֵיכֶם".

ולוידוי מעשר וכו'.

דכתיב (דברים כו,יג):
"וְאָמַרְתָּ לִפְנֵי יְהֹוָה אֱלֹהֶיךָ בִּעַרְתִּי הַקֹּדֶשׁ מִן הַבַּיִת",
וסמיך ליה:
"הַיּוֹם הַזֶּה יְהֹוָה אֱלֹהֶיךָ מְצַוְּךָ" (שם,טז).

לסמיכה, ולשחיטה.

דכתיב (ויקרא ג,ח):
"וְסָמַךְ... וְשָׁחַט",
איתקש סמיכה לשחיטה,[נט]
וכתיב בשחיטה[ס] (שם יט,ו)
"בְּיוֹם זִבְחֲכֶם",

ולתנופה.

דכתיב (שם כג,יב):
"בְּיוֹם הֲנִיפְכֶם אֶת הָעֹמֶר".

להגשה.[סא]

דאיתקש לתנופה,
דכתיב (במדבר ה,כה):
"וְלָקַח הַכֹּהֵן מִיַּד הָאִשָּׁה אֵת מִנְחַת הַקְּנָאֹת וְהֵנִיף...[3]
וְהִקְרִיב".

לקמיצה,[סב] ולהקטרה,
למליקה, ולקבלה, ולהזאה.[סג]

דכתיב (ויקרא ז,לח):[4]
"בְּיוֹם[5] צַוֹּתוֹ אֶת בְּנֵי יִשְׂרָאֵל",

ולהשקיית סוטה.

אתיא - תורה תורה,
כתיב הכא (במדבר ה,ל):
"וְעָשָׂה לָהּ הַכֹּהֵן אֵת כָּל הַתּוֹרָה הַזֹּאת",
וכתיב התם (דברים יז,יא):
כא. "עַל פִּי הַתּוֹרָה אֲשֶׁר יוֹרוּךָ וְעַל הַמִּשְׁפָּט",*
מה משפט -[6] ביום,
אף כאן - ביום.

ולעריפת העגלה.

אמרי דבי רבי ינאי:
כפרה כתיב בה כקדשים.

רש"י

[1] גמ': בכפרת דברים. וידוי במסכת יומא (לו:) מסיים לה אתה אומר בכפרת דברים או אינו אלא בכפרת דמים הרי הוא אומר ושחט את פר החטאת אשר לו למדנו שעדיין לא נשחט הפר:

[2] כי ביום הזה יכפר עליכם. אלמא כפרתו ביום:

[3] והניף והקריב. והקרבה היא הגשה דאי אפשר לומר הך הקרבה היא הקטרת הקומץ דהא כתיב בתריה וקמץ והקטיר ומה היא הגשה מגיש את המנחה ומגיעה בקרן מערבית דרומית של מזבח כנגד חודה של קרן ואח"כ קומץ ומקראי יליף לה במסכת סוטה (יד:) ובמנחות (יט:):

[4] לקמיצה ולהקטרה. בהקטרת קומץ קאמר שהיא במנחה כנגד זריקת דם בזבחים ואינה כשרה אלא ביום אבל הקטר חלבים ואברים תנן במתני' דכשרים כל הלילה:

[5] ביום צוותו. להקריב את קרבניהם וכל הני הקרבת הקרבן נינהו דאילו הקטרת קומץ הקרבה היא וקמיצה איתקש להקטרה דכתיב וקמץ והקטיר מליקת עוף מליקתו והזייתו כאחת והזייתו היא הקרבתו קבלת דם הקרבה קרי לה דאמר מר (חגיגה יא.) והקריבו זו קבלת הדם א"נ להקריב כל צורכי הקרבה קמיצה ומליקה וקבלה כולן צרכי הקרבה הן ואי אפשר בלא הן אבל הגשה ותנופה אינן מעכבין:

[6] משפט ביום. דכתיב והיה ביום הנחילו את בניו (דברים כא) אורעה כל הפרשה כולה להיות דין במס' סנהדרין בפ' אחד דיני ממונות (לד:):

ולטהרת[1] מצורע.

דכתיב (ויקרא יד,ב):
"זֹאת תִּהְיֶה תּוֹרַת הַמְּצֹרָע בְּיוֹם טָהֳרָתוֹ".

כל הלילה כשר לקצירת העומר.סד

דאמר[2] מר:
קצירה וספירה בלילה,
והבאה ביום.

ולהקטר חלבים ואברים.

דכתיב (ויקרא ו,ב):
"כָּל[3] הַלַּיְלָה עַד הַבֹּקֶר".

זה הכלל:
דבר שמצותו ביום – כשר כל היום.

זה הכלל לאתויי מאי?
לאתויי סידור בזיכין וסלוק בזיכין,
וכרבי[4] יוסי,
דתניא:
רבי יוסי אומר:
סילק את הישנה שחרית וסידר את החדשה ערבית -
אין בכך כלום;
ומה אני מקיים "לְפָנַי תָּמִיד" (שמות כה,ל)?סה
שלא יהא שולחן בלא לחם.

דבר שמצותו בלילה – כשר כל הלילה.

לאתויי מאי?
לאתויי אכילת פסחים,
ודלא כרבי אלעזר בן עזריה,
דתניא:
"וְאָכְלוּ אֶת הַבָּשָׂר בַּלַּיְלָה הַזֶּה" (שמות יב,ח).
אמר רבי אלעזר בן עזריה:
נאמר כאן: "בַּלַּיְלָה הַזֶּה",
ונאמר להלן (שם,יב):
"וְעָבַרְתִּי בְאֶרֶץ מִצְרַיִם בַּלַּיְלָה הַזֶּה",
מה להלן - עד חצות,
אף כאן - עד חצות.

הדרן עלך הקורא למפרע

רש"י

[1] לטהרת מצורע. בצפרים ועץ ארז ואזוב ושני תולעת:
[2] דאמר מר קצירה וספירת בלילה. ויליף לה במס׳ מנחות מקראי:
[3] כל הלילה עד הבוקר. על מוקדה על המזבח כל הלילה עד הבוקר:
[4] וכר׳ יוסי. דאמר במסכת מנחות אפילו סילק את הישנה שחרית וסידר את החדשה ערבית אף זו היתה תמיד ומהו תמיד שלא ילין שולחן בלא לחם אבל לרבנן טפחו של זה מסדר בצד טפחו של מסלק:

פרק שלישי – הקורא עומד

משנה (א-ב):

הקורא[1] את המגילה - עומד ויושב.

קראה אחד, קראוה[2] שנים - יצאו.

מקום שנהגו לברך - יברך;
ושלא לברך - לא[3] יברך.

בשני ובחמישי,[4][א] בשבת במנחה - קורין שלשה,
אין פותחין מהן ואין[5] מוסיפין עליהן,
ואין[6] מפטירין בנביא;
הפותח[7] והחותם בתורה - מברך לפניה ולאחריה.

בראשי חדשים ובחולו של מועד - קורין ארבעה,
אין פותחין מהן ואין[8] מוסיפין עליהן,
ואין מפטירין בנביא;
הפותח והחותם בתורה - מברך לפניה ולאחריה.

זה הכלל:
כל שיש בו מוסף ואינו יום טוב - קורין ארבעה.

ביום טוב - חמשה;
ביום הכפורים - ששה;
בשבת - שבעה;
אין פותחין מהן, אבל מוסיפין עליהן,
ומפטירין בנביא;
הפותח והחותם בתורה - מברך לפניה ולאחריה.

גמרא:

תנא:
מה[9] שאין כן בתורה.

מנהני מילי?
אמר רבי אבהו:
דאמר קרא (דברים ה,כז)
"וְאַתָּה פֹּה עֲמֹד עִמָּדִי".

ואמר רבי אבהו:
אלמלא מקרא כתוב - אי אפשר לאומרו,
כביכול[10] אף הקדוש ברוך הוא בעמידה.

ואמר רבי אבהו:
מנין לרב שלא[11] ישב על גבי מטה,
וישנה לתלמידו על גבי קרקע?
שנאמר (שם):
"וְאַתָּה פֹּה עֲמֹד עִמָּדִי".

תנו רבנן:
מימות משה ועד רבן גמליאל הזקן,[ב]
לא היו למדין תורה אלא מעומד.
משמת רבן גמליאל הזקן,[ג]
ירד חולי לעולם,
והיו למדין תורה מיושב.

והיינו דתנן (סוטה ט:טו):
משמת רבן גמליאל הזקן -[ד] בטל כבוד תורה.

כתוב אחד אומר (דברים ט,ט): "וָאֵשֵׁב בָּהָר",
וכתוב אחד אומר (שם י,י): "וְאָנֹכִי עָמַדְתִּי בָהָר"!?
אמר רב:
עומד ולומד,[12] יושב[13] ושונה.

רבי חנינא אמר:
לא עומד, ולא יושב,
אלא שוחה.

רבי יוחנן אמר:
אין ישיבה אלא לשון עכבה,
שנאמר (שם א,מו):
"וַתֵּשְׁבוּ בְקָדֵשׁ יָמִים רַבִּים".

רבא אמר:
רכות -[14] מעומד,
וקשות - מיושב.

כא: קראה אחד, קראוה שנים – יצאו.[ה]*
תנא:
מה שאין כן בתורה.

תנו רבנן:
בתורה -
אחד קורא ואחד מתרגם,
ובלבד[15] שלא יהא אחד קורא ושנים מתרגמין.

ובנביא -[16]

רש"י

[1] **פרק שלישי - הקורא עומד. מתני': עומד ויושב.** אם רצה עומד אם רצה יושב:

[2] **קראוה שנים.** יחד יצאו ולא אמרינן אין שני קולות נשמעין כאחד:

[3] **לא יברך.** אין צריך לברך:

[4] **בשני ובחמישי בשבת ובשבת במנחה.** עזרא תיקן שיהו קורין בשני ובחמישי בבבא קמא בפרק מרובה (פב.) והכא אשמעינן דשלשה הן כהן ולוי וישראל:

[5] **ואין מוסיפין עליהן.** שלא יקשה לצבור מפני שהן ימי מלאכה ושבת במנחה סמוך לחשיכה הוא שהרי כל היום היו רגילין לדרוש:

[6] **ואין מפטירין.** משום האי טעמא גופיה:

[7] **הפותח והחותם.** בגמ' מפרש:

[8] **ואין מוסיפין עליהן.** בראשי חדשים וחול המועד נמי איכא ביטול מלאכה דמלאכת דבר האבד מותרת:

[9] **גמ': מה שאין כן בתורה.** שאין קורין בתורה בצבור מיושב:

[10] **כביכול.** נאמר בהקב"ה כבאדם שיכול להאמר בו כן:

[11] **שלא ישב על גבי המטה.** אלא או שניהם על גבי המטה או שניהם על גבי קרקע:

[12] **ולומד.** מפי הגבורה:

[13] **יושב ושונה.** שנית לבדו מה שלמד:

[14] **רכות.** דברים רכים ונוחים שאדם מהיר לשמען:

[15] **ובלבד שלא יהא אחד קורא ושנים מתרגמין.** וכל שכן שאין שנים קורין וטעמא משום דתרי קלי לא מישתמעי:

[16] **ובנביא אפילו אחד קורא ושנים מתרגמין.** שהתרגום אינו אלא להשמיע לנשים ועמי הארץ שאינן מכירין בלשון הקודש והתרגום הוא לעז הבבליים ובתרגום של תורה צריכין אנו לחזור שיהו מבינין את המצות אבל בשל נביאים לא קפדי עלייהו כולי האי:

אחד קורא ושנים מתרגמין,
ובלבד שלא יהו שנים קורין ושנים מתרגמין.

ובהלל ובמגילה -
אפילו עשרה קורין ועשרה[1] מתרגמין.

מאי טעמא?
כיון דחביבה - יהבי דעתייהו ושמעי.

מקום שנהגו לברך – יברך.

אמר אביי:
לא שנו אלא לאחריה,
אבל לפניה - מצוה לברך,
דאמר רב יהודה אמר שמואל:
כל המצות כולן מברך עליהן עובר לעשייתן.

מאי משמע דהאי עובר לישנא דאקדומי הוא?
אמר רב נחמן בר יצחק,
אמר קרא (שמואל ב יח,כג):
"וַיָּרָץ אֲחִימַעַץ דֶּרֶךְ הַכִּכָּר וַיַּעֲבֹר[2] אֶת הַכּוּשִׁי";
אביי אמר: מהכא:
"וְהוּא עָבַר לִפְנֵיהֶם" (בראשית לג,ג);
ואיבעית אימא - מהכא:
"וַיַּעֲבֹר מַלְכָּם לִפְנֵיהֶם וַיהוָה בְּרֹאשָׁם" (מיכה ב,יג).

לפניה מאי מברך?
רב ששת מקטרזיא[3] איקלע לקמיה דרב אשי,
ובריך מנ"ח.[4]

לאחריה מאי מברך?
ברוך אתה יי אלהינו מלך העולם,
הרב את ריבנו, והדן את דיננו, והנוקם את נקמתנו,
והנפרע לנו מצרינו, והמשלם גמול לכל אויבי נפשנו,
ברוך אתה יי הנפרע לעמו ישראל[ו] מכל צריהם;
רבא אמר: האל המושיע;
אמר רב פפא:
הלכך נימרינהו לתרוייהו.[ז]

בשני ובחמישי בשבת במנחה – קורין שלשה וכו׳.

הני שלשה - כנגד מי?
אמר רב אסי:
כנגד תורה, נביאים, וכתובים;
רבא אמר:
כנגד כהנים, לוים, וישראלים.

אלא הא דתני רב שימי מבירתא דשחורי:[ח]
אין פוחתין מעשרה פסוקין בבית הכנסת,
וידבר[5] עולה מן המנין;
הני עשרה - כנגד מי?
אמר רבי יהושע בן לוי:
כנגד עשרה בטלנין שבבית הכנסת;
רב יוסף אמר:
כנגד עשרת הדברות שנאמרו למשה בסיני;
ורבי יוחנן אמר:
כנגד עשרה מאמרות שבהן נברא העולם.

הי נינהו? ויאמר ד"בְּרֵאשִׁית" (בראשית א)?
הני תשעה הוו!?
"בְּרֵאשִׁית"[6] (שם,א) נמי מאמר[7] הוא,
דכתיב (תהלים לג,ו):
"בִּדְבַר יְהוָה שָׁמַיִם נַעֲשׂוּ, וּבְרוּחַ פִּיו כָּל צְבָאָם".

אמר רבא:
ראשון שקרא ארבעה - משובח,
אמצעי[ט] שקרא ארבעה - משובח,
ואחרון[י] שקרא ארבעה - משובח.

ראשון שקרא ארבעה - משובח.
דתנן (שקלים ג:ב):
בשלש קופות של שלש שלש סאין תורמין[יא] את הלשכה,
והיה כתוב עליהן אל"ף בי"ת גימ"ל;

ותניא:[יב]
אמר רבי יוסי:[יג]
למה כתוב עליהן אל"ף בי"ת גימ"ל?[יד]
לידע איזו מהן נתרמה ראשון,
להקריב ממנה ראשון,
שמצוה בראשון.

אמצעי שקרא ארבעה - משובח.
דתניא:
"מוּל פְּנֵי הַמְּנוֹרָה יָאִירוּ" (במדבר ח,ב),
מלמד שמצדד פניהם כלפי נר מערבי,
ונר[1098] מערבי כלפי שכינה;
ואמר רבי נתן:[טו]
מכאן שאמצעי משובח.

ואחרון שקרא ארבעה - משובח.
משום מעלין בקדש ולא מורידין.

רש"י

1 ועשרה מתרגמין. לא גרסינן שאין תרגום בכתובים:
2 ויעבר את הכושי. ויקדם את הכושי:
3 מקטרזיא. מקום:
4 מנ"ח. על מקרא מגילה ושעשה נסים ושהחיינו:
5 וידבר עולה מן המנין. וידבר ה׳ אל משה לאמר אע"פ שאין ללמוד ממנו כלום:
6 בראשית נמי. דמשתעי בשמים ובארץ דכתיב בדבר ה׳ שמים נעשו וברוח פיו כל צבאם:
7 מאמר הוא. אף הן במאמר נבראו:
8 נר מערבי. הוא נר אמצעי למאן דאמר נרות צפון ודרום מונחין הוי אמצעי משוך קימעא כלפי מערב חוץ משאר נרות דלמאן דאמר מערב ומזרח מונחין לא משום דהוי מערבי השני כלפי מזרח הכי איתא במנחות:
9 תורמין. כהנים את הלשכה נותנין משקלי שנה זו לתוכה לקנות מהן קרבנות צבור לכל השנה:
10 אל מול פני המנורה יאירו שבעת הנרות. למול פני נר שבגוף המנורה שהוא אמצעי היה מצדד פני ששה הנרות:

רב פפא איקלע לבי כנישתא דאבי גובר,
וקרא ראשון[1] ארבעה,
ושבחיה רב פפא.

הפותח והחותם בתורה – מברך לפניה ולאחריה.[טז]

תנא:
הפותח מברך לפניה,
והחותם מברך לאחריה.

והאידנא דכולהו מברכי לפניה ולאחריה -
היינו טעמא דתקינו רבנן -
וגזירה משום[2] הנכנסין ומשום[3] היוצאין.

בראשי חדשים ובחולו של מועד – קורין ארבעה וכו'.

בעא מיניה עולא בר רב מרבא:
פרשת ראש חודש כיצד[4] קורין אותה,
"צַו אֶת בְּנֵי יִשְׂרָאֵל, וְאָמַרְתָּ אֲלֵהֶם,
אֶת קָרְבָּנִי לַחְמִי" (במדבר כח,ב),
דהוין תמניא פסוקי,
היכי נעביד?
ליקרו[יז] תרי תלתא תלתא;[יח]
פשו להו תרי,
ואין[5] משיירין בפרשה פחות משלשה פסוקים![יט]

ליקרו[כ] תרי[כא] ארבעה ארבעה;
פשו להו שבעה,
"וּבְיוֹם הַשַּׁבָּת" (שם,ט) - הוין תרי,
"וּבְרָאשֵׁי חָדְשֵׁיכֶם" - הוין חמשה.

היכי נעביד?
כב. ליקרו[כב] תרי מהא וחד מהך;[כג] *
אין מתחילין בפרשה פחות משלשה פסוקי!

ליקרו[כד] תרי מהא ותלתא מהך;
פשו להו תרי,
ואין משיירין בפרשה פחות משלשה פסוקים!?[כה]

אמר לו:
זו לא שמעתי, כיוצא בה שמעתי,

דתנן (תענית ד:ג):
ביום[7] הראשון -
"בְּרֵאשִׁית" (בראשית א,א-ה), ו"יְהִי רָקִיעַ" (שם ו-ח);
ותני עלה:
"בְּרֵאשִׁית" בשנים, "יְהִי רָקִיעַ" באחד;
והוינן בה:
בשלמא "יְהִי רָקִיעַ" באחד -
דתלתא פסוקי הוו;
אלא "בְּרֵאשִׁית" בשנים -
חמשה פסוקי הוו,
ותנן (כאן ד):[כו]
הקורא בתורה - לא יפחות משלשה פסוקים!
ואיתמר עלה:
רב אמר: דולג;[8]
ושמואל אמר: פוסק.[9]

רב אמר: דולג.
מאי טעמא לא אמר פוסק?
קסבר -
כל פסוקא דלא פסקיה משה - אנן לא פסקינן ליה.

ושמואל סבר -[כז] פסקינן ליה?
והא אמר רבי חנניא קרא:
צער גדול היה לי אצל רבי חנינא הגדול,
ולא התיר לי לפסוק אלא לתינוקות של בית רבן,
הואיל ולהתלמד עשויין!?

התם טעמא מאי? משום דלא אפשר,
הכא נמי - לא אפשר.

ושמואל אמר: פוסק.
מאי טעמא לא אמר דולג?
גזירה[10] משום הנכנסין,
וגזירה[כח] משום היוצאין.

מיתיבי:
פרשה של ששה פסוקים - קורין אותה בשנים,
ושל חמשה פסוקים - ביחיד;
קרא[11] ראשון שלשה -
השני קורא שנים מפרשה זו ואחד מפרשה אחרת,
ויש אומרים: שלשה,
לפי שאין מתחילין בפרשה פחות משלשה פסוקים;
ואם איתא -

רש"י

1 **ראשון.** מן שלשה שקרא ארבעה פסוקים משובח וכן שני וכן שלישי אם לא עשה הראשון ועשה השני או אם לא קראו לא הראשון ולא השני ארבעה פסוקים וקרא אותן השלישי משובח ואם יש להן ריוח בפרשה וקראו כל אחד ארבעה פסוקים כולן משובחין:

2 **משום הנכנסין.** שאם יכנס אדם לבית הכנסת אחר שבירך ראשון ואם לא ישמע את האחרים מברכין יאמר אין ברכה בתורה לפניה:

3 **ומשום היוצאין.** ולא שמעו את החותם מברך לאחריה והראשונים לא ברכו יאמרו היוצאים אין ברכה בתורה לאחריה:

4 **כיצד קורין.** בד' בני אדם:

5 **אין משיירין בפרשה כו'.** לקמן מפרש טעמא ואין מתחילין נמי לקמן אמרינן לה ומפרש טעמא:

6 **ליקרי.** שלישי תרי מהא שני מקראות דפרשת וביום השבת ותלתא קראי מבראשי חדשיכם פשו להו תרי וכו':

7 **ביום הראשון.** גבי מעמדות תנן ליה במסכת תענית ביום הראשון באחד בשבת:

8 **דולג.** השני חוזר ומתחיל פסוק שגמר בו שלפניו:

9 **פוסק.** הראשון קורא חצי הפסוק השלישי ופוסקו:

10 **גזירה משום הנכנסין.** שישמעו השני מתחיל פסוק זה ויאמרו לא קרא ראשון אלא שנים וכן היוצאין שישמעו את הראשון קורא שלשה ויצאו מבית הכנסת ויאמרו לא יקרא השני אלא שנים:

11 הכי גרסינן קרא ראשון שלשה השני קורא **שנים מפרשה זו כו'**:

למאן[1] דאמר: דולג - נדלוג;
ולמאן דאמר: פוסק - נפסוק!?
שאני[2] התם, דאפשר בהכי.

אמר רבי תנחום אמר רבי יהושע בן לוי:
הלכה כיש אומרים.

ואמר רבי תנחום אמר רבי יהושע בן לוי:
כשם[3] שאין מתחילין בפרשה פחות משלשה פסוקים -
כך[4] אין משיירין בפרשה פחות משלשה פסוקים.
פשיטא!
השתא ומה אתחלתא דקא מקיל תנא קמא -
מחמירי יש אומרים,
שיור[5] דמחמיר תנא קמא -
לא כל שכן דמחמירי יש אומרים!?

מהו דתימא?
נכנסין -[6] שכיחי,
יוצאין - לא שכיחי דמנחי ספר תורה ונפקי;
קמשמע לן.

ותנא קמא מאי שנא שיורי דלא? גזירה[כט] משום יוצאין;
אתחולי נמי - גזירה משום הנכנסין!?
אמרי:
מאן דעייל - שיולי[7] שייל.

שלח ליה רבה בריה דרבא לרב יוסף:
הלכתא[8] מאי?
שלח ליה:
הלכתא: דולג,
והלכתא: אמצעי[9] דולג.[ל]

זה הכלל:
כל שיש בו מוסף וכו'.

איבעיא להו:
תענית צבור בכמה?
ראש חדש ומועד דאיכא קרבן מוסף -[10] ארבעה,
אבל הכא דליכא קרבן מוסף - לא;
או דלמא -
הכא נמי איכא מוסף תפלה?

תא שמע (כאן):
בראשי חדשים ובחולו של מועד - קורין ארבעה;
הא בתענית צבור - שלשה.

אימא רישא (כאן):
בשני ובחמישי, ובשבת במנחה - קורין שלשה;
הא תענית צבור - ארבעה!
אלא מהא ליכא למישמע מינה.

תא שמע:
דרב איקלע לבבל בתענית צבור,
קם קרא בסיפרא,
פתח בריך, חתם[לא] ולא בריך;
נפול כולי עלמא אאנפייהו,
ורב לא נפל על אפיה;
מכדי[11] רב בישראל קרא,
מאי טעמא חתם ולא בריך?
לאו משום דבעי למיקרי אחרינא בתריה?
לא,
רב בכהני קרא,
דהא[12] רב הונא קרי בכהני.

בשלמא רב הונא קרי בכהני -
דהא אפילו רבי אמי ורבי אסי,[לב]
דכהני חשיבי דארעא ישראל,
מיכף כייפו ליה לרב הונא;
אלא רב -
הא[13] איכא שמואל דכהנא הוה ודברי[14] עליה!?
שמואל נמי מיכף הוה כייף ליה לרב,
ורב[15] הוא דעבד ליה כבוד,
וכי עביד ליה - בפניו,
שלא[16] בפניו - לא עביד ליה.

הכי נמי מסתברא דרב בכהני קרא,
דאי סלקא דעתך בישראל קרא -
לפניה מאי טעמא בריך?

לאחר תקנה.
אי הכי -
לאחריה נמי לבריך?
שאני היכא דיתיב רב,
כב: דמיעל עיילי * מיפק[17] לא נפקי.

רש"י

1 למ"ד דולג נדלוג. למאן דאמר פוסק ליכא למיפרך דהא קרא ראשון שלשה קתני דאי אפשר עוד לחזור:

2 שאני התם דאפשר בהכי. לקרות מפרשה זו לאחריה דהך מתניתא קיימא בשני ובחמישי שהוא יכול לקרות מה שירצה שהכל מענינו של יום:

3 כשם שאין מתחילין בפרשה בפחות משלשה פסוקים. גזירה משום הנכנסין שיהו סבורים לא קרא זה אלא שני פסוקים של התחלת פרשה זו שהרי לא היו בבית הכנסת ולא שמעו שקרא מפרשה העליונה:

4 כך אין משיירין כו'. גזירה משום היוצאין שסבורין שהקורא אחריו של זה לא יקרא אלא שני פסוקים הנותרים:

5 שיור דקא מחמיר תנא קמא. דתני ושל חמשה ביחיד ולא אמרינן יקרא הראשון שלשה ויפסוק אם ירצה:

6 נכנסין שכיחי. לפיכך החמירו יש אומרים בהתחלה:

7 שיולי משאיל. כשישמע שקורא השני שלשה מקראות והראשון לא קרא מפרשה זו אלא שנים ישאל היאך קרא הראשון שני פסוקים ולא יותר ויאמרו לו שקרא מפרשה העליונה:

8 הלכתא מאי. בשל מעמדות:

9 ואמצעי דולג. שאם לא ידלג הוא יהא צריך להתחיל בפרשה פחות משלשה פסוקים ואם יקרא שלשה מן השניה נמצא קוראה כולה:

10 מוסף. פסקא תפלת עננו ברכה יתירא:

11 מכדי רב בישראל קרא. שהרי רב לא היה לא כהן ולא לוי:

12 דהא רב הונא קרא בכהני. במסכת גיטין בהניזקין (נט:):

13 הא איכא שמואל. בנהרדעא שהוא ממדינת בבל דכהנא הוא:

14 ודבר עילויה. נהוג היה להיות למעלה מרב כדאמרינן בפרק מרובה (ב"ק פ.) רב לא עייל לקמיה דשמואל:

15 ורב הוא דעביד. להאי דאדבריה עליה כבוד הוה עביד ליה משום דלייטיה רב לשמואל דלא לוקמי בני במס' שבת פ' שמונה שרצים (קח.):

16 שלא בפניו לא עביד ליה. ושמואל לא היה בבבל אלא בנהרדעא:

17 מיפק לא נפקי. הלכך לפניה בריך גזירה משום הנכנסין כדאמרינן לעיל לאחריה לא בריך דלא חייש ליוצאין:

תא שמע:
זה[1] הכלל:
כל שיש בו ביטול מלאכה לעם,
כגון[2] תענית צבור ותשעה[3] באב - קורין שלשה,
ושאין בו ביטול מלאכה לעם,
כגון ראשי[4] חדשים וחולו של מועד - קורין ארבעה;
שמע מינה.

אמר רב אשי:
והא אנן לא תנן הכי (כאן):
זה הכלל:
כל יום שיש בו מוסף ואינו יום טוב - קורין ארבעה;
זה הכלל[לג] לאתויי מאי?
לאו לאתויי תענית ציבור ותשעה באב!?
ולרב[5] אשי מתניתין[6] מני?

לא תנא קמא ולא רבי יוסי,
דתניא:
חל להיות בשני ובחמישי - קורין שלשה ומפטיר אחד,
בשלישי וברביעי - קורא[7] אחד ומפטיר אחד;
רבי יוסי אומר:
לעולם קורין שלשה ומפטיר אחד!?

ואלא קשיא זה הכלל!?
לא,
לאתויי ראש חודש ומועד.

הא בהדיא קתני לה (כאן):
בראשי חדשים ומועד - קורין ארבעה!?
סימנא[8] בעלמא יהיב,
דלא תימא יום טוב וחולו של מועד כי הדדי נינהו,
אלא נקוט האי כללא בידך:
כל[9] דטפי ליה מילתא מחבריה - טפי ליה גברא יתירא,
הלכך,
בראש חודש ומועד דאיכא קרבן מוסף - קורין ארבעה,
ביום טוב דאסור בעשיית מלאכה - חמשה,
ביום הכפורים דענוש כרת - ששה,
שבת דאיכא איסור סקילה - שבעה.

גופא:
רב איקלע לבבל בתענית צבור,
קם קרא בספרא,
פתח בריך, חתם ולא בריך;
נפול כולי עלמא אאנפייהו,
ורב לא נפל על אנפיה.
מאי טעמא רב לא נפיל על אפיה?
רצפה של אבנים היתה,
ותניא:
"וְאֶבֶן מַשְׂכִּית, לֹא תִתְּנוּ בְּאַרְצְכֶם,
לְהִשְׁתַּחֲוֹת עָלֶיהָ" (ויקרא כו,א),
"בְּאַרְצְכֶם" אי[לד] אתה משתחוה,
אבל אתה משתחוה על אבנים של בית המקדש,
כדעולא,
דאמר עולא:
לא[10] אסרה תורה אלא רצפה של אבנים בלבד.

אי הכי -
מאי איריא רב? אפילו כולהו נמי!?
קמיה דרב הואי.

וליזיל לגבי ציבורא, ולינפול על אפיה!?
לא[11] בעי למיטרח ציבורא;

ואיבעית אימא -
רב פישוט[12] ידים ורגלים הוה עביד,
וכדעולא,
דאמר עולא:
לא אסרה תורה אלא פישוט ידים ורגלים בלבד.

וליפול על אפיה,
ולא ליעביד פשוט ידים ורגלים!?
לא[13] משני ממנהגיה.

ואיבעית[14] אימא -
אדם חשוב שאני,
כדרבי אלעזר,
דאמר רבי אלעזר,
אין אדם חשוב רשאי ליפול על פניו,
אלא[15] אם כן נענה כיהושע בן נון,
דכתיב (יהושע ז,י):
"וַיֹּאמֶר יְהוָה אֶל יְהוֹשֻׁעַ קֻם לָךְ,
לָמָּה[16] זֶּה, אַתָּה נֹפֵל עַל פָּנֶיךָ".[לה]

רש"י

1 זה הכלל כל שיש בו ביטול מלאכה לעם. במה שהן מאחרין בבית הכנסת:
2 כגון תענית צבור. שמותר במלאכה רוב תענית צבור מותרין במלאכה חוץ משל גשמים אמצעיים ואחרונים:
3 ותשעה באב. נמי מותר במלאכה אלא במקום שנהגו:
4 ראשי חדשים. אין בו ביטול מלאכה כל כך שאין הנשים עושות מלאכה בהן והכי נמי אמרינן במס' ראש השנה (כג.) גבי משואות משום ביטול מלאכה לעם שני ימים ושמעתי מפי מורי הזקן ז"ל שניתנה להם מצוה זו בשביל שלא פירקו נזמיהן בעגל ומקרא מסייעו דכתיב אשר נסתרת שם ביום המעשה (שמואל א כ) ותרגם יונתן ביומא דחולא והתם נמי גבי ר"ח קאי דקאמר ליה מחר חודש וקרי ליה לערב ר"ח יום המעשה אלמא ראש חדש לאו יום המעשה הוא ומועד נמי לאו ביטול מלאכה לעם שהרי באין לבית הכנסת יותר מימות החול לפי שאין עושין בו מלאכה אלא בדבר האבד:
5 ולרב אשי. דאמר זה הכלל דמתני' לאתויי נמי תשעה באב דאית ביה מוסף תפלת עננו:
6 מתני' מני כו' חל להיות כו'. גבי תשעה באב תניא לה בשמעתא בתרייתא דמס' תענית:
7 קורא אחד ומפטיר אחד. הקורא הוא הוי המפטיר:
8 סימנא בעלמא. הא דהדר נקיט ליה בזה הכלל סימנא יהיב לן כו':
9 כל דטפי מילתא מחבריה. כל יום העודף דבר מחבירו:
10 לא אסרה תורה. בפסוק זה אלא שלא יעשו רצפת אבנים בבהכ"נ דוגמת של מקדש:
11 לא בעי מטרח צבורא. שאם ילך יעמדו מפניו:
12 פישוט ידים ורגלים. כשהיה נופל על פניו ושאר הצבור לא היו עושין כן:
13 לא משני. לא היה רוצה לשנות ממנהגו:
14 ואיבעית אימא. לא היה רגיל ליפול על פניו כלומר שהיה אדם חשוב ואינו נופל על פניו:
15 אא"כ נענה. כלומר אא"כ בטוח במעשיו שהוא נענה בתפלתו:
16 למה זה אתה נופל על פניך. אלמא אין לו לעשות:

תנו רבנן:
קידה -[1] על אפים,
שנאמר (מלכים א א,לא):
"וַתִּקֹּד בַּת שֶׁבַע אַפַּיִם אֶרֶץ".
כריעה - על ברכים,
שנאמר (שם ח,נד):
"מִכְּרֹעַ עַל בִּרְכָּיו".
השתחואה - זו פשוט ידים ורגלים,
שנאמר (בראשית לז,י):
"הֲבוֹא נָבוֹא אֲנִי וְאִמְּךָ וְאַחֶיךָ לְהִשְׁתַּחֲוֹת לְךָ אָרְצָה".[2]

לוי אחוי[3] קידה קמיה דרבי ואיטלע.
והא קא גרמא ליה?
והאמר רבי אלעזר:
לעולם אל יטיח אדם דברים כלפי מעלה,
שהרי אדם גדול הטיח[4] דברים כלפי מעלה ואיטלע,
ומנו? לוי!?
האי[5] והא גרמא ליה.

אמר רב חייא בר אבין:
כג. חזינא להו לאביי * ורבא דמצלי[6] אצלויי.

ביום טוב – חמשה,
ביום הכיפורים – ששה כו'.
מתניתין מני?
לא רבי ישמעאל ולא רבי עקיבא,
דתניא:
ביום טוב - חמשה,
וביום הכפורים - ששה,
ובשבת - שבעה,
אין פוחתין מהן ואין מוסיפין עליהן,
דברי רבי ישמעאל;
רבי עקיבא אומר:
ביום טוב - חמשה,
וביום הכפורים - שבעה,
ובשבת - ששה,
אין פוחתין מהן אבל מוסיפין עליהן;
מני?
אי רבי ישמעאל - קשיא תוספת,
אי רבי עקיבא - קשיא ששה ושבעה!?

אמר רבא:
תנא[7] דבי רבי ישמעאל היא,
דתנא דבי רבי ישמעאל:
ביום טוב - חמשה,
ביום הכפורים - ששה,
בשבת - שבעה,
אין פוחתין מהן אבל מוסיפין עליהן,
דברי רבי ישמעאל.
קשיא דרבי ישמעאל אדרבי ישמעאל!?
תרי תנאי אליבא דרבי ישמעאל.

מאן תנא להא דתניא:
ביום[8] טוב - מאחרין לבוא וממהרין[9] לצאת,
ביום הכפורים - ממהרין לבוא ומאחרין לצאת,
ובשבת -[10] ממהרין לבוא וממהרין[11] לצאת?
לימא רבי עקיבא דאית ליה גברא יתירא?
אפילו תימא רבי ישמעאל,
משום[לו] דנפיש סידורא דיומא.

הני שלשה חמשה שבעה[לז] כנגד מי?
פליגי בה רבי יצחק בר נחמני וחד דעמיה,
ומנו? רבי שמעון בן פזי;
ואמרי לה:
רבי שמעון בן פזי וחד דעמיה,
ומנו? רבי יצחק בר נחמני,
ואמרי לה רבי שמואל בר נחמני;
חד אמר:
כנגד ברכת[12] כהנים;
וחד אמר:
כנגד שלשה שומרי הסף,
חמשה[13] מרואי פני המלך,
שבעה רואי פני המלך.

תני רב יוסף:
שלשה חמשה ושבעה כנגד מי?[לח]
שלשה שומרי הסף,
חמשה מרואי פני המלך,
שבעה רואי פני המלך.
אמר ליה אביי:
עד האידנא מאי טעמא לא פריש לן מר?

רש"י

[1] קידה. האמורה בכל מקום אינה אלא על אפים:

[2] ארצה. משמע כולו שטוח ארצה:

[3] אחוי קידה. נועץ גודליו ונשען עליהם ושוחה עד שנושק את הרצפה וזוקף ומתוך שאינו יכול להשען על גודליו ואין ידיו מסייעות אותו בזקיפתו וצריך להתאמץ במתניו ומתוך כך נצלע בבוקא דאטמא:

[4] הטיח דברים כלפי מעלה. במסכת תענית עלית למרום ואין אתה משגיח על בניך:

[5] הא והא גרמא ליה. לפי שהטיח נתקלקל בשעת הסכנה:

[6] דמצלי אצלויי. על צידיהן ולא נופלין על פניהן ממש לפי שאין אדם חשוב רשאי ליפול על פניו:

[7] הכי גרסינן תנא דבי ר' ישמעאל היא:

[8] ביו"ט מאחרין לבא. לבית הכנסת שצריך לטרוח בסעודת יו"ט כך מפורש במסכת סופרים:

[9] וממהרין לצאת. משום שמחת יום טוב:

[10] ובשבת ממהרין לבא. שכבר תיקנו הכל מערב שבת ויפה למהר ביאתן לקרות שמע כוותיקין:

[11] וממהרין לצאת. משום עונג שבת:

[12] ברכת כהנים. שלשה תיבות בפסוק ראשון וחמשה בפסוק שני ושבעה בפסוק שלישי:

[13] חמשה מרואי פני המלך ושבעה רואי פני המלך. שבעה הם כדכתיב שבעת שרי פרס ומדי ומהם יש חמשה חשובים כדכתיב בסוף מלכים שלשה שומרי הסף בסוף ספר מלכים וכנגדן תיקנו אלו מעין דבר מלכות:

אמר ליה:
לא הוה ידענא דצריכתו ליה,
ומי בעיתו מינאי מילתא ולא אמרי לכו?

אמר ליה יעקב מינאה לרב יהודה:
הני ששה דיום הכפורים כנגד מי?
אמר ליה:
כנגד ששה שעמדו מימינו של עזרא וששה משמאלו,
שנאמר (נחמיה ח,ד):
"וַיַּעֲמֹד עֶזְרָא הַסֹּפֵר,
עַל מִגְדַּל עֵץ אֲשֶׁר עָשׂוּ לַדָּבָר,
וַיַּעֲמֹד אֶצְלוֹ מַתִּתְיָה וְשֶׁמַע וַעֲנָיָה וְאוּרִיָּה וְחִלְקִיָּה
וּמַעֲשֵׂיָה עַל יְמִינוֹ,
וּמִשְּׂמֹאלוֹ, פְּדָיָה וּמִישָׁאֵל וּמַלְכִּיָּה
וְחָשֻׁם וְחַשְׁבַּדָּנָה זְכַרְיָה מְשֻׁלָּם".
הני שבעה הוו!?
היינו "זְכַרְיָה", היינו "מְשֻׁלָּם",
ואמאי קראו "מְשֻׁלָּם"?
דמישלם[1] בעובדיה.

תנו רבנן:
הכל עולין למנין שבעה,
ואפילו קטן ואפילו אשה;
אבל אמרו חכמים:
אשה לא תקרא בתורה,
מפני כבוד צבור.

איבעיא להו:
מפטיר, מהו שיעלה למנין שבעה?
רב הונא ורבי ירמיה בר אבא,
חד אמר: עולה;
וחד אמר: אינו עולה.
מאן דאמר עולה - דהא קרי;
ומאן דאמר אינו עולה - כדעולא,
דאמר עולא:
מפני מה המפטיר בנביא צריך שיקרא בתורה תחלה?
מפני[2] כבוד תורה,
וכיון דמשום כבוד תורה הוא -
למנינא לא סליק.

מיתיבי:
המפטיר בנביא -
לא יפחות מעשרים ואחד פסוקין,
כנגד[3] שבעה שקראו בתורה;
ואם[4] איתא -
עשרים וארבעה הויין!?
כג: כיון דמשום כבוד תורה הוא - *
כנגדו[5] נמי לא בעי.

מתקיף לה רבא:
והרי "עֹלוֹתֵיכֶם סְפוּ" (ירמיהו ז,כא),
דלא הויין עשרין וחד,
וקרינן!?
שאני התם דסליק עניינא.
והיכא דלא סליק עניינא לא?
והאמר רב שמואל בר אבא:
זמנין סגיאין הוה קאימנא קמיה דרבי יוחנן,
וכי הוה קרינן עשרה פסוקי,
אמר לן: אפסיקו!?
מקום שיש תורגמן שאני,
דתני רב תחליפא בר שמואל:
לא שנו אלא במקום שאין תורגמן,
אבל מקום[6] שיש תורגמן - פוסק.

משנה (ג):

אין[7] פורסין על "שְׁמַע", ואין[8] עוברין לפני התיבה,
ואין[9] נושאין את כפיהם, ואין[10] קורין בתורה,
ואין מפטירין בנביא, ואין[11] עושין מעמד ומושב,
ואין אומרים ברכת[12] אבלים, ותנחומי[13] אבלים,
וברכת חתנים,
ואין[14] מזמנין על המזון[לט] בשם -
פחות מעשרה,
ובקרקעות -[15] תשעה וכהן,
ואדם[16] כיוצא בהן.

גמרא:

מנא הני מילי?
אמר רבי חייא בר אבא אמר רבי יוחנן:
דאמר קרא (ויקרא כב,לב):

רש"י

[1] דמישלם בעובדיה. תמים במעשיו:

[2] מפני כבוד תורה. שלא יהא כבוד תורה וכבוד נביא שוה וכיון דמשום כבוד תורה הוא ולא משום חובה לאו ממנינא הוא:

[3] כנגד ז' שקראו בתורה. לא פיחת כל אחד משלשה פסוקים:

[4] ואם איתא. דאינו עולה מן המנין הוו להו שמונה שקראו בתורה וכ"ד בעינן בנביא:

[5] כנגדו נמי לא בעינן. לקבוע ג' פסוקים בנביא כנגד אותן שקורא המפטיר בתורה:

[6] מקום שיש תורגמן שאני. שיש טורח לצבור:

[7] מתני': אין פורסין על שמע. מנין הבא לבית הכנסת לאחר שקראו הצבור את שמע עומד אחד ואומר קדיש וברכו וברכה ראשונה שבקריאת שמע. פורסין לשון חצי הדבר:

[8] ואין עוברין לפני התיבה. שליח צבור:

[9] ואין נושאין כפיהן. הכהנים:

[10] אין קורין בתורה. בצבור:

[11] אין עושין מעמד ומושב. למת כשנושאין את המת לקוברו היו יושבין ז' פעמים לבכות את המת והרוצה לסופדו יספוד והכי תניא (ב"ב ק:) אין פוחתין משבעה מעמדות ומושבות למת כגון עמדו יקרים עמודו שבו יקרים שבו:

[12] ברכת אבלים. מפרש בגמ':

[13] ותנחומי אבלים. כשחוזרין מן הקברות עומדין ומנחמין את האבל ואין שורה פחותה מעשרה במסכת סנהדרין (יט.):

[14] ואין מזמנין על המזון בשם. נברך אלהינו:

[15] והקרקעות. של הקדש הבא לפדותן צריך עשרה ואחד מהן כהן:

[16] ואדם כיוצא בהן. אם בא לפדות מיד הקדש ובגמ' מפרש לה:

"וְנִקְדַּשְׁתִּי בְּתוֹךְ בְּנֵי יִשְׂרָאֵל",
כל דבר שבקדושה לא יהא פחות מעשרה.
מאי משמע?
דתני רבי חייא:
אתיא - תוך תוך,
כתיב הכא:
"וְנִקְדַּשְׁתִּי בְּתוֹךְ בְּנֵי יִשְׂרָאֵל",
וכתיב התם (במדבר טז,כא):
"הִבָּדְלוּ מִתּוֹךְ הָעֵדָה",
ואתיא - עדה[1] עדה,
דכתיב התם (שם יד,כז):
"עַד מָתַי לָעֵדָה הָרָעָה הַזֹּאת",
מה להלן - עשרה,
אף כאן - עשרה.

ואין עושין מעמד ומושב.[מ]
מאי טעמא?[מא]
כיון דבעי למימר:
עמדו יקרים עמודו, שבו יקרים שבו -
בציר מעשרה לאו[2] אורח ארעא.

ואין אומרים ברכת אבלים.[מב]
מאי ברכת אבלים?
ברכת רחבה.
דאמר רבי יצחק אמר רבי יוחנן:
ברכת אבלים - בעשרה,
ואין[3] אבלים מן המנין;
ברכת חתנים - בעשרה,
וחתנים מן המנין.

ואין מזמנין על המזון בשם פחות מעשרה.
מאי טעמא?[מג]
כיון דבעי למימר: נברך לאלהינו -
בציר מעשרה לאו אורח ארעא.

ובקרקעות -[מד] **תשעה וכהן.**[מה]
מנא הני מילי?
אמר שמואל:
עשרה[4] כהנים כתובים בפרשה,
חד[5] לגופיה,
ואידך הוי מיעוט אחר מיעוט,
ואין מיעוט אחר מיעוט אלא לרבות,
דאפילו[מו] תשעה ישראלים וחד כהן.
ואימא -[6]
חמשה כהנים וחמשה ישראלים!?
קשיא.

ואדם כיוצא בהן.
אדם מי קדוש?
אמר רבי אבהו:
באומר: דמי עלי,
דתניא:
האומר: דמי עלי -
שמין אותו כעבד הנמכר בשוק;[מז]
ועבד[7] איתקש לקרקעות,
דכתיב (ויקרא כה,מו):
"וְהִתְנַחַלְתֶּם אֹתָם לִבְנֵיכֶם אַחֲרֵיכֶם לָרֶשֶׁת אֲחֻזָּה".

משנה (ד):
הקורא בתורה - לא יפחות משלשה פסוקים.
כד. ולא[8] יקרא למתורגמן יותר מפסוק אחד, *
ובנביא -[9] שלשה;
ואם[מח] היו[10] שלשתן שלש פרשיות -
קורין אחד אחד.
מדלגין[11] בנביא ואין[12] מדלגין בתורה.
ועד[13] כמה הוא מדלג?
עד כדי שלא[14] יפסוק המתורגמן.

גמרא:
הני שלשה פסוקין כנגד מי?
אמר רב אסי:
כנגד תורה, נביאים, וכתובים.

לא יקרא למתורגמן יותר מפסוק אחד,
ובנביא – שלשה;[מט]

רש"י

1 **גמ': עדה.** אין פחותה מעשרה שנאמר עד מתי לעדה הרעה הזאת יצאו יהושע וכלב:

2 **לאו אורח ארעא.** להטריח שליח לכך ולקרותן יקרים דא"כ מה הנחת למרובין:

3 **אין אבלים מן המנין.** שהרי הוא אומר ברכה למנחמים בפני עצמן אחינו בעל הגמול ישלם לכם גמולכם הטוב בא"י משלם הגמול ולאבלים בפני עצמן אחינו בעל נחמות ינחם אתכם בא"י מנחם אבלים ואינו כוללן יחד:

4 **י' כהנים כתובים.** בפרשת הקדשות שלשה בערכין ושלשה בבהמה וארבעה בקרקעות וכיון דמשלמי בהו עשרה בעינן עשרה גברי:

5 **חד לגופיה.** דכהן בעינן:

6 **ואימא חמשה כהנים וחמשה ישראלים.** כיון דטעמא משום מיעוט אחר מיעוט הוא השלישי אינו מיעוט אחר מיעוט וכיון דדרשת ליה שני מיעוט אחר מיעוט איתרבי לישראל כי הדר אתא כהן שלישי אשמועינן דליהוי כהן ולא ישראל וכן ה' וכן ז' וכן ט':

7 **עבד איתקש לקרקעות.** שנאמר והתנחלתם אותם לבניכם אחריכם לרשת אחוזה לעולם בהם תעבודו:

8 **מתני': ולא יקרא למתורגמן יותר מפסוק אחד.** שלא יטעה מתורגמן (מן) המתרגם על פה:

9 **ובנביא שלשה.** אם ירצה ולא איכפת לן אם יטעה דלא נפקא מיניה הוראה:

10 **ואם היו שלשתן כו'.** בגמ' מפרש היכא משכחת לה רצופין:

11 **מדלגין בנביא.** מפרשה לפרשה:

12 **ואין מדלגין בתורה.** שהשומע את הקופץ ממקום למקום אין לבו מיושב לשמוע:

13 **ועד כמה הוא מדלג.** בנביא:

14 **שלא יפסוק התורגמן.** שלא ידלג ממקום שהוא קורא אלא כדי שיוכל לגול את הספר ולקרות במקום הדילוג קודם שיגמור התורגמן תרגום המקרא שידלג זה משום שאין כבוד צבור לעמוד שם בשתיקה:

ואם היו שלשתן שלש פרשיות –
קורין[נ] אחד אחד.
כגון:
"כִּי כֹה אָמַר יְהוָה חִנָּם נִמְכַּרְתֶּם", (ישעיהו נב,ג)
"כִּי כֹה אָמַר אֲדֹנָי יְהוִה מִצְרַיִם יָרַד עַמִּי בָרִאשֹׁנָה" (שם,ד),
"וְעַתָּה מַה (כתיב - מי) לִּי פֹה נְאֻם יְהוָה" (שם,ה).

מדלגין בנביא ואין מדלגין בתורה.
ורמינהי (יומא ז:ו):
קורא:[1] "אַחֲרֵי מוֹת" (ויקרא טז),
ו"אַךְ בֶּעָשׂוֹר" (ויקרא כג);
והא קא מדלג!?

אמר אביי:
לא קשיא,
כאן - בכדי שיפסוק התורגמן,
וכאן - בכדי[2] שלא יפסוק התורגמן.

והאי[3] עלה קתני (כאן):
מדלגין בנביא ואין מדלגין בתורה;
ועד כמה הוא מדלג?
עד כדי שלא יפסוק התורגמן;
מכלל דבתורה כלל כלל לא!?

אלא,
אמר אביי:
לא קשיא,
כאן - בענין[4] אחד,
כאן - בשני עניינין;[נא]
והתניא:[5]
מדלגין בתורה - בענין אחד,
ובנביא - בשני עניינין,
כאן וכאן - בכדי שלא יפסוק התורגמן;
ואין[נב][6] מדלגין מנביא לנביא,
ובנביא של שנים עשר - מדלג,
ובלבד שלא ידלג מסוף[7] הספר לתחילתו.

משנה (ה-ו):
המפטיר[8] בנביא -
הוא פורס על "שְׁמַע", והוא[9] עובר לפני התיבה,
והוא נושא את כפיו;
ואם היה קטן - אביו או רבו עוברין על[10] ידו.

קטן -[11] קורא בתורה ומתרגם;
אבל אינו פורס על "שְׁמַע", ואינו עובר לפני התיבה,
ואינו[12] נושא את כפיו.

פוחח -[13] פורס[14] על[נג] "שְׁמַע" ומתרגם;
אבל[15] אינו קורא בתורה, ואינו עובר לפני התיבה,
ואינו נושא את כפיו.

סומא - פורס על[נד] "שְׁמַע" ומתרגם;
רבי יהודה אומר:
כל שלא ראה מאורות מימיו -
אינו פורס על "שְׁמַע".

גמרא:
מאי טעמא?
רב פפא אמר: משום[16] כבוד;
רבה בר שימי אמר: משום[17] אינצויי.[נה]

מאי בינייהו?
איכא בינייהו - דעביד[18] בחנם.

תנן (כאן):
ואם היה קטן - אביו או רבו עוברין על ידו;
אי אמרת משום אינצויי -[נו]
קטן בר נצויי הוא!?

אלא מאי? משום כבוד;
קטן בר כבוד הוא!?
אלא,
כד: איכא כבוד אביו וכבוד רבו; *
הכא נמי -
איכא נצויי אביו ונצויי רבו.

פוחח – פורס על "שְׁמַע" וכו'.
בעא מיניה עולא בר רב מאביי:

רש"י

1 גמ': קורא. כהן גדול אחרי מות ביום הכפורים משנה היא במסכת יומא ואף בעשור לחודש ויש כאן דילוג דפרשת אך בעשור לחדש השביעי בפרשת אמור אל הכהנים:
2 כאן בכדי שלא יפסוק המתורגמן. והאי בכדי שלא יפסוק הוא שהרי סמוכין הן:
3 והא קתני. גרסינן ולא גרסינן עלה:
4 בענין אחד. ששניהן מדברין בדבר אחד ואין כאן טירוף הדעת הלכך כי לא מפסיק תורגמן מדלג שהרי שניהן בענין יוה"כ מדברים ומתני' דקתני כלל לא בשני ענינים כגון מפרשת נגעים לפרשת זבין:
5 והתניא. בניחותא:
6 אין מדלגין מנביא לנביא. שיש כאן טירוף יותר מדאי:
7 מסוף הספר לתחילתו. למפרע:
8 מתני': המפטיר בנביא. מי שרגיל להפטיר בנביא תקנו חכמים שיהא פורס את שמע:
9 הוא עובר לפני התיבה. להוציא את הצבור בקדושה שבתפלה:
10 על ידו. בשבילו:
11 קטן אינו פורס על שמע. לפי שהוא בא להוציא רבים ידי חובתן וכיון שאינו מחויב בדבר אינו מוציא אחרים ידי חובתן:
12 ואינו נושא את כפיו. אם כהן הוא שאין כבוד של צבור להיות כפופין לברכתו:
13 פוחח. במס' סופרים מפרש כל שכרעיו נראין ערום ויחף מתרגם ערטילאי ופחח (ישעיה כ):
14 פורס את שמע. דהא מחויב בברכה:
15 אבל אינו קורא בתורה. משום כבוד תורה וכן לפני התיבה וכן בנשיאות כפים גנאי הוא לצבור:
16 גמ': משום כבוד. להעביר לפני התיבה הואיל וממציא עצמו לדבר שאינו כבודו תיקנו לו זו לכבוד:
17 משום אינצויי. הדבר בא לידי מחלוקת אני מפטיר ואתה תעבור לפני התיבה:
18 דקא עביד בחנם. הבא לעבור לפני התיבה אינו נוטל שכר דהכא אינצויי ליכא משום כבוד איכא:

קטן[1] פוחח,
מהו שיקרא בתורה?
אמר ליה: ותיבעי לך ערום?
ערום מאי טעמא לא? משום כבוד צבור;
הכא נמי -
משום כבוד צבור.

סומא – פורס על "שְׁמַע" וכו'.

תניא:
אמרו לו לרבי יהודה:
הרבה צפו לדרוש[2] במרכבה,
ולא ראו אותה מימיהם!?

ורבי יהודה!?
התם - באבנתא דליבא תליא מילתא,
והא קא מיכוין וידע;
הכא - משום הנאה הוא,
והא לית ליה הנאה.

ורבנן!?
אית ליה הנאה, כרבי יוסי,
דתניא:
אמר רבי יוסי:
כל ימי הייתי מצטער על מקרא זה (דברים כח,כט):
"וְהָיִיתָ מְמַשֵּׁשׁ בַּצָּהֳרַיִם,
כַּאֲשֶׁר יְמַשֵּׁשׁ הָעִוֵּר בָּאֲפֵלָה",
וכי מה אכפת ליה לעור בין אפילה לאורה?
עד שבא מעשה לידי -
פעם אחת הייתי מהלך באישון לילה ואפלה,
וראיתי סומא שהיה מהלך בדרך ואבוקה בידו,
אמרתי לו: בני, אבוקה זו למה לך?
אמר לי:
כל זמן שאבוקה בידי - בני אדם רואין אותי,
ומצילין אותי מן הפחתין[3] ומן הקוצין ומן הברקנין.

משנה (ז):

כהן[4] שיש בידיו מומין - לא ישא את כפיו;
רבי יהודה אומר:
אף מי שהיו ידיו צבועות סטיס -
לא ישא את כפיו,
מפני שהעם מסתכלין בו.

גמרא:

תנא:
מומין שאמרו - בפניו, ידיו, ורגליו.

אמר רבי יהושע בן לוי:
ידיו בוהקניות -[5] לא ישא את כפיו.

תניא נמי הכי:
ידיו בוהקניות - לא ישא את כפיו.
עקומות,[6] עקושות -[7] לא ישא את כפיו.

אמר רב אסי:
חיפני[8] ובישני - לא ישא את כפיו.

תניא נמי הכי:
אין מורידין לפני התיבה -
לא אנשי חיפה ולא אנשי בית שאן,[נג] ולא אנשי טבעונין,
מפני[9] שקורין לאלפי"ן עייני"ן, ולעייני"ן אלפי"ן.

אמר ליה רבי חייא לרבי שמעון ברבי:[נח]
אלמלי אתה לוי - פסול אתה מן הדוכן,
משום[10][11] דעבי קלך.

אתא אמר ליה לאבוה.
אמר ליה: זיל אימא ליה:
כשאתה מגיע אצל[12] "וְחִכִּיתִי לַיהוָה" (ישעיהו ח,יז) -
לא[13] נמצאת מחרף ומגדף!?

אמר רב הונא:
זבלגן -[14] לא ישא את כפיו.
והא ההוא דהוה בשיבבותיה דרב הונא,
והוה פריס ידיה!?
ההוא דש בעירו הוה.

תניא נמי הכי:
זבלגן - לא ישא את כפיו,
ואם היה דש בעירו - מותר.

אמר רבי יוחנן:
סומא באחת מעיניו - לא[15] ישא את כפיו.
והא ההוא דהוה בשיבבותיה דרבי יוחנן,
דהוה פריס ידיה!?

רש"י

1 קטן פוחח מהו שיקרא בתורה. גדול פוחח הוא דאסור משום ולא יראה בך ערות דבר (דברים כג) אבל קטן אינו מוזהר או דלמא לא פליג מתני' בין קטן לגדול:

2 לדרוש במרכבה. דיחזקאל:

3 פחתים. גומות:

4 מתני': כהן שיש בידיו מומין. לפי שהעם מסתכלין בו ואמרינן במסכת חגיגה (טז.) המסתכל בכהנים בשעה שנושאין את כפיהן עיניו כהות לפי שהשכינה שורה על ידיהן:

5 גמ': בוהקניות. לונטיי"ש בלעז:

6 עקומות. כפופות:

7 עקושות. לצידיהן:

8 חיפני ובישני. כהן שהוא מאנשי חיפה ומאנשי בית שאן מגמגמין בלשונן הן:

9 מפני שקורין לאלפין עיינין ולעיינין אלפין. ואם היו עושין ברכת כהנים היו אומרים יאר יער ה' פניו ולשון קללה הוא כי יש פנים שיתפרשו לשון כעס כמו פני ילכו (שמות לג) את פני (ויקרא כ) ומתרגמינן ית רוגזי ומעי"ן עושין אלפי"ן ופוגמין תפלתן ודאמרינן (ברכות לב.) דבי ר"א קורין לאלפין עיינין ולעיינין אלפין ההוא בדרשה:

10 פניו ידיו ורגליו. הנושא את כפיו חולץ מנעליו כדתניא (סוטה מ.) ואם יש בו מום יסתכלו בו ומתוך כך רואין את ידיו:

11 דעבי קלך. ותניא בהכל שוחטין (חולין כד.) בשילה ובבית עולמים הלוים נפסלין בקול:

12 אצל וחכיתי לה'. מקרא זה בספר ישעיה:

13 לא נמצאת מחרף ומגדף. שהיה קורא לחיתי"ן היהי"ן נראה כאומר והכיתי:

14 זבלגן. עיניו זולפות דמעה:

15 לא ישא את כפיו. לפי שמסתכלין בו:

ההוא דש[1] בעירו הוה.

תניא נמי הכי:
סומא באחת מעיניו - לא ישא את כפיו,
ואם היה דש בעירו - מותר.

רבי יהודה אומר:
אף[נט] מי שהיו ידיו צבועות סטים –[ס]
לא ישא את כפיו.

תנא:[2]
אם רוב אנשי העיר מלאכתן בכך -
מותר.

משנה (ח):

האומר:
איני עובר לפני התבה בצבועין - אף[3] בלבנים לא יעבור;
בסנדל איני עובר - אף יחף לא יעבור.

העושה[4] תפלתו עגולה -
סכנה,[5] ואין[6] בה מצוה.

נתנה[7] על מצחו או על פס ידו -
הרי[8] זו דרך המינות.

ציפן זהב ונתנה על[9][10][11] בית אונקלי שלו -
הרי זו דרך החיצונים.

גמרא:

מאי טעמא?
חיישינן שמא[12] מינות נזרקה בו.

העושה תפלתו עגולה –
סכנה, ואין בה מצוה.

לימא תנינא להא דתנו רבנן:
תפלין מרובעות הלכה למשה מסיני;
ואמר רבא:
בתפרן[13] ובאלכסונן.

אמר רב פפא:
מתניתין דעבידא כי[14] אמגוזא.

משנה (ט):

כה. האומר: *
יברכוך[15] טובים -
הרי זו דרך המינות.

על[16] קן צפור יגיעו רחמיך, ועל[17] טוב יזכר שמך,
מודים מודים -
משתקין אותו.

המכנה[18] בעריות -
משתקין אותו.

האומר:[19]
"וּמִזַּרְעֲךָ לֹא תִתֵּן לְהַעֲבִיר לַמֹּלֶךְ" (ויקרא יח,כא),
ומזרעך לא תתן לאעברא בארמיותא -
משתקין[20] אותו בנזיפה.

גמרא:

בשלמא מודים מודים -
דמיחזי כשתי[21] רשויות;
ועל טוב יזכר שמך נמי -
דמשמע על טוב - אין, ועל רע - לא,
ותנן (ברכות ט:ה):
חייב אדם לברך על[22] הרעה,
כשם שהוא מברך על[23] הטובה;
אלא על קן צפור יגיעו רחמיך -
מאי טעמא?
פליגי בה תרי אמוראי במערבא:

רש"י

1 **דש בעירו הוה.** כבר היו רגילין אנשי עירו ולא היו מסתכלין בו עוד דש לשון מרגיל כמו כיון דדש דש (בגיטין נו:):

2 **סטיס.** קרו"ג:

3 **מתני' אף בלבנים לא יעבור.** טעמא מפרש בגמ':

4 **העושה תפלתו עגולה.** תפילין שבראשו עגולה כביצה וכאגוז:

5 **סכנה.** שלא תכנס בראשו:

6 **ואין בה מצוה.** דמרובעות בעינן:

7 **נתנה על מצחו.** של ראש ושל יד על פס ידו:

8 **הרי זו דרך המינות.** שמבזין מדרש חכמים והולכין אחר המשמע כמשמען בין עיניך ממש ועל ידך ממש ורבותינו דרשו במנחות (לז:) בגזירה שוה בין עיניך זה קדקד מקום שמוחו של תינוק רופס ועל ידך גובה היד קיבורת בראש הזרוע שתהא שימה כנגד הלב:

9 **על בית אונקלי.** על בית יד לבושו מבחוץ:

10 **הרי זו דרך חיצונים.** בני אדם ההולכים אחרי דעתם חוץ מדעת חכמים דבעינן לך לאות ולא לאחרים לאות (שם):

11 **ציפן זהב.** נמי כתיב למען תהיה תורת ה' בפיך (שמות יג) שיהא הכל מבהמה טהורה:

12 **גמ': שמא מינות נזרקה בו.** כומרים תלמידי ישו הנוצרי~ מקפידין בכך:

13 **בתפרן ובאלכסונן.** כשהוא תופר בית מושבן צריך ליזהר שלא יקלקל ריבוען במשיכת חוט התפירה וצריך שיהא להן אלכסון כהלכתו במרובע שתהא אצבע ברוחב ובאורך שהיא אצבע ושני חומשין באלכסון:

14 **כי אמגוזא.** עגולות כאגוז אבל עגולה כביצה וכעדשה שפיר דמי ולא תסייעא לברייתא ממתניתין:

15 **מתני': יברכוך טובים ה"ז דרך מינות.** שאינו כולל רשעים בשבחו של מקום וחכמים למדו (כריתות ו:) מחלבנה שריחה רע ומנאה הכתוב בין סממני הקטורת שמצריכן הכתוב בהרצאתן להיותן באגודה אחת:

16 **על קן צפור יגיעו רחמיך.** כלשון הזה רחמיך מגיעין על קן צפור כך חוס ורחם עלינו:

17 **ועל טוב יזכר שמך.** על טובותיך נודה לך או שאמר שני פעמים מודים כשהוא כורע משתקין אותו ובגמרא מפרש לה:

18 **המכנה בעריות.** בגמרא מפרש שדורש פרשת עריות בכינוי ואומר לא ערוה ממש דיבר הכתוב אלא כינה הכתוב בלשונו וקרא אותה ערוה המגלה קלון אביו וקלון אמו ברבים כינוי הוא לשון היפך שמהפך דיבורו לשבח או לגנאי והרבה יש בלשון חכמים בספרי אספה לי שבעים איש (במדבר יא) ואל אראה ברעתי (שם) ברעתם היה לו לומר אלא שכינה הכתוב כיוצא בדבר וימירו את כבודם בתבנית שור אוכל עשב (תהלים קו) כבודי היה לו לומר אלא שכינה הכתוב:

19 **האומר ומזרעך לא תתן להעביר למולך.** לא תבא על הגויה^ ותוליד בן לע"ז:

20 **משתקין אותו בנזיפה.** שעוקר הכתוב ממשמעו שהוא עבודת חוק לאמוריים להעביר בניהן לאש ונותן כרת לבא על הגויה^ ומחייב חטאת על השוגג ומיתת ב"ד על המזיד בהתראה:

21 **גמ': כשתי רשויות.** ומקבל ומודה אלוה אחר אלוה:

22 **על הרעה.** ברוך דיין האמת:

23 **על הטובה.** ברוך הטוב והמטיב:

רבי יוסי בר אבין ורבי יוסי בר זבידא,
חד אמר:
מפני שמטיל[1] קנאה במעשה בראשית;
וחד אמר:
מפני שעושה מדותיו של הקדוש ברוך הוא רחמים,
ואינן[2] אלא גזירות.

ההוא דנחית קמיה דרבה אמר:
אתה חסת על קן צפור, אתה חוס ורחם עלינו!
אתה חסת על אותו ואת בנו, אתה חוס ורחם עלינו!
אמר רבה:
כמה ידע האי מרבנן לרצויי למריה!
אמר ליה אביי:
והא משתקין אותו תנן!?
ורבה לחדודי לאביי הוא דבעי.[סא]

ההוא דנחית קמיה דרבי חנינא אמר:
האל הגדול, הגבור, והנורא,
האדיר, והחזק, והאמיץ, והיראוי, והעזוז.[סב]
אמר ליה: סיימתינהו לשבחיה דמרך?
השתא הני תלתא,
אי לאו דכתבינהו[3] משה באורייתא,
ואתו אנשי[4][סג] כנסת הגדולה ותקנינהו -
אנן לא אמרינן להו,
ואת אמרת כולי האי?
משל למלך בשר ודם,[סד]
שהיו לו אלף אלפי אלפים דינרי זהב,
והיו מקלסין אותו באלף אלפים[סה] דינרי כסף,
לא גנאי הוא לו!?

אמר רבי חנינא:
הכל בידי שמים -
חוץ[5] מיראת שמים,
שנאמר (דברים י, יב):
"וְעַתָּה יִשְׂרָאֵל, מָה יְהֹוָה אֱלֹהֶיךָ שֹׁאֵל מֵעִמָּךְ,
כִּי אִם לְיִרְאָה".
מכלל דיראה מילתא זוטרתי היא!?
אין,
לגבי משה רבינו מילתא זוטרתי היא,
משל לאדם שמבקשין הימנו כלי,
גדול ויש לו - דומה עליו ככלי קטן,
קטן ואין לו - דומה עליו ככלי גדול.

אמר רבי זירא:
האומר: שמע שמע -
כאומר: מודים מודים דמי.

מיתיבי:
הקורא את שמע וכופלה - הרי זה מגונה;
מגונה הוא דהוי,
שתוקי לא משתקינן ליה!?
לא קשיא,
הא - דאמר[6] מילתא מילתא ותני לה,
הא - דאמר פסוקא פסוקא ותני לה.

אמר ליה רב פפא לרבא:
ודלמא מעיקרא לא כיון דעתיה ולבסוף[סו] כיון דעתיה!?
אמר ליה: חברותא[7] כלפי שמיא?
אי לא מכוין דעתיה -
מחינא ליה בארזפתא[8] דנפחא עד דמכוין דעתיה!

המכנה בעריות – משתקין אותו.

תנא[9] רב יוסף:
קלון אביו וקלון אמו.

האומר:

"וּמִזַּרְעֲךָ לֹא תִתֵּן לְהַעֲבִיר" וכו'.

תנא[10] דבי רבי ישמעאל:
בישראל הבא על הגויה,[סז]
והוליד ממנה בן לעבודה זרה הכתוב מדבר.

משנה (י):

מעשה[11] ראובן - נקרא[12] ולא[13] מתרגם.
מעשה[14] תמר - נקרא ומתרגם.
מעשה[15] עגל הראשון - נקרא ומתרגם,
והשני - נקרא ולא מתרגם.

ברכת כהנים, מעשה דוד ואמנון -
נקראין ולא מתרגמין.

אין מפטירין במרכבה;
ורבי יהודה מתיר.

רש"י

1 מטיל קנאה. לומר על העופות חס ועל הבהמות וחיות אינו חס:

2 ואינן אלא גזירת מלך. להטיל עלינו עולו להודיע שאנחנו עבדיו ושומרי מצותיו:

3 דכתבינהו משה בתורה. האל הגדול הגבור והנורא אשר לא ישא פנים (דברים י):

4 אנשי כנסת הגדולה. בספר עזרא (נחמיה ט) ועתה אלהינו האל הגדול הגבור והנורא שומר הברית והחסד:

5 חוץ מיראת שמים. אותה מסורה בידי אדם שיהא הוא עצמו מכין לבו לכך אע"ג שהיכולת בידו להכין לבבנו אליו דכתיב הנה כחומר ביד היוצר כן אתם בידי בית ישראל (ירמיהו יח) ואומר והסירותי את לב האבן מבשרכם (יחזקאל לו):

6 אמר מילתא מילתא ותני לה. כל תיבה אומר ושונה אין כאן משמעות שתי רשויות אלא מגונה וסכל הוא:

7 חברותא כלפי שמיא. וכי כמנהג חבירו נוהג בהקב"ה לדבר לפניו שלא במתכוין וחוזר ומראה לו בכופלו שלא כיון בראשונה:

8 מרזפתא. מרטי"ל בלע"ז ותשם את המקבת מתרגמינן מרזפתא (שופטים ד):

9 תני רב יוסף. לפרושי מכנה דמתני' כדמתרגם ערות אביך וערות אמך קלנא דאבוך וקלנא דאמך ולא תגלה שום דבר קלון שבהן:

10 תנא דבי רבי ישמעאל. לפרש מתני' בישראל הבא על הגויה^ הכתוב מדבר:

11 מתני': מעשה ראובן. וישכב את בלהה פילגש אביו (בראשית לה):

12 נקרא. בבית הכנסת:

13 ולא מתרגם. חיישינן לגנותו:

14 מעשה תמר. ויהודה:

15 ומעשה עגל הראשון. כל פרשת העגל עד ואשליכהו באש (שמות לב) ומה שחזר אהרן וספר המעשה הוא קרוי מעשה עגל השני הוא שכתוב בו ויצא העגל הזה ולא יתרגם פן יטעו עמי הארץ ויאמרו ממש היה בו שיצא מאליו אבל המקרא אין מבינין:

רבי אליעזר אומר:
אין מפטירין ב"הוֹדַע[1] אֶת יְרוּשָׁלַ͏ִם" (יחזקאל טז).

גמרא:

תנו רבנן:
יש נקרין ומתרגמין,
ויש[2] נקרין ולא מתרגמין.[סח]

אלו נקרין ומתרגמין:
מעשה[3][סט] בראשית - נקרא ומתרגם.

פשיטא!?
מהו דתימא?
אתו לשיולי -
כה: מה למעלה, מה למטה, *
מה[ע] לפנים, ומה לאחור;
קמשמע[4] לן.

מעשה לוט ושתי בנותיו - נקרא ומתרגם.

פשיטא!?
מהו דתימא?
ניחוש לכבודו דאברהם;
קמשמע לן.

מעשה תמר ויהודה - נקרא ומתרגם.

פשיטא!?
מהו דתימא?
ליחוש לכבודו דיהודה;
קמשמע לן - שבחיה הוא דאודי.[5]

מעשה עגל הראשון - נקרא ומתרגם.

פשיטא!?
מהו דתימא?
ליחוש לכבודן של ישראל;
קמשמא לן - כי היכי דתיהוי[עא] להו כפרה.

קללות וברכות - נקרין ומתרגמין.

פשיטא!?
מהו דתימא?
ניחוש דלמא פייגא דעתייהו דצבורא;
קמשמע לן.

אזהרות ועונשין - נקרין ומתרגמין.

פשיטא!?
מהו דתימא?
ניחוש דלמא אתו למעבד[6][7][8] מיראה;
קמשמע לן.

מעשה אמנון ותמר - נקרא ומתרגם.

פשיטא!?
מהו דתימא??
ליחוש לכבודו[עב] דדוד;
קמשמע לן.

מעשה אבשלום בפילגשי אביו - נקרא ומתרגם.[עג]

פשיטא!?[עד]
מהו דתימא?[עה]
ליחוש לכבודו דדוד;[עו]
קמשמע לן.

מעשה פילגש בגבעה - נקרא ומתרגם.

פשיטא!?
מהו דתימא?
ליחוש לכבודו דבנימין;
קמשמע לן.

"הוֹדַע אֶת יְרוּשָׁלַ͏ִם אֶת תּוֹעֲבֹתֶיהָ" (יחזקאל טז,ב) -
נקרא ומתרגם.

פשיטא!?
לאפוקי מדרבי אליעזר,
דתניא:
מעשה באדם אחד שהיה קורא למעלה מרבי אליעזר:
"הוֹדַע אֶת יְרוּשָׁלַ͏ִם אֶת תּוֹעֲבֹתֶיהָ",
אמר לו:
עד שאתה בודק בתועבות ירושלים -
צא ובדוק בתועבות אמך!
בדקו אחריו ומצאו בו שמץ פסול.

ואלו נקרין ולא מתרגמין:
מעשה ראובן - נקרא ולא מתרגם.
ומעשה ברבי חנינא בן גמליאל שהלך לכבול,
והיה קורא[עז] (בראשית לה,כב): "וַיְהִי בִּשְׁכֹּן יִשְׂרָאֵל",
ואמר לו למתורגמן:
אל[9] תתרגם אלא אחרון,
ושיבחוהו חכמים.

מעשה עגל השני - נקרא ולא מתרגם.

רש"י

1 **הודע את ירושלם.** את תועבותיה פרשה היא ביחזקאל:

2 **גמ': ויש לא נקרין ולא מתרגמין.** מפרש בסיפא מעשה דוד ואמנון לא נקרין בהפטרה:

3 **מעשה בראשית כו'.** ואמרינן במסכת חגיגה (יא:) המסתכל בארבעה דברים ראוי לו כאילו לא בא לעולם והתם מפרש טעמא אין רצונו של מלך שיזכירו שמו על אשפה כו':

4 **קמ"ל שבחו הוא.** שבח הוא ליהודה הקרייה:

5 **דאודי.** שהודה מחטאו:

6 **מאהבה.** של ברכות:

7 **ומיראה.** של קללות ואין לבן לשמים:

8 **פייגי דעתייהו.** יחלוש דעתן כשישמעו שיהו נענשין ויאמרו טוב ליהנות מן העולם הזה בכל רצוננו הואיל וסופנו ליענש:

9 **אל תתרגם אלא אחרון.** ויהיו בני יעקב שנים עשר והפסוק הזה נפסק בהפסק פרשה לכך קורהו אחרון כאילו הוא פסוק לעצמו:

איזה מעשה עגל השני?
מן' "וַיֹּאמֶר מֹשֶׁה" (שמות לב,כא) עד "וַיַּרְא מֹשֶׁה" (שם,כה).

תניא:
רבי שמעון בן אלעזר אומר:
לעולם יהא אדם זהיר בתשובותיו,
שמתוך תשובה שהשיבו אהרן למשה -
פקרו[2] המינין,[עח]
שנאמר (שם,כד):
"וָאַשְׁלִכֵהוּ בָאֵשׁ וַיֵּצֵא הָעֵגֶל הַזֶּה".

ברכת כהנים - נקרין ולא מתרגמין.
מאי טעמא?
משום[3] דכתיב (במדבר ו,כו): "יִשָּׂא".

מעשה דוד ואמנון – נקרין[עט] ולא מתרגמין.

והא אמרת:
מעשה אמנון ותמר - נקרא ומתרגם!?
לא קשיא,
הא - דכתיב אמנון בן דוד,
הא - דכתיב אמנון סתמא.

תנו רבנן:
כל המקראות הכתובין בתורה לגנאי -
קורין אותן לשבח,
כגון:
"ישגלנה"[4] (דברים כח,ל) - "יִשְׁכָּבֶנָּה";
"בעפלים"[5] (שם,כז) - "בַטְּחֹרִים";
"זורייונים"[6] (מלכים ב ו,כה) - "דִּבְיוֹנִים";[7]
"לֶאֱכֹל אֶת זוריהם[8]
וְלִשְׁתּוֹת אֶת שֵׁינֵיהֶם"[9] (שם יח,כז) -
"לֶאֱכֹל אֶת צוֹאָתָם
וְלִשְׁתּוֹת אֶת מֵימֵי רַגְלֵיהֶם";
"למוזראות"[10] (שם ב י,כז) - "לְמוֹצָאוֹת";
רבי יהושע בן קרחה אומר:
"למוזראות" - כשמן,
מפני שהוא גנאי לעבודה זרה.[פ]

אמר רב נחמן:
כל ליצנותא אסירא,
בר מליצנותא דעבודה זרה[פא] דשריא,
דכתיב (ישעיהו מו,א):
"כָּרַע בֵּל קֹרֵס נְבוֹ",
וכתיב (שם,ב):
"קָרְסוּ כָרְעוּ יַחְדָּו,
לֹא יָכְלוּ מַלֵּט מַשָּׂא" וגו'.

רבי ינאי אמר: מהכא:
"לְעֶגְלוֹת[11] בֵּית אָוֶן, יָגוּרוּ שְׁכַן שֹׁמְרוֹן,
כִּי אָבַל עָלָיו עַמּוֹ, וּכְמָרָיו[12] עָלָיו יָגִילוּ,
עַל כְּבוֹדוֹ כִּי גָלָה מִמֶּנּוּ" (הושע י,ה),
אל תקרי: "כְּבוֹדוֹ", אלא -[13] כבידו.

אמר רב הונא בר מנוח משמיה דרב אחא בריה דרב איקא:
שרי ליה לבר ישראל למימר ליה לגוי:[פב]
שקליה לעבודה זרה[פג] ואנחיה בשי"ן[14] תי"ו שלו!

אמר רב אשי:
האי מאן דסנאי[15] שומעניה -
שרי ליה לבזוייה בגימ"ל[16] ושי"ן.

האי מאן דשפיר שומעניה -
שרי לשבוחיה,
ומאן דשבחיה - ינוחו לו ברכות על ראשו!

הדרן עלך הקורא את המגילה עומד

רש"י

1 מן ויאמר משה אל אהרן. מה עשה לך העם הזה:
2 פקרו המינין.^ העיזו פניהם לומר יש ממש בע"ז:
3 משום ישא. שלא יאמרו הקב"ה נושא להן פנים ואינן יודעין שכדאי הן ישראל לשאת להן פנים כדאמרינן בברכות (כ:) לא כדאי הם ישראל לשאת להן פנים אני אמרתי ואכלת ושבעת וברכת (דברים ח) והן מחמירין על עצמן עד כזית עד כביצה:
4 ישגלנה. לשון כלבא כדכתיב והשגל יושבת אצלו (נחמיה ב) ומתרג^ כלבתא:
5 בעפולים. לשון מפורש הוא לגנאי יותר מטחורים ושניהן בנקב בית הריעי:
6 חריונים. חרי לשון ריעי:
7 דביונים. הזב מן היונים שלא לפרש שהיו ישראל אוכלין גלליהן בשומרון:
8 את חוריהם. ריעי היוצא דרך הנקב:
9 מימי שיניהם. שינים יש לכרכשת' וצואה לחה ורכה קרויה מימי שיניהן:
10 למחראות. גבי עבודה זרה^ כתיב בספר מלכים כי חור לשון מוצא ריעי הוא:
11 לעגלות בית און. לקול השמועה הבאה על עגלי בית און יגורו שכיניהם שבשומרון כי אבל עליו על העגל:
12 וכמריו (אשר) עליו יגילו. אשר היו רגילין לשמוח עליו עתה יתאבלו על כבודו כי גלה ממנו:
13 אלא כבידו. כובד משאו של ריעי תהיה בו וכובד עגבותיו ודומה לו בספר ישעיה (כרעו קרסו) יחדיו לא יכלו מלט משא וגו' הוא משא של ריעי ורבותי מפרשין וכמריו עליו יגילו ממש לשון שמחה שהיקל משאוי שלהן אבל אין לפרש כן שהעגל כולו גלה כאחד שנטלו סנחריב:
14 שי"ן ותי"ו. לשון וחשופי שת ערות מצרים (ישעיה כ):
15 דסני שומעניה. שיוצאות עליו שמועות רעות ושנואות שהוא נואף:
16 בג' ושי"ן. בר גירתא זונה שמה סריי' שם מוסרח כך הוא בתשובות הגאונים מותר לבזות גם את אמו שילדתו ורבותי מפרשים גיופא שייטא שטייא:

פרק רביעי – בני העיר

משנה (א):

בני[1] העיר שמכרו רחובה של עיר -
לוקחין בדמיו בית הכנסת;
בית הכנסת - לוקחין תיבה;
תיבה - לוקחין[א] מטפחות;
כו. מטפחות - * לוקחין[2] ספרים;
ספרים - לוקחין תורה.

אבל[3] מכרו[ב] תורה - לא יקחו ספרים;
ספרים - לא יקחו מטפחות;
מטפחות - לא יקחו תיבה;
תיבה - לא יקחו בית הכנסת;
בית הכנסת - לא יקחו את הרחוב;
וכן[4] במותריהן.

גמרא:

בני העיר שמכרו רחובה של עיר.

אמר רבה בר בר חנה אמר רבי יוחנן:
זו[5] דברי רבי מנחם בר יוסי סתימתאה,[ג]
אבל חכמים אומרים:
הרחוב אין בו משום קדושה.

ורבי מנחם בר יוסי מאי טעמיה?
הואיל[6] והעם מתפללין בו בתעניות ובמעמדות.

ורבנן!?
ההוא אקראי[7] בעלמא.

בית הכנסת – לוקחין תיבה.

אמר רבי שמואל בר נחמני אמר רבי יונתן:
לא[8] שנו אלא בית הכנסת של כפרים,
אבל[9] בית הכנסת של כרכין,
כיון דמעלמא אתו ליה -
לא מצו מזבני ליה, דהוה ליה דרבים.

אמר רב אשי:
האי בי כנישתא דמתא מחסיא,
אף על גב דמעלמא אתו לה,
כיון דאדעתא דידי קאתו -
אי בעינא מזבנינא לה.

מיתיבי:
אמר רבי יהודה:
מעשה בבית הכנסת של טורסיים[10] שהיה בירושלים,
שמכרוה לרבי אליעזר, ועשה בה כל צרכיו;
והא התם דכרכים הוה!?
ההיא בי כנישתא זוטי הוה, ואינהו עבדוה.

מיתיבי:
"בְּבֵית אֶרֶץ אֲחֻזַּתְכֶם" (ויקרא יד,לד),
"אֲחֻזַּתְכֶם" מיטמא בנגעים,
ואין[11] ירושלים מיטמא בנגעים;
אמר רבי יהודה:
אני[12] לא שמעתי אלא מקום מקדש בלבד;
הא בתי כנסיות ובתי מדרשות דבירושלים[ד] מיטמאין;
אמאי?
הא דכרכין הוו!?
אימא:
אמר רבי יהודה:
אני לא שמעתי אלא מקום מקודש[13] בלבד.

במאי קמיפלגי?
תנא קמא סבר - לא נתחלקה ירושלים לשבטים,
ורבי יהודה סבר - נתחלקה ירושלים לשבטים;
ובפלוגתא דהני תנאי,
דתניא:
מה היה בחלקו של יהודה?

רש״י

[1] פרק רביעי - בני העיר. מתני׳: בני העיר שמכרו רחובה של עיר. יש בו קדושה כדמפרש בגמ׳ הואיל ומתפללין בו בתעניות ובמעמדות:

[2] לוקחין ספרים. נביאים וכתובים:

[3] אבל מכרו תורה כו׳. שמעלין בקדש ולא מורידין תוספתא מעלין בקדש דכתיב ויקם משה את המשכן (שמות מ) בצלאל עשה ומשה שהיה גדול ממנו הקימו ולא מורידים דכתיב את מחתות החטאים האלה בנפשותם ועשו אותם רקועי פחים צפוי למזבח כי הקריבום לפני ה׳ ויקדשו וגו׳ (במדבר יז) כיון שהוקדשו הוקדשו עד כאן:

[4] וכן במותריהן. מכרו ספרים ולקחו ממקצת הדמים תורה לא יקחו מן המותר דבר שקדושתו פחותה:

[5] גמ׳: זו דברי רבי מנחם כו׳. בהדיא אמרינן בתוספתא דמגילה (פ״ב) דהוא אמרה:

[6] הואיל והעם מתפללים בו בתעניות ובמעמדות. כדתנן במסכת תעניות (טו.) עברו אלו ולא נענו מוציאין את התיבה לרחובה של עיר. תוספת׳ ובמעמדות תנן מתכנסין בעריהן וקורין במעשה בראשית ותניא בגמרא אנשי מעמד נכנסין לבית הכנסת ויושבין ארבע תעניות בשבת אפשר בית הכנסת היה להם קבוע ברחובה של עיר ומתכנסין שם המעמד כולו כדרך ששנינו בביכורים (פ״ג משנה ב) כל העיירות שבמעמד מתכנסין לעיירות של מעמד ולנין ברחובה של עיר ולא היו נכנסין לבתים ולנין שם והיה הממונה אומר קומו ונעלה ציון אל ה׳ אלהינו הא למדת כינוס עיירות ברחוב היתה ואקראי הוי שמעמד הזה אינו חוזר חלילה עד חצי שנה ובתלמידי רבינו יצחק הלוי מצאתי ובמעמדות לא גרסינן ומפרש שלא היתה תפלתן ברחוב עד כאן:

[7] אקראי בעלמא. אינו תדיר:

[8] לא שנו. דיכולין למכור בית הכנסת אלא של כפרין:

[9] אבל של כרכין. הוה להו בתי כנסיות דרבים והכל בעליהן ואין בני העיר לבדם בעלים להם:

[10] טורסיים. צורפי נחושת:

[11] ואין ירושלים מטמאה בנגעים. דלאו אחוזה היא כדאמרי׳ לקמן דסבירא ליה להאי תנא לא נתחלקה ירושלים לשבטים ולא נפלה בגורל לא ליהודה ולא לבנימין:

[12] אני לא שמעתי. שלא יהא מיטמא אלא מקום מקדש בלבד משום דבית של קודש הוא וגבי נגעים ובא אשר לו הבית (ויקרא יד) בעינן אבל ירושלים מיטמא בנגעים דסבר נתחלקה לשבטים ואחוזתכם קרינא ליה קתני מיהת לרבי יהודה דאית ליה נתחלקה לא שנו אלא מקום מקדש אבל בתי כנסיות ובתי מדרשות שבה כשאר בתי העיר ואע״ג דשל כרך הוא:

[13] מקודש. אף בתי כנסיות משמע:

הר[1] הבית, הלשכות[2] והעזרות;[3]
ומה[4] היה בחלקו של בנימין?
אולם, והיכל, ובית קדשי הקדשים;
ורצועה היתה יוצאת מחלקו של יהודה,
ונכנסת בחלקו של בנימין,
ובה מזבח בנוי,
והיה[5] בנימין הצדיק מצטער עליה בכל יום לבולעה,
שנאמר (דברים לג,יב) "חֹפֵף[6] עָלָיו כָּל הַיּוֹם",
לפיכך זכה בנימין ונעשה אושפיזכן[7] לשכינה,
שנאמר (שם) "וּבֵין כְּתֵפָיו שָׁכֵן";[ה]

והאי[8] תנא סבר - לא נתחלקה ירושלים לשבטים,
דתניא:
אין[9] משכירים בתים בירושלים,
מפני שאינן שלהן;
רבי אליעזר ברבי[ו] צדוק אומר: אף לא מטות;
לפיכך,
עורות[10] קדשים - בעלי אושפיזין נוטלין אותן בזרוע.

אמר אביי:
שמע מינה -
אורח ארעא למישבק איניש גולפא[11] ומשכא[12] באושפיזיה.

אמר רבא:
לא[13] שנו -
אלא[14] שלא מכרו שבעה טובי העיר במעמד אנשי העיר;
אבל מכרו שבעה טובי העיר במעמד אנשי העיר -
כו: אפילו * למישתא[15] ביה שיכרא שפיר דמי.

רבינא הוה ליה ההוא תילא[16] דבי כנישתא בארעיה,[ז]
אתא לקמיה דרב אשי,
אמר ליה:
מהו למיזרעה?

אמר ליה:
זיל זבניה משבעה טובי העיר במעמד אנשי העיר,
וזרעה.

רמי בר אבא הוה קא בני בי כנישתא,
הוה ההיא כנישתא עתיקא,
הוה בעי למיסתריה ולאתויי ליבני וכשורי[17] מינה,
ועיולי להתם;
יתיב וקא מיבעיא ליה:
הא[18] דרב חסדא,
דאמר רב חסדא:
לא ליסתור איניש[ח] בי כנישתא עד דבני בי כנישתא אחריתי,
התם - משום פשיעותא,[19]
כי[20] האי גוונא - מאי?
אתא לקמיה דרב פפא, ואסר ליה,
לקמיה דרב הונא בר תחליפא,[ט] ואסר ליה.

אמר רבא:
האי בי כנישתא,
חלופה[21] וזבונה - שרי,
אוגורה ומשכונה - אסור;
מאי טעמא?
בקדושתה קאי.

ליבני[22] נמי,
חלופינהו וזבונינהו - שרי,
אוזופינהו - אסור;
הני מילי - בעתיקתא,[23]
אבל בחדתא -[24] לית לן בה.

ואפילו[25] למאן דאמר: הזמנה מילתא היא,
הני[26] מילי - כגון האורג בגד למת,
אבל הכא - כטווי לאריג דמי,
וליכא למאן דאמר - הזמנה מילתא היא.[י]

רש"י

1 הר הבית. בכניסתו מצד המזרח כל מה שיש שם פנוי קרוי הר הבית שאין לה שם אחר:
2 והלשכות. שבתוך החיל:
3 והעזרות. שלשתן עזרת נשים ועזרת ישראל הן אחת עשרה אמה שישראל רשאין ליכנס לפנים מן השער ואחריהם לצד מערב לעזרת כהנים י"א אמה שבין דריסת רגלי ישראל למזבח החיצון:
4 ומה היה בחלקו של בנימין אולם והיכל. מצד מערב עכשיו יותר בנתיים מקום המזבח ל"ב אמה ובין האולם והמזבח כ"ב אמה שלא פירש של מי הוא חזר ופירש רצועה יוצאה כו' לימדך כאן רצועה זו לבדה ליהודה אבל צפונו של מזבח ודרומו ומערבו של בנימין ובמסכת זבחים אמרינן שאין ליהודה באותה הרצועה אלא המזרחית מקום היסוד ולכך לא היה יסוד למזרחו של מזבח:
5 והיה בנימין הצדיק. צופה ברוח הקדש שכן עתיד להיות ומצטער עליה:
6 חופף עליו. אדם המצטער חופף ומתחכך בבגדיו לשון שפשוף כמו נזיר חופף ומפספס (נזיר מב.):
7 אושפיזכן. שהיה ארון בחלקו:
8 והאי תנא סבר כו'. והיינו תנאי דאמרן לעיל:
9 אין משכירין. בעלי בתים את בתיהם לעולי רגלים אלא בחנם נותנין להן ונכנסין לתוכן:
10 עורות קדשים. תודה ושלמים שהעורות לבעלים:
11 גולפא. קנקן של חרס שנשתמש בו:
12 ומשכא. אם שחט בהמה:
13 לא שנו. דאין מורידין דמים מקדושתן ובית הכנסת בחשיבותו עומד אף ביד לוקח דומיא דספרים לוקח בהן ס"ת והלה מנהיג ספרים בהויתן:
14 אלא שלא מכרו. הטובים ברשות העם [אבל אם מכרו וכו'] פקעה קדושה מן החפץ ומן הדמים ומותר לעשות מהן כל רצונם והיינו דבעא מיניה רבינא מרב אשי על תילא דבי כנישתא מהו למיזרעה אלמא במכר כל דהו הבית והמעות בקדושתייהו קיימי:
15 למישתא ביה שיכרא. לקנות בדמים ולעשות שכר לשתות:
16 תילא. כל בית הרוס קרוי תל כמו והיתה תל עולם (דברים יג):
17 כשורי. קורות של בית הכנסת ישן היו צריכין לתתן בחדש:
18 הא דאמר רב חסדא. בבבא בתרא בהשותפין:
19 משום פשיעותא. שמא יפשע (אלא) ויתייאש ולא יבנה אחר:
20 כי האי גוונא מאי. שאין סתירתו אלא לבנינו של זה:
21 חלופי חבוני. חלה קדושתו על החילוף או על הדמים והוא יצא מן הקדושה להשתמש בו:
22 ליבני. לבינים של בית הכנסת:
23 בעתיקי. שנבנו כבר בכותל בית הכנסת שנפל:
24 אבל בחדתא. שנעשה לשם בית הכנסת לית לן בה:
25 ואפי' למ"ד. במסכת סנהדרין בפרק נגמר הדין (מז:) גבי אורג בגד למת דאסור בהזמנה בתכריכי המת דאסירי בהנאה דגמרינן שם שם מעגלה ערופה כדמפרש התם:
26 הני מילי באורג בגד למת. שאינו חסר אלא אריגה וכיון שנארג מיד הויא ראוי לפורשו על המת אבל לבינים מחוסרים עשייה לבנותן בכותל והלכך בשל לבינים דבית הכנסת הוה ליה כטווי לאריג ולימא למ"ד בכי האי גוונא דהזמנה מילתא היא:

מתנה,[1]
פליגי בה רב אחא ורבינא,
חד - אסר,
וחד - שרי.

מאן דאסר -
אמאי[א] תפקע קדושתה?

ומאן דשרי -
אי לאו דהוה ליה הנאה מיניה - לא הוה יהיב ליה,
הדר הוה ליה מתנה כזביני.

תנו רבנן:
תשמישי[2] מצוה - נזרקין,
תשמישי קדושה - נגנזין.

ואלו הן תשמישי מצוה:
סוכה, לולב, שופר, ציצית.

ואלו הן תשמישי קדושה:
דלוסקמי[3] ספרים,
תפילין, ומזוזות,
ותיק[4] של ספר תורה,
ונרתיק של תפילין ורצועותיהן.

אמר רבא:
מריש הוה אמינא -
האי כורסיא[5] תשמיש[6] דתשמיש הוא, ושרי;
כיון דחזינא דמותבי[7] עליה ספר תורה -
אמינא -
תשמיש קדושה הוא, ואסור.

ואמר רבא:
מריש הוה אמינא -
האי פריסא[8] תשמיש[9] דתשמיש הוא, ושרי;[ב]
כיון דחזינא דעייפי[10] ליה ומנחי סיפרא עלויה -
אמינא -
תשמיש קדושה הוא, ואסור.

ואמר רבא:
האי תיבותא דאירפט,[11]
למעבדיה[12][יג] תיבה זוטרתי - שרי,
כורסיא - אסיר.[יד]

כורסיא נמי,[טו]
למעבדיה[13][טז] כורסיא זוטא -[יז] שרי,[יח]
דרגא לכורסיא - אסיר.[יט][14]

ואמר רבא:
האי פריסא[15] דבלה -
למיעבדיה פריסא לספרי - שרי,
לחומשין -[16] אסיר.

ואמר רבא:
הני זבילי[17] דחומשי, וקמטרי[18] דספרי -
תשמיש קדושה נינהו, ונגנזין.

פשיטא!?
מהו דתימא?
הני לאו לכבוד עבידן, לנטורי בעלמא עבידי;
קא משמע לן.

ההוא בי[19] כנישתא דרומאי,[כ]
דהוה פתיח להה הוא אידרונא,[20]
דהוה מחית[21] ביה מת,
והוו בעו[22] כהני למיעל לצלויי התם,
אתו אמרו ליה לרבא,
אמר להו:
דלו[23] תיבותא, ואותבוה[כא] אבבא,[כב]
דהוה ליה כלי עץ העשוי לנחת,
וכלי[24] עץ העשוי לנחת - אינו מקבל טומאה,
וחוצץ בפני הטומאה.
אמרו ליה רבנן לרבא:
והא זמנין דמטלטלי ליה כי מנח ספר תורה עלויה,
והוה ליה כלי[כג] מיטלטלא מלא וריקם!?
אמר להו[כד] אי הכי - לא אפשר.

אמר מר זוטרא:

רש״י

[1] **מתנה.** נתנו בני העיר בית כנסת לתשמישי חול:
[2] **ותשמישי מצוה.** דברים ששימשו בהן מצוה:
[3] **דלוסקמי.** כמו אמתחת ושק לשום בו [ספר]:
[4] **תיק ונרתיק.** חדא היא אלא שלשון תיק נופל על דבר ארוך ולשון נרתיק נופל על דבר קצר:
[5] **כורסיא.** בימה של עץ:
[6] **תשמיש דתשמיש.** שפורס מפה עליו ואחר כך נותן ספר תורה עליו:
[7] **דמותבי ספר תורה עליה.** בלא מפה:
[8] **פריסא.** יריעה שפורסין סביבות הארון מבפנים:
[9] **תשמיש דתשמיש הוא.** תשמיש של ארון:
[10] **דעייפי ליה.** פעמים שכופלין אותו תחת ס״ת:
[11] **דאירפט.** ארון שנתקלקל ונפרד מחבורו ויש דוגמתו בברייתא ביבמות (קב.) מנעל המרופט:
[12] **תיבותא זוטרתי.** לעשות תיבה קטנה מן הגדולה הראשונה:
[13] **מיעבדא כורסיא.** בימה:
[14] **אסור.** שירדה מקדושתה:
[15] **פריסה דבלה.** יריעות הארון שבלו:
[16] **לחומשין.** יש ספרים שהן עשויין כל חומש לבדו וכולן בגליון:
[17] **זבילי.** כמין דלוסקמי:
[18] **קמטרא.** ארגז שקורין אשקריניי״ו והרבה יש בתרגום של יונתן בן עוזיאל חבלים חבושים (יחזקאל כז) ארגזים אמליץ דזהוריתא בקמטרין וכן לאשר על המלתחה לדעל קמטרי׳ (מלכים ב י):
[19] **בי כנישתא דרומאי.** אנשי ישראל באו מרומי למחוזא ונתיישבו שם ועשו להם בית הכנסת:
[20] **אידרונא.** חדר שמשימין בו מת והיה מונח בו מת עד שלא נקבר:
[21] **מחית.** כמו מונח כדמתרגמינן ותנח בגדו אצלה ואחיתתיה (בראשית לט):
[22] **בעו כהני למיעל ולצלויי.** בההוא כנישתא אין יכולין ליכנס מפני הטומאה הנכנסת בבית הכנסת דרך הפתח מבית לבית דהכי תנן במסכת אהלות (פ״ג משנה ז):
[23] **דלו תיבותא.** הגביהו הארון ממקומו:
[24] **כלי עץ העשוי לנחת.** במקום אחד אינו מקבל טומאה דאיתקש כלי עץ לשק לענין טומאה דכתיב וכל כלי עץ או בגד או עור או שק (ויקרא יא) מה שק המיטלטל אף כלי עץ המיטלטל. כל דבר המקבל טומאה אינו חוצץ בפני הטומאה:

מטפחות[1] ספרים שבלו -
עושין אותן תכריכין למת מצוה,
וזו היא גניזתן.

ואמר רבא:
ספר תורה שבלה -
גונזין אותו אצל תלמיד חכם,
ואפילו[2] שונה הלכות.

אמר רב אחא בר יעקב:
ובכלי חרס,
שנאמר (ירמיהו לב,יד):
"וּנְתַתָּם בִּכְלִי חָרֶשׂ לְמַעַן יַעַמְדוּ יָמִים רַבִּים".

ואמר רב פפי משמיה דרבא:
מבי[3] כנישתא לבי רבנן - שרי,
מבי רבנן לבי כנישתא - אסיר.

ורב פפא משמיה דרבא מתני איפכא.

כז. אמר רב אחא: *
כוותיה דרב פפי מסתברא,
דאמר רבי יהושע בן לוי:
בית הכנסת מותר לעשותו בית המדרש;
שמע מינה.

דרש בר קפרא:
מאי דכתיב (מלכים ב כה,ט):
"וַיִּשְׂרֹף[4] אֶת בֵּית יְהוָה וְאֶת בֵּית הַמֶּלֶךְ,
וְאֵת כָּל בָּתֵּי יְרוּשָׁלַ͏ִם וְאֶת כָּל בֵּית גָּדוֹל שָׂרַף בָּאֵשׁ".
"בֵּית יְהוָה" - זה בית המקדש,
"בֵּית הַמֶּלֶךְ" - אלו פלטרין של מלך,
"וְאֵת כָּל בָּתֵּי יְרוּשָׁלַ͏ִם" - כמשמען,
"וְאֵת כָּל בֵּית גָּדוֹל שָׂרַף בָּאֵשׁ" -
פליגו בה[כה] רבי יוחנן ורבי יהושע בן לוי,
חד אמר: מקום שמגדלין בו תורה;
וחד אמר: מקום שמגדלין בו תפלה.

מאן דאמר: תורה -
דכתיב (ישעיהו מב,כא):
"יְהוָה חָפֵץ לְמַעַן צִדְקוֹ יַגְדִּיל תּוֹרָה וְיַאְדִּיר";

ומאן דאמר: תפלה -
דכתיב (מלכים ב ח,ד):
"סַפְּרָה נָּא לִי אֵת כָּל[כו] הַגְּדֹלוֹת אֲשֶׁר עָשָׂה אֱלִישָׁע",
ואלישע דעבד, ברחמי הוא דעבד.

תסתיים[5] דרבי יהושע בן לוי הוא דאמר:
מקום שמגדלין בו תורה,
דאמר רבי יהושע בן לוי:
בית הכנסת מותר[6] לעשותו בית המדרש;
שמע מינה.

אבל מכרו תורה –
לא יקחו ספרים וכו'.

איבעיא להו:
מהו למכור ספר תורה ישן ליקח בו חדש?
כיון דלא מעלי ליה - אסור;
או דלמא -
כיון דליכא לעלויי עילוייא אחרינא - שפיר דמי?

תא שמע (כאן):
אבל מכרו תורה -
לא יקחו ספרים;
ספרים הוא דלא,
הא תורה בתורה - שפיר דמי.
מתניתין - דיעבד,[7]
כי קא מיבעיא לן - לכתחלה.

תא שמע:
גוללין ספר תורה במטפחות חומשין,[8]
וחומשין במטפחות נביאים וכתובים,
אבל[9] לא נביאים וכתובים במטפחות חומשין,
ולא חומשין במטפחות ספר תורה;
קתני מיהת:
גוללים ספר תורה במטפחות[10] חומשין,
מטפחות[11] חומשין - אין,
מטפחות ספר תורה - לא;
אימא[12] סיפא:
ולא חומשין במטפחות ספר תורה;
הא תורה בתורה - שפיר דמי!?
אלא מהא ליכא למישמע מינה.

תא שמע:
מניחין תורה[כז] על גבי תורה,
ותורה על גבי חומשין,
וחומשין על גבי נביאים וכתובים,
אבל לא נביאים וכתובים על גבי חומשין,
ולא חומשין על גבי תורה.

הנחה קאמרת?
שאני הנחה דלא אפשר;

רש"י

1 מטפחות ספרים. אף של ס"ת:
2 ואפילו שונה הלכות. כלומר אפילו לא שימש תלמידי חכמים בתלמוד^ ובגמרא אלא במשניות ובברייתות:
3 מבי כנישתא לבי רבנן. לעשות מבית הכנסת בית המדרש:
4 וישרף את בית ה' ואת כל בית גדול. בנבוזראדן כתיב:
5 תסתיים. יש סימן:
6 מותר לעשות בית המדרש. אלמא בית המדרש הוי בית גדול:
7 דיעבד. שמכרוהו כבר כדקתני מכרו תורה ומשום הכי מותר ליקח בדמיו ספר תורה שאם לאו מה יקחו מהם כי קא מיבעיא לן למכור לכתחילה לכך:
8 חומשין. ספר תורה שאין בו אלא חומש אחד:
9 אבל לא נביאים וכתובים במטפחות ספר תורה. שמוריד המטפחות מקדושתן:
10 במטפחות של חומשין. דקא מעלי להו למטפחות:
11 אבל במטפחות ספר תורה לא. אלמא אין משנין לכיוצא בה אלא למעלה הימנה:
12 אימא סיפא ולא חומשין במטפחות של ספר תורה. דהא ירידה היא:

דאי לא תימא הכי -
מיכרך היכי כרכינן ?
והא קא יתיב דפא[1] אחבריה !
אלא כיון דלא אפשר - שרי,
הכא נמי - כיון דלא אפשר - שרי.

תא שמע:
דאמר **רבה בר בר חנה** אמר **רבי יוחנן**
משום **רבן שמעון בן גמליאל**:
לא ימכור אדם ספר תורה ישן ליקח בו חדש.

התם משום[2] פשיעותא,
כי[3] קאמרינן - כגון דכתיב ומנח לאיפרוקי,
מאי ?

תא שמע:
דאמר **רבי יוחנן** משום **רבי מאיר**:
אין מוכרין ספר תורה אלא[4] ללמוד תורה,
ולישא אשה;
שמע מינה -
תורה בתורה שפיר דמי.

דלמא שאני תלמוד,[כח]
שהתלמוד[כט] מביא לידי מעשה;
אשה נמי -
"**לֹא תֹהוּ בְרָאָהּ לָשֶׁבֶת יְצָרָהּ**" (ישעיהו מה,יח);
אבל תורה בתורה - לא.

תנו רבנן:
לא ימכור אדם ספר תורה אף על פי שאינו[5] צריך לו;
יתר על כן אמר **רבי שמעון בן גמליאל**:
אפילו אין לו מה יאכל,
ומכר ספר תורה או בתו -
אינו[6] רואה סימן ברכה לעולם !

וכן במותריהן.

אמר **רבא**:
לא שנו אלא שמכרו[7] והותירו,
אבל גבו[8] והותירו - מותר.

איתיביה **אביי**:
במה דברים אמורים ?
שלא[9] התנו,
אבל התנו - אפילו לדוכסוסיא[10] מותר;
היכי דמי ?
אילימא - שמכרו והותירו;
כי[11] התנו מאי הוי ?
אלא שגבו והותירו,
טעמא -[12] דהתנו,
הא לא התנו - לא ! ?

לעולם שמכרו והותירו,
והכי קאמר -
במה דברים אמורים ?
שלא התנו שבעה טובי העיר במעמד אנשי העיר,
אבל התנו שבעה טובי העיר במעמד אנשי העיר -
אפילו לדוכסוסיא נמי מותר.

אמר ליה **אביי** לההוא מרבנן
דהוה מסדר מתניתא קמיה **דרב ששת**:
מי שמיע לך מ**רב ששת** מאי דוכסוסיא ?
אמר ליה:
הכי אמר **רב ששת**:
פרשא[13] דמתא.

אמר **אביי**: הלכך,
האי צורבא מרבנן דשמע ליה מילתא ולא ידע פירושא -
לישיילה קמיה דשכיח קמיה רבנן,
דלא אפשר דלא שמיע ליה מן גברא רבה.

אמר **רבה בר בר חנה** אמר **רבי יוחנן**:[ל]
בני העיר שהלכו לעיר אחרת,
ופסקו עליהן צדקה - נותנין,
וכשהן באין מביאין אותה עמהן,
ומפרנסין בה עניי עירן.

תניא נמי הכי:
בני העיר שהלכו לעיר אחרת,
ופסקו עליהן צדקה - נותנין,[14]
וכשהן[15] באין מביאין אותה עמהן.
ויחיד שהלך לעיר אחרת,
ופסקו עליו צדקה - תנתן לעניי אותה העיר.

רב הונא גזר תעניתא,
על לגביה **רב חנה בר חנילאי** וכל בני מתיה,
רמו עלייהו צדקה ויהבו.
כי בעו למיתי -

רש"י

[1] **וקא מותיב דפא אחבריה.** דף נגלל על חבירו:
[2] **משום פשיעותא.** שמא משימכור שוב לא יקנה ומתוך כך יפסדו הדמים:
[3] **כי קאמרינן דמנח לאיפרוקי.** שכתוב כבר החדש בבית הסופר ואינו מעוכב אלא לתת לו דמים:
[4] **אלא ללמוד תורה.** להתפרנס בו כשלומד תורה וקס"ד דה"ה לקנות ספר תורה:
[5] **שאינו צריך לו.** שיש לו אחר:
[6] **אינו רואה סימן ברכה לעולם.** באותן הדמים:
[7] **שמכרו והותירו.** מכרו אחד מן הקדושות הללו ולקחו ממקצת הדמים קדושה מעולה והותירו מהן:
[8] **אבל גבו.** מעות מן הצבור לצורך ספר תורה וקנאוהו ונותר בידן מן הדמים מותר להורידן שהרי עדיין לא באו לשימוש קדושה חמורה:
[9] **שלא התנו.** על מנת לעשות רצוננו מן הדמים:
[10] **לדוכסוסיא.** מפרש לקמן:
[11] **כי התנו מאי הוי.** הא דמי קדושה הן:
[12] **וטעמא דהתנו.** כשגבו לעשות רצוננו וחפצנו ממותר הדמים:
[13] **פרשא דמתא.** בני העיר שוכרין אדם רוכב סוס שיהא להן מזומן לשולחו בשליחות למושל העיר כשיצטרכו:
[14] **נותנין.** אותה לגבאי אותה העיר כדי שלא יחשדום בפוסקים ואינן נותנין:
[15] **וכשהן באים.** וחוזרים למקומן תובעים אותן מן הגבאים ומפרנסין בה עניי עירן:

אמרו ליה:
נותבה לן מר, וניזול ונפרנס בה עניי מאתין.
אמר להו: תנינא:
במה דברים אמורים?
כז: בשאין שם * חברי[1] עיר,
אבל יש שם חבר עיר - תינתן לחבר עיר;
וכל שכן דענייי דידי ודידכו עלי סמיכי.

משנה (א):

אין מוכרין את של רבים ליחיד,
מפני שמורידין אותו מקדושתו,
דברי רבי מאיר;
אמרו לו:
אם כן - אף לא מעיר גדולה לעיר קטנה.

גמרא:

שפיר קאמרי ליה רבנן לרבי מאיר,
ורבי מאיר!?
מעיר גדולה לעיר קטנה -
מעיקרא קדישא, השתא נמי קדישא,
מרבים ליחיד - ליכא[2] קדושה.

ורבנן!?[3]
אי איכא למיחש -
כי האי גוונא נמי איכא למיחש,
משום "בְּרָב עָם הַדְרַת מֶלֶךְ" (משלי יד,כח).

משנה (ב):

אין מוכרין בית הכנסת -
אלא[4] על תנאי שאם ירצו יחזירוהו,
דברי רבי מאיר;
וחכמים[5] אומרים:
מוכרין אותו ממכר עולם,
חוץ מארבעה דברים:
למרחץ, ולבורסקי, לטבילה, ולבית[6] המים;
רבי יהודה אומר:
מוכרין אותו[לא] לשם חצר,
והלוקח מה שירצה יעשה.

גמרא:

ולרבי מאיר היכי דיירי בה?
הא הויא לה רבית!?
אמר רבי יוחנן:
רבי מאיר בשיטת רבי יהודה אמרה דאמר:
צד אחד ברבית - מותר,
דתניא:
הרי שהיה נושה בחבירו מנה,
ועשה לו שדהו מכר,
בזמן שמוכר אוכל פירות - מותר,
לוקח אוכל פירות - אסור;
רבי יהודה אומר:
אפילו לוקח אוכל פירות - מותר;
ואמר רבי יהודה:
מעשה בביתוס בן זונן,
שעשה שדהו מכר על פי רבי אלעזר בן עזריה,
ולוקח אוכל פירות היה;
אמרו לו: משם ראיה?
מוכר אוכל פירות היה, ולא לוקח.

מאי בינייהו?
אמר אביי:[לב]
צד אחד ברבית איכא בינייהו,
מר סבר - צד אחד ברבית - מותר,
ומר סבר - צד אחד ברבית - אסור.

רבא אמר:
דכולי עלמא צד אחד ברבית אסור,
והכא רבית על מנת להחזיר איכא בינייהו,
מר סבר - רבית על מנת להחזיר - מותר,
ומר סבר - רבית על מנת להחזיר -[לג] אסור.

וחכמים אומרים:
מוכרין אותו ממכר עולם וכו'.

אמר רב יהודה אמר שמואל:
מותר לאדם להשתין מים בתוך ארבע[7] אמות של תפלה.

אמר רב יוסף:
מאי קמשמע לן?
תנינא (כאן):
רבי יהודה אומר:
מוכרין אותו לשם[לד] חצר,
והלוקח[לה] מה שירצה יעשה;
ואפילו רבנן לא קאמרי אלא בית הכנסת דקביע קדושתיה,
אבל ארבע אמות דלא קביע קדושתייהו - לא!?

תני תנא קמיה דרב נחמן:
המתפלל מרחיק ארבע אמות ומשתין,
והמשתין מרחיק ארבע אמות ומתפלל.
אמר ליה:
בשלמא המשתין מרחיק ארבע אמות ומתפלל -
דתנן (ברכות ג:ה):[לו]
כמה ירחיק מהם ומן הצואה?

רש"י

1 חבר עיר. תלמיד חכם המתעסק בצרכי צבור:
2 ליכא קדושה. שאין אומרים דבר שבקדושה פחות מעשרה:
3 ורבנן. אמרי אי איכא למיחש בין רב למעט הכא נמי איכא למיחש משום ברוב עם הדרת מלך ולא משכחת מכירה בבית הכנסת אלא לא חיישינן דכיון דשקיל דמי ומעלי להו בקדושה מעולה כל דבעי לוקח עביד חוץ מד' דברים כדקתני סיפא:
4 מתני': אלא על תנאי. ואפילו מרבים לרבים אסר ר' מאיר מכירת חלוטין דדרך בזיון הוא [כלומר אינן בעיניו לכלום]:
5 וחכמים אומרים וכו' ממכר עולם. ליחיד ולכל תשמיש חוץ מד' דברים:
6 לבית המים. לכביסה אי נמי לבית מי רגלים:
7 גמ': בד' אמות של תפלה. לאחר זמן:

ארבע אמות;

אלא המתפלל מרחיק ארבע אמות ומשתין -
למה לי?
אי הכי -
קדשתינהו[1] לכולהו שבילי דנהרדעא!?
תני:[2]
ישהה.

בשלמא משתין ישהה כדי הילוך ארבע אמות -
משום[3] ניצוצות,
אלא מתפלל ישהה כדי הילוך ארבע אמות -
למה לי!?

אמר רב אשי:
שכל ארבע אמות - תפלתו סדורה בפיו,
ורחושי מרחשן שפוותיה.

שאלו[לז] תלמידיו את רבי זכאי:
במה[4] הארכת ימים?
אמר להם:
מימי לא השתנתי מים בתוך ארבע אמות של תפלה,
ולא כניתי שם לחבירי,
ולא ביטלתי קידוש היום.

אמא זקינה היתה לי,
פעם אחת לא היה לי קידוש היום,[לח]
מכרה כפה[5] שבראשה,
והביאה לי קידוש היום.

תנא:
כשמתה - הניחה לו שלש מאות גרבי יין,
כשמת הוא - הניח לבניו שלשת אלפים גרבי יין.

רב הונא הוה אסר[6] ריתא וקאי קמיה דרב,
אמר ליה: מאי האי?
אמר ליה:
לא הוה לי קידושא, ומשכנתיה להמיינאי,
ואתאי ביה קידושא.
אמר ליה:
יהא רעוא דתיטום[7] בשיראי!

כי איכלל[8] רבה בריה,
רב הונא איניש גוצא הוה,
גנא אפוריא, אתיין בנתיה וכלתיה,
שלחן[9] ושדיין מנייהו עליה,
עד דאיטום בשיראי;
שמע רב ואיקפד,
אמר:
מאי טעמא לא אמרת לי כי ברכתיך: וכן[10] למר!?

שאלו תלמידיו את רבי אלעזר בן שמוע:
במה הארכת ימים?
אמר להם:
מימי לא עשיתי קפנדריא[11] לבית הכנסת,
ולא[12] פסעתי על ראשי עם קדוש,
ולא[13] נשאתי כפי בלא ברכה.

שאלו תלמידיו את רבי פרידא:
במה הארכת ימים?
אמר להם:
כח. מימי לא קדמני אדם לבית המדרש, *
ולא אכלתי מבהמה שלא הורמו מתנותיה,[לט][14]
ולא ברכתי[15] לפני כהן.

ולא אכלתי מבהמה שלא הורמו מתנותיה.
דאמר רבה בר בר חנה[מ] אמר רבי יוחנן:
אסור לאכול מבהמה שלא הורמו מתנותיה;
ואמר רבי יצחק:
כל האוכל מבהמה שלא הורמו מתנותיה -
כאילו אוכל טבלים.
ולית הלכתא כוותיה.

ולא ברכתי לפני כהן.
למימרא דמעליותא היא?
והא אמר רבי יוחנן:
כל תלמיד חכם שמברך לפניו אפילו כהן גדול עם הארץ,
אותו תלמיד חכם חייב מיתה,
שנאמר (משלי ח,לו): "כָּל מְשַׂנְאַי אָהֲבוּ מָוֶת",
אל תקרי: "מְשַׂנְאַי", אלא - משניאי!?[16]
כי קאמר איהו - בשוין.

שאלו תלמידיו את רבי נחוניא בן הקנה:
במה הארכת ימים?
אמר להם:

רש"י

[1] קדשתינהו לכולהו שבילי דנהרדעא. שאין לך ד"א בהן שלא התפללו בהן עוברי דרכים:

[2] תני ישהה. כדי הילוך ארבע אמות:

[3] משום ניצוצות. שלא יטנפו בגדיו בניצוצות שבאמתו:

[4] במה הארכת ימים. באיזה זכות:

[5] כפה. צעיף:

[6] אסר ריתא. מין גמי:

[7] דתיטום בשיראי. סתום ומכוסה במעילין סתמום פלשתים תרגומו טמונין פלשתאי (בראשית כו):

[8] איכלל. כשנכנס לחופה:

[9] [שלחן]. היו פושטות בגדיהן:

[10] וכן למר. אף אתה תהא מבורך לכך שמא היה עת רצון ותתקיים אף בי:

[11] קפנדריא. מקצר הילוכו דרך בית הכנסת:

[12] ולא פסעתי על ראשי עם קודש. כשהיו התלמידין בבית המדרש על גבי קרקע ההולך על גבי מסיבתן לישב למקומן נראה כפוסע על ראשי העם:

[13] ולא נשאתי כפי. לדוכן לברכת כהנים לפי שהכהנים צריכין לברך ברוך אתה ה' אלהינו מלך העולם אשר קדשנו (במצותיו וצונו) בקדושתו של אהרן במסכת סוטה (לט.):

[14] מתנותיה. הזרוע והלחיים והקיבה:

[15] ולא ברכתי. בסעודה לפני כהן דאמר מר (גיטין נט:) וקדשתו (ויקרא כא) לכל דבר שבקדושה לפתוח ראשון ולברך ראשון:

[16] משניאי. שגורמין לבני אדם לשנאותו שהרואה תלמיד חכם שפל לפני עם הארץ אומר אין נחת רוח בתורה:

מימי לא נתכבדתי[1] בקלון חברי,
ולא עלתה על מטתי קללת חברי,
וותרן בממוני הייתי.

לא נתכבדתי בקלון חברי.
כי הא דרב הונא דרי מרא[2] אכתפיה,
אתא רב חנא בר חנילאי וקאי[3] שקיל[מא] מיניה,
אמר ליה:
אי רגילת דדרית[4] במאתיך - דרי,
ואי לא - אתייקורי אנא בזילותא דידך, לא ניחא לי.

ולא עלתה על מטתי קללת חברי.
כי הא דמר זוטרא,
כי הוה סליק לפורייה אמר:
שרי ליה ומחיל ליה[מב] לכל מאן דצערן.

וותרן בממוני הייתי.
דאמר מר:
איוב וותרן בממוניה הוה,
שהיה מניח פרוטה לחנוני מממוניה.

שאל רבי עקיבא את רבי נחוניא הגדול:
במה הארכת ימים?
אתו גוזאי[5][מג] וקא מחו ליה,
סליק יתיב ארישא דדיקלא,
אמר ליה: רבי,
אם[6] נאמר (במדבר כח,ד): "כֶּבֶשׂ" למה נאמר "אֶחָד" (שם)?
אמר להו: צורבא מדרבנן הוא, שבקוהו.
אמר ליה: "אֶחָד" - מיוחד שבעדרו.
אמר ליה:
מימי לא קבלתי מתנות,
ולא[7] עמדתי על מדותי,
וותרן בממוני הייתי.

לא קבלתי מתנות.
כי הא דרבי אלעזר,
כי הוו משדרי ליה מתנות מבי נשיאה - לא הוה שקיל,
כי הוה מזמני ליה - לא הוה אזיל,
אמר להו:
לא ניחא לכו דאחיה,
דכתיב (משלי טו,כז): "שׂוֹנֵא מַתָּנֹת יִחְיֶה"?

רבי זירא,
כי הוו משדרי ליה מבי נשיאה - לא הוה שקיל,
כי הוה מזמני ליה - אזיל,
אמר: אתייקורי דמתייקרי בי.

ולא עמדתי על מדותי.
דאמר רבא:
כל המעביר על מדותיו - מעבירין לו על[מד] כל פשעיו,
שנאמר (מיכה ז,יח):
"נֹשֵׂא עָוֺן וְעֹבֵר עַל פֶּשַׁע",
למי "נֹשֵׂא עָוֺן"? למי ש"עֹבֵר עַל פֶּשַׁע".

שאל רבי את רבי יהושע בן קרחה:
במה הארכת ימים?
אמר לו: קצת בחיי!?
אמר לו: רבי,
תורה היא וללמוד[8] אני צריך!
אמר לו:
מימי לא נסתכלתי בדמות אדם רשע.
דאמר רבי יוחנן משום רבי שמעון בן יוחי:[מה]
אסור לאדם להסתכל בצלם דמות אדם רשע,
שנאמר (מלכים ב ג,יד):
"לוּלֵי[9] פְּנֵי יְהוֹשָׁפָט מֶלֶךְ יְהוּדָה אֲנִי נֹשֵׂא,
אִם אַבִּיט אֵלֶיךָ וְאִם אֶרְאֶךָּ".
רבי אלעזר אמר:
עיניו כהות,
שנאמר (בראשית כז,א):
"וַיְהִי כִּי זָקֵן יִצְחָק וַתִּכְהֶיןָ עֵינָיו מֵרְאֹת",
משום דאסתכל בעשו הרשע.
והא גרמא ליה?
והאמר רבי יצחק:
לעולם אל תהי קללת הדיוט קלה בעיניך,
שהרי אבימלך קלל את שרה ונתקיים בזרעה,
שנאמר (שם כ,טז): "הִנֵּה הוּא לָךְ כְּסוּת עֵינַיִם",
אל תקרי: "כְּסוּת", אלא - כסיית עינים!?
הא והא גרמא ליה.
רבא אמר: מהכא:
"שְׂאֵת פְּנֵי רָשָׁע לֹא טוֹב" (משלי יח,ה).

בשעת פטירתו אמר לו: רבי,
ברכני!
אמר לו: יהי רצון שתגיע לחצי ימי.
ולכולהו לא!?
אמר לו: הבאים[10] אחריך בהמה ירעו?

אבוה בר איהי ומנימן בר איהי,

רש"י

1 **לא נתכבדתי כו'.** מפרש לה ואזיל:
2 **מרא.** פורי"ש בלעז:
3 **וקא שקיל מיניה.** לכבדו וישאנה הוא:
4 **דרית במאתיך.** שאתה נושא כלי כזה בעירך:
5 **גוזי.** סריסין היו עבדים משרתים אותו וקא מחו ליה לר"ע סבורין היו שהיה קץ בחייו:
6 **אם נאמר כבש.** את הכבש אחד תעשה בבקר:
7 **ולא עמדתי על מדותי.** לשלם גמול רע למי שציערני:
8 **ללמוד אני צריך.** אולי אוכל לקיים:
9 **לולא פני יהושפט מלך יהודה אני נושא אם אביט אליך ואם אראך.** אלישע אמר כן ליהורם:
10 **הבאים אחריך בהמה ירעו.** בתמיה אין טוב לך לחיות ימים רבים כמוני שא"כ לא יטלו בניך בגדולתך ואתה נשיא והם כל ימיהם יהיו הדיוטות:

חד אמר: תיתי לי דלא אסתכלי בגוי;[מו]
וחד אמר: תיתי לי דלא עבדי שותפות בהדי גוי.[מז]

שאלו תלמידיו את רבי זירא:
במה הארכת ימים?
אמר להם:
מימי לא הקפדתי בתוך ביתי,
ולא צעדתי בפני מי שגדול ממני,
ולא הרהרתי[א] במבואות המטונפות,
ולא הלכתי ארבע אמות בלא[ב] תורה ובלא תפילין,
ולא ישנתי בבית המדרש - לא שינת קבע, ולא שינת עראי,
ולא ששתי בתקלת חבירי,
ולא קראתי לחבירי בהכינתו,[ג][מח]
ואמרי[ד] לה: בחניכתו.[מט]

משנה (ג):

ועוד אמר רבי יהודה:
בית הכנסת שחרב -
אין מספידין בתוכו,
ואין מפשילין[ה] בתוכו חבלים,
ואין פורשין לתוכו מצודות,
ואין שוטחין על גגו פירות,
ואין עושין אותו קפנדריא,
שנאמר (ויקרא כו,לא): "וַהֲשִׁמּוֹתִי אֶת מִקְדְּשֵׁיכֶם",
קדושתן אף כשהן שוממין.
עלו בו עשבים -
לא יתלוש, מפני[ו] עגמת נפש.

גמרא:

תנו רבנן:
בתי כנסיות ובתי מדרשות,[נ]
אין נוהגין בהן קלות ראש -
כח: אין[ז] אוכלין בהן, ואין שותין בהן, *
ואין[ח] ניאותין בהם, ואין מטיילין בהם,
ואין נכנסין בהן בחמה מפני החמה, ובגשמים מפני הגשמים,
ואין מספידין בהן הספד של יחיד.
אבל קורין בהן, ושונין בהן,
ומספידין בהן הספד[ט] של רבים;
אמר רבי יהודה:
אימתי? בישובן,
אבל בחורבנן - מניחין אותן,
ועולין בהן עשבים,
ולא יתלוש, מפני עגמת נפש.
עשבים?
מאן[י] דכר שמייהו?
חסורי מיחסרא והכי קתני:
ומכבדין אותן,
ומרביצין אותן כדי שלא יעלו בהן עשבים;
אמר רבי יהודה:
אימתי?[יא] בישובן,
אבל בחורבנן - מניחין אותן ועולין בהן עשבים,[נא]
ולא[נב] יתלוש, מפני עגמת נפש.

אמר רב אסי:
בתי כנסיות שבבבל על[יב] תנאי הן עשויין,
ואף על פי כן -
אין נוהגין בהן קלות ראש.
ומאי ניהו? חשבונות.

אמר רב ששת:[נג]
בית הכנסת שמחשבין בו חשבונות -
מלינין[יג] בו את המת.
מלינין סלקא דעתך?
לא סגי דלאו הכי!?
אלא,
לסוף[יד] שילינו בו מת מצוה.

ואין ניאותין בהן.
אמר רבא:
חכמים ותלמידיהם מותרין,
דאמר רבי יהושע בן לוי:
מאי[טו] בי רבנן? ביתא דרבנן.

ואין נכנסין בהן בחמה מפני החמה, ובגשמים מפני הגשמים.
כי הא דרבינא ורב אדא בר מתנה
הוו קיימי ושאלי שאילתא מרבא,
אתא זילחא[טז] דמיטרא,
עיילי לבי כנישתא;
אמרי:

רש"י

1 הרהרתי.^ דברי תורה:
2 בלא תורה. גרסתי שגורה בפי תמיד:
3 (בחניכתו). אם כינו שם לחבירו לגנאי:
4 ואמרי לה (בחכינתו). אפילו אותו כינוי שמסודר ובא לו ממשפחתו שם דופי כמו כתב חניכתו וחניכתה דמסכת גיטין (פז:):
5 מתני': מפשילין חבלים. והוא הדין לכל מלאכות אלא לפי שהפשלת חבלים צריך מקום מרווח פנוי ובית הכנסת גדול הוא וראוי ומספיק לכך:
6 מפני עגמת נפש. מניחין בו עשבים כדי שתהא עגמת נפש לרואיהן ושיזכירו את ימי בניינו ואת שהיו רגילין להתאסף שם יבקשו רחמים שיחזרו לקדמותו:
7 גמ': אין אוכלין בהן כו'. ולא גרסינן ואין אוכלין בהן דכולהו פירושא דקלות ראש הן לשון קלות שמקילין אותה:
8 ואין ניאותין. ואין מתקשטין לתוכו ואין מטיילין שם:
9 הספד של רבים. של תלמיד חכם שמת שצריכין להתאסף ולהספידו ובית הכנסת ראוי לכך לפי שהוא בית גדול:
10 מאן דכר שמייהו. היכא שמעינן לתנא קמא לעשות בהן דבר שמונעים מלעלות עשבים:
11 אימתי. מכבדין ומרביצין אותן ביישובן לאחר שמכבדין מזלפין את המים להרביץ את האבק:
12 על תנאי. על מנת שישתמשו בהן:
13 מלינין בו. משמע דחובה היא להלין בה את המת:
14 לסוף שילינו בו מתי מצוה. שימותו בעיר מתים שאין להן קוברין:
15 מאי בי רבנן. למה קורין בתי מדרשות בי רבנן לפי שביתם הוא לכל דבר:
16 זילחא דמטרא. זרם מים שבאין בכח:

האי דעיילינן לבי כנישתא - לאו[1] משום מיטרא,
אלא משום דשמעתא בעא צילותא[2] כיומא דאסתנא.

אמר ליה רב אחא בריה דרבא לרב אשי:
אי[3] אצטריך ליה לאיניש למיקרי גברא מבי כנישתא,
מאי?
אמר ליה:
אי צורבא מרבנן הוא - לימא שמעתא,[נד]
ואי תנא הוא - לימא הלכתא,[נה]
ואי קרא הוא - לימא פסוקא,
ואי לא - לימא ליה לינוקא:[4] אימא לי פסוקיך,
אי נמי - נישהי פורתא וניקום.

ומספידין בהן הספד של רבים.
היכי דמי הספידא דרבים?
מחוי **רב חסדא** - כגון[5] הספידא דקאי ביה **רב ששת**,
מחוי **רב ששת** - כגון הספידא דקאי ביה **רב חסדא**.

רפרם אספדה לכלתיה בבי כנישתא,
אמר:
אי[נו] משום יקרא דידי,
אי משום יקרא[נז] דידה[נח] דמיתא,
אתו כולי[נט] עלמא.

רבי זירא ספדיה לההוא מרבנן בבי כנישתא,
אמר:
אי משום יקרא דידי,
אי משום יקרא דידיה דמיתא,
אתו[7] כולי עלמא.

ריש לקיש
ספדיה לההוא צורבא מרבנן דשכיח בארעא דישראל,
דהוי תני[8] הלכתא בעשרים[9] וארבע שורתא,
אמר: ווי, חסרא[10] ארעא דישראל גברא רבה.

ההוא דהוי תני הלכתא, סיפרא, וספרי, ותוספתא,
ושכיב,
אתו ואמרו ליה לרב **נחמן בר יצחק**:[ס] ליספדיה מר!
אמר: היכי[11] נספדיה? הי[12] צנא דמלי סיפרי דחסר!?
תא חזי מה בין תקיפי[13] דארעא דישראל לחסידי דבבל.

תנן התם (אבות א:יג):
ודאשתמש בתגא -[14] חלף;[15]
אמר[סא] **ריש לקיש:**
זה המשתמש במי ששונה הלכות;[סב]
דאמר[סג] **עולא:**
לשתמש איניש במאן דתני ארבעה,
ולא לשתמש במאן דמתני ארבעה;

כי הא דריש לקיש הוה אזיל באורחא,
מטא עורקמא[16] דמיא,
אתא ההוא גברא ארכביה אכתפיה,
וקא מעבר ליה.
אמר ליה: קרית?
אמר ליה: קרינא;
תנית?
תנינא ארבעה סידרי משנה;
אמר ליה:
פסלת לך ארבעה טורי, וטענת **בר לקיש** אכתפך?
שדי **בר לקישא** במיא!
אמר ליה: ניחא לי דאישמעיה[17] ליה[סד] למר;
אמר ליה:[סה] אי הכי -
גמור מיני הא מלתא דאמר **רבי זירא:**
בנות[18] ישראל הן החמירו על עצמן,
שאפילו רואות טיפת דם כחרדל -
יושבות עליו שבעה נקיים.

תנא דבי אליהו:
כל השונה הלכות - מובטח לו שהוא בן עולם הבא,
שנאמר (חבקוק ג,ו): "הֲלִיכוֹת עוֹלָם לוֹ",
אל תקרי: "הֲלִיכוֹת", אלא - הלכות.

כט. **תנו רבנן:** *
מבטלין תלמוד תורה להוצאת המת ולהכנסת[19] הכלה;

רש"י

1 **לאו משום מיטרא.** שיגן עלינו מפני הגשמים שאם לא היינו עוסקין בשמעתא לא היינו נכנסין:

2 **צילותא.** דעת צלולה ומיושבת שאינו טרוד בכלום מחשבה:

3 **אי צריכה ליה לאיניש למקרי גברא מבי כנישתא מאי ניעביד.** מאחר שאין נכנסין בהן שלא לצורך:

4 **לימא לינוקא.** שהתינוקות היו רגילין לקרות בבית הכנסת:

5 **כגון הספידא דקאי בי רב ששת.** אם ימות אדם אחד בי רב ששת:

6 **אמר אי משום יקרא דידי אי משום יקרא דמיתא.** הוה ליה הספד של רבים:

7 **אתו כולי עלמא.** לספוד:

8 **דהוה תני הלכתא.** שהיה שונה משניות לתלמידים:

9 **בכ"ד שורות.** של תלמידים:

10 **הכי גרסינן חסרא ליה ארעא דישראל גברא רבה:**

11 **היכי אספיד.** במאי אספדנו:

12 **הי צנא מלא סיפרי.** אינו אלא כסל שמילאוהו ספרים ואין מבין מה בתוכה אף שונה הלכות ולא שימש ת"ח לתלמודי^ שיבינוהו טעמי משנה ופעמים שדברי משנה סותרין זה את זה וצריך לתרצה כגון הכא במאי עסקינן וכגון הא מני רבי פלוני היא וכגון חסורי מיחסרא אינו יודע מה שונה:

13 **תקיפי ארעא דישראל.** ריש לקיש דאמרינן במסכת יומא (ט:) דאפילו בהדי רבה בר בר חנה לא משתעי דמאן דמשתעי בהדי ריש לקיש בשוקא יהבין ליה עיסקא בלא סהדי רב נחמן בר יצחק מחסידי בבל בשילהי מסכת סוטה (מט:) דקאמר ליה לא תתני יראת חטא דאיכא אנא:

14 **בתגא.** כתר תורה:

15 **חלף.** עבר מן העולם:

16 **עורקמא דמיא.** שלולית של מים מכונסין:

17 **דאשמעי'.** שאשמש לאדוני:

18 **שהחמירו על עצמן.** דמדאורייתא אין צריכה שבעה נקיים אלא הרואה שלשה ימים רצופים בתוך י"א יום שבין נדה לנדה אבל בתחלת נדתה אפילו ראתה כל שבעה ופסקה לערב טובלת בלילה והן החמירו על עצמן לפי שאין הכל בקיאים בפתח נדתה אימתי הן עומדות בי"א ימים שבין נדה לנדה ואם תאמר לא יחמירו אלא בג' רצופין כדכתיב ימים רבים בלא עת נדתה (ויקרא טו) פעמים שראיית דם נדה מזקיקתה לשבעה נקיים מן התורה כיצד התחילה לספור שבעה נקיים לאחר שהיתה זבה גמורה וספרה שבעה נקיים ובשביעי ראתה אפי' כחרדל סתרה הכל וצריכה לחזור ולספור שבעה נקיים אי נמי שמא ראתה שני ימים ולא ידעה והיום ראתה וידעה דהוו להו שלשה ימים רצופין וצריכה שבעה נקיים ועל כן החמירו:

19 **להכנסת כלה.** ללוותה מבית אביה לבית חופתה:

אמרו עליו על רבי יהודה ברבי אילעאי:
שהיה מבטל תלמוד תורה להוצאת המת ולהכנסת הכלה;
במה דברים אמורים? בשאין שם כל צורכו,
אבל יש שם כל צורכו - אין מבטלין.

וכמה כל צורכו?
אמר רב שמואל בר איניא משמיה דרב:
תריסר אלפי גברי, ושיתא אלפי שיפורי;
ואמרי לה:
תריסר אלפי גברי, ומינייהו שיתא אלפי שיפורי;
עולא אמר:
כגון[1] דחייצי גברי מאבולא עד סיכרא;
רב ששת אמר:
כנתינתה[2] כך נטילתה,
מה נתינתה - בששים ריבוא,
אף נטילתה - בששים ריבוא;
הני מילי - למאן דקרי ותני,
אבל למאן דמתני - לית ליה שיעורא.

תניא:
רבי שמעון בן יוחי אומר:
בוא וראה כמה חביבין ישראל לפני הקדוש ברוך הוא,
שבכל מקום שגלו - שכינה עמהן.

גלו למצרים - שכינה עמהן,
שנאמר (שמואל א ב,כז):
"הֲנִגְלֹה נִגְלֵיתִי אֶל בֵּית אָבִיךָ בִּהְיוֹתָם בְּמִצְרַיִם" וגו'.

גלו לאדום - שכינה עמהן,[סו]
שנאמר (ישעיהו סג,א):[סז]
"מִי זֶה בָּא מֵאֱדוֹם חֲמוּץ בְּגָדִים מִבָּצְרָה".[סח]

גלו לעילם - שכינה עמהן,[סט]
שנאמר (ירמיהו מט,לח):[ע]
"וְשַׂמְתִּי כִסְאִי בְּעֵילָם".[עא]

גלו לבבל - שכינה עמהן,
שנאמר (ישעיהו מג,יד):
"לְמַעַנְכֶם שֻׁלַּחְתִּי בָבֶלָה".

ואף כשהן עתידין ליגאל - שכינה עמהן,
שנאמר (דברים ל,ג):
"וְשָׁב יְהוָה אֱלֹהֶיךָ אֶת שְׁבוּתְךָ",
והשיב לא נאמר, אלא "וְשָׁב",
מלמד שהקדוש ברוך הוא "שָׁב" עמהן מבין הגליות.

בבבל היכא?
אמר אביי:
בבי כנישתא דהוצל,
ובבי כנישתא דשף[3] ויתיב בנהרדעא.
ולא תימא הכא והכא,
אלא - זמנין הכא, וזמנין הכא.

אמר אביי:
תיתי לי, דכי מרחיקנא[4] פרסה -
עיילנא ומצלינא התם.

אבוה דשמואל ולוי,
הוו יתבי בכנישתא דשף ויתיב בנהרדעא,
אתיא שכינה, שמעו קול ריגשא, קמו ונפקו.

רב[5] ששת,
הוה יתיב בבי כנישתא דשף ויתיב בנהרדעא,
אתיא שכינה, ולא נפק.
אתו מלאכי השרת וקא מבעתו ליה,
אמר לפניו: רבונו של עולם!
עלוב ושאינו עלוב,
יכול ושאינו יכול,[עב]
מי נדחה מפני מי?
אמר להו: שבקוהו.

"וָאֱהִי לָהֶם לְמִקְדָּשׁ מְעַט" (יחזקאל יא,טז).
אמר רבי יצחק:
אלו בתי כנסיות ובתי מדרשות שבבבל;
ורבי אלעזר אמר:
זה בית[6] רבינו שבבבל.

דרש רבא:
מאי דכתיב (תהלים צ,א):
"אֲדֹנָי מָעוֹן אַתָּה הָיִיתָ לָּנוּ"?
אלו בתי כנסיות ובתי מדרשות.

אמר רבא:[עג]
מריש הואי גריסנא בביתא ומצלינא בבי כנשתא,
כיון דשמעית להא דקאמר דוד:
"יְהוָה אָהַבְתִּי מְעוֹן בֵּיתֶךָ" (שם כו,ח),
לא[עד] הואי גריסנא אלא[עה] בבי כנישתא.

תניא:
רבי אלעזר הקפר אומר:
עתידין בתי כנסיות ובתי מדרשות,[עו]
שיקבעו בארץ ישראל,
שנאמר (ירמיהו מו,יח):
"כִּי כְּתָבוֹר בֶּהָרִים וּכְכַרְמֶל[7] בַּיָּם יָבוֹא",
והלא דברים קל וחומר -

רש"י

[1] כגון דחייצי גברי מאבולא לסיכרא. מחיצת אנשים משער העיר עד בית הקברות מקום שסופדין אותו שם:
[2] כנתינתה. של תורה:
[3] דשף ויתיב. ובנאה יכניה וסיעתו מאבנים ועפר שהביאו עמהן בגלותן לקיים מה שנאמר כי רצו עבדיך את אבניה ואת עפרה יחוננו (תהלים קב):
[4] דכי מרחקנא פרסה. אני נכנס להתפלל בתוכו:
[5] רב ששת. סגי נהור הוה:
[6] בית רבינו. רב:
[7] וככרמל בים יבא. למדנו שעבר כרמל את הים ואימתי היה בשעת מתן תורה:

ומה "תָּבוֹר" ו"כַרְמֶל" שלא באו אלא לפי שעה ללמוד תורה -
נקבעו[עז] בארץ ישראל;
בתי כנסיות ובתי מדרשות שקורין ומרביצין בהן תורה -
על אחת כמה וכמה!

דרש בר קפרא:
מאי דכתיב (תהלים סח,יז):
"לָמָּה תְּרַצְּדוּן הָרִים גַּבְנֻנִּים,
הָהָר חָמַד אֱלֹהִים לְשִׁבְתּוֹ"? [עח]
יצתה בת קול ואמרה להם:
למה תרצו דין עם סיני?
כולכם בעלי מומים אתם אצל סיני,
כתיב הכא: "גַּבְנֻנִּים",
וכתיב התם (ויקרא כא,כ): "אוֹ גִבֵּן אוֹ דַק".

אמר רב אשי:
שמע מינה -
האי מאן דיהיר - בעל מום הוא.

אין עושין אותו קפנדריא.

מאי קפנדריא?
אמר רבא:
קפנדריא כשמה.[1]

מאי כשמה?
כמאן דאמר:
אדמקיפנא[2] אדרי - איעול בהא.

אמר רבי אבהו:
אם היה שביל מעיקרא -[3] מותר.

אמר רב נחמן בר יצחק:
הנכנס על מנת שלא לעשות קפנדריא -
מותר לעשותו קפנדריא.

ואמר רבי חלבו אמר רב הונא:
הנכנס לבית הכנסת להתפלל -
מצוה[עט] לעשותו קפנדריא,
שנאמר (יחזקאל מו,ט):
"וּבְבוֹא עַם הָאָרֶץ לִפְנֵי יְהוָה בַּמּוֹעֲדִים,
הַבָּא דֶּרֶךְ שַׁעַר צָפוֹן לְהִשְׁתַּחֲוֹת יֵצֵא דֶּרֶךְ שַׁעַר נֶגֶב".

עלו בו עשבים –

לא יתלוש, מפני עגמת נפש.

והתניא:
אינו תולש ומאכיל,
אבל תולש ומניח!?
כי תנן נמי מתניתין -
תולש ומאכיל תנן.

תנו רבנן:
בית הקברות אין נוהגין בהן קלות ראש -
אין מרעין בהן בהמה,
ואין מוליכין בהן אמת המים,
ואין מלקטין בהן עשבים,
ואם ליקט - שורפן במקומן,
מפני כבוד מתים;
אהייא?
אילימא - אסיפא;
כיון ששורפן במקומן -
מאי כבוד מתים איכא?
אלא ארישא.[4]

משנה (ד):

ראש חדש אדר שחל להיות בשבת -
קורין[5] בפרשת שקלים (שמות ל,יא-טז);
חל להיות בתוך השבת -
מקדימין לשעבר, ומפסיקין[6] לשבת אחרת.

בשניה - "זָכוֹר" (דברים כה,יז-יט);
בשלישית - "פָּרָה[7] אֲדֻמָּה" (במדבר יט,א-כב);
ברביעית -[8] "הַחֹדֶשׁ הַזֶּה לָכֶם" (שמות יב,א-כ);
בחמישית - חוזרין לכסדרן.

לכל[9] מפסיקין,
בראשי חדשים, בחנוכה, ובפורים,
בתעניות, ובמעמדות,[10] וביום הכפורים.

גמרא:

תנן התם (שקלים א:א):
כט: באחד באדר משמיעין[11] על השקלים * ועל[12] הכלאים;
בשלמא על הכלאים - דזמן זריעה היא,
אלא על השקלים מנלן?
אמר רבי טבי אמר רבי יאשיה:
דאמר קרא (במדבר כח,יד): "זֹאת עֹלַת חֹדֶשׁ[13] בְּחָדְשׁוֹ",

רש"י

1 כשמה. כמשמעה:
2 אדמקיפנא אדרי איעול בהא. בעוד שאקיף שורות של בתים הללו אכנס דרך הבית הזה ואקצר את הדרך ממבוי למבוי ובית הכנסת בין שניהן:
3 מעיקרא. קודם שנבנה בית הכנסת שם:
4 ארישא. משום כבודן של מתים אאין נוהגין בהן קלות ראש קאי:
5 מתני': קורין בפרשת שקלים. להודיע שיביאו שקליהן באדר כדי שיקריבו באחד בניסן מתרומה חדשה כדאמרינן בגמרא:
6 ומפסיקין לשבת הבאה. מלומר פרשה שנייה כדי שתקרא פרשת זכור בשבת הסמוכה לפורים לסמוך מחיית עמלק למחיית המן:
7 פרה אדומה. להזהיר את ישראל לטהר שיעשו פסחיהן בטהרה:
8 ברביעית החודש הזה לכם. ששם פרשת הפסח ובתלמוד^ ירושלמי גרסינן אמר ר' חמא בדין הוא שיקדום החודש לפרשת פרה שהרי באחד בניסן הוקם המשכן ושני לו נשרפה הפרה ומפני מה הקדימוה שהיא טהרתן של ישראל:
9 לכל מפסיקין. מלקרות בענין היום וקורין בענין מועד מעין המאורע:
10 למעמדות. וקורין במעשה בראשית כדקתני לקמן במתניתין:
11 גמ': משמיעין על השקלים. בהכרזת בית דין:
12 ועל הכלאים. לעקור כלאי הזרעים הניכרין בין התבואה:
13 חודש בחדשו לחדשי השנה. כל הני חדשים למה לי:

אמרה[1] תורה:
חדש והבא קרבן מתרומה חדשה,
וכיון דבניסן בעי אקרובי מתרומה חדשה -
קדמינן וקרינן באחד באדר,
כי היכי דליתו שקלים למקדש.

כמאן?[2]
דלא כרבן שמעון בן גמליאל;
דאי רבן שמעון בן גמליאל -
האמר: שתי שבתות,
דתניא:
שואלין בהלכות הפסח קודם לפסח שלשים יום;
רבן שמעון בן גמליאל אומר: שתי שבתות.

אפילו תימא רבן שמעון בן גמליאל,
כיון דאמר מר (שקלים א:ג):
בחמשה[3] עשר בו שולחנות יושבין במדינה,
ובעשרים וחמשה יושבין[4] במקדש;
משום[5] שולחנות קדמינן וקרינן.

מאי פרשת שקלים?
רב אמר:
"צַו אֶת בְּנֵי יִשְׂרָאֵל, וְאָמַרְתָּ אֲלֵהֶם,
אֶת קָרְבָּנִי לַחְמִי" (במדבר כח);
ושמואל אמר:
"כִּי תִשָּׂא" (שמות ל).

בשלמא למאן דאמר: "כִּי תִשָּׂא" -
היינו דקרי לה פרשת שקלים,
דכתיב בה שקלים;
אלא למאן דאמר: "צַו אֶת בְּנֵי יִשְׂרָאֵל", [פ]
מידי[פא] שקלים כתיבי התם!?
אין,
טעמא[6] מאי? כדרבי טבי.

בשלמא למאן דאמר: "צַו אֶת בְּנֵי יִשְׂרָאֵל" -
משום דכתיבי קרבנות התם,
כדרבי טבי;
אלא למאן דאמר: "כִּי תִשָּׂא" -
קרבנות מי כתיבי?
שקלים[7] לאדנים כתיבי!?

כדתני רב יוסף:
שלש[8] תרומות הן:
של מזבח למזבח, ושל[10][9] אדנים לאדנים,
ושל בדק הבית לבדק[11] הבית.

בשלמא[12] למאן דאמר: "כִּי תִשָּׂא" -
היינו דשני האי ראש חדש משאר ראשי חדשים;
אלא למאן דאמר: "צַו אֶת בְּנֵי יִשְׂרָאֵל" -[פב]
מאי שני!?
שני,
דאילו ראשי חדשים -
קרו שיתא בעניינא דיומא, וחד בדראש חודש,
ואילו האידנא -
כולהו בדראש חודש.

הניחא למאן דאמר:
לסדר[13] פרשיות הוא חוזר;
אלא למאן דאמר:
לסדר הפטרות הוא חוזר ופרשתא דיומא קרינן -
מאי שני!?
שני,
דאילו ראשי חדשים -
קרו שיתא בעניינא דיומא, וחד קרי בדראש חודש;
ואילו האידנא -
קרו תלתא בעניינא דיומא, וארבעה קרו בדראש חודש.

מיתיבי:
ראש חודש אדר שחל להיות בשבת -
קורין בפרשת שקלים;
ומפטירין ב"יְהוֹיָדָע הַכֹּהֵן" (מלכים ב יב);
בשלמא למאן דאמר: "כִּי תִשָּׂא" -
היינו דמפטירין ב"יְהוֹיָדָע הַכֹּהֵן", דדמי ליה,
דכתיב (שם,ה):
"כֶּסֶף עוֹבֵר אִישׁ[פג] כֶּסֶף נַפְשׁוֹת עֶרְכּוֹ";
אלא למאן דאמר: "צַו אֶת בְּנֵי יִשְׂרָאֵל" -[פד]
מי דמי!?
דמי, כדרבי[14] טבי.

מיתיבי:

רש"י

[1] אלא אמרה תורה. יש לך חודש שאתה צריך לחדשו בהבאת עולות תמידין ומוספין מתרומה חדשה וזהו ניסן כדאמרינן בראש השנה דגמרינן שנה שנה מניסן דכתיב ראשון הוא לכם לחדשי השנה (שמות יב):

[2] כמאן. מקדמינן כולי האי דלא כרבן שמעון בן גמליאל:

[3] בט"ו באדר שולחנות. בעלי מטבעות המחלפין שקלי כסף בפרוטות:

[4] יושבין במקדש. הוא סימן שכבר קרב זמן לתרום את הלשכה בשלש קופות וימהרו ויביאו דמאותו היום מתחילין למשכן את המעכבים:

[5] משום שולחנות קדמינן. לאחד באדר דהיינו שתי שבתות וטעמא דרבן שמעון בן גמליאל ורבנן בפ"ק דפסחים (ו.):

[6] טעמא כדרבי טבי. טעמא מאי מייתינן שקלים באדר כדרבי טבי שיקריבו קרבנות באחד בניסן מתרומה חדשה והך מצוה התם כתיבא:

[7] שקלים לאדנים כתיבי. התם כדכתיב ולקחת את כסף הכפורים ונתת אותו על עבודת אהל מועד והן השקלים שנעשו מהן אדני המשכן כדכתיב וכסף פקודי העדה וגו' ויהי מאת ככר הכסף לצקת את אדני הקדש וגו':

[8] שלש תרומות. נאמרו שם מחצית השקל תרומה לה' יתן תרומת ה' לתת את תרומת ה':

[9] תרומת אדנים. היתה לאדנים:

[10] ותרומת מזבח למזבח. לקנות מהן קרבנות צבור לכל השנה דכתיב בה לכפר על נפשותיכם:

[11] לבדק הבית. היא לא היתה שוה בכולן אלא איש כפי נדבתו שנאמר ויבאו האנשים על הנשים כל נדיב לב וגו' (שמות לה):

[12] הניחא למאן דאמר. בפרקין האי דקתני מתני' בחמישית חוזרין לכסדרן:

[13] לסדר פרשיות הוא חוזר. שקראו את אלו והפסיקו מלקרות את פרשת השבת איכא למימר כדאמר האידנא קרו כולהו בדראש חודש אלא למאן דאמר כו' דמפרש חוזרין לכסדרן לסדר ההפטרות אלמא ההפטרות הופסקו עד הנה אבל לא הפרשיות דעד השתא הוו קרו נמי מעניינא דיומא מאי שני:

[14] כדרבי טבי. זאת עולת חודש בשקלים אמר:

חל[1] להיות בפרשה הסמוכה לה,
בין מלפניה, בין מלאחריה -
קורין אותה, וכופלין[2] אותה;
בשלמא למאן דאמר: "כִּי תִשָּׂא" -
היינו דמתרמי בההוא[3] זימנא;
אלא למאן דאמר: "צַו אֶת בְּנֵי יִשְׂרָאֵל" -[פה]
מי מתרמי[4] בההוא זימנא!?
אין,
לבני מערבא דמסקי[5] לאורייתא[פו] בתלת שנין.

תניא כוותיה דשמואל:
ראש חודש אדר שחל להיות בשבת - קורין "כִּי תִשָּׂא",
ומפטירין ב"יְהוֹיָדָע הַכֹּהֵן".

אמר רבי יצחק נפחא:
ראש חודש אדר שחל להיות בשבת -
מוציאין שלש תורות וקורין בהן:
אחד - בענינו של יום,
ואחד - בשל ראש חודש,
ואחד - ב"כִּי תִשָּׂא".

ואמר רבי יצחק נפחא:
ראש חודש טבת שחל להיות בשבת -
מביאין שלש תורות וקורין בהן:
אחד - בעניינו של יום,
ואחד - בשל ראש[פז] חודש,
ואחד - בחנוכה.

וצריכא,
דאי איתמר בהא - בהא קאמר רבי יצחק נפחא,[פח]
אבל בהך - כרב סבירא ליה דאמר:
פרשת שקלים -
"צַו אֶת בְּנֵי יִשְׂרָאֵל, וְאָמַרְתָּ אֲלֵהֶם,[פט]
אֶת קָרְבָּנִי לַחְמִי",
ובשתי תורות סגי;
קא משמע לן.

ולימא הא ולא בעיא הך!?
חדא מכלל חבירתה איתמר.

איתמר:
ראש חודש טבת שחל להיות בחול,
אמר רבי יצחק נפחא:[צ]
קרו תלתא - בראש חודש,
וחד - בחנוכה;
ורב אבדימי[צא] דמן חיפא אמר:

קרו תלתא - בחנוכה,
וחד - בראש חודש.

אמר רבי מני:
כוותיה דרבי יצחק נפחא מסתברא,
דתדיר ושאינו תדיר - תדיר קודם.

אמר רבי אבין:
כוותיה דרב אבדימי[צב] דמן חיפא[צג] מסתברא,
מי גרם לרביעי שיבא? ראש חודש,
הלכך רביעי בראש חדש בעי מיקרי.

מאי הוי עלה?
רב יוסף אמר: אין[6] משגיחין בראש חודש;
ורבא[צד] אמר: אין משגיחין בחנוכה.

והלכתא:
אין משגיחין בחנוכה, וראש חודש עיקר.

איתמר:
חל להיות ב"וְאַתָּה תְּצַוֶּה" (שמות כז,כ),
אמר רבי יצחק נפחא:
קרו שיתא מ"וְאַתָּה תְּצַוֶּה" עד "כִּי תִשָּׂא" (שם ל,יב),
וחד מ"כִּי תִשָּׂא" עד "וְעָשִׂיתָ" (שם,יח).

ל. אמר אביי: *
אמרי:[7]
אוקומי הוא דקא מוקמי התם!
אלא אמר אביי:
קרו שיתא מ"וְאַתָּה תְּצַוֶּה" עד "וְעָשִׂיתָ",
וחד[8] תני וקרי מ"כִּי תִשָּׂא" עד "וְעָשִׂיתָ".

מיתיבי:
חל להיות בפרשה הסמוכה לה,
בין מלפניה, בין מלאחריה -
קורין אותה, וכופלין אותה;
בשלמא לאביי - ניחא;
אלא לרבי יצחק נפחא - קשיא!?
אמר לך רבי יצחק נפחא -
ולאביי מי ניחא?
תינח לפניה,
לאחריה היכי משכחת לה?
אלא מאי אית לך למימר - כופלה[9] בשבתות,
הכא נמי - כופלה בשבתות.

חל להיות ב"כִּי תִשָּׂא" עצמה,
אמר רבי יצחק נפחא:
קרו שיתא מן "וְעָשִׂיתָ" (שם ל,יח) עד "וַיַּקְהֵל" (שם לה,א),

רש"י

1 חל להיות. ר"ח אדר בפרשה הסמוכה לפרשת שקלים:
2 וכופלין אותה. בשבת שניה אע"פ שקראוה בראשונה:
3 בההוא זימנא. באותו פרק של אדר:
4 מי מתרמי. והלא בפרשת פינחס היא שהיא סמוכה לחודש אב:
5 דמסקי אורייתא. מסיימין חמשה חומשין פעם אחת לשלש שנים ולא בכל שנה כמו שאנו עושין:
6 אין משגיחין. לעשות עיקר:
7 אמרי אוקומי הוא דמוקמי התם. כלומר אין הדבר ניכר לשם פרשת שקלים אלא סברי שלא נסתיימה פרשת ואתה תצוה עד כאן:
8 וחד תאני וקרי. חוזר ושונה לקרות מכי תשא עד ועשית כיור נחושת וגו':
9 כופלה בשבתות. שקורין אותה שני שבתות זו אחר זו:

וחד קרי מ"כִּי תִשָּׂא" (שם ל,יב) עד "וְעָשִׂיתָ" (שם,יח).

מתקיף לה אביי:
השתא אמרי:
למפרע הוא דקרי!?
אלא אמר אביי:
קרו שיתא מ"כִּי תִשָּׂא"[צה] עד "וַיַּקְהֵל",
וחד תני וקרי מ"כִּי תִשָּׂא" עד "וְעָשִׂיתָ".

תניא כוותיה דאביי:
חל להיות ב"כִּי תִשָּׂא" עצמה -
קורין אותה, וכופלין אותה.

חל להיות בתוך השבת.[צו]

איתמר:
ראש חדש אדר שחל להיות בערב שבת,
רב[1] אמר: מקדימין;
ושמואל אמר: מאחרין.

רב אמר: מקדימין.
דאם[2] כן - בצרי להו יומי שולחנות;

ושמואל אמר: מאחרין.
אמר לך -
סוף סוף חמיסר[3] במעלי שבתא מיקלע,
ושולחנות לא[4] נפקי עד חד בשבא,
הלכך מאחרין.

תנן (כאן):
חל להיות בתוך השבת -
מקדימין לשעבר, ומפסיקין לשבת אחרת;
מאי לאו - אפילו בערב שבת!?
לא,
בתוך[5] השבת דוקא.

תא שמע:
איזו היא שבת ראשונה?
כל שחל ראש חודש אדר להיות בתוכה,
ואפילו בערב שבת;
מאי לאו - אפילו בערב שבת דומיא דתוכה,
מה תוכה - מקדימין,
אף ערב שבת - מקדימין!?
אמר[6] שמואל: בה;
וכן[7] תנא דבי שמואל: בה.

כתנאי:
מסרגין[8] לשבתות,
דברי רבי יהודה הנשיא;
רבי שמעון בן אלעזר אומר:
אין[9] מסרגין;
אמר רבי שמעון בן אלעזר:
אימתי[10] אני אומר אין מסרגין?
בזמן שחל להיות בערב שבת,
אבל[11] בזמן שחל להיות בתוך השבת -
מקדים וקורא משבת שעברה,
אף על פי שהוא שבט.

בשנייה – "זָכוֹר".

איתמר:
פורים שחל להיות בערב שבת,
רב אמר: מקדימין;[צז]
ושמואל אמר: מאחרין.

רב אמר: מקדימין.
כי[12] היכי דלא תיקדום עשיה לזכירה.

ושמואל אמר: מאחרין.
אמר לך -
כיון דאיכא מוקפין דעבדי בחמיסר -
עשיה וזכירה בהדי הדדי קא אתיין.

תנן[13] (כאן):
בשניה - "זָכוֹר" (דברים כה,יז-יט);
והא כי מיקלע ריש ירחא בשבת,
מיקלע פורים בערב שבת,
וקתני:
בשניה -[14] "זָכוֹר"!?
אמר רב פפא:
מאי שניה? שניה להפסקה.

תא שמע:

רש"י

[1] רב אמר מקדימין. וקורין בכי תשא לשבת שעבר כדתנן במתני':
[2] דאם כן. דמאחרין בצרי להו לשולחנות משני שבתות דאמרינן לעיל משום ששולחנות הוצרכו לישב במדינה בט"ו מקדימין וקורין מראש חודש שיהו דורשין שתי שבתות לפניהן כרבן שמעון בן גמליאל ואם תאחר עד למחרת ראש חדש אין כאן הקדמה שתי שבתות:
[3] חמיסר במעלי שבתא מיקלע. ואותו היום לא יתחילו לצאת ולישב במדינה מפני כבוד השבת:
[4] לא נפקי עד בחד בשבת. וכי מאחרת נמי איכא שתי שבתות הלכך מאחרין כדי שלא תצטרך להפסיק בין ב' פרשיות:
[5] בתוך שבת דוקא. דאי מאחרת ודאי בצרי להו יומי לשולחנות:
[6] אמר שמואל. האי בתוכה דקתני לאו תוך שבוע אלא תוך שבת עצמו:
[7] וכן תנא דבי שמואל. בתוספתא דהך ברייתא אי זו היא שבת ראשונה כל שחל ר"ח אדר להיות בה ביום שבת עצמו ואפילו חל בערב שבת של אתמול כאילו חל בה אלמא מאחרין אשמועינן:
[8] מסרגין. לשון סירוגין כלומר מפסיקין לשבתות בין פרשה ראשונה לשניה כשחל ר"ח בחול שמקדימין לשעבר דא"כ בצרי להו יומי לשולחנות ומפסיקין לשבת הבאה ולשבת שלישית קורין זכור כדי שתהא סמוכה זכור לפורים:
[9] אין מסרגין. כדמפרש ואזיל:
[10] אימתי אני אומר אין מסרגין בזמן שחל להיות בערב שבת. דכי נמי מאחרין לא בצרי יומי לשולחנות כדאמר שמואל לעיל סוף סוף שולחנות לא יתבי עד חד בשבת הלכך מאחרין ואין כאן סירוג:
[11] אבל בזמן שחל להיות בתוך השבת. דאי מאחרת לה בצרי להו יומא לשולחנות על כרחך נקדים ויש כאן סירוג:
[12] הכי גרסינן כי היכי דלא ליקדום עשייה לזכירה:
[13] תנן בשניה זכור. קא סלקא דעתך אראש חודש אדר שחל להיות בשבת קאי דמיירי ביה רישא דמתניתין:
[14] שניה להפסקה. כלומר לאו ארישא קאי אלא אסיפא קאי דקתני חל להיות בתוך השבת מקדימין לשעבר ומפסיקין לשבת הבאה ועלה קאי ואמר בשבת של אחר הפסקה קורין זכור ובתוך שבוע שלאחריה יהא פורים:

איזו[1] שבת שניה?
כל שחל פורים להיות בתוכה,
ואפילו בערב שבת,
מאי לאו ערב שבת דומיא דתוכה,
מה תוכה -[2] מקדימין,
אף ערב שבת - מקדימין!?
אמר שמואל: בה;[3]
וכן תנא דבי שמואל: בה.

חל[4] להיות בשבת עצמה,
אמר רב הונא: לדברי הכל אין מקדימין;
ורב נחמן אמר: עדיין[5] היא מחלוקת.

איתמר נמי:
אמר רבי חייא בר אבא אמר רבי אבא אמר רב:
פורים שחל להיות בשבת -
מקדים וקורא בשבת שעברה זכור.

בשלישית – "פָּרָה אֲדֻמָּה".

תנו רבנן:
איזו היא שבת שלישית?
כל שסמוכה לפורים מאחריה.

איתמר:
רבי חמא ברבי חנינא אמר:
שבת הסמוכה לראש חודש ניסן.

ולא פליגי,
הא -[6] דאיקלע ראש חודש ניסן בשבת,
הא - דאיקלע באמצע שבת.

ברביעית – "הַחֹדֶשׁ הַזֶּה לָכֶם".

תנו[7] רבנן:
ראש חודש אדר שחל להיות בשבת - קורין "כִּי תִשָּׂא",
ומפטירין ב"וַיְּכְרֹת יְהוֹיָדָע הַכֹּהֵן" (מלכים ב יב), צח
ואי[8] זו היא שבת ראשונה?
כל שחל ראש חודש אדר להיות בתוכה,
ואפילו בערב שבת.

בשניה - "זָכוֹר",
ומפטירין "פָּקַדְתִּי" (שמואל א טו),
ואי זו היא שבת שניה?
כל שחל פורים להיות בתוכה,
ואפילו בערב שבת.

בשלישית - "פָּרָה אֲדֻמָּה",
ומפטירין "וְזָרַקְתִּי עֲלֵיכֶם" (יחזקאל לו),
ואי זו היא שבת שלישית?
כל שסמוכה לפורים מאחריה.

ברביעית - "הַחֹדֶשׁ הַזֶּה לָכֶם", צט
ומפטירין "כֹּה אָמַר אֲדֹנָי יֱהוִֹה:
ל: בָּרִאשׁוֹן בְּאֶחָד לַחֹדֶשׁ" (יחזקאל מה), *
ואיזו היא שבת רביעית?
כל שחל ראש חדש ניסן להיות בתוכה,
ואפילו בערב שבת.

בחמישית חוזרין לכסדרן וכו'.

לסדר מאי?
רבי אמי אמר: לסדר[9] פרשיות הוא חוזר;

רש"י

1 **איזו היא שבת שניה.** כלומר שבת של פרשה שניה פרשת זכור:

2 **בתוכה.** לאחריה ואפילו חל פורים בערב שבת:

3 **בה.** ביום שבת עצמו קורין הפרשה בו ביום ואפילו חל בערב שבת אתמול כאילו חל לשבת שלמחר והיינו כשמואל:

4 **חל להיות פורים בשבת.** דברי הכל אין קורין זכור לשעבר דהא השתא לא קדמה עשייה לזכירה וגבי מוקפין קדמה זכירה לעשייה:

5 **עדיין היא מחלוקת.** אף בזו אמר רב מקדימין כדי שתקדם זכירה לעשייה דעיירות **איזו היא שבת שלישית.** שקורין בו פרשה שלישית:

6 **הא דאיקלע ראש חודש ניסן ביום השבת.** שלא הוצרך להקדים פרשת החודש לשבת שעברה קרינן לשבת שעברה פרה אדומה כרבי אחא בר' חנינא ולא בסמוכה לפורים לסמוך אזהרת טמאים לפסח והיכא דחל ראש חודש ניסן באמצע שבת שהוצרכנו לקרות פרשת החודש בשבת שלפניה הוזקקנו להקדים פרשת פרה לשבת שלפני שבת שהיא סמוכה לפורים מאחריה:

7 **תנו רבנן כו'.** ברייתא זו מפורשת למעלה בסירוגין לרב כדאית ליה ולשמואל כדאית ליה:

8 **ואי זו היא שבת רביעית כו' ואפילו בערב שבת.** בהא מודה שמואל דערב שבת דומיא דתוכה ומקדימין דא"א מאחרין קדמה עשייה לשמיעה ואנן נוהגין בכולהו כרב חוץ מפורים שחל להיות בשבת עצמה דההיא לא איקלע כלל דא"כ הוי ר"ח אדר באחד בשבת וראש חודש ניסן בשני בשבת שהרי אדר לעולם חסר וא"כ הוה ליה פסח בשני בשבת וקיימא לן דלא בד"ו פסח לעולם וימים הראויין לקביעת ראש חודש אדר זבד"ו וסימן מסורת הפסקת פרשיות כך זט"ו ב"ו ד"ד ובי"ו זהו פירוש זט"ו אם בא ראש חודש אדר בשבת יהא לך הפסקת פרשה ביום חמשה עשר ולא יותר שהרי ביום ראש חודש קורין פרשת שקלים ולשבת הבאה פרשת זכור כדתניא בברייתא אי זו היא שבת שניה כל שחל פורים להיות בתוכה ואפילו בערב שבת ומתני' נמי תנן בשניה זכור והיינו כרב דאמר פורים שחל להיות בע"ש מקדימין ועכשיו יחול פורים בערב שבת ואנו מקדימין כרב אבל לשבת שלישית של אדר שהוא יום ט"ו לחודש מפסיקין ובשבת רביעית (לחודש) שהיא סמוכה לפורים של מוקפין מאחריהן קורין פרה אדומה דתניא בברייתא אי זו היא שבת של פרשת פרה כל שסמוכה לפורים מאחריה ואוקימנא היכא דחל ר"ח ניסן בחול וזה יחול באחד בשבת שהוא חול ופרשת החודש קורין בשבת שלאחרי' שהרי היא סמוכה לר"ח ניסן הרי לך פי' זט"ו פירוש ב"ו אם בא ר"ח אדר בשני בשבת תהא הפסקה בשבת שלאחר ר"ח שהוא יום ששה לאדר שהרי הקדמת פרשת שקלים בשבת שעברה כדתנן חל להיות בתוך השב' מקדימין לשעבר ומפסיקין לשבת הבאה ושוב אין לך הפסקה בהן שהרי שבת שלאחריה נקראת פרשת זכור והוא יום י"ג לחודש ופורים ליום מחר ושבת של אחריה פרשת פרה אדומה שהיא סמוכה מאחריה ושבת של אחריה יום כ"ז לחודש קורין פרשת החודש שהיא סמוכה לר"ח ניסן והרי לך פירוש ב"ו פירוש ד"ד אם בא ר"ח אדר בד' בשבת תהא לך הפסקה בד' לחודש שבת של אחר ר"ח שהרי הקדמת פרשת שקלים בשבת שלפני ר"ח כל הטעם כטעם פירושו של ב"ו ואין לך עוד הפסקה בהן והרי לך פירוש ד"ד פירוש ובי"ו אם בא ר"ח בששי בשבת יהא לך הפסקה אחת ליום מחר שהוא שני לחודש והשניה ביום ששה עשר הראשונה ביום מחר כדתניא חל להיות בתוך השבת מקדימין לשעבר ומפסיקין לשבת שניה דסבירא לן כרב דאמר ע"ש כאמצע שבת ומקדימין לשעבר ומפסיקין לשבת הבאה ופרשת זכור בשבת של אחריה שהוא יום תשעה לחודש והיא סמוכה לפורים ובשבת שלאחר פורים שהוא ששה עשר לחודש יפסיק פעם שניה ואף על פי שסמוכה מאחריה לא תקרא פרה אדומה כדאמר רב חמא בר חנינא לעיל דהיכא דחל ראש חדש ניסן בשבת קורין פרשה שלישית בשבת הסמוכה לר"ח ניסן כדי שתקרא פרשת החודש בשבת של ראש חודש ופרשת פרה בשבת שלפניה והוא יום כ"ג לחדש. דרך קצרה סימן ימי קביעת ר"ח אדר זבד"ו וסימן ההפסקות זט"ו ב"ו ד"ד ובי"ו חל ר"ח אדר בשבת ביום ז' ההפסקה בט"ו עשר לחודש ולא יותר חל ר"ח אדר ביום ב' הפסקה בו' לחודש ולא יותר חל ראש חדש אדר ביום ד' הפסקה ביום ד' ולא יותר חל ראש חודש אדר ביום ששי הפסקה ביום ב' לחדש וביום י"ו לחדש:

9 **לסדר פרשיות.** שבשבתות הללו הפסיקו סדר פרשיות דלא קראו אלא ארבע פרשיות הללו:

רבי ירמיה אמר: לסדר[1] הפטרות הוא חוזר.
אמר אביי:
כוותיה דרבי אמי מסתברא,
דתנן (כאן):
לכל מפסיקין,
לראשי חדשים, לחנוכה, ולפורים,
לתעניות,[2] למעמדות, וליום הכפורים;
בשלמא למאן דאמר: לסדר פרשיות הוא חוזר -
היינו דאיכא פרשה בחול;
אלא למאן דאמר: לסדר הפטרות הוא חוזר -
הפטרה בחול מי איכא?

ואידך!?
הא -[3] כדאיתא,
והא - כדאיתא.

ובתעניות[4] למה לי הפסקה?
ליקרי מצפרא[5] בענינא דיומא,
ובמנחה - בתעניתא!?
מסייע ליה לרב הונא, דאמר:[ק]
מצפרא כינופיא.

היכי עבדינן?
אמר אביי:
מצפרא לפלגיה דיומא -
מעיינין במילי[6] דמתא;
מפלגיה דיומא לפניא -
ריבעא דיומא - קרו[קא] ומפטרי,
וריבעא דיומא - בעו רחמי,
שנאמר (נחמיה ט,ג):
"וַיָּקוּמוּ עַל עָמְדָם" "וַיִּקְרְאוּ בְּסֵפֶר תּוֹרַת יְהוָה אֱלֹהֵיהֶם רְבִעִית הַיּוֹם,
וּרְבִעִית מִתְוַדִּים וּמִשְׁתַּחֲוִים".

ואיפוך[7] אנא!?

לא סלקא דעתך,
דכתיב (עזרא ט,ד):
"וְאֵלַי יֵאָסְפוּ כֹּל חָרֵד בְּדִבְרֵי אֱלֹהֵי יִשְׂרָאֵל,
עַל מַעַל הַגּוֹלָה,
וַאֲנִי יֹשֵׁב מְשׁוֹמֵם עַד לְמִנְחַת הָעָרֶב",
וכתיב (שם,ה):
"וּבְמִנְחַת[8] הָעֶרֶב קַמְתִּי מִתַּעֲנִיתִי".

משנה (ה-ו):

בפסח -
קורין בפרשת[9] מועדות שבתורת[קב] כהנים (ויקרא כג);
בעצרת -
"שִׁבְעָה[10] שָׁבֻעֹת" (דברים טז,ט);
בראש השנה -
"בַּחֹדֶשׁ[11] הַשְּׁבִיעִי בְּאֶחָד לַחֹדֶשׁ" (ויקרא כג,כג);
ביום הכפורים -
"אַחֲרֵי מוֹת" (שם טז);
ביום טוב הראשון של חג -
קורין בפרשת מועדות שבתורת כהנים (שם כג),
ובשאר כל ימות החג -
בקרבנות[12] החג (במדבר כט,יז);
בחנוכה -[13] בנשיאים (שם ז,א-פט);
בפורים - "וַיָּבֹא עֲמָלֵק" (שמות יז,ח-טז);
בראשי חדשים - "וּבְרָאשֵׁי חָדְשֵׁיכֶם" (במדבר כח,יא-טו);
במעמדות - במעשה[14] בראשית (בראשית א);
לא. בתעניות - * ברכות[15] וקללות (ויקרא כו ג-מו);
אין[16] מפסיקין בקללות,
אלא אחד קורא את כולן.
בשני ובחמישי ובשבת במנחה - קורין[17] כסדרן,
ואין[18] עולין להם מן החשבון,

רש"י

[1] לסדר הפטרות הוא חוזר. שעד הנה מפטירין מעין ארבע פרשיות הללו השנויות לעיל בברייתא:

[2] לתעניות ולמעמדות. על כרחך הני בשבת לא הוו וקתני מפסיקין ובחול ליכא הפטרה:

[3] הא כדאיתא כו'. ודאי מפסיקין בחול פרשת היום אבל בשבת שיש הפטרה מפסיקין בהפטרות וקורין בהפטרה מעין המאורע:

[4] ובתעניות למה לי. הפסקת פרשיות לרבי ירמיה פריך דאמר היכא דאפשר לא מפסקינן תעניות כיון דאיכא קריאה במנחה למה יפסקו שחרית:

[5] מצפרא כינופיא. מאספין בני אדם ובודקין ומזהירין אם יש בידם עבירה ויחדלו כדי שיתקבל התענית לפיכך אין פנאי בשחרית לקרות בתורה:

[6] במילי דמתא. בודקים אם תהיה עבירה בידם:

[7] ואיפוך אנא. לומר דהני ב' רביעיות דקרא שחרית פלגינהו:

[8] ובמנחת הערב וגו'. וסיפא דקרא ואפרשה כפי אל ה' אלמא לפניא בעו רחמי והני קראי תרוייהו בספר עזרא:

[9] מתני': פרשת מועדות שבתורת כהנים. שור או כבש (ויקרא כב) וביומא קמא מיירי ובברייתא אמרינן בה ושאר כל ימות הפסח מלקט וקורא מענינו של פסח ומאי דשייר במתני' תנא בברייתא:

[10] שבעה שבועות. דכל הבכור:

[11] בחדש השביעי. דשור או כשב:

[12] קורין בקרבנות החג. בפרשת פינחס כיצד יום ראשון ויום שני קורא המפטיר בחמשה עשר ואע"פ שיום שני הוא אין קורין בו וביום השני להראות שהוא ספק יום שני דגנאי הוא לקרות יו"ט בספק חול יום ראשון של חול המועד שהוא ספק שני ספק שלישי קורא ראשון ביום השני ותניינא ביום השלישי תליתאה ביום הרביעי הרביעי שהוא נוסף בשביל חש"מ הוא קורא את ספיקי היום ומה הן ספיקי היום ביום השני וביום השלישי וכן למחר קורא ראשון ביום השלישי שני קורא ביום הרביעי שלישי קורא ביום החמישי והרביעי ביום השלישי וביום הרביעי שהן ספיקי היום וכן תמיד הרביעי קורא מה שקרא ראשון ושני חוץ מיום אחרון של חש"מ שא"א לקרות ביום השמיני לפי שאינו מימי החג אלא רגל לעצמו לפיכך יום ז' של חש"מ ראשון קורין ביום החמישי שני קורא ביום הששי שלישי קורא ביום השביעי והרביעי קורא ביום הששי וביום הז' שהן ספיקי היום:

[13] בחנוכה בנשיאים. דהוי נמי חנוכת המזבח:

[14] במעשה בראשית. במסכת תענית בפרק בתרא (כו.) שנויה סדר קריאתן ביום הראשון בראשית ויהי רקיע בשני יהי רקיע ויקוו המים בג' יקוו המים ויהי מאורות ברביעי יהי מאורות וישרצו המים בחמישי ישרצו המים ותוצא הארץ בששי תוצא הארץ ויכולו השמים והתם (כז:) מפרש טעמא מאי קורין במעשה בראשית במעמדות שבשביל הקרבנות מתקיימים שמים וארץ:

[15] ברכות וקללות. דאם בחקותי להודיע שעל עסקי החטא באה פורענות לעולם ויחזרו בתשובה וינצלו מצרה שהן מתענין עליה:

[16] אין מפסיקין בקללות. כדמפרש מילתא שאין שנים קורין בהן אלא אחד קורא את כולן ושנים הראשונים קורין פרשת ברכות:

[17] קורין כסדרן. בענין סדר הפרשיות ותנאי פליגי בה בברייתא בגמרא היכן מתחיל בשני ובחמישי:

[18] ואין עולה להן מן החשבון. כשיגיע יום שבת יחזרו מה שקראו בשבת במנחה ובשני ובחמישי:

שנאמר[1] (ויקרא כג,מד):
"וַיְדַבֵּר מֹשֶׁה אֶת מֹעֲדֵי יְהוָה אֶל בְּנֵי יִשְׂרָאֵל",
מצותן שיהו קורין כל אחד ואחד בזמנו.

גמרא:

תנו[2] רבנן:
בפסח -
קורין בפרשת מועדות שבתורת כהנים,[קג]
ומפטירין בפסח[3] גלגל.

והאידנא דאיכא תרי יומי -
יומא קמא - בפסח גלגל,
ולמחר - בפסח יאשיהו.

ושאר[4] ימות הפסח מלקט וקורא מענינו של פסח.

מאי היא?
אמר רב פפא:
מאפ"ו סימן.

יום טוב האחרון של פסח -
קורין "וַיְהִי[5] בְּשַׁלַּח" (שמות יג),
ומפטירין[6] "וַיְדַבֵּר דָּוִד" (שמואל ב כב);
ולמחר -
"כָּל הַבְּכוֹר" (דברים טו),
ומפטירין "עוֹד[7] הַיּוֹם" (ישעיהו י).

אמר אביי:
והאידנא נהוג עלמא למיקרי:
משך תורא קדש בכספא פסל במדברא שלח בוכרא.

בעצרת -
קורין[קד] "שִׁבְעָה שָׁבֻעֹת",
ומפטירין[8] חבקוק;
אחרים אומרים:
"בַּחֹדֶשׁ הַשְּׁלִישִׁי" (שמות יט),
ומפטירין במרכבה;[9]

והאידנא[10] דאיכא תרי יומי -
עבדינן כתרוייהו, ואיפכא.

בראש השנה -
קורין[קה] "וּבַחֹדֶשׁ הַשְּׁבִיעִי" (במדבר כט),
ומפטירין "הֲבֵן[11] יַקִּיר לִי אֶפְרַיִם" (ירמיהו לא,יט).
ויש אומרים:
"וַיהוָה פָּקַד אֶת שָׂרָה" (בראשית כא),
ומפטירין בחנה.[12]

והאידנא דאיכא תרי יומי -
יומא קמא - עבדינן[קו] כיש אומרים,
ולמחר[קז] -
קרינן[קח] "וְהָאֱלֹהִים נִסָּה אֶת אַבְרָהָם" (בראשית כב),
ומפטירין "הֲבֵן יַקִּיר לִי אֶפְרַיִם".[קט]

ביום הכפורים -
קורין "אַחֲרֵי מוֹת" (ויקרא טז),
ומפטירין "כִּי[13] כֹה אָמַר רָם וְנִשָּׂא" (ישעיהו נז),
ובמנחה -
קורין[14] בעריות,
ומפטירין ביונה.

אמר רבי יוחנן:
כל מקום שאתה מוצא גבורתו של הקדוש ברוך הוא -
שם[קי] אתה מוצא ענוותנותו;
דבר זה כתוב בתורה, ושנוי בנביאים,
ומשולש בכתובים.

כתוב בתורה (דברים י,יז):
"כִּי יְהוָה אֱלֹהֵיכֶם הוּא אֱלֹהֵי הָאֱלֹהִים וַאֲדֹנֵי הָאֲדֹנִים",
וכתיב בתריה (שם,יח):
"עֹשֶׂה מִשְׁפַּט יָתוֹם וְאַלְמָנָה" וגו'.[קיא]

שנוי בנביאים (ישעיהו נז,טו):
"כִּי כֹה אָמַר רָם וְנִשָּׂא שֹׁכֵן עַד וְקָדוֹשׁ" וגו',
וכתיב בתריה (שם):
"וְאֶת דַּכָּא וּשְׁפַל רוּחַ".

משולש בכתובים דכתיב (תהלים סח,ה):
"סֹלּוּ לָרֹכֵב בָּעֲרָבוֹת בְּיָהּ שְׁמוֹ",
וכתיב בתריה (שם,ו):
"אֲבִי יְתוֹמִים וְדַיַּן אַלְמָנוֹת".

יום טוב הראשון של חג -

רש"י

1 **שנאמר וידבר משה את מועדי ה' אל בני ישראל.** אכולה מתניתין קאי ללמוד מכאן שמצוה לקרות ביום המועד מעניני המועדות:

2 **גמ': הכי גרסינן ת"ר בפסח קורין בפרשת מועדות כו'.** ברייתא שלימה היא עד ושאר כל ימות החג קורין בקרבנות החג אלא שבעלי הגמרא אפסיקוה לפרש בכל מועד יום ביום מה תיקנו האחרונים שנהגו לעשות ב' ימים לקרות ביום שני לפי שהברייתא נשנית בארץ ישראל שאין עושין י"ט אלא יום אחד:

3 **בפסח גלגל.** ביהושע:

4 **ושאר כל ימות הפסח סימן מאפ"ו.** משכו וקחו לכם צאן אם כסף תלוה את עמי פסל לך וידבר שבבהעלותך ויום טוב שני קורין כיום ראשון שור או כשב:

5 **ויהי בשלח פרעה.** לפי שביום ז' של פסח אמרו שירה על הים:

6 **ומפטירין וידבר דוד.** שהיא שירה כמותה ומדבר בה מיציאת מצרים עלה עשן באפו וגו' וישלח חצים ויפיצם וגו':

7 **עוד היום.** לפי שמפלתו של סנחריב בליל פסח היה:

8 **ומפטירין בחבקוק.** שמדבר במתן תורה אלוה מתימן יבוא במתן תורה:

9 **במרכבה.** דיחזקאל על שם שנגלה בסיני ברבוא רבבות אלפי שנאן:

10 **והאידנא דאיכא תרי יומי עבדינן כתרוייהו ואיפכא.** דקאמרי אחרים דאינהו בתראי לתנא קמא בחדש השלישי ומפטיר במרכבה ביום הראשון קרינן להו ודקאמר תנא קמא בעצרת שבעה שבועות ומפטירין בחבקוק קרינן ביום השני ואיפכא דמתן תורה בששי בסיון:

11 **הבן יקיר לי אפרים.** משום זכור אזכרנו רחם ארחמנו:

12 **מפטירין בחנה.** לפי שפקידתה היתה בראש השנה ועקידת יצחק מזכירין כדי שתזכור לנו היום במשפט:

13 **כי כה אמר רם ונשא.** ואמר סולו סולו שמדבר במדת התשובה הלא זה צום אבחרהו (ישעיהו נח):

14 **קורין בעריות.** שמי שיש עבירות בידו יפרוש מהן לפי שהעריות עבירה מצויה שנפשו של אדם מחמדתן ויצרו תוקפו:

קורין בפרשת מועדות שבתורת כהנים,
ומפטירין "הִנֵּה[1] יוֹם בָּא לַיהוָה" (זכריה יד).

והאידנא דאיכא תרי יומי -
למחר -
מיקרא הכי נמי קרינן;
אפטורי מאי מפטירין?
"וַיִּקָּהֲלוּ[2] אֶל הַמֶּלֶךְ שְׁלֹמֹה" (מלכים א ח).

ושאר כל ימות החג -
קורין בקרבנות החג (במדבר כט,יז);

יום טוב האחרון -
קורין כל[3] הבכור מצות וחוקים ובכור,
ומפטירין "וַיְהִי[4] כְּכַלּוֹת שְׁלֹמֹה" (מלכים א ט).
למחר -
קורין "וְזֹאת הַבְּרָכָה" (דברים לג),
ומפטירין "וַיַּעֲמֹד שְׁלֹמֹה" (מלכים א ח).

אמר רב הונא אמר רב:
שבת שחל להיות בחולו של מועד,
בין בפסח בין בסוכות,
מקרא[5] קרינן "רְאֵה אַתָּה" (שמות לג),
אפטורי -
בפסח - "הָעֲצָמוֹת[6] הַיְבֵשׁוֹת" (יחזקאל לז),
ובסוכות - "בְּיוֹם[7] בֹּא גוֹג" (יחזקאל לח).

בחנוכה -
בנשיאים,
ומפטירין בנרות[8] דזכריה (זכריה ג).

ואי מיקלעי שתי שבתות -
קמייתא - בנרות דזכריה,
בתרייתא - בנרות[9] שלמה (מלכים א ז).

בפורים -
"וַיָּבֹא עֲמָלֵק" (שמות יז,ח-טז).

בראשי חדשים -
"וּבְרָאשֵׁי חָדְשֵׁיכֶם" (במדבר כח,יא-טו),
ומפטירין[קיב] "וְהָיָה מִדֵּי חֹדֶשׁ בְּחָדְשׁוֹ" (ישעיהו סו).

חל להיות באחד בשבת -
מאתמול מפטירין "וַיֹּאמֶר לוֹ יְהוֹנָתָן מָחָר חֹדֶשׁ" (שמואל א כ).

לא: רב יהודה בריה דרב שמואל בר שילת משמיה דרב:[קיג] *
ראש חדש אב שחל להיות בשבת -
מפטירין "חָדְשֵׁיכֶם וּמוֹעֲדֵיכֶם שָׂנְאָה נַפְשִׁי,
הָיוּ עָלַי לָטֹרַח" (ישעיהו א).

מאי "הָיוּ עָלַי לָטֹרַח"?
אמר הקדוש ברוך הוא:
לא דיין להם לישראל שחוטאין לפני,
אלא שמטריחין אותי לידע איזו גזירה קשה אביא עליהם.

בתשעה באב גופיה מאי מפטירינן?
אמר רב:
"אֵיכָה הָיְתָה לְזוֹנָה" (ישעיהו א).

מקרא מאי קרינן?[קיד]
תניא:
אחרים אומרים:
"וְאִם לֹא תִשְׁמְעוּ לִי" (ויקרא כו);
רבי נתן ברבי[קטו] יוסף אומר:
"עַד[10] אָנָה יְנַאֲצֻנִי הָעָם הַזֶּה" (במדבר יד);
ויש אומרים:
"עַד מָתַי לָעֵדָה הָרָעָה הַזֹּאת" (שם).

אמר אביי:
האידנא נהוג עלמא למיקרי "כִּי תוֹלִיד בָּנִים" (דברים ד),
ומפטירין "אָסֹף אֲסִיפֵם" (ירמיהו ח).

במעמדות – במעשה בראשית וכו'.

מנהני[11] מילי?
אמר רבי אמי:
אלמלא מעמדות לא נתקיימו שמים וארץ,
שנאמר (ירמיהו לג,כה):
"אִם לֹא בְרִיתִי יוֹמָם וָלָיְלָה,
חֻקּוֹת שָׁמַיִם וָאָרֶץ לֹא שָׂמְתִּי",
וכתיב (בראשית טו,ח):
"וַיֹּאמַר אֲדֹנָי יֱהוִֹה בַּמָּה אֵדַע כִּי אִירָשֶׁנָּה",
אמר אברהם לפני הקדוש ברוך הוא: רבונו של עולם,
שמא חס ושלום ישראל חוטאים לפניך,
ואתה עושה להם כדור המבול וכדור הפלגה?
אמר לו: לאו.
אמר לפניו: רבונו של עולם, "בַּמָּה[12] אֵדַע"?
אמר לו: "קְחָה[13] לִי עֶגְלָה מְשֻׁלֶּשֶׁת" וגו' (שם,ט).

רש"י

1 הנה יום בא לה'. דכתיב ביה לחוג את חג הסוכות:

2 ויקהלו. על שם שחנוכת הבית היתה באותה אסיפה ובחג הסוכות:

3 קורין כל הבכור. אלא שמתחילין עשר תעשר לפי שיש באותה פרשה מצות וחוקים הרבה הנהוגות בחג באותו זמן שהוא זמן אסיף ועת שהעניים צריכין לאסוף מאכל לביתם ועוד יש באותה פרשה מצות מעשר עני ומצות נתון תתן ופתוח תפתח והענק תעניק לעבד עברי ושילוח חפשי והעבט תעביטנו:

4 ויהי ככלות שלמה. על שם ביום השמיני שלח את העם:

5 מקרא קרינן ראה אתה. שיש שם מצות שבת ורגלים וחולו של מועד דכתיב את חג המצות תשמור ומכאן למדנו איסור מלאכת חולו של מועד במסכת חגיגה (יח.):

6 בעצמות היבשות. שיצאו ממצרים לפני הקץ:

7 ביום בא גוג. והיא המלחמה האמורה בזכריה בהנה יום בא לה':

8 נרות דזכריה. רני ושמחי על שם ראיתי והנה מנורת זהב כולה וגו':

9 נרות דשלמה. ויעש חירום [וגו'] ואת המנורות חמש מימין וגו':

10 עד אנה ינאצוני ועד מתי לעדה הרעה. תרוייהו במרגלים והם חזרו בט"ב כדאמרינן במסכת תענית (כט.):

11 מנהני מילי. מה ענין בראשית אצל מעמדות:

12 במה אדע. מה תאמר לי ללמדן דבר שיתכפרו בו עונותיהן:

13 קחה לי עגלה משולשת. כלומר הקרבנות יכפרו עליהן:

אמר לפניו: רבונו של עולם,
תינח בזמן שבית המקדש קיים,
בזמן שאין בית המקדש קיים מה תהא עליהם?
אמר לו:
כבר תקנתי להם סדר קרבנות,
כל זמן שקוראין בהן, מעלה אני עליהן -
כאילו מקריבין לפני קרבן,
ומוחל אני על כל עונותיהם.

בתעניות – ברכות וקללות.[קטז]

מנאי[1] הני מילי?
אמר רב חייא בר גמדא אמר רבי אסי:
דאמר קרא (משלי ג,יא):
"מוּסַר יְהֹוָה בְּנִי אַל[2] תִּמְאָס וְאַל תָּקֹץ בְּתוֹכַחְתּוֹ".[קיז]
ריש לקיש אמר:
לפי שאין אומרים ברכה על הפורענות.
אלא היכי עביד?
תנא:
כשהוא מתחיל - מתחיל בפסוק שלפניהם,
וכשהוא מסיים - מסיים בפסוק שלאחריהן.
אמר אביי:
לא שנו אלא בקללות שבתורת כהנים,
אבל קללות שבמשנה תורה - פוסק.
מאי טעמא?
הללו - בלשון רבים אמורות, ומשה[3] מפי הגבורה אמרן;
והללו - בלשון יחיד אמורות, ומשה מפי עצמו אמרן.

לוי בר בוטי,
הוה קרי וקא מגמגם[4] קמיה דרב הונא בארורי,[5]
אמר לו: אכנפשך,[6]
לא שנו אלא קללות שבתורת כהנים,
אבל שבמשנה תורה - פוסק.

תניא:
רבי שמעון בן אלעזר אומר:
עזרא תיקן להן לישראל,
שיהו קורין קללות שבתורת כהנים קודם[7] עצרת,
ושבמשנה תורה קודם ראש השנה.
מאי טעמא?
אמר אביי ואיתימא ריש לקיש:
כדי שתכלה השנה וקללותיה.
בשלמא שבמשנה תורה קודם ראש השנה -[קיח]
איכא כדי שתכלה שנה וקללותיה;
אלא שבתורת כהנים קודם עצרת -[קיט]
אטו עצרת ראש השנה היא!?
אין, עצרת נמי ראש השנה היא,
דתנן (ראש השנה א:ב):
בעצרת על פירות האילן.

תניא:
רבי שמעון בן אלעזר אומר:
אם יאמרו לך זקנים: סתור,
וילדים: בנה -
סתור ואל תבנה,
מפני שסתירת זקנים - בנין,
ובנין נערים - סתירה,
וסימן לדבר:
רחבעם בן שלמה.

תנו רבנן:
מקום שמפסיקין בשבת שחרית - שם קורין במנחה,
במנחה - שם קורין בשני,
בשני - שם קורין בחמישי,
בחמישי - שם קורין לשבת הבאה,
דברי רבי מאיר;
רבי יהודה אומר:
מקום שמפסיקין בשבת שחרית -
שם קורין במנחה ובשני ובחמישי ולשבת הבאה.
אמר רבי זירא אמר רב מתנה אמר שמואל:[קכ]
הלכה:
מקום שמפסיקין בשבת שחרית -
שם קורין במנחה ובשני ובחמישי ולשבת הבאה.
לב. ולימא הלכה כרבי יהודה!? *
משום[8] דאפכי להו.

תנו רבנן:
פותח ורואה, גולל ומברך,
וחוזר ופותח וקורא,
דברי רבי מאיר;
רבי יהודה אומר:
פותח ורואה,
ומברך וקורא.
מאי טעמיה[קכא] דרבי מאיר?
כדעולא,
דאמר עולא:
מפני מה אמרו הקורא בתורה לא יסייע למתורגמן?
כדי שלא יאמרו תרגום כתוב בתורה,

רש"י

1 מנהני מילי. דאין מפסיקים בקללות:
2 אל תמאס. והמפסיק בהן מראה עצמו שקשה לו לקרות ובמסכת סופרים (פי"ב) יליף לה מסיפיה דקרא ואל תקוץ בתוכחתו אל תעשו קוצין קוצין פסקים פסקים לשון קציצה:
3 משה מפי הגבורה אמרן. ונעשה שליח לומר כך אמר לי הקב"ה שהרי אמורין בלשון ונתתי והפקדתי ושלחתי מי שהיכולת בידו לעשות אבל במשנה תורה כתיב יככה ה' ידבק ה' בך משה אמרן מאליו אם תעברו על מצותיו הוא יפקיד עליכם:
4 מגמגם. קרא אותן במרוצה ובקושי:
5 בארורי. במשנה תורה:
6 אכנפשך. אם רצונך להפסיק פסוק הואיל ואתה קץ בקריאתן:
7 קודם עצרת. שהוא זמן קציר וזמן פירות האילן כדמפרש ואזיל:
8 משום דאפכי להו. דרבי מאיר לדרבי יהודה ודרבי יהודה לדרבי מאיר:

הכא נמי -
כדי שלא יאמרו ברכות כתובין בתורה.

ורבי יהודה ! ?
תרגום - איכא[1] למיטעי,
ברכות -[2] ליכא למיטעי.

אמר רבי זירא אמר רב מתנה אמר שמואל:[קכב]
הלכה:
פותח ורואה,
ומברך וקורא.
ולימא הלכה כרבי יהודה ! ?
משום דאפכי להו.

ואמר[קכג] רבי זירא אמר רב מתנה אמר שמואל:[קכד]
הלוחות[3] והבימות -[4]
אין בהן משום קדושה.

אמר רבי שפטיה אמר רבי יוחנן:
הגולל ספר תורה -
צריך שיעמידנו[5] על התפר.

ואמר רבי שפטיה אמר רבי יוחנן:
הגולל[6] ספר תורה -
גוללו מבחוץ ואינו[קכה] גוללו מבפנים,
וכשהוא[7] מהדקו -
מהדקו מבפנים, ואינו מהדקו מבחוץ.

ואמר רבי שפטיה אמר רבי יוחנן:
עשרה[8] שקראו בתורה -
הגדול שבהם גולל ספר תורה;
דאמר[קכו] רבי יהושע בן לוי:
עשרה שקראו בתורה -
הגולל ספר תורה קיבל שכר כולן.
שכר כולן סלקא דעתך?
אלא אימא -
קיבל שכר כנגד כולן.

ואמר רבי שפטיה אמר רבי יוחנן:
מנין שמשתמשין[9] בבת קול?
שנאמר (ישעיהו ל,כא):

"וְאָזְנֶיךָ תִּשְׁמַעְנָה דָבָר מֵאַחֲרֶיךָ לֵאמֹר".
והני מילי -
דשמע קל גברא[10] במתא,
וקל איתתא בדברא;
והוא[11] דאמר: הין הין,
והוא דאמר: לאו לאו.

ואמר רבי שפטיה אמר רבי יוחנן:
כל הקורא בלא נעימה[12] ושונה בלא זמרה -
עליו הכתוב אומר:
"וְגַם אֲנִי נָתַתִּי לָהֶם חֻקִּים לֹא טוֹבִים,
וּמִשְׁפָּטִים לֹא יִחְיוּ בָּהֶם" (יחזקאל כ,כה).[קכז]

מתקיף לה אביי:
משום דלא ידע לבסומי קלא -
"מִשְׁפָּטִים לֹא יִחְיוּ בָּהֶם" קרית ביה ! ?
אלא כדרב משרשיא דאמר:
שני תלמידי חכמים היושבים בעיר אחת,
ואין נוחין זה את זה בהלכה -
עליהם הכתוב אומר:
"וְגַם אֲנִי נָתַתִּי לָהֶם חֻקִּים לֹא טוֹבִים,
וּמִשְׁפָּטִים לֹא יִחְיוּ בָּהֶם".

אמר רבי פרנך אמר רבי יוחנן:
כל האוחז ספר תורה ערום -[13] נקבר ערום.

ערום סלקא דעתך ! ?
אלא אימא,
נקבר ערום בלא מצות.

בלא מצות סלקא דעתך ! ?
אלא אמר אביי:
נקבר ערום בלא אותה מצוה.

אמר רבי ינאי בריה דרבי ינאי סבא משמיה דרבי ינאי רבה:
מוטב תיגלל המטפחת,
ואל[14] יגלל ספר תורה.

"וַיְדַבֵּר[15] מֹשֶׁה אֶת מֹעֲדֵי יְהוָה אֶל בְּנֵי יִשְׂרָאֵל",
מצותן שיהיו קורין אותן כל אחד ואחד בזמנו.

רש"י

1 **איכא למיטעי.** ואומר תרגום כתוב בתורה ואתו למיכתב תרגום בתורה:

2 **אבל ברכות.** הכל יודעין שאין ברכות כתובין בתורה:

3 **הלוחות.** לא ידעתי מה הן ויש מפרשין הן העשוין לספרים שלנו שאינן עשוין בגליון:

4 **בימה.** שהיו עושין למלך בפרשת המלך כדאמרינן במסכת סוטה (מא.):

5 **יעמידנו על התפר.** כנגד התפר ששם ראוי להדקו יפה:

6 **הגולל ספר תורה.** מענין לענין והוא יחיד וספר תורה מונח לו על ברכיו גוללו מבחוץ העמוד שהוא חוצה לו גוללו ויגול מצד חוץ לצד פנים שאם יאחוז עמוד הפנימי ויגול לצד החוץ יתפשט החיצון ויפול לארץ:

7 **וכשהוא מהדקו.** כשגמר מלגלול ובא להדקו יאחוז בפנימי ויהדק על החיצון כדי שלא יכסה הכתב בזרועותיו שמצוה להראות את [הכתב אל] העם כשמהדקו במסכת סופרים:

8 **עשרה שקראו.** שנאספו וקראו השלישי או השביעי כחוק היום ולפי שאין קורין בתורה פחות מעשרה נקט י' שקראו בתורה:

9 **משתמשין בבת קול.** אם בלבו להתחיל דבר ושמע קול או הין או לאו הולך אחריו ואין כאן משום ניחוש:

10 **קל גברא במתא.** קול שאינו מצוי הוא ובת קול באה אליו:

11 **והוא דאמר הין הין או לאו לאו.** שנכפל שתי פעמים:

12 **נעימה.** כגון טעמי המקראות:

13 **ערום.** בלא מטפחת סביב ספר תורה:

14 **ואל יגלול ספר תורה.** בתוך המטפחת:

15 **וידבר משה את מועדי ה' אל בני ישראל** משה תיקן להם לישראל שיהו שואלין ודורשין בענינו של יום הלכות פסח בפסח הלכות עצרת בעצרת. למה הוצרך לכתוב כאן וידבר משה וכי כל המצות כולן לא אמרן משה לישראל מהו וידבר משה את מועדי ה' אל בני ישראל מלמד שהיה מדבר עמהן הלכות כל מועד ומועד בזמנן להודיע חוקי האלהים ותורותיו וקבלו וקיימו שכר המצות עליהם ועל בניהם בזה ובבא:

תנו רבנן:
משה תיקן להם לישראל -
שיהו שואלין ודורשין בענינו של יום,
הלכות פסח בפסח, הלכות עצרת בעצרת,
הלכות חג בחג.

הדרן עלך בני העיר,
וסליקא לה מסכת מגילה

הַדְרָן עֲלָךְ מַסֶּכֶת מְגִילָה, וְהַדְרָךְ עֲלָן.
דַּעְתָּן עֲלָךְ מַסֶּכֶת מְגִילָה, וְדַעְתָּךְ עֲלָן.
לָא נִתְנְשֵׁי מִנָּךְ מַסֶּכֶת מְגִילָה, וְלָא תִתְנְשֵׁי מִנָּן,
לָא בְּעָלְמָא הָדֵין וְלָא בְּעָלְמָא דְאָתֵי. (שלש פעמים)

יְהִי רָצוֹן מִלְּפָנֶיךָ יְיָ אֱלֹהֵינוּ וֵאלֹהֵי אֲבוֹתֵינוּ -
שֶׁתְּהֵא תוֹרָתְךָ אֻמָּנוּתֵנוּ בָּעוֹלָם הַזֶּה,
וּתְהֵא עִמָּנוּ לָעוֹלָם הַבָּא.

חֲנִינָא בַּר פָּפָּא, רָמִי בַּר פָּפָּא, נַחְמָן בַּר פָּפָּא, אַחַאי בַּר פָּפָּא,
אַבָּא מָרִי בַּר פָּפָּא, רַפְרָם בַּר פָּפָּא, רָכִישׁ בַּר פָּפָּא,
סוּרְחָב בַּר פָּפָּא, אַדָּא בַּר פָּפָּא, דָּרוּ בַּר פָּפָּא.

הַעֲרֶב נָא יְיָ אֱלֹהֵינוּ אֶת דִּבְרֵי תוֹרָתְךָ
בְּפִינוּ וּבְפִיפִיּוֹת עַמְּךָ בֵּית יִשְׂרָאֵל,
וְנִהְיֶה כֻלָּנוּ אֲנַחְנוּ וְצֶאֱצָאֵינוּ וְצֶאֱצָאֵי עַמְּךָ בֵּית יִשְׂרָאֵל
יוֹדְעֵי שְׁמֶךָ וְלוֹמְדֵי תוֹרָתֶךָ.
"מֵאֹיְבַי תְּחַכְּמֵנִי מִצְוֹתֶךָ כִּי לְעוֹלָם הִיא לִי" (תהלים קיט,צח).
"יְהִי לִבִּי תָמִים בְּחֻקֶּיךָ לְמַעַן לֹא אֵבוֹשׁ" (שם,פ).
"לְעוֹלָם לֹא אֶשְׁכַּח פִּקּוּדֶיךָ כִּי בָם חִיִּיתָנִי" (שם,צג).
"בָּרוּךְ אַתָּה יְהֹוָה לַמְּדֵנִי חֻקֶּיךָ" (שם,יב)
אָמֵן אָמֵן אָמֵן סֶלָה וָעֶד.

מוֹדִים אֲנַחְנוּ לְפָנֶיךָ יְיָ אֱלֹהֵינוּ וֵאלֹהֵי אֲבוֹתֵינוּ,
שֶׁשַּׂמְתָּ חֶלְקֵנוּ מִיּוֹשְׁבֵי בֵּית הַמִּדְרָשׁ,
וְלֹא שַׂמְתָּ חֶלְקֵנוּ מִיּוֹשְׁבֵי קְרָנוֹת;
שֶׁאָנוּ מַשְׁכִּימִים וְהֵם מַשְׁכִּימִים,
אָנוּ מַשְׁכִּימִים לְדִבְרֵי תוֹרָה וְהֵם מַשְׁכִּימִים לִדְבָרִים בְּטֵלִים.
אָנוּ עֲמֵלִים וְהֵם עֲמֵלִים,
אָנוּ עֲמֵלִים וּמְקַבְּלִים שָׂכָר וְהֵם עֲמֵלִים וְאֵינָם מְקַבְּלִים שָׂכָר.
אָנוּ רָצִים וְהֵם רָצִים,
אָנוּ רָצִים לְחַיֵּי הָעוֹלָם הַבָּא וְהֵם רָצִים לִבְאֵר שַׁחַת,
שֶׁנֶּאֱמַר (תהלים נה,כד):
"וְאַתָּה אֱלֹהִים תּוֹרִדֵם לִבְאֵר שַׁחַת,
אַנְשֵׁי דָמִים וּמִרְמָה לֹא יֶחֱצוּ יְמֵיהֶם,
וַאֲנִי אֶבְטַח בָּךְ".

יְהִי רָצוֹן מִלְּפָנֶיךָ יְיָ אֱלֹהַי,
כְּשֵׁם שֶׁעֲזַרְתַּנִי לְסַיֵּם מַסֶּכֶת מְגִילָה -
כֵּן תַּעַזְרֵנִי לְהַתְחִיל מַסֶּכְתּוֹת וּסְפָרִים אֲחֵרִים וּלְסַיְּמָם,
לִלְמֹד וּלְלַמֵּד, לִשְׁמֹר וְלַעֲשׂוֹת וּלְקַיֵּם -
אֶת כָּל דִּבְרֵי תַלְמוּד תּוֹרָתְךָ בְּאַהֲבָה.
וּזְכוּת כָּל הַתַּנָּאִים וַאֲמוֹרָאִים וְתַלְמִידֵי חֲכָמִים,
תַּעֲמֹד לִי וּלְזַרְעִי,

שֶׁלֹּא תָמוּשׁ הַתּוֹרָה מִפִּי וּמִפִּי זַרְעִי וְזֶרַע זַרְעִי עַד עוֹלָם.

וְתִתְקַיֶּם בִּי:
"בְּהִתְהַלֶּכְךָ תַּנְחֶה אֹתָךְ, בְּשָׁכְבְּךָ תִּשְׁמֹר עָלֶיךָ,
וַהֲקִיצוֹתָ הִיא תְשִׂיחֶךָ" (משלי ו,כב),
"כִּי בִי יִרְבּוּ יָמֶיךָ וְיוֹסִיפוּ לְךָ שְׁנוֹת חַיִּים" (שם ט,יא),
"אֹרֶךְ יָמִים בִּימִינָהּ בִּשְׂמֹאולָהּ עֹשֶׁר וְכָבוֹד" (שם ג,ז),
"יְהֹוָה עֹז לְעַמּוֹ יִתֵּן יְהֹוָה יְבָרֵךְ אֶת עַמּוֹ בַשָּׁלוֹם" (תהלים כט,יא).

יִתְגַּדַּל וְיִתְקַדַּשׁ שְׁמֵהּ רַבָּא,
בְּעָלְמָא דְּהוּא עָתִיד לְאִתְחַדָּתָא (ס״א לְחַדָּתָא),
וּלְאַחֲיָא מֵתַיָא וּלְאַסָּקָא יַתְהוֹן לְחַיֵּי עָלְמָא,
וּלְמִבְנֵי קַרְתָּא דִירוּשְׁלֵם וּלְשַׁכְלֵל הֵיכְלֵהּ בְּגַוַּהּ,
וּלְמֶעְקַר פָּלְחָנָא נֻכְרָאָה מֵאַרְעָא,
וְלַאֲתָבָא פָּלְחָנָא דִשְׁמַיָּא לְאַתְרֵהּ,
וְיַמְלִיךְ קֻדְשָׁא בְּרִיךְ הוּא בְּמַלְכוּתֵהּ וִיקָרֵהּ,
[וְיַצְמַח פֻּרְקָנֵהּ וִיקָרֵב מְשִׁיחֵהּ,]
בְּחַיֵּיכוֹן וּבְיוֹמֵיכוֹן וּבְחַיֵּי דְכָל בֵּית יִשְׂרָאֵל,
בַּעֲגָלָא וּבִזְמַן קָרִיב וְאִמְרוּ אָמֵן.
יְהֵא שְׁמֵהּ רַבָּא מְבָרַךְ לְעָלַם וּלְעָלְמֵי עָלְמַיָּא.
יִתְבָּרַךְ וְיִשְׁתַּבַּח וְיִתְפָּאַר וְיִתְרוֹמַם וְיִתְנַשֵּׂא,
וְיִתְהַדָּר וְיִתְעַלֶּה וְיִתְהַלָּל שְׁמֵהּ דְּקֻדְשָׁא בְּרִיךְ הוּא.
לְעֵלָּא מִן כָּל (בעשי״ת לְעֵלָּא וּלְעֵלָּא מִכָּל) בִּרְכָתָא וְשִׁירָתָא,
תֻּשְׁבְּחָתָא וְנֶחֱמָתָא דַּאֲמִירָן בְּעָלְמָא,
וְאִמְרוּ אָמֵן.

עַל יִשְׂרָאֵל, וְעַל רַבָּנָן, וְעַל תַּלְמִידֵיהוֹן,
וְעַל כָּל תַּלְמִידֵי תַלְמִידֵיהוֹן,
וְעַל כָּל מַאן דְּעָסְקִין בְּאוֹרַיְתָא דִי בְאַתְרָא (קַדִּישָׁא) הָדֵין,
וְדִי בְכָל אֲתַר וַאֲתַר -
יְהֵא לְהוֹן וּלְכוֹן שְׁלָמָא רַבָּה מִן שְׁמַיָּא,
חִנָּא, וְחִסְדָּא, וְרַחֲמִין, וְחַיִּין אֲרִיכִין, וּמְזוֹנָא רְוִיחֵי,
וּפֻרְקָנָא מִן קֳדָם אֲבוּהוֹן דִּי בִשְׁמַיָּא וְאַרְעָא,
וְאִמְרוּ אָמֵן.

יְהֵא שְׁלָמָא רַבָּא מִן שְׁמַיָּא,

יֵשׁ גּוֹרְסִים	יֵשׁ גּוֹרְסִים
חַיִּים וְשָׂבָע וִישׁוּעָה וְנֶחָמָה וְשֵׁיזָבָא	וְחַיִּים טוֹבִים
וּרְפוּאָה וּגְאֻלָּה וּסְלִיחָה וְכַפָּרָה וְרֶוַח	עָלֵינוּ וְעַל כָּל
וְהַצָּלָה, לָנוּ וּלְכָל־עַמּוֹ יִשְׂרָאֵל,	יִשְׂרָאֵל,
וְאִמְרוּ אָמֵן.	

עֹשֶׂה שָׁלוֹם (בעשי״ת הַשָּׁלוֹם) בִּמְרוֹמָיו -
הוּא בְּרַחֲמָיו יַעֲשֶׂה שָׁלוֹם עָלֵינוּ וְעַל כָּל יִשְׂרָאֵל,
וְאִמְרוּ אָמֵן.

שימוש בהערות:

א. מטרת ההערות היא להראות את מקורות שינויי הנוסח.
ב. אמנם הערותינו מדויקות, אך כיון שאין מטרתנו להעמיד דפוס מדעי, אין לסמוך על הערותינו כהשוואה מדויקת בין כתבי היד.
ג. זו הסיבה שההערות מתייחסות רק לשינויים שנעשו מדפוס וילנא.
ד. ישנם מקרים בהם כל כתבי היד שבידינו שונים מהגרסא בדפוס וילנא, אך בניהם ישנם שינויי נוסחאות. במקרים כאלו ציינו את כתבי היד השייכים לנוסחה אותה בחרנו. לפיכך אין להסיק מכך שכתב יד שאינו מצוין – שגרסתו היא כגרסת הדפוס.
ה. פעמים שאחד מכתבי היד מהווה סייעתא לנוסחה אותה בחרנו, אך ישנו שינוי קל בינו לנוסחה אותה בחרנו. את שינוי זה ציינו על ידי סוגריים
ו. **רשימת ר"ת בהערות על מסכת זו או אחרות**

או"ז	אור זרוע
ד"ס	דקדוקי סופרים
הגר"א	הגהות הגר"א
עו"ה	הגהות וציונים של "ש"ס עוז והדר" בכמה מהדורות
בה"ג	הלכות גדולות
יל"ש	ילקוט שמעוני
מ"ו	מחזור ויטרי
מ"ה	מסורת הש"ס
רע"ג	סדר רב עמרם גאון
סרש"י	סידור רש"י
האורה	ספר האורה של רש"י
סה"א	ספר האשכול
סה"ע	ספר העיטור
ע"י	עין יעקב
שדר"א	שאילתות דרב אחאי
תוס'	תוספות
ת"י	תלמוד ירושלמי

הכתבי יד ודפוסים על מסכת זו:

כי"א - כתב יד אוקספורד OPP.ADD.FOL. 23 (366)
כי"ג – כתב יד גטינגן 3
כי"ו – כתב יד וטיקן 134
כי"מ – כתב יד מינכן 95
כימ"ב – כתב יד מינכן 135
כיס"ב – כתב יד ספריה בריטית (400) Harl. 5508
כי"ק - כתב יד קולומביה X893 T141
כיק"א - כתב יד קמברידג T-S F2(2)77
כיק"ב - כתב יד קמברידג T-S F1(2)99
כיק"ג - כתב יד קמברידג T-S F2(2)73
כינ"א - כתב יד ניו יורק 2078.4
כימ"פ - כתב יד משנה פארמה
כימ"ק - כתב יד משנה קאופמן
דפ"ק -דפוס משניות קאפח
דפ"פ - דפוס פיזרו רע"ו

תיקונים ברש"י:

^ - תיקון ע"פ ד"ו או ד"פ
~- תיקון ע"פ דק"ס או כת"י של רש"י

פרק א

א כי"ג, כי"ו (בשיני); כימ"ב; כיס"ב ודפ"פ(בשיני).
ב כי"ו; כימ"ב; כיס"ב.
ג כי"ו; כימ"ב; כיס"ב.
ד כי"ו; כימ"ב; כיס"ב.
ה עו"ה; כי"ו; כימ"ב; כיס"ב.
ו כי"ג (והמוקפין קורין); כי"ו; כימ"ב; כיס"ב.
ז כי"ג; כימ"ב; כיס"ב; כימ"ק; כימ"פ; דמ"ק.
ח כי"ג; כימ"ב; כיס"ב.
ט כי"ג; כי"ו; כימ"ב; כיס"ב.
י כי"ג; כי"מ; כימ"ב; כיק"א; כיק"ב; דפ"פ; דפ"ו.
יא כי"א(תקינו להו); כי"מ(תיקנו); כיס"ב; כי"ק; כינ"א.
יב עו"ה; כי"מ; כימ"ב; כי"ק; כיק"ב.
יג כימ"ב; כי"ק; כיק"א; כיק"ב.
יד עו"ה; כי"א (חכמי); כי"ג; כי"מ; כימ"ב; כי"ק.
טו כי"א; כי"מ.
טז כי"ג; דפ"פ.
יז כי"א; כי"ו; כי"מ; כימ"ב.
יח כי"א; כי"ג; כי"ו; כי"מ; כימ"ב; כיס"ב; כינ"א.
יט כי"א (בלי "יצחק"); כי"ג; כי"ו; כי"מ; כימ"ב; כיס"ב; כינ"א.
כ כי"א; כי"ג; כי"ו; כי"מ; כימ"ב; כיס"ב; כי"ק.
כא כי"ו; כי"מ; כימ"ב; כיס"ב; כי"ק; דפ"פ.
כב כי"א; כי"ג; כי"ו; כי"מ; כימ"ב; כיס"ב; כי"ק.
כג כי"א; כי"מ; כימ"ב; כיס"ב; דפ"פ.
כד כי"א; כי"ג; כי"מ; כי"ק (עשר וג').
כה כי"א; כי"ג; כי"ו; כי"מ; כימ"ב; כיס"ב.
כו כי"א; כי"ג; כי"ו(בחמש' עשר ובארב' עש').
כז כי"א (בלי "הוה"); כי"ג; כי"ו וכי"מ; (בלי "הוה"); כימ"ב; כיס"ב; כי"ק (בלי "הוה").
כח כי"ו; כי"מ; כימ"ב.
כט כי"א; כי"ו (בארבע עשר); כימ"ב.
ל כי"א; כי"ו(ואי בעי).
לא עו"ה (בתליסר); כי"ג; כי"ו; כי"מ; כימ"ב.
לב ר"ח; כי"א; כי"ג; כי"ו; כי"מ; כימ"ב; כיס"ב; כי"ק (דאמר כשושן).
לג כי"ק.
לד עו"ה; כי"ו; כי"מ; כימ"ב; כיס"ב(מוקפין חומה דידהו).
לה עו"ה; כי"מ.
לו עו"ה; כי"מ.
לז ד"ס; כי"א (ובין שאין); כי"ג; כי"ו (בלי "בן נון"); כי"מ; כימ"ב; כיס"ב.
לח ד"ס; כי"א; כי"ג (מוקפת במקום "מוקפין"); כי"ו; כי"מ; כיס"ב.
לט ד"ס; כי"א (ובין שאין); כי"ג (מוקפת במקום "מוקפין"); כי"ו; כי"מ; כיס"ב.
מ כי"א; כי"ו; כי"מ(הוא ואצטריך לכדר'); כימ"ב(וכדר'); כיס"ב(היא);כיק"ב(הוא הכי נמי קרא יתירה הוא לכ' דר').
מא עו"ה; כי"א; כי"ג; כי"ו; כי"מ; כיס"ב; כי"ק; כיק"ב.
מב עו"ה; כי"ג; כי"ו; כי"מ (אותה שניה); כימ"ב; כיס"ב.
מג כי"ו; כיס"ב; כי"מ; כי"ק; דפ"פ;
מד כי"א; (אבא וביתי עשיתי); כי"ג; כי"מ; כימ"ב; כיס"ב; כי"ק.
מה כי"א; כי"ג; כי"ו; כי"מ; כימ"ב; כיס"ב; כי"ק (מחלקות); דפ"פ.
מו עו"ה; כי"ג; כי"ק.
מז עו"ה; כי"ק.
מח כי"א; כי"ג; כי"ו; כי"מ; כימ"ב; כיס"ב; כי"ק.
מט כי"א; כי"ג; כי"ו; כי"מ; כימ"ב; כיס"ב; כי"ק.
נ עו"ה; כי"ג; כי"ו; כימ"ב; כיס"ב.
נא כי"ק.
נב עו"ה; כי"ו; כי"מ; כימ"ב; כיס"ב.
נג כי"א; כי"ג; כי"ו; כי"מ; כימ"ב; כיס"ב; כי"ק.
נד כי"ג; כי"מ; כימ"ב; כיס"ב.
נה כי"א; כימ"ב; כי"ק; וכן בערכין ד. ובכת"י שם.
נו כי"א; כי"ג; כי"ו; כי"מ; כימ"ב; כיס"ב.
נז כי"ג; כי"ו; כימ"ב; כי"ק; וכן בעירובין סג:.
נח כי"א; כי"ג; כי"ו; כי"מ; כימ"ב; כיס"ב; כי"ק; וכן בעירובין סג: ובסנהדרין מד:.
נט כי"א(קיל מעבודה וצפורים); כי"ג(דצבור חמור); כי"ו(דרבי'[..]קיל מעבודה); כי"מ; כימ"ב(חמיר); כיס"ב(חמיר..קיל); כי"ק(ויחיד).
ס כי"ג; כי"ק; כי"ו.
סא כי"א; כי"ג; כי"ו; כי"מ; כימ"ב; כיס"ב; כי"ק.
סב עו"ה; כי"ג; כי"ו; כי"מ; כי"ק; וכן במו"ק כז: ברוב כת"י שם(בדפוס רב פפא).
סג כי"ג; כי"מ; כימ"ב; כיס"ב.
סד כי"א; כי"ג; כי"ו; כי"מ; כימ"ב; כיס"ב; כי"ק.
סה כי"ג; כי"ו; כימ"ב; כי"ק.
סו כי"א; כי"ג.
סז כי"א; כי"ג; כי"ו; כי"ק.
סח מ"ה; כי"ק.
סט כי"ג; כי"ו; כי"ק.
ע כי"ג; כי"מ; כימ"ב; כיס"ב; כי"ק.
עא כי"א; כי"ג; כי"ו; כי"מ; כימ"ב; כיס"ב; כי"ק.
עב כי"א; כי"ג; כי"ו; כי"מ; כימ"ב; כיס"ב; כי"ק.
עג כי"ק.
עד כי"ק.
עה כי"א; כי"ג; כי"ו; כי"מ (הוא); כימ"ב; כיס"ב (הוא); כי"ק.
עו כי"א; כי"ג; כי"ו; כימ"ב; כיס"ב; כי"ק.
עז כי"א (תאנא); כי"ג; כי"ו; כי"מ; כימ"ב; כיס"ב; כי"ק.
עח כי"א; כי"ג (היקלו... הכנסה); כי"ו (הקילו); כי"מ; כימ"ב; כיס"ב; כי"ק.
עט כי"א (שבכרכים); כי"ג; כי"ו (הקילו); כי"מ; כימ"ב (שמספיקין); כיס"ב; כי"ק.
פ כי"ג; כימ"ב.
פא כי"ג; כי"ו; כי"מ; כיס"ב.
פב כי"א; כימ"ב; כיס"ב; כי"ק.
פג כי"א; כי"ג; כי"ק.
פד כי"א; כי"ג; כי"ו; כימ"ב; כיס"ב; כי"ק.
פה עו"ה; כי"ג; כי"מ; כי"ק.
פו עו"ה; כי"ג; כי"מ; כי"ק.
פז עו"ה; כי"ק.
פח עו"ה; כי"ק.
פט כי"א; כי"ג; כי"מ (ונידחו); כיס"ב; כי"ק.
צ עו"ה; כי"א; כי"ג (הכנסה); כי"מ; כי"ק.
צא כי"א; כי"ג; כימ"ב; כי"ק.
צב כי"א; כי"ג; כי"ו; כימ"ב; כיס"ב; כי"ק.
צג כי"א; כי"ג; כי"ו; כי"ק; כימ"ב; כיס"ב.
צד כי"א; כי"ג; כי"ו; כי"ק; כימ"ב; כיס"ב.
צה כי"א; כי"ג; כימ"ב; כיס"ב.
צו עו"ה; כי"א; כי"ג; כי"ו; כי"מ; כימ"ב; כיס"ב; כי"ק.
צז עו"ה; כי"א; כי"ג; כי"מ; כימ"ב; כיס"ב; כי"ק.
צח הב"ח; כי"ג; כי"מ; כימ"ב; כיס"ב.
צט כי"ו; כימ"ב.
ק כי"ג; כימ"ב; כיס"ב.
קא כי"א; כי"ג; כי"ו; כי"ק (הושעיה); כי"מ; כימ"ב (הושעיה); כיס"ב.
קב כי"א; כי"ג; כי"ו; כי"ק; כי"מ; כימ"ב; כיס"ב.
קג כי"ו; כי"ק; וכן בחגיגה.
קד כי"ו; כי"מ; כיס"ב.
קה כי"ג; כי"ו; כימ"ב; כיס"ב וכי"ק (שלחג).
קו עו"ה; כי"א; כי"ג; כי"ו; כי"מ; כימ"ב; כיס"ב; כי"ק.
קז עו"ה; כי"א; כי"ג; כי"ו; כי"מ; כימ"ב; כיס"ב; כי"ק.
קח עו"ה; כי"ו; כי"מ; כי"ק.
קט כי"א; כי"ג; כי"ו; כימ"ב; כיס"ב; כי"ק.
קי עו"ה; כי"א; כימ"ב; כי"ק.
קיא עו"ה; כי"א; כי"מ (דימא); כימ"ב (היא); כי"ק.
קיב עו"ה; כי"א; כי"ג; כי"מ; כימ"ב; כיס"ב; כי"ק.
קיג כי"א; כי"ג; כימ"ב; כיס"ב; כי"ק.
קיד כי"א; כי"ג; כימ"ב.
קטו כי"א; כי"ג; כי"ו; כימ"ב; כיס"ב; כי"ק.
קטז כי"ג; כי"מ; כימ"ב; כיס"ב; כי"ק.
קיז כי"ו; כיס"ב.
קיח עו"ה; כי"א; כי"ג; כי"ו; כימ"ב; כיס"ב; כי"ק.
קיט עו"ה; כי"א (צר); כי"מ; כימ"ב (צר).
קכ כי"א; כי"ג; כי"מ; כימ"ב; כיס"ב.
קכא כי"א; כי"ג (בשינוי הסדר); כי"ו; כי"מ; כיס"ב; כי"ק (בשינוי הסדר).
קכב כי"א.
קכג כי"א.
קכד עו"ה; כי"א; כי"ג; כי"ו; כימ"ב; כיס"ב; כי"ק.
קכה עו"ה; כי"ג; כי"מ; כיס"ב; כי"ק.

קכו עו"ה; כי"ג; כי"ו; כי"מ; כימ"ב; כי"ק.
קכז כי"ק.
קכח כי"א; כי"ג; כי"ו (ולדברי); כי"מ; כימ"ב; כי"ק.
קכט כי"ו; כי"מ; כיס"ב; דפ"פ; וכן אינו בברכות ז:.
קל הב"ח; כי"א; כי"ו; כי"מ; כימ"ב; כי"ק.
קלא הב"ח(רשע וגו'); כי"א; כי"ו(תורה וג'); כי"מ; כימ"ב; כי"ק.
קלב כי"א(אמור); כימ"ב; וכן בברכות ז:.
קלג כי"א; כי"מ; כימ"ב; כיס"ב.
קלד כי"א וכי"ג וכי"ו (בשינוי הסדר); כי"מ; כימ"ב וכי"ק (בשינוי הסדר); וכן בברכות ז:.
קלה כי"ג; כי"ו; כימ"ב; כיס"ב.
קלו כי"ו; כימ"ב(מגלה); כיס"ב
קלז עו"ה; כי"א; כי"ו; כי"מ; כימ"ב; כיס"ב.
קלח כי"א; כי"ג; כי"ו; כי"מ; כימ"ב; כיס"ב; כי"ק.
קלט כי"א; כי"ג; כי"ו; כי"ק; כי"מ; כימ"ב; כיס"ב.
קמ כי"א; כי"ג; כי"ו; כי"ק; כי"מ; כימ"ב; כיס"ב.
קמא כי"א; כי"מ; כיס"ב.
קמב כי"א; כי"ג; כי"ו; כי"מ; כיס"ב.
קמג כי"א; כי"ג; כי"ו; כי"ק; כי"מ; כימ"ב; כיס"ב.
קמד כי"א; כי"ג; כי"ו; כי"מ; כימ"ב; כיס"ב; כי"ק; דפ"פ.
קמה עו"ה; כי"א; כי"ג; כי"ו; כי"מ; כימ"ב; כיס"ב; כי"ק.
קמו עו"ה; כי"א; כי"ג; כי"ו; כי"מ; כימ"ב; כיס"ב; כי"ק.
קמז כי"א; כי"מ; כימ"ב; כיס"ב; כי"ק.
קמח הב"ח; הגר"א; כי"ג; כי"ו; כי"מ; כימ"ב. (יש כ"י שכותבים רק מתנות לאביונים).
קמט כימ"ב; כי"ק.
קנ ד"ס; כי"א; כי"ו; כימ"ב; כי"ק.
קנא כי"א; כי"ג; כי"ו; כי"מ; כימ"ב; כיס"ב; כי"ק (פלאגי).
קנב כי"א(לאבסומי); כי"מ (למיבסומי); כימ"ב (ליבסומי); כיס"ב; כי"ק.
קנג עו"ה; כי"א; כי"ג; כי"ו; כי"מ; כימ"ב; כיס"ב; כי"ק (עילוייה).
קנד הב"ח; כי"א; כי"ג; כי"מ; כימ"ב; כיס"ב; כי"ק.
קנה כי"ו; כי"ק.
קנו מ"ה; עו"ה; כי"א; כי"ג; כי"ו; כי"מ; כימ"ב; כיס"ב; כי"ק.
קנז כי"א; כי"ג; כי"ו; כי"ק; כי"מ; כימ"ב; דפ"פ.
קנח עו"ה; כי"א; כי"ג; כי"ו; כי"מ; כימ"ב וכיס"ב וכי"ק (לא קשיא).
קנט עו"ה; כי"א; כי"ג; כי"ו; כי"מ; כימ"ב; כיס"ב; כי"ק.
קס כי"ג; כי"ו; כי"מ (הוא); כימ"ב; כיס"ב; כי"ק
קסא עו"ה; כי"א; כי"ג; כימ"ב; כי"ק.
קסב עו"ה; ד"ס; הב"ח; כי"א; כי"ג; כי"ו; כי"מ; כימ"ב. כיס"ב.
קסג מ"ה; כי"ו; כימ"ב; כיס"ב; כי"ק.

קסד כי"א; כי"ג; כי"ו; כי"מ; כימ"ב; כיס"ב.
קסה עו"ה; כי"א; כי"ג; כי"מ; כי"ק.
קסו עו"ה; כי"א; כי"ג; כי"ו; כי"מ; כימ"ב; כיס"ב; כי"ק.
קסז עו"ה; כי"א; כי"ו; כי"מ; כימ"ב; כיס"ב.
קסח הב"ח; כי"א; כי"ג; כי"מ; כי"ק (אבהוא).
קסט עו"ה; כי"א (אין - נמי); כי"ג; כי"ו; כי"מ; כימ"ב; כיס"ב; כי"ק.
קע עו"ה; כי"א; כי"ג; כי"ו; כי"מ; כימ"ב; כיס"ב; כי"ק.
קעא כי"א; כי"ג; כי"ו; כי"מ; כימ"ב; כיס"ב; כי"ק (יונתן).
קעב כי"א; כי"ו; כי"ק.
קעג כי"א; כי"ג; כימ"ב (הכפורים); כיס"ב (הכיפור'); כי"ק.
קעד עו"ה; כי"א; כי"ג; כי"ו; כי"מ; כימ"ב; כיס"ב; כי"ק.
קעה כי"ו.
קעו עו"ה; כי"א; כי"ג; כי"ו; כי"מ; כימ"ב; כיס"ב; כי"ק; כיק"ג.
קעז כי"ג; כי"ק.
קעח כי"ג; כי"ו; כי"ק.
קעט כי"ג; כי"ק.
קפ כי"א; כי"ג; כי"ו; כי"מ; כימ"ב; כיס"ב.
קפא עו"ה; כי"א; כי"ג; כי"ו (חד מיניהו).
קפב כי"ג; כי"ו; כי"מ; כימ"ב; כיס"ב; כי"ק (ביר').
קפג כי"א; כי"ג; כי"מ; כימ"ב; כיס"ב; כי"ק.
קפד כי"ג כי"מ (במקום אחר); כי"ק.
קפה כי"ג כי"מ (במקום אחר); כי"ק.
קפו כי"ג כי"מ (במקום אחר); כי"ק.
קפז כי"ג כי"מ (במקום אחר); כי"ק.
קפח מ"ה; כי"א; כי"ג; כי"ו; כי"מ; כימ"ב; כיס"ב; כי"ק.
קפט כי"ק.
קצ עו"ה; כי"א; כי"ו; כימ"ב; כיס"ב.
קצא כי"א; כי"מ; כימ"ב; כיס"ב.
קצב כי"ג; כי"מ; כי"ק.
קצג עו"ה; כי"א; כי"ג; כי"ו; כי"מ; כימ"ב; כיס"ב; כי"ק.
קצד עו"ה; כי"א; כי"ג; כי"ו; כימ"ב; כיס"ב; כי"ק.
קצה כי"א; כי"מ; כימ"ב; כיס"ב.
קצו כי"א; כי"ג; כי"מ; כימ"ב; כיס"ב; כי"ק.
קצז כי"א; כי"ג; כי"מ; כימ"ב; כיס"ב; כי"ק.
קצח כי"א; כי"ג; כי"מ; כימ"ב; כיס"ב; כי"ק.
קצט כי"א; כי"ג; כי"ק.
ר כימ"ב; כי"ק.
רא עו"ה; כי"א; כי"ג; כי"ו; כי"מ; כימ"ב; כיס"ב; כי"ק.
רב עו"ה; כיס"ב.
רג כי"ג; כי"ק.
רד כי"ג; כי"ק.
רה כי"א; כי"ג; כי"ו; כי"מ; כימ"ב; כיס"ב; כי"ק.
רו כי"ג.
רז כי"ג.
רח עו"ה; כי"א; כי"ג; כי"מ; כימ"ב; כיס"ב; כי"ק.
רט כי"א.
רי כי"ג; כי"ו.

ריא כי"ג.
ריב כי"ג; כי"ו.
ריג כי"ו; כיס"ב.
ריד עו"ה (בזמן מרדכי); כי"ו (מרדכי ואסתר); כיס"ב.
רטו עו"ה; כי"א; כי"ו; כי"מ; כימ"ב; כיס"ב; כי"ק.
רטז עו"ה; כי"א; כי"ו; כי"מ; כימ"ב.
ריז עו"ה; כי"ג; כי"ו; כימ"ב; כיס"ב.
ריח כי"מ; כיס"ב.
ריט כי"ו.
רכ כי"מ.
רכא כי"א; כי"מ.
רכב כי"ג; כי"ו; כימ"ב; כיס"ב; כי"ק.
רכג ד"ס; כי"א; כי"ג; כי"מ; כימ"ב (בלי תורה); כיס"ב; כי"ק (בלי תורה).
רכד כי"א; כי"ו; כי"מ; כי"ק.
רכה כי"מ; כי"ק.
רכו כי"ג.
רכז כי"ג.
רכח עו"ה; כי"א(ללא "קיסר"); כי"ג(אספיינוס); כי"ו; כי"מ ; כימ"ב("אספסינוס" ללא "קיסר"); כיס"ב; כי"ק(אספסינוס);דפ"פ(ביספיסיינוס).
רכט עו"ה; כי"א (רומניים); כי"מ; כיס"ב; דפ"פ.
רל כי"ג; כיס"ב.
רלא עו"ה; כי"א (רומניים); כי"ג; כי"ו; כי"מ; כימ"ב; כיס"ב; כי"ק.
רלב כי"מ.
רלג כי"מ.
רלד כי"מ.
רלה כי"א; (בחכמה ללמוד תורה); כי"ג; כי"מ; כיס"ב; כי"ק.
רלו כי"א; (בחכמה ללמוד תורה); כי"ג; כי"ו; כי"מ; כיס"ב; כי"ק.
רלז כי"ו; כי"מ; כיס"ב; כי"ק.
רלח כי"ו; כי"מ; כימ"ב.
רלט כי"מ; כימ"ב; כיס"ב.
רמ כי"א; כי"ג (בר); כי"ו; כימ"ב (בר); כיס"ב; כי"ק.
רמא מ"ה; כי"א; כי"ג; כי"ו; כי"מ; כימ"ב; כיס"ב; כי"ק.
רמב כיס"ב.
רמג כי"ג.
רמד כיס"ב; כי"ק.
רמה כיס"ב; כי"ק.
רמו כימ"ב.
רמז עו"ה (בשם ד"ס); כי"א; כי"ו; כיס"ב.
רמח עו"ה; כי"א (בלי שנין); כי"ג; כי"מ; כימ"ב (איפרקו).
רמט כי"א; כימ"ב; כי"ק.
רנ כי"ג; כי"ו; כי"מ; כיס"ב; כי"ק.
רנא כי"א וכימ"ב (והוה); כיס"ב; כי"ק.
רנב עו"ה; כי"א; כי"ג; כי"מ; כימ"ב; כי"ק..
רנג הב"ח; כי"ג; כי"ו; כיס"ב; כי"ק.
רנד עו"ה; כי"ג; כי"ו; כי"ק.
רנה כי"מ; כיס"ב; כי"ק.
רנו כי"ג; כימ"ב.
רנז הב"ח; כי"א; כי"ו; כי"מ; כימ"ב.

רנח הב"ח; כי"א; כי"ג; כי"ו; כי"מ; כימ"ב(ויעל לירושלם); כי"ק.
רנט כי"א; כי"ג וכי"מ(יהי יי' אלהיו עמו); כימ"ב; כי"ק.
רס כי"א; כי"ג; כי"ו; כימ"ב; כיס"ב; כי"ק.
רסא כי"ג; כי"ק.
רסב כי"ג.
רסג כי"ג; כי"מ; כיס"ב.
רסד כי"ג.
רסה הב"ח (כייפי); כי"ג; כי"מ; כיס"ב; כי"ק (כיפין).
רסו הב"ח; כי"ג; כי"מ; כימ"ב; כיס"ב; כי"ק.
רסז עו"ה; כי"ג; כי"מ; כימ"ב; כיס"ב.
רסח כי"א; כי"ג; כי"מ; כימ"ב; כיס"ב.
רסט עו"ה; כי"א; כי"ג; כי"ק.
רע כי"א (בר); כי"ג; כי"ו; כי"מ; כימ"ב (בר); כיס"ב; כי"ק (בר חנינה).
רעא הב"ח; כיס"ב; כי"ק.
רעב כי"א; כי"ג(ודורא); כי"ו(ודירה); כיס"ב; כי"מ(ודירה); כימ"ב; כי"ק(ודורא).
רעג עו"ה; כי"א; כי"ג; כימ"ב; כי"ק; דפ"פ.
רעד עו"ה; כי"א(דכתי); כי"ג; כי"ו; כיס"ב; כי"מ; כימ"ב(מנין דכתי'); כי"ק.
רעה כי"א; כי"ג; כי"ו; כיס"ב; כי"מ; כימ"ב; כי"ק.
רעו כי"מ; כימ"ב; כיס"ב; כי"ק.
רעז עו"ה; כי"א(לפי..שתשחט בשבת ערומה);כי"ג (שתשרף); כי"מ(שתשחט); כימ"ב(שתשחט בשבת[ערומה]); כיס"ב (עליה נגזר); כי"ק.
רעח עו"ה; כי"א; כי"ג; כימ"ב וכי"ק(והינו).
רעט כי"א; כי"ג; כי"ו; כי"מ; כימ"ב; כיס"ב; כי"ק.
רפ כי"ג; כיס"ב.
רפא הב"ח; כי"א; כי"ג; כי"מ; כימ"ב; כיס"ב; כי"ק.
רפב כיס"ב.
רפג עו"ה; כי"א; כי"ג; כי"מ; כימ"ב; כי"ק.
רפד עו"ה; כי"ג; כי"מ; כיס"ב.
רפה כי"ג.
רפו כי"א; כי"ג(ליחוסי); כי"מ(לייחוסי; כי"ק; דפ"פ(לייחוסיה).
רפז הב"ח; כי"א; כי"ג; כי"מ; כי"ק.
רפח כי"ג; כי"מ; כיס"ב; כי"ק.
רפט כי"ג; כי"ק.
רצ כי"א.
רצא הב"ח (את); כי"א; כי"ג; כיס"ב; כי"ק.
רצב עו"ה; כי"א; כי"ג וכימ"ב(אסתר בת דודו).
רצג כי"א; כי"ג; כי"מ; כיס"ב; כי"ק.
רצד כי"א.
רצה עו"ה; כי"ג; כי"מ; כימ"ב; כיס"ב; כי"ק.
רצו כי"א; כי"ג; כי"ו; כי"מ; כימ"ב; כיס"ב; כי"ק.
רצז כי"א; כי"ג; כי"ו; כי"מ; כימ"ב; כיס"ב; כי"ק.
רצח כי"ג; כיס"ב; כימ"ב.
רצט כי"ג; כי"מ (תקרי לבת); כיס"ב; כי"ק (תקרא).
ש מ"ה; כי"א; כי"ג; כיס"ב; כי"ק.

שא כי"א; כי"ג; כי"ו; כי"מ; כימ"ב; כיס"ב; כי"ק.
שב כי"א(משתיהן); כי"ג; כי"ו(משתה וג'); כי"מ(ואת יין); כימ"ב; כיס"ב(משתיהן); כי"ק.
שג כי"א (בר'); כי"ג (בר חמא); כי"ו (בר רב); כי"מ; כימ"ב; כיס"ב; כי"ק; וכן במו"ק.
שד כי"ג.
שה כי"ג.
שו כי"ג.
שז כי"ג.
שח כי"א; כי"ג; כי"ו; כי"מ; כימ"ב; כיס"ב.
שט כי"ג; כי"מ (ואת עמה כאשר צוה עליה מרדכי); כימ"ב; כי"ק.
שי כי"א; כי"מ; כי"ק.
שיא כי"ג; כי"ק.
שיב כי"ג; כי"מ (רבקה הוא); כי"ו; כיס"ב; כי"ק.
שיג כי"א; כי"ג; כי"ו (מנסבת); כי"מ; כימ"ב (מנסבת); כיס"ב; כי"ק (מינסיבת).
שיד כי"א (אינסובי מנסיבנא לך); כי"ג (מינסיבנא); כי"ו (נסיבנא);כי"מ (הן מינסיבא) כימ"ב (מנסבינא); כיס"ב; כי"ק (מינסיבית).
שטו כי"ג; כי"ו (למיעבר רמאותיה); כי"מ; כימ"ב (רמאות); כיס"ב (למיעבד).
שטז עו"ה; כי"א; כי"ג; כיס"ב; כי"ק.
שיז כי"א; כי"ג; כי"ו; כי"מ (רמאותא); כימ"ב (רמאותיה מאי); כיס"ב; כי"ק ודפ"פ (רמיותיה).
שיח כי"א; כי"ג; כי"מ; כיס"ב.
שיט כי"א; כי"ג; כי"ו; כימ"ב; כיס"ב; כי"ק.
שכ כי"א; כי"ג; כי"ו; כי"מ (אל אבנר הגד); כימ"ב (אל דוד הגיד הגיד); כיס"ב; כי"ק.
שכא כי"א(הגד הוגד); כי"ג; כי"מ; כימ"ב (הגיד הגיד לי); כיס"ב (היגיד); כי"ק.
שכב הב"ח(אסתר מאי היא דכתיב); כי"א (ואסתר מאי היא דכתיב); כי"ג; כי"ו; כי"מ; כימ"ב; כיס"ב; כי"ק(אסתר אסתר דכת').
שכג הב"ח (ללא "מולדתה..עמה")כי"א; כי"ג; כי"ו(מגד מולדתה ...עמה וג'); כי"מ; כימ"ב (ללא "ואת עמה"); כיס"ב (מולדת' וג'); כי"ק.
שכד כי"א; כי"ג; כי"ו (בחבלי שני) כי"מ; כימ"ב (עוני'); כיס"ב (עונו); כי"ק.
שכה כי"ג; כי"ו; כי"מ; כימ"ב; כי"ק.
שכו כי"א; כימ"ב.
שכז כי"ג (והקציף); כיס"ב.
שכח כי"א; כי"ג; כי"מ; כימ"ב; כיס"ב; כי"ק (לצדיק).
שכט כי"א; כי"ו (נמצא אחד במשמרתו); כי"מ (במשמרת); כימ"ב (כל אחד ואחד במשמרתו); כיס"ב; כי"ק.
של כי"ג; כיס"ב; כי"ק.
שלא כי"ג; כיס"ב (בלי "האגגי וינשאהו").
שלב כי"א; כי"ג.
שלג עו"ה (מאלהיהן); כי"ג(מאלהיהם) כי"ו (מאלקהון); כיס"ב (מאלהיהן) כי"מ; כימ"ב.
שלד כי"א; כי"ו; כיס"ב; כי"ק.

שלה עו"ה; כי"ג; כי"ו (דלא); כי"מ (שתו); כימ"ב (ודלא); כיס"ב; דפ"פ (שתו).
שלו עו"ה (כרגא למלכא); כי"א (דרגא); כי"ג; כי"מ; כימ"ב; כיס"ב (כרגא למלכא);
שלז כי"א; כי"ו; כי"מ; כימ"ב; כיס"ב; כי"ק; דפ"פ.
שלח כי"א; כי"ג (ללא "ועוד"); כי"מ; כימ"ב (ללא "ועוד"); כיס"ב; כי"ק (ללא "ועוד").
שלט כי"א; כי"ג (שאפלו); כי"ו; כי"מ; כימ"ב; כיס"ב; כי"ק (שאפלו).
שמ כי"ג.
שמא כי"ג.
שמב כי"א (המן זה הרשע); כי"ג; כי"ו; כימ"ב; כיס"ב (היה המן הרשע); כי"ק.
שמג עו"ה; כי"א; כי"ו; כימ"ב.
שמד עו"ה; כי"א; כי"ג; כי"ו; כי"מ.
שמה הב"ח; כי"א; כי"ג; כי"ו; כי"מ; כימ"ב; כיס"ב.
שמו הב"ח; כי"א; כי"ג; כי"ו; כי"מ; כימ"ב; כיס"ב; כי"ק.
שמז עו"ה; הב"ח; כי"א; כי"מ; כימ"ב; כיס"ב; כי"ק.
שמח כי"א; כי"ג; כי"ו; כי"מ; כימ"ב; כיס"ב; כי"ק.
שמט עו"ה; כי"א; כי"א; כי"ג; כי"מ (אמר); כימ"ב; כי"ק.
שנ כי"א; כי"ג; כי"מ; כימ"ב; כיס"ב; כי"ק (נצרכה).
שנא הב"ח; כי"א; כי"ג; כימ"ב; כיס"ב; כי"ק.
שנב כי"א; כי"ג; כי"מ; כי"ק.
שנג כי"ג; כי"ק.
שנד כי"ג; כי"ו; כי"מ; כימ"ב; כיס"ב; כי"ק.
שנה כי"א (מנשה); כי"ג (מנשי); כי"ו; כי"מ; כימ"ב (מנש..); כיס"ב (מנשה); כי"ק (מנשי).
שנו כי"א; כימ"ב.
שנז כי"ג; כי"ו (כמידת...מידת); כי"מ; כימ"ב(בא וראה שלא); כיס"ב (כמידת...מידת); כי"ק (בוא וראה).
שנח כי"ג; כי"מ; כימ"ב (ודם אדם); כיס"ב (מידת); כי"ק (מדם בשר ודם).
שנט עו"ה; כי"א; כי"ג; כי"ו; כי"מ; כימ"ב; כיס"ב; כי"ק.
שס כי"א; כי"ג; כי"ו; כיס"ב; כי"ק; (אגב זאת המשך השיחה).
שסא כי"ו; כימ"ב; כי"ק.
שסב כי"ג(הנביאה אשת... כזאת); כי"ו (הנביאה אשת.. בירוש'); כי"מ; כימ"ב (הנביאה וגו'); כיס"ב; כי"ק (הנביאה וג').
שסג כי"א; כי"ו; כי"מ; כימ"ב; כיס"ב; כי"ק.
שסד כי"ק.
שסה ד"ס; כי"א; כי"ג; כי"ו; כי"מ; כימ"ב; כיס"ב; כי"ק.
שסו הגר"א; כי"א; כי"ג; כי"ו; כי"מ; כימ"ב; כיס"ב; כי"ק.
שסז כי"א; כי"ג; כי"ו; כימ"ב; כיס"ב; כי"ק.
שסח כי"ג; כימ"ב.
שסט עו"ה (קחשיב...וקחשיב); כי"א; כי"ג; כי"ו; כי"מ; כימ"ב; כיס"ב; כי"ק.
שע מ"ה; עו"ה; כי"א; כי"ג; כי"ו; כי"מ; כימ"ב; כיס"ב; כי"ק.

שעא עו"ה; כי"א; כי"ג; כי"ו; כיס"ב; כי"ק.
שעב כי"א; כי"ג (ורחב ואביגיל); כי"ו; כי"מ; כימ"ב; כיס"ב; כי"ק.
שעג כי"א; כי"ג; כי"ו; כי"מ; כימ"ב; כי"ק.
שעד כי"א; כי"ג; כי"מ; כימ"ב; כיס"ב; כי"ק.
שעה כי"א; כי"ו (תפארת); כימ"ב; כיס"ב; כי"ק.
שעו כי"א.
שעז כי"א; כי"ג; כי"ו; כימ"ב; כיס"ב; כי"ק.
שעח כי"ו (רבי יהושע אומר); כי"מ; כימ"ב וכי"ק (אומר); כיס"ב.
שעט כי"ו; כי"מ; כימ"ב; כיס"ב; כי"ק.
שפ כי"א; כי"ו; כימ"ב; כיס"ב; כי"ק.
שפא ד"ס; כי"א (רב חסדא בר' אבימי); כי"ו; כימ"ב.
שפב כימ"ב; כיס"ב.
שפג כי"ג.
שפד כי"ג.
שפה כי"ג; כי"מ; כיס"ב; כי"ק.
שפו כי"ג; כי"מ; כיס"ב; כי"ק.
שפז כי"ג; כיס"ב; כי"ק.
שפח כי"ג; כי"ו; כימ"ב; כי"ק.
שפט כי"ג; כי"ק.
שצ כי"ג; כי"ק.
שצא כי"ג.
שצב כי"ג.
א כי"ג.
ב כי"ג.
ג כי"ג; כי"מ.
ד כי"ג; כי"מ.
ה כי"א; כי"ג; כי"ו; כי"מ; כימ"ב; כיס"ב; כי"ק.
ו כי"א (אמרי); כי"ג; כי"מ; כיס"ב; כי"ק.
ז כי"מ; כימ"ב; כיס"ב; כי"ק (ביר').
ח כי"ו; כי"מ; כימ"ב; כיס"ב; כי"ק.
ט כי"א; כי"ו; כימ"ב; כי"ק.
י כי"ג; כימ"ב; כי"ק.
יא כי"ג; כי"ו; כימ"ב; כיס"ב; כי"ק.
יב כי"א; כי"ק.
יג עו"ה (עליהם); כי"א; כי"ג; כי"ו; כיס"ב.
יד כי"א.
טו עו"ה; כי"א; כי"ג (מיתיליד); כי"ק.
טז עו"ה (והא); כי"א; וכי"ג; וכימ"ב; כי"ק (והא).
יז כי"א; כי"ו (ותני); כימ"ב (ותניא); כיס"ב; כי"ק.
יח הב"ח; כי"א; כי"ו; כימ"ב; כיס"ב; כי"ק.
יט הב"ח; כי"א (הוה); כי"ו; כימ"ב.
כ הב"ח; כי"א; כי"ו; כימ"ב; כיס"ב; כי"ק.
כא כי"ג; כיס"ב; כי"ק.

פרק ב

א כי"א; כימ"ב; דפ"פ.
ב כי"מ; כימ"ב; כיס"ב; כי"ק.
ג כי"א וכי"ג וכימ"ב (מנא לן); כי"ו; כי"מ; כיס"ב.
ד כי"א; כי"ג; כי"ו; כי"מ; כימ"ב; כיס"ב; כי"ק.
ה כי"א; כי"ג; כי"ו; כי"מ; כימ"ב; כיס"ב.
ו כי"א; כי"מ; כימ"ב; כי"ק.
ז כי"א; כי"ג; כי"מ; כימ"ב; כיס"ב; כי"ק.
ח עו"ה (סליחה הוא); כי"א; כי"ג; כי"מ; כימ"ב; כיס"ב; כי"ק.
ט כי"ו; כימ"ב; כיס"ב.
י עו"ה; כי"מ; כיס"ב; כי"ק.
יא כימ"ב.
יב עו"ה; כי"א; כי"ג; כי"ו; כי"מ; כימ"ב; כיס"ב; כי"ק.
יג כי"א; כי"ג; כי"ו; כי"מ; כימ"ב (המינים); כיס"ב; כי"ק (המינים).
יד כי"א; כי"ג; כי"ו; כי"מ (הזדים); כימ"ב (המינים); כיס"ב; כי"ק (המינים); דפ"פ.
טו הב"ח; כי"ג; כימ"ב; כיס"ב; כי"ק.
טז עו"ה; כי"א; כי"ג; כי"ו; כי"מ; כימ"ב (המינים); כיס"ב; כי"ק (המינים); דפ"פ.
יז כי"א; כי"ג; כי"ו; כי"מ (הגרים); כימ"ב; כיס"ב כי"ק.
יח עו"ה; כי"ו; כי"מ (בלי "גר"); כיס"ב.
יט כי"א; כי"ג; כי"ו; כי"מ (קרנית הצדיקים); כימ"ב (הצדיקים); כיס"ב; כי"ק.
כ כי"א; כי"ג; כי"ו; כימ"ב; כיס"ב; כי"ק.
כא כי"א; כי"ג; כי"ו; כיס"ב; כי"ק.
כב כי"א; כי"ג; כימ"ב; כיס"ב.
כג עו"ה; כי"א; כי"ג; כי"ו; כי"מ; כימ"ב; כיס"ב; כי"ק; דפ"פ.
כד כי"א; כי"ג; כי"ו; כי"מ; כימ"ב; כיס"ב; כי"ק.
כה כי"א (וכו'); כי"ג; כי"ו; כי"מ; כימ"ב; כיס"ב; כי"ק.
כו מ"ה; עו"ה; כי"א; כי"ג; כי"ו; כי"מ; כימ"ב; כיס"ב; כי"ק.
כז כי"א; כי"ג; כי"ו; כי"מ; כימ"ב; כיס"ב; כי"ק.
כח עו"ה; כי"ו; כיס"ב; דפ"פ.
כט כי"א; כי"ק.
ל כי"א; כי"ג; כי"ו; כי"מ; כימ"ב; כיס"ב; כי"ק.
לא כי"ג; כי"מ; כי"ק.
לב כי"א וכי"ג (לגלוגית); כי"ו; כימ"ב; כי"ק.
לג כי"א; כי"ג (לגלונך); כי"ו; כימ"ב; כי"ק.
לד (על היפוך הסדר:) כי"א; כי"ג; כי"ו; כי"מ; כימ"ב; כיס"ב; כי"ק; וכן בר"ה.
לה עו"ה; כי"א; כי"ג; כי"ו; כי"מ; כימ"ב; כיס"ב; כי"ק.
לו עו"ה; כי"א; כי"ג; כי"מ; כימ"ב.
לז כי"א; כי"ג; כי"ו; כי"מ; כימ"ב; כיס"ב.
לח כי"ג; כי"ו; כי"מ; כימ"ב; כיס"ב.
לט כי"א; כי"ג; כי"ו; כי"מ; כימ"ב.
מ כי"א (צריכא); כי"ג; כי"ו; כי"מ; כימ"ב; כיס"ב; כי"ק; דפ"פ.
מא (משנים הסדר) כי"א; כי"ג; כי"ו; כי"מ; כימ"ב; כיס"ב; כי"ק; דפ"פ.
מב כי"ק.
מג כי"ק.
מד ד"ס; כי"א; כי"ו; כימ"ב; כיס"ב; כי"ק.
מה ד"ס; כימ"ב.
מו ד"ס; כי"א; כי"ו; כימ"ב; כיס"ב (רב); כי"ק.
מז כי"ג; כי"מ; כימ"ב; כיס"ב; כי"ק.
מח עו"ה; כי"א; כי"ג; כי"ו; כי"מ; כימ"ב; כיס"ב; כי"ק.
מט כי"א.
נ כי"ג; כי"מ; כימ"ב.
נא מ"ה; כי"א(והיה); כימ"ב; כי"ק.
נב כי"א; כי"ו; כיס"ב.
נג כי"א; כי"ג; כי"ו; כי"מ; כימ"ב; כיס"ב; כי"ק.
נד כי"א; כימ"ב; כי"ק.
נה כי"א (אבדימ); כי"ג; כי"ו; כי"מ (אבדומי) כימ"ב; כיס"ב; כי"ק.
נו כי"א; כי"ג; כי"ו; כימ"ב (היום כולו); כימ"ב; כיס"ב (היום כולו); כי"ק.
נז כי"א (ותפלתן); כי"מ; כימ"ב; כיס"ב (ותפילת); כי"ק; דפ"פ.
נח כי"א; כי"ק.
נט עו"ה; כי"א; כי"ג; כי"ו; כי"מ; כימ"ב; כיס"ב; כי"ק.
ס כי"ג; כי"ו; כי"מ; כימ"ב; כי"ק.
סא כי"ג; כיס"ב; כי"מ; כי"ק.
סב כי"א; כי"מ; כיס"ב .
סג כי"א; כי"מ (ולמליקה לקבלה); כיס"ב (לקבלה).
סד כי"א; כי"ג; כיס"ב.
סה מ"ה; כי"א; כי"ג; כימ"ב; כי"ק.

פרק ג

א כי"א וכי"ג (ובחמשי); כי"ו; כיס"ב; דפ"פ.
ב עו"ה; כי"מ; כיס"ב.
ג עו"ה; כי"ג; כי"ו; כי"מ; כיס"ב.
ד הב"ח; כי"א; כי"ו; כי"מ; כיס"ב; כי"ק.
ה כי"ג; כי"ק.
ו עו"ה; כי"א; כי"ג; כי"מ; כי"ק.
ז כי"א; כי"ג; כי"ו; כי"מ; כיס"ב; כי"ק.
ח כי"א; כי"ג; כי"ו (מברת'); כי"מ; כיס"ב; כי"ק (דשיחורי).
ט כי"ג; כיס"ב.
י כי"ג (אחרון בלי וא"ו); כיס"ב.
יא הב"ח; כי"ג; כיס"ב; כי"ק.
יב כי"א; כי"ג; כי"מ (תניא); כיס"ב; כי"ק.
יג כי"א; כי"ג; כי"ו; כי"מ; כיס"ב; כי"ק.
יד כי"א; כי"ג; כי"מ; כיס"ב; כי"ק.
טו עו"ה; כי"א (וכן בכ"י שלי במנחות).
טז עו"ה (בתורה כו'); כיס"ב; כי"ק.
יז כי"א; כי"ו.
יח כי"א; כי"ג; כי"ו; כי"מ; כיס"ב; כי"ק (תלתה).
יט כי"א; כי"ג; כי"מ; כיס"ב.
כ כי"א; כי"ו; כי"ק.
כא כי"א.
כב כי"א; כי"ג; כי"ק.
כג כי"א; כי"ג (מיהך); כי"מ; כיס"ב; כי"ק (מיהך).
כד כי"ג; כי"ק.
כה עו"ה; כי"א; כי"ג; כי"מ (אין בלי וא"ו); כיס"ב.
כו כי"ג; כי"ו; כיס"ב; כי"ק.
כז כי"ו.
כח כי"ג; כי"מ; כיס"ב; כי"ק.
כט עו"ה; כי"א; כי"ג; כי"ק.
ל כי"א; כי"ג וכי"ו וכי"מ כיס"ב (והילכתא); כי"ק.
לא כי"א; כי"ג וכי"ו (וחתם); כי"מ; כי"ק.

לב עו"ה; כי"א; כי"ק.
לג עו"ה; כי"א; כי"ג; כי"ו; כי"מ; כיס"ב; כי"ק.
לד עו"ה; כי"א; כי"ג; כי"ו; כי"מ; כיס"ב; כי"ק.
לה כי"ג; כי"ו; כי"מ; כיס"ב; כי"ק.
לו עו"ה; כי"א; כי"ג; כי"ו; כי"מ; כיס"ב; כי"ק (משים).
לז הגר"א; כי"א; כי"ג.
לח עו"ה; כי"א; כי"ג; כי"ו; כיס"ב; כי"ק.
לט כי"א; כי"ג; כי"ו; כיס"ב.
מ כי"א; כי"ג; כיס"ב.
מא עו"ה; כי"א (מאי טעמא לא); כי"ג; כי"ו; כי"מ; כיס"ב; כי"ק.
מב כי"ג; כיס"ב.
מג עו"ה; כי"א; כי"ג; כי"ו; כי"מ; כיס"ב; כי"ק.
מד כי"ק.
מה כי"ג.
מו כי"א; כי"ג; כי"ו; כיס"ב; כי"ק.
מז עו"ה; כי"ג; כיס"ב.
מח כי"א; כי"ג (אם); כי"ו; כיס"ב.
מט כי"ג; כי"ו; כיס"ב.
נ כי"ו.
נא כי"א (ענינים); כי"ג.
נב עו"ה; כי"א; כי"מ; כיס"ב; כי"ק.
נג כי"ג; כיס"ב.
נד כי"ג; כיס"ב.
נה רש"י; כי"א; כי"ג; כי"ו; כי"מ; כיס"ב; כי"ק.
נו הב"ח; כי"ג.
נז כי"א; כי"ו; כי"מ; כיס"ב.
נח כי"א; כי"ג; כי"ו; כי"מ; כיס"ב; כי"ק.
נט כי"ג; כי"ו; כי"ק.
ס רש"י; כי"ו (סטים); כיס"ב.
סא כי"א; כי"ג; כי"ו; כי"מ.
סב עו"ה; ד"ס; כי"ו; כי"מ.
סג הב"ח; כי"א; כי"ג; כיס"ב.
סד עו"ה; כי"א (בשר ואדם); כי"ג; כי"ו; כי"מ; כיס"ב; כי"ק.
סה עו"ה; כי"א; כי"ג; כי"ו; כי"מ; כיס"ב; כי"ק.
סו כי"ג; כי"ו; כיס"ב.
סז עו"ה; כי"א; כי"ג; כי"ו; כי"מ; כיס"ב; כי"ק.
סח הגר"א; כי"ג; כי"ו; כי"מ.
סט כי"א; כי"מ; כיס"ב.
ע כי"א; כי"ג; כי"מ; כי"ק.
עא עו"ה; כי"ג; כי"ו; כי"מ; כיס"ב; כי"ק.
עב כי"ג; כי"ו; כי"מ; כיס"ב.
עג כי"א (ופילגש); כי"ג; כי"ו (ופילגשי (ניקרי' ומתרגמי'); כי"ק.
עד כי"א; כי"ג; כי"ק.
עה כי"א; כי"ג; כי"ק.
עו כי"א; כי"ג; כי"ו; כי"ק (ליקרא דדויד).
עז כי"ג; כי"ו; כי"מ; כיס"ב.
עח כי"א; כי"ג; כי"ו; כי"מ; כימ"ב; כיס"ב; כי"ק (המינים); דפ"פ.
עט כי"ג; כי"ו; כי"מ (נקרא).
פ כי"ג; כי"ו; כי"מ; כיס"ב; כי"ק.
פא כי"ג; כי"ו; כי"מ; כיס"ב; כי"ק.
פב כי"ג; כי"ו; כי"מ; כיס"ב; כי"ק.
פג כי"ג; כי"ו; כי"מ; כיס"ב; כי"ק.

פרק ד

א כי"ג; כי"ו; כימ"ב; כיס"ב.
ב כי"ג; כי"ו; כימ"ב; כיס"ב.
ג עו"ה; כי"א; כי"מ.
ד עו"ה; כי"ו; כי"מ; כיס"ב.
ה מ"ה; כי"מ;כימ"ב; כיס"ב; כי"ק.
ו כי"ג; כי"מ; כיס"ב.
ז עו"ה; כי"א; כי"ג; כי"ו; כי"מ; כיס"ב.
ח כי"א; כי"ג; כי"ו; כי"מ; כימ"ב; כיס"ב; כי"ק.
ט כי"א; כי"ג; כי"ו; כי"מ; כיס"ב.
י כי"א; כי"ו; כיס"ב.
יא עו"ה (בשם רא"ש); כי"א; כי"ו; כי"מ; כיס"ב.
יב כי"א; כי"ק.
יג כי"א.
יד כי"ג; כי"מ; כיס"ב; כי"ק.
טו עו"ה; כי"א (כורסייא); כי"ג; כי"ו; כי"מ; כיס"ב (כורסייא); כי"ק.
טז עו"ה (למיעבד); כי"א; כי"ג (מעבדא); כי"ו (למיעבדא);
כי"מ (למעבד); כיס"ב (מיעבדא); כי"ק (למעבד).
יז עו"ה; כי"א; כי"ג; כי"ו; כי"מ (כורסיה); כיס"ב; כי"ק.
יח עו"ה; כי"ג; כי"ו; כי"מ; כיס"ב; כי"ק.
יט עו"ה; כי"א (דרנא); כי"ג (כורסי); כי"ו; כי"מ; כיס"ב;
כי"ק (כורסייא).
כ כי"א; כי"ג; כי"ו; כי"מ; כימ"ב; כיס"ב;כי"ק(דרומאה); דפ"פ.
כא עו"ה; כיס"ב.
כב עו"ה; כי"א; כי"ג; כי"ו; כי"מ; כיס"ב.
כג עו"ה; כי"ג; כי"ו; כיס"ב.
כד עו"ה; כי"א; כימ"ב; כיס"ב; כי"ק.
כה עו"ה; כי"א; כי"ו; כי"מ; כימ"ב; כיס"ב; כי"ק (ביה).
כו עו"ה; כי"א; כי"ג; כי"ו; כי"מ; כימ"ב; כיס"ב.
כז כי"א; כי"ג; כימ"ב; כיס"ב; כי"ק.
כח עו"ה; כי"א; כי"ג; כי"ו; כי"מ; כימ"ב; כיס"ב; דפ"פ.
כט עו"ה; כי"א; כי"ג; כי"ו; כי"מ; כימ"ב; כיס"ב; דפ"פ.
ל עו"ה; כי"א; כי"ג; כי"ו; כי"מ; כימ"ב; כיס"ב; כי"ק.
לא כי"א; כי"ג; כיס"ב.
לב עו"ה; כי"א; כי"ג; כי"ו; כי"מ; כימ"ב; כיס"ב; כי"ק.
לג כי"ג; כי"ו; כי"מ; כיס"ב; כי"ק.
לד כי"א; כימ"ב; כי"ק.
לה כי"א; כי"ו; כימ"ב; כיס"ב; כי"ק; דפ"פ.
לו עו"ה; כי"א; כי"ג; כי"ו; כי"מ; כימ"ב; כיס"ב; כי"ק.
לז כי"א; כי"ג; כי"ו; כיס"ב.
לח כי"ג; כי"מ; כיס"ב.
לט הב"ח; כי"א; כי"ג; כי"ו; כי"מ; כימ"ב; כיס"ב; כי"ק;
(י"ג מתנתה, י"ג מתנותיה).

מ עו"ה; כי"א; כי"ג; כי"מ; כימ"ב; כיס"ב.
מא עו"ה; כי"א; כי"ג; כי"ו; כי"מ; כיס"ב; כי"ק.
מב כי"א; כי"ג; כי"ו; כיס"ב; כי"ק;
מג עו"ה; כי"א; כי"ג; כי"ו (גוואי); כי"מ; כיס"ב; כי"ק.
מד עו"ה; כי"א; כי"ג; כי"ו; כי"מ; כיס"ב; כי"ק.
מה עו"ה; כי"מ; כיס"ב; כי"ק (יוחאי).
מו עו"ה; כי"א; כי"ג; כי"ו; כי"מ; כיס"ב; כי"ק.
מז עו"ה; כי"א; כי"ג; כי"ו; כי"מ; כיס"ב; כי"ק.
מח עו"ה; כי"א (בהכינתי); כי"ג; כי"ו (בהכינתי); כיס"ב; כי"ק.
מט מ"ה; כיס"ב; כי"ק.
נ עו"ה; בה"ג; רי"ף; רא"ש; או"ז; כיס"ב; כי"ק.
נא כי"א; כיס"ב; כי"ק.
נב כי"ו; כיס"ב.
נג כי"א; כי"ג; כי"ו; כי"מ; כיס"ב; כי"ק.
נד עו"ה; כי"א; כי"ג; כי"ו; כיס"ב; כי"ק.
נה עו"ה; כי"א; כי"ג; כי"ו; כיס"ב; כי"ק.
נו עו"ה; רי"ף; רא"ש; כי"א (או); כי"ג; כי"ו; כיס"ב.
נז עו"ה; רי"ף; רא"ש; כי"א (או); כי"ג; כיס"ב.
נח רי"ף; רא"ש; כי"א; כי"ו.
נט הב"ח; כי"ג; כיס"ב; כי"ק.
ס הב"ח; כי"א; כי"ו; כי"ג; כיס"ב; כי"ק.
סא עו"ה (בשם הערוך); כי"א; כי"ו; כי"ג; כיס"ב; כי"ק.
סב הב"ח; ד"ס; רי"ף; רא"ש; כי"א; כי"ו; כי"ג; כיס"ב; כי"ק.
סג ד"ס; רי"ף; כי"א; כי"ו; כי"ג; כיס"ב (אמר); כי"ק.
סד עו"ה וד"ס (דאשמעיה ליה); כיס"ב.
סה ד"ס; כי"א; כי"ו; כי"ג; כיס"ב; כי"ק.
סו כי"א; כי"ג; כי"ו; כיס"ב.
סז כי"א; כי"ג; כי"ו; כיס"ב.
סח כי"א; כי"ג; כי"ו; כיס"ב.
סט כי"א; כי"ג; כי"ו; כיס"ב.
ע כי"א; כי"ג; כי"ו; כיס"ב.
עא כי"א; כי"ג; כי"ו; כיס"ב.
עב הב"ח; כי"א; כי"ג; כי"ו; כיס"ב; כי"ק.
עג עו"ה; ד"ס; כי"א; כי"ג; כי"ו; כי"מ; כיס"ב.
עד הב"ח; כי"א; כי"ג; כי"ו; כי"מ; כיס"ב; כי"ק.
עה הב"ח; כי"א; כי"ג; כי"ו; כי"מ; כיס"ב; כי"ק.
עו ד"ס; כי"א; כי"ג; כי"ו; כי"מ; כיס"ב; כי"ק.
עז עו"ה; כי"א; כי"ג; כי"ו; כי"מ; כיס"ב; כי"ק.
עח כי"ו; כי"מ; כיס"ב; כי"ק.
עט גר"א; כי"א; כי"ו; כי"מ; כיס"ב.
פ כי"א; כי"ו; כי"מ; כיס"ב.
פא הב"ח; כי"ק.
פב כי"א; כי"ו; כיס"ב.
פג מ"ה; כי"א; כי"ג; כי"ו; כי"ק.

פד כי"א; כי"ו; כיס"ב.
פה כי"א.
פו כי"א; כי"ג; כי"ו; כי"מ; כיס"ב; דפ"פ.
פז כי"א; כי"ו; כיס"ב; כי"ק.
פח כי"א; כי"ו; כיס"ב.
פט כי"א.
צ עו"ה; כי"א; כי"ג; כי"ו; כי"מ; כיס"ב;
כי"ק.
צא עו"ה; כי"א; כי"ג; כי"ו; כי"מ (אבדומי).
צב כי"א; כי"ג; כי"ו; כי"מ (אבדומי); כי"ק.
צג כי"א (חיפה); כי"ג; כי"ו; כי"מ (חיפה);
כיס"ב (חיפה); כי"ק.
צד עו"ה; כי"א; כי"ג; כי"ו; כיס"ב; כי"ק.
צה עו"ה; כי"א; כי"ג; כי"ו; כי"מ; כיס"ב;
כי"ק.
צו כי"ג; כי"ו; כי"מ; כיס"ב.
צז כי"א; כי"ג; כי"מ; כיס"ב; כי"ק.
צח כי"א; כי"מ; כיס"ב; כי"ק.
צט כי"א; כי"ג; כיס"ב; כי"ק.
ק כי"א; כי"ג; כי"מ; כיס"ב.
קא ד"ס; כי"א (קארו); כי"ג; כי"מ; כיס"ב;
כי"ק.
קב כי"ג; כיס"ב.
קג עו"ה; כי"א; כי"ג; כי"מ; כיס"ב (ש<..>
כהנים); כי"ק.
קד כי"מ.
קה כי"מ.
קו עו"ה; כי"א; כי"ג; כי"ו; כי"מ; כיס"ב;
כי"ק.
קז עו"ה; כי"ג; כי"מ.
קח כי"א; כי"ג; כי"ו; כיס"ב.
קט כי"ו; כי"ק.
קי הב"ח; כי"ג; כי"ו; כיס"ב; כי"ק.
קיא כי"מ; כי"ק.
קיב כי"א; כי"ק.
קיג ד"ס; כי"א; כי"ג (רב שמואל בריה דרב
יהודה); כי"ו;
כי"מ; כיס"ב; כי"ק.
קיד עו"ה; כי"א; כי"ג; כי"ו; כי"מ; כיס"ב;
כי"ק.
קטו כי"ג; כי"ו.
קטז כי"א; כי"ג; כי"ו; כיס"ב.
קיז עו"ה; כי"ג; כי"מ; כי"ק.
קיח עו"ה; כי"א; כי"ג; כי"ו; כיס"ב; כי"ק.
קיט עו"ה; כי"א; כי"ג; כי"ו; כיס"ב; כי"ק.
קכ ראבי"ה; כי"א; כי"ג; כי"ו; כי"מ; כיס"ב;
כי"ק.
קכא כי"א; כי"ג; כי"ו; כי"מ; כיס"ב.
קכב או"ז; כי"א; כי"ג; כי"ו; כי"מ; כיס"ב;
כי"ק.
קכג עו"ה; כי"א; כי"ג; כי"מ; כיס"ב; כי"ק.
קכד רי"ף; רא"ש; או"ז; כי"א; כי"ג; כי"מ;
כיס"ב; כי"ק.
קכה כי"א; כי"ג; כי"מ; כי"ק.
קכו עו"ה; כי"א; כי"ג; כי"מ; כי"ק.
קכז כי"א; כי"ג; כי"ו; כי"מ (בל יחיו);
כיס"ב; כי"ק.